高顿教育
GOLDEN EDUCATION

会计专业技术资格考试 **2023**

U0690619

初级知识点全解及真题模拟

经济法基础

（上）

高顿教育研究院　编著

世界图书出版公司

上海·西安·北京·广州

图书在版编目（CIP）数据

初级知识点全解及真题模拟. 经济法基础. 上册 /
高顿教育研究院编著. — 上海：上海世界图书出版公司，
2023.2
ISBN 978-7-5232-0166-4

Ⅰ. ①初… Ⅱ. ①高… Ⅲ. ①经济法—中国—资格考
试—习题集 Ⅳ. ①F23-44

中国国家版本馆CIP数据核字（2023）第 021555 号

书　　名	初级知识点全解及真题模拟·经济法基础（上 ）	
	Chuji Zhishidian Quanjie ji Zhenti Moni Jingjifa Jichu（Shang ）	
编　　著	高顿教育研究院	
责任编辑	邬佳媚	
装帧设计	汤惟惟	
出版发行	上海世界图书出版公司	
地　　址	上海市广中路88号9–10楼	
邮　　编	200083	
网　　址	http://www.wpcsh.com	
经　　销	新华书店	
印　　刷	上海四维数字图文有限公司	
开　　本	787 mm×1092 mm　1/16	
印　　张	37.5	
字　　数	1008千字	
版　　次	2023 年 2 月第 1 版　　2023 年 2 月第 1 次印刷	
书　　号	ISBN 978-7-5232-0166-4 / F·83	
定　　价	78.00 元（全二册 ）	

前 言

高顿财经精研考试逻辑，深耕应试技巧，特推出《初级知识点全解及真题模拟·经济法基础》一书，为报考 2023 年初级会计职称考试的考生们保驾护航，成就财经梦想。

1. 本书撰写思路及特点

大家在中小学都写过作文，即使已经过去很多年了，也肯定能依稀记起语文老师传授的小妙招：观点一定要亮在开篇最显眼的地方，一定要选鲜明的而非模棱两可的观点，正文中要列排比句，要引用名人名言（还不能用鲁迅、司马迁等太常见的），要用"因为……所以……"之类的关联词语彰显逻辑，等等。这能展示你真实的行文水平吗？不尽然，但为什么老师会一遍遍地叮嘱呢？

因为高考语文评分标准明确了"中心突出、语言优美、材料丰富、推理独到"等要求，所以这种"套路"能让判卷老师打出更高的分数。在阅卷老师十几秒的扫视下，就算你貌比潘安才超唐寅，不按套路成文，取得高分的概率也不高。这涉及了一个核心应考思路：**依据考纲备考**。

考试按考纲出题，学生按考纲备考。**想要通过考试，就要吃透考纲，从而明确主次，进而重点突破，最终顺利过关**。而高顿财经研究院要做的，就是为学生搭建起一座考纲与分数之间的桥梁，将考纲要求转化为具体的教学计划与方法，通过指导学生建立知识体系、使其有针对性地对重要知识点进行反复训练，从而达到高效率通过考试的效果。具体来说：

（1）分析考纲：我们认真分析 2023 年的考试大纲，将各考点依据考查角度进行细分，明确其内涵。

（2）研究真题：我们深入研究历年真题，搜集最近 3 年的考试真题以及较为经典的历年考题，分析其出题思路，并与各考点形成一一映射。

（3）重点标星：我们综合考虑知识点与考点的重要性，通过对知识点标注不同的星标来反映其在 2023 年初级会计职称考试中考查的概率，指导同学们有的放矢地备考。

（4）巩固训练：我们根据各考点的重要程度对习题进行了设计——重要考点多设置题目，让考生反复练习，次要考点扩大知识面和覆盖范围；必考题必须拿分，选考题合理拿分，使得备考过程高效轻松。

（5）辅助进阶：我们立足于初级会计职称考试的长期教学，设立"名师说"板块，对知识点进行对比总结，设立"敲黑板"板块，依据考查强度提示掌握程度，辅助同学们更全面地理解知识细节，更准确地把握考试要求。

2. 本书结构框架

本书以应考为最高指导目标，旨在助力考生们稳妥高效地通过考试，决胜考场。本书具体分为三个板块：

第一板块：扎实基础。本版块分章节介绍各章知识内容及考试情况，帮助考生们掌握基础，攻克单选题、多选题及判断题。

第二板块：综合提高。本版块网罗历年真题中的经典不定项选择题，让考生们在掌握基础知识后，提升相关知识点的解答能力，攻克不定项选择题。

第三板块：模拟通关。本版块严格参照 2023 年的考试大纲及官方教材，根据往年真题的考试规则与命题思路，精编两套模拟习题，以供考生们考前练手，查漏补缺。

3. 本书适用人群

本书既可支持初次参加考试的新学员，书中详细的内容讲解及合理的知识拓展可以为会计新人夯实基础，助其全面备考；又可助力重复备考的老学员，书中清晰的板块设置和突出的考点标注可以为会计高手铺设高速通关道路，方便其根据备考时间合理取舍，突破重点。

非常感谢您选择本书，我们在编辑及校对环节已尽力反复核查，但仍恐有百密一疏之处。如您在阅读中发现本书有存在疑问的地方，真诚欢迎您与我们沟通交流。请大家扫描右方二维码，填写勘误信息向我们反馈。再次真挚地感谢您！

扫我纠错

目　录

第一章 总 论

考情概要

本章在历年机考中所占分值为 7 分左右，题型以单选题、多选题、判断题为主。

2023 年本章变动较小，主要增加了事实行为及其概念和种类，预计分值变化不大。

考纲要求及考查方式

考纲内容	要求	考试题型
法的分类和渊源	掌握	单选题、判断题
法律关系	掌握	单选题、多选题
法律事实	掌握	单选题、多选题
法律主体的分类	掌握	单选题、判断题
法律主体资格	掌握	多选题
法和法律	熟悉	判断题
法律责任的种类	熟悉	单选题、多选题
法律部门与法律体系	了解	近年未涉及
法律责任的概念	了解	近年未涉及

学习建议

"法律关系""法律事实""法律主体的分类""法律责任的种类"等内容是历年考查的重点，需要大家重点掌握。

学习框架

```
                                          ┌─ 法和法律 ★
                                          ├─ 法的分类和渊源 ★★★
                            ┌─ 法律基础 ──┼─ 法律部门与法律体系 ★
                            │             ├─ 法律关系 ★★
                            │             └─ 法律事实 ★★
                            │
            总　论 ─────────┼─ 法律主体 ──┬─ 法律主体的分类 ★★★
                            │             └─ 法律主体资格 ★★
                            │
                            │             ┌─ 民事责任 ★★★
                            └─ 法律责任 ──┼─ 行政责任 ★★★
                                          └─ 刑事责任 ★★★
```

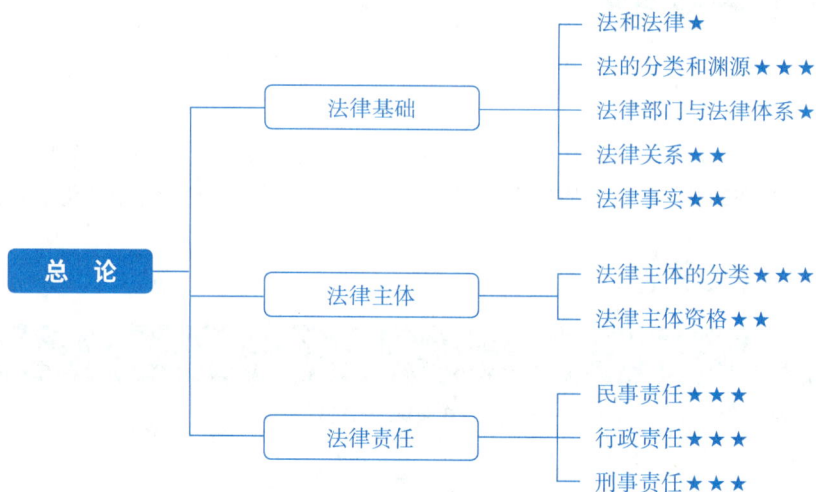

第一节　法律基础

一、法和法律 ★

（一）法和法律的概念

1.法的概念

一般来说，法是由国家制定或认可，以权利义务为主要内容，由国家强制力保证实施的社会行为规范及其相应的规范性文件的总称。

"法" = 社会行为规范 + 其相应的规范性文件。

2.法律的概念

"法律"一词可以从狭义、广义两方面进行理解。

广义的法律则指法的整体，即"法"，包括宪法、法律、行政法规、地方性法规等。狭义的法律专指全国人大及其常委会制定的法律。

（二）法的本质与特征

1.法的本质

法是统治阶级的国家意志的体现。

（1）法是统治阶级意志。

①法是由统治阶级的物质生活条件决定的，是社会客观需要的反映。

②它体现的是统治阶级的整体意志和根本利益，而不是统治阶级每个成员个人意志的简单相加。

（2）法是国家意志。

法体现的不是一般的统治阶级意志，而是被奉为法律的统治阶级意志，即统治阶级的国家意志。

2.法的特征

法作为一种特殊的行为规则和社会规范，不仅具有行为规则、社会规范的一般共性，还具有自己的特征。其特征主要有四个方面，具体如表 1-1 所示。

表 1-1 法的特征

法的特征	具体解释
国家意志性	① 法体现的是统治阶级的意志，但统治阶级的意志必须通过国家这个外在实体来体现。 ② 制定或认可是国家创制法的两种方式
国家强制性	法是由国家强制力来保障实施的
规范性	① 法是调整社会关系的规范，通过规范人们的行为而达到调整社会关系的目的。 ② 法具有为人们提供行为模式和标准的属性。 ③ 法通过规定人们的权利和义务来分配利益，从而影响人们的动机和行为，进而影响社会关系，实现统治阶级的意志和要求，维持社会秩序，因此法也具有利益导向性
明确公开性和普遍约束性	① 法具有明确的内容，能使人们预知自己或他人一定行为的法律后果（可预测性）。 ② 法具有普遍适用性，凡是在国家权力管辖和法律调整的范围、期限内，对所有社会成员及其活动都普遍适用（普遍适用性）

【例 1-1 · 判断题 · 2019】法是统治阶级的国家意志的表现。（　　）

【答案】√

【解析】法是统治阶级的国家意志的体现，这是法的本质。

二、法的分类和渊源 ★★★

（一）法的分类

根据不同的标准，可以对法作不同的分类，具体如表 1-2 所示。

表 1-2 法的分类

分类依据	内容
按照法的内容、效力和制定程序划分	根本法和普通法
按照法的内容划分	实体法和程序法
按照法的空间效力、时间效力或对人的效力划分	一般法和特别法
按照法的主体、调整对象和渊源划分	国际法和国内法
按照法律运用的目的划分	公法和私法
按照法的创制方式和表现形式划分	成文法和不成文法

🎯 **敲黑板**

掌握法的分类依据即可。

【例1-2·单选题·2021】根据法的空间效力、时间效力或对人的效力可以将法分为（　　）。
A.根本法和普通法　　B.实体法和程序法　　C.一般法和特别法　　D.国际法和国内法
【答案】C
【解析】根据法的空间效力，时间效力或对人的效力可以将法分为一般法和特别法。

（二）法的渊源

1.法的渊源的概念

法的渊源也称为法的形式，是指法的具体的表现形式，即法是由何种国家机关，依照什么方式或程序创制出来的，并表现为何种形式、具有何种效力等级的规范性法律文件。

2.我国法的主要渊源

表1-3　　　　　　　　　　　　　　　我国法的主要渊源

形式		制定机关	注意要点	名称规律
宪法		全国人大	国家的根本大法，具有最高的法律效力	《中华人民共和国宪法》
法律		全国人大——基本法律 全国人大及其常委会——其他法律	①全国人大制定和修改基本法律； ②全国人大及其常委会制定和修改基本法律以外的其他法律	《××法》
法规	行政法规	国务院	—	《××条例》
	地方性法规（自治条例和单行条例）	地方人大及其常委会	地方性法规只在该辖区适用	《××地方××条例》
规章	部门规章	国务院各部委	没有法律、行政法规的依据，部门规章不得设定减损公民、法人和其他组织权利或者增加其义务的规范，不得增加本部门的权力或者减少本部门的法定职责	《××办法》 《××条例实施细则》
	地方政府规章	地方人民政府	没有法律、行政法规、地方性法规的依据，地方政府规章不得设定减损公民、法人和其他组织权利或者增加其义务的规范	《××地方××办法》

效力排序：宪法＞法律＞行政法规＞地方性法规＞同级和下级地方政府规章。

> 🎓 **名师说**
>
> ① 特别行政区法、国际条约也属于法的形式。② 判例不属于我国法的形式，人民法院所作的判决书，最高人民法院指导案例等不能作为法的形式。

【例 1-3 · 单选题 · 2017】下列规范性文件中，属于行政法规的是（　　）。

A. 全国人民代表大会通过的《中华人民共和国民事诉讼法》

B. 全国人民代表大会常务委员会通过的《中华人民共和国会计法》

C. 国务院发布的《企业财务会计报告条例》

D. 中国人民银行发布的《支付结算办法》

【答案】C

【解析】行政法规是由国务院制定的，名称一般为《××条例》。选项 AB 为法律，选项 D 为部门规章。

【例 1-4 · 单选题 · 2020】下列规范性文件中，效力最高的是（　　）。

A. 全国人民代表大会通过的《中华人民共和国民事诉讼法》

B. 全国人民代表大会通过的《中华人民共和国宪法》

C. 国务院发布的《企业财务会计报告条例》

D. 中国人民银行发布的《支付结算办法》

【答案】B

【解析】宪法是国家的根本大法，具有最高的法律效力。

【例 1-5 · 判断题 · 2020】国务院发布的《企业财务会计报告条例》属于行政法规。（　　）

【答案】√

【例 1-6 · 判断题 · 2021】中国人民银行制定的《支付结算管理办法》属于行政法规。（　　）

【答案】×

【解析】《支付结算管理办法》属于部门规章。

【例 1-7 · 判断题 · 2019】在我国，人民法院的判决书是法的形式之一。（　　）

【答案】×

【解析】法的形式不包含人民法院的判决书以及最高人民法院的指导案例。

【例 1-8 · 判断题 · 2019】地方性法规的效力高于行政法规的效力。（　　）

【答案】×

【解析】地方性法规的效力低于行政法规的效力。

3. 法的效力范围

（1）法的时间效力

法的时间效力，是指法的效力的起始和终止的时限以及对其实施以前的事件和行为有无溯及力。

① 法规定生效期限的方式主要有两种：

a. 明确规定一个具体生效时间；

b. 规定具备何种条件后开始生效。

② 法的终止大致有两种情况：

a. 明示终止；

b. 默示终止。

我国法的终止方式主要有以下四种：

a. 新法取代旧法，由新法明确规定旧法废止，这是通常做法；

b. 有的法在完成一定的历史任务后不再适用；

c. 由有权的国家机关发布专门的决议、决定，废除某些法律；

d. 同一国家机关制定的法，虽然名称不同，在内容上旧法与新法发生冲突或相互抵触时，以新法为准，旧法中的有关条款自动终止其效力。

③ 法的溯及力。我国法律采用的是从旧兼从轻原则，就是说原则上新法无溯及力，对行为人适用旧法，但新法对行为人的处罚较轻时则适用新法。

（2）法的空间效力

法的空间效力，是指法在哪些空间范围或地域范围内发生效力。它适用于该国主权所及一切领域，包括领陆、领水及其底土和领空；也包括延伸意义的领土，如驻外使馆；还包括在境外的飞行器和停泊在境外的船舶。法的效力范围一般分为域内效力与域外效力两个方面。

① 域内效力

a. 在全国范围内有效。在我国，由全国人大及其常委会、国务院制定的规范性法律文件，如宪法、法律、行政法规，除法律有特别规定的外，均在全国范围内有效。

b. 在我国局部地区有效。我国地方人大及其常委会、人民政府依法制定的地方性法规及地方政府规章，民族自治地方制定的自治条例与单行条例，在其管辖范围内有效。

② 域外效力

我国在互相尊重领土主权的基础上，本着保护本国利益和公民权益的精神和原则，也规定了某些法律或某些法律条款具有域外效力。

（3）法的对人效力

法的对人效力，亦称法的对象效力，是指法适用于哪些人或法适用主体的范围。我国法律对人效力采用的是结合主义原则，即以属地主义为主，但又结合属人主义与保护主义的一项原则。

根据我国有关法律规定，法的对人效力主要包括两个方面。

① 对中国公民的效力

a. 凡是中华人民共和国的公民，在中国领域内一律适用中国法律。

b. 中国公民在国外的，仍然受中国法律的保护，也有遵守中国法律的义务。中国公民也要遵守居住国的法律。发生冲突时，应根据有关国际条约、惯例和两国签订的有关协定予以解决。

② 对外国人的效力

a. 凡在中国领域内的外国人均应遵守中国法律。但在刑事领域，对有外交特权和豁免权的外国人犯罪需要追究刑事责任的，通过外交途径解决。

b. 对于外国人的人身权利、财产权利、受教育权利和其他合法权利，我国法律均予以保护。但外国人不能享有我国公民的某些权利或承担我国公民的某些义务，如参与选举，担任公职和服兵役等。

4. 法的效力冲突及其解决方式

（1）解决法的效力冲突的一般原则

① 根本法优于普通法

宪法具有最高的法律效力，一切法律、行政法规、地方性法规、自治条例和单行条例、规章都不得同宪法相抵触。

②上位法优于下位法

a.法律的效力高于行政法规、地方性法规、规章。

b.行政法规的效力高于地方性法规、规章。

c.地方性法规的效力高于本级和下级地方政府规章。

d.省、自治区的人民政府制定的规章的效力高于本行政区域内的设区的市、自治州的人民政府制定的规章。

③新法优于旧法

同一国家机关在不同时期颁布的法产生冲突时,遵循新法优于旧法的原则。

④特别法优于一般法

同一国家机关制定的法,特别规定与一般规定不一致的,适用特别规定。包括以下两种情况:

a.在适用对象上,对特定主体和特定事项的法,优于对一般主体和一般事项的法;

b.在适用空间上,对特定时间和特定区域的法,优于平时和一般地区的法。

(2)解决法的效力冲突的特殊方式

①新的一般规定与旧的特别规定不一致

a.法律之间对同一事项的新的一般规定与旧的特别规定不一致,不能确定如何适用时,由全国人大及其常委会裁决。

b.行政法规之间对同一事项的新的一般规定与旧的特别规定不一致,不能确定如何适用时,由国务院裁决。

c.地方性法规、规章之间不一致时,由有关机关依照规定的权限作出裁决。

d.同一机关制定的新的一般规定与旧的特别规定不一致时,由制定机关裁决。

②同一位阶的法规不一致

a.地方性法规与部门规章之间对同一事项的规定不一致,不能确定如何适用时,由国务院提出意见。国务院认为应当适用地方性法规的,应当决定在该地方适用地方性法规的规定,认为应当适用部门规章的,应当提请全国人大及其常委会裁决。

b.部门规章之间、部门规章与地方政府规章之间对同一事项的规定不一致时,由国务院裁决。

③根据授权制定的法规和法律不一致,不能确定如何适用时,由全国人大及其常委会裁决。

【例1-9·多选题·2017】下列关于规范性法律文件适用原则的表述中,正确的有( )。

A.法律之间对同一事项的新的一般规定与旧的特别规定不一致,不能确定如何适用时,由全国人民代表大会常务委员会裁决

B.根据授权制定的法规与法律不一致,不能确定如何适用时,由全国人民代表大会常务委员会裁决

C.行政法规之间对同一事项的新的一般规定与旧的特别规定不一致,不能确定如何适用时,由国务院裁决

D.部门规章与地方政府规章之间对同一事项的规定不一致时,由国务院裁决

【答案】ABCD

【解析】选项ABCD均正确。

三、法律部门与法律体系 ★

（一）法律部门与法律体系的概念

法律部门又称部门法，是根据一定标准和原则所划分的同类法律规范的总称。法律部门划分的标准首先是法律调整的对象，即法律调整的社会关系。

（二）我国现行的法律部门与法律体系

我国现行法律体系大体可以划分为七个主要的法律部门：

（1）宪法及宪法相关法。

（2）民商法。

（3）行政法。

（4）经济法。

（5）劳动法与社会法。

（6）刑法。

（7）诉讼与非诉讼程序法。

四、法律关系 ★ ★

（一）法律关系的概念

法律关系是法律规范在调整人们的行为过程中所形成的一种特殊的社会关系，即法律上的权利与义务关系。或者说，法律关系是指被法律规范所调整的权利与义务关系。

（二）法律关系的要素

法律关系是由**法律关系的主体、法律关系的内容和法律关系的客体**三个要素构成的。缺少其中任何一个要素，都不能构成法律关系。

1. 法律关系的主体

法律关系主体又称法律主体，是指参加法律关系，依法**享有权利和承担义务**的当事人。

【例 1-10·单选题·2020】甲公司和乙公司签订购买 20 台办公电脑的买卖合同，总价款为 20 万元。该法律关系的主体是（　　）。

A. 甲公司和乙公司　　　B. 20 台办公电脑　　　C. 20 万元价款　　　D. 买卖合同

【答案】A

【解析】法律关系的主体是指参加法律关系，依法享有权利和承担义务的当事人。

2. 法律关系的内容

（1）法律权利的表现。

① 权利享有者依照法律规定有权自主决定作出或者不作出某种行为（行为权）；

② 要求他人作出或者不作出某种行为（请求权）；

③ 一旦被侵犯，有权请求国家予以法律保护（获得法律保护权）。

（2）法律义务的表现。

法律义务是指法律关系主体依照法律规定所负担的必须作出某种行为或者不得作出某种行为的负担和约束。

① 必须作出某种行为，即以积极的作为方式去履行义务（积极义务），如缴纳税款等；

② 不得作出某种行为,即以消极的不作为方式去履行义务(消极义务),如不得毁坏公共财物等。

3. 法律关系的客体

(1)法律关系客体的概念。

法律关系客体是指法律关系主体的权利和义务所指向的对象。

(2)法律关系客体的内容和范围。

法律关系客体的内容和范围是由法律规定的。法律关系客体应当具备的特征是:能为人类所控制并对人类有价值。

法律关系客体的分类如表 1-4 所示。

表 1-4　　　　　　　　　　　　　　法律关系客体的分类

分类	内容
物	(1)分类1: ① 自然物,如土地、矿藏、水流、森林; ②人造物,如建筑、机器、各种产品等; ③财产物品的一般价值表现形式:货币及有价证券。 (2)分类2: ① 有体物,可以是固定形态的,也可以是没有固定形态的(如天然气、电力等); ② 无体物,如权利等
人身、人格	人的整体只能是法律关系的主体,不能作为法律关系客体。而人的部分是可以作为客体的"物",如当人的头发、血液、骨髓、精子和其他器官从身体中分离出去,成为与身体相分的外部之物时,在某些情况下也可视为法律上的"物"
智力成果	精神产品是指人们通过脑力劳动创造的能够带来经济价值的精神财富,如作品、发明、实用新型、外观设计、商标等
信息、数据、网络虚拟财产	作为法律关系客体的信息,是指有价值的情报或资讯,如矿产情报、产业情报、国家机密、商业秘密、个人隐私等
行为(行为结果)	行为是指人的有意识的活动,如生产经营行为、经济管理行为、完成一定工作的行为和提供一定劳务的行为

【例 1-11·多选题·2018】下列各项中,能够作为法律关系主体的有(　　)。

A. 乙农民专业合作社　　　　　　　　　B. 甲市财政局

C. 智能机器人阿尔法　　　　　　　　　D. 大学生张某

【答案】ABD

【解析】选项 AB 是组织中的特别法人,选项 C 是法律关系的客体,选项 D 是自然人。

五、法律事实 ★★

(一)法律事实的概念及分类

任何法律关系的发生、变更和消灭,都要有法律事实的存在。

1.概念

法律事实是指由法律规范所确定的，能够产生法律后果，即能够直接引起法律关系发生、变更或者消灭的情况。法律事实是法律关系发生、变更和消灭的直接原因。

2.分类

按照是否以当事人的意志为转移作标准，可以将法律事实划分为法律事件、法律行为和事实行为。

（二）法律事件

法律事件是指不以当事人的主观意志为转移的，能够引起法律关系发生、变更和消灭的法定情况或者现象。

（1）自然事件（绝对事件）。

由自然现象引起的事实，如地震、洪水、台风、森林大火等自然灾害或者生老病死及意外事故等。

（2）社会事件（相对事件）。

由社会现象引起的事实，如社会革命战争、重大政策的改变等。

（三）法律行为

1.概念

法律行为是指以法律关系主体意志为转移，能够引起法律关系后果，即引起法律关系发生、变更和消灭的人们有意识的活动。

2.分类

按照不同的标准，可以对法律行为作不同的分类，具体如表 1-5 所示。

表 1-5 法律行为的分类

分类依据	具体类别
按行为是否符合法律规范的要求	① 合法行为； ② 违法行为
按行为表现形式	① 积极行为； ② 消极行为
按行为人取得权力是否需要支付对价	① 有偿行为（如买卖、租赁）； ② 无偿行为（如无偿保管、赠予等）
按作出意思表示的主体数量	① 单方行为（如遗嘱、行政命令）； ② 多方行为（如合同行为）
按行为是否需要特定形式或实质要件	① 要式行为； ② 非要式行为
按主体实际参与行为的状态	① 自主行为； ② 代理行为

法律事实隶属关系小结如图 1-1 所示。

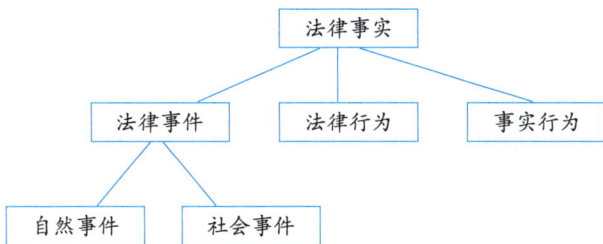

图 1-1 法律事实隶属关系

🎯 **敲黑板**

考试中看清楚问的到底是什么,是法律事实,还是法律事件或法律行为。

【例 1-12·单选题·2016】甲公司与乙公司签订租赁合同,约定甲公司承租乙公司一台挖掘机,租期 1 个月,租金 1 万元。引起该租赁法律关系发生的法律事实是( )。

A. 签订租赁合同的行为   B. 甲公司和乙公司

C. 1 万元租金   D. 租赁的挖掘机

【答案】A

【解析】选项 B 为法律关系主体,选项 CD 为法律关系客体。

【例 1-13·多选题·2020】下列法律事实中,属于法律行为的有( )。

A. 火山喷发   B. 书立遗嘱   C. 买卖房屋   D. 台风登陆

【答案】BC

【解析】选项 AD 属于自然事件。

【例 1-14·单选题·2021】属于法律事件的是( )。

A. 暴 发疫情   B. 核酸检测   C. 捐赠口罩   D. 出口疫苗

【答案】A

【解析】法律事件不以人的意志为转移,选项 BCD 均为法律行为。

【例 1-15·单选题·2021】下列行为,属于法律行为的是( )。

A. 战争   B. 洪水   C. 地震   D. 直播带货

【答案】D

【解析】选项 ABC 属于法律事件。

【例 1-16·多选题·2022】下列选项中,属于法律事实的有( )。

A. 王某父亲去世   B. 甲地地震发生   C. 张某的孩子出生   D. 李某签发支票

【答案】ABCD

【解析】选项 ABC,属于法律事件中的绝对事件;选项 D,属于法律行为。

【例 1-17·单选题·2015】根据行为是否需要特定形式或实质要件,法律行为可以分为( )。

A. 单方的法律行为和多方的法律行为   B. 有偿的法律行为和无偿的法律行为

C. 要式的法律行为和非要式的法律行为   D. 主法律行为和从法律行为

【答案】C

【解析】根据行为是否需要特定形式或实质要件,法律行为可以分为要式的法律行为和非要式的法律行为。

【例 1-18·单选题·2015】下列各项中，属于单方行为的是（   ）。

A.签订合同   B.缔结婚姻   C.订立遗嘱   D.销售商品

【答案】C

【解析】选项 ABD 都为双方行为。

第二节 法律主体

一、法律主体的分类★★★

法律主体，也称法律关系主体，是指参加法律关系，依法享有权利和承担义务的当事人。根据我国法律规定，能够参与法律关系的主体包括自然人、法人、非法人组织、国家。

（一）自然人

1. 自然人的概念

自然人，既包括中国公民，也包括居住在中国境内或在境内活动的外国公民和无国籍人。 公民是指具有一国国籍的自然人。

2. 自然人的出生时间和死亡时间

（1）以出生证明、死亡证明记载的时间为准。

（2）没有出生证明、死亡证明的，以户籍登记或者其他有效身份登记记载的时间为准。

（3）有其他证据足以推翻以上记载时间的，以该证据证明的时间为准。

（4）自然人在出生之前也可以成为特殊法律关系的主体。

3. 自然人的住所

自然人以户籍登记或者其他有效身份登记记载的居所为住所；经常居所与住所不一致的，经常居所视为住所。

（二）法人

1. 法人制度概述

法人制度是指法律赋予符合条件的团体以法律人格，使团体的人格与成员的人格独立开来，从而使这些团体成为独立的民事主体。

（1）法人的概念与成立

① 法人的概念

法人是具有民事权利能力和民事行为能力，依法独立享有民事权利和承担民事义务的组织。

② 法人的成立

法人应当依法成立，应当有自己的名称、组织机构、住所、财产或者经费。

a.法人的名称是法人独立于其成员的人格标志，是法人参与法律活动时得以区别于其他法人的特定化标志。

b.法人的组织机构亦称法人的机关。法人机关依法律、条例、章程规定而产生，其对内管理法人事务，对外代表法人从事民事活动。法人的组织机构主要有：意思机关、执行机关、代表机关、监督机关。

c.法人以其主要办事机构所在地为住所。依法需要办理法人登记的，应当将主要办事机构所在地登记为住所。

d.法人的财产或者经费是法人作为法律关系主体，参与法律活动、享受法律权利和承担法律义务的物质基础，也是其承担法律责任的物质保障。法人以其全部财产独立承担民事责任。

（2）法人的分类

法人分为营利法人、非营利法人和特别法人。

敲黑板

　　法律所指营利，是指积极的营利并将其所得利益分配给其成员。营利所指不是法人本身营利，而是指法人为其成员营利。例如基金会等组织，属于非营利法人。

（3）法人的法定代表人

依照法律或者法人章程的规定，代表法人从事民事活动的负责人，为法人的法定代表人。

①法定代表人以法人名义从事的民事活动，其法律后果由法人承担。

②法定代表人因执行职务造成他人损害的，由法人承担民事责任。法人承担民事责任后，依照法律或者法人章程的规定，可以向有过错的法定代表人追偿。

名师说

　　法人章程或者法人权力机构对法定代表人代表权的限制，不得对抗善意相对人。即不能以法人内部规定来进行抗辩。

（4）法人设立中的责任承担

① 设立人为设立法人从事的民事活动，其法律后果由法人承受。

② 法人未成立的，其法律后果由设立人承受，设立人为二人以上的，享有连带债权，承担连带债务。

③ 设立人为设立法人**以自己的名义**从事民事活动产生的民事责任，第三人有权选择请求法人或者设立人承担。

（5）法人的合并和分立

① 法人合并的，其权利和义务由合并后的法人享有和承担。

② 法人分立的，其权利和义务由分立后的法人享有连带债权，承担连带债务，但是债权人和债务人另有约定的除外。

（6）法人解散和终止

① 法人解散

法人解散是指由于法人章程或者法律规定的事由出现，致使法人不能继续存在，从而停止积极活动，开始整理财产关系的程序。出现下列情形之一的，法人解散：

a.法人章程规定的存续期间届满或者法人章程规定的其他解散事由出现；

b.法人的权力机构决议解散；

c.因法人合并或者分立需要解散；

d.法人依法被吊销营业执照、登记证书，被责令关闭或者被撤销；

e.法律规定的其他情形。

②法人终止

法人终止是指法人资格的丧失。有下列原因之一并依法完成清算、注销登记的，法人终止：

a.法人解散；

b.法人被宣告破产；

c.法律规定的其他原因。

（7）法人的清算

①法人的董事、理事等执行机构或者决策机构的成员为清算义务人。法律、行政法规另有规定的，依照其规定。清算义务人未及时履行清算义务，造成损害的，应当承担民事责任。

②清算期间法人存续，但是不得从事与清算无关的活动。法人清算后的剩余财产，根据法人章程的规定或者法人权力机构的决议处理。法律另有规定的，依照其规定。清算结束并完成法人注销登记时，法人终止；依法不需要办理法人登记的，清算结束时，法人终止。法人被宣告破产的，依法进行破产清算并完成法人注销登记时，法人终止。

（8）法人的分支机构

分支机构以自己的名义从事民事活动，产生的民事责任由法人承担；也可以先以该分支机构管理的财产承担，不足以承担的，由法人承担。

2.各类法人的概念特征

表 1-6　　　　　　　　　　　　　　　　　　法人的类型概念

法人类型	具体分类	概念
营利法人	公司制营利法人	主要是有限责任公司、股份有限公司
	非公司制营利法人	没有采用公司制的全民所有制企业、集体所有制企业等
非营利法人	事业单位	国家为了社会公益目的，由国家机关举办或者其他组织利用国有资产举办的，从事教育、科技、文化、卫生等活动的社会服务组织
	社会团体	中国公民自愿组成，为实现会员共同意愿，按照其章程开展活动的非营利性社会组织
	捐助法人	具备法人条件，为公益目的以捐助财产设立的基金会、社会服务机构等组织
	宗教活动场所法人	取得捐助法人资格的宗教活动场所
特别法人	机关法人	依据宪法、法律法规或政府的行政命令而设立、享有公权力的、以从事履行公共管理职能为主的各级国家机关
	农村集体经济组织	利用农村集体的土地或其他财产，从事农业经营等活动的组织
	城镇农村的合作经济组织	劳动者在互助基础上，自筹资金共同经营，共同劳动并分享收益的经济组织
	基层群众性自治组织	居民委员会、村民委员会具有基层群众性自治组织法人资格，可以从事为履行职能所需要的民事活动

（1）营利法人

① 营利法人的成立

营业执照签发日期为营利法人的成立日期。

② 营利法人的组织机构

a.设立营利法人应当依法制定法人章程。

b.营利法人应当设权力机构。

c.营利法人应当设执行机构。执行机构为董事会或者执行董事的，董事长、执行董事或者经理按照法人章程的规定担任法定代表人；未设董事会或者执行董事的，法人章程规定的主要负责人为其执行机构和法定代表人。

d.营利法人设监事会或者监事等监督机构的，监督机构依法行使检查法人财务，监督执行机构成员、高级管理人员执行法人职务的行为，以及法人章程规定的其他职权。

（2）非营利法人

① 具备法人条件的事业单位，经依法登记成立，取得事业单位法人资格；依法不需要办理法人登记的，从成立之日起，具有事业单位法人资格。

② 具备法人条件，基于会员共同意愿为公益目的或者会员共同利益等非营利目的设立的社会团体，经依法登记成立，取得社会团体法人资格；依法不需要办理法人登记的，从成立之日起，具有社会团体法人资格。

③ 信教公民的集体宗教活动，一般应当在经登记的宗教活动场所内进行。

（3）特别法人

① 有独立经费的机关和承担行政职能的法定机构从成立之日起，具有机关法人资格。因为机关法人存续过程中，会偶尔涉及民事法律关系，因此，民法上将其作为有民事主体资格的法人对待，以便于民事诉讼。

② 机关法人被撤销的，法人终止，其民事权利和义务由继任的机关法人享有和承担；没有继任的机关法人的，由作出撤销决定的机关法人享有和承担。

（三）非法人组织

1.非法人组织的概念

（1）非法人组织是指不具有法人资格，但是能够依法以自己的名义从事民事活动的组织。非法人组织包括个人独资企业、合伙企业、不具有法人资格的专业服务机构等。

（2）非法人组织的财产不足以清偿债务的，其出资人或者设立人承担无限责任。法律另有规定的，依照其规定。

2.非法人组织的代表

非法人组织可以确定一人或者数人代表该组织从事民事活动。

3.非法人组织的解散

有下列情形之一的，非法人组织解散：

① 章程规定的存续期间届满或者章程规定的其他解散事由出现；

② 出资人或者设立人决定解散；

③ 法律规定的其他情形。

非法人组织解散的，应当依法进行清算。

（四）国家

在特殊情况下，国家可以作为一个整体成为法律主体。

【例1-19·单选题·2022】下列主体中，属于非营利法人的是（　　）。

A.农民专业合作社　　　　　　　　B.合伙企业

C.事业单位　　　　　　　　　　　D.有限责任公司

【答案】C

【解析】选项A属于特别法人；选项B属于非法人组织；选项C属于非营利法人；选项D属于营利法人。

【例1-20·判断题·2020】合伙企业具有法人资格。（　　）

【答案】×

【解析】合伙企业属于非法人组织。

【例1-21·单选题·2021】中国注册会计师协会，属于下列各项中哪种法人。（　　）

A.特别法人　　　　　　　　　　　B.非营利法人

C.营利法人　　　　　　　　　　　D.企业法人

【答案】B

【解析】中国注册会计师协会是社会团体法人，归属于非营利法人。

【例1-22·判断题·2021】基金会是特别法人。（　　）

【答案】×

【解析】基金会是非营利法人。

二、法律主体资格★★

法律主体资格包括权利能力和行为能力两个方面。

（一）权利能力

权利能力，是指法律主体能够参加某种法律关系，依法享有一定权利和承担一定义务的法律资格。

1.自然人的权利能力。

自然人从出生时起到死亡时止，具有民事权利能力。自然人的民事权利能力一律平等。

2.法人的权利能力。

法人权利能力的范围由法人成立的宗旨和业务范围决定，自法人成立时产生，至法人终止时消灭。

（二）行为能力

行为能力，是指法律主体能够通过自己的行为实际取得权利和履行义务的能力。

1.法人的行为能力和权利能力是一致的，同时产生、同时消灭。

2.自然人的行为能力不同于其权利能力，具有行为能力必须首先具有权利能力，但具有权利能力并不必然具有行为能力。

我国法律将自然人按其民事行为能力划分为三类，如表1-7所示。

表 1-7 自然人民事行为能力分类

民事行为能力的种类	具体规定
完全民事行为能力	$x \geq 18$ 周岁
	16 周岁 $\leq x < 18$ 周岁，以自己的劳动收入为主要生活来源
限制民事行为能力	8 周岁 $\leq x < 18$ 周岁
	$x \geq 18$ 周岁，不能完全辨认自己行为
无民事行为能力	$x < 8$ 周岁
	8 周岁 $\leq x < 18$ 周岁，完全不能辨认自己行为
	$x \geq 18$ 周岁，完全不能辨认自己行为

【例 1-23 · 多选题 · 2019】下列自然人中，属于限制民事行为能力人的有（   ）。

A. 范某，20 周岁，有精神障碍，不能辨认自己的行为

B. 孙某，7 周岁，不能辨认自己的行为

C. 周某，15 周岁，系体操队专业运动员

D. 杨某，13 周岁，系大学少年班在校大学生

【答案】CD

【解析】选项 AB 中的自然人均为无民事行为能力人。

3. 自然人的刑事责任能力

刑事责任能力指行为人构成犯罪和承担刑事责任所必须具备的刑法意义上的辨认和控制自己行为的能力。

（1）已满 16 周岁的人犯罪，应当负刑事责任。

（2）已满 14 周岁不满 16 周岁的人，犯故意杀人、故意伤害致人重伤或者死亡、强奸、抢劫、贩卖毒品、放火、爆炸、投放危险物质罪的，应当负刑事责任。

（3）已满 12 周岁不满 14 周岁的人，犯故意杀人、故意伤害罪，致人死亡或者以特别残忍手段致人重伤造成严重残疾，情节恶劣，经最高人民检察院核准追诉的，应当负刑事责任。

（4）已满 12 周岁不满 18 周岁的人犯罪，应当从轻或者减轻处罚。因不满 16 周岁不予刑事处罚的，责令其父母或者其他监护人加以管教；在必要的时候，依法进行专门矫治教育。

（5）已满 75 周岁的人故意犯罪的，可以从轻或者减轻处罚；过失犯罪的，应当从轻或者减轻处罚。

（6）精神病人在不能辨认或者不能控制自己行为的时候造成危害结果，经法定程序鉴定确认的，不负刑事责任，但是应当责令其家属或者监护人严加看管和医疗；在必要的时候，由政府强制医疗。间歇性的精神病人在精神正常的时候犯罪，应当负刑事责任。尚未完全丧失辨认或者控制自己行为能力的精神病人犯罪的，应当负刑事责任，但是可以从轻或者减轻处罚。

（7）醉酒的人犯罪，应当负刑事责任。

（8）又聋又哑的人或者盲人犯罪，可以从轻、减轻或者免除处罚。

【例 1-24 · 多选题 · 2022】下列犯罪主体中，刑事处罚可以从轻的有（   ）。

A. 又聋又哑的人

B. 尚未完全丧失辨认自己行为能力的精神病人

C.醉酒的人

D.故意犯罪的已满 75 周岁的人

【答案】ABD

【解析】选项 A，又聋又哑的人或者盲人犯罪，可以从轻、减轻或者免除处罚；选项 B，尚未完全丧失辨认或者控制自己行为能力的精神病人犯罪的，应当负刑事责任，但是可以从轻或者减轻处罚；选项 C，醉酒的人犯罪，应当负刑事责任；选项 D，已满 75 周岁的人故意犯罪的，可以从轻或者减轻处罚。

第三节 法律责任

根据我国法律的有关规定，可将法律责任分为民事责任、行政责任和刑事责任三种。

一、民事责任 ★★★

民事责任主要是财产责任。民事责任是指民事主体违反了约定或法定的义务所应承担的不利民事法律后果。根据《民法典》的规定，承担民事责任的主要形式有以下 11 种：

（1）停止侵害。

（2）排除妨碍。

（3）消除危险。

（4）返还财产。

（5）恢复原状。

（6）修理、重作、更换。

（7）继续履行。

（8）赔偿损失。

（9）支付违约金。

（10）消除影响、恢复名誉。

（11）赔礼道歉。

以上承担民事责任的方式，可以单独适用，也可以合并适用。

二、行政责任 ★★★

行政责任是指违反法律法规规定的行为人所应承受的由国家行政机关对其依行政程序所给予的制裁。行政责任包括行政处罚和行政处分，如表 1-8 所示。

表1-8 行政处罚和行政处分

名称	概念	责任承担方式
行政处罚	行政处罚是指行政机关依法对违反行政管理秩序的公民、法人，或者其他组织，以减损权益或者增加义务的方式予以惩戒的行为	（1）警告、通报批评。 （2）罚款、没收违法所得、没收非法财物。 （3）暂扣许可证件、降低资质等级、吊销许可证件。 （4）限制开展生产经营活动、责令停产停业、责令关闭、限制从业。 （5）行政拘留。 （6）法律、行政法规规定的其他行政处罚
行政处分	行政处分，是指对违反法律规定的国家机关工作人员或被授权、委托的执法人员所实施的内部制裁措施	警告、记过、记大过、降级、撤职、开除

名师说

行政处罚是针对行政管理相对人，行政处分是针对国家机关工作人员。

敲黑板

行政责任包括行政处罚和行政处分，考试中看清问的是行政责任，还是行政处罚或是行政处分。

三、刑事责任 ★ ★ ★

刑事责任是指犯罪人因实施犯罪行为所应承受的由国家审判机关（法院）依照刑事法律给予的制裁后果。刑事责任主要通过刑罚而实现，刑罚分为主刑和附加刑，如表1-9所示。

表1-9 主刑和附加刑

刑罚	内容
主刑	（1）管制，期限为3个月以上2年以下，数罪并罚最高不能超过3年。 （2）拘役，期限为1个月以上6个月以下，数罪并罚最高不能超过1年。 （3）有期徒刑，期限为6个月以上15年以下。有期徒刑总和刑期不满35年的，最高不能超过20年；总和刑期在35年以上的，最高不能超过25年。 （4）无期徒刑，是剥夺犯罪分子终身自由，实行劳动改造的刑罚方法。 （5）死刑，是剥夺犯罪分子生命的刑罚方法
附加刑	附加刑是补充、辅助主刑适用的刑罚。附加刑可以附加于主刑之后作为主刑的补充，同主刑一起适用，也可以独立适用。附加刑的种类有： （1）罚金，是强制犯罪分子或者犯罪的单位向国家缴纳一定数额金钱的刑罚。 （2）剥夺政治权利，是剥夺犯罪分子参加国家管理和政治活动权利的刑罚。剥夺的政治权利是指：选举权和被选举权；言论、出版、集会、结社、游行、示威自由的权利；担任国家机关职务的权利；担任国有公司、企业、事业单位和人民团体领导职务的权利。 （3）没收财产，是指没收犯罪分子个人所有财产的一部分或者全部，强制无偿地收归国有的刑罚。 （4）驱逐出境，是强迫犯罪的外国人离开中国国（边）境的刑罚

🎓 **名师说**

"支付违约金、返还财产"属于民事责任；"罚款；没收违法所得、没收非法财物"属于行政责任；"罚金；没收财产"属于刑事责任。

【例1-25·多选题·2016】甲行政机关财务负责人刘某因犯罪被人民法院判处有期徒刑，并处罚金和没收财产，后被甲行政机关开除。刘某承担的法律责任中，属于刑事责任的有（　　）。

A. 没收财产　　　　　B. 罚金　　　　　C. 有期徒刑　　　　　D. 开除

【答案】ABC

【解析】选项D属于行政处分。

【例1-26·多选题·2020】下列法律责任形式中，属于行政责任的有（　　）。

A. 没收违法所得　　　B. 吊销许可证　　　C. 剥夺政治权利　　　D. 恢复原状

【答案】AB

【解析】选项C属于刑事责任，选项D属于民事责任。

【例1-27·单选题·2021】下列法律责任形式中，民事责任的是（　　）。

A. 支付违约金　　　　B. 罚款　　　　　C. 罚金　　　　　D. 没收非法财物

【答案】A

【解析】罚款和没收非法财务属于行政处罚，罚金属于刑事责任。

【例1-28·单选题·2021】下列法律责任形式中，属于行政处罚的是（　　）。

A. 没收违法所得　　　B. 记过　　　　　C. 管制　　　　　D. 返还财产

【答案】A

【解析】没收违法所得为行政处罚，记过为行政处分，管制为刑事责任，返还财产为民事责任。

【例1-29·单选题·2021】下列法律责任形式中，法律责任形式中，属于行政处分的是（　　）。

A 罚款　　　　　　　B. 拘役　　　　　C. 记过　　　　　D 拘留

【答案】C

【解析】行政处分种类有：警告、记过、记大过、降级、撤职、开除六类。

【例1-30·判断题·2022】附加刑只能附加于主刑一起适用，不能独立适用。（　　）

【答案】×

【解析】附加刑可以附加于主刑之后作为主刑的补充，同主刑一起适用；也可以独立适用。

本章习题精练

一、单项选择题

1. 根据行为是否需要特定形式或实质要件，法律行为可以分为（　　）。
   A. 单方行为和多方行为
   B. 积极行为和消极行为
   C. 要式行为和非要式行为
   D. 自主行为和代理行为

2. 下列各项中能够直接引起法律关系发生、变更、消灭的是（　　）。
   A. 法律事实
   B. 法律关系的客体
   C. 法律关系的主体
   D. 法律关系的内容

3. 下列法的形式中，由国家最高权力机关制定规定国家基本制度和根本任务、具有最高法律效力、属于国家根本大法的是（　　）。
   A.《中华人民共和国宪法》
   B.《中华人民共和国民法典》
   C.《中华人民共和国刑法》
   D.《中华人民共和国物权法》

4. 下列选项中，属于主刑的是（　　）。
   A. 驱逐出境　　　　B. 拘役
   C. 没收财产　　　　D. 罚金

5. 不同法的形式具有不同的效力等级。下列各项中效力低于地方性法规的是（　　）。
   A. 宪法　　　　　　B. 同级政府规章
   C. 法律　　　　　　D. 行政法规

6. 下列法律责任的形式中，属于行政责任的是（　　）。
   A. 赔偿损失　　　　B. 罚款
   C. 返还财产　　　　D. 罚金

7. 根据刑事法律制度的规定，下列各项中属于拘役法定量刑期的是（　　）。
   A. 15 天以下
   B. 1 个月以上 6 个月以下
   C. 3 个月以上 2 年以下
   D. 6 个月以上 15 年以下

8. 下列法律责任形式属于民事责任的是（　　）。
   A. 拘役　　　　　　B. 记过
   C. 暂扣许可证　　　D. 支付违约金

9. 下列刑罚中，属于附加刑的是（　　）。
   A. 管制　　　　　　B. 死刑
   C. 拘役　　　　　　D. 驱逐出境

10. 根据我国民事法律制度的规定，达到一定年龄阶段、以自己的劳动收入为主要生活来源的公民，应当为完全民事行为能力人。该年龄阶段为（　　）。
    A. 16 周岁以上不满 18 周岁
    B. 18 周岁以上
    C. 10 周岁以上不满 18 周岁
    D. 不满 10 周岁

11. 根据法律主体实际参与行为的状态，法律行为可以分为（　　）。
    A. 单方行为和多方行为
    B. 积极行为和消极行为
    C. 要式行为和非要式行为
    D. 自主行为和代理行为

12. 下列法的形式中，由全国人民代表大会及其常务委员会经一定立法程序制定颁布的规范性文件是（　　）。
    A. 宪法　　　　　　B. 行政法规
    C. 法律　　　　　　D. 行政规章

13. 下列对法所作的分类中，以法的创制方式和发布形式为依据进行分类的是（　　）。
    A. 成文法和不成文法
    B. 根本法和普通法
    C. 实体法和程序法
    D. 一般法和特别法

14. 下列关于法的本质与特征的表述中，正确的是（　　）。
    A. 法是全社会成员共同意志的体现
    B. 法不是由国家制定或认可的规范
    C. 法由被统治阶级的物质生活条件所决定
    D. 法凭借国家强制力的保证获得普遍遵行的效力

15. 甲公司和乙公司签订买卖合同，向乙公司购买 3 台机器设备，总价款为 60 万元，该买卖合同法律关系的主体是（　　）。

A. 签订买卖合同　　　B. 甲公司和乙公司

C. 60 万元价款　　　D. 3 台机器设备

16. 智力成果属于法律关系三要素中的（　　）。

A. 法律关系的内容　　B. 法律关系的主体

C. 法律事实　　　　　D. 法律关系的客体

17. 以下属于单方行为的是（　　）。

A. 立遗嘱　　　　　　B. 缔结婚姻

C. 签订合同　　　　　D. 销售商品

18. 下列法的形式中，效力最低的是（　　）。

A. 法律　　　　　　　B. 行政法规

C. 地方性法规　　　　D. 宪法

19. 关于法人的民事责任，下列说法正确的是（　　）。

A. 法定代表人因执行职务造成他人损害的，如果完全属于个人过错，则由法定代表人承担民事责任

B. 法人未成立的，其法律后果由设立人承受

C. 分支机构以自己的名义从事民事活动，产生的民事责任由分支机构承担

D. 设立人为设立法人以自己的名义从事民事活动产生的民事责任，由设立人承担

20. 关于法人的解散和终止，下列说法正确的是（　　）。

A. 法人解散是指法人资格的丧失

B. 清算期间法人资格丧失，不得从事与清算无关的活动

C. 清算义务人未及时履行清算义务，造成损害的，应当承担民事责任

D. 法人被宣告破产的，依法进行破产清算后，法人即终止

二、多项选择题

21. 根据我国法律制度的规定，下列各项中，能够成为法律关系主体的有（　　）。

A. 自然人　　　　　　B. 商品

C. 法人　　　　　　　D. 行为

22. 甲行政机关财务负责人刘某，因犯罪被人民法院判处有期徒刑并处罚金和没收财产后，被甲行政机关开除。刘某承担的法律责任中

属于刑事责任的有（　　）。

A. 没收财产　　　　　B. 罚金

C. 有期徒刑　　　　　D. 开除

23. 下列各项中，能够成为法律关系客体的有（　　）。

A. 土地　　　　　　　B. 发明

C. 机器　　　　　　　D. 矿藏

24. 下列各项中，属于行政处分的有（　　）。

A. 罚款　　　　　　　B. 撤职

C. 记过　　　　　　　D. 开除

25. 刑罚分为主刑和附加刑，以下属于附加刑的有（　　）。

A. 有期徒刑　　　　　B. 无期徒刑

C. 驱逐出境　　　　　D. 剥夺政治权利

26. 剥夺政治权利的范围有（　　）。

A. 选举权和被选举权

B. 担任国家机关职务的权利

C. 担任国有公司、企业的领导职务的权利

D. 担任事业单位、人民团体的领导职务的权利

27. 下列可成为法律关系客体的有（　　）。

A. 土地　　　　　　　B. 网络虚拟财产

C. 人民币　　　　　　D. 天然气

28. 根据我国法律制度的规定，下列各项中，能够成为法律关系客体的有（　　）。

A. 自然人　　　　　　B. 商品

C. 法人　　　　　　　D. 行为

29. 关于法的本质与特征的下列表述中，正确的有（　　）。

A. 法由统治阶级的物质生活条件所决定

B. 法体现的是统治阶级的整体意志和根本利益

C. 法是由国家制定或认可的行为规范

D. 法由国家强制力保障其实施

30. 小张与小李签订房屋买卖合同，小张购买小李的房屋，该法律关系中法律主体有（　　）。

A. 小张　　　　　　　B. 小李

C. 小张的父亲　　　　D. 不存在

31. 下列各项中，能够成为法律关系客体的有（　　）。

A. 国家　　　　　　B. 电脑

C. 科学家　　　　　D. 食品

32. 下列各项中，属于法律关系构成要素的有（　　）。

A. 主体　　　　　　B. 内容

C. 客体　　　　　　D. 法律事件

33. 下列各项中，属于法律关系的客体的有（　　）。

A. 有价证券　　　　B. 库存商品

C. 提供劳务行为　　D. 智力成果

34. 根据民事法律制度规定，属于法律行为的有（　　）。

A. 订立合同　　　　B. 销售货物

C. 发生海啸　　　　D. 签发支票

35. 关于非法人组织，下列说法正确的有（　　）。

A. 非法人组织不具有法人资格，不是法律主体

B. 非法人组织的财产不足以清偿债务的，其出资人或者设立人承担无限责任

C. 非法人组织可以确定一人或者数人代表该组织从事民事活动

D. 非法人组织解散的，应当依法进行清算

36. 关于法的效力范围，下列说法正确的有（　　）。

A. 关于法的溯及力，我国法律采用的是从旧兼从重原则

B. 我国的某些法律条款具有域外效力

C. 在国外的中国公民也有遵守中国法律的义务

D. 对于外国人的受教育权利，我国法律予以保护

三、判断题

37. 法是通过国家制定和发布的，因此国家发布的所有文件都是法。（　　）

38. 法律义务是法律关系的主体依照法律规定具有的自主决定作出或者不作出某种行为，要求他人作出或者不作出某种行为的自由。（　　）

39. 已满14周岁不满16周岁的人，因故意杀人、贩卖毒品等行为应当负行政责任。（　　）

40. 间歇性的精神病人在精神正常的时候犯罪，应当从轻或减轻处罚。（　　）

41. 行政法规的地位次于宪法和法律，低于地方性法规、规章。（　　）

42. 在刑事领域，对有外交特权和豁免权的外国人犯罪需要追究刑事责任的，通过外交途径解决。（　　）

43. 机关法人被撤销且没有继任的机关法人的，其民事权利和义务由其上一级机关法人享有和承担。（　　）

第二章 会计法律制度

考情概要

本章预计每年考查总分 7 分左右，单选题、多选题、判断题以及不定项选择题都会涉及。其中"会计核算、会计档案管理、会计监督"属于重点考查内容。

考纲要求及考查方式

考纲内容	要求	考试题型
会计核算	掌握	单选题、多选题、判断题
会计档案管理	掌握	单选题、多选题、判断题
会计监督	掌握	单选题、多选题
会计人员	掌握	单选题、多选题、判断题
会计工作管理体制	熟悉	多选题
代理记账	熟悉	单选题
会计岗位设置	熟悉	多选题
会计工作交接	熟悉	多选题
会计法律制度的概念	了解	近年未涉及
《会计法》的适用范围	了解	近年未涉及
会计机构	了解	近年未涉及
会计法律责任	了解	单选题、多选题、判断题

学习建议

本章以《中华人民共和国会计法》(以下简称《会计法》)为主线，同时涵盖了《企业会计准则》《会计基础工作规范》《会计从业资格管理办法》《会计档案管理办法》等相关法律、法规的内容，需要记忆的内容比较多，有些容易产生混淆，比如法律责任，需要多加记忆。

学习框架

```
                              ┌─ 会计法律制度概述 ──┬─ 会计法律制度的概念 ★
                              │                      └─ 会计工作管理体制 ★★
                              │
                              ├─ 会计核算与会计监督 ┬─ 会计核算 ★★
                              │                      ├─ 会计档案管理 ★★
   会计法律制度 ──────────────┤                      └─ 会计监督 ★★
                              │
                              ├─ 会计机构和会计人员 ┬─ 会计机构的设置原则 ★★
                              │                      ├─ 代理记账 ★★
                              │                      ├─ 会计岗位的设置 ★★
                              │                      ├─ 会计人员 ★★
                              │                      └─ 会计工作交接 ★
                              │
                              └─ 会计法律责任 ★★★
```

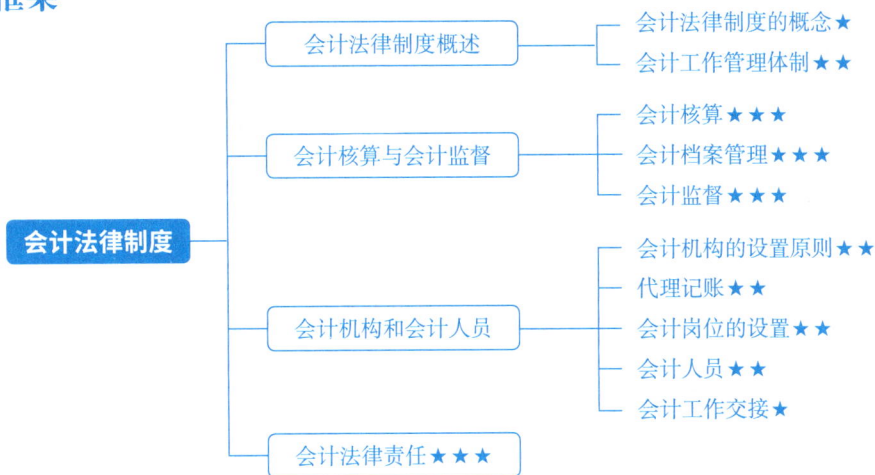

第一节 会计法律制度概述

一、会计法律制度的概念 ★

（一）定义

会计法律制度是指国家权力机关和行政机关制定的关于会计工作的法律、法规、规章和规范性文件的总称。会计法律制度是调整会计关系的法律规范。

> **名师说**
>
> 会计法律制度是指跟会计相关的一系列的法律规范的集合，不单单指《会计法》。

（二）会计关系

会计关系是指会计机构和会计人员在办理会计事务过程中，以及国家在管理会计工作过程中发生的经济关系。

（三）会计法律制度的主要内容

表 2-1　　　　　　　　　　　　　会计法律制度的主要内容

会计法律制度	制定机关	法律文件
法律	全国人大及其常委会	《会计法》
行政法规	国务院	《总会计师条例》《企业财务会计报告条例》
部门规章	财政部	《会计人员管理办法》《代理记账管理办法》《会计基础工作规范》《企业会计准则》及其解释
	财政部与国家档案局	《会计档案管理办法》
	财政部与人力资源社会保障部	《会计专业技术人员继续教育规定》

（四）适用范围

国家机关、社会团体、公司、企业、事业单位和其他组织（以下统称"单位"）办理会计事务必须依照《会计法》规定。

《会计法》规定，国家实行统一的会计制度。国家统一的会计制度是由国务院财政部门根据《会计法》制定的关于会计核算、会计监督、会计机构和会计人员以及会计工作管理的制度。

> **名师说**
>
> "会计核算、会计监督、会计机构和会计人员"是本章内容的主线。

二、会计工作管理体制 ★★

（一）会计工作的行政管理

会计工作的主管部门，是指代表国家对会计工作行使管理职能的政府部门。

（1）国务院财政部门主管全国的会计工作。

（2）**县级以上**地方各级人民政府财政部门管理本行政区域内的会计工作。

> **名师说**
>
> 我们国家的会计工作管理实行的是统一领导、分级管理的制度。

（二）单位内部的会计工作管理

1. 单位负责人的定义

单位负责人是指单位法定代表人或者法律、行政法规规定代表单位行使职权的主要负责人。

2. 单位负责人的职责

（1）单位负责人对本单位的会计工作和会计资料的真实性、完整性负责。

（2）单位负责人应当保证会计机构、会计人员依法履行职责，不得授意、指使、强令会计机构、会计人员违法办理会计事项。

> **名师说**
>
> 单位负责人是会计工作的最终责任主体，但不能免除办理具体事务的会计人员的责任。

【例 2-1·单选题】我国会计工作行政管理的主管部门是（　）。

A. 国家财政部门　　　B. 国家统计局　　　C. 国家税务总局　　　D. 审计署

【答案】A

【解析】国务院财政部门主管全国的会计工作，县级以上地方各级人民政府财政部门管理本行政区域内的会计工作。

【例 2-2·判断题】县级以上地方各级人民政府财政部门管理本行政区域内的会计工作。（　）

【答案】√

【解析】县级以上地方各级人民政府财政部门，其中财政部门一定不能省略，否则说法错误。

【例 2-3·多选题·2021】某企业的单位负责人为了粉饰业绩，指使会计人员伪造经济合同、推迟费用报销入账等手段，虚增利润五百多万元，造成极坏的社会影响。下列说法中正确的有（　　）。

A. 该单位负责人不得授意、指使、强令会计人员违法办理会计事项

B. 该单位负责人应该对本单位的会计工作和会计资料的真实性、完整性负责

C. 该企业的相关会计人员应当对该事件负全责

D. 该企业的会计机构负责人应当对该事件负全责

【答案】AB

【解析】单位负责人是会计工作的最终责任主体，但不能免除办理具体事务的会计人员的责任，选项CD错误。

第二节 会计核算与会计监督

一、会计核算★★★

（一）会计核算基本要求

1. 依法建账

（1）各单位必须依法建立会计账簿。

（2）不得私设会计账簿。

🎯 **敲黑板**

> 各单位有且只能有一套会计账簿。

2. 根据实际发生的经济业务进行会计核算

3. 保证会计资料的真实和完整

任何单位和个人不得伪造、变造会计凭证、会计账簿及其他会计资料，不得提供虚假的财务会计报告。

（1）伪造会计凭证、会计账簿和其他会计资料，是指以虚假的经济业务事项为前提编制不真实的会计凭证、会计账簿和其他会计资料的行为，旨在以假充真。**（无中生有）**

（2）变造会计凭证、会计账簿及其他会计资料，是指用涂改、挖补等手段来改变会计凭证、会计账簿的真实内容，以歪曲事实真相的行为。**（篡改事实）**

【例2-4·单选题】某单位采购张某在一家个体文具店采购，发生采购办公费500元。事后，他将该文具店开出的收据金额改为1 500元，并作为报销凭证进行了报销。张某的行为属于下列违法行为中的（　　）。

A. 伪造会计凭证行为

B. 变造会计凭证行为

C. 做假账行为

D. 违反招待费报销制度行为

【答案】B

【解析】变造会计凭证，是指用涂改、挖补等手段来改变会计凭证的真实内容，以歪曲事实真相的行为，即篡改事实。张某将收据上的金额500元改为1 500元，属于变造会计凭证行为。

4.正确采用会计处理方法

各单位的会计核算应当以实际发生的经济业务为依据，按照规定的会计处理方法进行，保证会计指标的口径一致、相互可比和会计处理方法的**前后各期相一致**。

5.正确使用会计记录文字

（1）根据《会计法》的规定，会计记录的文字应当使用中文。

（2）在民族自治地方，会计记录**可以同时**使用当地通用的一种民族文字。

（3）在中国境内的外商投资企业、外国企业和其他外国组织的会计记录**可以同时**使用一种外国文字。

6.使用电子计算机进行会计核算必须符合法律规定

【例 2-5·多选题·2022】根据会计法律制度的规定，使用电子计算机进行会计核算的，下列各项中，应当符合国家统一的会计制度规定的有（　　）。

A.计算机操作系统

B.会计软件

C.计算机生成的会计资料

D.对使用计算机生成的会计账簿的登记和更正

【答案】BCD

【解析】会计法律制度对计算机操作系统没有规定。为保证计算机生成的会计资料真实、完整和安全，《会计法》规定，使用电子计算机进行会计核算的，其软件及其生成的会计凭证、会计账簿、财务会计报告和其他会计资料，必须符合国家统一的会计制度的规定。

【例 2-6·单选题·2018】根据会计法律制度的规定，下列行为中属于伪造会计资料的是（　　）。

A.用挖补的手段改变会计凭证和会计账簿的真实内容

B.由于过失导致会计凭证与会计账簿记录不一致

C.以虚假的经济业务编制会计凭证和会计账簿

D.用涂改的手段改变会计凭证和会计账簿的真实内容

【答案】C

【解析】"无中生有"属于伪造会计资料的行为，选项 C 符合题意。

【例 2-7·判断题·2022】在中国境内设立的外商投资企业的会计记录，可以同时使用中文和一种外国文字。（　　）

【答案】√

【解析】会计记录的文字应当使用中文。在中国境内的外商投资企业、外国企业和其他外国组织的会计记录可以同时使用一种外国文字。

（二）会计核算的内容

（1）款项和有价证券的收付。（资产）

（2）财物的收发、增减和使用。（资产）

（3）债权、债务的发生和结算。（资产、负债）

（4）资本、基金的增减。（所有者权益）

（5）收入、支出、费用、成本的计算。（收入、费用）

（6）财务成果的计算和处理。（利润）

（7）需要办理会计手续、进行会计核算的其他事项。

> **名师说**
>
> 会计核算的主要内容即会计的六要素。

【例 2-8·单选题·2021】根据会计法律制度规定，下列各项中，不属于会计核算内容的是（　）。

A. 固定资产盘盈   B. 合同的审核和签订
C. 债权的收回   D. 有价证券的有偿转让

【答案】B

【解析】会计核算的内容应为实际发生的资金运动，选项 B 不属于会计核算内容。

（三）会计年度

每年公历的 1 月 1 日起至 12 月 31 日止为一个会计年度。每一个会计年度还可以按照公历日期具体划分为半年度、季度、月度。

（四）记账本位币

（1）根据《会计法》的规定，会计核算以**人民币为记账本位币**。

（2）业务收支以人民币以外的货币为主的单位，可以选定其中一种货币作为记账本位币，但是编报的财务会计报告应当折算为人民币。

（五）会计凭证

1. 原始凭证填制的基本要求

原始凭证填制的基本要求详见表 2-2。

表 2-2　　　　　　　　　　　　　　　　原始凭证填制的基本要求

项目	内容
概念	原始凭证，又称单据，是指在经济业务发生时，由业务经办人员直接取得或者直接填制的，用以表明某项经济业务已经发生或完成情况并明确有关经济责任的一种原始凭据，如发票
来源	原始凭证是会计核算的原始依据，来源于实际发生的经济业务事项。 原始凭证种类很多，既有来自单位外部的，也有单位自制的；既有国家统一印制的具有固定格式的发票，也有由发生经济业务事项双方认可并自行填制的凭据等
内容	原始凭证的内容必须具备： ① 凭证的名称。 ② 填制凭证的日期。 ③ 填制凭证单位名称或者填制人姓名。 ④ 经办人员的签名或者盖章。 ⑤ 接受凭证单位名称。 ⑥ 经济业务内容。 ⑦ 数量、单价和金额

（续表）

项目	内容
填制要求	① 从外单位取得的原始凭证，必须盖有填制单位的公章；从个人取得的原始凭证，必须有填制人员的签名或者盖章。 ② 自制原始凭证必须有经办单位领导人或者其指定的人员签名或者盖章；对外开出的原始凭证，**必须加盖本单位公章**。 ③ 凡填有大写和小写金额的原始凭证，大写与小写金额必须相符。 ④ 购买实物的原始凭证，必须有验收证明。 ⑤ 支付款项的原始凭证，必须有收款单位和收款人的收款证明。 ⑥ 一式几联的原始凭证，应当注明各联的用途，只能以一联作为报销凭证。 ⑦ 发生销货退回的，除填制退货发票外，还必须有退货验收证明；退款时，必须取得对方的收款收据或者汇款银行的凭证，不得以退货发票代替收据。 ⑧ 经上级有关部门批准的经济业务，应当将批准文件作为原始凭证附件。 ⑨ 如果批准文件需要单独归档，应当在凭证上注明批准机关名称、日期和文件字号
审核	会计机构、会计人员必须按照国家统一的会计制度的规定对原始凭证进行审核： ① 对**不真实、不合法**的原始凭证有权不予接受，并向单位负责人报告。 ② 对记载**不准确、不完整**的原始凭证予以退回，并要求按照国家统一的会计制度的规定更正、补充
错误更正	原始凭证记载的各项内容均不得涂改 原始凭证有错误的，应该采用正确的修正方式： ① 一般情况的错误，应当由出具单位重开或者更正，更正处应当加盖出具单位印章。（更正/重开，二选一） ② 原始凭证金额有错误的，应当由出具单位**重开**，不得在原始凭证上更正。（不能更正，只能重开）

2. 记账凭证填制的基本要求

记账凭证填制的基本要求详见表 2-3。

表 2-3　　　　　　　　　　　　　　　　记账凭证填制的基本要求

项目	内容
概念	记账凭证，亦称传票，是指对经济业务事项按其性质加以归类，确定会计分录，并据以登记会计账簿的凭证
作用	分类归纳原始凭证和满足登记会计账簿需要
分类	记账凭证可以分为收款凭证、付款凭证和转账凭证，也可以使用通用记账凭证
填制依据	记账凭证应当根据经过**审核**的原始凭证及有关资料编制
内容	记账凭证的内容必须具备： ① 填制凭证的日期。 ② 凭证编号。 ③ 经济业务摘要。 ④ 会计科目。 ⑤ 金额。 ⑥ 所附原始凭证张数。

（续表）

项目	内容
	⑦ 填制凭证人员、稽核人员、记账人员、会计机构负责人（会计主管人员）签名或者盖章。需要注意的是： a.收款和付款记账凭证还应当由出纳人员签名或者盖章。 b.以自制的原始凭证或者原始凭证汇总表代替记账凭证的，也必须具备记账凭证应有的项目。 c.实行会计电算化的单位，打印出的机制记账凭证要加盖制单人员、审核人员、记账人员及会计机构负责人（会计主管人员）印章或者签字
填制要求	① 填制记账凭证时，应当对记账凭证进行连续编号。 ② 一笔经济业务需要填制两张以上记账凭证的，可以采用分数编号法编号。 ③ 记账凭证可以根据每一张原始凭证填制，或者根据若干张同类原始凭证汇总填制，也可以根据原始凭证汇总表填制。但不得将不同内容和类别的原始凭证汇总填制在一张记账凭证上 ④ 除结账和更正错误的记账凭证可以不附原始凭证外，其他记账凭证必须附有原始凭证。 ⑤ 如果一张原始凭证涉及几张记账凭证，可以把原始凭证附在一张主要的记账凭证后面，并在其他记账凭证上注明附有该原始凭证的记账凭证的编号或者附原始凭证复印件。 ⑥ 一张原始凭证所列支出需要几个单位共同负担的，应当将其他单位负担的部分，开给对方原始凭证分割单进行结算。 ⑦ 原始凭证分割必须具备原始凭证的基本内容以及费用分摊情况等
错误更正	如果在填制记账凭证时发生错误，应当重新填制 已经登记入账的记账凭证，在当年内发现填写错误时，可以用红字填写一张与原内容相同的记账凭证，在摘要栏注明"注销某月某日某号凭证"字样，同时再用蓝字重新填制一张正确的记账凭证，注明"订正某月某日某号凭证"字样。如果会计科目没有错误，只是金额错误，也可以将正确数字与错误数字之间的差额，另编一张调整的记账凭证，调增金额用蓝字，调减金额用红字。 发现以前年度记账凭证有错误的，应当用蓝字填制一张更正的记账凭证

3. 会计凭证的保管要求

（1）一般要求。会计凭证登记完毕后，应当按照分类和编号顺序保管，不得散乱丢失。记账凭证应当连同所附的原始凭证或者原始凭证汇总表，按照编号顺序，折叠整齐，按期装订成册，并加具封面，注明单位名称、年度、月份和起讫日期、凭证种类、起讫号码，由装订人在装订线封签外签名或者盖章。

（2）数量过多的原始凭证。对于数量过多的原始凭证，可以单独装订保管，在封面上注明记账凭证日期、编号、种类，同时在记账凭证上注明"附件另订"和原始凭证名称及编号。

（3）重要的原始凭证。各种经济合同、存出保证金收据以及涉外文件等重要原始凭证，应当另编目录，单独登记保管，并在有关的记账凭证和原始凭证上相互注明日期和编号。

（4）向外单位提供凭证的处理。原始凭证不得外借，其他单位如因特殊原因需要使用原始凭证时，经本单位会计机构负责人、会计主管人员批准，可以复制。向外单位提供的原始凭证复制件，应当在专设的登记簿上登记，并由提供人员和收取人员共同签名或者盖章。

（5）从外单位取得凭证的处理。从外单位取得的原始凭证如有遗失，应当取得原开出单位盖有公章的证明，并注明原来凭证的号码、金额和内容等，由经办单位会计机构负责人、会计主管人员和单位领导人批准后，才能代作原始凭证。如果确实无法取得证明的，如火车、轮船、飞机票等凭证，由当事人写出详细情况，由经办单位会计机构负责人、会计主管人员和单位领导人批准后，代作原始凭证。

【例 2-9·单选题·2022】甲公司会计人员李某在审核采购员王某报销差旅费的原始凭证时，发现其中一张原始凭证金额错误。李某拟采取的下列措施中，符合法律规定的是（　　）。

A. 在原始凭证上更正并加盖甲公司印章

B. 接受该原始凭证并按规定进行归档

C. 要求王某退回原出具单位重开

D. 要求王某退回原出具单位更正并加盖印章

【答案】C

【解析】原始凭证金额错误：只能重开，不得更正；原始凭证除金额以外的其他事项错误，由出具单位重开或者更正并盖章。

（六）会计账簿

1. 会计账簿的**种类**

会计账簿包括总账、明细账、日记账和其他辅助账簿。

（1）总账。

① 用途：总账也称总分类账，是根据会计科目开设的账簿，用于分类登记单位的全部经济业务事项，提供资产、负债、所有者权益、费用、成本、收入等总括核算的资料。

② 形式：总账一般有订本账和活页账两种。

（2）明细账。

① 用途：明细账也称明细分类账，是根据总账科目所属的明细科目设置的，用于分类登记某一类经济业务事项，提供有关明细核算资料。

② 形式：明细账通常使用活页账。

（3）日记账。

① 用途：日记账是一种特殊的序时明细账，它是按照经济业务事项发生的时间先后顺序，逐日逐笔地进行登记的账簿，包括现金日记账和银行存款日记账。

② 形式：现金日记账和银行存款日记账**必须采用订本式账簿**，不得用银行对账单或者其他方法代替日记账。

（4）其他辅助账簿。

① 用途：是为备忘备查而设置的。

② 形式：也称备查账簿，在会计实务中，主要包括各种租借设备、物资的辅助登记或有关应收、应付款项的备查簿，担保、抵押备查簿等。

2. **启用**会计账簿的基本要求

（1）封面扉页。启用会计账簿时，应当在账簿封面上写明单位名称和账簿名称。在账簿扉页上应当附启用表，内容包括：启用日期、账簿页数、记账人员和会计机构负责人、会计主管人员姓名，并加盖名章和单位公章。

（2）调动工作。记账人员或者会计机构负责人、会计主管人员调动工作时，应当注明交接日期、接办人员或者监交人员姓名，并由交接双方人员签名或者盖章。

（3）编号。启用订本式账簿，应当从第一页到最后一页顺序编定页数，不得跳页、缺号。使用活页式账页，应当按账户顺序编号，并须定期装订成册。装订后再按实际使用的账页顺序编定页码。另加目录，记明每个账户的名称和页次。

3. **登记**会计账簿的基本要求

（1）登记会计账簿时，应当将会计凭证日期、编号、业务内容摘要、金额和其他有关资料逐项记入账内，做到数字准确、摘要清楚、登记及时、字迹工整。

（2）登记完毕后，要在记账凭证上签名或者盖章，并注明已经登账的符号，表示已经记账。

（3）账簿中书写的文字和数字上面要留有适当空格，不要写满格；一般应占格距的二分之一。

（4）登记账簿要用蓝黑墨水或者碳素墨水书写，不得使用圆珠笔（银行的复写账簿除外）或者铅笔书写。

下列情况，可以用红色墨水记账：

① 按照**红字**冲账的记账凭证，冲销错误记录。

② 在**不设**借贷等栏的多栏式账页中，登记减少数。

③ 在三栏式账户的余额栏前，如未印明余额方向的，在余额栏内登记负数余额。

④ 根据国家统一会计制度的规定可以用红字登记的其他会计记录。

（5）各种账簿按页次顺序连续登记，不得跳行、隔页。如果发生跳行、隔页，应当将空行、空页划线注销，或者注明"此行空白""此页空白"字样，并由**记账人员**签名或者盖章。

🎯 敲黑板

此处不要求会计机构负责人签名或盖章。

（6）凡需要结出余额的账户，结出余额后，应当在"借或贷"等栏内写明"借"或者"贷"等字样。没有余额的账户，应当在"借或贷"等栏内写"平"字，并在余额栏内用"⊖"表示。

现金日记账和银行存款日记账必须逐日结出余额。

（7）每一账页登记完毕结转下页时，应当结出本页合计数及余额，写在本页最后一行和下页第一行有关栏内，并在摘要栏内注明"过次页"和"承前页"字样；也可以将本页合计数及金额只写在下页第一行有关栏内，并在摘要栏内注明"承前页"字样。

对需要结计本月发生额的账户，结计"过次页"的本页合计数应当为自本月初起至本页末止的发生额合计数；对需要结计本年累计发生额的账户，结计"过次页"的本页合计数应当为自年初起至本页末止的累计数；对既不需要结计本月发生额也不需要结计年累计发生额的账户，可以只将每页末的余额结转次页。

实行会计电算化的单位，用计算机打印的会计账簿必须连续编号，经**审核无误**后装订成册，并由记账人员和会计机构负责人、会计主管人员签字或者盖章。

4. 账簿记录发生错误的**更正方法**

账簿记录发生错误，不准涂改、挖补、刮擦或者用药水消除字迹，不准重新抄写，必须按照下列方法进行更正：

（1）登记账簿时发生错误，应当将错误的文字或者数字划红线注销，但必须使原有字迹仍可辨认；然后在划线上方填写正确的文字或者数字，并由记账人员在更正处盖章。对于错误的数字，应当全部划红线更正，不得只更正其中的错误数字。对于文字错误，可只划去错误的部分。

（2）由于记账凭证错误而使账簿记录发生错误，应当按更正的记账凭证登记账簿。

5. 结账。

各单位应当按照规定定期结账。

（1）结账前，必须将本期内所发生的各项经济业务全部登记入账。

（2）结账时，应当结出每个账户的期末余额。

（3）年度终了结账时，所有总账账户都应当结出全年发生额和年末余额。

年度终了，要把各账户的余额结转到下一会计年度，并在摘要栏注明"结转下年"字样；在下一会计年度新建有关会计账簿的第一行余额栏内填写上年结转的余额，并在摘要栏注明"上年结转"字样。

（七）财务会计报告

财务会计报告，也称财务报告，是指单位对外提供的反映单位某特定日期和某一会计期间经营成果、现金流量等会计信息的文件。

1.财务会计报告的构成

财务会计报告由会计报表、会计报表附注和财务情况说明书组成（四表、一注、一说明）。企业财务会计报告按编制时间分为年度、半年度、季度和月度财务会计报告。

（1）**年度、半年度**财务会计报告应当包括：会计报表、会计报表附注、财务情况说明书。

会计报表应当包括资产负债表、利润表、现金流量表及相关附表。

（2）**季度、月度**财务会计报告通常仅指会计报表，会计报表至少应当包括资产负债表和利润表。国家统一的会计制度规定季度、月度财务会计报告需要编制会计报表附注的，从其规定。

2.财务会计报告的对外提供

（1）依法提供。

企业应当依照法律、行政法规和国家统一的会计制度关于财务会计报告的编制要求、提供对象和提供期限的规定，及时对外提供财务会计报告。

（2）编制依据应当一致。

向不同的会计资料使用者提供的财务会计报告，其编制依据应当一致。

（3）审计报告一并提供。

有关法律、行政法规规定会计报表、会计报表附注和财务情况说明书须经注册会计师审计的，注册会计师及其所在的会计师事务所出具的审计报告应当随同财务会计报告**一并**提供。

（4）单位领导人负责。

对外报送的财务会计报告，应当依次编写页码，加具封面，装订成册，加盖公章。财务会计报告应当由单位负责人和主管会计工作的负责人、会计机构负责人（会计主管人员）签名并盖章；设置总会计师的单位，还须由总会计师签名并盖章。单位负责人应当保证财务会计报告真实、完整。

（5）向职代会公布。

国有企业、国有控股的或者占主导地位的企业，应当至少每年一次向本企业的职工代表大会公布财务会计报告。

（6）保密义务。

接受企业财务会计报告的组织或者个人，在企业财务会计报告未**正式对外披露前**，应当对其内容保密。

（八）账务核对及财产清查

1.账务核对

账务核对又称对账（包括账证核对、账账核对、账实核对），是保证会计账簿记录质量的重要程序。

名师说

账证核对即账簿记录与会计凭证核对；账账核对即账簿记录与账簿记录核对；账实核对即账簿记录与实物资产的实有数额核对。

敲黑板

① 考试中正确选项只选以上三种对账，不包含"账表核对"；② 用"账簿记录"核对，而非"账簿"。

2.财产清查

财产清查，是会计核算工作的一项重要程序，特别是在编制年度财务会计报告之前，必须进行财产清查，并对账实不符等问题进行会计处理，以保证财务会计报告反映的会计信息真实、完整。

【例 2-10·判断题·2020】会计账簿记录与记账凭证记录核对属于账账核对。（ ）

【答案】×

【解析】会计账簿记录与记账凭证记录核对属于账证核对。

【例 2-11·多选题·2018、2019】根据会计法律制度的规定，下列各项中属于会计账簿类型的有（ ）。

A.备查账簿　　　　 B.日记账　　　　 C.明细账　　　　 D.总账

【答案】ABCD

【解析】以上选项全部属于会计账簿。

【例 2-12·多选题·2022】根据会计法律制度的规定，下列人员中，应当在对外提供的财务会计报告上签名并盖章的有（ ）。

A.企业负责人　　　　　　　　　　 B.内审机构负责人

C.会计机构负责人　　　　　　　　 D.主管会计工作负责人

【答案】ACD

【解析】对外报送的财务会计报告，应由单位负责人（选项 A）、主管会计工作的负责人（选项 D）、会计机构负责人（选项 C）签名并盖章。

二、会计档案管理★★★

（一）会计档案的概念

会计档案是指单位在进行会计核算等过程中接收或形成的，记录和反映单位经济业务事项的，具有保存价值的文字、图表等各种形式的会计资料，包括通过计算机等电子设备形成、传输和存储的电子会计档案。各单位的预算、计划、制度等文件材料属于文书档案，不属于会计档案。

（二）会计档案的归档

1.会计档案的归档范围

（1）会计凭证类：原始凭证、记账凭证。

（2）会计账簿类：总账、明细账、日记账、固定资产卡片、其他辅助账簿。

（3）财务会计报告类：月度、季度、半年度会计报告及年度财务会计报告。

（4）其他会计资料：**银行存款余额调节表、银行对账单、**纳税申报表、会计档案移交清册、会计档案保管清册、会计档案销毁清册、会计档案鉴定意见书及其他具有保存价值的会计资料。

> **名师说**
>
> 各单位的"财务预算、计划、制度等文件材料"属于文书档案，不属于会计档案。

2. 会计档案的归档要求

（1）单位可以利用计算机、网络通信等信息技术手段管理会计档案。

同时满足下列条件的，单位从内部形成的属于归档范围的电子会计资料，**可仅以电子形式归档保存，**形成电子会计档案：

① 形成的电子会计资料来源真实有效，由计算机等电子设备形成和传输。

② 使用的会计核算系统能够准确、完整、有效接收和读取电子会计资料，能够输出符合国家标准归档格式的会计凭证、会计账簿、财务会计报表等会计资料，设定了经办、审核、审批等必要的审签程序。

③ 使用的电子档案管理系统能够有效接收、管理、利用电子会计档案，符合电子档案的长期保管要求，并建立了电子会计档案与相关联的其他纸质会计档案的检索关系。

④ 采取有效措施，防止电子会计档案被篡改。

⑤ 建立电子会计档案备份制度，能够有效防范自然灾害、意外事故和人为破坏的影响。

⑥ 形成的电子会计资料**不属于具有永久保存**价值或者其他重要保存价值的会计档案。

（2）归档责任主体。

单位的会计机构或会计人员所属机构（以下统称单位会计管理机构）按照归档范围和归档要求，负责定期将应当归档的会计资料整理立卷，编制会计档案保管清册。

（3）归档时间。

① 一般规定：当年形成的会计档案，在会计年度终了后，可由单位会计管理机构临时保管**1年**，再移交单位档案管理机构保管。

② 推迟保管：因工作需要确需推迟移交的，应当经单位档案管理机构同意。单位会计管理机构临时保管会计档案**最长**不超过**3年**。临时保管期间，会计档案的保管应当符合国家档案管理的有关规定，且**出纳人员不得**兼管会计档案。

【例2-13·多选题·2019】根据会计法律制度的规定，下列各项中，属于会计档案的有（　　）。

A. 原始凭证　　　　B. 记账凭证　　　　C. 会计账簿　　　　D. 年度预算

【答案】ABC

【解析】年度预算属于文书档案，不属于会计档案。

【例2-14·单选题·2020】根据会计法律制度的规定，单位会计管理机构临时保管会计档案最长不超过一定期限，该期限为（　　）年。

A. 2　　　　　　　　B. 3　　　　　　　　C. 4　　　　　　　　D. 5

【答案】B

【解析】因工作需要确需推迟移交的，应当经单位档案管理机构同意。单位会计管理机构临时保管会计档案最长不超过3年。

（三）会计档案的移交和利用

1. 会计档案的移交

单位会计管理机构在办理会计档案移交时，应当编制会计档案移交清册，并按照国家档案管理的有关规定办理移交手续。

2. 会计档案的利用

单位保存的会计档案**一般不得**对外借出，确因工作需要且根据国家有关规定必须借出的，应当严格按照规定办理相关手续。

（四）会计档案的保管期限

1. 保管期限

保管期限分为**永久、定期两类**，定期一般分为 10 年、30 年。如表 2-4 所示。

表 2-4   会计档案保管期限

年限	会计档案
永久	年度财务报告、会计档案保管清册、会计档案销毁清册、会计档案鉴定意见书
10 年	月度/季度/半年度财务会计报告、银行存款余额调节表、银行对账单、纳税申报表
30 年	会计凭证、会计账簿、会计档案移交清册

注：固定资产卡片在固定资产报废清理后保管 5 年。

2. 起算

会计档案的保管期限从会计**年度终了后第一天**算起。

（五）会计档案的鉴定和销毁

1. 会计档案的鉴定

（1）定期鉴定。

单位应当定期对已保管期限的会计档案进行鉴定，并形成会计档案鉴定意见书。

（2）继续保存或销毁。

经鉴定，仍需继续保存的会计档案，应当重新划定保管期限；对保管期满，确无保存价值的会计档案，可以销毁。

（3）牵头机构。

会计档案鉴定工作应当由单位档案管理机构牵头，组织单位会计、审计、纪检监察等机构或人员共同进行。

2. 会计档案的销毁

（1）编制销毁清册。

单位**档案管理机构**编制会计档案销毁清册。

（2）签署意见。

单位负责人、档案管理机构负责人、会计管理机构负责人、档案管理机构经办人、会计管理机构经办人**（于销毁前）**在会计档案销毁清册上签署意见。

（3）监销。

单位档案管理机构负责组织会计档案销毁工作，并与会计管理机构共同派员监销。

电子会计档案的销毁还应当符合国家有关电子档案的规定，并由单位档案管理机构、会计管理机构和信息系统管理机构共同派员监销。

3.不得销毁的会计档案

（1）保管期满但未结清的债权债务会计凭证。

（2）涉及其他未了事项的会计凭证。

🎯 **敲黑板**

只要是未了事项，都不得销毁。

🎓 **名师说**

纸质会计档案应当单独抽出立卷，电子会计档案单独转存，保管到未了事项完结时为止。

【例2-15·单选题·2019】根据会计法律制度的规定，下列企业会计档案中，应永久保管的是（　　）。

A.会计档案移交清册　　　　　　B.会计档案保管清册

C.原始凭证　　　　　　　　　　D.季度财务报告

【答案】B

【解析】会计档案移交清册的保管期限是30年；原始凭证的保管期限是30年；季度财务报告的保管期限是10年。

【例2-16·单选题·2020】根据会计法律制度的规定，下列属于单位会计档案鉴定工作牵头机构是（　　）。

A.审计机构　　　B.纪检监察机构　　　C.档案管理机构　　　D.会计机构

【答案】C

【解析】会计档案鉴定工作应当由单位档案管理机构牵头，组织单位会计、审计、纪检监察等机构或人员共同进行。

【例2-17·多选题·2022】下列会计档案中，最低保管期限为30年的有（　　）。

A.记账凭证　　　B.半年度财务报告　　　C.总账　　　D.纳税申报表

【答案】AC

【解析】会计档案的保管期限记忆口诀："账证移交"（选项AC）30年；"永久保管年销鉴"；其他保存10年。选项BD，最低保管期限为10年。

【例2-18·判断题·2018】会计档案的保管期限是从会计年度终了后的第一天算起。（　　）

【答案】√

【例2-19·多选题·2019】根据会计法律制度的规定，单位下列机构中，应派员监销电子会计档案的有（　　）。

A.人事管理部门　　　B.信息系统管理部门　　　C.会计管理部门　　　D.档案管理部门

【答案】BCD

【解析】销毁一般的会计档案需要单位档案管理机构与会计管理机构共同派员监销，如果是电子会计档案还应有信息系统管理部门参与监销。

【例2-20·判断题·2018】会计档案销毁之后，监销人应该在销毁清册上签名和盖章。（　　）

【答案】×

【解析】会计档案销毁之后，监销人应该在销毁清册上签名或者盖章。

【例 2-21·单选题·2021】下列关于会计档案的说法不正确的是（　　）。

A.会计档案的定期保管期限一般分为 10 年和 30 年

B.企业对月度、季度、半年度财务报告的最低保管期限为 10 年

C.会计档案借用单位应当妥善保管和利用借入的会计档案，确保借入会计档案的安全完整，并在规定时间内归还

D.各单位的预算、计划、制度等资料也归属于会计档案

【答案】D

【解析】选项 D，各单位的"财务预算、计划、制度等文件材料"属于文书档案，不属于会计档案。

（六）特殊情况下的会计档案处置

1.单位分立情况下的会计档案处置

（1）单位分立后原单位存续的，其会计档案应当由分立后的存续方统一保管，其他方可以查阅、复制与其业务相关的会计档案。

（2）单位分立后原单位解散的，其会计档案应当经各方协商后由其中一方代管或按照国家档案管理的有关规定处置，各方可以查阅、复制与其业务相关的会计档案。

（3）单位分立中未结清的会计事项所涉及的会计凭证，应当单独抽出由业务相关方保存，并按照规定办理交接手续。

（4）单位因业务移交其他单位办理所涉及的会计档案，应当由原单位保管，承接业务单位可以查阅、复制与其业务相关的会计档案。

2.单位合并情况下的会计档案处置

（1）单位合并后原各单位解散或者一方存续其他方解散的，原各单位的会计档案应当由合并后的单位统一保管。

（2）单位合并后原各单位仍存续的，其会计档案仍应当由原各单位保管。

3.建设单位项目建设会计档案的交接

建设单位项目建设期间形成的会计档案，需要移交给建设项目接受单位的，应当在办理竣工财务决算后及时移交，并按照规定办理交接手续。

4.单位之间交接会计档案的手续

（1）单位之间交接会计档案时，交接双方应当办理会计档案交接手续。

（2）移交会计档案的单位，应当编制会计档案移交清册。

（3）交接会计档案时，交接双方应当按照会计档案移交清册所列内容逐项交接，并由交接双方的单位有关负责人负责监督。

（4）交接完毕后，交接双方经办人和监督人应当在会计档案移交清册上签名或盖章。

【例 2-22·判断题·2019】单位合并后原各单位解散的，原各单位的会计档案应当由合并后的单位全部销毁。（　　）

【答案】×

【解析】不应销毁原各单位的会计档案。

【例 2-23·多选题·2018】根据会计法律制度的规定，下列关于单位之间会计档案交接的表

述中，正确的有（　　）。

  A. 电子会计档案应当与其元数据一并移交

  B. 档案接受单位应当对保存电子会计档案的载体和其技术环境进行检验

  C. 交接双方的单位有关负责人负责监督会计档案交接

  D. 交接双方经办人和监督人应当在会计档案移交清册上签名或盖章

  【答案】ABCD

  【解析】选项 ABCD 全部正确。

三、会计监督★★★

  三位一体的会计监督体系分为：单位内部监督、社会监督、政府监督。具体如表 2-5 所示。

表 2-5　　　　　　　　　　　　　　　　　会计监督体系

监督体系	属性	层次	效力
单位内部监督	内部监督	层次最低	单位的自我监督
社会监督	外部监督	层次居中	对单位内部监督的再监督
政府监督		层次最高	对单位和社会监督的再监督

（一）会计工作的单位内部监督

  会计工作的单位内部监督属于内部监督，层次比较低，是单位内部组织的。

  1. 概念

  （1）会计工作的单位内部监督是指各单位的会计机构、会计人员依照法律、法规、国家会计制度的规定，通过会计手段对本单位经济活动的合法性、合理性和有效性进行监督。各单位应当建立、健全本单位内部会计监督制度。

  （2）监督主体：各单位的会计机构、会计人员。

  （3）监督对象：单位的经济活动。

  2. 基本要求

  （1）记账人员与经济业务事项和会计事项审批人员、经办人员、财物保管人员的职责权限应当明确，并相互分离、相互制约；

  （2）重大对外投资、资产处置、资金调度和其他重要经济业务事项的决策和执行的相互监督、相互制约程序应当明确；

  （3）财产清查的范围、期限和组织程序应当明确；

  （4）对会计资料定期进行内部审计的办法和程序应当明确。

  3. 会计机构和会计人员在单位内部会计监督中的职责

  （1）对违反《会计法》和国家统一的会计制度规定的会计事项，**有权拒绝办理或者按照职权予以纠正**。

  （2）发现会计账簿记录与实物、款项及有关资料不相符的，按照国家统一的会计制度的规定有权自行处理的，应当及时处理；无权处理的，应当立即向单位负责人报告，请求查明原因，作出处理。

  4. 单位内部控制制度

  （1）内部控制的概念与原则。

表2-6　　　　　　　　　　　　　　　　　　内部控制的概念与原则

内部控制	一般单位		小企业
概念	是指单位为实现控制目标，通过制定制度、实施措施和执行程序，对经济活动的风险进行防范和管控		
原则	全面性		风险导向
	重要性		实质重于形式
	制衡性		—
	适应性		适应性
	成本效益		成本效益

（2）企业和行政事业单位的内部控制措施。

表2-7　　　　　　　　　　　　　　　企业和行政事业单位的内部控制措施

企业的内部控制原则	行政事业单位的内部控制原则
不相容职务分离控制	不相容岗位相互分离
授权审批控制	内部授权审批控制
会计系统控制	会计控制
财产保护控制	财产保护控制
预算控制	预算控制
运营分析控制	—
绩效考评控制	—
—	信息内部公开
—	归口管理
—	单据控制

名师说

不相容职务包括：授权批准与业务经办、业务经办与会计记录、会计记录与财产保管、业务经办与稽核检查、授权批准与监督检查等。

【例2-24·多选题·2020】根据会计法律制度的规定，企业不相容职务应当相互分离。下列各项中，属于不相容职务的是（　　）。

A.稽核监察与业务经办　　　　　　B.财产保管与会计记录

C.业务经办与会计记录　　　　　　D.授权批准与监督检查

【答案】ABCD

【解析】选项ABCD均为不相容职务。

【例2-25·多选题·2021】根据会计法律制度概述，下列符合单位内部会计监督制度的要求的有（　　）。

A.单位记账人员可以单独经办公司的相关业务

B.单位应明确财产清查的范围、期限和组织程序

C.单位应明确对会计资料定期进行内部审计的办法和程序

D.单位应明确对资产处置的决策和执行的相互监督、相互制约程序

【答案】BCD

【解析】选项A，记账人员与经济业务事项和会计事项的审批人员、经办人员、财务保管人员的职责权限应当明确，并相互分离、相互制约。

（二）会计工作的社会监督

1.概念

会计工作的社会监督，主要是指由注册会计师及其所在的会计师事务所等中介机构接受委托，依法对单位的经济活动进行的审计，出具审计报告，发表审计意见的一种监督制度。此外，任何单位和个人检举违反《会计法》和国家统一的会计制度规定的行为，也属于会计工作社会监督的范畴。

2.注册会计师审计报告

（1）审计报告的概念。

审计报告，是指注册会计师根据审计准则的规定，在执行审计工作的基础上，对被审计单位财务报表发表审计意见的书面文件。

注册会计师应当就财务报表是否在所有重大方面按照适用的财务报告编制基础编制并实现公允反映形成审计意见。

（2）审计报告的要素。

① 标题；

② 收件人；

③ 审计意见；

④ 形成审计意见的基础；

⑤ 管理层对财务报表的责任；

⑥ 注册会计师对财务报表审计的责任；

⑦ 按照相关法律法规的要求报告的事项（如适用）；

⑧ 注册会计师的签名和盖章；

⑨ 会计师事务所的名称、地址和盖章；

⑩ 报告日期。

（3）审计报告的种类和审计意见的类型。

审计报告分为标准审计报告和非标准审计报告（见表2-8）。

表2-8　　审计报告的种类

种类	含义	备注
标准审计报告	是指不含有说明段、强调事项段、其他事项段或其他任何修饰性用语的无保留意见的审计报告	—
非标准审计报告	是指带强调事项段或其他事项段的无保留意见的审计报告和非无保留意见的审计报告	非无保留意见的审计报告包括保留意见、否定意见和无法表示意见三种类型

审计意见类型，具体内容如表2-9所示。

表2-9　　　　　　　　　　　　　　　　　　审计意见类型

情形	审计意见的内容
应当发表无保留意见的情形	财务报表在所有重大方面按照适用的财务报告编制基础编制并实现公允反映 🎯敲黑板　注册会计师发表无保留意见的前提并非被审计单位的财务报告没有"任何"错误。
应当发表保留意见的情形	在获取充分、适当的审计证据后，注册会计师认为错报单独或汇总起来对财务报表影响重大，但不具有广泛性；注册会计师无法获取充分、适当的审计证据以作为形成审计意见的基础，但认为未发现的错报（如存在）对财务报表可能产生的影响重大，但不具有广泛性
应当发表否定意见的情形	在获取充分、适当的审计证据以作为形成审计意见的基础，但认为错报单独或汇总起来对财务报表可能产生的影响重大且具有广泛性
应当发表无法表示意见的情形	如果无法获取充分、适当的审计证据以作为形成审计意见的基础，但认为未发现的错报（如存在）对财务报表可能产生的影响重大且具有广泛性

（三）会计工作的政府监督

1. 主体

（1）财政部门代表国家对各单位和单位中相关人员的会计行为实施的监督检查，以及对发现的违法会计行为实施行政处罚。

（2）审计、税务、银行监管、证券监管、保险监管等部门依照有关法律、行政法规规定的职责和权限，可以对有关单位的会计资料实施监督检查。

2. 对象

财政部门实施会计监督检查的对象是会计行为，并对发现的有违法会计行为的单位和个人实施行政处罚。

3. 财政部门实施会计监督的主要内容

（1）是否依法设置会计账簿。

（2）会计凭证、会计账簿、财务会计报告和其他会计资料是否真实、完整。

（3）会计核算是否符合《会计法》和国家统一的会计制度的规定。

（4）从事会计工作人员是否具备专业能力、遵守职业道德。

4. 会计信息质量检查是财政部门总结多年会计监督实践经验的基础上，开拓创新出的一种实施会计监督的重要方式。

🎯 **敲黑板**

财政部门实施监督的工作与"税"无关。

【例2-26·多选题·2022】M市甲公司的下列会计工作中，M市财政局可以实施监督的有（　　）。

A. 会计账簿是否完整　　　　　　　B. 是否依法设立会计账簿

C. 会计凭证是否真实　　　　　　　D. 会计人员是否具备专业能力

【答案】ABCD

【解析】财政部门会计监督的主要内容：（1）是否依法设置会计账簿（选项 B 正确）；（2）会计凭证、会计账簿、财务会计报告和其他会计资料是否真实、完整（选项 AC 正确）；（3）会计核算是否符合《会计法》和国家统一的会计制度的规定；（4）从事会计工作的人员是否具备专业能力、遵守职业道德（选项 D 正确）。

【例 2-27·单选题·2019】根据会计法律制度的规定，注册会计师已经获取充分、适当的审计证据作为形成审计意见的基础，但认为未发现的错报对财务报表可能产生的影响重大且具有广泛性时，应发表的审计意见类型是（　　）。

　　A.无保留意见　　　　B.保留意见　　　　C.无法表示意见　　　　D.否定意见

【答案】D

【解析】答题时先看该影响是否具有广泛性，如果具有广泛性再看是否能够获取充分、适当的审计证据。本题中该影响具有广泛性，排除选项 AB，并且注册会计师已经获取充分、适当的审计证据作为形成审计意见的基础，排除选项 C。

【例 2-28·单选题·2020】对 M 市甲公司实施的下列会计监督中，属于社会监督的是（　　）。

　　A.市财政局对甲公司开展会计信息质量检查

　　B.甲公司的审计部门审核本公司会计账簿

　　C.市税务局对甲公司开展增值税专项税务检查

　　D.乙会计师事务所接受委托审计甲公司的年度财务会计报告

【答案】D

【解析】选项 AC 属于政府监督，选项 B 属于单位内部的监督。

【例 2-29·多选题·2022】M 市甲公司的下列会计工作中，M 市财政局可以实施监督的有（　　）。

　　A.会计账簿是否完整　　　　　　　　B.是否依法设立会计账簿

　　C.会计凭证是否真实　　　　　　　　D.会计人员是否具备专业能力

【答案】ABCD

【解析】财政部门会计监督的主要内容：（1）是否依法设立会计账簿（选项 B 正确）；（2）会计凭证、会计账簿、财务会计报告和其他会计资料是否真实、完整（选项 AC 正确）；（3）会计核算是否符合《会计法》和国家统一的会计制度的规定；（4）从事会计工作的人员是否具备专业能力、遵守职业道德（选项 D 正确）。

第三节　会计机构和会计人员

一、会计机构的设置原则 ★★

各单位应依据会计业务的需要，设置会计机构，或者在有关机构中设置会计人员并指定会计主管人员；不具备设置条件的，应当委托经批准从事会计代理记账业务的中介机构代理记账。（中介机构：会计师事务所及持有代理记账许可证书的其他代理记账机构。）

名师说

小型单位经过批准可以没有会计，但一定要有账（个体工商户除外）。

二、代理记账 ★★

代理记账是指代理记账机构接受委托办理会计业务。

（一）行政许可

（1）**除会计师事务所以外**的机构从事代理业务，应当经**县级以上**人民政府财政部门批准，领取由财政部统一规定样式的代理记账许可证书。会计师事务所及其分所可以依法从事代理记账业务。

（2）申请代理记账资格的机构应当同时具备以下条件：

① 为依法设立的企业；

② 专职从业人员不少于3名，专职从业人员是指仅在一个代理记账机构从事代理记账业务的人员；

③ 主管代理记账业务的负责人具有会计师以上专业技术职务资格或者从事会计工作不少于3年，且为专职从业人员；

④ 有健全的代理记账业务内部规范。

代理记账机构从业人员应当具有会计类专业基础知识和业务技能，能够独立处理基本会计业务，并由代理记账机构自主评价认定。

（二）业务范围

（1）会计核算。

根据委托人提供的原始凭证和其他资料，按照国家统一的会计制度的规定进行会计核算，包括审核原始凭证、填制记账凭证、登记会计账簿、编制财务会计报告等。

（2）对外提供财务会计报告。

（3）向税务机关提供税务资料。

（4）委托人委托的其他会计业务。

（三）委托合同

1.订立合同

委托人委托代理记账机构代理记账，应当在相互协商的基础上，订立**书面**委托合同。

2.合同应明确的内容

（1）**双方**对会计资料真实性、完整性各自应当承担的责任。

（2）会计资料传递程序和签收手续。

（3）编制和提供财务会计报告的要求。

（4）会计档案的保管要求及相应的责任。

（5）终止委托合同应当办理的会计交接事宜。

（四）委托人、代理记账机构及其从业人员各自的义务

表 2-10　　　　　　　　　　　委托人、代理记账机构及其从业人员各自的义务

委托方（记账单位）	受托方（代理记账机构）
填制或取得符合国家统一的会计制度规定的原始凭证	遵守有关法律、法规和国家统一的会计制度的规定，按照委托合同办理业务
配备专人负责**日常**货币收支和保管	对在执行业务中知悉的商业秘密予以**保密**

（续表）

委托方（记账单位）	受托方（代理记账机构）
及时向代理记账机构提供真实、完整的原始凭证和其他相关资料	对委托人要求其作出不当的会计处理，提供不实的会计资料等非法要求，予以拒绝
对于代理记账机构退回的，要求按规定进行更正、补充的原始凭证，应当及时予以处理	对委托人提出的有关会计处理相关问题予以解释

（五）对代理记账机构的管理

1.代理记账机构应当于每年 4 月 30 日之前，向审批机关报送下列材料：

（1）代理记账机构基本情况表；

（2）专职从业人员变动情况。

代理记账机构设立分支机构的，分支机构应当于每年 4 月 30 日之前向其所在地的审批机关报送上述材料。

2.县级以上人民政府财政部门对代理记账机构及其从事代理记账业务情况实施监督。对委托代理记账的企业因违反财税法律、法规受到处理处罚的，县级以上人民政府财政部门应当将其委托的代理记账机构列入重点检查对象。

【例 2-30·单选题·2020】根据会计法律制度的规定，下列各项中，不属于代理记账业务范围的是（　　）。

A.出具审计报告　　　　　　　　　　B.填制记账凭证

C.编制财务会计报告　　　　　　　　D.登记会计账簿

【答案】A

【解析】出具审计报告不属于代理记账业务。

三、会计岗位的设置★★

（一）会计工作岗位设置要求

1.岗位类别

会计工作岗位一般可分为：会计机构负责人或者会计主管人员、出纳、财产物资核算、工资核算、成本费用核算、财务成果核算、资金核算、往来结算、总账报表、稽核、档案管理等。

🎯 **敲黑板**

> 总会计师、内部审计岗位、档案机构内的会计档案管理岗位不属于会计工作岗位。

2.按需设岗

会计工作岗位，可以一人一岗、一人多岗或者一岗多人。

3.岗位制约

出纳人员不得兼任稽核、会计档案保管和收入、支出、费用、债权债务账目的登记工作。（不能管的）

📨 **名师说**

特种日记账必须由出纳登记，除此以外还可以登记固定资产卡片等财产物资明细账。（能管的）

【例 2-31·多选题·2019】根据会计法律制度的规定，下列各项中，属于会计工作岗位的有（ ）。

A. 稽核 B. 往来结算

C. 总账报表 D. 财产物资核算

【答案】ABCD

【解析】选项 ABCD 全部属于会计工作岗位。

【例 2-32·单选题·2022】下列会计工作岗位中，出纳可以兼任的是（ ）。

A. 稽核 B. 债权债务账目的登记

C. 固定资产明细账的登记 D. 会计档案保管

【答案】C

【解析】出纳人员不得兼任（兼管）稽核（选项 A）、会计档案保管（选项 D）和收入、支出、费用、债权债务账目（选项 B）的登记工作。

四、会计人员 ★★

（一）会计人员的概念和范围

1. 概念

会计人员，是指根据《会计法》的规定，在国家机关、社会团体、企业、事业单位和其他组织（以下统称"单位"）中从事会计核算、实行会计监督等会计工作的人员。

2. 范围

会计人员包括从事下列具体会计工作的人员：

（1）出纳；

（2）稽核；

（3）资产、负债和所有者权益（净资产）的核算；

（4）收入、费用（支出）的核算；

（5）财务成果（政府预算执行结果）的核算；

（6）财务会计报告（决算报告）编制；

（7）会计监督；

（8）会计机构内会计档案管理；

（9）其他会计工作。担任单位会计机构负责人（会计主管人员）、总会计师的人员，属于会计人员。

📨 **名师说**

总会计师不属于会计工作岗位，但总会计师属于会计人员。

（二）会计人员的任用

1. 一般会计人员

一般会计人员从事会计工作，应当符合下列要求：

（1）遵守《会计法》和国家统一的会计制度等法律法规；

（2）具备良好的职业道德；

（3）按照国家有关规定参加继续教育；

（4）具备从事会计工作所需的专业能力。

会计人员具有会计类专业知识，基本掌握会计基知识和业务技能，能够独立处理基本会计业务，表明具备从事会计工作所需的专业能力。

2. 会计机构负责人（会计主管人员）

（1）担任角色。

会计机构负责人或会计主管人员，是在一个单位内具体负责会计工作的中层领导人员。

> **名师说**
>
> 会计机构负责人或会计主管人员既属于会计工作岗位，也属于会计人员。

（2）任职资格。

① 坚持原则，廉洁奉公；

② 具备会计师以上专业技术职务资格或者从事会计工作不少于 3 年；

③ 熟悉国家财经法律、法规、规章和方针、政策，掌握本行业业务管理的有关知识；

④ 有较强的组织能力；

⑤ 身体状况能够适应本职工作的要求。

3. 总会计师

（1）担任角色。

① 总会计师是主管本单位会计工作的**行政领导**，是单位行政领导成员，协助单位主要行政领导人工作，直接对单位主要行政领导人负责。总会计师是本单位会计工作的主要负责人。

② 总会计师组织领导本单位的财务管理、成本管理、预算管理、会计核算和会计监督等方面的工作，参与本单位重要经济问题的分析和决策。

（2）人员设置。

①《会计法》规定，国有的和国有资产占控股地位或者主导地位的大、中型企业**必须设置**总会计师。

②总会计师由具有会计师以上专业技术资格的人员担任。其他单位可以根据业务需要**自行决定是否**设置总会计师。

③凡设置总会计师的单位，在单位行政领导成员中，**不设与总会计师职权重叠的副职**。

【例 2-33·判断题·2019】从事会计工作 2 年且具有助理会计师专业技术资格人员，可担任单位会计机构负责人。（   ）

【答案】×

【解析】担任单位会计机构负责人（会计主管人员）的，应当具备会计师以上专业技术职务资格或者从事会计工作 3 年以上经历。

【例2-34·多选题·2018】根据会计法律制度的规定，担任单位会计机构负责人的，应当具备会计师以上专业技术职务资格或者从事会计工作达到一定期限以上。该期限为（　　）。

A.1年　　　　　　B.2年　　　　　　C.3年　　　　　　D.5年

【答案】C

【解析】会计机构负责人或会计主管人员，是在一个单位内具体负责会计工作的中层领导人员。担任单位会计机构负责人（会计主管人员）的，应当具备会计师以上专业技术职务资格或者从事会计工作3年以上经历。

【例2-35·单选题·2020】根据会计法律制度的规定，下列关于总会计师工作的表述中，不属于总会计师组织领导本单位会计工作职责的有（　　）。

A.预算管理　　　　B.财务管理　　　　C.成本管理　　　　D.产品质量管理

【答案】D

【解析】总会计师组织领导本单位的财务管理、成本管理、预算管理、会计核算和会计监督等方面的工作，参与本单位重要经济问题的分析和决策。

【例2-36·单选题·2019】根据会计法律制度的规定，下列企业中，必须设置总会计师的是（　　）。

A.普通合伙企业　　B.个人独资企业　　C.外商独资企业　　D.国有大、中型企业

【答案】D

【解析】国有的和国有资产占控股地位或者主导地位的大、中型企业**必须设置总会计师**。

【例2-37·单选题·2021】国有大型企业员工会议，决定设置调整下列岗位，设置调整不合理的是（　　）。

A.取消了总会计师

B.原出纳担任总账岗位

C.原总账岗位（已经具备会计师资格）担任会计主管人员

D.毕业生担任出纳

【答案】A

【解析】选项A，国有的和国有资产占控股地位或者主导地位的大、中型企业必须设置总会计师。

（三）会计人员的禁入规定

1.终身禁入

因有**与会计职务有关**的违法行为被依法追究**刑事责任**的人员，不得再从事会计工作。与会计职务有关的违法行为如下：

（1）提供虚假财务会计报告；

（2）做假账；

（3）隐匿或者故意销毁会计凭证、会计账簿、财务会计报告；

（4）贪污；

（5）挪用公款；

（6）职务侵占。

2.5年禁入

因伪造、变造会计凭证、会计账簿，编制虚假财务会计报告，隐匿或者故意销毁依法应当保存的会计凭证、会计账簿、财务会计报告，尚不构成犯罪的，5年内不得从事会计工作。

会计人员具有违反国家统一的会计制度的一般违法行为，情节严重的，5年内不得从事会计工作。

【例2-38·判断题·2019】张某从事会计工作因挪用公款被判处有期徒刑，刑罚期满后5年，可以从事会计工作。（　　）

【答案】×

【解析】对因会计违法行为触犯刑律被追究刑事责任的会计人员，终身不得从事会计工作。

【例2-39·单选题·2022】发生下列情形的会计人员中，应终身禁止从事会计工作的是（　　）。

A. 因伪造会计凭证被县财政部门通报的李某

B. 因变造会计账簿被处以3万元罚款的孙某

C. 意会人员编制虚假财务会计报告被所在单位撤职的王某

D. 因隐匿财务会计报告被依法追究刑事责任的陈某

【答案】D

【解析】因有提供虚假财务会计报告，做假账，隐匿或者故意销毁会计凭证、会计账簿、财务会计报告，贪污，挪用公款，职务侵占等与会计职务有关的违法行为被依法追究刑事责任的人员，不得再从事会计工作。

（四）会计人员回避制度

1. 适用范围

国家机关、国有企业、事业单位任用会计人员应当实行回避制度。

2. 具体规定

（1）单位领导人的直系亲属不得担任本单位的会计机构负责人、会计主管人员；

（2）会计机构负责人、会计主管人员的直系亲属不得在本单位会计机构中担任出纳工作。

名师说

需要回避的直系亲属包括夫妻关系、直系血亲关系（父母，子女）、三代以内旁系血亲（兄弟姐妹）以及姻亲关系。

【例2-40·判断题·2022】甲国有企业会计机构负责人的双胞胎弟弟可以在本企业会计机构担任出纳职务。（　　）

【答案】×

【解析】会计机构负责人、会计主管人员的直系亲属不得在本单位会计机构中担任出纳工作。

（五）会计专业职务与会计专业技术资格

1. 会计专业职务（会计职称）

会计人员职称层级分为初级、中级、副高级和正高级。初级职称只设助理级，高级职称分设副高级和正高级。

初级、中级、副高级和正高级职称名称依次为助理会计师、会计师、高级会计师和正高级会计师。各类职称都应当具备一定条件。

（1）助理会计师应具备以下条件：

① 基本掌握会计基础知识和业务技能；

② 能正确理解并执行财经政策、会计法律法规和规章制度；

③ 能独立处理一个方面或某个重要岗位的会计工作；

④ 具备国家教育部门认可的高中毕业（含高中、中专、职高、技校）以上学历。

（2）会计师应具备以下条件：

① 系统掌握会计基础知识和业务技能；

② 掌握并能正确执行财经政策、会计法律法规和规章制度；

③ 具有扎实的专业判断和分析能力，能独立负责某领域会计工作；

④ 下列条件满足其一：

a. 具备博士学位；

b. 具备硕士学位，从事会计工作满 1 年；

c. 具备第二学士学位或研究生班毕业，从事会计工作满 2 年；

d. 具备大学本科学历或学士学位，从事会计工作满 4 年；

e. 具备大学专科学历，从事会计工作满 5 年。

（3）高级会计师应具备以下条件：

① 系统掌握和应用经济与管理理论、财务会计理论与实务；

② 具有较高的政策水平和丰富的会计工作经验，能独立负责某领域或一个单位的财务会计管理工作；

③ 工作业绩较为突出，有效提高了会计管理水平或经济效益；

④ 有较强的科研能力，取得一定的会计相关理论研究成果，或主持完成会计相关研究课题、调研报告、管理方法或制度创新等；

⑤ 下列条件满足其一：

a. 具备博士学位，取得会计师职称后，从事与会计师职责相关工作满 2 年；

b. 具备硕士学位，或第二学士学位或研究生班毕业，或大学本科学历或学士学位，取得会计师职称后，从事与会计师职责相关工作满 5 年；

c. 具备大学专科学历，取得会计师职称后，从事与会计师职责相关工作满 10 年。

（4）正高级会计师应具备以下条件：

① 系统掌握和应用经济与管理理论、财务会计理论与实务，把握工作规律；

② 政策水平高，工作经验丰富，能积极参与一个单位的生产经营决策；

③ 工作业绩突出，主持完成会计相关领域重大项目，解决重大会计相关疑难问题或关键性业务问题，提高单位管理效率或经济效益；

④ 科研能力强，取得重大会计相关理论研究成果，或其他创造性会计相关研究成果，推动会计行业发展；

⑤ 一般应具有大学本科及以上学历或学士以上学位，取得高级会计师职称后，从事与高级会计师职责相关工作满 5 年。

2. 会计专业技术资格

（1）考试制度。

会计专业技术资格分为初级资格、中级资格和高级资格三个级别，分别对应初级、中级、副高级会计职称（会计专业职务）的任职资格。目前，初级、中级资格实行全国统一考试制度，高级会计师资格实行考试与评审相结合制度。

（2）会计专业职务的聘任。

通过全国统一考试取得初级或中级会计专业技术资格的会计人员，表明其已具备担任相应级别会计专业技术职务的任职资格。用人单位可根据工作需要和德才兼备的原则，从获得会计专业技术资格的会计人员中择优聘任。

会计专业职务与会计专业技术资格的关系如表 2-11 所示。

表 2-11 会计专业职务与会计专业技术资格的关系

会计专业职务（会计职称）		会计专业技术资格	
正高级职务	正高级会计师	—	
副高级职务	副高级会计师	高级资格	考试与评审相结合
中级职务	会计师	中级资格	全国统一考试
初级职务	助理会计师	初级资格	

【例 2-41·多选题·2019】根据会计法律制度的规定，下列各项中，属于会计专业技术资格的有（   ）。

A. 初级资格   B. 高级资格   C. 注册会计师   D. 中级资格

【答案】ABD

【解析】注册会计师属于社会审计，跟会计专业技术资格没有关系。

【例 2-42·单选题·2018】不属于会计专业职务的是（   ）。

A. 高级会计师   B. 助理会计师   C. 中级会计师   D. 总会计师

【答案】D

【解析】总会计师属于单位的行政职务，不属于会计专业职务。

（六）会计人员继续教育

根据《会计专业技术人员继续教育规定》，国家机关、企业、事业单位以及社会团体等组织（以下统称"单位"）具有会计专业技术资格的人员，或不具有会计专业技术资格但从事会计工作的人员（以下简称"会计专业技术人员"）享有参加继续教育的权利和接受继续教育的义务。用人单位应当保障本单位会计专业技术人员参加继续教育的权利。

1. 应当参加继续教育的人员范围

（1）具有会计专业技术资格的人员应当自取得会计专业技术资格的次年开始参加继续教育，并在规定时间内取得规定学分。

（2）不具有会计专业技术资格但从事会计工作的人员应当自从事会计工作的次年开始参加继续教育，并在规定时间内取得规定学分。

2. 继续教育的内容

继续教育内容包括公需科目和专业科目。

（1）公需科目。

公需科目包括专业技术人员应当普遍掌握的法律法规、政策理论、职业道德、技术信息等基本知识。

（2）专业科目。

专业科目包括会计专业技术人员从事会计工作应当掌握的财务会计、管理会计、财务管理、内部控制与风险管理、会计信息化、会计职业道德、财税金融、会计法律法规等相关专业知识。

3. 学分制管理

（1）会计专业技术人员参加继续教育实行学分制管理。每年参加继续教育取得的学分**不少于90学分**，其中，专业科目一般不少于总学分的三分之二。

（2）会计专业技术人员参加继续教育取得的学分，在全国范围内当年度有效，不得结转以后年度。对会计专业技术人员参加继续教育情况实行登记管理。

4. 单位责任

用人单位应当建立本单位会计专业技术人员继续教育与使用、晋升相衔接的激励机制，将参加继续教育情况作为会计专业技术人员考核评价、岗位聘用的重要依据。会计专业技术人员参加继续教育情况，应当作为聘任会计专业技术职务或者申报评定上一级资格的重要条件。

【例 2-43 · 单选题 · 2021】根据会计法律制度的规定，下列关于会计专业技术人员继续教育的表述中，正确的是（　　）。

A. 具有会计专业技术资格的，应当自取得资格次年开始参加继续教育

B. 用人单位不得将参加继续教育情况作为会计专业技术人员岗位聘用的依据

C. 每年参加继续教育应取得不少于 120 学分

D. 参加继续教育当年度取得的学分可以结转以后年度

【答案】A

【解析】选项 B，用人单位应当将参加继续教育情况作为会计专业技术人员考核评价、岗位聘用的重要依据；选项 C，每年参加继续教育取得的学分不少于 90 学分；选项 D，会计专业技术人员参加继续教育取得的学分，不得结转以后年度。

【例 2-44 · 判断题 · 2021】会计专业技术人员参加继续教育情况，应当作为聘任会计专业技术职务或者申报评定上一级资格的重要条件。（　　）

【答案】√

五、会计工作交接★

（一）会计工作交接的概念与责任

1. 会计人员工作调动或者因故离职

必须将本人所经管的会计工作全部移交给接替人员。没有办清交接手续的，不得调动或者离职。移交人员对所移交的会计凭证、会计账簿、会计报表和其他有关资料的合法性、真实性承担法律责任。接替人员应当认真接管移交工作，并继续办理移交的未了事项。

2. 会计人员临时离职或者因病不能工作**且需要接替或者代理的**

会计机构负责人（会计主管人员）或者单位领导人必须指定有关人员接替或者代理，并办理交接手续。

🎯 敲黑板

　　考试中一定要注意因病不能工作时是否需要接替或者代理。

3. 临时离职或者因病不能工作的会计人员**恢复工作的**

应当与接替或者代理人员办理交接手续。移交人员因病或者其他特殊原因不能亲自办理移交

的，经单位领导人批准，可由移交人员委托他人代办移交，但委托人应当承担对所移交的会计凭证、会计账簿、会计报表和其他有关资料的合法性、真实性的法律责任。

单位撤销时，必须留有必要的会计人员，会同有关人员办理清理工作，编制决算。未移交前，不得离职。接收单位和移交日期由主管部门确定。单位合并、分立的，其会计工作交接手续比照上述有关规定办理。

（二）会计工作移交前的准备工作

会计人员办理移交手续前，必须及时做好以下工作。

（1）已经受理的经济业务尚未填制会计凭证的，应当填制完毕。

（2）尚未登记的账目，应当登记完毕，并在最后一笔余额后加盖经办人员印章。

（3）整理应该移交的各项资料，对未了事项写出书面材料。

（4）编制移交清册，列明应当移交的会计凭证、会计账簿、会计报表、印章、现金、有价证券、支票簿、发票、文件、其他会计资料和物品等内容；实行会计电算化的单位，从事该项工作的移交人员还应当在移交清册中列明会计软件及密码、会计软件数据磁盘（磁带等）及有关资料、实物等内容。

（三）会计工作交接

（1）移交人员在办理移交时，要按移交清册逐项移交；接替人员要逐项核对点收。

（2）移交人员从事会计电算化工作的，要对有关电子数据在**实际操作**状态下进行交接。

（四）监交

（1）会计人员办理交接手续，**必须有**监交人负责监交。

（2）一般会计人员办理交接手续，由会计机构负责人（会计主管人员）监交；会计机构负责人（会计主管人员）办理交接手续，由单位负责人监交，必要时主管单位可以派人会同监交。

（五）交接后相关事宜

（1）交接完毕后，交接双方和监交人要在移交清册上签名或者盖章，并应在移交清册上注明：单位名称，交接日期，交接双方和监交人的职务、姓名，移交清册页数以及需要说明的问题和意见等。移交清册一般应当填制一式三份，交接双方各执一份，存档一份。

（2）接替人员应当继续使用移交的会计账簿，不得自行另立新账，以保持会计记录的连续性。

【例 2-45 · 多选题 · 2020】根据会计法律制度的规定，下列关于会计工作交接的表述中正确的有（   ）。

A. 会计人员办理交接手续的，无需监交

B. 会计人员没有办清交接手续的，不得离职

C. 移交人员因病不能亲自办理移交的，经单位领导批准，由移交人员委托他人代办移交

D. 移交人在办理移交时，要按移交清册逐项移交

【答案】BCD

【解析】选项 A，会计人员办理交接手续，必须有监交人负责监交。

【例 2-46 · 单选题 · 2022】下列关于会计工作交接的表述中，不正确的是（   ）。

A. 会计工作交接后，接替人员可以自行另立新账

B. 交接双方应当按移交清册逐项移交，核对点收

C. 交接双方和监交人应当在移交清册上签名或者签章

D. 一般会计人员办理交接手续，由会计机构负责人或者会计主管监交

【答案】A

【解析】选项 A，会计工作交接后，接替人员应当继续使用移交的会计账簿，不得自行另立新账，以保持会计记录的连续性。

第四节 会计法律责任 ★★★

本节主要介绍《会计法》对会计违法行为的法律责任的规定。

一、法律责任概述

（一）会计违法的行为及法律责任

表 2-12　　　　　　　　　　　　　会计违法的行为及法律责任

违法行为	法律责任
违反国家统一的会计制度： （1）不依法设置会计账簿的； （2）私设会计账簿的； （3）未按照规定填制、取得原始凭证或者填制、取得的原始凭证不符合规定的； （4）以未经审核的会计凭证为依据登记会计账簿或者登记会计账簿不符合规定的； （5）随意变更会计处理方法的； （6）向不同的会计资料使用者提供的财务会计报告编制依据不一致的； （7）未按照规定使用会计记录文字或者记账本位币的； （8）未按照规定保管会计资料，致使会计资料毁损、灭失的； （9）未按照规定建立并实施单位内部会计监督制度，或者拒绝依法实施的监督，或者不如实提供有关会计资料及有关情况的； （10）任用会计人员不符合《会计法》规定的 🎯 敲黑板　违反"税法"的行为不属于违反会计法律制度的行为。	（1）有所列行为之一的，由县级以上人民政府财政部门责令限期改正； 可对单位并处 3 000 元以上 5 万以下罚款； 对直接责任人员处 2 000 元以上 2 万元以下罚款； （2）属于国家工作人员的，给予行政处分，构成犯罪的，依法追究刑事责任。 （3）会计人员有所列行为之一，情节严重的，5 年内不得从事会计工作
伪造、变造会计凭证、会计账簿，编制虚假财务会计报告	1. 构成犯罪的，依法追究刑事责任 2. 尚不构成犯罪的 （1）由县级以上人民政府财政部门予以通报； 可对单位并处 5 000 元以上 10 万元以下的罚款； 对直接责任人员处以 3 000 元以上 5 万元以下的罚款； （2）属于国家工作人员的，还应当由其所在单位或有关单位依法给予撤职直至开除的行政处分； （3）其中的会计人员，5 年内不得从事会计工作

（续表）

违法行为	法律责任
隐匿或者故意销毁依法应当保存的会计凭证、会计账簿、财务会计报告	1. 构成犯罪的，依法追究刑事责任 2. 尚不构成犯罪的 （1）由县级以上人民政府财政部门予以通报； 可对单位并处 5 000 元以上 10 万元以下罚款； 对直接责任人员处以 3 000 元以上 5 万元以下罚款； （2）属于国家工作人员的，还应当由其所在单位或有关单位依法给予撤职直至开除的行政处分； （3）其中的会计人员，5 年内不得从事会计工作。 3. 情节严重的 （1）根据《刑法》第一百六十二条第二款规定，隐匿或者故意销毁依法应当保存的会计凭证、会计账簿、财务会计报告，情节严重的，处 5 年以下有期徒刑或者拘役，并处或者单处 2 万元以上 20 万元以下的罚金。 （2）单位犯前款罪的，对单位判处罚金，并对其直接负责的主管人员和其他直接负责人员，依照前款的规定处罚
授意、指使、强令会计机构、会计人员及其他人员伪造、变造或者隐匿、故意销毁会计凭证、会计账簿、财务会计报告	1. 构成犯罪的，依法追究刑事责任 2. 尚不构成犯罪的 （1）可处 5 000 元以上 5 万元以下的罚款； （2）属于国家工作人员的，给予降级、撤职、开除的行政处分
单位负责人对依法履行职责、抵制违反《会计法》规定行为的会计人员实行打击报复	（1）构成犯罪的，依法追究刑事责任；情节恶劣的，处 3 年以下有期徒刑或者拘役。 （2）尚不构成犯罪的，依法给予行政处分。 （3）对受打击报复的会计人员，应当恢复其名誉和原有职务、级别
财政部门及有关行政部门的工作人员在实施监督管理职务中的违法行为	（1）构成犯罪的，依法追究刑事责任； （2）尚不构成犯罪的，依法给予行政处分

（二）对不同违法行为承担的罚款数额

表 2-13　　　　　　　　　　　　　　对不同违法行为承担的罚款数额

违法行为　　责任主体	违反《会计法》规定	伪造、变造会计凭证、编制虚假会计报告；隐匿或者故意销毁依法应当保存的会计资料	授意、指使、强令会计机构、会计人员伪造、变造、编制虚假、隐匿、故意销毁会计资料
单位	3 000 元 ~5 万元	5 000 元 ~10 万元	—
直接责任人	2 000 元 ~2 万元	3 000 元 ~5 万元	5 000 元 ~5 万元

　　收到对违反《会计法》和国家统一的会计制度行为检举的部门及负责处理检举的部门，将检举人姓名和检举材料转给被检举单位和被检举人个人的，由所在单位或者有关单位依法给予行政处分。

　　【例 2-47·多选题·2018】根据会计法律制度的规定，下列情形中，属于违法行为的有（　　）。

　　A. 指使会计人员编制虚假财务会计报告　　　B. 变造会计账簿

　　C. 隐匿依法应当保存的会计凭证　　　　　　D. 拒绝接收金额记载错误的原始凭证

【答案】ABC

【解析】选项 D 不属于违法行为。

【例 2-48·单选题·2018】对于变造、伪造会计凭证，下列说法正确的是（   ）。

A. 对单位罚款 3 000 元以上 5 万元以下　　B. 对个人罚款 3 000 元以上 5 万元以下

C. 对单位罚款 5 000 元以上 5 万元以下　　D. 对个人罚款 5 000 元以上 10 万元以下

【答案】B

【解析】对于变造、伪造会计凭证，可对单位并处 5 000 元以上 10 万元以下罚款；对直接责任人员处以 3 000 元以上 5 万元以下罚款；

【例 2-49·单选题·2018】根据会计法律制度的规定，单位会计人员编制虚假财务会计报告，尚不构成犯罪的，除可以给予其罚款和行政处分外，还应当责令其一定期限内不得从事会计工作，该期限为（   ）。

A.10 年　　　　　　　B.15 年　　　　　　　C.5 年　　　　　　　D.20 年

【答案】C

【解析】编制虚假财务会计报告，尚不构成犯罪的，除可以给予其罚款和行政处分外，还应当责令其 5 年不得从事会计工作。

【例 2-50·判断题·2021】财政部门的工作人员在实施会计监督中泄露商业秘密，应承担行政责任。（   ）

【答案】√

本章习题精练

一、单项选择题

1. 下列属于初级会计专业职务的是（   ）。

A. 助理会计师　　　B. 会计师

C. 注册会计师　　　D. 会计专业本科学历

2. 不具备设置会计机构条件的单位应当委托批准从事（   ）的中介机构代理记账。

A. 经济业务　　　　B. 会计报税

C. 会计代理记账　　D. 会计咨询

3. 小红是某公司财务部的一名普通会计人员，因工作调动办理会计工作交接时，通常情况下应由（   ）负责监交。

A. 其他会计人员　　B. 分管财务的副总经理

C. 总会计师　　　　D. 财务部经理

4. 会计工作的社会监督主要是指由（   ）依法对委托单位的经济活动进行的审计、鉴证的一种监督制度。

A. 人民法院

B. 财政部门

C. 税务部门

D. 注册会计师及其所在的会计师事务所

5. 下列各项中，不符合内部制约的要求的是（   ）。

A. 出纳人员管理票据

B. 出纳人员管理有价证券

C. 出纳人员管理现金

D. 出纳人员兼任会计档案保管

6. 关于会计记录文字的论述，下列说法中错误的是（   ）。

A. 会计记录文字应当用中文

B. 会计记录文字不可以用外国文字

C. 民族自治单位的会计记录文字可以同时用当地通用的一种民族文字

D. 在中国境内的外商投资企业，外国企业

和其他外国组织的会计记录文字可以同时使
用一种外国文字

7. 关于对变造、伪造会计凭证行为的罚款，下
列说法中正确的是（　　）。

A. 对单位罚款 3 000 元以上 5 万元以下

B. 对个人罚款 3 000 元以上 5 万元以下

C. 对单位罚款 5 000 元以上 5 万元以下

D. 对个人罚款 5 000 元以上 10 万元以下

8. 不属于会计专业职称的是（　　）。

A. 高级会计师　　　　B. 助理会计师

C. 会计师　　　　　　D. 总会计师

9. 年度财务报告档案保存期限为（　　）。

A. 2 年　　　　　　　B. 永久

C. 1 年　　　　　　　D. 3 年

10. 根据会计法律制度的规定，下列关于账务核
对的表述中，不正确的是（　　）。

A. 保证会计账簿记录与实物及款项的实有
数额相符

B. 保证会计账簿记录与年度财务预算相符

C. 保证会计账簿之间相对应的记录相符

D. 保证会计账簿记录与会计凭证的有关内
容相符

11. 根据会计法律制度的规定，现金日记账的保
管时间应达到法定最低保管期限。该期限为
（　　）年。

A. 5　　　　　　　　　B. 30

C. 10　　　　　　　　 D. 20

12. 根据会计法律制度的规定，下列行为中，属
于会计工作政府监督的是（　　）。

A. 个人检举会计违法行为

B. 会计师事务所对单位经济活动进行审计

C. 单位内部审计机构审核本单位会计账簿

D. 财政部门对各单位的会计工作进行监督
检查

13. 根据会计法律制度的规定，原始凭证的金额
有错误时，应当采取的正确做法是（　　）。

A. 由经办人员更正并加盖经办人员印章

B. 由出具单位更正并加盖出具单位印章

C. 由接受单位更正并加盖接受单位印章

D. 由出具单位重开

14. 下列关于单位内部会计监督制度的表述中，
正确的是（　　）。

A. 记账人员和监督业务的经办人员可以由
一人兼任

B. 会计资料定期进行内部审计的办法和程
序应当明确

C. 财产清查的范围、期限和组织程序可以
不明确

D. 企业的监事会负责内部控制的建立、健
全和有效实施

15. 下列各项中，有权对各单位会计工作行使监
督权，并依法对违法会计行为实施行政处罚
的为（　　）。

A. 县级以上财政部门

B. 县级以上税务部门

C. 县级以上审计部门

D. 县级以上人民银行

16. 下列各项中，应当发表无法表示意见的情形
是（　　）。

A. 注册会计师无法获取充分、适当的审计
证据以作为形成审计意见的基础，但认为未
发现的错报（如存在）对财务报表可能产生
的影响重大，但不具有广泛性

B. 在获取充分、适当的审计证据以作为形
成审计意见的基础，但认为未发现的错报
（如存在）对财务报表可能产生的影响重大
且具有广泛性

C. 如果无法获取充分、适当的审计证据以
作为形成审计意见的基础，但认为未发现的
错报（如存在）对财务报表可能产生的影响
重大且具有广泛性

D. 不含有说明段、强调事项段、其他事项
段或其他任何修饰性用语的无保留意见的审
计报告

17. 担任会计主管人员应具备会计师以上专业职
务资格或从事会计工作（　　）年以上经历。

A. 1　　　　　　　　　B. 2

C. 3　　　　　　　　　D. 5

18. 根据《会计法》的规定，对随意变更会计处
理方法的单位，县级以上人民政府财政部门

责令限期改正，并可以处（ ）。

A. 2 000 元以上 20 000 元以下的罚款

B. 3 000 元以上 50 000 元以下的罚款

C. 4 000 元以上 50 000 元以下的罚款

D. 5 000 元以上 50 000 元以下的罚款

19. 在采购办公用品过程中，财务经理王某指使记账会计刘某伪造购物发票，多报销 8 000 元。对该行为，县级以上财政部门可以对王某进行的处罚是（ ）。

A. 通报，2 000 元以上 20 000 元以下的罚款

B. 通报，3 000 元以上 30 000 元以下的罚款

C. 通报，5 000 元以上 10 000 元以下的罚款

D. 5 000 元以上 50 000 元以下的罚款

20. 以下关于各类会计职称应具备的条件，说法错误的是（ ）

A. 助理会计师对工作年限没有要求

B. 会计师具备大学本科学历或学士学位，从事会计工作满 4 年

C. 高级会计师具备博士学位，取得会计师职称后，从事与会计师职责相关工作满 2 年

D. 正高级会计师一般应具有大学本科及以上学历或学士以上学位，取得高级会计师职称后，从事与高级会计师职责相关工作满 3 年。

二、多项选择题

21. 国家统一的会计制度，是指国务院财政部门根据《会计法》制定的关于（ ）以及会计工作管理的制度。

A. 会计核算 B. 会计监督

C. 会计机构 D. 会计人员

22. 会计部门规章的效力低于（ ）。

A. 宪法 B. 会计法律

C. 会计行政法规 D. 会计分析报告

23. 我国会计法律制度体系可以分为（ ）层次。

A. 会计法律 B. 会计行政法规

C. 会计部门规章 D. 地方性会计法规

24. 会计工作岗位可以包括（ ）。

A. 会计机构负责人 B. 出纳

C. 职工薪酬核算 D. 总账

25. 会计工作岗位可以（ ）。

A. 一人多岗 B. 一岗多人

C. 一人一岗 D. 多岗多人

26. 根据《会计法》的规定，对于"随意变更会计处理方法"的行为，应当承担的法律责任是（ ）。

A. 由县级以上人民政府财务部门责令限期改正

B. 对单位处以 5 000 元以上 5 万元以下的罚款

C. 对其直接负责的主管人员可以处以 2 000 元以上 2 万元以下的罚款

D. 构成犯罪的，依法追究刑事责任

27. 根据《会计法》规定，未按照规定保管会计资料，致使会计资料毁损灭失的行为，但尚未构成犯罪的，其直接负责的主管人员和其他直接责任人员应承担的法律责任有（ ）。

A. 予以改正

B. 处以 3 000 元以上 5 万元以下罚款

C. 负有直接责任的企业负责人就地免职

D. 情节严重的，会计人员 5 年内不得从事会计工作

28. 根据会计法律制度的规定，下列各项中属于会计账簿类型的有（ ）。

A. 备查账簿 B. 日记账

C. 明细账 D. 总账

29. 根据会计法律制度的规定，下列情形中，属于违法行为的有（ ）。

A. 指使会计人员编制虚假财务会计报告

B. 变造会计账簿

C. 隐匿依法应当保存的会计凭证

D. 拒绝接收金额记载错误的原始凭证

30. 下列关于会计账簿的说法中错误的有（ ）。

A. 会计账簿登记必须以会计凭证为依据

B. 各单位应当依法设置的会计账簿包括总账、明细账和日记账

C. 账目核对包括账证核对、账账核对、账实核对、账表核对

D. 各单位应当定期将会计账簿与实物、款项实有数相互核对，以保证账账相符

31. 下列各项中，属于财务报告组成部分的有（　　）。
    A. 资产负债表　　　　B. 现金流量表
    C. 附注　　　　　　　D. 审计报告

32. 根据《会计法》的规定，下列人员中，应当在单位财务会计报告上签名并盖章的有（　　）。
    A. 单位负责人　　　　B. 总会计师（如有）
    C. 会计机构负责人　　D. 出纳人员

33. 下列各项中，属于会计档案的有（　　）。
    A. 购货发票
    B. 应收账款明细账
    C. 资产负债表
    D. 银行存款余额调节表

34. 下列各项中，不属于会计档案的有（　　）。
    A. 会计档案移交清册　B. 银行对账单
    C. 工商营业执照　　　D. 年度工作计划

35. 根据《会计档案管理办法》的规定，下列说法中正确的有（　　）。
    A. 满足法定条件可仅以电子形式保存电子会计档案
    B. 由档案机构编制会计档案保管清册
    C. 单位保存的会计档案一般不得对外借出
    D. 出纳可以兼管会计档案

36. 下列各项中，属于会计监督体系组成部分的有（　　）。
    A. 社会舆论监督
    B. 单位内部会计监督
    C. 以注册会计师为主体的会计工作社会监督
    D. 以政府财政部门为主体的会计工作政府监督

37. 下列各项中，属于企业内部控制应当遵循的原则有（　　）。
    A. 全面性原则　　　　B. 实质重于形式原则
    C. 重要性原则　　　　D. 均衡性原则

38. 下列关于内部控制的说法中正确的有（　　）。
    A. 对企业而言，内部控制是指由企业董事会、监事会、经理层和全体员工实施的、旨在实现控制目标的过程
    B. 对企业而言内部控制包括五大原则
    C. 对企业和行政事业单位而言，内部控制均需遵循成本效益原则

    D. 对企业和行政事业单位而言，内部控制的方法均包括不相容职务或岗位的分离控制

39. 下列各项中，属于会计工作的政府监督范畴有（　　）。
    A. 财政部门对各单位会计工作的监督
    B. 中国银行对有关金融单位相关会计账簿的监督
    C. 证券监管部门对证券公司有关会计资料实施检查
    D. 工商机关对纳税人记账凭证的检查

40. 下列说法中，属于会计工作的社会监督的范畴的有（　　）。
    A. 注册会计师及其所在的会计师事务所依法实施的监督
    B. 审计、税务和人民银行依法实施的监督
    C. 县级以上财政部门依法实施的监督
    D. 单位和个人对会计违法行为的检举

41. 下列各项中，属于出纳人员不得兼管的工作有（　　）。
    A. 稽核　　　　　　　B. 会计档案保管
    C. 登记银行存款日记账 D. 登记收入总账

42. 根据《会计法》的规定，下列各项中，出纳员不得兼任的工作有（　　）。
    A. 登记收入、支出账目
    B. 登记债权、债务账目
    C. 登记现金总账
    D. 保管人事档案

43. 下列各项中，属于违反《会计法》规定的有（　　）。
    A. 以未经审核的会计凭证为依据登记会计账簿的行为
    B. 随意变更会计处理方法的行为
    C. 未在规定期限办理纳税申报的行为
    D. 未按规定建立并实施单位内部会计监督制度的行为

44. 某企业将出售废料的收入1万元不纳入企业统一的会计核算，而另设会计账簿进行核算，以解决行政管理部门的福利问题。则该企业及相关人员应承担的法律责任有（　　）。
    A. 通报批评

B. 责令其限期改正

C. 对该企业并处 3 000 元以上 5 万元以下的罚款

D. 对直接负责的主管人员处 2 000 元以上 2 万元以下的罚款

45. 授意、指使、强令会计机构、会计人员及其他人员伪造、变造会计凭证、会计账簿，编制虚假财务报告，故意销毁依法应当保存的会计凭证、会计账簿、财务会计报告，尚不构成犯罪的除依法可处以规定数额的罚款外，对属于国家工作人员的还应当由其所在单位或者有关单位依法给予的行政处分有（　　）。

A. 降级　　　　　　B. 撤职

C. 开除　　　　　　D. 警告

46. 以下属于申请代理记账资格的机构应当具备的条件的有（　　）。

A. 专职从业人员不少于 5 名

B. 主管代理记账业务的负责人具有助理会计师以上专业技术职务资格或者从事会计工作不少于 1 年

C. 主管代理记账业务的负责人为专职从业人员

D. 有健全的代理记账业务内部规范

三、判断题

47.《企业财务会计报告条例》属于我国的会计行政法规。（　　）

48. 会计部门规章的制定依据是会计法律和会计行政法规。（　　）

49. 会计档案的保管期限分为永久和定期两类，保管期限从会计年度终了后的第一天算起。（　　）

50. 会计核算必须以各单位在生产经营或预算执行过程中实际发生的包括引起或未引起资金增减变化的经济活动为依据。（　　）

51. 违法会计行为是指会计机构和会计人员违反了《会计法》和其他法律、行政法规、国家统一的会计制度的行为。（　　）

52. 会计工作交接后，原移交人员因会计资料已办理移交而不再对这些会计资料的真实性、完整性负责。（　　）

53. 当年形成的会计档案在会计年度终了后，编制成册后必须移交至本单位的档案部门保管。（　　）

54. 结算凭证金额以中文大写和阿拉伯数码同时记载，二者必须一致，二者不一致的，银行不予受理。（　　）

55. 会计档案销毁之后，监销人应该在销毁清册上签名和盖章。（　　）

56. 有限责任公司应当设置总会计师。（　　）

57. 会计法律制度指的就是全国人大及其常委会制定的《中华人民共和国会计法》。（　　）

58. 原始凭证记载的各项内容均不得涂改。（　　）

59. 会计档案移交清册、会计档案销毁清册的保管期限与企业年度财务会计报告的保管期限一致。（　　）

60. 根据《会计法》的规定，单位内部会计监督的对象是会计机构、会计人员。（　　）

61. 老王为某国有单位的财务经理，他将其女儿安排在本部门担任存货会计，他的这一行为违背了会计人员回避制度。（　　）

62. 总会计师是主管本单位会计工作的行政领导，是单位领导成员。（　　）

63. 单位负责人对本单位的会计工作和会计资料的真实性、完整性负责。（　　）

64. 代理记账机构从业人员应当具有会计类专业基础知识和业务技能，能够独立处理基本会计业务，并由县级以上人民政府财政部门评价认定。（　　）

第三章 支付结算法律制度

考情分析

　　本章在历年机考中所占分值为 13 分左右，题型涵盖单选题、多选题、判断题，属于重点章节。本章的内容较多，学习难度也较大，需要各位考生重点掌握。

考纲要求及考查方式

考纲内容	要求	考试题型
支付结算的基本要求	掌握	单选题、多选题、判断题
票据的概念和种类、票据行为、票据的权利与责任、票据追索等基础知识和各类票据的使用方法	掌握	单选题、多选题、判断题
银行卡账户和交易以及银行卡计息与收费	掌握	单选题、多选题、判断题
汇兑、委托收款的概念和办理程序	掌握	单选题、多选题、判断题
支付机构的概念和支付服务的种类	掌握	—
银行结算账户的开立、变更、撤销规定以及各类银行结算账户的开立、使用和管理要求	熟悉	单选题、多选题、判断题
银行卡收单、条码支付、网络支付、预付卡等支付服务方式	熟悉	单选题、多选题、判断题
违反支付结算法律制度的法律责任	熟悉	多选题、判断题
支付结算的概念和支付结算服务组织、支付结算的工具	了解	判断题
银行结算账户的概念和种类	了解	多选题、判断题
银行卡的概念和分类	了解	单选题
网上银行的主要功能	了解	多选题

学习建议

本章内容较多，考点分散，需要考生多加练习，重复记忆。需要重点掌握"票据的概念与特征、票据权利与责任、票据行为、票据追索，银行汇票、商业汇票、银行本票、支票、银行卡账户和交易、银行卡计息与收费"等知识点。

学习框架

支付结算法律制度

- 支付结算概述
  - 支付结算的概念和支付结算服务组织 ★
  - 支付结算的工具 ★
  - 支付结算的基本要求 ★★★

- 银行结算账户
  - 银行结算账户的概念和种类 ★
  - 银行结算账户的开立、变更和撤销 ★★★
  - 各类具体银行结算账户的开立和使用 ★★★
  - 银行结算账户的管理 ★

- 银行非现金支付业务
  - 票据 ★★
  - 其他结算方式 ★★
  - 银行卡 ★★
  - 银行电子支付 ★★

- 支付机构非现金支付业务
  - 支付机构的概念和支付服务的种类 ★
  - 网络支付 ★★★
  - 预付卡 ★★★

- 支付结算纪律与法律责任
  - 支付结算纪律 ★
  - 违反支付结算法律制度的法律责任 ★

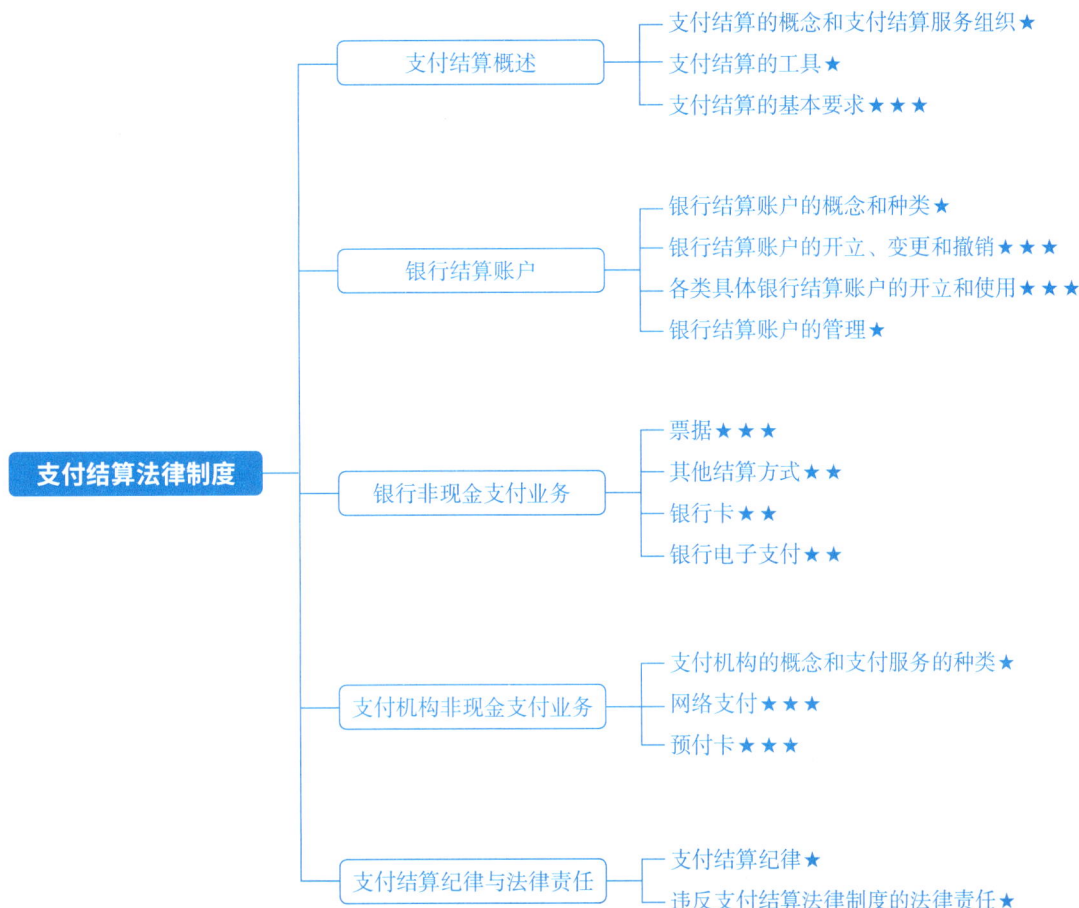

第一节 支付结算概述

一、支付结算的概念和支付结算服务组织 ★

（一）支付结算的概念

支付结算是指单位、个人在社会经济活动中使用票据、银行卡和汇兑、托收承付、委托收款等结算方式进行货币给付及其资金清算的行为。其主要功能是完成资金的转移。

（二）支付结算服务组织

我国的支付结算服务组织主要有中央银行、银行业金融机构（以下简称银行）、特许清算机构、非金融支付机构（以下简称支付机构）等。

中国人民银行负责建设运行支付清算系统，向银行、特许清算机构、支付机构提供账户、清算等服务。银行面向广大单位和个人提供账户、支付工具、结算等服务。特许清算机构主要向其成员机构提供银行卡、电子商业汇票等特定领域的清算服务。支付机构主要为个人和中小微企业提供网络支付、银行卡收单和多用途预付卡发行与受理等支付服务。

二、支付结算的工具 ★

1. 分类

人民币非现金支付工具主要包括"三票一卡"和结算方式。

2. 三票一卡

"三票一卡"是指汇票、本票、支票（我国的三大票据）和银行卡。

3. 结算方式

结算方式包括汇兑、托收承付和委托收款。

三、支付结算的基本要求 ★★★

（一）支付结算的原则

1. 恪守信用、履约付款原则
2. 谁的钱进谁的账、由谁支配原则
3. 银行不垫款原则

（二）支付结算的要求

1. 单位、个人和银行办理支付结算必须使用按中国人民银行统一规定印制的票据凭证和结算凭证。

2. 单位、个人和银行应当按照《人民币银行结算账户管理办法》和《企业银行结算账户管理办法》的规定开立、使用账户。

3. 票据和结算凭证上的签章和其他记载事项应当真实，不得伪造、变造。

（1）伪造。

伪造是指无权限人假冒他人或虚构他人名义签章的行为。

> **名师说**
>
> 因为伪造人在票据上不存在真实、有效的签章，所以伪造人不承担"票据责任"，而应追究其"刑事责任"（附带民事赔偿）。

（2）变造。

变造是指无权更改票据内容的人，对票据上签章以外的记载事项加以改变的行为。

伪造、变造票据属于欺诈行为，构成犯罪的应追究其刑事责任。

（3）不得更改的事项。

出票金额、出票日期、收款人名称不得更改，更改的票据无效；更改的结算凭证，银行不予受理。

（4）票据和结算凭证上的签章为签名、盖章或者签名加盖章。

4. 签章要求。

（1）单位、银行。

单位、银行在票据和结算凭证上的签章为该单位、银行的盖章加其法定代表人或者其授权的代理人的签名或盖章。

（2）个人。

个人在票据和结算凭证上的签章应为该个人本人的签名或盖章。

（三）填制规范

填写各种票据和结算凭证应当规范。规范填写票据和结算凭证应注意以下事项。

1. 收款人名称

关于收款人名称，单位和银行的名称应当记载全称或规**范化简称**。

规范化简称应当具有排他性，与全称在实质上具有同一性，例如，"中国银行保险监督管理委员会"的规范化简称为"银保监会"。

2. 出票日期

（1）票据的出票日期必须使用**中文大写**。

（2）为防止变造票据的出票日期，在填写日、月时，日为"壹"至"玖"和"壹拾""贰拾""叁拾"的，月为"壹""贰"和"壹拾"的，应在其前加"零"；日为"拾壹"至"拾玖"应在其前加"壹"。

如 2 月 18 日，应写成"零贰月壹拾捌日"；再如 10 月 30 日，应写成"零壹拾月零叁拾日"。

3. 金额

票据和结算凭证金额以中文大写和阿拉伯数码同时记载，二者必须一致，二者不一致的票据无效；二者不一致的结算凭证银行不予受理。

【例 3-1·单选题·2018】2017 年 8 月 18 日，甲公司向乙公司签发一张金额为 10 万元，用途为服务费的转账支票，发现填写有误，该支票记载的下列事项中，可以更改的是（   ）。

A. 用途

B. 收款人名称

C. 出票金额

D. 出票日期

【答案】A

【解析】收款人名称、出票金额、出票日期都不得更改。

【例 3-2·判断题·2022】在填写出票日期时，"1 月 20 日"在票据上应该写成"壹月零贰拾日"。

【答案】×

【解析】1 月 20 日在票据上应该写成"零壹月零贰拾日"。

【例 3-3·判断题·2021】票据金额应以中文大写和阿拉伯小写数字同时记载，两者必须一

致；两者不一致的，以中文大写金额数字为准。（　　）

【答案】×

【解析】二者不一致的票据无效。

第二节 银行结算账户

一、银行结算账户的概念和种类 ★

（一）概念

银行结算账户是指银行为存款人开立的办理资金收付结算的活期存款账户。

（二）分类

1. 银行结算账户按存款人划分

（1）单位银行结算账户。

（2）个人银行结算账户。

2. 单位银行结算账户按用途划分

（1）基本存款账户（有且只能有一个）。

（2）一般存款账户。

（3）专用存款账户。

（4）临时存款账户。

【例 3-4·多选题·2020】下列单位银行结算账户中，属于按用途分类的是（　　）。

A. 一般存款账户　　　　　　　　　　B. 预算单位零余额账户

C. 专用存款账户　　　　　　　　　　D. 基本存款账户

【答案】ACD

【解析】单位银行结算账户按用途分为基本存款账户、一般存款账户、专用存款账户和临时存款账户。

二、银行结算账户的开立、变更和撤销 ★★★

（一）银行结算账户的开立

1. 开户要求

存款人应在注册地或住所地开立银行结算账户。符合异地（跨省、市、县）开户条件的，也可以在异地开立银行结算账户。

（1）单位。

开立单位银行结算账户时，应填制"开立单位银行结算账户申请书"，并加盖单位公章和其法定代表人（单位负责人）或者其授权的代理人的签名或者盖章。

（2）个人。

开立个人银行结算账户时，应填制"开立个人银行结算账户申请书"，并加盖其个人签章。

2. 备案类账户开户流程

备案类账户通过人民币银行结算账户管理系统向中国人民银行营业管理部备案即可,不需要通过中国人民银行审核。

备案类账户主要有:

(1)一般存款账户;

(2)非预算单位专用存款账户;

(3)个人银行结算账户。

备案类的开户具体流程如图 3-1 所示。

图 3-1 备案类的开户具体流程

备案类结算账户的变更和撤销也应通过账户管理系统向中国人民银行当地分支行报备。

企业(在境内设立的企业法人、非法人企业和个体工商户,下同)开立基本存款账户、临时存款账户取消核准制,实行备案制,不再颁发开户许可证。

3. 基本存款账户编号

(1)银行完成企业基本存款账户信息备案后,账户管理系统生成基本存款账户编号。

(2)银行应打印《基本存款账户信息》和存款人查询密码,并交付企业。

(3)持有基本存款账户编号的企业申请开立一般存款账户、专用存款账户、临时存款账户时,应当向银行提供基本存款账户编号。

4. 核实开户意愿

(1)企业申请开立基本存款账户的,银行应当向企业法定代表人或单位负责人核实企业开户意愿,并留存相关工作记录。

(2)核实开户意愿,可采取面对面、视频等方式,具体方式由银行根据客户风险程度选择。

5. 办理收付业务

企业银行结算账户自开立之日即可办理收付款业务。

【例 3-5·单选题·2020】下列存款人中,于 2020 年 1 月在银行开立基本存款账户,无需核发开户许可证的是( )。

A. 某居委会　　　　　　　　　　　B. 某人民医院

C. 某公司　　　　　　　　　　　　D. 某市场监督管理局

【答案】C

【解析】自 2019 年年底前,完成取消企业银行账户许可,企业(在境内设立的企业法人、非法人企业和个体工商户)开立基本存款账户、临时存款账户取消核准制,实行备案制,不再颁发开户许可证。

（二）银行结算账户的变更

1. 被动变更

（1）银行发现企业名称、法定代表人或者单位负责人发生变更的，应当及时通知企业办理变更手续；企业自通知送达之日起在合理期限内仍未办理变更手续，且未提出合理理由的，银行有权采取措施适当控制账户交易。

（2）企业营业执照、法定代表人或者单位负责人有效身份证件列明有效期限的，银行应当于到期日前提示企业及时更新，有效期到期后的合理期限内企业仍未更新，且未提出合理理由的，银行应当按规定中止其办理业务。

2. 主动变更

（1）存款人更改名称，但不改变开户银行及账号的，应于 5 个工作日内向开户银行提出银行结算账户的变更申请，并出具有关部门的证明文件。

（2）单位的法定代表人或主要负责人、地址以及其他开户资料发生变更时，应于 5 个工作日内书面通知开户银行并提供有关证明文件。

3. 开户许可证及相关信息的变更

（1）属于变更开户许可证记载事项的，存款人办理变更手续时，应交回开户许可证，由中国人民银行当地分支机构换发新的开户许可证。

（2）企业名称、法定代表人或单位负责人变更，账户管理系统"重新生成"新的基本存款账户编号，银行应当打印《基本存款账户信息》并交付企业。

【例 3-6·单选题·2022】2022 年 3 月 1 日星期二，甲公司的法定代表人发生变更，甲公司应当书面通知开户银行并提供有关证明的最晚时间为（　　）。

A. 3 月 11 日　　　　B. 3 月 8 日　　　　C. 3 月 4 日　　　　D. 3 月 6 日

【答案】B

【解析】单位的法定代表人或主要负责人、住址以及其他开户资料发生变更时，应于 5 个工作日（而非自然日）内书面通知开户银行并提供有关证明。

（三）银行结算账户的撤销

1. 基本规定

（1）撤销是指存款人因开户资格或其他原因终止银行结算账户使用的行为。存款人申请撤销银行结算账户时，应填写撤销银行结算账户申请书。

（2）属于申请撤销单位银行结算账户的，应加盖单位公章和其法定代表人（单位负责人）或者其授权的代理人的签名或者盖章；属于申请撤销个人银行结算账户时，应加其个人签章。

（3）银行在收到存款人撤销银行结算账户的申请后，对于符合销户条件的，应在 2 个工作日内办理撤销手续。

2. 应当撤销的法定情形

有下列情形之一的，存款人应向开户银行提出撤销银行结算账户的申请：

（1）被撤并、解散、宣告破产或关闭的；

（2）注销、被吊销营业执照的；

（3）因迁址需要变更开户银行的；

（4）其他原因需要撤销银行结算账户的。

存款人有以上第（1）项、第（2）项情形的，应于 5 个工作日内向开户银行提出撤销银行结算结算账户的申请。

存款人因以上第（3）项、第（4）项情形撤销基本存款账户后，需要重新开立基本存款账户的，应在撤销其原基本存款账户后 10 日内申请重新开立基本存款账户。

3. 撤销顺序

撤销银行结算账户时，应先撤销一般存款账户、专用存款账户、临时存款账户，将账户资金转入基本存款账户后，方可办理基本存款账户的撤销。

4. 不得撤销的情形

存款人尚未清偿其开户银行债务的，不得申请撤销该银行存款账户。

5. 强制撤销的情形

对按规定应撤销而未办理销户手续的单位银行结算账户，银行应通知存款人，自发出通知之日起 **30 日内** 到开户银行办理销户手续，逾期视同自愿销户，未划转款项列入久悬未取专户管理。

【例 3-7·单选题·2020】甲公司经营不善被宣告破产，撤销在银行开立的结算账户时，其应当最后撤销的是（　　）。

A. 临时存款账户　　　B. 专用存款账户　　　C. 一般存款账户　　　D. 基本存款账户

【答案】D

【解析】撤销银行结算账户时，应先撤销一般存款账户、专用存款账户、临时存款账户，将账户资金转入基本存款账户后，方可办理基本存款账户的撤销。

三、各类具体银行结算账户的开立和使用 ★★★

（一）基本存款账户

1. 存款账户的概念

基本存款账户是存款人因办理日常转账结算和现金收付需要开立的银行结算账户。

2. 开户资格

可以开立基本存款账户的有：

（1）企业法人；

（2）非法人企业；

（3）机关、事业单位；

（4）团级（含）以上军队、武警部队及分散执勤的支（分）队；

（5）社会团体；

（6）民办非企业组织；

（7）异地常设机构；

（8）外国驻华机构；

（9）个体工商户；

（10）居民委员会、村民委员会、社区委员会；

（11）单位设立的独立核算的附属机构，包括食堂、招待所、幼儿园；

（12）其他组织，即按照现行的法律、行政法规规定可以成立的组织，如业主委员会、村民小组等组织；

（13）境外机构。

> **敲黑板**
>
> 个人不能开立基本存款账户。

3.开户证明文件（了解即可）

营业执照、批文、证明、登记证书、法定代表人或单位负责人有效身份证件。法定代表人或单位负责人授权他人办理的，还应出具法定代表人或单位负责人授权书以及被授权人的有效身份证件。

4.使用规定

（1）基本存款账户是存款人的主办账户，一个单位只能开立<u>一个</u>基本存款账户。

（2）存款人日常经营活动的资金收付及其工资、奖金和现金的支取，应通过基本存款账户办理。

（二）一般存款账户

1.一般存款账户的概念

一般存款账户是存款人因借款或其他结算需要，在基本存款账户开户银行以外的银行营业机构开立的银行结算账户。

2.开户证明文件

存款人申请开立一般存款账户，应向银行出具其开立基本存款账户规定的证明文件、基本存款账户开户许可证或企业基本存款账户编号和下列证明文件：

（1）存款人因向银行借款需要，应出具借款合同；

（2）存款人因其他结算需要，应出具有关证明。

3.一般存款账户的使用

一般存款账户用于办理借款转存、借款归还和其他结算的资金收付。

> **名师说**
>
> 一般存款账户可以办理现金缴存，但不得办理现金支取，即：只能存，不能取。开立一般存款账户"没有数量限制"。

【例3-8·多选题·2018】下列存款人中，可以申请开立基本存款账户的有（　　）。

A.甲公司　　　　　B.丙会计师事务所　　　C.乙大学　　　　　D.丁个体工商户

【答案】ABCD

【解析】基本存款账户开立范围：企业法人；非法人企业；机关、事业单位；团级（含）以上军队、武警部队及分散执勤的支（分）队；社会团体；民办非企业组织；异地常设机构；外国驻华机构；个体工商户；居民委员会、村民委员会、社区委员会；单位设立的独立核算的附属机构，包括食堂、招待所、幼儿园；其他组织，即按照现行的法律、行政法规规定可以成立的组织，如业主委员会、村民小组等组织。

【例3-9·单选题·2022】甲公司办理日常经营活动资金收付及其工资、奖金和现金支取的银行账户是（　　）。

A.临时存款账户　　B.一般存款账户　　　C.基本存款账户　　D.专用存款账户

【答案】C

【解析】选项C符合题意，存款人日常经营活动的资金收付及其工资、奖金和现金的支取，应通过基本存款账户办理。

【例3-10·单选题·2020】根据支付结算法律制度的规定，一般存款账户不得办理的是（　　）。

A.现金缴存　　　　　B.借款归还　　　　　C.现金支取　　　　　D.借款转存

【答案】C

【解析】一般存款账户可以办理现金缴存，但不得办理现金支取。

（三）专用存款账户

1.专用存款账户的概念

专用存款账户是存款人按照法律、行政法规和规章，对其**特定**用途资金进行**专项**管理和使用而开立的银行结算账户。

2.专用存款账户的适用范围和具体规定

表3-1　　　　　　　　　　　　　专用存款账户的适用范围和具体规定

适用范围	具体规定
（1）证券交易结算资金 （2）期货交易保证金 （3）信托基金	各对应账户不得支取现金
（4）基本建设基金 （5）更新改造基金 （6）政策性房地产开发资金	各对应账户需要支取现金的，应在开户时报中国人民银行当地分支行批准
（7）粮、棉、油收购资金 （8）社会保障基金 （9）住房基金 （10）党、团、工会经费	支取现金应按照国家现金管理的规定办理
（11）收入汇缴资金	收入汇缴账户除向其基本存款账户或预算外资金财政专用存款户划缴款项外，**只收不付**，不得支取现金
（12）业务支出资金	业务支出账户除从其基本账户拨入款项外，**只付不收**，其现金支取必须按照国家现金管理的规定办理

【例3-11·单选题·2018】甲地为完成棚户区改造工程，成立了G片区拆迁工程指挥部。为发放拆迁户安置资金，该指挥部向银行申请开立的存款账户的种类是（　　）。

A.基本存款账户　　　　　　　　　　B.临时存款账户

C.一般存款账户　　　　　　　　　　D.专用存款账户

【答案】D

【解析】发放拆迁户安置资金，开立专用存款账户，专款管理。

【例3-12·单选题·2018】根据支付结算法律制度的规定，下列专用存款账户中，不能支取现金的是（　　）。

A.证券交易结算资金专用存款账户　　　B.社会保障基金专用存款账户

C.住房基金专用存款账户　　　　　　　D.工会经费专用存款账户

【答案】A

【解析】选项A，证券交易结算资金专用存款账户，只能存不能取。其他三类账户既可以存，也可以取。

（四）预算单位零余额账户

1.开户流程

（1）预算单位向财政部门提出设立零余额账户的申请；

> **名师说**
>
> 必须由一级预算单位向财政部门提出。

（2）财政部门同意预算单位开设零余额账户后通知代理银行；

（3）代理银行根据《人民币银行结算账户管理办法》的规定，具体办理开设预算单位零余额账户业务，并将所开账户的开户银行名称、账号等详细情况书面报告财政部门和中国人民银行，并由财政部门通知一级预算单位；

（4）预算单位根据财政部门的开户通知，具体办理预留印鉴手续，印鉴卡内容如有变动，预算单位应及时通知一级预算单位向财政部门提出变更申请，办理印鉴卡更换手续。

2.账户使用

（1）一个基层预算单位开设一个零余额账户；

（2）预算单位零余额账户用于财政授权支付，可以办理转账、提取现金等结算业务；

（3）可以向本单位按账户管理规定保留的相应账户划拨工会经费、住房公积金及提租补贴，以及财政部批准的特殊款项；

（4）不得违反规定向本单位其他账户和上级主管单位、所属下级单位账户划拨资金。

【例3-13·单选题·2019】未在银行开立账户的G市退役军人事务局，经批准在银行开立了预算单位零余额账户，下列账户种类中，该零余额账户应按其管理的是（　　）。

A.一般存款账户　　　　　　　　　　　B.基本存款账户

C.专用存款账户　　　　　　　　　　　D.临时存款账户

【答案】B

【解析】预算单位未开立基本存款账户，或者原基本存款账户在国库集中支付改革后已按照财政部门的要求撤销的，经同级财政部门批准，预算单位零余额账户作为基本存款账户管理。

【例3-14·单选题·2022】根据支付结算法律制度的规定，下列各项业务中，不得通过预算单位零余额账户办理的是（　　）。

A.划拨本单位工会经费　　　　　　　　B.缴存现金

C.转账　　　　　　　　　　　　　　　D.提取现金

【答案】B

【解析】预算单位零余额账户用于财政授权支付，可以办理转账（选项C）、提取现金（选项D）等结算业务，可以向本单位按账户管理规定保留的相应账户划拨工会经费（选项A）、住房公积金及提租补贴，以及财政部门批准的特殊款项。选项B错误，预算单位零余额账户不能办理现金缴存。

【解析】不得违反规定向本单位其他账户和上级主管单位及所属下级单位账户划拨资金。

（五）临时存款账户

1. 临时存款账户的概念

临时存款账户是指存款人因临时需要并在规定期限内使用而开立的银行结算账户。

2. 适用范围

（1）设立临时机构，如工程指挥部、筹备领导小组、摄制组等；

（2）异地临时经营活动，如建筑施工及安装单位等在异地的临时经营活动；

（3）注册验资、增资；

（4）军队、武警承担基本建设或异地执行作战、演习、抢险救灾、应对突发事件等临时任务。

3. 开户证明文件（了解即可）

开户时"不需要提供"基本存款账户开户许可证（或企业基本存款账户编号）的情形：

（1）设立临时机构；

（2）境外（含港、澳、台地区）机构在境内从事经营活动；

（3）军队、武警单位因执行作战、演习、抢险救灾、应对突发事件等任务需要开立银行账户；

（4）验资临时账户。

4. 临时存款账户的使用

（1）临时存款账户用于办理临时机构或者存款人临时经营活动发生的资金收付。

（2）临时存款账户应根据有关开户证明文件确定的期限或存款人的需要确定其有效期限，最长不得超过 2 年。

（3）临时存款账户支取现金，应按照国家现金管理的规定办理。

（4）注册验资的临时存款账户在验资期间只收不付。

（六）个人银行结算账户

1. 个人银行结算账户的概念

个人结算账户是指存款人因投资、消费、结算等需要而凭个人身份证以自然人名称开立的银行结算账户。

个人银行账户分为Ⅰ类银行账户、Ⅱ类银行账户和Ⅲ类银行账户（简称"Ⅰ类户、Ⅱ类户、Ⅲ类户"）。

对三类个人银行账户银行可提供的服务总结如表 3-2 所示。

表 3-2　　　　　　　　　　　　　　　　银行对个人银行账户可提供的服务

类别	服务内容
Ⅰ类户	提供存款、购买投资理财产品等金融产品，转账、消费和缴费支付、支取现金等服务
Ⅱ类户	① Ⅱ类户可以办理存款、购买投资理财产品等金融产品、限额消费和缴费、限额向非绑定账户转出资金业务。 ② 经银行柜面、自助设备加以银行工作人员现场面对面确认身份的，Ⅱ类户还可以办理存取现金、非绑定账户资金转入业务可以配发银行卡实体卡片。非绑定账户转入资金、存入现金日累计限额合计为 1 万元、年累计限额合计为 20 万元；消费和缴费、向非绑定账户转出资金、取出现金日累计限额合计为 1 万元、年累计限额合计为 20 万元。 ③ 银行可以向Ⅱ类户发放本银行贷款资金并通过Ⅱ类户还款，发放贷款和贷款资金归还，不受转账限额规定

（续表）

类别	服务内容
Ⅲ类户	① Ⅲ类户可以办理限额消费和缴费、限额向非绑定账户转出资金业务。 ② 经银行柜面、自助设备加以银行工作人员现场面对面确认身份的，Ⅲ类户还可以办理非绑定账户资金转入业务。Ⅲ类账户任一时点账户余额不得超过 2 000 元

2. 开户方式

（1）柜面开户。

（2）自助机具开户。

（3）电子渠道开户。

各开户方式下可开立的个人银行账户小结如表 3-3 所示。

表 3-3　　　　　　　　　　　　个人银行结算账户开户方式小结

开户方式	内容
柜面开户	① 通过柜面受理银行账户开户申请的，银行可为开户申请人开立Ⅰ类户、Ⅱ类户或Ⅲ类户。 ② 个人开立Ⅱ、Ⅲ类户，可以绑定Ⅰ类户或者信用卡账户进行身份验证，不得绑定非银行支付机构开立的支付账户进行身份验证。 ③ 在银行柜面开立的，则无须绑定Ⅰ类账户或者信用卡账户进行身份验证
自助机具开户	① 通过远程视频柜员机和智能柜员机等自助机具受理银行账户开户申请，银行工作人员现场核验开户申请人身份信息的，银行可为其开立Ⅰ类户、Ⅱ类户或Ⅲ类户； ② 银行工作人员未现场核验开户申请人身份信息的，银行可为其开立Ⅱ类户或Ⅲ类户，不得开立Ⅰ类户
电子渠道开户	① 银行可为开户申请人开立Ⅱ类户或Ⅲ类户。 ② 银行通过电子渠道非面对面为个人开立Ⅱ类户或Ⅲ类户时，应当向绑定账户开户行验证Ⅱ类户或Ⅲ类户与绑定账户为同一人开立，且绑定账户为本人Ⅰ类户或者信用卡账户

3. 开户证明文件

根据个人银行账户实名制的要求，存款人申请开立个人银行账户时，应向银行出具本人有效身份证件，银行通过有效身份证件仍无法准确判断开户申请人身份的，应要求其出具辅助身份证明材料。

4. 代理开户

开户申请人开立个人银行账户或者办理其他个人银行账户业务，原则上应当由开户申请人本人亲自办理；符合条件的，可以由他人代理办理。

（1）出具证明。

① 代理人应出具代理人、被代理人的有效身份证件以及合法的委托书等。

② 银行认为有必要的，应要求代理人出具证明代理关系的公证书。

（2）单位代理。

单位代理开立的个人银行账户，在被代理人持本人有效身份证件到开户银行办理身份确认、密码设（重）置等激活手续前，该银行账户只收不付。

（3）法定代理。

① 无民事行为能力或限制民事行为能力的开户申请人，由法定代理人或者人民法院等有关部

门依法指定的人员代理办理。

②无民事行为能力人或限制民事行为能力人，可以申请开立个人银行结算账户，但不得使用银行卡。

5.个人银行账户的使用

（1）从单位银行结算账户向个人银行结算账户支付款项单笔超过5万元人民币时，付款单位若在用途栏或备注栏注明事由，可不再另行出具付款依据，但付款单位要对支付款项事由的真实性、合法性负责。但是，具有下列一种或多种特征的可疑交易，银行应关闭单位银行结算账户的网上银行转账功能，要求存款人到银行网点柜台办理转账业务，并出具书面付款依据或相关证明文件。如存款人未提供相关依据或相关依据不符合规定的，银行应拒绝办理转账业务。

①账户资金集中转入，分散转出，跨区域交易；

②账户资金快进快出，不留余额或者留下一定比例余额后转出，过渡性质明显；

③拆分交易，故意规避交易限额；

④账户资金金额较大，对外收付金额与单位经营规模、经营活动明显不符；

⑤其他可疑情形。

（2）从单位银行结算账户支付给个人银行结算账户的款项应纳税的，税收代扣单位付款时应向其开户银行提供完税证明。

【例3-15·判断题·2019】通过手机银行等电子渠道受理开户申请的，银行可为开户申请人开立Ⅰ类账户。（　　）

【答案】×

【解析】通过网上银行和手机银行等电子渠道受理银行账户开户申请的，银行可为开户申请人开立Ⅱ类户或Ⅲ类户。

【例3-16·判断题·2019】新入学大学生开立交学费的个人银行结算账户，可由所在大学代理。（　　）

【答案】√

【解析】开立申请人开立个人银行账户或办理其他个人银行账户业务，原则上应当由开户申请人本人亲自办理；符合条件的，可以由他人代理办理。

【例3-17·单选题·2021】根据个人银行结算账户的规定，可以办理转账业务的是（　　）。

A.Ⅰ类银行账户
B.Ⅱ类银行账户
C.Ⅲ类银行账户
D.Ⅰ类、Ⅱ类和Ⅲ类银行账户均可以

【答案】D

【解析】本题考核个人银行结算账户的规定。

（七）异地银行结算账户

1.异地银行结算账户的概念

异地银行结算账户，是存款人在其注册地或住所地行政区域之外（跨省、市、县）开立的银行结算账户。

名师说

上述各类账户开立在异地就是所谓的异地银行结算账户。

2.适用范围

（1）营业执照注册地与经营地不在同一行政区域（跨省、市、县）需要开立基本存款账户的；

（2）办理异地借款和其他结算需要开立一般存款账户的；

（3）存款人因附属的非独立核算单位或派出机构发生的收入汇缴或业务支出需要开立专用存款账户的；

（4）异地临时经营活动需要开立临时存款账户；

（5）自然人根据需要在异地开立个人银行结算账户的。

3.开户证明文件（了解即可）

（1）存款人需要在异地开立单位银行结算账户，除出具开立基本存款账户、一般存款账户、专用存款账户和临时存款账户规定的有关证明文件和基本存款账户开户许可证或企业基本存款账户编号外，还应出具相应的证明文件。

（2）存款人需要在异地开立个人银行结算账户，应出具在住所地开立账户所需的证明文件。

四、银行结算账户的管理 ★

（一）银行结算账户的实名制管理

1.存款人应当以实名开立银行结算账户。

2.存款人对其出具的开户及变更、撤销申请资料的实质内容保证真实性。

3.存款人不得出租、出借银行结算账户。

4.存款人不得利用银行结算账户套取银行信用或进行洗钱活动。

（二）银行结算账户资金的管理

1.在银行开立存款账户的单位和个人办理支付结算，账户内须有足够的资金保证支付。

2.银行依法为单位、个人在银行开立的存款账户内的存款保密，维护其资金的自主支配权。

3.除国家法律、行政法规另有规定外，银行不得为任何单位或者个人查询账户情况，不得为任何单位或者个人冻结、扣划款项，不得停止单位、个人存款的正常支付。

（三）银行结算账户变更事项的管理

存款人申请临时存款账户展期，变更、撤销单位银行结算账户以及补（换）发开户许可证时，可由法定代表人或单位负责人直接办理，也可授权他人办理。

（四）存款人预留银行签章的管理

1.单位遗失预留公章或财务专用章的，应向开户银行出具书面申请、开户许可证、营业执照等相关证明文件。

2.单位更换预留公章或财务专用章时，应向开户银行出具书面申请、原预留公章或财务专用章等相关证明文件。

（3）个人遗失或更换预留个人印章或更换签字人时，应向开户银行出具经签名确认的书面申请及原预留印章或签字人的个人身份证件。

（五）银行结算账户的对账管理

银行结算账户的存款人应与银行按规定核对账务。存款人收到对账单或对账信息后，应及时核对账务并在规定期限内向银行发出对账回单或确认信息。

【例3-18·多选题·2017】根据支付结算法律制度的规定，关于单位存款人申请变更预留银行的单位财务专用章的下列表述中，正确的有（　　）。

A.需提供原预留的单位财务专用章

B.需提供单位书面申请

C.需重新开立单位存款账户

D.可由法定代表人直接办理，也可授权他人办理

【答案】ABD

【解析】单位存款人申请变更预留银行的单位财务专用章，无须重新开立单位存款账户。

【例3-19·单选题·2017】根据支付结算法律制度的规定，关于银行结算账户管理的下列表述中，不正确的是（　　）。

A.存款人可以出借银行结算账户　　　　B.存款人不得出租银行结算账户

C.存款人应当以实名开立银行结算账户　　D.存款人不得利用银行结算账户洗钱

【答案】A

【解析】存款人不得出租、出借银行结算账户。

第三节 银行非现金支付业务

一、票据★★★

（一）票据的概念和种类★

广义上的票据包括各种有价证券和凭证，如股票、企业债券、发票、提单等；狭义上的票据，即《中华人民共和国票据法》（以下简称《票据法》）中规定的"票据"，包括支票、汇票和银行本票，是指由出票人签发的、约定自己或者委托付款人在见票时或指定的日期向收款人或者持票人无条件支付一定金额的有价证券。

（二）票据当事人★★★

票据当事人是指在票据法律关系中，亨有票据权利、承担票据义务的主体。

票据当事人分为基本当事人和非基本当事人（见表3-4）。

1.基本当事人

票据基本当事人是指在票据**作成和交付时**就已经存在的当事人，包括出票人、付款人和收款人。

2.非基本当事人

非基本当事人是指在票据**作成并交付后**，通过一定的票据行为加入票据关系而享有一定权利、承担一定义务的当事人，包括承兑人、背书人、被背书人、保证人等。

表 3-4   票据当事人和具体内容

票据当事人		具体内容
基本当事人	（1）出票人	是指签发票据并将票据交付给收款人的人。 例：甲公司开出一张面额 10 万元的支票，交付给乙公司用于支付货款，则甲公司就是支票的出票人 例：甲公司向上海银行申请，上海银行开出 10 万元的银行汇票，则上海银行就是银行汇票的出票人
	（2）收款人	是指票据正面记载的到期后有权收取票据所载金额的人
	（3）付款人	① 是指由出票人委托付款或自行承担付款责任的人； ② 商业承兑汇票的付款人是合同中应给付款项的一方当事人，也是该汇票的承兑人； ③ 银行承兑汇票的付款人是承兑银行； ④ 银行汇票的付款人为出票人（银行）； ⑤ 支票的付款人是出票人的开户银行； ⑥ 本票的付款人是出票人
非基本当事人	（1）承兑人	是指接受汇票出票人的付款委托，同意承担支付票款义务的人，是汇票主债务人
	（2）背书人	是指在转让票据时，在票据背面或粘单上签字或盖章，并将该票据交付给受让人的票据收款人或持有人
	（3）被背书人	是指被记名受让票据或接受票据转让的人。背书后，被背书人成为票据新的持有人，享有票据的所有权利
	（4）保证人	① 是指为票据债务提供担保的人，由票据债务人以外的第三人担当； ② 保证人在被保证人不能履行票据付款责任时，以自己的资金履行票据责任，然后取得持票人的权利，向票据债务人追索

🎓 **名师说**

本票的出票人即付款人，所以本票的基本当事人只有出票人及收款人。

【例 3-20·单选题·2018】根据支付结算法律制度的规定，下列关于票据付款人的表述中正确的是（   ）。

A. 支票的付款人是出票人　　　　　　　B. 商业承兑汇票的付款人是承兑人

C. 银行汇票的付款人是申请人　　　　　D. 银行承兑汇票的付款人是出票人

【答案】B

【解析】选项 A，支票的付款人是开户银行；选项 C，银行汇票的付款人是出票人；选项 D，银行承兑汇票的付款人是承兑银行。

【例 3-21·单选题·2020】下列票据中，不属于我国《票据法》所称票据的是（   ）。

A. 本票　　　　　B. 支票　　　　　C. 汇票　　　　　D. 股票

【答案】D

【解析】我国《票据法》规定的票据仅限于汇票、本票、支票。

【例 3-22·多选题·2021】下列属于票据基本当事人的有（   ）。

A. 出票人　　　　B. 付款人　　　　C. 承兑人　　　　D. 背书人

【答案】AB

【解析】票据基本当事人包括：出票人、付款人和收款人；票据非基本当事人包括：承兑人、背书人与被背书人和保证人。

（三）票据行为★★★

票据行为是指票据当事人以发生票据债务为目的、以在票据上签名或盖章为权利和义务成立要件的法律行为。票据行为包括出票、承兑、背书和保证。

⊙ 敲黑板

票据行为不包括"提示付款"与"付款"。

【例3-23·多选题·2017】根据支付结算法律制度的规定，下列各项中，属于票据行为的有（　　）。

A. 出票　　　　　　B. 背书　　　　　　C. 承兑　　　　　　D. 付款

【答案】ABC

【解析】票据行为包括出票、承兑、背书和保证。

1. 出票

（1）出票的概念

出票是指出票人签发票据并将其交付给收款人的票据行为。出票包括两个行为：一是出票人按照《票据法》的规定作成票据，即在原始票据上记载法定事项并签章；二是交付票据，即将做成的票据交付给他人占有。这两者缺一不可。

（2）出票的基本要求

出票人必须与付款人具有真实的委托付款关系，并且具有支付票据金额的可靠资金来源，不得签发无对价的票据用以欺骗银行或者其他票据当事人的资金。

（3）票据的记载事项

所谓票据的记载事项是指依法在票据上记载的票据相关内容。具体分为：

① 必须记载事项。

必须记载事项，是指《票据法》明文规定必须记载的，如不记载，票据行为即为无效的事项。

② 相对记载事项。

相对记载事项是指除了必须记载事项外，《票据法》规定的其他应记载的事项，这些事项如果未记载，由法律另作相关规定予以明确，并不影响票据的效力。

③ 任意记载事项。

任意记载事项是指《票据法》不强制当事人必须记载而允许当事人自行选择，不记载时不影响票据效力，记载时则产生票据效力的事项。

④ 记载不产生《票据法》上效力的事项。

记载不产生《票据法》上的效力的事项是指除了必须记载事项、相对记载事项、任意记载事项外，票据上还可以记载其他一些事项，但这些事项不具有票据效力，银行不负审查责任。

（4）出票的效力

票据出票人制作票据，应当按照法定条件在票据上签章，并按照所记载的事项承担票据责任。出票人签发票据后，即承担该票据承兑或付款的责任。

2. 背书

（1）概念和种类

背书是在票据背面或者粘单上记载有关事项并签章的行为。以背书的目的为标准，将背书分为转让背书和非转让背书。

① 转让背书。

转让背书是指以转让票据权利为目的的背书。

名师说

票据贴现属于转让背书。

② 非转让背书。

非转让背书是指以授权他人行使一定票据权利为目的的背书，包括：

a. 委托收款背书。

委托收款背书是背书人委托被背书人行使票据权利的背书。

b. 质押背书。

质押背书是以担保债务而在票据上设定质权为目的的背书。

名师说

债务人履行债务，质权人只需返还票据，无须再次做成背书。

（2）背书记载事项

① 背书由背书人签章并记载背书日期。

② 背书未记载日期的，视为在票据到期日前背书，以背书转让或者以背书将一定的票据权利授予他人行使时，必须记载被背书人名称。

③ 背书人未记载被背书人名称即将票据交付他人的，持票人在票据被背书栏内记载自己的名称与背书人记载具有同等法律效力。

④ 委托收款背书应记载"委托收款"字样、被背书人和背书人签章。质押背书应记载"质押"字样、质权人和出质人签章。

⑤ 票据凭证不能满足背书人记载事项的需要时，可以加附粘单，粘附于票据凭证上；粘单上的第一记载人，应当在票据和粘单的粘接处签章。

（3）背书效力

① 效力。

背书人以背书转让票据后，即承担保证其后手所持票据承兑和付款的责任。

② 背书连续。

以背书转让的票据，背书应当连续。持票人以背书的连续，证明其票据权利；非经背书转让，而以其他合法方式取得票据的，依法举证，证明其票据权利。

背书连续，是指在票据转让中，转让票据的背书人与受让票据的被背书人在票据上的签章依次前后衔接。具体来说，第一背书人为票据收款人，最后持票人为最后背书的被背书人，中间的背书人为前手背书的被背书人。

（4）背书特别规定

① 条件背书。

条件背书是指背书附有条件，背书时附有条件的，所附条件**不具有**票据上的效力（**条件无效，背书有效**）。

② 部分背书。

部分背书是指将票据金额的一部分转让的背书或者将票据金额分别转让给两人以上的背书。

名师说

> 部分背书属于**无效背书**。

③ 限制背书。

限制背书是指记载了"不得转让"，此时票据不得转让，如出票人记载"不得转让"的，票据不得背书转让；背书人在票据上记载"不得转让"字样，其后手再背书转让的，原背书人对后手的被背书人不承担保证责任。

名师说

> 背书人记载"不得转让"不属于背书附条件。

④ 禁转背书。

禁转背书是指票据被拒绝承兑、被拒绝付款或者超过付款提示期限的，不得背书转让；背书转让的，背书人应当承担票据责任。

【例 3-24 · 单选题 · 2022】根据支付结算法律制度的规定，下列关于票据背书的表述中，正确的是（　　）。

A. 以背书转让的票据，背书应当连续

B. 背书时附有条件的，背书无效

C. 委托收款背书的被背书人可再以背书转让票据权利

D. 票据上第一背书人为出票人

【答案】A

【解析】选项 B，背书时附有条件的，所附条件不具有票据上的效力；选项 C，委托收款背书的被背书人不得再以背书转让票据权利；选项 D，票据上的第一背书人为票据收款人。

【答案】D

【解析】背书未记载日期的，视为在票据到期日前背书，背书有效。

【例 3-25 · 单选题 · 2016】根据支付结算法律制度的规定，下列各项中，属于背书任意记载事项的是（　　）。

A. 不得转让　　　　B. 背书日期　　　　C. 被背书人名称　　　　D. 背书人签章

【答案】A

【解析】选项 B，背书日期是相对记载事项；选项 CD，被背书人名称及背书人签章是必须记载事项。

【例 3-26 · 多选题 · 2021】根据支付结算法律制度的规定，下列关于票据转让背书连续的表述中，正确的有（　　）。

A. 背书人与被背书人的签章依次前后衔接

B. 最后持票人为最后背书的被背书人

C. 第一背书人为票据收款人

D. 中间的背书人为前手背书的被背书人

【答案】ABCD

【解析】选项ABCD均正确。

【例3-27·多选题·2021】下列关于背书的相关说法正确的有（　　）。

A. 背书时附有条件的，所附条件具有票据上的效力

B. 部分背书属于无效背书

C. 背书人在票据上记载"不得转让"字样，其后手再背书转让的，原背书人对后手的被背书人承担保证责任

D. 期后背书是指票据被拒绝承兑、被拒绝付款或者超过付款提示期限的，不得背书转让；背书转让的，背书人应当承担票据责任

【答案】BD

【解析】选项A，背书时附有条件的，所附条件不具有票据上的效力；选项C，背书人在票据上记载"不得转让"字样，其后手再背书转让的，原背书人对后手的被背书人不承担保证责任。

3. 承兑

（1）概念

承兑是指汇票付款人承诺在汇票到期日支付汇票金额并签章的行为，**仅适用于商业汇票。**

（2）提示承兑

① 提示承兑是指持票人向付款人出示汇票，并要求付款人承诺付款的行为。

② 提示承兑的期限。

a. 定日付款或者出票后定期付款的汇票，持票人应当在汇票到期日前向付款人提示承兑。

b. 见票后定期付款的汇票，持票人应当自出票日起1个月内向付款人提示承兑。

c. 汇票未按照规定期限提示承兑的，持票人丧失对其前手的追索权。（但不丧失对出票人的权利）

③ 付款人对向其提示承兑的汇票，应当自收到提示承兑的汇票之日起3日内承兑或者拒绝承兑。

（3）承兑行为的记载事项

付款人承兑汇票的，应当在汇票正面记载"承兑"字样和承兑日期并签章。

（4）承兑日期

见票后定期付款的汇票，应当在承兑时记载付款日期，汇票上未记载承兑日期的，应当以收到提示承兑的汇票之日起3日内的最后1日为承兑日期。

（5）承兑的效力

付款人承兑汇票，不得附有条件；承兑附有条件的，视为拒绝承兑。

付款人承兑汇票后，应当承担到期付款的责任。

【例3-28·单选题·2021】2017年12月13日，乙公司持一张汇票向承兑银行P银行提示付款，该汇票出票人为甲公司，金额为100万元，到期日为2017年12月12日。已知12月13日，甲公司账户余额为10万元。后又于12月18日存入100万元。P银行拟对该汇票采取的下列处理方式中，正确的是（　　）。

A. 于12月18日向乙公司付款100万元

B. 于12月13日拒绝付款，退回汇票

C. 于12月13日向乙公司付款100万元

D. 于12月13日向乙公司付款10万元

【答案】C

【解析】付款人承兑汇票后，应当承担到期付款的责任。

4. 保证

（1）保证人

国家机关、以公益为目的的事业单位、社会团体作为票据保证人的，票据保证无效，但经**国务院批准**为使用外国政府或者国际经济组织贷款进行转贷，国家机关提供票据保证的除外。

> 🎯 **敲黑板**
>
> 保证人是票据债务人以外的人。

（2）保证行为的记载事项

表 3-5 保证行为的记载事项

分类		具体内容
必须记载事项		表明"保证"的字样；保证人签章
相对记载事项	保证人名称和住所	未记载的，以保证人的营业场所、住所或者经常居住地为保证人住所
	被保证人的名称	未记载的，已承兑的汇票"承兑人"为被保证人；未承兑的汇票以"出票人"为被保证人
	保证日期	未记载的，出票日期为保证日期

（3）保证效力

① 保证不得附条件，附条件的，不影响对票据的保证责任（即条件无效，保证有效）。

> 🎓 **名师说**
>
> 保证附条件与背书和承兑附条件的区别。
>
> a. 背书不得附有条件，背书时附有条件的，所附条件不具有票据上的效力（条件无效，背书有效）。
>
> b. 付款人承兑汇票，不能附有条件；承兑附有条件的，视为拒绝承兑。

② 保证人对合法取得票据的持票人所享有的票据权利，承担保证责任；但被保证人的债务因票据记载事项欠缺而无效的除外。

③ 保证人清偿票据债务后，可以行使持票人对被保证人及其前手的追索权。

（4）保证责任的承担

保证人应当与被保证人对持票人承担连带责任；保证人为2人以上的，保证人之间承担连带责任。

【例 3-29·多选题·2018】下列关于保证人在票据或者粘单上未记载"被保证人名称"时，

保证人的界定的说法正确的有（　　）。

A.已承兑的票据，承兑人为被保证人　　　B.已承兑的票据，出票人为被保证人

C.未承兑的票据，出票人为被保证人　　　D.未承兑的票据，该保证无效

【答案】AC

【解析】未记载被保证人名称的，已承兑的汇票"承兑人"为被保证人；未承兑的汇票以"出票人"为被保证人。

【例 3-30·单选题·2021】下列关于票据的记载日期为必须记载事项的是（　　）。

A.背书日期　　　　　B.承兑日期　　　　　C.保证日期　　　　　D.出票日期

【答案】D

【解析】选项 ABC 均为相对记载事项。

（四）票据权利和责任

1.票据权利的概念和分类

（1）概念

票据权利是指票据持票人向票据债务人请求支付票据金额的权利。

（2）分类

①付款请求权。

a.概念：持票人向汇票的承兑人、本票的出票人、支票的付款人出示票据要求付款的权利。

b.顺位：第一顺序权利。

c.行使人：票据记载的收款人或最后的被背书人。

②追索权。

a.概念：票据当事人行使付款请求权遭到拒绝或其他法定原因存在时，向其前手请求偿还票据金额及其他法定费用的权利。

b.顺位：第二顺序权利。

c.行使人：行使追索权的当事人除票据记载的收款人和最后被背书人外，还可能是代为清偿票据债务的保证人、背书人。

③追索顺序。

a.持票人可以不按票据债务人的先后顺序，对其中任何一人、数人或者全体行使追索权。

b.持票人对票据债务人中的一人或者数人已经进行追索的，对其他票据债务人仍可以行使追索权。被追索人清偿债务后，与持票人享有同一权利。

【例 3-31·单选题·2021】根据支付结算法律制度的规定，下列各项中，属于票据权利的第二顺序权利的是（　　）。

A.票据追索权　　　B.行使权　　　　　C.付款请求权　　　D.票据返还请求权

【答案】A

【解析】付款请求权属于第一顺序权利，追索权属于第二顺序权利。

2.票据权利的取得

（1）基本规定

①签发、取得和转让票据，应当遵守诚实信用的原则，具有真实的交易关系和债权债务关系。

②票据的取得，必须给付对价，即应当给票据双方当事人认可的相对应的代价。但也有例外

的情形，即如果是因为税收、继承、赠与可以依法无偿取得票据的，则不受给付对价的限制，但是所享有的票据权利不得优于其前手的权利。

（2）取得票据享有票据权利的情形

① 依法接受出票人签发的票据。

② 依法接受背书转让的票据。

③ 因税收、继承、赠与可以依法无偿取得票据（属于不给付对价的例外情形）。

（3）取得票据不享有票据权利的情形

① 以欺诈、偷盗、胁迫等手段取得票据的，或者明知（前手）有上述情形，出于恶意而取得票据的；

② 持票人因重大过失取得不符合《票据法》规定的票据的。

【例3-32·多选题·2018】根据《票据法》的规定，票据持有人有下列（   ）情形，不得享有票据权利。

A. 以欺诈、偷盗、胁迫等手段取得票据的

B. 明知前手欺诈、偷盗、胁迫等手段取得票据而出于恶意取得票据的

C. 因重大过失取得不符合《票据法》规定的票据的

D. 自合法取得票据的前手处因赠与取得票据的

【答案】ABC

【解析】取得票据不享有票据权利的情形：①以欺诈、偷盗、胁迫等手段取得票据的，或者明知有上述情形，出于恶意而取得票据的；②持票人因重大过失取得不符合《票据法》规定的票据的。

3. 票据权利的行使与保全

（1）票据权利行使的概念

票据权利的行使是指持票人请求票据的付款人支付票据金额的行为。例如，行使付款请求权以获得票款，行使追索权以请求清偿法定的金额和费用等。

（2）票据权利保全的概念

票据权利的保全是指持票人为了防止票据权利的丧失而采取的措施。例如，依据《票据法》的规定，按照规定期限提示承兑、要求承兑人或付款人提供拒绝承兑或拒绝付款的证明以保全追索权。根据《票据法》的规定：

① 持票人不能出示拒绝证明、退票理由书或者未按照规定期限提供其他合法证明的，丧失对其前手的追索权。

② 持票人对票据债务人行使票据权利，或者保全票据权利，应当在票据当事人的营业场所和营业时间内进行，票据当事人无营业场所的，应当在其住所进行。

4. 票据权利丧失补救

票据丧失是指票据因灭失（如不慎被烧毁）、遗失（如不慎丢失）、被盗等原因而使票据权利人脱离对其票据的占有。票据丧失后可以采取挂失止付、公示催告、普通诉讼三种形式进行补救。

（1）挂失止付

① 概念。

挂失止付是指失票人将丧失票据的情况通知付款人或代理付款人，由接受通知的付款人或代理付款人审查后暂停支付的一种方式。

② 可以挂失止付的票据。

只有确定付款人或代理付款人的票据丧失时才可进行挂失止付。具体包括：

a. 已承兑的商业汇票；

b. 支票；

c. 填明"现金"字样和代理付款人的银行汇票；

d. 填明"现金"字样的银行本票。

③ 后续措施。

挂失止付并不是票据丧失后采取的必经措施，而只是一种暂时的预防措施，最终要通过申请公示催告或提起普通诉讼来补救票据权利，程序如下：

a. 申请。失票人需要挂失止付的，应填写挂失止付通知书并签章。挂失止付通知书应当记载下列事项：

（a）票据丧失的时间、地点、原因；

（b）票据的种类、号码、金额、出票日期、付款日期、付款人名称、收款人名称；

（c）挂失止付人的姓名、营业场所或者住所以及联系方法。

名师说

欠缺上述记载事项之一的，银行不予受理。

b. 受理。付款人或者代理付款人收到挂失支付通知书后，查明挂失票据确未付款时，应立即暂停支付。

（a）付款人或者代理付款人自收到挂失止付通知书之日起 12 日内没有收到人民法院的止付通知书的，自第 13 日起，不再承担止付责任，持票人提示付款即依法向持票人付款。

（b）付款人或者代理付款人在收到挂失止付通知书之前，已经向持票人付款的，不再承担责任。但是，付款人或者代理付款人以恶意或者重大过失付款的除外。

（c）承兑人或者承兑人开户行收到挂失止付通知或者公示催告等司法文书并确认相关票据未付款的，应当于当日依法暂停支付并在中国人民银行制定的票据市场基础设施（上海票据交易所）登记或者委托开户行在票据市场基础设施登记相关信息。

（2）公示催告

① 概念。

公示催告是指在票据丧失后由失票人向人民法院提出申请，请求人民法院以公告方式通知不确定的利害关系人限期申报权利，逾期未申报者，则权利失效，而由法院通过除权判决宣告所丧失的票据无效的制度或程序。

② 申请。

失票人应当在通知挂失止付后的 3 日内，也可以在票据丧失后，依法向票据支付地人民法院申请公示催告。申请公示催告的主体必须是可以背书转让的票据的最后持票人。

失票人申请公示催告的，应填写公示催告申请书，申请书应当载明下列内容：

a. 票面金额；

b. 出票人、持票人、背书人；

c. 申请的理由、事实；

d. 通知票据付款人或者代理付款人挂失止付的时间；

e. 付款人或代理付款人的名称、通信地址、电话号码等。

> **名师说**
>
> 挂失止付并非公示催告的必经前置程序。

③ 受理。

人民法院决定受理公示催告申请，应当同时通知付款人及代理付款人停止支付，并自立案之日起 3 日内发出公告，催促利害关系人申报权利。

付款人或代理付款人收到人民法院发出的止付通知，应当立即停止支付，直至公示催告程序终结。非经发出止付通知的人民法院许可，擅自解付的，不得免除票据责任。

④ 公告。

人民法院决定受理公示催告申请后发布的公告应当在**全国性**的报刊上登载。关注以下几点：

a. 公告期间不得少于 60 日，且公示催告期间届满日不得早于票据付款日后 15 日。

b. 公示催告期间，转让票据权利的行为无效，以公示催告的票据质押、贴现而接受该票据的持票人主张票据权利的，人民法院不予支持，但公示催告期间届满以后人民法院作出除权判决以前取得该票据的除外。

⑤ 判决。

利害关系人应当在公示催告期间向人民法院申报。关注以下几点：

a. 人民法院收到利害关系的申报后，应当裁定终结公示催告程序，并通知申请人和支付人。

b. 申请人或者申报人可以向人民法院起诉，以主张自己的权利。没有人申报的，人民法院应当根据申请人的申请，作出除权判决，宣告票据无效。

c. 判决应当公告，通知支付人。自判决公告之日起，申请人有权向支付人请求支付。

d. 利害关系人因正当理由不能在判决前向人民法院申报的，自知道或者应当知道判决公告之日起 1 年内，可以向作出判决的人民法院起诉。

（3）普通诉讼

普通诉讼，是指丧失票据的人为原告，以承兑人或出票人为被告，请求法院判决其向失票人付款的诉讼活动。如果与票据上的权利有利害关系的人是明确的，无须公示催告，可按一般的票据纠纷向法院提起诉讼。

【例 3-33 · 多选题 · 2021】下列票据可以申请挂失止付的有（   ）。

A. 已承兑的商业汇票

B. 支票

C. 填明"现金"字样和代理付款人的银行汇票

D. 银行本票

【答案】ABC

【解析】填明"现金"字样的银行本票可以申请挂失止付，选项 D 错误。

【例 3-34 · 单选题 · 2022】甲公司持有的一张银行承兑的商业汇票不慎丢失，拟采取补救措施。下列措施中，不被法律认可的是（   ）。

A. 声明作废   B. 挂失止付   C. 普通诉讼   D. 公示催告

【答案】A

【解析】票据丧失后，可以采取挂失止付、公示催告和普通诉讼三种形式进行补救。

5.票据权利时效

票据权利时效是指票据权利在时效期间内不行使，即引起票据权利丧失。《票据法》根据不同的情况，将票据权利时效划分为 2 年、6 个月、3 个月。《票据法》规定，票据权利在下列期限内不行使而消灭。

（1）对出票人或承兑人

① 持票人对票据的出票人和承兑人的权利自票据到期日起 2 年。见票即付的汇票、本票自出票日起 2 年。

② 持票人对支票出票人的权利，自出票日起 6 个月。

（2）追索权与再追索权

① 持票人对前手的追索权，自被拒绝承兑或者被拒绝付款之日起 6 个月。

② 持票人对前手的再追索权，自清偿日或者被提起诉讼之日起 3 个月。

名师说

追索权和再追索权时效的适用对象，不包括追索"出票人、承兑人"。

【例 3-35·单选题·2018】甲公司将一张商业承兑汇票背书转让给乙公司，乙公司于汇票到期日 2017 年 5 月 10 日向付款人请求付款时遭到拒绝，乙公司向甲公司行使追索权的最后日期为（　　）。

A. 2017 年 8 月 10 日

B. 2017 年 11 月 10 日

C. 2017 年 10 月 10 日

D. 2017 年 6 月 10 日

【答案】B

【解析】持票人对前手的追索权，自被拒绝承兑或者被拒绝付款之日起 6 个月。

【例 3-36·多选题·2018】根据支付结算法律制度的规定，关于票据权利时效的下列表述中，不正确的有（　　）

A. 持票人对前手的追索权，自被拒绝承兑或被拒绝付款之日起 3 个月内不行使的，该权利丧失

B. 持票人对票据承兑人的权利自票据到期日起 6 个月内不行使的，该权利丧失

C. 持票人对支票出票人的权利自出票日起 3 个月内不行使的，该权利丧失

D. 持票人对票据权利时效期间内不行使票据权利的，该权利丧失

【答案】ABC

【解析】选项 A，持票人对前手的追索权，自被拒绝承兑或被拒绝付款之日起 6 个月内不行使的，该权利丧失；选项 B，持票人对票据承兑人的权利自票据到期日起 2 年内不行使的，该权利丧失；选项 C，持票人对支票出票人的权利自出票日起 6 个月内不行使的，该权利丧失。

6.票据责任

票据责任是指票据债务人向持票人支付票据金额的义务。

（1）提示付款

持票人未按照规定期限提示付款的，在作出说明后，承兑人或者付款人仍应当继续对持票人承担付款责任。提示付款期限如下：

① 银行汇票，自出票日起 1 个月内向付款人提示付款。

② 银行本票，提示付款期限自出票日起最长不得超过 2 个月。

③ 支票，提示付款期限自出票日起 10 日。

④ 商业汇票，自到期日起 10 日内向承兑人提示付款。

（2）付款人付款

持票人依照规定提示付款的，付款人必须在当日足额付款。

（3）票据的抗辩

① 绝对的抗辩。

如果存在背书不连续等合理事由，票据债务人可以对票据债权人拒绝履行义务。

② 相对的抗辩。

a. 票据债务人可以对不履行约定义务的与自己有直接债权债务关系的持票人，进行抗辩。

b. 票据债务人不得以自己与出票人或者与持票人的前手之间的抗辩事由，对抗持票人。当然，若持票人明知存在抗辩事由而取得票据的除外。

（4）获得付款

持票人获得付款的，应当在票据上签收，并将票据交给付款人。

（5）相关银行的责任

持票人委托的收款银行的责任，限于按照票据上记载事项将票据金额转入持票人账户。

（6）票据责任解除

付款人依法足额付款后，全体票据债务人的责任解除。

（五）票据追索 ★★★

1. 追索的适用情形

（1）到期后追索

到期后追索是指票据到期被拒绝付款的，持票人对背书人、出票人以及票据的其他债务人行使的追索。

（1）到期前追索

到期前追索是指在票据到期日前，有下列情形之一的，持票人可以行使追索权：

① 汇票被拒绝承兑的；

② 承兑人或者付款人死亡、逃匿的；

③ 承兑人或者付款人被依法宣告破产或因违法被责令终止业务活动的。

2. 被追索人及追索顺序

（1）被追索人的确定

出票人、背书人、承兑人和保证人都可以作为追索对象。

（2）追索顺序

不分先后，可以同时向多人追索。

① 票据债务人对持票人承担连带责任；持票人行使追索权，可以不按照票据债务人的先后顺序，对其中任何一人、数人或者全体行使追索权。

② 持票人对票据债务人中的一人或者数人已经进行追索的，对其他票据债务人仍可以行使追索权。

3. 追索的内容

（1）持票人行使（首次）追索权

可以请求被追索人支付下列金额和费用：

① 被拒绝付款的票据金额；

② 票据金额自到期日或者提示付款日起至清偿日止，按照中国人民银行规定的利率计算的

利息；

③ 取得有关拒绝证明和发出通知书的费用。

（2）被追索人行使再追索权

可以请求其他票据债务人支付下列金额和费用：

① 已清偿的全部金额；

② 前项金额自清偿日起至再追索清偿日止，按照中国人民银行规定的利率计算的利息；

③ 发出通知书的费用。

4. 追索权的行使

（1）获得有关证明

① 持票人行使追索权时，应当提供相关证明（包括拒绝证明，承兑人或付款人的死亡、逃匿证明，司法文书等）；

② 持票人不能出示相关证明的，将丧失对其前手的追索权，但是承兑人或者付款人仍应当对持票人承担责任。

（2）行使追索

① 持票人应当自收到被拒绝承兑或者被拒绝付款的有关证明之日起 3 日内，将被拒绝事由书面通知其前手；其前手应当自收到通知之日起 3 日内书面通知其再前手。

② 持票人未按照规定期限（3 日）发出追索通知的，持票人仍可以行使追索权。因延期通知给其前手或者出票人造成损失的，由其承担该损失的赔偿责任，但所赔偿的金额以汇票金额为限。

【例 3-37·判断题·2018】票据被拒绝付款的，持票人只能按票据债务人的顺序对直接前手行使追索权。（　　）

【答案】×

【解析】持票人可以不按照票据债务人的先后顺序，对其中任何一人、数人或者全体行使追索权。

【例 3-38·单选题·2018】根据支付结算法律制度的规定，下列关于票据追索权行使的表述中，正确的是（　　）。

A. 持票人在行使追索权时，不必提供被拒绝承兑或拒绝付款的有关证明

B. 持票人不得在票据到期前追索

C. 持票人未按照规定期限将被拒绝付款的事由书面通知前手的，丧失追索权

D. 持票人可以不按照票据的承兑人、背书人、保证人和出票人的顺序行使追索权

【答案】D

【解析】选项 A，持票人行使追索权时，应当提供被拒绝承兑或者拒绝付款的有关证明。选项 B，到期前追索，是指票据到期日前，持票人对下列情形之一行使的追索：①汇票被拒绝承兑的；②承兑人或者付款人死亡、逃匿的；③承兑人或者付款人被依法宣告破产的或者因违法被责令终止业务活动的。选项 C，未按照规定期限通知的，持票人仍可以行使追索权。因延期通知给其前手或者出票人造成损失的，由没有按照规定期限通知的票据当事人，承担对该损失的赔偿责任。

【例 3-39·多选题·2018】甲公司签发并承兑了一张汇票给乙公司。乙公司将汇票背书转让给丙公司，并在汇票背面记载"不得转让"字样。丙公司又将汇票背书转让给丁公司。丁公司在向甲公司提示付款时遭到拒绝。下列关于该汇票的表述中，正确的有（　　）。

A. 甲公司不承担票据责任

B.丁公司可以向丙公司行使追索权

C.丁公司享有票据权利

D.丁公司可以向乙公司行使追索权

【答案】BC

【解析】选项A，甲公司为出票人（承兑人），承担票据责任；选项B，背书人以背书转让票据后，即承担保证其后手所持票据承兑和付款的责任；选项C，背书连续，丁公司享有票据权利；选项D，背书人（乙）在票据上记载"不得转让"字样，其后手（丙）再背书转让的，原背书人（乙）对后手的被背书人（丁）不承担保证责任，所以丁公司不得追索乙公司。

（六）银行汇票★★

1.概念

银行汇票是出票银行签发的，由其在**见票时**按照实际结算金额无条件支付给收款人或者持票人的票据。出票银行为银行汇票的付款人。

2.使用范围

（1）银行汇票可用于转账，填明"现金"字样的银行汇票也可以使用现金。

（2）单位和个人各种款项结算，均可使用银行汇票。

3.出票

（1）申请人使用银行汇票，应向出票银行填写"银行汇票申请书"（申请）。

（2）出票银行受理银行汇票申请书，银行收妥款项签发银行汇票，同时将"银行汇票和解讫通知"一并交给申请人（签发）。

（3）申请人将"银行汇票和解讫通知"一并交付给汇票上记明的收款人（交付）。

（4）必须记载事项。

必须记载事项包括：表明"银行汇票"的字样，无条件支付的承诺，出票金额，付款人名称，收款人名称，出票日期，出票人签章。共计七项内容，欠缺上述记载事项之一的，银行汇票无效。

> **名师说**
>
> 　　与本票和支票进行区分，本票的必须记载事项无"付款人名称"，支票的必须记载事项无"收款人名称"。

4.实际结算

银行汇票按照实际结算金额结算，将实际结算金额和多余金额填入银行汇票和解讫通知的有关栏内：

（1）银行汇票的实际结算金额低于出票金额的，其多余金额由出票银行退交申请人。

（2）未填明实际结算金额和多余金额或实际结算金额超过出票金额的，银行不予受理。

（3）银行汇票的实际结算金额一经填写不得更改，更改实际结算金额的银行汇票无效。

5.背书

未填写实际结算金额或实际结算金额超过出票金额的银行汇票不得背书转让。

6.提示付款

（1）提交联次。

持票人向银行提示付款时，**须同时提交银行汇票和解讫通知**，缺少任何一联，银行不予受理。

（2）提示付款期限。

银行汇票限于见票即付，提示付款期限自出票日起 1 个月。

（3）持票人超过付款期限。

① 持票人超过付款期限提示付款的，代理付款人不予受理；

② 超过期限向代理付款银行提示付款不获付款的，应在票据权利时效内向出票银行作出说明，并提供本人身份证件或单位证明，持银行汇票和解讫通知向出票银行请求付款。

7. 退款或丧失

（1）提交资料。

申请人因银行汇票超过付款提示期限或其他原因要求退款时，应将银行汇票和解讫通知同时提交到出票银行。

（2）资金退回。

出票银行对于转账银行汇票的退款，只能转入原申请人账户。对于符合规定填明"现金"字样银行汇票的退款，才能退付现金。（钱从哪来，退回哪去）

（3）手续欠缺情况下的办理时间。

申请人缺少解讫通知要求退款的，出票银行应于银行汇票**提示付款期满 1 个月后**办理。

（4）银行汇票丧失。

银行汇票丧失，失票人可以凭人民法院出具的其享有票据权利的证明，向出票银行请求付款或退款。

【例 3-40·单选题·2022】下列关于银行汇票的表述中，不正确的是（　　）。

A. 持票人向银行提示付款时，须同时提交银行汇票和解讫通知

B. 银行汇票的提示付款期限自出票日起 1 个月

C. 申请人和收款人均为单位的，可以签发现金银行汇票

D. 银行汇票背书转让的金额以不超过出票金额的实际结算金额为准

【答案】C

【解析】选项 C，申请人或者收款人均为单位的，银行不得为其签发现金银行汇票。

【例 3-41·判断题·2020】未填写实际结算金额的银行汇票不得背书转让。（　　）

【答案】√

【解析】未填写实际结算金额或实际结算金额超过出票金额的银行汇票不得背书转让。

（七）商业汇票★★★

1. 商业汇票的概念、种类和适用范围

（1）商业汇票的概念。

商业汇票是指出票人签发的，委托付款人在指定日期无条件支付确定金额给收款人或者持票人的票据。

（2）种类（按承兑人的不同）

① 商业承兑汇票。商业承兑汇票由银行以外的付款人承兑。

② 银行承兑汇票。银行承兑汇票由银行承兑。

（3）电子商业汇票

① 概念。

电子商业汇票是指出票人依托上海票据交易所电子商业汇票系统（以下简称"电子商业汇票系统"），以数据电文形式制作的，委托付款人在指定日期无条件支付确定的金额给收款人或者持票人的票据。

② 分类。

a. 电子银行承兑汇票。电子银行承兑汇票由银行业金融机构、财务公司承兑。

b. 电子商业承兑汇票。电子商业承兑汇票由金融机构以外的法人或其他组织承兑。

（4）适用范围

在银行开立存款账户的法人以及其他组织之间，才能使用商业汇票。

名师说

只有单位才能使用的支付结算方式包括：国内信用证和商业汇票。商业汇票的付款人为承兑人。

【例3-42·单选题·2020】下列单位中，可以作为电子银行承兑汇票承兑人的是（ ）。

A. 财务公司　　　　　B. 房地产公司　　　　　C. 路桥公司　　　　　D. 航空公司

【答案】A

【解析】电子银行承兑汇票由银行业金融机构、财务公司承兑。电子商业承兑汇票由金融机构以外的法人或其他组织承兑。

【例3-43·判断题·2018】银行承兑汇票由承兑银行签发。（ ）

【答案】×

【解析】银行承兑汇票是由企业签发的。

【例3-44·判断题·2021】个人与个人之间的资金结算，可以使用商业汇票。（ ）

【答案】×

【解析】商业汇票的适用范围为在银行开立存款账户的法人及其他组织之间的结算。

2. 商业汇票的出票

（1）出票人的资格条件

a. 商业承兑汇票的出票人为在银行开立存款账户的法人以及其他组织，并与付款人具有真实的委托付款关系，具有支付汇票金额的可靠资金来源。

b. 银行承兑汇票的出票人必须是在承兑银行开立存款账户的法人以及其他组织，并与承兑银行具有真实的委托付款关系，资信状况良好，具有支付汇票金额的可靠资金来源。

c. 出票人办理电子商业汇票业务，还应同时具备签约开办对公业务的企业网银等电子服务渠道、与银行签订《电子商业汇票业务服务协议》。

（2）电子商业汇票的强制使用

a. 相对强制。

单张出票金额在100万元以上的商业汇票**原则上**应全部通过电子商业汇票办理。

b. 绝对强制。

单张出票金额在300万元以上的商业汇票应全部通过电子商业汇票办理。

（3）出票人的确定

a. 商业承兑汇票可以由付款人签发并承兑，也可以由收款人签发交由付款人承兑。

b. 银行承兑汇票应由在承兑银行开立存款账户的存款人签发。

（4）出票的记载事项

① 纸质商业汇票必须记载事项。

a. 表明"商业承兑汇票"或"银行承兑汇票"的字样；

b. 无条件支付的委托；

c. 确定的金额；

d. 付款人名称；

e. 收款人名称；

f. 出票日期；

g. 出票人签章。

欠缺记载上述事项之一的，商业汇票无效。

> **名师说**
>
> 　　"出票人签章"为该单位的财务专用章或者公章加其法定代表人或其授权的代理人的签名或者盖章。

② 电子商业汇票出票必须记载事项。

a. 表明"电子银行承兑汇票"或"电子商业承兑汇票"的字样；

b. 无条件支付的委托；

c. 确定的金额；

d. 出票人名称；

e. 付款人名称；

f. 收款人名称；

g. 出票日期；

h. **票据到期日；**

i. **出票人签章。**

电子商业汇票信息以电子商业汇票系统的记录为准。

【例 3-45·判断题·2019】某人开出一张 500 万元的纸质商业汇票，该做法符合法律规定。（　　）

【答案】×

【解析】单张出票金额在 300 万元以上的商业汇票应全部通过电子商业汇票办理。

【例 3-46·判断题·2021】商业承兑汇票可以由付款人签发并承兑，也可以由收款人签发交由付款人承兑。（　　）

【答案】√

（5）付款期限

商业汇票的付款期限记载有三种形式：

① 定日付款的汇票付款期限自出票日起计算，并在汇票上记载具体的到期日。

② 出票后定期付款的汇票付款期限自出票日起按月计算，并在汇票上记载。

③ 见票后定期付款的汇票付款期限自承兑或拒绝承兑日起按月计算，并在汇票上记载。

电子商业汇票的出票日是指出票人记载在电子商业汇票上的出票日期。

（6）到期日

①纸质商业汇票的付款期限，最长不得超过6个月。

②电子承兑汇票期限自出票日至到期日不超过1年。

【例3-47·单选题·2018】根据支付结算法律制度的规定，电子承兑汇票的付款期限自出票日至到期日不能超过的一定期限。该期限为（　　）。

A.1年　　　　　　　　　　　　B.3个月

C.2年　　　　　　　　　　　　D.6个月

【答案】A

【解析】电子商业汇票的付款期限自出票日起至到期日不超过1年。

3. 商业汇票的承兑

商业汇票可以在出票时向付款人提示承兑后使用，也可以在出票后先使用再向付款人提示承兑。付款人拒绝承兑的，必须出具拒绝承兑的证明。

①提示承兑期限。

a.见票即付的票据：无须提示承兑。

b.定日付款或者出票后定期付款的汇票：到期日前提示承兑。

c.见票后定期付款的汇票：自出票之日起1个月内提示承兑。

②逾期提示承兑的，丧失对出票人以外其他前手的追索权。

③承兑的效力：付款人承兑汇票后，应当承担到期付款的责任。

④银行承兑汇票的承兑银行，应按票面金额的一定比例向出票人收取手续费，银行承兑汇票手续费为市场调节价。

4. 票据信息登记与电子化

（1）纸质票据

①纸质票据贴现前，金融机构办理承兑、质押、保证等业务，应当不晚于业务办理的次一工作日在票据市场基础设施（即上海票据交易所）完成相关信息登记工作。

②纸质商业承兑汇票完成承兑后，承兑人开户行应当根据承兑人委托代其进行承兑信息登记。承兑信息未能及时登记的，持票人有权要求承兑人补充登记承兑信息。

③纸质票据票面信息与登记信息不一致的，以纸质票据票面信息为准。

（2）电子商业汇票

电子商业汇票签发、承兑、质押、保证、贴现等信息应当通过电子商业汇票系统同步传送至票据市场基础设施。

5. 商业汇票的信息披露

（1）商业承兑汇票的承兑人应当于承兑完成日次一个工作日内，在中国人民银行认可的票据信息披露平台披露每张票据的承兑相关信息。

（2）承兑人应当于每月前10日内披露承兑信用信息。承兑人对披露信息的真实性、准确性、及时性和完整性负责。

（3）企业签收商业承兑汇票前，可以通过票据信息披露平台查询票据承兑信息，加强风险识别与防范。

6. 商业汇票的贴现

（1）贴现的概念及分类

①概念。

贴现是指票据持票人在票据未到期前为获得现金向银行贴付一定利息而发生的票据转让行为。

② 分类。

贴现按照交易方式分为买断式和回购式。

（2）贴现的基本规定

① 贴现条件。

商业汇票的持票人向银行办理贴现必须具备下列条件：

a. 票据未到期；

b. 票据未记载"不得转让"事项；

c. 在银行开立存款账户的企业法人以及其他组织；

d. 与出票人或者直接前手之间具有真实的商品交易关系。

② 电子商业汇票贴现必须记载事项。

贴出人名称；贴入人名称；贴现日期；贴现类型；贴现利率；实付金额；贴出人签章。电子商业汇票回购式贴现赎回应作成背书，并记载原贴出人名称、原贴入人名称、赎回日期、赎回利率、赎回金额、原贴入人签章。

③ 贴现特殊规定。

a. 贴现人办理纸质票据贴现时，应当通过票据市场基础设施查询票据承兑信息，并在确认纸质票据必须记载事项与已登记承兑信息一致后，为贴现申请人办理贴现，贴现申请人无须提供合同、发票等资料。

b. 信息不存在或者纸质票据必须记载事项与已登记承兑信息不一致的，不得办理贴现。

c. 贴现人办理纸质票据贴现后，应当在票据上记载"已电子登记权属"字样，该票据不再以纸质形式进行背书转让、设立质押或者其他交易行为。

d. 贴现人应当对纸质票据妥善保管。已贴现票据应当通过票据市场基础设施办理背书转让、质押、保证、提示付款等票据业务。

④ 贴现保证。

a. 贴现人可以按市场化原则选择商业银行对纸质票据进行保证增信。

b. 保证增信行对纸质票据进行保管并为贴现人的偿付责任进行先行偿付。

名师说

偿付顺序：承兑人→保证增信人→贴现人。

⑤ 票据贴现的付款确认。

纸质票据贴现后，其保管人可以向承兑人发起付款确认。

a. 付款确认方式：付款确认可以采用实物确认或者影像确认，两者具有同等效力。

实物确认：票据保管人将票据实物送达承兑人或承兑人开户银行。

影像确认：票据保管人将票据影像信息发送至承兑人或承兑人开户银行。

b. 付款确认时间。

纸质：承兑人收到票据影像确认请求或者票据实物后，应当在3个工作日内作出或者委托其开户行作出同意或者拒绝到期付款的应答。拒绝到期付款的，应当说明理由。

电子：电子商业汇票一经承兑即视同承兑人已进行付款确认。

🎓 **名师说**

承兑人或者承兑人开户行进行付款确认后，除挂失止付、公示催告等合法抗辩情形外，应当在持票人提示付款后付款。

🎯 **敲黑板**

商业汇票使用流程：

纸质：出票→提示承兑→付款确认→提示付款

电子：出票→提示承兑（视同付款确认）→提示付款

⑥ 贴现利息的计算。

贴现的期限从其贴现之日起至汇票到期日止。实付贴现金额按票面金额扣除贴现日至汇票到期前 1 日的利息计算。承兑人在异地的纸质商业汇票，贴现的期限以及贴现利息的计算应另加 3 日的划款日期。

贴现利息 = 票面金额 × 日贴现率 × 贴现期

日贴现率 = 年贴现率 ÷360

贴现期：自贴现日起至票据到期日止。

⑦ 贴现的收款。

a.贴现到期，贴现银行应向付款人收取票款。

b.不获付款的，贴现银行应向其前手追索票款。

c.贴现银行追索票款时可从申请人的存款账户直接收取票款。

注意：办理电子商业汇票贴现以及提示付款业务，可选择票款对付方式或同城票据交换、通存通兑、汇兑等方式清算票据资金。电子商业汇票当事人在办理回购式贴现业务时，应明确赎回开放日、赎回截止日。

【例 3-48·单选题·2018】根据支付法律制度的规定，下列票据中，可以办理贴现的是（　　）。

A.银行承兑汇票　　　　　　　　　B.银行汇票

C.转账支票　　　　　　　　　　　D.银行本票

【答案】A

【解析】商业汇票可以贴现。银行汇票、本票、支票不可以贴现。

【例 3-49·判断题·2020】持票人申请办理商业汇票贴现，汇票必须未到期。（　　）

【答案】√

【解析】商业汇票的持票人向银行办理贴现必须具备下列条件：①票据未到期；②票据未记载"不得转让"事项；③在银行开立存款账户的企业法人以及其他组织；④与出票人或者直接前手之间具有真实的商品交易关系。

7.商业汇票的到期处理

（1）票据到期后偿付顺序

表 3-6　　　　　　　　　　　　　　　　　票据到期后偿付顺序

适用情形		偿付顺序
票据未经承兑人付款确认和保证增信即交易	交易后仍未经付款确认	贴现人偿付
	交易后经付款确认	承兑人付款→贴现人偿付
票据经承兑人付款确认但未保证增信即交易		承兑人付款→贴现人偿付
票据保证增信后即交易但未经承兑人付款确认		保证增信行偿付→贴现人偿付
票据保证增信后且经承兑人付款确认		承兑人付款→保证增信行偿付→贴现人偿付

（2）提示付款

① 商业汇票的提示付款期限，自汇票到期日起 10 日，持票人应在提示付款期内向付款人提示付款。

② 通过票据市场基础设施提示付款的相关规定：

a. 持票人在提示付款期内通过票据市场基础设施提示付款的，承兑人应当在提示付款当日进行应答或者委托其开户行进行应答。

b. 承兑人存在合法抗辩事由拒绝付款的，应当在提示付款当日出具或者委托其开户行出具拒绝付款证明，并通过票据市场基础设施通知持票人。

c. 承兑人或者承兑人开户行在提示付款当日未作出应答的，视为拒绝付款，票据市场基础设施提供拒绝付款证明并通知持票人。

③ 商业承兑汇票付款。

a. 余额充足。

承兑人账户余额足够支付票款的，承兑人开户行应当代承兑人作出同意付款应答，并于提示付款日向持票人付款。

b. 余额不足。

承兑人账户余额不足以支付票款的，则视同承兑人拒绝付款。承兑人开户行应当于提示付款日代承兑人作出拒付应答并说明理由，同时通过票据市场基础设施通知持票人。

④ 银行承兑汇票付款。

银行承兑汇票的承兑人已于到期前进行付款确认的，票据市场基础设施应当根据承兑人的委托于提示付款日代承兑人发送指令划付资金至持票人资金账户。

⑤ 纸质商业汇票的持票人提示付款的相关规定。

a. 纸质商业汇票的持票人在提示付款期内通过开户银行委托收款或直接向付款人提示付款的，对异地委托收款的，持票人可匡算邮程，提前通过开户银行委托收款。

b. 超过提示付款期限提示付款的，持票人开户银行不予受理，但在作出说明后，承兑人或者付款人仍应当继续对持票人承担付款责任。

（八）银行本票★★

1. 概念和适用范围

（1）概念

银行本票是指出票人签发的，承诺自己在见票时无条件支付确定的金额给收款人或者持票人的票据。基本当事人只有出票人和收款人。

（2）适用范围

① 在我国，本票仅限于银行本票，即银行出票、银行付款。

② 银行本票可以用于转账，注明"现金"字样的银行本票可以用于支取现金。

③ 单位和个人在同一票据交换区域需要支付各种款项，均可以使用银行本票。

2. 银行本票的出票

（1）申请

申请人使用银行本票，应向银行填写"银行本票申请书"，填明收款人名称、申请人名称、支付金额、申请日期等事项并签章。

申请人和收款人均为个人需要支取现金的，应在"金额"栏先填写"现金"字样，后填写支付金额。

（2）必须记载事项

签发银行本票必须记载下列事项，欠缺记载下列事项之一的，银行本票无效：

① 表明"银行本票"的字样；

② 无条件支付的承诺；

③ 确定的金额；

④ 收款人名称；

⑤ 出票日期；

⑥ 出票人签章。

🎯 **敲黑板**

> 本票必须记载事项无付款人名称。出票人和付款人为同一人。

申请人或收款人为单位的，银行不得为其签发现金银行本票。出票银行必须具有支付本票金额的可靠资金来源，并保证支付。

（3）交付

申请人应将银行本票交付给本票上记明的收款人。

3. 银行本票的付款

（1）提示付款

银行本票见票即付。银行本票的提示付款期限自出票日起最长**不得超过 2 个月**。

（2）不获付款

持票人超过提示付款期限不获付款的，在票据权利时效内向出票银行作出说明，并提供本人身份证件或单位证明，可持银行本票向出票银行请求付款。

4. 银行本票的退款和丧失

（1）退款

出票银行对于在本行开立存款账户的申请人，只能将款项转入原申请人账户；对于现金银行本票和未在本行开立存款账户的申请人，才能退付现金。

（2）丧失

银行本票丧失，失票人可以凭人民法院出具的其享有票据权利的证明，向出票银行请求付款或退款。

【例 3-50·多选题·2018、2022】甲公司向 P 银行申请签发一张银行本票交付乙公司。下列票据事项中，乙公司在收票时应当审查的有（　　）。

A. 大小写金额是否一致　　　　　　　　B. 出票金额是否更改

C. 银行本票是否在提示付款期限内　　　D. 收款人是否为乙公司

【答案】ABCD

【解析】选项 ABCD 全部正确。

【例 3-51·单选题·2017】根据支付结算法律制度的规定，关于银行本票使用的下列表述中，不正确的是（　　）。

A. 银行本票的出票人在持票人提示见票时，必须承担付款的责任

B. 注明"现金"字样的银行本票可以用于支取现金

C. 银行本票只限于单位使用，个人不得使用

D. 收款人可以将转账银行本票背书转让给被背书人

【答案】C

【解析】银行本票单位和个人均可以使用。

【例 3-52·判断题·2017】甲公司向开户银行 P 银行申请签发的本票超过提示付款期限后，甲公司申请退款，P 银行只能将款项转入甲公司的账户，不能退付现金。（　　）

【答案】√

【解析】该题说法正确。出票银行对于在本行开立存款账户的申请人，只能将款项转入原申请人账户；对于现金银行本票和未在本行开立存款账户的申请人，才能退付现金。

【例 3-53·单选题·2021】根据支付结算法律制度的规定，下列各项票据中，"付款人名称"不是必须记载事项的是（　　）。

A. 银行汇票　　　　B. 银行本票　　　　C. 商业汇票　　　　D. 支票

【答案】B

【解析】银行本票出票人和付款人为同一人，"付款人名称"不是必须记载事项。

（九）支票★★★

1. 支票的概念、种类和适用范围

（1）概念

支票是指出票人签发的、委托办理支票存款业务的银行在见票时无条件支付确定的金额给收款人或者持票人的票据。

支票的基本当事人包括出票人、付款人和收款人。

① 出票人即存款人，是在批准办理支票业务的银行机构开立可以使用支票的存款账户的单位和个人；

② 付款人是出票人的开户银行；

③ 持票人是票面上填明的收款人，也可以是经背书转让的被背书人。

（2）种类

支票分为现金支票、转账支票和普通支票三种。

① 现金支票。

支票上印有"现金"字样的为现金支票，现金支票只能用于支取现金。

② 转账支票。

支票上印有"转账"字样的为转账支票，转账支票只能用于转账。

③普通支票。

支票上未印有"现金"或"转账"字样的为普通支票，普通支票可以用于支取现金，也可以用于转账。

> **名师说**
>
> 在普通支票左上角划两条平行线的，为划线支票，划线支票只能用于转账，不能支取现金。但支票的种类分类里不包含划线支票。

（3）适用范围

①单位和个人在同一票据交换区域的各种款项结算，均可以使用支票。

②全国支票影像系统支持全国使用。

2. 支票的出票

（1）开立支票存款账户

开立支票存款账户，申请人必须使用本名，提交证明其身份的合法证件，并应当预留其本名的签名式样和印鉴。

（2）出票

①支票的记载事项。

签发支票必须记载下列事项，支票上未记载下列规定事项之一的，支票无效：

a. 表明"支票"的字样；

b. 无条件支付的委托；

c. 确定的金额；

d. 付款人名称；

e. 出票日期；

f. 出票人签章。

其中，支票的"付款人"为支票上记载的出票人开户银行。支票的金额、收款人名称，可以由出票人授权补记，**未补记前不得背书转让和提示付款。**

支票上未记载付款地的，付款人的营业场所为付款地。支票上未记载出票地的，出票人的营业场所、住所或者经常居住地为出票地。**出票人可以在支票上记载自己为收款人。**

②签发支票的注意事项。

a. 支票的出票人所签发的支票金额不得超过其**付款时**在付款人处实有的存款金额。

b. 支票的出票人不得签发与其预留本名的签名式样或者印鉴不符的支票。

c. 支票上的出票人的签章，出票人为单位的，为与该单位在银行预留签章一致的财务专用章或者公章加其法定代表人或者其授权的代理人的签名或者盖章；出票人为个人的，为与该个人在银行预留签章一致的签名或者盖章。

d. 支票的出票人预留银行签章是银行审核支票付款的依据。

③空头支票。

出票人签发的支票金额超过其付款时在付款人处实有的存款金额的，为空头支票。对空头支票，付款银行有权拒付。

a. 单位或个人签发空头支票，不以骗取财产为目的的，由中国人民银行处以票面金额 5% 单不低于 1000 元的罚款。

b. 持票人有权要求出票人赔偿支票金额 2% 的赔偿金。

【例 3-54·多选题·2019】根据支付结算法律制度的规定，下列关于支票出票的表述中，正确的有（　　）。

A. 出票人签发的支票金额不得超过其付款时在付款人处实有的存款金额

B. 出票人不得签发与其预留银行签章不符的支票

C. 支票上未记载付款行名称的，支票无效

D. 出票人不得在支票上记载自己为收款人

【答案】ABC

【解析】出票人可以在支票上记载自己为收款人。

【例 3-55·多选题·2021】2020 年 10 月 9 日，甲公司签发一张现金支票。关于签发该支票的下列表述中，正确的有（　　）。

A. 应避免签发空头支票

B. 支票金额须以中文大写与阿拉伯数码同时记载且保持一致

C. 出票日期须使用阿拉伯数码记载

D. 支票上不得记载甲公司为收款人

【答案】AB

【解析】选项 C，支票出票日期必须以中文大写，不能用阿拉伯数字填写；选项 D，支票的出票人可以在支票上记载自己为收款人。

3. 支票付款

（1）提示付款

① 提示付款时间。

支票的提示付款期限自出票日起 10 日。

② 提示付款对象。

持票人可以委托开户银行收款或直接向付款人提示付款。用于支取现金的支票仅限于收款人向付款人提示付款。

③ 超期提示付款的法律后果。

支票持票人超过提示付款期限提示付款的，付款人可以不予付款，付款人不予付款的，出票人仍应对持票人承担票据责任。

（2）提示付款方式

① 持票人持用于转账的支票向付款人提示付款时，应在支票背面背书人签章栏签章，并将支票和填制的进账单送交出票人开户银行。

② 收款人持用于支取现金的支票向付款人提示付款时，应在支票背面"收款人签章"处签章。持票人为个人的，还需交验本人身份证件，并在支票背面注明证件名称、号码及发证机关。

（3）委托收款

持票人委托开户银行收款时，应作委托收款背书，在支票背面背书人签章栏签章、记载"委托收款"字样、背书日期，在被背书人栏记载开户银行名称，并将支票和填制的进账单送交开户银行。

（4）付款

出票人必须按照签发的支票金额承担保证向该持票人付款的责任。出票人在付款人处的存款

足以支付支票金额时，付款人应当在见票当日足额付款。

付款人依法支付支票金额的，对出票人不再承担受委托付款的责任，对持票人不再承担付款的责任，但付款人以恶意或者有重大过失付款的除外。

【例3-56·多选题·2019】根据票据法律制度的规定，下列各项中，关于票据提示付款期限说法正确的有（　　）。

A.银行本票的提示付款期限自出票日起最长10日

B.银行汇票的提示付款期限自出票日起10日

C.商业汇票的提示付款期限自到期日起10日

D.支票的提示付款期限自出票日起10日

【答案】CD

【解析】选项A，银行本票的提示付款期限自出票日起最长2个月。选项B，银行汇票的提示付款期限自出票日起1个月。

【例3-57·多选题·2020】根据支付结算法律制度的规定，下列票据中，出票人是银行的有（　　）。

A.商业汇票　　　　　B.银行汇票　　　　　C.本票　　　　　D.支票

【答案】BC

【解析】选项AD，均为银行以外的单位出票。

二、其他结算方式 ★★

（一）汇兑 ★

1.汇兑的概念和分类

（1）概念

汇兑是汇款人委托银行将其款项支付给收款人的结算方式。

（2）分类

汇兑分为信汇、电汇两种，单位和个人的各种款项的结算，均可使用汇兑结算方式。

①信汇。

信汇是以邮寄方式将汇款凭证转给外地收款人指定的汇入行。

②电汇。

电汇是以电报方式将汇款凭证转发给收款人指定的汇入行。

2.办理汇兑的程序

（1）签发汇兑凭证

签发汇兑凭证必须记载下列事项：表明"信汇"或"电汇"的字样；无条件支付的委托；确定的金额；收款人名称；汇款人名称；汇入地点、汇入行名称；汇出地点、汇出行名称；委托日期；汇款人签章。

（2）银行受理

汇款回单只能作为汇出银行受理汇款的依据，不能作为该笔汇款已转入收款人账户的证明。

（3）汇入处理

收账通知是银行将款项确已收入收款人账户的凭据。

汇兑结算流程如图3-2所示。

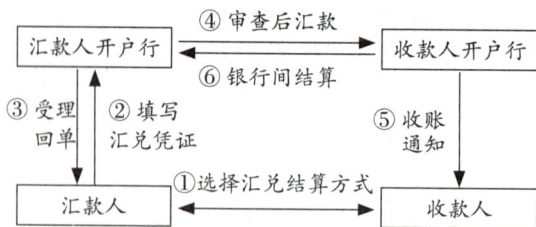

图 3-2　汇总结算流程

3. 汇兑的撤销

汇款人对汇出银行<u>尚未汇出</u>的款项可以申请撤销。申请撤销时，应出具正式函件或本人身份证件及原信、电汇回单。

【例 3-58·单选题·2022】根据《支付结算办法》的规定，下列选项中，不属于签发汇兑凭证必须记载的事项是（　　）。

A. 收款人名称　　　　B. 委托日期　　　　C. 汇款人签章　　　　D. 付款人名称

【答案】D

【解析】签发汇兑凭证必须记载下列事项：表明"信汇"或"电汇"的字样；无条件支付的委托；确定的金额；收款人名称（选项 A）；汇款人名称；汇入地点、汇入行名称；汇出地点、汇出行名称；委托日期（选项 B）；汇款人签章（选项 C）。选项 D，付款人名称不属于签发汇兑凭证必须记载的事项。

【例 3-59·单选题·2018】5 月 20 日，甲报社以汇兑方式向李某支付稿费 2 000 元。下列情形中，甲报社可以申请撤销汇款的是（　　）。

A. 银行已经汇出但李某尚未领取　　　　B. 银行尚未汇出

C. 银行已向李某发出收账通知　　　　　D. 拒绝领取

【答案】B

【解析】汇款人对汇出银行尚未汇出的款项可以申请撤销。

【例 3-60·多选题·2020】根据支付结算法律制度的规定，关于汇兑结算方式的下列表述中，正确的是（　　）。

A. 汇款人在银行开立存款账户，在汇兑凭证上必须记载其账号

B. 汇款人对汇出银行尚未汇出的款项不得申请撤销

C. 单位和个人的款项结算，均可使用

D. 收款人在银行开立存款账户的，在汇兑凭证上必须记载其账号

【答案】ACD

【解析】汇款人对汇出银行尚未汇出的款项可以申请撤销。

（二）委托收款★★

1. 委托收款的概念和适用范围

（1）概念

委托收款是收款人委托银行向付款人收取款项的结算方式。

（2）适用范围

单位和个人凭已承兑商业汇票、债券、存单等付款人债务证明办理款项的结算，均可使用委

托收款结算方式。委托收款在同城、异地均可以使用。

2.办理委托收款的程序

（1）签发委托收款凭证必须记载下列事项：表明"委托收款"的字样；确定的金额；付款人名称；收款人名称；委托收款凭证名称及附寄单证张数；委托日期；收款人签章。欠缺记载上列事项之一的，银行不予受理。

① 委托收款以银行以外的单位为付款人的，委托收款凭证必须记载付款人开户银行名称；

② 以银行以外的单位或在银行开立存款账户的个人为收款人的，委托收款凭证必须记载收款人开户银行名称；

③ 未在银行开立存款账户的个人为收款人的，委托收款凭证必须记载被委托银行名称。

（2）委托

收款人办理委托收款应向银行提交委托收款凭证和有关债务证明。

（3）付款

① 以银行为付款人的，银行应当在当日将款项主动支付给收款人。

② 以单位为付款人的，银行应及时通知付款人，需要将有关债务证明交给付款人的应交给付款人。

③ 拒绝付款。付款人审查有关债务证明后，对收款人委托收取的款项需要拒绝付款的，可以办理拒绝付款。以银行为付款人的，应自收到委托收款及债务证明的次日起3日内出具拒绝证明，连同有关债务证明、凭证寄给被委托银行，转交收款人。以单位为付款人的，应在付款人接到通知日的次日起3日内出具拒绝证明，持有债务证明的，应将其送交开户银行。银行将拒绝证明、债务证明和有关凭证一并寄给被委托银行，转交收款人。

三、银行卡

（一）银行卡的概念和分类

1.银行卡的概念

银行卡是指经批准由商业银行向社会发行的具有消费信用、转账结算、存取现金等全部或部分功能的信用支付工具。

2.银行卡的分类

按不同标准，可以对银行卡作不同的分类。具体见表3-7。

表3-7　　　　　　　　　　　　　　　　　银行卡的分类

分类依据	具体分类	备注
按是否能透支	信用卡（可透支）	信用卡按是否向发卡银行交存备用金分为： 贷记卡（先消费、后还款）； 准贷记卡（交存一定金额的备用金，余额不足时，可在信用额度内透支）
	借记卡（不可透支）	借记卡按功能不同分为：转账卡（含储蓄卡）、专用卡、储值卡
按币种	人民币卡、外币卡	目前国内外币卡有：VISA（维萨）、Master Card（万事达）、American Express（美国运通）、Diners Club（大来）等
按发行对象	单位卡、个人卡	—
按记载的信息载体	磁条卡、芯片（IC）卡	

【例 3-61·单选题·2019】根据支付结算法律制度的规定，下列关于银行卡分类的表述中，不正确的是（　　）。

A. 按是否具有透支功能分为信用卡和贷记卡　　B. 按币种不同分为外币卡和人民币卡

C. 按发行对象分为单位卡和个人卡　　D. 按信息载体分为磁条卡和芯片卡

【答案】A

【解析】选项 A，银行卡按照是否透支分为信用卡和借记卡，信用卡按是否向发卡银行交存备用金分为贷记卡、准贷记卡两类。

【例 3-62·单选题·2019】刘某在 G 银行申领了一张信用额度为 10 000 元的银行卡，G 银行与刘某约定，刘某需存入备用金 5 000 元，当备用金余额不足支付时，刘某可在 10 000 元的信用额度内透支，该银行卡是（　　）。

A. 储蓄卡　　　　　B. 借记卡　　　　　C. 贷记卡　　　　　D. 准贷记卡

【答案】D

【解析】准贷记卡是指持卡人须先按发卡银行要求交存一定金额的备用金，当备用金账户余额不足支付时，可在发卡银行规定的信用额度内透支的信用卡。

（二）银行卡账户和交易

1. 银行卡申领、注销和丧失

（1）信用卡申领流程

① 单位或个人申领信用卡，应按规定填制申请表，连同有关资料一并送交发卡银行。

② 发卡银行可根据申请人的资信程度要求其提供担保。担保的方式可采用保证、抵押或质押。

③ 银行卡及其账户只限经发卡银行批准的持卡人本人使用，不得出租和转借。

（2）个人贷记卡申请的基本条件

① 年满 18 周岁，有固定职业和稳定收入，工作单位和户口在常住地的城乡居民。

② 填写申请表，并在持卡人处亲笔签字。

③ 向发卡银行提供本人及附属卡持卡人、担保人的身份证复印件。

（3）注销

持卡人在还清全部交易款项、透支本息和有关费用后，可申请办理销户。

发卡行受理注销之日起 45 日后，被注销信用卡账户方能清户。

（4）挂失

持卡人丧失银行卡，应立即持本人身份证件或其他有效证明向发卡银行或代办银行申请挂失。

2. 银行卡交易的基本规定

（1）业务种类

信用卡预借现金业务。包括现金提取、现金转账和现金充值。发卡机构不得将持卡人信用卡预借现金额度内资金划转至其他信用卡，以及非持卡人的银行结算账户或支付账户。

（2）风险控制

① 信用卡持卡人通过 ATM 等自助机具办理现金提取业务，每卡每日累计不得超过 1 万元人民币；

② 借记卡持卡人通过 ATM 等自助机具办理现金提取业务，每卡每日累计不得超过 2 万元人民币；

③储值卡面值或卡内币值不得超过1 000元人民币。

（3）免息还款期和最低还款额

贷记卡持卡人非现金交易可享受免息还款期和最低还款额待遇。银行记账日到发卡银行规定的到期还款日之间为免息还款期，持卡人在到期还款日前偿还所使用全部银行款项有困难的，可按照发卡银行规定的最低还款额还款。

（4）发卡银行追偿透支款项和诈骗款项的途径

发卡银行通过下列途径追偿透支款项和诈骗款项：

①扣减持卡人保证金，依法处理抵押物和质物；

②向保证人追索透支款项；

③通过司法机关的诉讼程序进行追偿。

【例3-63·多选题·2018】根据支付结算法律制度的规定，下列关于银行卡交易的表述中，正确的有（   ）。

A.信用卡持卡人不得通过银行柜面办理现金提取业务

B.信用卡持卡人通过ATM办理现金提取业务有限额控制

C.借记卡持卡人在ATM机上取款无限额控制

D.储值卡的面值具有上限

【答案】BD

【解析】选项A，信用卡持卡人可通过柜面办理现金提取业务；选项B，信用卡持卡人通过ATM等自助机具办理现金提取业务，每卡每日累计不得超过1万元人民币；选项C，发卡银行应当对借记卡持卡人在自动柜员机（ATM机）取款设定上限，每卡每日累计提款不得超过2万元人民币；选项D，储值卡的面值或卡内币值不得超过1 000元人民币。

【例3-64·多选题·2021】李某在P银行申领一张信用卡，并被授权办理预借现金业务。李某使用该卡预借现金额度内资金可以办理的业务有（   ）。

A.向李某的借记卡划转资金   B.向李某的支付账户划转资金

C.通过ATM机提取现金   D.向李某的另一张信用卡划转资金

【答案】ABC

【解析】选项A，属于信用卡现金转账业务；选项B：属于信用卡现金充值业务；选项C，属于信用卡现金提取业务；选项D，发卡机构不得将持卡人信用卡预借现金额度内资金划账至其他信用卡，以及"非持卡人"的银行结算账户或支付账户。

【例3-65·判断题·2021】借记卡持卡人非现金交易可享受免息还款期和最低还款额待遇。（   ）

【答案】×

【解析】贷记卡持卡人非现金交易可享受免息还款期和最低还款额待遇。

（三）银行卡计息与收费

1.透支利率

（1）信用卡透支的计结息方式，以及对信用卡溢缴款是否计付利息及其利率标准，由发卡机构自主确定。

（2）信用卡透支利率由发卡机构与持卡人协商确定，取消信用卡透支利率上限和下限管理。

2.利率调整

发卡机构调整信用卡利率的，应至少提前45个自然日按照约定方式通知持卡人。持卡人有权在新利率标准生效之日前选择销户，并按照已签订的协议偿还相关款项。

3. 不得收取款项

（1）取消信用卡滞纳金。对于持卡人违约逾期未还款的行为，发卡机构应与持卡人通过协议约定是否收取违约金，以及相关收取方式和标准

（2）发卡机构向持卡人提供超过授信额度用卡的，不得收取超限费。

（3）发卡机构对向持卡人收取的违约金和年费、取现手续费、货币兑换费等服务费用不得计收利息。

【例 3-66·多选题·2022】关于个人信用卡计息和收费的下列表述中，符合法律规定的有（　　）。

A. 欠缴信用卡年费，银行可对该欠费计收利息

B. 发卡机构对透支的款项可向持卡人计收利息

C. 信用卡透支利率由发卡机构与持卡人自主协商确定

D. 若银行要调整信用卡利率，应至少提前 45 个自然日按照约定方式通知持卡人

【答案】BCD

【解析】发卡机构对向持卡人收取的违约金和年费、取现手续费、货币兑换费等服务费用不得计收利息，选项 A 错误。

（四）银行卡收单

1. 银行卡收单业务概念

（1）概念

银行卡收单业务，是指收单机构与特约商户签订银行卡受理协议，在特约商户按约定受理银行卡并与持卡人达成交易后，为特约商户提供交易资金结算服务的行为。

（2）银行卡收单机构

银行卡收单机构包括从事银行卡收单业务的银行业金融机构，获得银行卡收单业务许可、为实体特约商户提供银行卡受理并完成资金结算服务的支付机构，以及获得网络支付业务许可、为网络特约商户提供银行卡受理并完成资金结算服务的支付机构。

（3）特约商户

特约商户是指与收单机构签订银行卡受理协议、按约定受理银行卡并委托收单机构为其完成交易资金结算的企事业单位、个体工商户或其他组织，以及按照国家市场监督管理机构有关规定，开展网络商品交易等经营活动的自然人。

① 实体特约商户，是指通过实体经营场所提供商品或服务的特约商户。

② 网络特约商户，是指基于公共网络信息系统提供商品或服务的特约商户。

> **名师说**
>
> 特约商户是指超市、饭店、购物中心等消费场所，而非持卡人。

2. 银行卡收单业务管理规定

（1）特约商户管理

① 收单机构应对特约商户实行**实名制**管理。

② 收单机构应当与特约商户签订银行卡受理协议，就可受理的银行卡种类、开通的交易类型、收单银行结算账户的设置与变更、资金结算周期、结算手续费标准、差错和纠纷处置等事

项，明确双方的权利、义务和违约责任。

③ 特约商户的收单银行结算账户应当为其同名单位银行结算账户，或其指定的与其存在合法资金管理关系的单位银行结算账户。

④ 收单机构应当对实体特约商户收单业务进行本地化经营和管理，通过在特约商户及其分支机构所在省（自治区、直辖市）域内的收单机构或其分支机构提供收单服务，不得跨省（自治区、直辖市）域开展收单业务。

（2）业务与风险管理

① 建立对实体特约商户、网络特约商户分别进行风险评级制度，对于风险等级较高的特约商户，收单机构应当对其开通的受理卡种和交易类型进行限制，并采取强化交易监测、设置交易限额、延迟结算、增加检查频率、建立特约商户风险准备金等措施。

② 收单机构应按协议约定及时将交易资金结算到特约商户的收单银行结算账户，资金结算时限最迟不得超过持卡人确认可直接向特约商户付款的支付指令生效日后 30 个自然日。

③ 收单机构应当根据交易发生时的原交易信息发起银行卡交易差错处理、退货交易，将资金退至持卡人原银行卡账户。若持卡人原银行卡账户已撤销的，应当退至持卡人指定的本人其他银行账户。

④ 收单机构发现特约商户发生疑似银行卡套现、洗钱、欺诈、移机、留存或泄露持卡人账户信息等风险事件的，应当对特约商户采取延迟资金结算、暂停银行卡交易或收回受理终端（关闭网络支付接口）等措施，并承担因未采取措施导致的风险损失责任；涉嫌非法犯罪活动的，应当及时向公安机关报案。

3. 结算收费

表 3-8　　　　　　　　　　　　　　结算收费

收费项目	定价方式	收费方式
收单服务费	实行市场调节价	收单机构与商户协商确定具体费率
发卡行服务费	实行政府指导价，上限管理	费率为：借记卡交易不超过交易金额的 0.35%，单笔收费金额不超过 13 元，贷记卡交易不超过 0.45%，不实行单笔收费封顶控制（发卡机构向收单机构收取）
网络服务费	实行政府指导价，上限管理	清算机构向收单、发卡机构计收，费率为：不超过交易金额的 0.065%，由发卡、收单机构各承担 50%

【例 3-67·多选题·2018】根据支付结算法律制度的规定，下列关于银行卡收单机构对特约商户管理的表述中，正确的有（　　）。

A. 特约商户是单位的，其收单银行结算账户可以使用个人银行结算账户

B. 对特约商户实行实名制管理

C. 对实体特约商户与网络特约商户分别进行风险评级

D. 对实体特约商户收单业务实行本地化经营，不得跨省域开展收单业务

【答案】BCD

【解析】选项 A，特约商户的收单银行结算账户应当为其同名单位银行结算账户，或其指定的、与其存在合法资金管理关系的单位银行结算账户。

四、银行电子支付★★

电子支付服务的主要提供方有银行和支付机构，银行的电子支付方式主要有网上银行、手机银行和条码支付等，支付机构的电子支付方式主要有网络支付、条码支付等。

（一）网上银行★

1. 网上银行的特点

网上银行又被称为"3A银行"，因为它不受时间、空间限制，能够在任何时间（Anytime）、任何地点（Anywhere）、以任何方式（Anyway）为客户提供金融服务。

2. 网上银行的分类

按照不同的标准，网上银行可以分为不同的类型（见表3-9）。

表3-9　　　　　　　　　　　　　　　网上银行的分类

分类依据	内容
按主要服务对象	企业网上银行：主要适用于企事业单位，适时了解财务运作情况，及时调度资金
	个人网上银行：主要适用于个人与家庭，实现实时查询、转账、网络支付和汇款功能
按经营组织	分支型网上银行：提供在线服务而设立的网上银行
	纯网上银行：专门为提供在线银行服务而成立的，因而也被称为只有一个站点的银行

3. 网上银行的主要功能

表3-10　　　　　　　　　　　　　　　网上银行的主要功能

企业网上银行子系统	个人网上银行子系统
（1）账户信息查询； （2）支付指令； （3）B2B（Business to Business）网上支付； （4）批量支付	（1）账户信息查询； （2）人民币转账业务； （3）银证转账业务； （4）外汇买卖业务； （5）账户管理业务； （6）B2C（Business to Customer）网上支付

【例3-68·单选题·2018】根据支付结算法律制度的规定，下列关于个人网上银行业务的表述中，不正确的是（　）。

A. B2B网上支付　　　　　　　　　B. 查询银行卡的人民币余额

C. 查询信用卡网上支付记录　　　　D. 网上购物电子支付

【答案】A

【解析】选项A，个人网上银行业务为B2C，而非B2B。

【例3-69·多选题·2021】个人网上银行可以办理（　）业务。

A. 外汇结算　　　　　　　　　　　B. 股票业务

C. 转账业务　　　　　　　　　　　D. 贷款业务

【答案】AC

【解析】股票和贷款业务并非个人网上银行可以办理的业务。

（二）条码支付★★★

1.条码支付的概念

条码支付业务是指银行、支付机构应用条码技术，实现收付款人之间货币资金转移的业务活动。条码支付业务包括付款扫码和收款扫码。

（1）支付机构向客户提供基于条码技术付款服务的，应当取得网络支付业务许可。

（2）支付机构为实体特约商户和网络特约商户提供条码支付收单服务的，应当分别取得银行卡收单业务许可和网络支付业务许可。

2.条码支付的交易验证及限额

条码支付业务可以组合选用下列三种要素进行交易验证：

（1）仅客户本人知悉的要素，如静态密码等；

（2）仅客户本人持有并特有的，不可复制或者不可重复利用的要素，如经过安全认证的数字证书、电子签名，以及通过安全渠道生成和传输的一次性密码等；

（3）客户本人生物特征要素，如指纹等。

根据交易验证方式和风险防范能力的不同，条码支付有四种限额要求。具体见表3-11。

表3-11　　　　　　　　　　　　　　条码支付的交易验证及限额

风险防范能力	交易验证方式	单日累计限额（同一客户单个银行账户或所有支付账户）
A级	包括数字证书或电子签名在内的两类（含）以上有效要素	自主约定
B级	不包括数字证书、电子签名在内的两类（含）以上有效要素	5000元
C级	不足两类要素	1000元
D级	静态条码	500元

银行、支付机构提供收款扫码服务的，应使用动态条码，设置条码有效期、使用次数等方式，防止条码被重复使用导致重复扣款，确保条码真实有效。

3.商户管理

（1）银行、支付机构拓展特约商户应落实实名制规定，严格审核特约商户的营业执照等证明文件，以及法定代表人或负责人的有效身份证件等申请材料，确认申请材料的真实性、完整性、有效性，并留存申请材料的影印件或复印件。

（2）免于办理工商注册登记的实体特约商户（小微商户）

① 可以通过审核商户主要负责人身份证明文件和辅助证明材料为其提供条码支付收单服务。辅助证明材料包括但不限于营业场所租赁协议或者产权证明、集中经营场所管理方出具的证明文件等。

② 以同一个身份证件在同一家银行、支付机构办理的全部小微商户基于信用卡的条码支付收款金额日累计不超过1000元、月累计不超过1万元。

4.风险管理

（1）对风险等级较高的特约商户，应采用强化交易监测、建立特约商户风险准备金、延迟清算等风险管理措施；

（2）发现特约商户发生疑似套现、洗钱、恐怖融资、欺诈、留存或泄露账户信息等风险事件的，应对特约商户采取延迟资金结算、暂停交易、冻结账户等措施，并承担因未采取措施导致的风险损失责任；发现涉嫌违法犯罪活动的，应及时向公安机关报案。

第四节　支付机构非现金支付业务

一、支付机构的概念和支付服务的种类★

支付机构是指依法取得《支付业务许可证》，在收付款人之间作为中介机构提供表3-12所列部分或全部货币资金转移服务的非金融机构。

表3-12　支付服务的种类及内容

支付服务的种类	支付服务的内容
网络支付	货币汇兑、互联网支付、移动电话支付、固定电话支付、数字电视支付等
预付卡	采取磁条、芯片等技术以卡片、密码等形式发行的预付卡
银行卡收单	支付机构的银行卡收单以及条码支付与银行相同
其他支付服务	—

支付机构依法接受中国人民银行的监督管理。未经中国人民银行批准，任何非金融机构和个人不得从事或变相从事支付业务。

二、网络支付★★★

（一）网络支付机构

表3-13　网络支付机构的种类及特征

	金融型支付企业	互联网支付企业
支付模式	独立第三方	依托于自有的电子商务网站的第三方
担保功能	不提供	提供
特点	仅为用户提供支付产品和支付系统解决方案，侧重行业需求和开拓行业应用	在线支付为主
立足端	企业端	个人消费者端

（二）支付账户

1. 支付账户的概念

支付账户，是指获得互联网支付业务许可的支付机构，根据客户的真实意愿为其开立的，用于记录预付交易资金余额、客户凭以发起支付指令、反映交易明细信息的电子簿记。支付账户不得透支，不得出借、出租、出售。

2. 支付账户的开户要求

（1）支付机构为客户开立支付账户的，应当对客户实行实名制管理，登记并采取有效措施验证客户身份基本信息，按规定核对有效身份证件并留存有效身份证件复印件或者影印件，建立客户唯一识别编码，并在与客户业务关系存续期间采取持续的身份识别措施。

（2）支付机构应当与单位和个人签订协议，约定支付账户与支付账户、支付账户与银行账户之间的日累计转账限额和笔数，超出限额和笔数的，不得再办理转账业务。

（3）支付机构为单位开立支付账户，应当：

① 要求单位提供相关证明文件。

② 自主或者委托合作机构以面对面的方式核实客户身份，或者以非面对面方式通过至少 3 个合法安全的外部渠道对单位基本信息进行多重交叉验证。

③ 向单位法定代表人或负责人核实开户意愿，留存相关工作记录。支付机构可以采取面对面、视频等方式向单位法定代表人或负责人核实开户意愿，具体方式由支付机构根据客户风险评级情况确定。

（4）支付机构可以为个人客户开立Ⅰ类、Ⅱ类、Ⅲ类支付账户。具体见表 3-14。

表 3-14　　　　　　　　　　　　　　　个人支付账户相关规定

账户类型	开户要求	账户功能	限额
Ⅰ类支付账户	以非面对面方式通过至少一个合法安全的外部渠道进行身份基本信息验证，且首次在该支付机构开立支付账户的个人客户	消费和转账	余额付款交易自账户开立起累计不超过 1000 元（包括支付账户向客户本人同名银行账户转账）
Ⅱ类支付账户	自主或委托合作机构以面对面方式核实身份的个人客户或者以非面对面方式通过至少三个合法安全的外部渠道进行身份基本信息多重交叉验证的个人客户	消费和转账	所有支付账户的余额付款交易年累计不超过 10 万元（不包括支付账户向客户本人同名银行账户转账）
Ⅲ类支付账户	以面对面方式核实身份的个人客户或以非面对面方式通过至少五个合法安全的外部渠道进行身份基本信息多重交叉验证的个人客户	消费、转账以及购买投资理财等金融类产品	所有支付账户的余额付款交易年累计不超过 20 万元（不包括支付账户向客户本人同名银行账户转账）

客户身份基本信息外部验证渠道包括但不限于政府部门数据库、商业银行信息系统、商业化数据库等。其中，通过商业银行验证个人客户身份基本信息的，应为Ⅰ类银行账户或信用卡。

（三）网络支付的相关规定

1. 网络支付的交易验证及限额

网络支付业务交易验证的要素与条码支付业务相同（表 3-15）。

表 3-15　　　　　　　　　　　个人支付账户余额付款交易限额要求

交易验证方式	单日累计限额 （单个客户所有支付账户）
包括数字证书或电子签名在内的两类（含）以上有效要素	自主约定
不包括数字证书、电子签名在内的两类（含）以上有效要素	5000 元（不包括支付账户向客户本人同名银行账户转账）
不足两类要素	1000 元（不包括支付账户向客户本人同名银行账户转账），且支付机构应当承诺无条件全额承担此类交易的风险损失赔付责任

2. 业务与风险管理

（1）支付机构向客户开户银行发送支付指令，扣划客户银行账户资金的，支付机构和银行应当执行下列要求：

① 支付机构应当事先或在首笔交易时自主识别客户身份并分别取得客户和银行的协议授权，同意其向客户的银行账户发起支付指令扣划资金；

② 银行应当事先或在首笔交易时自主识别客户身份并与客户直接签订授权协议，明确约定扣款适用范围和交易验证方式，设立与客户风险承受能力相匹配的单笔和单日累计交易限额，承诺无条件全额承担此类交易的风险损失先行赔付责任；

③ 除单笔金额不超过 200 元的小额支付业务，公共事业缴费、税费缴纳、信用卡还款等收款人固定并且定期发生的支付业务，支付机构不得代替银行进行交易验证。

④ 被人民银行评价为"A"类的支付机构，可与银行通过协议自主约定由支付机构代替进行交易验证，支付机构应向银行完整、准确发送交易渠道、商户相关的等交易信息。

⑤ 银行应核实支付机构验证手段或渠道的安全性，且对客户资金安全的管理责任不因支付机构代替验证而转移。

（2）支付机构应：

① 建立客户风险评级管理制度和机制以及交易风险管理制度和交易监测系统，动态调整客户风险评级及相关风险控制措施，对疑似欺诈、套现、洗钱、非法融资、恐怖融资等交易，及时采取调查核实、延迟结算、终止服务等措施；

② 充分提示网络支付业务的潜在风险，对高风险业务在操作前、操作中进行风险警示；

③ 履行客户信息保护责任，不得存储客户银行卡的磁道信息或芯片信息、验证码、密码等敏感信息，原则上不得存储银行卡有效期。

三、预付卡★★★

（一）预付卡的概念

预付卡是指发卡机构以特定载体和形式发行的、可在发卡机构之外购买商品或服务的预付价值。

（二）预付卡的分类

表 3-16   预付卡的分类

内容	单用途预付卡	多用途预付卡
发行机构	商业企业	专营发卡机构
使用范围	只在本企业或同一品牌连锁商业企业购买商品、服务	可跨地区、跨行业、跨法人使用
监管要求	应在开展单用途预付卡业务之日起 30 日内在商务部门进行备案	必须取得中国人民银行颁发的支付业务许可证，在核准地域范围内开展业务，人民银行对多用途预付卡备付金实行集中存管

按照是否记载持卡人身份信息，预付卡可分为记名卡和不记名卡。

多用途预付卡的相关规定见表 3-17。

表 3-17   多用途预付卡的相关规定

项目	记名预付卡	不记名预付卡
资金限额	单张不得超过 5 000 元	单张不得超过 1 000 元
期限和赎回	可挂失，可在购卡 3 个月后办理赎回，不得设置有效期	不挂失，不赎回，有效期不得低于 3 年。超过有效期尚有资金余额的预付卡，可通过延期、激活、换卡等方式继续使用
办理	需要使用实名并向发卡机构提供有效身份证件	一次性购买 1 万元以上需要使用实名并向发卡机构提供有效身份证件
充值	①预付卡通过现金或银行转账方式进行充值，不得使用信用卡为预付卡充值； ②一次性充值金额在 5 000 元以上的，不得使用现金； ③单张预付卡充值后的资金余额不得超过规定限额	
使用	①在发卡机构拓展、签约的特约商户中使用，不得用于或变相用于提取现金； ②不得用于购买、交换非本发卡机构发行的预付卡、单一行业卡及其他商业预付卡或向其充值； ③卡内资金不得向银行账户或向非本发卡机构开立的网络支付账户转移	
发卡机构资金管理	发卡机构接受的、客户用于未来支付需要的预付卡资金，不属于发卡机构的自有财产，发卡机构不得挪用、挤占，发卡机构对客户备付金需 100% 集中交存中国人民银行	

【例 3-70·多选题·2022】根据支付结算法律制度的规定，下列关于预付卡使用的表述中，正确的有（   ）。

A. 记名预付卡可挂失，可赎回

B. 有资金余额但超过有效期的预付卡可通过延期、激活、换卡等方式继续使用

C. 记名预付卡不得设置有效期

D. 不记名预付卡有效期可设置为 2 年

【答案】ABC

【解析】选项 AC，记名预付卡可挂失，可赎回，不得设置有效期。选项 B，超过有效期但尚有资金余额的预付卡，可通过延期、激活、换卡等方式继续使用。选项 D，不记名预付卡有效期不得少于 3 年。

【例 3-71·多选题·2020】根据支付结算法律制度的规定，下列关于预付卡发卡机构的表述中，正确的是（   ）。

A. 应防止泄露购卡人和持卡人的信息

B. 应将客户备付金存放在商业银行

C. 必须取得《支付业务许可证》

D. 应按规定开具发票

【答案】ACD

【解析】选项 B，发卡机构对客户备付金需 100% 集中交付中国人民银行。

【例 3-72·多选题·2019】郑某个人一次性购买不记名预付卡 2 000 元，一次性充值记名预付卡 3 000 元，下列表述中，符合法律规定的有（   ）。

A. 郑某可以使用信用卡购买预付卡

B. 郑某可以使用现金 3 000 元为预付卡充值

C. 郑某购买预付卡时应提供有效身份证件

D. 郑某可以使用现金 2 000 元购买不记名预付卡

【答案】BD

【解析】选项 A，购卡人不得使用信用卡购买预付卡；选项 B，一次性充值金额 5 000 元以上的，不得使用现金；选项 C，个人或单位购买记名预付卡或一次性购买不记名预付卡 1 万元以上的，应当使用实名并向发卡机构提供有效身份证件，郑某购买不记名预付卡可以不提供有效身份证件；选项 D，单位一次性购买预付卡 5 000 元以上，个人一次性购买预付卡 5 万元以上的，应当通过银行转账等非现金结算方式购买，不得使用现金。

【例 3-73·判断题·2019】预付卡不具有透支功能。（   ）

【答案】√

第五节 支付结算纪律与法律责任

一、支付结算纪律 ★

支付结算纪律是银行、支付机构、和个人办理支付结算业务所应遵守的基本规定。

二、违反支付结算法律制度的法律责任 ★

1. 单位和个人签发空头支票或者签发与预留印鉴不符、使用支付密码但支付密码错误的支票，不以骗取财物为目的的，由中国人民银行处以票面金额 5% 但不低于 1 000 元的罚款；持票人有权要求出票人赔偿支票金额 2% 的赔偿金。

🎯 敲黑板

持票人对出票人可以要求赔偿支付金额 2% 的赔偿金，并不是 5%，注意区别。

2.银行和支付机构对经公安机关认定的出租、出借、出售、购买银行结算账户（含银行卡）或者支付账户的单位和个人及相关组织者，假冒他人身份或者虚构代理关系开立银行结算账户或者支付账户的单位和个人，5年内暂停其银行账户非柜面业务、支付账户所有业务，并不得为其新开立账户。

【例3-74·判断题·2022】签发空头支票，不以骗取钱财为目的的，由中国人民银行处以票面金额5%但不低于1 000元的罚款。（　）

【答案】√

【解析】签发空头支票，不以骗取财物为目的的，由中国人民银行处以票面金额5%但不低于1 000元的罚款；持票人有权要求出票人赔偿支票金额2%的赔偿金。

本章习题精练

一、单项选择题

1. 根据支付结算办法规定，委托收款付款人应在接到通知的当日书面通知银行付款。如果付款人未在（　）通知银行付款，视同付款人同意付款。
   A.银行发出通知之日起3日内
   B.银行发出通知的次日起3日内
   C.付款人接到通知之日起3日内
   D.付款人接到通知的次日起3日内

2. 银行在收到存款人撤销银行结算账户的申请后，对于符合销户前提的，应在（　）个工作日内办理撤销手续。
   A.1　　　　　　B.2
   C.3　　　　　　D.5

3. 发卡银行应当对借记卡持卡人在ATM机等自助机具取款设定交易上限，每卡每日累积提款不超过（　）。
   A.1万元　　　　B.2 000元
   C.1 000元　　　D.2万元

4. 根据票据法律制度的规定，背书人在汇票上记载"不得转让"字样，其后手再背书转让的，将产生的法律后果是（　）。
   A.该汇票无效
   B.该背书转让无效

C.原背书人对后手的被背书人不承担保证责任
D.原背书人对后手的被背书人承担保证责任

5. 2×18年1月1日，甲向乙签发一张承兑人为A银行的银行承兑汇票，到期日为2×18年4月20日。2×18年3月1日，乙将该汇票背书转让给丙，2×18年4月25日，丙向A银行提示付款被拒绝，根据《票据法》的规定，丙对乙的追索权的消灭时间是（　）。
   A.2×18年9月1日
   B.2×18年7月25日
   C.2×18年10月25日
   D.2×20年4月25日

6. 根据支付结算法律制度的规定，下列银行卡分类中，以是否具有透支功能划分的是（　）。
   A.人民币卡与外币卡
   B.单位卡与个人卡
   C.信用卡与借记卡
   D.磁条卡与芯片卡

7. 甲公司持有一张商业汇票，到期委托开户行向承兑人收取票款。甲公司行使的票据权利是（　）。
   A.付款请求权
   B.利益返还请求权
   C.票据追索权
   D.票据返还请求权

8. 甲公司成立后在某银行申请开立了一个用于办理日常转账结算和现金收付的账户，该账户的性质属于（　　）。

　　A. 基本存款账户　　　B. 一般存款账户
　　C. 专用存款账户　　　D. 临时存款账户

9. 某票据的出票日期为"2018 年 7 月 15 日"，其规范写法是（　　）。

　　A. 贰零壹捌年零柒月壹拾伍日
　　B. 贰零壹捌年柒月壹拾伍日
　　C. 贰零壹捌年零柒月柒拾伍日
　　D. 贰零壹捌年柒月拾伍日

10. 根据支付结算法律制度的规定，下列票据当事人中，应在票据和粘单的粘接处签章的是（　　）。

　　A. 粘单上第一手背书的背书人
　　B. 票据上最后一手背书的背书人
　　C. 票据上第一手背书的背书人
　　D. 粘单上第一手背书的被背书人

11. 根据支付结算法律制度的规定，下列存款人可以开立基本存款账户的是（　　）。

　　A. 企业法人
　　B. 自然人张小明
　　C. 单位设立的非独立核算的附属机构
　　D. 临时机构

12. 根据支付结算法律制度的规定，下列各项中，属于存款人在开立临时存款账户之前必须开立的账户是（　　）。

　　A. 专用存款账户　　　B. 一般存款账户
　　C. 基本存款账户　　　D. 临时存款账户

13. 根据支付结算法律制度的规定，下列各项中属于存款人按照法律、行政法规和规章，对其特定用途资金进行专项管理和使用而开立的银行结算账户是（　　）。

　　A. 基本存款账户　　　B. 一般存款账户
　　C. 专用存款账户　　　D. 临时存款账户

14. 根据支付结算法律制度的规定，关于预算单位零余额账户的使用，下列说法正确的是（　　）。

　　A. 不得支取现金
　　B. 可以向所属下级单位账户划拨资金

　　C. 可以向上级主管单位账户划拨资金
　　D. 可以向本单位按账户管理规定保留的相应账户划拨工会经费

15. 下列关于票据权利丧失补救的表述中，不正确的是（　　）。

　　A. 可以申请挂失止付的票据，包括已承兑的商业汇票、支票、填明"现金"字样和代理付款人的银行汇票以及填明"现金"字样的银行本票四种
　　B. 付款人或者代理付款人自收到挂失止付通知之日起 12 日内没有收到人民法院的止付通知书的，自第 13 日起，不再承担止付责任，持票人提示付款即依法向持票人付款
　　C. 失票人应当在通知挂失止付后的 3 日内依法向票据支付地的人民法院申请公示催告，不能不通知挂失止付而直接申请公示催告
　　D. 在公示催告期间，转让票据权利的行为无效，以公示催告的票据质押、贴现而接受该票据的持票人主张票据权利的，人民法院不予支持，但公示催告期间届满以后人民法院作出除权判决以前取得该票据的除外

16. 根据支付结算法律制度的规定，下列关于票据背书的表述中，正确的是（　　）。

　　A. 以背书转让的票据，背书应当连续
　　B. 背书时附有条件的，背书无效
　　C. 委托收款背书的被背书人可再以背书转让票据权利
　　D. 票据上第一背书人为出票人

17. 根据支付结算法律制度的规定，下列关于银行汇票使用的表述中，不正确的是（　　）。

　　A. 银行汇票限于见票即付，提示付款期限自出票起 3 个月
　　B. 银行汇票可以用于转账，填明"现金"字样的银行汇票也可以用于支取现金
　　C. 银行汇票可以背书转让
　　D. 未填写实际结算金额或实际结算金额超过出票金额的银行汇票不得背书转让

18. 关于银行汇票出票金额和实际结算金额，下列表述正确的是（　　）。

　　A. 如果出票金额低于实际结算金额，银行

应按出票金额办理结算

B. 如果出票金额高于实际结算金额，银行应按出票金额办理结算

C. 如果出票金额低于实际结算金额，银行应按实际结算金额办理结算

D. 如果出票金额高于实际结算金额，银行应按实际结算金额办理结算

19. 根据支付结算法律制度的规定，下列关于银行汇票使用的表述中，正确的是（　　）。

A. 银行汇票不能用于个人款项结算

B. 银行汇票不能支取现金

C. 银行汇票的提示付款期限为自出票日起 1 个月

D. 银行汇票必须按出票金额付款

20. 根据票据法律制度的规定，以下票据的付款人不是银行的是（　　）。

A. 支票　　　　　　B. 商业承兑汇票

C. 本票　　　　　　D. 银行汇票

21. 根据支付结算法律制度的规定，有关于商业汇票的规定，以下说法正确的是（　　）。

A. 纸质商业汇票的付款期限，最长不得超过 12 个月

B. 商业承兑汇票由银行承兑

C. 银行承兑汇票由银行承兑

D. 电子商业汇票的付款期限自出票日起至到期日不超过 6 个月

22. 下列关于商业汇票贴现的说法错误的是（　　）。

A. 信息不存在或者纸质票据必须记载事项与已登记承兑信息不一致的，不得办理贴现

B. 贴现人办理纸质票据贴现并记载"已电子登记权属"字样，也可以以纸质形式进行背书转让、设立质押或者其他交易行为

C. 已贴现票据应当通过票据市场基础设施办理背书转让、质押、保证、提示付款等票据业务

D. 保证增信行对纸质票据进行保管并为贴现人的偿付责任进行先行偿付

23. 甲公司为支付货款，于 6 月 7 日向开户银行 A 银行申请签发了一张银行本票，并交付给乙公司，8 月 9 日，乙公司持该本票委托自己的开户银行 B 银行收款，被拒绝，则下列说法中正确的是（　　）。

A. 乙公司可以向甲公司追索

B. 乙公司可以向 B 银行追索

C. 乙公司可以向 A 银行追索

D. 乙公司未在规定期限内提示付款，票据权利消灭

24. 甲公司向乙公司签发金额为 200 000 元的支票用于支付货款，乙公司按期提示付款时被告知甲公司在付款人处实有的存款金额仅为 100 000 元，乙公司有权要求甲公司支付的赔偿金是（　　）元。

A. 200 000 × 3%　　　　B. 100 000 × 5%

C. 100 000 × 5%　　　　D. 200 000 × 2%

25. 下列有关单位或个人申领信用卡的说法正确的是（　　）。

A. 个人不能申领借记卡

B. 个人不能申领贷记卡

C. 单位可以申领借记卡

D. 借记卡可以透支

26. 根据支付结算法律制度的规定，单张不记名预付卡的最高限额是（　　）元。

A. 500　　　　　　　B. 5 000

C. 10 000　　　　　　D. 1 000

27. 根据支付结算法律制度的规定，下列关于预付卡的办理表述正确的是（　　）。

A. 购卡人可以使用信用卡购买预付卡

B. 记名预付卡不需要实名办理

C. 记名预付卡需要实名办理

D. 不记名预付卡一次性购买 5 000 元以上需要使用实名

28. 银行的条码支付，采用不包括数字证书、电子签名在内的两类（含）以上有效要素对交易进行验证的，同一客户单个银行账户或所有支付账户单日累计交易金额应不超过（　　）。

A. 1 0000 元　　　　　B. 1 000 元

C. 5000 元　　　　　　D. 500 元

29. 采用不足两类有效要素进行验证的交易，个人客户所有支付账户单日累计金额应不超过

（　　）（不包括支付账户向客户本人同名银行账户转账）。

A. 500 元　　　　　B. 1 000 元

C. 2 000 元　　　　D. 5 000 元

二、多项选择题

30. 根据支付结算法律制度的规定，下列表述中，正确的有（　　）。

A. 出票金额、出票日期、收款人名称不得更改，更改的票据无效

B. 票据金额以中文大写和阿拉伯数码同时记载，二者必须一致，不一致的以中文大写为准

C. 票据的出票日期必须使用中文大写

D. 票据上的签章和其他记载事项应当真实，不得伪造、变造

31. 根据规定，下列专用存款账户中，（　　）不得支取现金。

A. 基本建设资金

B. 证券交易结算资金

C. 期货交易保证金

D. 信托基金专用存款账户

32. 根据规定，存款人可以申请开立专用存款账户的有（　　）。

A. 更新改造资金

B. 信托基金

C. 期货交易保证金

D. 收入汇缴资金

33. 甲出具一张本票给乙，乙将该本票背书转让给丙，丁作为乙的保证人在票据上签章。丙又将该本票背书转让给戊，戊作为持票人未按规定期限向出票人提示付款。根据《票据法》的规定，下列选项中，戊不得行使追索权的是（　　）。

A. 甲　　　　　B. 乙

C. 丙　　　　　D. 丁

34. 根据《票据法》的规定，下列选项属于票据权利消灭的情形是（　　）。

A. 持票人对支票出票人的权利，自出票日起 6 个月未行使

B. 持票人对本票出票人的权利，自票据到期日起 2 年未行使

C. 持票人对前手的再追索权，自清偿日或者被提起诉讼之日起 3 个月未行使

D. 持票人对前手的追索权，在被拒绝承兑或者被拒绝付款之日起 6 个月未行使

35. 根据票据法律制度的规定，被追索人在向持票人支付有关金额及费用后，可以向其他汇票债务人行使再追债权。下列各项中，属于被追索人可请求其他汇票债务人清偿的款项有（　　）。

A. 被追索人已清偿的全部金额及利息

B. 被追索人发出追索通知书的费用

C. 持票人取得有关拒绝证明的费用

D. 持票人因票据金额被拒绝支付而导致的利润损失

36. 根据《票据法》的规定，下列各项中，属于票据行为的有（　　）。

A. 出票　　　　　B. 背书

C. 承兑　　　　　D. 保证

37. 根据《票据法》的规定，下列各项中，属于可以行使追索权的情形有（　　）。

A. 汇票到期日前出票人逃匿的

B. 汇票到期日前被拒绝承兑的

C. 汇票到期被拒绝付款的

D. 汇票到期日前付款人被依法宣告破产的

38. 根据《票据法》的规定，商业汇票提示承兑期限的下列表述中不正确的有（　　）。

A. 商业汇票的提示承兑期限为自汇票到期日起 10 日内

B. 定日付款的商业汇票，持票人应该在汇票到期日前提示承兑

C. 出票后定期付款的商业汇票，提示承兑期限为自出票日起 1 个月内

D. 见票后定期付款的商业汇票，持票人应该自出票日起 1 个月内提示承兑

39. 根据票据法律制度的规定，下列人员中，行使付款请求权时，对持票人负有付款义务的有（　　）。

A. 汇票的承兑人　　B. 银行本票的出票人

C.支票的付款人　　　D.汇票的背书人

40.根据支付结算法律制度的规定，关于票据保证的下列表述中，正确的有（　　）。

A.票据上未记载保证日期的，被保证人的背书日期为保证日期

B.保证人未在票据或粘单上记载被保证人名称的已承兑票据，承兑人为被保证人

C.保证人为两人以上的，保证人之间承担连带责任

D.保证人清偿票据债务后，可以对被保证人及其前手行使追索权

41.关于商业汇票贴现的下列表述中，正确的有（　　）。

A.贴现是一种非票据转让行为

B.贴现申请人与出票人或直接前手之间具有真实的商品交易关系

C.贴现申请人是在银行开立存款账户的企业法人以及其他组织

D.贴现到期不获付款的，贴现银行可从贴现申请人的存款账户直接收取票款

42.根据支付结算法律制度的规定，下列关于填写票据的说法正确的有（　　）。

A.5月8日写为零伍月捌日

B.出票日期须使用中文大写

C.金额应以中文大写和阿拉伯数码同时记载，且二者须一致

D.金额填写错误的应由原记载人更正，并在更正处签章证明

43.根据支付结算法律制度的规定，下列情形中，存款人应向开户银行提出撤销银行结算账户申请的有（　　）。

A.存款人完成注销工商营业执照

B.存款人因迁址需要变更开户银行的

C.存款人被撤并的

D.存款人被吊销营业执照的

44.根据支付结算法律制度的规定，关于一般存款账户表述正确的是（　　）。

A.须经中国人民银行核准

B.不可以支取现金

C.可以办理借款转存和借款归还

D.可以支取现金

45.下列各项中属于专用存款账户适用范围的有（　　）。

A.基本建设基金

B.住房基金

C.社会保障基金

D.收入汇缴资金和业务支出资金

46.下列各项中，属于票据基本当事人的有（　　）。

A.出票人　　　　　B.收款人

C.付款人　　　　　D.保证人

47.根据票据法律制度的规定，下列各项中，属于票据丧失后可以采取的补救措施有（　　）。

A.挂失止付　　　　B.公示催告

C.普通诉讼　　　　D.仲裁

48.根据支付结算法律制度的规定，票据或粘单未记载下列事项，保证人仍需承担保证责任的有（　　）。

A.保证人签章　　　B.保证日期

C.被保证人名称　　D."保证"字样

49.根据支付结算法律制度的规定，下列关于票据保证责任的表述中，正确的有（　　）。

A.保证人与被保证人对持票人承担连带责任

B.保证附有条件的，影响对票据的保证责任

C.票据到期后得不到付款的，持票人向保证人请求付款，保证人应当足额付款

D.保证人为两人以上的，保证人之间承担连带责任

50.根据支付结算法律制度的规定，下列各项中，票据持票人行使追索权时，可以请求被追索人支付的金额和费用有（　　）。

A.因汇票资金到位不及时，给持票人造成的税收滞纳金损失

B.取得有关拒绝证明和发出通知书的费用

C.票据金额自到期日或提示付款日起至清偿日止，按规定的利率计算的利息

D.被拒绝付款的票据金额

51.2×14年2月18日，甲公司签发一张转账支票交付乙公司，乙公司于2月20日将该支票背书转让给丙公司，丙公司于3月3日向甲公司开户银行P银行提示付款，P银行

拒绝付款，关于丙公司行使票据权利的下列表述中，正确的有（　　）。

A. 丙公司有权向乙公司行使追索权

B. 丙公司有权向 P 银行行使追索权

C. P 银行有权拒绝付款

D. 丙公司有权向甲公司行使追索权

52. 根据支付结算法律制度的规定，下列银行卡当中可以透支的有（　　）。

A. 专用卡　　　　　　B. 贷记卡

C. 转账卡　　　　　　D. 准贷记卡

53. 根据支付结算法律制度的规定，下列各项中，属于发卡银行追偿透支款项和诈骗款项的途径的有（　　）。

A. 冻结持卡人账户

B. 通过司法机关诉讼程序进行追偿

C. 依法处理抵押物和质物

D. 向保证人追索透支款项

54. 目前网络支付机构主要有（　　）。

A. 金融型支付企业　　B. 互联网支付企业

C. 电话支付企业　　　D. 传真支付企业

55. 王某到发卡机构一次性购买 6 万元不记名预付卡，发卡机构办理该业务的做法中正确的有（　　）。

A. 登记王某的身份基本信息

B. 要求王某使用现金购买

C. 要求王某实名购买

D. 留存王某有效身份证件的复印件或影印件

56. 下列各项中，属于单位、个人在社会经济活动中使用的人民币非现金支付工具的有（　　）。

A. 股票和发票　　　　B. 支票

C. 汇票　　　　　　　D. 本票

57. 关于支付机构为个人客户开立支付账户，下列说法正确的有（　　）。

A. 以非面对面方式通过至少一个合法安全的外部渠道进行身份基本信息验证，且首次在该支付机构开立支付账户的个人客户，可以开立Ⅰ类支付账户

B. 委托合作机构以面对面方式核实身份的个人客户，可以开立Ⅲ类支付账户

C. 以非面对面方式通过至少三个合法安全的外部渠道进行身份基本信息多重交叉验证的个人客户可以开立Ⅱ类支付账户

D. 以面对面方式核实身份的个人客户，可以开立Ⅱ类支付账户

58. 银行、支付机构对风险等级较高的条码支付特约商户可以采取的措施包括（　　）。

A. 延迟清算

B. 建立特约商户风险准备金

C. 暂停交易

D. 冻结账户

三、判断题

59. 银行在收到存款人撤销银行结算账户的申请后，对于符合销户条件的，应在 3 个工作日内办理撤销手续。（　　）

60. 部分背书是指将票据金额的一部分转让的背书或者将票据金额分别转让给二人以上的背书，部分背书的被背书人享有票据权利。（　　）

61. 汇票上可以记载《票据法》规定事项以外的其他出票事项，但该记载事项不具有汇票上的效力。（　　）

62. 撤销银行结算账户时，应先撤销基本存款账户，然后再撤销一般存款账户、专用存款账户和临时存款账户。（　　）

63. 付款人账户内资产不足的，银行应当为付款人垫付资金。（　　）

64. 申请人缺少解讫通知要求退款的，出票银行应于银行汇票提示付款期满 1 个月后办理。（　　）

65. 商业汇票是指出票人签发的，委托付款人在见票时无条件支付确定金额给收款人或者持票人的票据。（　　）

66. 支票分为现金支票和划线支票。（　　）

67. 网上银行按主要服务对象分为企业网上银行和个人网上银行。（　　）

68. 个人在票据和结算凭证上的签章，应为该个人本人的签名或盖章。（　　）

69. 企业银行结算账户自开立之日即可办理收付

款业务。（ ）

70. 发卡机构调整信用卡利率可不通知持卡人。
（ ）

71. 境外机构可以在我国申请开立基本存款账
户。（ ）

72. 商业承兑汇票的承兑人应当于承兑完成日 10

日内，在中国人民银行认可的票据信息披露
平台披露每张票据的承兑相关信息。（ ）

73. 以同一个身份证件在同一家银行、支付机构
办理的全部小微商户的条码支付收款金额日
累计不超过 1 000 元。（ ）

第四章 税法概述及货物和劳务税法律制度

考情概要

本章在经济法基础考试中属于非常重要的一章。增值税法、消费税法两个税种与城市维护建设税、教育费附加和地方教育费附加，车辆购置税法和关税法密切相关，往往结合考查。2023年教材本章新增期末留抵退税，属于非常重要的内容，学员应重点把握。新增出口退税、纳税申报表，了解即可。

本章考试分值达到25分左右，考试中各种题型均有所涉及，尤其是增值税、消费税的不定项选择题的考查重点，需要考生重点掌握。

考纲要求及考查方式

考纲内容		要求	考试题型
税收法律制度概述	税收与税收法律关系	了解	单选题、多选题
	税法要素	了解	单选题、多选题
	现行税种与征收机关	了解	单选题、多选题
增值税法律制度	增值税纳税人和扣缴义务人	熟悉	单选题、多选题、判断题
	增值税征税范围	掌握	单选题、多选题、判断题、不定项选择题
	增值税税率和征收率	了解	单选题、多选题
	增值税应纳税额的计算	掌握	单选题、多选题、判断题、不定项选择题
	增值税税收优惠	熟悉	单选题、多选题、判断题、不定项选择题
	增值税征收管理	熟悉	单选题、多选题、判断题、不定项选择题
	增值税专用发票使用规定	熟悉	单选题、多选题
	增值税出口退税制度	了解	单选题、多选题
消费税法律制度	消费税纳税人	熟悉	单选题、多选题
	消费税征税范围	掌握	单选题、多选题、判断题、不定项选择题
	消费税税目和税率	熟悉	单选题、多选题、判断题
	消费税应纳税额的计算	掌握	单选题、多选题、判断题、不定项选择题
	消费税征收管理	熟悉	单选题、多选题、判断题、不定项选择题

（续表）

考纲内容		要求	考试题型
其他货物和劳务税法律制度	关税的计税依据和应纳税额的计算	掌握	单选题、多选题、判断题
	关税的纳税人和征税范围	熟悉	多选题、判断题
	关税税率、税收优惠、征收管理	了解	单选题、多选题、判断题
	城市维护建设税的计税依据和应纳税额的计算	掌握	单选题
	城市维护建设税的纳税人和征税范围；教育费附加和地方教育费附加征收制度	熟悉	单选题、多选题
	城市维护建设税的税率、税收优惠、征收管理	了解	单选题、多选题
	车辆购置税的计税依据和应纳税额的计算	掌握	单选题、判断题
	车辆购置税的纳税人和征税范围	熟悉	单选题、多选题、判断题
	车辆购置税的税率、税收优惠、征收管理	了解	单选题、多选题、判断题

学习建议

本章应重点掌握增值税、消费税的征税范围和应纳税额的计算，并注意增值税、消费税与关税、城市维护建设税、教育费附加和地方教育费附加、车辆购置税的组合考查。如，关税是进口环节增值税、消费税的计税依据，而城市维护建设税的计税依据为实际缴纳的增值税、消费税之和，车辆购置税的计税依据往往和增值税、消费税的计税依据一致。考生应当重点掌握各个税种之间的内在联系，做到融会贯通。

在学习过程中，对于增值税和消费税两个重要税种，考生应重点掌握征税范围、应纳税额的计算，同时熟悉相关税收优惠、征收管理。注意对比区分两个税种的相同和差异，在理解的基础上进行记忆。对于其他三个小税种，重点掌握计税依据、应纳税额的计算。熟悉纳税义务人、征税范围、税收优惠、征收管理。

学习框架

```
                                    ┌─ 税收与税收法律关系 ★
                    ┌─ 税收法律制度概述 ┼─ 税法要素 ★
                    │                 └─ 现行税种与征收机关 ★
                    │
                    │                 ┌─ 增值税概述
                    │                 ├─ 增值税纳税人和扣缴义务人 ★★
                    │                 ├─ 增值税征税范围 ★★
                    │                 ├─ 增值税税率和征收率 ★
                    ├─ 增值税法律制度 ┼─ 增值税应纳税额的计算 ★★
                    │                 ├─ 增值税税收优惠 ★★
税收概述及货物和劳务税法律制度 ┤                 ├─ 增值税征收管理 ★★
                    │                 ├─ 增值税专用发票使用规定 ★★
                    │                 └─ 增值税出口退税制度 ★
                    │
                    │                 ┌─ 消费税纳税人 ★★
                    │                 ├─ 消费税征税范围 ★★
                    ├─ 消费税法律制度 ┼─ 消费税税目和税率 ★★
                    │                 ├─ 消费税应纳税额的计算 ★★★
                    │                 └─ 消费税征收管理 ★★
                    │
                    │                        ┌─ 关税 ★
                    └─ 其他货物和劳务税法律制度 ┼─ 城建税、教育费附加和地方教育费附加 ★
                                             └─ 车辆购置税 ★★
```

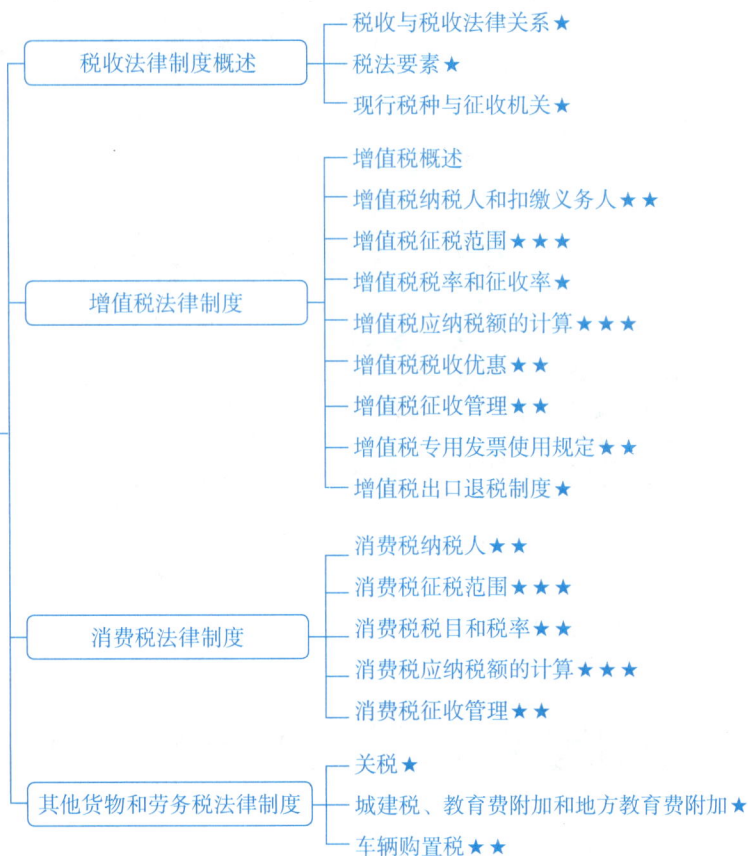

第一节 税收法律制度概述

一、税收与税收法律关系 ★

（一）税收与税法

1. 税收

税收是指以国家为主体，为实现国家职能，凭借政治权力，按照法定标准，无偿取得财政收入的一种特定分配形式。

税收体现了国家与纳税人在征税、纳税的利益分配上的一种特定分配关系。社会剩余产品和国家的存在是税收产生的基本前提。

税收与其他财政收入形式相比，具有**强制性、无偿性和固定性**的特征。

2. 税法

税法即税收法律制度，是调整税收关系的法律规范的总称，是国家法律体系的重要组成部分。

它是**以宪法为依据**，调整国家与社会成员在征纳税上的权利与义务关系，维护社会经济秩序和税收秩序，保障国家利益和纳税人合法权益的法律规范，是国家税务机关及一切纳税单位和个人依法征税、依法纳税的行为规则。

（二）税收法律关系

税收法律关系体现为国家征税与纳税人纳税的利益分配关系。税收法律关系由主体、客体和内容三方面构成。（见表 4-1）

表 4-1　　　　　　　　　　　　　　　税收法律关系的构成要素

构成要素	相关规定
主体	主体，是指税收法律关系中享有权利和承担义务的当事人。 主体一方是代表国家行使征税职责的国家税务机关，包括国家各级税务机关和海关；另一方是履行纳税义务的人，包括纳税人和扣缴义务人，具体表现形式有自然人、法人和其他组织。 🎯敲黑板　税务师事务所等"税务代理机构"可以代为办理涉税业务，但不属于税收法律关系主体。
客体	是指主体的权利、义务所共同指向的对象，也就是征税对象。如企业所得税的法律关系客体就是生产经营所得和其他所得
内容	主体所享受的权利和所应承担的义务，是税收法律关系中最实质的东西，也是税法的核心

【例 4-1·判断题·2015 年】税收法律关系的内容是指税收法律关系主体双方的权利和义务所共同指向的对象。（　　）

【答案】×

【解析】税收法律关系的内容是指主体所享受的权利和所应承担的义务，这是税收法律关系中最实质的东西，也是税法的核心。

二、税法要素 ★

税法要素是指各单行税法共同具有的基本要素。税法要素一般包括纳税义务人、征税对象、税率、计税依据、纳税环节、纳税期限、纳税地点、税收优惠、法律责任等。（见表 4-2）

表 4-2　　　　　　　　　　　　　　　　税法要素

税法要素	相关规定
纳税义务人	（1）纳税义务人，是指法律、行政法规规定负有纳税义务的单位和个人。 （2）相关概念辨析： 扣缴义务人，是税法规定的，在其经营活动中负有代扣或代收税款并向国库缴纳义务的单位。扣缴义务人必须按税法规定代扣或代收税款。
征税对象	（1）征税对象又称课税对象，是纳税的客体。它是指税收法律关系中权利义务所指的对象，不同的征税对象又是区别不同税种的重要标志 （2）相关概念： 税目，是税法中具体规定应当征税的项目，是征税对象的具体化。规定税目有两个目的：一是为了明确征税的具体范围；二是为了对不同的征税项目加以区分，从而制定高低不同的税率。

（续表）

税法要素	相关规定
税率	（1）税率是指应征税额与计税金额（或数量单位）之间的比例，是计算税额的尺度。税率高低直接体现国家的政策要求，直接关系国家财政收入和纳税人的负担程度。 （2）税率的形式： ① 比例税率，是指对同一征税对象，不论其数额大小，均按同一个比例征税的税率。 ② 定额税率，又称固定税额，是指按征税对象的一定单位直接规定固定的税额，而不采取百分比的形式。 ③ 累进税率，即根据征税对象数量或金额的多少，分等规定递增的多级税率。应税数量越多或金额越大，适用税率也越高。我国现行税法体系采用的累进税率形式包括：超额累进税率、超率累进税率
计税依据	计税依据，是指计算应纳税额的依据或标准，即根据什么来计算纳税人应缴纳的税额，包括从价计征和从量计征 🎯敲黑板 我国执行的计税依据中，部分税种还执行"复合计征"。
纳税环节	纳税环节，是指征税对象在从生产到消费的流转过程中应当缴纳税款的环节
纳税期限	（1）纳税期限，是指纳税义务发生后应依法缴纳税款的期限。 （2）具体包括纳税义务发生时间、纳税期限和缴库期限。 ① 纳税义务发生时间，是应税行为的发生时间。 ② 纳税期限，是每隔固定时间汇总纳税义务的时间，分按期和按次两种。 ③ 缴库期限，是纳税期满后，纳税人将应纳税款入库的期限
纳税地点	纳税地点，是指各税种的纳税环节和有利于对税款的源泉控制而规定的纳税人（包括代征、代扣、代缴义务人）的具体申报缴税款的地点。比较常见的纳税地点有纳税人住所地、纳税人经营地、不动产所在地等
税收优惠	税收优惠，是指国家对某些纳税人和征税对象给予鼓励和照顾的一种特殊规定。具体包括： ① 减税，即对应征税款减少征收部分税款。 ② 免税，即按规定应征收的税款给予免除。 ③ 起征点，即对征税对象开始征税的数额界限。征税对象的数额没有达到规定起征点的不征税；达到或超过起征点的，就其全部数额征税。我国增值税采取了起征点的税收优惠形式 ④ 免征额，即对征税对象总额中免予征税的数额。是对纳税对象中的一部分给予减免，只就减除后的剩余部分计征税款。我国个人所得税采取了免征额的税收优惠形式
法律责任	法律责任，是指行为人因实施了违反国家税法规定的行为而应承受的不利的法律后果。税法中的法律责任包括行政责任和刑事责任。纳税人和税务人员违反税法规定，都将依法承担法律责任

【例 4-2·多选题·2018 年】下列各项中，属于税法要素的有（　　）。

A. 税率　　　　　　　B. 征税对象　　　　　　C. 纳税义务人　　　　D. 税收优惠

【答案】ABCD

【解析】税法要素一般包括：纳税义务人、征税对象、税率、计税依据、纳税环节、纳税期限、纳税地点、税收优惠和法律责任等。

【例 4-3·单选题·2019】区别不同税种的重要标志是（　　）。

（续表）

A. 纳税环节　　　　B. 税目　　　　　　C. 税率　　　　　　D. 征税对象

【答案】D

【解析】不同的征税对象是区别不同税种的重要标志。

【例4-4·多选题·2018】我国现行的税率主要有（　　）。

A. 比例税率　　　　B. 比率税率　　　　C. 定额税率　　　　D. 累进税率

【答案】ACD

【解析】我国现行的税率主要有比例税率、定额税率和累进税率三大类。

三、现行税种与征收机关★

现阶段，我国税收征收管理机关有**税务机关和海关**。

税务机关主要负责下列税收的征收和管理：增值税；消费税；企业所得税；个人所得税；资源税；城镇土地使用税；城市维护建设税；印花税；土地增值税；房产税；车船税；车辆购置税；烟叶税；耕地占用税；契税；环境保护税；出口产品退税（增值税、消费税）、非税收入和社会保险费的征收也由税务机关负责。

海关主要负责下列税收的征收和管理：关税；船舶吨税。进口环节增值税和消费税由海关代征。

【例4-5·单选题·2021】下列税种中，由海关负责征收和管理的有（　　）。

A. 契税　　　　　　B. 车船税　　　　　C. 船舶吨税　　　　D. 关税

【答案】CD

【解析】海关主要负责下列税收的征收和管理：关税、船舶吨税、进口环节的增值税和消费税。

第二节 增值税法律制度

一、增值税概述★★★

（一）增值税概念

在中华人民共和国境内（以下简称"境内"）发生增值税应税交易（以下简称"应税交易"），以及进口货物，应当依照规定缴纳增值税。增值税是对销售商品或劳务过程中实现的**增值额**征收的一种税。

按照我国增值税法的规定，增值税是对在我国境内销售货物或者加工、修理修配劳务（以下简称"劳务"），销售服务、无形资产、不动产以及进口货物的单位和个人，就其销售货物、劳务、服务、无形资产、不动产（以下统称"应税销售行为"）的增值额和货物进口金额为计税依据而课征的一种**流转税**。

（二）增值税的抵扣原理

在实际计算中，增值税采用间接计算的办法，即：从事销售货物，提供加工、修理修配劳务，销售服务、无形资产或不动产的纳税人，根据货物、应税劳务、应税服务等的销售额和适用税率计算税款（销项税额），然后从中扣除上一环节已纳的增值税税款（进项税额），其余额为纳税人本环节应纳的增值税税款。

> **名师说**
>
> 在实际计算中，增值税除了上述"销项税额-进项税额"的一般方式计算外，还存在特殊的简易方式的计算，即增值税应纳税额＝销售额 × 征收率。

（三）增值税的特点

（1）保持税收中性，即流转环节多少不影响税负；

（2）普遍征收；

（3）税收负担由商品的最终消费者承担；

（4）实行税款抵扣制度；

（5）实行比例税率；

（6）实行价外税制度。

二、增值税纳税人和扣缴义务人★★

（一）纳税义务人

1. 概述

在中华人民共和国境内销售货物或者加工、修理修配劳务（以下简称"劳务"）、销售服务、无形资产、不动产以及进口货物的单位和个人，为增值税的纳税人。单位，是指企业、行政单位、事业单位、军事单位、社会团体及其他单位。个人，是指个体工商户和其他个人。

2. 特殊情况下纳税人的确定

（1）单位以承包、承租、挂靠方式经营的，承包人、承租人、挂靠人（以下统称"承包人"）以发包人、出租人、被挂靠人（以下统称"发包人"）名义对外经营并由发包人承担相关法律责任的，以该发包人为纳税人。否则，以承包人为纳税人。

（2）资管产品运营过程中发生的增值税应税行为，以资管产品管理人为增值税纳税人。

3. 分类

根据纳税人的经营规模以及会计核算健全程度的不同，增值税的纳税人可以分为一般纳税人和小规模纳税人。（见表4-3）

表4-3　　　　　　　　　　　增值税纳税义务人的分类及具体要求

项目	小规模纳税人	一般纳税人
经营规模标准	年应税销售额500万元及以下	年应税销售额500万元以上
特殊情况	① 其他个人（非个体户）必须按小规模纳税人纳税。 ② 非企业性单位和不经常发生应税行为的企业可选择按小规模纳税人纳税	小规模纳税人会计核算健全，能够提供准确税务资料的，可以向主管税务机关申请登记为一般纳税人，不再作为小规模纳税人

（续表）

项目	小规模纳税人	一般纳税人
计税规定	①适用简易方式计算缴纳增值税。 ②小规模纳税人（其他个人除外）发生增值税应税行为，需要开具增值税专用发票的，可以自愿使用增值税发票管理系统自行开具	①除财政部、国家税务总局另有规定外，纳税人自一般纳税人生效之日起，按照增值税一般计税方法计算应纳税额，并按照规定领用增值税专用发票。 ②除国家税务总局另有规定外，纳税人一经登记为一般纳税人后，不得转为小规模纳税人

🎯 **敲黑板**

年应税销售额，是指纳税人在连续不超过 12 个月或 4 个季度的经营期内累计应征增值税销售额，包括纳税申报销售额、稽查查补销售额、纳税评估调整销售额。

（二）扣缴义务人

中华人民共和国境外单位或者个人在境内销售劳务，在境内未设有经营机构的，以其境内代理人为扣缴义务人；在境内没有代理人的，以购买方为扣缴义务人。

【例 4-6·单选题·2018】根据增值税法律制度的规定，关于增值税纳税人的下列表述中，正确的是（　　）。

A. 转让无形资产，以无形资产受让方为纳税人

B. 提供建筑安装服务，以建筑安装服务接收方为纳税人

C. 资管产品运营过程中发生的增值税应税行为，以资管产品管理人为纳税人

D. 单位以承包、承租、挂靠方式经营的，一律以承包人为纳税人

【答案】C

【解析】选项 A，转让无形资产，以无形资产转让方为纳税人。选项 B，提供建筑安装服务，以建筑安装服务提供方为纳税人。选项 D，单位以承包、承租、挂靠方式经营的，承包人、承租人、挂靠人以发包人、出租人、被挂靠人名义对外经营并由发包人承担相关法律责任的，以该发包人为纳税人。否则，以承包人为纳税人。

【例 4-7·判断题·2018】中国境外单位或者个人在境内发生应税行为，在境内未设有经营机构的，以境内代理人为增值税扣缴义务人。（　　）

【答案】√

三、增值税征税范围 ★★★

（一）征税范围的一般规定

表 4-4　　　　　　　　　　　　增值税征税范围的一般规定

征税范围	具体规定
销售或进口货物	货物是指有形动产，包括电力、热力、气体在内。销售货物，指有偿转让货物的所有权，逐环节征收。 进口货物，是指申报进入中国海关境内的货物。根据《增值税暂行条例》的规定，只要是报关进口的应税货物，均属于增值税的征税范围，除享受免税政策外，在进口环节缴纳增值税

（续表）

征税范围	具体规定
销售劳务	销售劳务，是指有偿提供加工、修理修配劳务。单位或者个体工商户聘用的员工为本单位或者雇主提供加工、修理修配劳务，不包括在内
发生应税行为	应税行为包括销售服务、销售无形资产、销售不动产三大类

🎓 名师说

（1）加工是指受托加工货物，即委托方提供原料及主要材料，受托方按照委托方的要求制造货物并收取加工费的业务。加工劳务严格限制在委托方提供原料及主要材料，否则属于销售自产货物。

（2）修理修配是指受托对损伤和丧失功能的货物进行修复，使其恢复原状和功能的业务。修理修配劳务的对象是货物。

1. 销售服务

销售服务具体包括交通运输服务、邮政服务、电信服务、建筑服务、金融服务、现代服务、生活服务。销售服务的相关规定如表 4-5 所示。

表 4-5　　　　　　　　　　　　　　销售服务的相关规定

项目		相关规定
交通运输服务	陆路运输服务	① 包括铁路运输、公路运输、缆车运输、索道运输及其他陆路运输。 ② 出租车公司向使用本公司自有出租车的出租车司机收取的管理费用，按照陆路运输服务缴纳增值税
	水路运输服务	包括水路运输的程租、期租业务
	航空运输服务	航空运输的湿租业务和航天运输服务
	管道运输服务	包括指通过管道输送气体、液体、固体物质的运输服务
	无运输工具承运业务，按照交通运输服务缴纳增值税。无运输工具承运业务，是指经营者以承运人身份与托运人签订运输服务合同，收取运费并承担承运人责任，然后再委托实际承运人完成运输服务的经营活动	
邮政服务	邮政普遍服务	函件、包裹等邮件寄递，邮票发行、报刊发行和邮政汇兑等业务
	邮政特殊服务	义务兵平常信函、机要通信、盲人读物和革命烈士遗物的寄递等
	其他邮政服务	邮册等邮品销售、邮政代理等业务活动
	🎯 敲黑板 "邮政储蓄业务"按"金融服务"缴纳增值税。	
电信服务	基础电信服务	利用固网、移动网、卫星、互联网提供语音通话服务的业务活动，以及出租或出售宽带、波长等网络元素的业务活动
	增值电信服务	卫星电视信号落地转接服务，按照增值电信服务纳税

（续表）

项目		相关规定
建筑服务	工程服务	是指新建、改建各种建筑物、构筑物的工程作业
	安装服务	固定电话、有线电视、宽带、水、电、燃气、暖气等经营者向用户收取的安装费、初装费、开户费、扩容费以及类似收费，按照安装服务缴纳增值税
	修缮服务	是指对建筑物、构筑物进行修补、加固、养护、改善的工程作业
	敲黑板 辨析："加工、修理修配劳务"针对的对象是"有形产"；"修缮服务"针对的对象是"不动产"。	
	装饰服务	① 是指对建筑物、构筑物进行修饰，使之美观或具有特定用途的工程作业。② 物业服务企业为业主提供的装修服务，按照建筑服务缴纳增值税
	其他建筑服务	① 如钻井、拆除建筑物或构筑物、平整土地、园林绿化、疏浚（不包括航道疏浚）、建筑物平移、搭脚手架、爆破、矿山穿孔、表面附着物（包括岩层、土层、沙层等）剥离和清理等工程作业。② 纳税人将建筑施工设备出租给他人使用并配备操作人员的，按照建筑服务缴纳增值税
	敲黑板 辨析："疏浚"属于"建筑服务—其他建筑服务"，但"航道疏浚"属于"现代服务—物流辅助服务"。	
金融服务	贷款服务	① 包括各种占用、拆借资金取得的收入。② 融资性售后回租业务，属于贷款服务。③ 以货币资金投资收取的固定利润或保底利润，属于贷款服务
	敲黑板 辨析："融资性售后回租"属于"金融服务—贷款服务"；"融资租赁"属于"现代服务—租赁服务"。	
	直接收费金融服务	是指为货币资金融通及其他金融业务提供相关服务并收取费用的业务活动，如提供货币兑换、账户管理、财务担保等
	保险服务	包括人身保险和财产保险服务
	金融商品转让	是指转让外汇、有价证券、非货物期货和其他金融商品所有权的业务活动。纳税人购入基金、信托、理财产品等各类资产管理产品持有至到期，不属于金融商品转让
现代服务	研发和技术服务	包括研发服务、合同能源管理服务、工程勘察勘探服务、专业技术服务
	信息技术服务	包括软件服务、电路设计及测试服务、信息系统服务、业务流程管理服务和信息系统增值服务
	文化创意服务	包括设计服务、知识产权服务、广告服务和会议展览服务
	物流辅助服务	包括航空服务、港口码头服务（含港口设施保安费、航道疏浚服务）、货运客场运场站服务、打捞救助服务、装卸搬运服务、仓储服务和收派服务

（续表）

项目	相关规定
租赁服务	① 包括融资租赁服务、经营租赁服务。 ② 水路运输的光租业务、航空运输的干租业务，属于经营租赁。 🎯 敲黑板 辨析：根据"实质重于形式"的原则，"程租"、"期租"和"湿租"业务是连同交通工具和操作人员一起租，实质上是提供运输服务，属于"交通运输服务"；"光租"和"干租"业务只租交通工具不带操作人员，实质上是租赁，属于"现代服务——租赁服务"。 ③ 将建筑物、构筑物等不动产或飞机、车辆等有形动产的广告位出租给其他单位或个人用于发布广告，按照经营租赁服务缴纳增值税。 ④ 车辆停放服务、道路通行服务（包括过路费、过桥费、过闸费等），按照不动产经营租赁服务缴纳增值税
鉴证咨询服务	包括认证服务、鉴证服务、咨询服务
广播影视服务	包括广播影视节目（作品）的制作、发行服务和播映（含放映）服务
商务辅助服务	包括企业管理服务、经纪代理服务（含代理报关服务、代理记账）、人力资源服务、安全保护服务
	🎯 敲黑板 辨析："物业管理服务"属于"商务辅助服务——企业管理服务"；"货物运输代理"属于"商务辅助服务——经纪代理服务"；"无运输工具承运"属于"交通运输服务"。
其他现代服务	是指除上述项目以外的现代服务
生活服务	文化体育服务：包括文化服务和体育服务
	教育医疗服务：包括教育服务（含提供学历教育、非学历教育、教育辅助服务）和医疗服务（含病房住宿和伙食的业务）
	旅游娱乐服务：包括旅游服务和娱乐服务（含为娱乐活动同时提供场所的业务）
	餐饮住宿服务：包括餐饮服务和住宿服务
	居民日常服务：如市容市政管理、家政、婚庆、养老、殡葬、护理、救助救济、美容、桑拿、洗染、摄影扩印等服务
	其他生活服务：是指除上述情形之外的生活服务

2. 销售无形资产

销售无形资产，是指转让无形资产所有权或者使用权的业务活动。

无形资产，是指不具实物形态，但能带来经济利益的资产，包括技术、商标、著作权、商誉、自然资源使用权和其他权益性无形资产。

其他权益性无形资产，含基础设施资产经营权、公共事业特许权、配额、经营权（含特许经营权、连锁经营权、其他经营权）、经销权、分销权、代理权、会员权、席位权、网络游戏虚拟道具、域名、名称权、肖像权、冠名权、转会费等。

🎯 **敲黑板**

转让土地使用权属于销售无形资产项目，但要注意税率的差异，转让土地使用权适用 9% 税率；其他销售无形资产适用 6% 税率。

3. 销售不动产

销售不动产，是指转让不动产**所有权**的业务活动。

不动产，是指不能移动或移动后会引起性质、形状改变的财产，包括建筑物（如住宅、办公楼等）、构筑物（如道路、桥梁、隧道、水坝等）等。

🎯 **敲黑板**

单独转让"土地使用权"，按照"销售无形资产"缴纳增值税；转让不动产时一并转让其所占土地的使用权的，按照"销售不动产"缴纳增值税。

4. 非经营活动的界定

销售服务、无形资产或者不动产，是指有偿提供服务、有偿转让无形资产或者不动产，但属于下列非经营活动的情形除外：

（1）行政单位收取的符合条件的政府性基金或者行政事业性收费。

（2）单位或者个体工商户聘用的员工为本单位或者雇主提供取得工资的服务。

（3）单位或者个体工商户为聘用的员工提供服务。

（4）财政部和国家税务总局规定的其他情形。

5. 境内销售服务、无形资产或者不动产的界定

表 4-6   境内销售服务、无形资产或者不动产的界定

关键点	解析
境内	① 服务（租赁不动产除外）或无形资产（自然资源使用权除外）的销售方**或者**购买方在境内 ② 所销售或租赁的**不动产在境内** ③ 所销售自然资源使用权的**自然资源在境内** ④ 财政部和国家税务总局规定的其他情形
不属于境内	① **境外**单位或者个人向**境内**单位或者个人销售**完全在境外**发生的服务 ② **境外**单位或者个人向**境内**单位或者个人销售**完全在境外**使用的无形资产 ③ **境外**单位或者个人向**境内**单位或者个人出租**完全在境外**使用的有形动产 ④ 财政部和国家税务总局规定的其他情形

【例 4-8 · 多选题 · 2018】根据增值税法律制度的规定，下列情形中，属于在境内销售服务的有（   ）。

A. 境外会计师事务所向境内单位销售完全在境内发生的会计咨询服务

B. 境内语言培训机构向境外单位销售完全在境外发生的培训服务

C.境内广告公司向境外单位销售完全在境内发生的广告服务

D.境外律师事务所向境内单位销售完全在境外发生的法律咨询服务

【答案】ABC

【解析】选项A，境外单位或者个人向境内单位或者个人销售完全在内发生的服务，属于境内销售服务；选项BC，境内单位或者个人向境外单位或者个人销售服务，不管服务发生地在境内还是在境外，都属于境内销售服务；选项D，境外单位或者个人向境内单位或者个人销售完全在境外发生的服务，不属于境内销售服务。

【例4-9·单选题·2021】根据增值税法律制度的规定，下列各项中，应按"现代服务——租赁服务"缴纳增值税的是（　　）。

A.水路运输的程租业务　　　　　　　B.融资性售后回租

C.航空运输的湿租业务　　　　　　　D.车辆停放业务

【答案】D

【解析】（1）选项A：属于"交通运输服务——水路运输服务"；（2）选项B：属于"金融服务——贷款服务"；（3）选项C：属于"交通运输服务——航空运输服务"。

【例4-10·单选题·2021】根据增值税法律制度的规定，下列各项中，应按"生活服务"缴纳增值税的是（　　）

A.广播影视服务　　　　　　　　　　B.安全保护服务

C.道路通行服务　　　　　　　　　　D.教育医疗服务

【答案】D

【解析】选项A：属于"现代服务——广播影视服务"；选项B：属于"现代服务——商务辅助服务"；选项C：属于"现代服务——租赁服务"。

【例4-11·单选题·2021】根据增值税法律制度的规定，下列各项中，应按"销售无形资产"缴纳增值税的是（　　）。

A.转让在建的建筑物所有权

B.转让海域使用权

C.转让建筑物有限产权

D.转让建筑物永久使用权

【答案】B

【解析】销售无形资产，是指转让无形资产所有权或者使用权的业务活动。无形资产，是指不具有实物形态，但能带来经济利益的资产，包括技术、商标、著作权、商誉、自然资源使用权和其他权益性无形资产。技术，包括专利技术和非专利技术。自然资源使用权，包括土地使用权、海域使用权、探矿权、采矿权、取水权和其他自然资源使用权。其他权益性无形资产，包括基础设施资产经营权、公共事业特许权、配额、经营权（包括特许经营权、连锁经营权、其他经营权）、经销权、分销权、代理权、会员权、席位权、网络游戏虚拟道具、域名、名称权、肖像权、冠名权、转会费等。选项ACD：应按"销售不动产"缴纳增值税。

【例4-12·多选题·2019】下列各项中，应按照"交通运输服务"计缴增值税的有（　　）。

A.程租　　　　　　　　　　　　　　B.期租

C.湿租　　　　　　　　　　　　　　D.道路通行服务

【答案】ABC

【解析】选项D，道路通行服务应按照现代服务的不动产经营租赁服务缴纳增值税。

【例4-13·单选题·2018】下列各项中，应按照"金融服务——贷款服务"税目计缴增值税的是（　　）。

A.融资性售后回租　　　　　　　　B.账户管理服务

C.金融支付服务　　　　　　　　　D.资金结算服务

【答案】A

【解析】选项A，按照"金融服务——贷款服务"税目计缴增值税；选项BCD，按照"金融服务——直接收费的金融服务"税目计缴增值税。

【例4-14·单选题·2018】根据增值税法律制度的规定，下列各项中，应按照"提供应税劳务"税目计缴增值税的是（　　）。

A.制衣厂员工为本厂提供的加工服装服务

B.有偿提供安装空调服务

C.有偿修理机器设备服务

D.有偿提供出租车服务

【答案】C

【解析】应税劳务指的是加工、修理修配劳务，符合规定的只有选项C。选项A，不属于增值税征税范围；选项B，按照"建筑服务——安装服务"计缴增值税；选项D，按照"现代服务——租赁服务"计缴增值税。

【例4-15·判断题·2018】将建筑物的广告位出租给其他单位用于发布广告，应按照"广告服务"税目计缴增值税。（　　）

【答案】×

【解析】将建筑物的广告位出租给其他单位用于发布广告，应按照租赁服务计缴增值税。

【例4-16·单选题·2017】下列各项中，应按照"销售服务——建筑服务"税目计缴增值税的是（　　）。

A.平整土地　　　　　　　　　　　B.出售住宅

C.出租办公楼　　　　　　　　　　D.转让土地使用权

【答案】A

【解析】选项B，应按照销售不动产项目计缴增值税。选项C，应按照不动产租赁项目计缴增值税。选项D，应按照销售无形资产计缴增值税。

【例4-17·单选题·2022】下列属于"电信服务——基础电信服务"的是（　　）。

A.互联网接入服务

B.语音通话服务

C.宽带安装服务

D.卫星电视信号落地转接服务

【答案】B

【解析】选项AD，属于"电信服务——增值电信服务"；选项C，属于"建筑服务——安装服务"。

（二）征税范围的特殊规定

1. 视同销售

表 4-7　　　　　　　　　　　　　　　　　视同销售的判定

项目	具体判定
视同销售货物	单位或者个体工商户的下列行为，视同销售货物，征收增值税： ① 将货物交付其他单位或者个人代销； ② 销售代销货物； ③ 设有两个以上机构并实行统一核算的纳税人，将货物从一个机构移送至其他机构用于销售，但相关机构设在同一县（市）的除外； ④ 将自产、委托加工的货物用于非增值税应税项目； ⑤ 将自产、委托加工的货物用于集体福利或者个人消费； ⑥ 将自产、委托加工或者购进的货物作为投资，提供给其他单位或者个体工商户； ⑦ 将自产、委托加工或者购进的货物分配给股东或者投资者； ⑧ 将自产、委托加工或者购进的货物无偿赠送其他单位或者个人
视同提供应税行为	单位或者个人的下列情形视同销售服务、无形资产或者不动产，征收增值税： ① 单位或者个体工商户向其他单位或者个人无偿提供服务，但用于公益事业或者社会公众为对象的除外； ② 单位或者个人向其他单位或者个人无偿转让无形资产或者不动产，但用于公益事业或者以社会公众为对象的除外； ③ 财政部和国家税务总局规定的其他情形

> **名师说**
>
> 　　对于无偿赠送货物不区分受赠对象，均需要视同销售。但对于无偿提供服务、无偿转让无形资产或不动产，需要区分受赠对象，如用于公益事业或者以社会公众为对象则无需视同销售；用于其他方面则需要视同销售。

【例 4-18 · 多选题 · 2021】根据增值税法律制度的规定，单位或者个体工商户的下列行为中，应视同销售货物征收增值税的有（　　）。

A 将自产的货物分配给股东　　　　　　　　B 将委托加工的货物用于个人消费

C 将购进的货物用于集体福利　　　　　　　D. 销售代销货物

【答案】ABD

【解析】将自产、委托加工的货物用于集体福利或者个人消费才视同销售，将购进的货物用于集体福利不视同销售。

【例 4-19 · 判断题 · 2019】根据国家指令无偿提供用于公益事业的铁路运输服务应征收增值税。（　　）

【答案】×

【解析】单位或者个体工商户向其他单位或者个人无偿提供服务应视同发生应税行为，但用于公益事业或者社会公众为对象的除外。

2. 混合销售和兼营行为

表4-8 混合销售和兼营行为的相关规定

项目	判定	税务处理
混合销售	一项销售行为既涉及货物又涉及服务	① 从事货物的生产、批发或者零售的单位和个体工商户（包括以从事货物的生产、批发或者零售为主，并兼营销售服务的单位和个体工商户在内）的混合销售行为，按照销售货物缴纳增值税。 ② 其他单位和个体工商户的混合销售行为，按照销售服务缴纳增值税
兼营行为	纳税人经营中包括销售货物、劳务及销售服务、无形资产和不动产的行为	应当分别核算适用不同税率或征收率的销售额，未分别核算销售额的，从高计征

特殊规定：自2017年5月起，纳税人销售活动板房、机器设备、钢结构件等自产货物的同时提供建筑、安装服务，不属于混合销售，应分别核算货物和建筑服务的销售额，分别适用不同的税率或者征收率。

> **名师说**
>
> 在判定混合销售和兼营行为时，共同点都是既要有销售货物也要有应税服务，但差异在于，混合销售中销售货物和应税行为是在同一事项中发生，有因果联系。例如，超市销售货物同时提供送货上门服务。而兼营行为中销售货物和应税行为是并列存在的，不发生在同一事项中，没有因果联系。例如，商场销售商品，并经营美食城。

【例4-20·单选题·2021】根据增值税法律制度的规定，下列各项中，属于兼营行为的是（ ）。

A. 购物中心既销售商品又提供餐饮服务

B. 装修公司在提供装修服务的同时销售装修材料

C. 家用空调专卖店在销售家用空调的同时提供安装服务

D. 门窗商店在销售门窗的同时提供送货服务

【答案】A

【解析】选项BCD：在同一项销售行为中同时存在货物和服务的混合，为混合销售行为；选项A：属于兼营行为。

【例4-21·多选题·2021】根据增值税法律制度的规定，下列情形中，属于混合销售行为的有（ ）。

A. 商场销售办公设备同时提供送货服务　　B. 酒店既提供餐饮服务也销售旅游纪念品

C. 商场既销售商品也提供健身服务　　　　D. 家用空调经销商销售空调同时提供安装服务

【答案】AD

【解析】选项AD：在同一项销售行为中同时存在货物和服务的混合，为混合销售行为；选项BC：属于兼营行为。

3. 不征增值税的项目

（1）根据国家指令无偿提供的铁路运输服务、航空运输服务，属于税法规定的用于公益事业的服务。

（2）**存款利息**。

（3）被保险人获得的**保险赔付**。

（4）房地产主管部门或者其指定机构、公积金管理中心、开发企业以及物业管理单位代收的住宅专项维修资金。

（5）纳税人在资产重组过程中，通过合并、分立、出售、置换等方式，将全部或者部分实物资产以及与其相关联的债权、负债和劳动力一**并转让**给其他单位和个人，**不属于增值税的征税范围**，其中涉及的**货物、不动产、土地使用权**转让，不征收增值税。

（6）纳税人取得的财政收入，与其销售货物、劳务、服务、无形资产、不动产的收入或者数量直接挂钩的，应按规定计算缴纳增值税。纳税人取得的其他情形的财政补贴收入，不属于增值税应税收入，不征收增值税。

【例 4-22·多选题·2019】根据增值税法律制度的规定，下列各项中，不征收增值税的有（　　　）。

A. 物业管理单位收取的物业费　　　　　　B. 被保险人获得的医疗保险赔付

C. 物业管理单位代收的住宅专项维修资金　　D. 存款利息

【答案】BCD

【解析】选项 BCD 属于不征税项目。

四、增值税税率和征收率 ★

（一）增值税税率

增值税税率的相关规定如表 4-9 所示。

表 4-9　　　　　　　　　　　　　　　增值税税率的相关规定

税率	具体规定
13%	纳税人销售货物、劳务、**有形动产租赁**服务或者**进口货物**，除适用低税率和零税率外，一律适用基本税率 13%
9%	（1）销售或进口货物适用 9% 税率的情况。 ①粮食等农产品、**食用**植物油、**食用盐**； ②自来水、暖气、冷气、热水、煤气、石油液化气、天然气、二甲醚、沼气、**居民用煤炭**制品； ③图书、报纸、杂志、音像制品、电子出版物； ④饲料、化肥、农药、农机（农用机器的**整台**机器）、农膜。 ⑤国务院规定的其他货物 **名师说**（1）"粮食等农产品"必须满足"**一般纳税人**"销售或进口"**初级农产品**"。 　　　　（2）"食用盐、食用植物油、居民用煤炭制品"必须强调"**食用**"及"**居民用**"。 　　　　（3）农机**只针对　整机**适用低税率，如果是**农机配件**则适用 13% 税率。 （2）销售服务、无形资产、不动产适用 9% 税率的情况。 ①提供交通运输业服务； ②提供邮政业服务； ③提供**基础**电信服务； ④建筑服务； ⑤**不动产租赁服务**； ⑥销售不动产； ⑦**转让土地使用权**

（续表）

税率	具体规定
6%	① 增值电信服务； ② 金融服务； ③ 现代服务（租赁服务除外）； ④ 生活服务； ⑤ 销售无形资产（不含转让土地使用权） 名师说（1）"租赁服务"分为有形动产租赁及不动产租赁。销售有形动产适用 13% 税率，则有形动产租赁也适用 13% 税率；销售不动产适用 9% 税率，则不动产租赁也适用 9% 税率。即租售适用同一税率。 （2）根据"房随地走，地随房走"的法律依据，转让土地使用权同转让不动产适用同一税率，即适用 9% 的税率
零税率	（1）纳税人出口货物，税率为零；但国务院另有规定的除外。 （2）境内单位和个人跨境销售国务院规定范围内的服务、无形资产，税率为零。 ① 国际运输服务，包括在境内载运旅客或者货物出境、在境外载运旅客或者货物入境、在境外载运旅客或者货物。 ② 航天运输服务。 ③ 向境外单位提供的完全在境外消费的下列服务：研发服务；合同能源管理服务；设计服务；广播影视节目（作品）的制作和发行服务；软件服务；电路设计及测试服务；信息系统服务；业务流程管理服务；离岸服务外包业务；转让技术

名师说

零税率的含义不等同于免税。免税为免于征收增值税。而零税率是指在出口环节不征增值税外，还要对出口前已经缴纳的增值税进行退税。

【例 4-23·单选题·2016 改编】下列各项增值税服务中，增值税税率为 13% 的是（　　）。

A. 邮政服务　　　　　　　　　　　B. 交通运输服务

C. 有形动产租赁服务　　　　　　　D. 增值电信服务

【答案】C

【解析】选项 AB，适用 9% 的税率；选项 D 适用 6% 的税率。

（二）增值税征收率

增值税征收率是指对特定的货物或特定的纳税人发生应税销售行为在某一生产流通环节应纳税额与销售额的比例。

增值税征收率适用于两种情况：一是小规模纳税人；二是一般纳税人发生应税销售行为按规定可以选择简易计税方法计税的。

1. 增值税征收率的具体规定

表 4-10　　　　　　　　　　　　　　增值税征收率的具体规定

征收率	具体规定
3%	除另有规定外，小规模纳税人和一般纳税人选择简易办法计税的，征收率为 3%。
5%	① 小规模纳税人转让其取得的**不动产**，按照 5% 的征收率征收增值税。 ② 一般纳税人转让其 2016 年 4 月 30 日前取得的不动产，选择简易计税方法计税的，按照 5% 的征收率征收增值税。 ③ 小规模纳税人出租其取得的**不动产**（不含个人出租住房），按照 5% 的征收率征收增值税。 ④ 一般纳税人出租其 2016 年 4 月 30 日前取得的不动产，选择简易计税方法计税的，按照 5% 的征收率征收增值税。 ⑤ 房地产开发企业（一般纳税人）销售自行开发的**房地产老项目**，选择简易计税方法计税的，按照 5% 的征收率征收增值税。 ⑥ 房地产开发企业（小规模纳税人）销售自行开发的房地产项目，按照 5% 的征收率征收增值税。 ⑦ 纳税人提供劳务派遣服务，选择差额纳税的，按照 5% 的征收率征收增值税 📖 **名师说**　一般纳税人出售、出租不动产，适用 5% 征收率强调"取得时间为 2016 年 4 月 30 日前"的老项目且"选择简易计税"方法；小规模纳税人没有取得时间要求。劳务派遣服务，不区分一般纳税人和小规模纳税人，均可以选择 5% 征收率，但强调"差额"
5% 减按 1.5%	自 2021 年 10 月 1 日起，住房租赁企业增值税的相关规定： ① 住房租赁企业中的增值税一般纳税人：向个人出租住房取得的全部出租收入，可以选择适用简易计税方法，按照 5% 的征收率减按 1.5% 计算缴纳增值税，或适用一般计税方法计算缴纳增值税。 ② 住房租赁企业中的增值税小规模纳税人：向个人出租住房，按照 5% 的征收率减按 1.5% 计算缴纳增值税 应纳增值税 = 含税销售额 ÷（1+5%）× 1.5%

2. 一般纳税人可以选择简易计税方法的情形

（1）一般纳税人可以选择按照简易办法依照 3% 征收率计算缴纳增值税：

① 县级及县级以下小型水力发电单位生产的电力。

② 建筑用和生产建筑材料所用的砂、土、石料。

③ 以自己采掘的砂、土、石料或其他矿物连续生产的砖、瓦、石灰（不含黏土实心砖、瓦）。

④ 用微生物、微生物代谢物、动物毒素、人或动物的血液或组织制成的生物制品。

⑤自来水。

⑥ 商品混凝土（仅限于以水泥为原料生产的水泥混凝土）。

⑦ 建筑企业一般纳税人提供建筑服务属于老项目的，可以选择简易办法依 3% 征收率缴纳增值税。

⑧ 一般纳税人销售货物属于下列情形之一的，暂按简易办法依照 3% 征收率计算缴纳增值税：寄售商店代销寄售物品（包括居民个人寄售的物品在内）；典当业销售死当物品。

（2）"营改增"行业一般纳税人可以选择适用简易计税方法的应税行为：

① 公共交通运输服务；

② 动漫产品的设计、制作服务，以及在境内转让动漫版权；

③ 电影放映服务；

④ 仓储服务；

⑤ 装卸搬运服务；

⑥ 收派服务；

⑦ 文化体育服务；

⑧ 以营改增试点前取得的有形动产，提供的"有形动产经营租赁服务"；

⑨ 营改增试点前签订的，尚未执行完毕的"有形动产租赁"合同。

敲黑板

一般纳税人针对上述业务，选择简易办法计算缴纳增值税后，36 个月不得变更。

3. 一般纳税人和小规模纳税人销售旧物和旧货的相关规定

表 4-11　　　　　　　　　　　纳税人销售旧物和旧货的相关规定

销售产品类型	小规模纳税人	一般纳税人
旧物 （固定资产）	应纳税额＝含税销售额÷ （1+3%）×2%	转让不得抵扣且未抵扣过进项税额的固定资产： 应纳税额＝含税销售额÷（1+3%）×2% 转让允许抵扣进项税额的固定资产： 销项税额＝含税销售额÷（1+税率）×税率
	可以选择： ①享受优惠：3%减按2%简易计税，只能开普票 ②放弃优惠：3%简易计税，可以开专票	
旧物 （除固定资产以外）	应纳税额＝含税销售额÷ （1+3%）×3%	销项税额＝含税销售额÷（1+税率）×税率
旧货	应纳税额＝含税销售额÷（1+3%）×2% 【提示】不能选择放弃享受优惠，只能开普票	
二手车经销	自 2020 年 5 月 1 日至 2023 年 12 月 31 日，从事二手车经销的纳税人销售其收购的二手车，由原按照简易办法依 3% 征收率减按 2% 征收增值税，改为减按 0.5% 征收增值税，并按下列公式计算销售额： 销售额＝含税销售额÷（1+0.5%）	

名师说

考生在对比记忆此部分内容时，应注意区分以下几个概念：

（1）上述固定资产是指有形动产，不包括不动产。

（2）旧货是指进入二次流通的具有部分使用价值的货物（含旧汽车、旧摩托车和旧游艇），但不包括自己使用过的物品。

（3）旧物是指自己使用过的物品。

【例 4-24·多选题·2019】根据增值税法律制度的规定，下列各项中，符合条件的一般纳税人，可以选择简易计税方式的有（　　）。

A.装卸搬运服务　　　　　　　　　　B.公共交通运输服务

C. 文化体育服务　　　　　　　　　　　D. 电影放映服务

【答案】ABCD

【解析】选项 ABCD 均符合规定。

【例 4-25·多选题·2018】根据增值税法律制度的规定，一般纳税人销售的下列货物中，可以选择简易计税方法计缴增值税的有（　　）。

A. 食品厂销售的食用植物油

B. 县级以下小型水力发电单位生产的电力

C. 自来水公司销售自产的自来水

D. 煤气公司销售的煤气

【答案】BC

【解析】只有选项 BC 符合规定。

【例 4-26·单选题·2016】一般纳税人销售自产的特殊货物，可选择按照简易办法计税，选择简易办法计缴纳增值税后一定期限内不得变更，该期限是（　　）。

A. 24 个月　　　　　　　B. 12 个月　　　　　　　C. 36 个月　　　　　　　D. 18 个月

【答案】C

【解析】一般纳税人销售自产的特殊货物，可选择按照简易办法计税，选择简易办法计算缴纳增值税后，36 个月不得变更。

五、增值税应纳税额的计算★★★

（一）一般计税方法应纳税额的计算

一般纳税人销售货物、劳务、服务、无形资产、不动产（以下简称"应税销售行为"），采取一般计税方法计算应纳增值税额。其计算公式为：

当期应纳税额＝当期销项税额－当期进项税额

当期应纳税额＝当期销售额（不含增值税）× 适用税率－当期进项税额

> 🎯 **敲黑板**
>
> 在一般计税方法应纳税额的计算中，需要考生重点关注两个条件，一个是销项税额计算中，销售额的判定；另一个是进项税额的抵扣。

1. 销售额的确定

（1）增值税一般方式销售额的确定

表 4-12　　　　　　　　　　　　增值税一般方式销售额的确定

项目	内　　容
销售额的概念	① 销售额，是指纳税人发生应税销售行为时向购买方（承受劳务和服务也视为购买方）收取的<u>全部价款和价外费用</u>。 ② 销售额以人民币计算。纳税人按照人民币以外的货币结算销售额的，应当折合成人民币计算，折合率可选择销售额发生的当天或者当月 1 日的人民币汇率中间价。纳税人应当在事先确定采用何种折合率，确定后 1 年内不得变更

（续表）

项 目	内 容
价外费用的判定	（1）价外费用包括： 价外向购买方收取的手续费、补贴、基金、集资费、返还利润、奖励费、违约金、滞纳金、延期付款利息、赔偿金、代收款项、代垫款项、包装费、包装物租金、储备费、优质费、运输装卸费以及其他各种性质的价外收费等。 （2）价外费用不包括： ①受托加工应征消费税的消费品所代收代缴的消费税； ②以委托方的名义开具发票代委托方收取的款项； ③符合条件代为收取的政府性基金或者行政事业性收费； ④销售货物的同时代办保险等而向购买方收取的保险费，以及向购买方收取的代购买方缴纳的车辆购置税、车辆牌照费
含税销售额的换算	由于增值税是价外税，应以不含增值税的销售额计算销项税额。销售额若为含增值税的价格，需要换算为不含增值税的价格，换算公式为： 不含增值税的销售额＝含增值税销售额÷（1+增值税税率或征收率）

📖 **名师说**

在考试中，一般认为下列销售额是含增值税的价格，需要换算为不含增值税的价格后再计算销项税额：普通发票上的销售额；最终消费领域的价款（如零售价）；包装物押金；价外费用等。

【例4-27·多选题·2020】根据增值税法律制度的规定，一般纳税人收取的下列款项中，应并入销售额计算销项税额的有（　　）。

A.手续费

B.违约金

C.包装物租金

D.受托加工应税消费品代收代缴的消费税

【答案】ABC

【解析】受托加工应税消费品代收代缴的消费税不应并入销售额计算销项税额，故选项D不属于价外费用，选项ABC均属于价外费用，应并入销售额。

【例4-28·单选题·2018】甲公司为增值税一般纳税人，2017年5月取得咨询服务不含税收入318万元，另收取奖励费5.3万元。已知咨询服务增值税税率为6%。计算甲公司业务增值税销项税额的下列算式中，正确的是（　　）。

A.（318+5.3）÷（1+6%）×6%＝18.3（万元）

B.318×6%＝19.08（万元）

C.［318+5.3÷（1+6%）］×6%＝19.38（万元）

D.318÷（1+6%）×6%＝18（万元）

【答案】C

【解析】销项税额＝不含增值税的销售额×税率，收取的奖励费属于价外费用，应一并计入销售额中计算缴纳增值税，价外费用属于含税价，在计算时应注意换算成不含增值税的全额。所以，销项税额＝［318+5.3÷（1+6%）］×6%＝19.38（万元）。

（2）视同销售行为销售额的确定。

纳税人发生应税销售行为的**价格明显偏低并无正当理由**的，或者发生应税销售行为而**无销售额**的，由主管税务机关**按照下列顺序核定**销售额：

① 按纳税人最近时期同类应税销售行为的**平均价格**确定。

② 按其他纳税人最近时期同类应税销售行为的**平均价格**确定。

③ 按**组成计税价格**确定。

a.不涉及消费税组成计税价格的计算：

组成计税价格 = 成本 ×（1+ 成本利润率）

b.涉及消费税的组价：

组成计税价格 = 成本 ×（1+ 成本利润率）+ 消费税

或：组成计税价格 = 成本 ×（1+ 成本利润率）÷（1–消费税税率）

🎯 敲黑板

视同销售，必须按上述"顺序"判定销售额，有同类找同类，没有同类才组价，而不能直接组价。

【例 4-29·单选题·2021】甲公司为增值税一般纳税人，2019 年 9 月将自产肥皂 100 箱用于职工福利，肥皂成本 565 元 / 箱，不含增值税售价 1130 元 / 箱。已知增值税税率为 13%。计算甲公司当月该笔业务增值税销项税额的下列算式中，正确的是（   ）。

A. $100 \times 1130 \div （1+13\%）\times 13\% = 13\,000$（元）

B. $100 \times 565 \div （1+13\%）\times 13\% = 6\,500$（元）

C. $100 \times 1130 \times 13\% = 14\,690$（元）

D. $100 \times 565 \times 13\% = 7\,345$（元）

【答案】C

【解析】将自产货物用于集体福利，应视同销售货物，由于甲公司存在同类货物的价格，应当使用"同类价"计算，选项 C 正确。

【例 4-30·单选题·2020】甲公司为增值税一般纳税人，本月将一批新研制的产品赠送给老顾客使用，甲公司并无同类产品销售价格，其他公司也无同类货物，已知该批产品的生产成本为 10 万元，甲公司的成本利润率为 10%，则甲公司本月视同销售的增值税销项税额为（   ）元。

A. 13 000

B. 18 500

C. 14 300

D. 18 888

【答案】C

【解析】将自产、委托加工或者购进的货物用于投分送（投资、分配、赠送）的，视同销售，主管税务机关按照以下顺序核定其销售额：① 按纳税人最近时期同类货物的平均销售价格确定。② 按其他纳税人最近时期同类货物的平均销售价格确定。③ 按组成计税价格确定。题中提及无同类产品销售价格，其他公司也无同类货物，所以要用组成计税价格。甲公司本月视同销售的增值税销项税额 = $100\,000 \times （1+10\%）\times 13\% = 14\,300$（元）。故选项 C 正确。

（3）增值税特殊销售方式下销售额的确定。

表 4-13   增值税特殊销售方式下销售额的确定

特殊销售方式	销售额的确定
折扣方式销售	① 是指销货方发生应税销售行为时，因购货方购货数量较大等原因而给予购货方的价格优惠。 ② 纳税人发生应税行为，如果将价款与折扣额在同一张发票金额栏里注明的，以折扣后的价款为销售额。如果将折扣额另开发票或者在同一张发票备注栏里注明的，不论其在财务上如何处理，均不得从销售额中扣除。 ③ 实物折扣，实物款额不能从销售额中扣减，按照无偿赠送视同销售处理
以旧换新方式销售	① 按新货同期销售价格确定销售额，不得扣减旧货收购价格。 ② 金银首饰以旧换新，按销售方实际收取的不含增值税的全部价款征收增值税
还本销售方式销售	实质是一种融资行为。销售额就是货物销售价格，不得扣减还本支出
以物易物方式销售	① 双方均作购销处理，即以各自发出的应税销售行为核算销售额并计算销项税额，以各自收到的货物、劳务、服务、无形资产、不动产按规定核算购进金额并计算进项税额。 ② 若不能取得相应的增值税专用发票或其他合法票据，则不能抵扣进项税
直销方式销售	① 直销企业将货物先销售给直销员，直销员再将货物销售给消费者的，直销企业的销售额为向直销员收取的全部价款和价外费用。直销员将货物销售给消费者时，应按照规定缴纳增值税。 ② 直销企业将货物通过直销员向消费者销售货物，直接向消费者收取货款，直销企业的销售额为向消费者收取的全部价款和价外费用

【例 4-31·单选题·2018 改编】甲公司为增值税一般纳税人，2019 年 10 月采取折扣方式销售货物一批，该批货物不含税销售额 166 000 元，因购买数量大，给予购买方 10% 的价格优惠，销售额和折扣额在同一张发票上分别注明。已知增值税税率为 13%。计算甲公司当月该笔业务增值税销项税额的下列算式中，正确的是（   ）。

A. 166 000 ×（1-10%）÷（1-13%）× 13% = 22 324.14（元）

B. 166 000 ×（1-10%）× 13% = 19 422（元）

C. 166 000 × 13% = 21 580（元）

D. 166 000 ÷（1-13%）× 13% = 24 804.6（元）

【答案】B

【解析】纳税人发生应税行为，如果将价款与折扣额在同一张发票金额栏里注明的，以折扣后的价款为销售额。如果将折扣额另开发票或者在同一张发票备注栏里注明的，不论其在财务上如何处理，均不得从销售额中扣除。

【例 4-32·单选题·2018 改编】甲公司为一般纳税人，2019 年 6 月销售新型冰箱 50 台，每台含税价格 5 650 元；采取以旧换新方式销售同型号冰箱 20 台，收回的旧冰箱每台作价 226 元，实际每台收取款项 5 424 元。计算甲公司当月增值税销项税额的下列算式中，正确的是（   ）。

A. ［50×5 650+20×（5 424-226）］× 13% = 50 239.8（元）

B. （50×5 650+20×5 424）÷（1+13%）× 13% = 44 980（元）

C. （50+20）× 5 650 ÷（1+13%）× 13% = 45 500（元）

D. （50×5 650+20×5 424）× 13% = 50 827.4（元）

【答案】C

【解析】以旧换新方式销售货物（金银首饰除外），按新货同期销售价格确定销售额，不得扣减旧货收购价格。甲公司当月增值税销项税额=（50+20）×5 650÷（1+13%）×13%=45 500（元）。

【例4-33·单选题·2015改编】甲首饰店是增值税一般纳税人。2019年11月采取"以旧换新"方式销售一批金项链。该批金项链含增值税售价为135 600元，换回的旧项链作价124 300元，甲首饰店实际收取差价款11 300元。已知增值税税率为13%。甲首饰店当月该笔业务增值税销项税额的下列计算中，正确的是（   ）。

A. 135 600÷（1+13%）×13%=15 600（元）

B. 124 300÷（1+13%）×13%=14 300（元）

C. 135 600×13%=17 628（元）

D. 11 300÷（1+13%）×13%=1 300（元）

【答案】D

【解析】金银首饰以旧换新，按销售方实际收取的不含增值税的全部价款征收增值税。甲首饰店当月该笔业务增值税销项税额=11300÷（1+13%）×13%=1300（元）。

（4）包装物押金。

①非酒类产品、啤酒、黄酒：

纳税人为销售货物而出租、出借包装物收取的押金，单独记账核算，且时间在1年以内，又未过期（合同约定的期限）的，不并入销售额。

②除啤酒、黄酒以外的其他酒类产品。

对销售啤酒、黄酒以外的其他酒类产品而收取的包装物押金，无论是否返还以及会计上如何核算，均应在收取当期并入销售额中征税。

⊙ 敲黑板

包装物押金不同于包装物租金，包装物租金属于价外费用，在销售货物时随同货款一并计算增值税。而包装物押金是否计入销售额一并计算缴纳增值税，需要区分具体情况。包装物押金是含增值税的价格，在计算缴纳增值税时应注意价税分离。

【例4-34·单选题·2019改编】甲公司为增值税一般纳税人，2019年9月销售啤酒取得含税价款226万元，另收取包装物租金1.13万元，包装物押金（期限5个月）3.39万元，已知增值税适用税率为13%，计算甲公司当月上述业务增值税销项税额的下列算式中，正确的是（   ）。

A. （226+1.13）÷（1+13%）×13%=26.13（万元）

B. 226÷（1+13%）×13%=26（万元）

C. 226×13%=29.38（万元）

D. （226+1.13+3.39）÷（1+13%）×13%=26.52（万元）

【答案】A

【解析】包装物租金属于价外费用，收到直接并入销售额计算缴纳税款，计算时注意价税分离。而啤酒的包装物押金收到当月不用计入销售额计算缴纳税款。所以，销项税额=（226+1.13）÷（1+13%）×13%=26.13（万元）。

【例4-35·单选题·2022】甲酒厂为增值税一般纳税人，从事白酒生产与销售。2021年3月销售白酒取得含税价款5 000元，另收取包装物押金为20元，本月没收三个月前收取的包装物押金25元。已知增值税税率为13%。计算甲酒厂当月增值税销项税额的下列算式中，正确的是（　　）。

A.（5 000+20）÷（1+13%）×13%=577.52（元）

B.（5 000+25）÷（1+13%）×13%=578.10（元）

C.（5 000+20+25）÷（1+13%）×13%=580.40（元）

D. 5 000÷（1+13%）×13%=575.22（元）

【答案】A

【解析】销售除啤酒、黄酒外的其他酒类产品而收取的包装物押金，无论是否返还以及会计上如何核算，均应并入当期销售额征收增值税（当月收取的并入计税，逾期的包装物押金收取当月已计税，逾期时不并入计税）。本题中收取的价款和包装物押金均为含税价，需价税分离。故甲酒厂当月增值税销项税额=（5000+20）÷（1+13%）×13%=577.52（元）。

（5）增值税营改增行业销售额的确定。

表4-14 增值税营改增行业销售额的确定

项目	销售额的确定
贷款服务	销售额为提供贷款服务的全部利息及利息性质的收入，不得扣减利息支出
直接收费金融服务的销售额	以提供直接收费金融服务收取的手续费、佣金、酬金、管理费、服务费、经手费、开户费、过户费、结算费、转托管费等各类费用为销售额
金融商品转让	① 销售额 = 卖出价－买入价 ② 转让金融商品出现的正负差，按盈亏相抵后的余额为销售额。若相抵后出现负差，可结转下一纳税期与下期转让金融商品销售额相抵，但年末时仍出现负差的，不得转入下一个会计年度。 ③ 个人转让金融商品取得的收益免征增值税。 ④ 金融商品转让，不得开具增值税专用发票
经纪代理服务	① 销售额 = 取得的全部价款和价外费用－向委托方收取并代付的政府性基金或行政事业性收费 ② 向委托方收取并代付的政府性基金或行政事业性收费不得开具增值税专用发票
航空运输企业	航空运输企业销售额 = 取得的全部价款和价外费用－代收的民航发展基金－代售其他航空运输企业客票而代收转付的价款
试点纳税人中的一般纳税人提供客运场站服务	销售额 = 取得的全部价款和价外费用－支付给承运方的运费
试点纳税人提供旅游服务	① 可以选择以取得的全部价款和价外费用，扣除向旅游服务购买方收取并支付给其他单位或者个人的住宿费、餐饮费、交通费、签证费、门票费和支付给其他接团旅游企业的旅游费用后的余额为销售额。 ② 选择上述办法计算销售额的试点纳税人，向旅游服务购买方收取并支付的上述费用，不得开具增值税专用发票，可以开具普通发票
试点纳税人提供建筑服务	试点纳税人提供建筑服务适用简易计税方法的，销售额 = 取得的全部价款和价外费用－支付的分包款

（续表）

项目	销售额的确定
房地产开发企业	① 房地产开发企业中的一般纳税人销售其开发的房地产项目（选择简易计税方法的房地产老项目除外），**销售额 = 取得的全部价款和价外费用－受让土地时向政府部门支付的土地价款。** ② "房地产老项目"是指《建筑工程施工许可证》注明的合同开工日期在 2016 年 4 月 30 日前的房地产项目；《建筑工程施工许可证》未注明合同开工日期或者未取得《建筑工程施工许可证》但建筑工程承包合同注明的开工日期在 2016 年 4 月 30 日前的建筑工程项目。"向政府部门支付的土地价款"包括土地受让人向政府部门支付的征地和拆迁补偿费用、土地前期开发费用和土地出让收益等

【例 4-36·单选题·2021】甲银行为增值税一般纳税人，2019 年第三季度提供贷款服务取得含增值税利息收入 3 180 万元，支付存款利息 2 650 万元。已知增值税税率为 6%。计算甲银行该季度贷款服务增值税销项税额的下列算式中，正确的是（　　）。

A. 3 180×6% = 190.8（万元）
B. 3 180÷（1+6%）×6% = 180（万元）
C.（3 180－2 650）×6% = 31.8（万元）
D.（3 180－2 650）÷（1+6%）×6% = 30（万元）

【答案】B

【解析】（1）贷款服务，以提供贷款服务取得的全部利息及利息性质的收入为销售额。不得减除支付的存款利息、转贷利息等，没有任何减除，排除选项 CD；（2）"3 180 万元"是含增值税收入，需要价税分离，排除选项 A。

【例 4-37·单选题·2022】甲航空公司开展航空运输服务取得国内运输服务不含增值税收入 1 100 万元、国际运输服务不含增值税收入 300 万元，另代收民航发展基金 50 万元。计算增值税销项税额的下列算式中，正确的是（　　）。

A.（1 100+300）×9%
B.（1 100+300+50）×9%
C.1 100×9%
D.（1 100+50）×9%

【答案】C

【解析】国际运输服务适用零税率，销项税额为零；代收民航发展基金不缴纳增值税。故增值税销项税额 =1 100×9%。

（6）销售额确定的特殊规定。

① 纳税人兼营免税、减税项目的，应当分别核算免税、减税项目的销售额；未分别核算的，不得免税、减税。

② 纳税人发生应税销售行为，开具增值税专用发票后，发生开票有误或者销售折让、中止、退回等情形的，应当按照国家税务总局的规定开具红字增值税专用发票；未按照规定开具红字增值税专用发票的，不得扣减销项税额或者销售额。

2. 进项税额的计算

进项税额，是指纳税人购进货物、劳务、服务、无形资产、不动产所支付或者负担的增值税额。进项税额是与销项税额相对应的另一个概念，在开具增值税专用发票的情况下，销售方收取的销项税额就是购买方支付的进项税额，形成链条关系。

（1）准予从销项税额中抵扣的进项税额。

① 从销售方取得的增值税专用发票（包括《机动车销售统一发票》）上注明的增值税额。

② 从海关取得的海关进口增值税专用缴款书上注明的增值税额。

③增值税农产品进项税额扣除的规定如表4-15所示。

表4-15　　　　　　　　　　　　　农产品进项税额扣除的规定

项目	进项税额的扣除
凭票抵扣	取得增值税专用发票或海关进口增值税专用缴款书的，以增值税专用发票或海关进口增值税专用缴款书注明的增值税额为进项税额
计算抵扣	①从按照简易计税方法依照3%征收率计算缴纳增值税的小规模纳税人取得增值税专用发票的，以增值税专用发票上注明的金额和9%的扣除率计算进项税额。即： 允许抵扣的进项税额＝专用发票上注明金额×9% ②取得（开具）农产品销售发票或收购发票的，以农产品收购发票或销售发票上注明的农产品买价和9%的扣除率计算进项税额；纳税人购进用于生产或者委托加工13%税率货物的农产品，按照10%的扣除率计算进项税额，即： 购进免税农产品进项税额＝买价×扣除率（9%或10%）

【例4-38·单选题·2021】甲公司为增值税一般纳税人，2019年7月从小规模纳税人乙公司购进一批农产品用于生产食用植物油，取得增值税专用发票注明金额10 000元、税额300元。甲公司购进的该批农产品当月申报抵扣进项税额，已知农产品扣除率为9%。甲公司当月购进该批农产品准予抵扣的进项税额为（　　）。

　　A. 927元　　　　　　B. 900元　　　　　　C. 873元　　　　　　D. 300元

【答案】B

【解析】购进农产品从按照简易计税方法依据3%征收率计算缴纳增值税的小规模纳税人取得增值税专用发票的，以增值税专用发票上注明的金额和9%的扣除率计算进项税额。甲公司当月购进该批产品准予抵扣的进项税额＝10 000×9%＝900（元）。

【例4-39·单选题·2021】甲公司为增值税一般纳税人，2019年8月向农民收购一批玉米，收购发票注明买价10 000元，其中1 000元玉米在运输途中因自然灾害毁损，500元玉米入库后因管理不善造成霉烂变质损失。已知农产品按9%的扣除率计算进项税额。计算甲公司该笔业务准予抵扣进项税额的下列算式中，正确的是（　　）。

　　A.（10 000-1 000-500）×9%＝765元　　　　B.（10 000-1 000）×9%＝810元

　　C.（10 000-500）×9%＝855元　　　　　　　D. 10 000×9%＝900元

【答案】C

【解析】非正常损失的购进货物进项税额不能抵扣。非正常损失是指管理不善造成货物被盗、丢失、霉烂变质，以及因违反法律法规造成货物或者不动产被依法没收、销毁、拆除的情形，不包括自然灾害损失。甲公司该笔业务准予抵扣进项税额＝（10 000-500）×9%＝855元。

④国内旅客运输服务进项税额抵扣的相关规定如表4-16所示。

表4-16　　　　　　　　　　　国内旅客运输服务进项税额抵扣的相关规定

情形	进项税额抵扣
取得增值税电子普通发票的	进项税额为发票上注明的税额
取得注明旅客身份信息的航空运输电子客票行程单的	航空旅客运输进项税额＝（票价＋燃油附加费）÷（1+9%）×9%

（续表）

情形	进项税额抵扣
取得注明旅客身份信息的铁路车票的	铁路旅客运输进项税额＝票面金额÷（1+9%）×9%
取得注明旅客身份信息的公路、水路等其他客票的	公路、水路等其他旅客运输进项税额＝票面金额÷（1+3%）×3%

【例 4-40·单选题·2022】甲公司销售部李某国内出差，取得注明李某身份信息的航空运输电子客票行程单，记载往返票价和燃油附加费合计 3 270 元、机场建设费（民航发展基金）100 元。计算甲公司当月取得航空运输电子客票行程单准予抵扣进项税额的下列算式中，正确的是（　　）。

A. 3 270÷（1+9%）×9%=270（元）　　B. 3 270÷（1+9%）×9%+100×9%=279（元）

C. 3 270×9%=294.3（元）　　D.（3 270+100）×9%=303.3（元）

【答案】A

【解析】取得注明旅客身份信息的航空运输电子客票行程单，进项税额 =（票价＋燃油附加费）÷（1+9%）×9%=3270÷（1+9%）×9%=270（元），不包含"民航发展基金"。

【例 4-41·多选题·2018 改编】根据增值税法律制度的规定，一般纳税人购进货物取得的下列合法凭证中，属于增值税扣税凭证的有（　　）。

A. 税控机动车销售统一发票　　B. 海关进口增值税专用缴款书

C. 农产品收购发票　　D. 国内旅客运输增值税电子普通发票

【答案】ABCD

【解析】选项 ABCD 均属于增值税的扣税凭证。

（2）不得从销项税额中抵扣的进项税额。

① 用于**简易计税方法**计税项目、**免征**增值税项目、**集体福利**或者**个人消费**的购进货物、劳务、服务、无形资产和不动产。纳税人的交际应酬消费属于个人消费，即交际应酬消费不属于生产经营中的生产投入和支出。购进资产专用、兼用进项税额抵扣辨析如表4-17 所示。

表 4-17　　　　　　　　　　　购进资产专用、兼用进项税额抵扣辨析

购进资产类型	专用	兼用
固定资产、无形资产（不包括其他权益性无形资产）、不动产	进项税额不得抵扣	进项税额可以全部抵扣
其他权益性无形资产	进项税额可以全部抵扣	
除上述资产外的其他资产	进项税额不得抵扣	不得抵扣的进项税额＝当期无法划分的全部进项税额×（当期简易计税方法计税项目销售额＋免征增值税项目销售额）÷当期全部销售额

🎓 **名师说**

上述"专用"指的是购入资产只用于简易计税方法计税项目、免征增值税项目、集体福利或者个人消费的购进货物等进项税额不得抵扣的情况。"兼用"指的是购入资产既用于进项税额不得抵扣的情况，也用于可以抵扣的情况。例如，企业购入仓库只用于存放免税材料，则属于专用的情况，购入的不动产进项税额不得抵扣。但如果企业购入仓库既用于存放应税材料，也用于存放免税材料，则属于兼用的情况，购入的不动产进项税额可以全部抵扣。

② **非正常损失**的购进货物，以及相关的劳务和交通运输服务。

③ **非正常损失**的在产品、产成品所耗用的购进货物（不含固定资产）、劳务和交通运输服务。

④ **非正常损失**的不动产，以及该不动产所耗用的购进货物、设计服务和建筑服务。货物是指构成不动产实体的材料和设备，包括建筑装饰材料和给排水、采暖、卫生、通风、照明、通讯、煤气、消防、中央空调、电梯、电气、智能化楼宇设备及配套设施。

⑤ **非正常损失**的不动产在建工程所耗用的购进货物、设计服务和建筑服务。不动产在建工程是指纳税人新建、改建、扩建、修缮、装饰不动产。

> **名师说**
>
> 非正常损失是指因管理不善造成货物被盗、丢失、霉烂变质，以及因违反法律法规造成货物或者不动产被依法没收、销毁、拆除的情形。这些非正常损失是由纳税人自身原因造成导致征税对象实体的灭失，为保证税负公平，其损失不应由国家承担，因而纳税人无权要求抵扣进项税额；其他原因造成的非正常损失（如自然灾害造成的损失），其进项税额准予抵扣。

⑥ 购进**贷款服务**、**餐饮服务**、**居民日常服务**和**娱乐服务**。

⑦ 纳税人接受贷款服务向贷款方支付的与该笔贷款**直接相关**的投融资顾问费、手续费、咨询费等费用，其进项税额不得从销项税额中抵扣。

⑧ 财政部和国家税务总局规定的其他情形。

【例4-42·多选题·2021】根据增值税法律制度的规定，一般纳税人发生的下列行为中，进项税额不得从销项税额中抵扣的有（ ）。

A.购进贷款服务　　　　　　　　　B.购进居民日常服务

C.购进餐饮服务　　　　　　　　　D.购进娱乐服务

【答案】ABCD

【解析】纳税人购进贷款服务、餐饮服务、娱乐服务、居民日常服务，不得抵扣进项税额。

【例4-43·多选题·2018改编】根据增值税法律制度的规定，一般纳税人购进的下列货物、服务中，其进项税额不得从销项税额中抵扣的有（ ）。

A.购进生产免税货物耗用材料所支付的进项税额

B.购进国内旅客运输服务所支付的进项税额

C.购进试制新产品耗用材料所支付的进项税额

D.购进贷款服务所支付的进项税额

【答案】AD

【解析】选项A属于用于免税项目，进项税额不得从销项税额中抵扣。选项D，购进贷款服务进项税额不得从销项税额中抵扣。

【例4-44·多选题·2016】根据增值税法律制度的规定，一般纳税人购进货物的下列进项税额中，不得从销项税额中抵扣的有（ ）。

A.因管理不善造成被盗的购进货物的进项税额

B.被执法部门依法没收的购进货物的进项税额

C.被执法部门强令自行销毁的购进货物的进项税额

D.因地震造成毁损的购进货物的进项税额

【答案】ABC

【解析】选项 ABC，因"管理不善"造成被盗、丢失、霉烂变质的损失以及被执法部门"依法没收、销毁、拆除"的货物或不动产所造成的非正常损失，进项税额不得抵扣；选项 D，因地震等自然灾害造成的非正常损失，进项税额准予抵扣。

（3）已抵扣进项税额的货物、劳务服务、固定资产（无形资产）等发生不得抵扣的情形。

① 已抵扣进项税额的购进货物、劳务或服务如果事后改变用途，用于集体福利或者个人消费、购进货物发生非正常损失、在产品或产成品发生非正常损失等，应当将该项购进货物或者劳务的**进项税额从当期的进项税额中扣减**；无法确定该项进项税额的，按当期外购项目的实际成本计算应扣减的进项税额。

② 已抵扣进项税额的固定资产（或无形资产），发生非正常损失，或者改变用途，专用于简易计税方法计税项目、免征增值税项目、集体福利或者个人消费，不再符合抵扣条件的，按照下列公式计算不得抵扣的进项税额，并从当期进项税额中扣减：

不得抵扣的进项税额 = 固定资产（无形资产）净值 × 适用税率

③ 已抵扣进项税额的不动产，发生非正常损失，或者改变用途，专用于简易计税方法计税项目、免征增值税项目、集体福利或者个人消费的，按照下列公式计算不得抵扣的进项税额，并从当期进项税额中扣减：

不得抵扣的进项税额 = 已抵扣进项税额 × 不动产净值率

不动产净值率 =（不动产净值 ÷ 不动产原值）×100%

（4）不得抵扣且未抵扣进项税额的固定资产、无形资产、不动产，发生用途改变，用于允许抵扣进项税额的应税项目，可在改变用途的次月，依据"合法有效的增值税扣税凭证"，计算可抵扣的进项税额。

可抵扣的进项税额 = 固定资产、无形资产、不动产净值 ÷（1+ 适用税率）× 适用税率

或者可抵扣的进项税额 = 增值税扣税凭证注明或计算的进项税额 × 固定资产、无形资产、不动产净值率

🎯 敲黑板

不能抵转能抵，次月转入，可以抵转不得抵，当月转出。

（5）销售折让、终止或退回的处理。

纳税人适用一般计税方法计税的，因销售折让、中止或者退回而退还给购买方的增值税额，应当从当期的**销项税额中扣减**；因销售折让、中止或者退回而收回的增值税额，应当从当期的**进项税额中扣减**。

（二）简易计税方法应纳税额的计算

纳税人发生应税销售行为适用简易计税方法的，应该按照销售额和征收率计算应纳增值税税额，并且不得抵扣进项税额。小规模纳税人一律采用简易计税方法计税，但是一般纳税人发生应税销售行为可以选择使用简易计税方法。其计算公式为：

应纳税额 = 含增值税销售额 ÷（1+ 征收率）× 征收率

纳税人适用简易计税方法计税的，因销售折让、中止或者退回而退还给购买方的销售额，应当从当期销售额中扣减。扣减当期销售额后仍有余额造成多缴的税款，可以从以后的**应纳税额中**

扣减。

一般纳税人发生下列应税行为可以选择适用简易计税方法计税，不允许抵扣进项税额。

（1）公共交通运输服务，包括轮客渡、公交客运、地铁、城市轻轨、出租车、长途客运、班车。

（2）经认定的动漫企业为开发动漫产品提供的动漫脚本编撰、形象设计、背景设计、动画设计、分镜、动画制作、摄制、描线、上色、画面合成、配音、配乐、音效合成、剪辑、字幕制作、压缩转码（面向网络动漫、手机动漫格式适配）服务，以及在境内转让动漫版权（包括动漫品牌、形象或者内容的授权及再授权）。

（3）电影放映服务、仓储服务、装卸搬运服务、收派服务和文化体育服务。

（4）以纳入"营改增"试点之日前取得的有形动产为标的物提供的经营租赁服务。

（5）在纳入"营改增"试点之日前签订的尚未执行完毕的有形动产租赁合同。

一般纳税人发生财政部和国家税务总局规定的特定应税行为，可以选择适用简易计税方法，但一经选择，36个月内不得变更。

【例4-45·单选题·2017】甲便利店为增值税小规模纳税人，2016年第四季度零售商品取得收入103 000元，将一批外购商品无偿赠送给物业公司用于社区活动，该批商品的含税价格为721元。已知增值税征收率为3%。计算甲便利店第四季度应缴纳增值税税额的下列算式中，正确的是（ ）。

A.［103 000+721÷（1+3%）］×3% = 3 111（元）

B.（103 000+721）×3% = 3 111.63（元）

C.［103 000÷（1+3%）+721］×3% = 3 021.63（元）

D.［（103 000+721）÷（1+3%）］×3% = 3 021（元）

【答案】D

【解析】对外无偿赠送视同销售，应正常计算缴纳增值税。小规模纳税人适用简易计税方法，所以，增值税应纳税额 = 含增值税的销售额 ÷（1+征收率）× 征收率 =［（103 000+721）÷（1+3%）］×3% = 3 021（元）。

（三）进口货物应纳税额的计算

纳税人进口货物，无论是一般纳税人还是小规模纳税人，均应按照组成计税价格和规定的税率计算应纳税额，不允许抵扣发生在境外的任何税金。

（1）如果进口货物不征收消费税，则计算公式为：

应纳税额 = 组成计税价格 × 增值税税率

组成计税价格 = 关税完税价格 + 进口关税税额

（2）如果进口货物征收消费税，则计算公式为：

应纳税额 = 组成计税价格 × 税率

组成计税价格 = 关税完税价格 + 进口关税税额 + 消费税税额

组成计税价格 = 关税完税价格 ×（1+ 进口关税税率）÷（1-消费税税率）

> **🎯 敲黑板**
>
> 一般贸易下进口货物的关税完税价格以海关审定的成交价格为基础的到岸价格作为完税价格。所谓成交价格是一般贸易项下进口货物的买方为购买该项货物向卖方实际支付或应当支付的价格；到岸价格，包括货价，加上货物运抵我国关境内输入地点起卸前的包装费、运费、保险费和其他劳务费等费用构成的一种价格。
>
> 进口环节缴纳的增值税作为国内销售环节的进项税额抵扣。

【例 4-46·单选题·2019 改编】 甲公司为增值税一般纳税人，2019 年 9 月进口货物一批，海关审定的关税完税价格为 116 万元。已知增值税税率为 13%；关税税率为 10%。计算甲公司当月该笔业务应缴纳增值税税额的下列算式中，正确的是（　　）。

A. $116 \times (1+10\%) \div (1+13\%) \times 13\% = 14.68$（万元）

B. $116 \div (1+13\%) \times 13\% = 13.35$（万元）

C. $116 \times (1+10\%) \times 13\% = 16.59$（万元）

D. $116 \times 13\% = 15.08$（万元）

【答案】 C

【解析】 进口货物的增值税是通过组成计税价格计算的，进口增值税应纳税额 = 组成计税价格 × 增值税税率 = $116 \times (1+10\%) \times 13\% = 16.59$（万元）。

【例 4-47·单选题·2018 改编】 2019 年 6 月甲贸易公司进口一批高档化妆品，关税完税价格 85 万元，已知增值税税率为 13%，消费税税率为 15%，关税税率为 5%，计算甲贸易公司当月该笔业务应缴纳增值税税额的下列算式中，正确的是（　　）。

A. $85 \div (1-15\%) \times 13\% = 13$（万元）

B. $(85+85 \times 5\%) \div (1-15\%) \times 13\% = 13.65$（万元）

C. $85 \times 13\% = 11.05$（万元）

D. $(85+85 \times 5\%) \times 13\% = 11.6$（万元）

【答案】 B

【解析】 进口应税消费品应缴纳进口环节的增值税税额 = 组成计税价格 × 增值税税率 =（关税完税价格 + 关税完税价格 × 关税税率）÷（1-消费税比例税率）× 增值税税率 = $(85+85 \times 5\%) \div (1-15\%) \times 13\% = 13.65$（万元）。

六、增值税税收优惠★★

（一）法定免税项目

（1）**农业生产者**销售的**自产**农产品。

（2）避孕药品和用具。

（3）古旧图书。

（4）**直接**用于科学研究、科学试验和教学的进口仪器、设备。

（5）**外国政府、国际组织**无偿援助的进口物资和设备。

（6）由**残疾人的组织**直接进口供残疾人**专用**的物品。

（7）销售的自己使用过的物品。自己使用过的物品，是指**其他个人**自己使用过的物品。

【例 4-48·判断题·2021】医疗器械公司直接进口供残疾人专用的轮椅，免征增值税。（　）

【答案】×

【解析】由残疾人的组织直接进口供残疾人专用的物品，免征增值税。

【例 4-49·单选题·2021】根据《增值税暂行条例》的规定，一般纳税人销售下列货物或者应税劳务适用免税规定的是（　）。

A.农产品　　　　　B.避孕药品　　　　　C.图书　　　　　D.自己使用过的汽车

【答案】B

【解析】选项 A：农业生产者销售的自产农产品免税；选项 C：古旧图书免征增值税；选项 D：其他个人销售自己使用过的物品，免征增值税。

（二）营改增试点过渡政策的规定

1. 免征增值税的项目

（1）托儿所、幼儿园提供的保育和教育服务。

（2）养老机构提供的养老服务。

（3）残疾人福利机构提供的育养服务。

（4）婚姻介绍服务。

（5）殡葬服务。

（6）**残疾人员本人**为社会提供的服务。

（7）医疗机构提供的医疗服务。

（8）从事学历教育的学校（不包括职业培训机构）提供的教育服务。

🎯 **敲黑板**

学校以各种名义收取的赞助费、择校费等，不属于免征增值税的范围。

（9）学生勤工俭学提供的服务。

（10）农业机耕、排灌、病虫害防治、植物保护、农牧保险以及相关技术培训业务，家禽、牲畜、水生动物的配种和疾病防治。

（11）纪念馆、博物馆、文化馆、文物保护单位管理机构、美术馆、展览馆、书画院、图书馆在自己的场所提供文化体育服务取得的第一道门票收入。

（12）寺院、宫观、清真寺和教堂举办文化、宗教活动的门票收入。

（13）行政单位之外的其他单位收取的符合规定的政府性基金和行政事业性收费。

（14）个人转让著作权。

（15）个人销售自建自用住房。

（16）台湾航运公司、航空公司从事海峡两岸海上直航、空中直航业务在大陆取得的运输收入。

（17）纳税人提供的直接或者间接国际货物运输代理服务。

（18）符合规定条件的贷款、债券利息收入。

（19）被撤销金融机构以货物、不动产、无形资产、有价证券、票据等财产清偿债务。

（20）保险公司开办的 1 年期以上人身保险产品取得的保费收入。

（21）符合规定条件的金融商品转让收入。

（22）金融同业往来利息收入。

（23）同时符合条件的担保机构从事中小企业信用担保或者再担保业务取得的收入（不含信用评级、咨询、培训等收入）3 年内免征增值税。

（24）国家商品储备管理单位及其直属企业承担商品储备任务，从中央或者地方财政取得的利息补贴收入和价差补贴收入。

（25）纳税人提供技术转让、技术开发和与之相关的技术咨询、技术服务。

（26）同时符合条件的合同能源管理服务。

（27）政府举办的从事学历教育的高等、中等和初等学校（不含下属单位），举办进修班、培训班取得的全部归该学校所有的收入。

（28）政府举办的职业学校设立的主要为在校学生提供实习场所、并由学校出资自办、由学校负责经营管理、经营收入归学校所有的企业，从事《销售服务、无形资产或者不动产注释》中"现代服务"（不含融资租赁服务、广告服务和其他现代服务）、"生活服务"（不含文化体育服务、其他生活服务和桑拿、氧吧）业务活动取得的收入。

（29）家政服务企业由员工制家政服务员提供家政服务取得的收入。

（30）福利彩票、体育彩票的发行收入。

（31）为了配合国家住房制度改革，企业、行政事业单位按房改成本价、标准价出售住房取得的收入。

（32）将土地使用权转让给农业生产者用于农业生产。

（33）涉及家庭财产分割的个人无偿转让不动产、土地使用权。

（34）土地所有者出让土地使用权和土地使用者将土地使用权归还给土地所有者。

（35）县级以上地方人民政府或自然资源行政主管部门出让、转让或收回自然资源使用权（不含土地使用权）。

（36）随军家属就业。

（37）军队转业干部就业。

（38）提供社区养老、托育、家政等服务取得的收入。

（39）对法律援助人员按照《中华人民共和国法律援助法》规定获得的法律援助补贴。

2. 增值税即征即退

（1）一般纳税人提供管道运输服务，对其增值税实际税负超过 3% 的部分实行增值税即征即退政策。

（2）经人民银行、银监会或者商务部批准从事融资租赁业务的试点纳税人中的一般纳税人，提供有形动产融资租赁服务和有形动产融资性售后回租服务，对其增值税实际税负超过 3% 的部分实行增值税即征即退政策。

名师说

实际税负是指纳税人当期提供应税销售行为实际缴纳的增值税额占纳税人当期提供应税销售行为取得的全部价款和价外费用的比例。例如，某管道运输企业为增值税一般纳税人，11 月取得管道运输不含增值税的销售额为 100 万元，当月购进与运输的相关物资，取得增值税专用发票，注明金额 40 万元，则该企业当月应纳增值税 = $100 \times 13\% - 40 \times 13\% = 7.8$（万元），超过了 3 万元（$100 \times 3\%$），对于超过部分增值税即征即退，所以该企业当月实际缴纳 3 万元的增值税。

3. 扣减增值税的对象

（1）退役士兵创业就业

① 对自主就业退役士兵**从事个体经营**的，自办理个体工商户登记当月起，在 **3 年内**（36 个月，下同）按每户每年 **12 000 元**为限额依次扣减其当年实际应缴纳的增值税、城市维护建设税、教育费附加、地方教育附加和个人所得税。限额标准**最高可上浮 20%**，各省、自治区、直辖市人民政府可根据本地区实际情况在此幅度内确定具体定额标准。

② **企业招用**自主就业退役士兵，与其签订 **1 年以上**期限劳动合同并依法缴纳社会保险费的，自签订劳动合同并缴纳社会保险当月起，在 **3 年内**按实际招用人数予以定额依次扣减增值税、城市维护建设税、教育费附加、地方教育附加和个人所得税优惠。定额标准为每人每年 **6 000 元，最高可上浮 50%**，各省、自治区、直辖市人民政府可根据本地区实际情况在此幅度内确定具体定额标准。

（2）重点群体创业就业

① 建档立卡贫困人口、持《就业创业证》（注明"自主创业税收政策"或"毕业年度内自主创业税收政策"）或《就业失业登记证》（注明"自主创业税收政策"）的人员从事个体经营的，自办理个体工商户登记当月起，在 **3 年内**（36 个月）按每户每年 12 000 元为限额依次扣减其当年实际应缴纳的增值税、城市维护建设税、教育费附加、地方教育附加和个人所得税。限额标准**最高可上浮 20%**。各省、自治区、直辖市人民政府可根据本地区实际情况在此幅度内确定具体限额标准。

② 企业招用建档立卡贫困人口，以及在人力资源社会保障部门公共就业服务机构登记失业半年以上且持《就业创业证》或《就业失业登记证》（注明"企业吸纳税收政策"）的人员，与其签订 1 年以上期限劳动合同并依法缴纳社会保险费的，自签订劳动合同并缴纳社会保险当月起，在 **3 年内**按实际招用人数予以定额依次扣减增值税、城市维护建设税、教育费附加、地方教育附加和企业所得税优惠。定额标准为每人每年 **6 000 元**，最高可上浮 30%，各省、自治区、直辖市人民政府可根据本地区实际情况在此幅度内确定具体定额标准。

🎯 **敲黑板**

纳税人年度应纳税额小于扣减限额的，减免税额以其实际缴纳的税款为限；大于扣减限额的，以扣减限额为限。纳税人的实际经营期不足 1 年的，应当按月换算其减免税限额。

4. 金融企业贷款

金融企业发放贷款后，自结息日起 **90 日内**发生的应收未收利息按现行规定缴纳增值税，自结息日起 **90 日后**发生的应收未收利息暂不缴纳增值税，待实际收到利息时按规定缴纳增值税。

5. 个人转让其购买的住房

表 4-18　　　　　　　　　　　　　　　个人转让其购买的住房

项目性质	地点	住房类型	申报纳税
住房 （购入不足 2 年）	全国	普通住宅	增值税 = **出售全额** ÷（1+5%）× 5%
		非普通住宅	

（续表）

项目性质	地点	住房类型	申报纳税
住房 （购入超过2年）	北上广深	非普通住宅	增值税＝**转让差额**÷（1+5%）×5%
		普通住宅	免税
	其他地区	普通住宅	免税
		非普通住宅	

深圳市自 2020 年 7 月 15 日起、上海市自 2021 年 1 月 22 日起、广州市 9 个区自 2021 年 4 月 21 日起，将个人住房转让增值税征免年限**由 2 年调整到 5 年**。

【例 4-50·多选题·2019】根据增值税法律制度的规定，下列各项中，免征增值税的有（　　）。

A.婚姻介绍所提供的婚姻介绍服务　　　　B.医疗机构提供医疗服务

C.电信公司提供语音通话服务　　　　　　D.科研机构进口直接用于科学研究的仪器

【答案】ABD

【解析】选项 C，属于基础电信服务，适用 9% 税率；选项 ABD，属于免征增值税的范围。

【例 4-51·判断题·2019】个人销售自建自用住房，应缴纳增值税。（　　）

【答案】×

【解析】个人销售自建自用住房，免征增值税。

【例 4-52·多选题·2018】根据增值税法律制度的规定，下列服务中，免征增值税的有（　　）。

A.学生勤工俭学提供的服务　　　　　　　B.残疾人福利机构提供的育养服务

C.婚姻介绍所提供的婚姻介绍服务　　　　D.火葬场提供的殡葬服务

【答案】ABCD

【解析】选项 ABCD 都属于免征增值税的范围。

（三）跨境行为免征增值税的政策规定

（1）境内的单位和个人销售的服务和无形资产。

境内的单位和个人销售的下列服务和无形资产免征增值税，但财政部和国家税务总局规定适用增值税零税率的除外：

①工程项目在境外的建筑服务。

②工程项目在境外的工程监理服务。

③工程、矿产资源在境外的工程勘察勘探服务。

④会议展览地点在境外的会议展览服务。

⑤存储地点在境外的仓储服务。

⑥标的物在境外使用的有形动产租赁服务。

⑦在境外提供的广播影视节目（作品）的播映服务。

⑧在境外提供的文化体育服务、教育医疗服务、旅游服务。

（2）为出口货物提供的邮政服务、收派服务、保险服务。

（3）向境外单位提供的完全在境外消费的服务和无形资产如下：

①电信服务。

②知识产权服务。

③ 物流辅助服务（仓储服务、收派服务除外）。

④ 鉴证咨询服务。

⑤ 专业技术服务。

⑥ 商务辅助服务。

⑦ 广告投放地在境外的广告服务。

⑧ 无形资产。

（4）以无运输工具承运方式提供的国际运输服务。

（5）为境外单位之间的货币资金融通及其他金融业务提供的直接收费金融服务。
且该服务与境内的货物、无形资产和不动产无关。

（6）财政部和国家税务总局规定的其他服务。

（四）起征点

纳税人发生应税销售行为的销售额未达到增值税起征点的，免征增值税；达到起征点的，**全额计算**缴纳增值税。

增值税起征点的**适用范围限于个人，且不适用于登记为一般纳税人的个体工商户**。起征点的幅度规定如下：

（1）按期纳税的，为月销售额 5 000 ~ 20 000 元（含本数）。

（2）按次纳税的，为每次（日）销售额 300 ~ 500 元（含本数）。

【例 4-53·判断题·2021】增值税起征点适用于个体工商户。（   ）

【答案】×

【解析】增值税起征点不适用于登记为一般纳税人的个体工商户。

（五）小规模纳税人免税规定（2023 年调整）

自 2022 年 4 月 1 日至 2022 年 12 月 31 日，增值税小规模纳税人适用 3% 征收率的应税销售收入，免征增值税。适用 3% 预征率的预缴增值税项目，暂停预缴增值税。

（六）增值税期末留抵退税（2023 年新增）

行业	一般企业	小微企业、制造业等行业
起点	2019 年 4 月 1 日起	2019 年 6 月 1 日起
条件	①自 2019 年 4 月税款所属期起，连续 6 个月（按季纳税的，连续两个季度）**增量留抵税额均大于 0，且第六个月增量留抵税额不低于 50 万元**	增量留抵税额大于 0
	②纳税信用等级为 A 级或者 B 级。	
	③申请退税前 36 个月未发生骗取留抵退税、骗取出口退税或虚开增值税专用发票情形。	
	④申请退税前 36 个月未因偷税被税务机关处罚两次及以上。	
	⑤2019 年 4 月 1 日起未享受即征即退、先征后返（退）政策	
增量留抵税额	**与 2019 年 3 月 31 日相比新增加**的期末留抵税额	

（续表）

行业	一般企业	小微企业、制造业等行业
退税	允许退还的增量留抵税额＝增量留抵税额 × 进项税额构成比例 ×60%	允许退还的增量留抵税额＝增量留抵税额 × 进项构成比例 ×100% 允许退还的存量留抵税额＝存量留抵税额 × 进项构成比例 ×100%
进项税额构成比例	为 2019 年 4 月至申请退税前一税款所属期内已抵扣的增值税专用发票（含带有"增值税专用发票"字样全面数字化的电子发票，税控机动车销售统一发票）、收费公路通行费增值税电子普通发票，海关进口增值税专用缴款书、解缴税款完税凭证注明的增值税占同期全部已抵扣进项税的比重	
小微企业	小微企业、微型企业、小型企业（含个体工商户）	
制造业等行业	"制造业""科学研究和技术服务业""电力、热力、燃气及水生产和供应业""软件和信息技术服务业""生态保护和环境治理业"和"交通运输、仓储和邮政业"（以下称"制造业等行业"） 自 2022 年 7 月 1 日起，将制造业等行业扩大至"批发和零售业""农、林、牧、渔业""住宿和餐饮业""居民服务、修理和其他服务业""教育""卫生和社会工作"和"文化、体育和娱乐业"。 【提示】制造业等行业相应发生的增值税销售额占全部增值税销售额的比重超过 50% 的纳税人	

【例 4-54·单选题】2019 年 6 月 1 日起，制造业申请退还增量留抵税额需满足的条件之一是（　　）。

A. 自 2019 年 4 月 1 日起未享受即征即退、先征后返（退）政策

B. 申请退税前 24 个月未发生骗取留抵退税、出口退税、虚开增值税专用发票情形

C. 申请退税前 12 个月未因偷税被税务机关处罚两次及以上

D. 第 6 个月增量留抵税额不低于 50 万元

【答案】A

【解析】选项 ABCD，制造业享受期末留抵税额的退还政策，需满足以下条件：

（1）增量留抵税额大于零

（2）纳税信用等级为 A 级或者 B 级

（3）申请退税前 36 个月未发生骗取留抵退税、出口退税或虚开增值税专用发票情形

（4）申请退税前 36 个月未因偷税被税务机关处罚两次及以上

（5）自 2019 年 4 月 1 日起未享受即征即退、先征后返（退）政策

（七）其他减免税规定

（1）纳税人兼营免税、减税项目的，应当分别核算免税、减税项目的销售额；未分别核算销售额的，不得免税、减税。

（2）纳税人发生应税销售行为适用免税规定的，可以放弃免税，依照规定缴纳增值税。放弃免税后，36 个月内不得再申请免税。

（3）纳税人发生应税销售行为同时适用免税和零税率规定的，纳税人可以选择适用免税或者零税率。

【例 4-55·单选题·2018】根据增值税法律制度的规定，纳税人销售货物适用免税规定的，可以放弃免税。放弃免税后，在一定期限内不得再申请免税。该期限为（　　）个月。

A. 36　　　　　　　B. 48　　　　　　　C. 42　　　　　　　D. 54

【答案】A

【解析】纳税人销售货物或者应税劳务适用免税规定的，可以放弃免税，依照《增值税暂行条例》的规定缴纳增值税。放弃免税后，36个月内不得再申请免税。

七、增值税征收管理★★

（一）纳税义务发生时间

表4-19　　　　　　　　　　　　　　　　　　增值税纳税义务发生时间

规定	销售货物的方式	纳税义务发生时间
一般规定	发生应税销售行为	为收讫销售款项或者取得索取销售款项凭据的当天。先开具发票的，为开具发票的当天
	进口货物	为报关进口的当天
	扣缴义务	纳税义务发生的当天
具体规定	直接收款	不论货物是否发出，均为收到销售款或者取得索取销售款凭据的当天
	托收承付和委托银行收款	为发出货物并办妥托收手续的当天
	赊销和分期收款	为书面合同约定的收款日期的当天，无书面合同的或者书面合同没有约定收款日期的，为货物发出的当天
	预收货款	为货物发出的当天，但生产销售生产工期超过12个月的大型机械设备、船舶、飞机等货物，为收到预收款或者书面合同约定的收款日期的当天
	委托其他纳税人代销货物	收到代销单位的代销清单、收到全部或者部分货款的当天；未收到代销清单及货款的，为发出代销货物满180天的当天
	其他视同销售货物	为货物移送的当天
	租赁服务采取预收款方式	为收到预收款的当天
	金融商品转让	为金融商品所有权转移的当天
	视同销售劳务、服务、无形资产或不动产	为劳务、服务、无形资产转让完成的当天或不动产权属变更的当天

【例4-56·多选题·2021】根据增值税法律制度的规定，下列关于增值税纳税义务发生时间的表述中，正确的有（　　）。

A. 纳税人进口货物的，为报关进口的当天

B. 纳税人从事金融商品转让的，为收到销售款的当天

C. 纳税人提供租赁服务采取预收款方式的，为交付租赁物的当天

D. 纳税人采取委托银行收款方式销售货物的，为发出货物并办妥托收手续的当天

【答案】AD

【解析】选项B：纳税人从事金融商品转让的，增值税纳税义务发生时间为金融商品所有权转移的当天；选项C：纳税人提供租赁服务采取预收款方式，增值税纳税义务发生时间为收到预收款的当天。

【例 4-57·单选题·2019】根据增值税法律制度的规定，下列关于增值税纳税义务发生时间的表述中，正确的是（　　）。

　　A. 委托他人代销货物的，为货物发出的当天

　　B. 从事金融商品转让的，为金融商品所有权转移的当天

　　C. 采用预收货款方式销售货物，货物生产工期不超过 12 个月的，为收到预收款的当天

　　D. 采取直接收款方式销售货物的，为货物发出的当天

【答案】B

【解析】选项 A：委托其他纳税人代销货物，纳税义务发生时间为收到代销单位的代销清单、收到全部或者部分货款的当天；未收到代销清单及货款的，为发出代销货物满 180 天的当天。选项 C：采用预收货款方式销售货物，货物生产工期不超过 12 个月的，为货物发出的当天。选项 D：采取直接收款方式销售货物的，不论货物是否发出，均为收到销售款或者取得索取销售款凭证的当天。

【例 4-58·判断题·2018】增值税扣缴义务发生时间为纳税人增值税纳税义务发生的当天。（　　）

【答案】√

（二）纳税期限

增值税的纳税期限分别为 1 日、3 日、5 日、10 日、15 日、1 个月或者 1 个季度。纳税人具体纳税期限，由主管税务机关根据纳税人应纳税额的大小分别核定，不能按照固定期限纳税的，可以按次纳税。

以 **1 个季度**为纳税期限的规定适用于**小规模纳税人、银行、财务公司、信托投资公司、信用社**，以及财政部和国家税务总局规定的其他纳税人。

纳税人以 1 个月或者 1 个季度为 1 个纳税期的，自期满之日起 15 日内申报纳税；以 1 日、3 日、5 日、10 日或者 15 日为 1 个纳税期的，自期满之日起 5 日内预缴税款，于次月 1 日起 15 日内申报纳税并结清上月应纳税款。

扣缴义务人解缴税款的期限，按照上述规定执行。

纳税人进口货物，应当自海关填发海关进口增值税专用缴款书之日起 **15 日**内缴纳税款。

【例 4-59·判断题·2018】银行增值税的纳税期限为 1 个月。（　　）

【答案】×

【解析】银行增值税的纳税期限为 1 个季度。

（三）纳税地点

表 4-20　　　　　　　　　　　　　　　　增值税纳税地点

纳税人类型	纳税地点
固定业户	①应当向其**机构所在地**的主管税务机关申报纳税。 ②总机构和分支机构不在同一县（市）的，**应当分别**向各自所在地的主管税务机关申报纳税。经批准，可由总机构汇总向总机构所在地申报纳税。 ③固定业户到外县（市）销售货物或者劳务，应当向其机构所在地主管税务机关报告外出经营事项，并向其**机构所在地**主管税务机关申报纳税；未报告的，应当向**销售地或劳务发生地**的主管税务机关申报纳税；未向销售地或者劳务发生地的主管税务机关申报纳税的，由其**机构所在地**主管税务机关补征税款

（续表）

纳税人类型	纳税地点
非固定业户	① 应当向销售地或者劳务发生地的税务机关申报纳税。 ② 未向销售地或劳务发生地的税务机关申报纳税的，由其机构所在地或居住地的主管税务机关补征税款
进口货物	向报关地海关申报纳税
其他个人	其他个人提供建筑服务，销售或者租赁不动产，转让自然资源使用权，应向建筑服务发生地、不动产所在地、自然资源所在地税务机关申报纳税
扣缴义务人	应当向扣缴义务人机构所在地或者居住地主管税务机关申报缴纳其扣缴税款

【例 4-60·单选题·2019】李某户籍所在地在 Q 市，居住地在 L 市，工作单位在 M 市。2018年 9 月李某将位于 N 市的住房出售，则出售该住房增值税的纳税地点是（　　）。

A. Q 市税务机关　　　　　　　　　　B. L 市税务机关

C. M 市税务机关　　　　　　　　　　D. N 市税务机关

【答案】D

【解析】其他个人销售不动产，应向不动产所在地税务机关申报纳税。

【例 4-61·多选题·2018】根据增值税法律制度的规定，下列关于固定业户纳税地点的表述中，不正确的有（　　）。

A. 销售商标使用权，应当向商标使用权购买方所在地税务机关申报纳税

B. 销售采矿权，应当向矿产所在地税务机关申报纳税

C. 销售设计服务，应当向设计服务发生地税务机关申报纳税

D. 销售广告服务，应当向机构所在地税务机关申报纳税

【答案】ABC

【解析】固定业户应当向其机构所在地税务机关申报纳税。其中选项 B 如果是"其他个人"转让自然资源使用权应当向自然资源所在地税务机关申报纳税，固定业户依旧向其机构所在地税务机关申报纳税。

八、增值税专用发票使用规定 ★★

（一）增值税专用发票的联次及用途

（1）发票联，作为购买方核算采购成本和增值税进项税额的记账凭证。

（2）抵扣联，作为购买方报送主管税务机关认证和留存备查的扣税凭证。

（3）记账联，作为销售方核算销售收入和增值税销项税额的记账凭证。

【例 4-62·单选题·2018】根据增值税法律制度的规定，下列关于增值税专用发票记账联用途的表述中正确的是（　　）。

A. 作为购买方报送税务机关认证和留存备查的扣税凭证

B. 作为销售方核算销售收入和增值税销项税额的记账凭证

C. 作为购买方核算采购成本的记账凭证

D. 作为购买方核算增值税进项税额的记账凭证

【答案】B

【解析】记账联，作为销售方核算销售收入和增值税销项税额的记账凭证。

（二）增值税一般纳税人有下列情形之一的，不得领购开具专用发票

（1）**会计核算不健全**，不能向税务机关准确提供增值税销项税额、进项税额、应纳税额数据及其他有关增值税税务资料的。

（2）有《税收征管法》规定的**税收违法行为**，**拒不接受**税务机关处理的。

（3）有下列行为之一，经税务机关**责令限期改正而仍未改正**的：

① 虚开增值税专用发票；

② 私自印制专用发票；

③ 向税务机关以外的单位和个人购买专用发票；

④ 借用他人专用发票；

⑤ 未按规定开具专用发票；

⑥ 未按规定保管专用发票和专用设备；

⑦ 未按规定申请办理防伪税控系统变更发行；

⑧ 未按规定接受税务机关检查。

（三）专用发票的使用管理

1. 专用发票的开票限额

专用发票实行最高开票限额管理，最高开票限额，是指单份专用发票开具的销售额合计数不得达到的上限额度。最高开票限额由一般纳税人申请，**区县**税务机关依法审批。主管税务机关受理纳税人申请以后，根据需要进行实地查验，实地查验的范围和方法由各省税务机关确定。自2014年5月1日起，一般纳税人申请增值税专用发票最高开票限额**不超过10万元**的，主管税务机关**不需要**事前进行实地查验。

2. 专用发票的开具范围

下列不得开具增值税专用发票的情形：

（1）商业企业一般纳税人零售的烟、酒、食品、服装、鞋帽（**不含劳保用品**）、化妆品等消费品。

（2）应税销售行为的**购买方为消费者个人**的。

（3）发生应税销售行为适用**免税**规定的。

3. 开具专用发票的要求

（1）项目齐全，与实际交易相符。

（2）字迹清楚，不得压线、错格。

（3）发票联和抵扣联加盖财务专用章或者发票专用章。

（4）按照增值税纳税义务的发生时间开具。

【例4-63·单选题·2018】根据增值税法律制度的规定，一般纳税人发生的下列行为中，可以开具增值税专用发票的是（   ）。

A. 律师事务所向消费者个人提供咨询服务　　B. 生产企业向一般纳税人销售货物

C. 商业企业向消费者个人零售食品　　D. 书店向消费者个人销售图书

【答案】B

【解析】应税销售行为的购买方为消费者个人的，不得开具增值税专用发票。但是生产企业

向一般纳税人销售货物可以开具增值税专用发票。

九、增值税出口退税制度

（一）适用增值税退（免）税政策范围

1. 出口企业出口货物。
2. 出口企业或其他单位视同出口货物。
3. 出口企业对外提供加工修理修配劳务。
4. 增值税一般纳税人提供零税率应税服务。

（二）增值税退（免）税办法

办法	政策	适用
免抵退税办法	①免征增值税。 ②相应的进项税额抵减应纳增值税额。 ③未抵减完的部分予以退还	①生产企业出口自产货物和视同自产货物及对外提供加工修理修配劳务，以及财政部通知列明的生产企业出口非自产货物。 ②外贸企业直接将服务或自行研发的无形资产出口，视同生产企业
免退税办法	①免征增值税。 ②退还相应进项税	不具有生产能力的出口企业或其他单位出口货物劳务

（三）增值税出口退税率

1. 一般规定

我国出口退税率分为 5 档：13%、10%、9%、6% 和零税率。

2. 特殊规定

（1）外贸企业购进按简易办法征税的出口货物、从小规模纳税人购进的出口货物，其退税率分别为简易办法实际执行的征收率、小规模纳税人征收率。

（2）出口企业委托加工修理修配货物，其加工修理修配费用的退税率，为出口货物的退税率。

（3）适用不同退税率的货物、劳务以及跨境应税行为，应分开报关、核算并申报退（免）税。未分开报关、核算或划分不清的，从低适用退税率。

（四）增值税退（免）税计税依据

1. 出口货物劳务的增值税退（免）税的计税依据

按出口货物劳务的出口发票（外销发票）、其他普通发票或购进出口货物劳务的增值税专用发票、海关进口增值税专用缴款书确定。

2. 跨境应税行为的退（免）税计税依据

（1）实行免抵退税办法的退（免）税计税依据。

①以铁路运输方式载运旅客的，为按照铁路合作组织清算规则清算后的实际运输收入。

②以铁路运输方式载运货物的，为按照铁路运输进款清算办法，对"发站"或"到站（局）"名称包含"境"字的货票上注明的运输费用以及直接相关的国际联运杂费清算后的实际运输

收入。

③以航空运输方式载运货物或旅客的，如果国际运输或港澳台运输各航段由多个承运人承运的，为中国航空结算有限责任公司清算后的实际收入。如果国际运输或港澳台运输各航段由一个承运人承运的，为提供航空运输服务取得的收入。

④其他实行免抵退税办法的增值税零税率应税服务，为提供增值税零税率应税服务取得的收入。

（2）实行免退税办法的退（免）税计税依据

为购进应税服务的增值税专用发票或解缴税款的中华人民共和国税收缴款凭证上注明的金额。

第三节 消费税法律制度

一、消费税纳税人 ★★

在中华人民共和国境内生产、委托加工和进口《中华人民共和国消费税暂行条例》（以下简称《消费税暂行条例》）规定的消费品的单位和个人，以及国务院确定的销售《消费税暂行条例》规定的消费品的其他单位和个人，为消费税的纳税人。

消费税是在对所有货物普遍征收增值税的基础上选择少量消费品征收的，因此，消费税纳税人同时也是增值税纳税人。

二、消费税税目和税率 ★★

目前消费税税目包括烟、酒、高档化妆品等 15 类商品，即消费税有 15 个税目，有的税目还下设若干子目。（见表 4-22）。

表 4-22　　　　　　　　　　　　　　消费税税目和税率

税目	税率	说明
1. 烟 （1）卷烟 ①甲类卷烟	56%+0.003 元/支（生产环节）	
②乙类卷烟	36%+0.003 元/支（生产环节）	①调拨价（不含增值税）≥70元/条的，为甲类卷烟；调拨价（不含增值税）<70元/条的，为乙类卷烟。
③批发环节 （2）雪茄烟 （3）烟丝 （4）电子烟	11%+0.005 元/支 36% 30% （1）生产（进口）环节36% （2）批发环节11%	②每标准条=200支，1箱=250条

（续表）

税目	税率	说明
2. 酒 （1）白酒 （2）黄酒 （3）啤酒 ①甲类啤酒 ②乙类啤酒 （4）其他酒	20%+0.5元/500g 240元/吨 250元/吨 220元/吨 10%	① 饮食业、商业、娱乐业举办的啤酒屋（啤酒坊）利用啤酒生产设备生产的啤酒，应按啤酒征收消费税。 ② 对以黄酒为酒基生产的配制或泡制酒，按其他酒征收消费税。 ③ 调味料酒不属于消费税的征税范围
3. 高档化妆品	15%	① 含高档美容、修饰类化妆品、高档护肤类化妆品和成套化妆品。高档美容、修饰类化妆品和高档护肤类化妆品，是指生产（进口）环节销售（完税）价格（不含增值税）在10元/毫升（克）或15元/片（张）及以上的美容、修饰类化妆品和护肤类化妆品。 ② 不含舞台、戏剧、影视化妆用的上妆油、卸妆油、油彩
4. 贵重首饰及珠宝玉石 （1）金银首饰、铂金首饰和钻石及钻石饰品 （2）其他贵重首饰和珠宝玉石	 5% 10%	宝石坯是经采掘、打磨、初级加工的珠宝玉石半成品，对宝石坯应按规定征收消费税
5. 鞭炮、焰火	15%	不含体育用的发令纸、鞭炮药引线
6. 成品油 （1）汽油 （2）柴油 （3）航空煤油 （4）石脑油 （5）溶剂油 （6）润滑油 （7）燃料油	 1.52元/升 1.2元/升 1.2元/升 1.52元/升 1.52元/升 1.52元/升 1.2元/升	催化料、焦化料属于燃料油的征收范围，应当征收消费税
7. 小汽车（四轮或以上） （1）乘用车 ①气缸容量≤1.0升以下的 ②气缸容量>1.0升≤1.5升的 ③气缸容量>1.5升≤2.0升的 ④气缸容量>2.0升≤2.5升的 ⑤气缸容量>2.5升≤3.0升的 ⑥气缸容量>3.0升≤4.0升的 ⑦气缸容量>4.0升以上的 （2）中轻型商用客车 （3）超豪华小汽车（零售环节）	 1% 3% 5% 9% 12% 25% 40% 5% 10%	① 电动汽车以及沙滩车、雪地车、卡丁车、高尔夫球车等均不属于本税目征税范围，不征消费税。 ② 对于购进乘用车和中轻型商用客车整车改装生产的汽车，应按规定征收消费税。 ③ 对于企业购进货车或厢式货车改装生产的商务车、卫星通信车等专用汽车不属于消费税的征税范围，不征收消费税

（续表）

税目	税率	说明
8. 摩托车（包括2轮或3轮） （1）气缸容量在 = 250ml （2）气缸容量在 > 250ml 以上的	3% 10%	—
9. 高尔夫球及球具	10%	包括高尔夫球、高尔夫球杆、高尔夫球包（袋）、高尔夫球杆的杆头、杆身和握把
10. 高档手表	20%	不含增值税售价每只在1万元（含）以上的手表为高档手表
11. 游艇	10%	游艇是指长度大于8米小于90米的机动艇。
12. 木制一次性筷子	5%	又称卫生筷子，以木材为原材料且制成后一次性使用，含未经打磨、倒角的木制一次性筷子
13. 实木地板	5%	含各类规格的实木地板、实木指接地板、实木复合地板及用于装饰墙壁、天棚的侧端面为榫、槽的实木装饰板，以及未经涂饰的素板
14. 电池	4%	对无汞原电池、金属氢化物镍蓄电池（又称"氢镍蓄电池"或"镍氢蓄电池"）、锂原电池、锂离子蓄电池、太阳能电池、燃料电池和全钒液流电池免征消费税
15. 涂料	4%	对施工状态下挥发性有机物含量低于420g/L（含）的涂料免征消费税

从高适用税率的情形：

（1）纳税人兼营不同税率的应税消费品，应当分别核算不同税率应税消费品的销售额、销售数量。**未分别核算销售额、销售数量，从高**适用税率。

（2）纳税人将不同税率的应税消费品**组成成套消费品销售**的，**从高**适用税率。

【例 4-64·单选题·2020】根据消费税法律制度的规定，下列车辆属于应税小汽车征税范围的是（　　）。

A. 电动汽车

B. 高尔夫车

C. 用中轻型商用客车底盘改装的中轻型商用客车

D. 雪地车

【答案】C

【解析】对于购进乘用车和中轻型商用客车整车改装生产的汽车，征收消费税。沙滩车、雪地车、卡丁车、高尔夫车不属于消费税征收范围，不征收消费税。电动汽车不属于小汽车税目征收范围。

【例 4-65·多选题·2019】根据消费税法律制度的规定，下列各项中属于消费税征税范围的有（　　）。

A. 黄酒　　　　　　B. 调味料酒　　　　　　C. 白酒　　　　　　D. 啤酒

【答案】ACD

【解析】调味料酒不属于消费税应税项目，不征消费税。

【例4-66·多选题·2018】根据消费税法律制度的规定，下列各项中征收消费税的有（ ）。

A.晾晒烟叶　　　　 B.批发烟叶　　　　 C.生产烟丝　　　　 D.生产卷烟

【答案】CD

【解析】烟包括卷烟、雪茄烟和烟丝。烟叶不属于消费税应税项目，不征收消费税。

【例4-67·多选题·2017】下列各项中，应按照"高档化妆品"税目计缴消费税的有（ ）。

A.高档护肤类化妆品　　　　　　　　B.成套化妆品

C.高档修饰类化妆品　　　　　　　　D.高档美容类化妆品

【答案】ABCD

【解析】高档化妆品包含高档美容、修饰类化妆品，高档护肤类化妆品和成套化妆品。

三、消费税征税范围 ★★★

根据《消费税暂行条例》及其实施细则的规定，消费税的征收范围具体如表4-23所示。

表4-23　　　　　　　　　　　　　　　　消费税的征税范围

征税范围	具体规定
生产应税消费品	（1）纳税人生产的应税消费品，于纳税人销售时纳税。 （2）纳税人自产自用的应税消费品，用于连续生产应税消费品的，不纳税；用于其他方面的（例如，用于管理部门、非生产机构、馈赠、赞助、集资等），于移送使用时纳税。 （3）工业企业以外的单位和个人的下列行为视为应税消费品的生产行为，按规定征收消费税： ①将外购的消费税非应税产品以消费税应税产品对外销售的； ②将外购的消费税低税率应税产品以高税率应税产品对外销售的
委托加工应税消费品	（1）委托加工应税消费品，是指委托方提供原料和主要材料，受托方只收取加工费和代垫部分辅助材料加工的应税消费品。 （2）以下情况不属于委托加工应税消费品： ①由受托方提供原材料生产的应税消费品； ②受托方先将原材料卖给委托方，再接受加工的应税消费品； ③由受托方以委托方名义购进原材料生产的应税消费品。 🎯敲黑板　符合委托加工条件的，消费税的纳税人是委托方；不符合委托加工条件的，相当于受托方销售自制消费品，消费税的纳税人是受托方。 （3）委托加工应税消费品，除受托方为个人外，由受托方在向委托方交货时代收代缴税款。委托个人加工的应税消费品，由委托方收回后缴纳消费税。 （4）委托加工的应税消费品，委托方用于连续生产应税消费品的，所纳税款准予按规定抵扣。 （5）委托方将收回的应税消费品，以不高于受托方计税价格直接销售的，不再缴纳消费税。高于受托方计税价格销售的，需计算缴纳消费税，并可在符合条件的前提下，抵扣该消费品委托加工环节被代收的消费税
进口应税消费品	收货人或办理报关手续的单位和个人为消费税的纳税人，在报关进口时缴纳消费税，进口环节缴纳的消费税由海关代征

（续表）

征税范围	具体规定
零售应税消费品	（1）**商业零售金银首饰**。下列业务视同零售业，在零售环节缴纳消费税： ① 为经营单位以外的单位和个人加工金银首饰。加工包括带料加工、翻新改制、以旧换新等业务，不包括修理和清洗。 ② 经营单位将金银首饰用于馈赠、赞助、集资、广告样品、职工福利、奖励等方面。 ③ 未经中国人民银行总行批准，经营金银首饰批发业务的单位将金银首饰销售给经营单位。 🎯**敲黑板** 改在零售环节征收消费税的金银首饰仅限于金基、银基合金首饰以及金、银和金基、银基合金的镶嵌首饰、钻石及钻石饰品。 （2）**零售超豪华小汽车**。对每辆零售价格130万元（不含增值税）及以上的乘用车和中轻型商用客车，在生产（进口）环节按现行税率征收消费税的基础上，在零售环节**加征消费税**
批发销售卷烟和电子烟	（1）烟草批发企业将卷烟销售给其他烟草批发企业的，不缴纳消费税。 （2）卷烟消费税改为在生产和批发两个环节征收后，批发企业在计算应纳税额时不得扣除已含的生产环节的消费税税款。 （3）纳税人兼营卷烟批发和零售业务的，应当分别核算批发和零售环节的销售额、销售数量。未分别核算批发和零售环节销售额、销售数量的，按照全部销售额、销售数量计征批发环节消费税

【例 4-68·多选题·2021】根据消费税法律制度的规定，下列情形中，应征收消费税的有（　　），

A. 金店零售金银首饰　　　　　　　　　　B. 连锁超市零售电池

C. 商场零售高档手表　　　　　　　　　　D. 汽车经销商零售超豪华小汽车

【答案】AD

【解析】选项A："金银铂钻"在零售环节征收消费税；选项D：超豪华小汽车在生产（进口）环节按现行税率征收消费税基础上，在零售环节加征消费税。选项BC，电池和高档手表在生产、委托加工和进口环节缴纳消费税。

【例 4-69·多选题·2021】根据消费税法律制度的规定，甲化妆品厂自产高档化妆品的下列用途中，应征收消费税的有（　　）。

A. 移送用于连续生产高档化妆品　　　　　B. 用于广告

C. 用于职工福利　　　　　　　　　　　　D. 用于馈赠客户

【答案】BCD

【解析】纳税人自产的应税消费品，用于连续生产应税消费品的（选项A），移送时不缴纳消费税；凡用于其他方面的（选项BCD），于移送时缴纳消费税。

【例 4-70·单选题·2019】根据消费税法律制度的规定，下列各项中，属于消费税纳税人的是（　　）。

A. 白酒批发商　　　　　　　　　　　　　B. 卷烟生产商

C. 钻石进口商　　　　　　　　　　　　　D. 高档化妆品零售商

【答案】B

【解析】选项 A，只有卷烟在批发环节缴纳消费税；选项 C，钻石在零售环节缴纳消费税。选项 D，高档化妆品在生产或进口环节缴纳消费税。

【例 4-71·多选题·2020】根据消费税法律制度的规定，下列情形中，应缴纳消费税的有（　　）。

　　A.卷烟厂将自产的卷烟用于个人消费

　　B.化妆品厂将自产的高档化妆品赠送给客户

　　C.酒厂将自产的啤酒赞助啤酒节

　　D.地板厂将自产的实木地板用于办公室装修

【答案】ABCD

【解析】根据消费税的相关规定，选项 ABCD 相当于视同销售行为，都应当缴纳消费税。

【例 4-72·多选题·2019】根据消费税法律制度的规定，下列情形中，属于消费税征税范围的有（　　）。

　　A.甲服装厂生产销售服装

　　B.丙烟草批发企业将卷烟销售给其他烟草批发企业

　　C.丁商场零售金银首饰

　　D.乙汽车贸易公司进口小汽车

【答案】CD

【解析】选项 A，服装不是消费税应税消费品，生产销售服装不缴纳消费税。选项 B，卷烟批发企业之间销售的卷烟不缴纳消费税。

【例 4-73·判断题·2016】委托加工的应税消费品，除受托方为个人之外，应由受托方在向委托方交货时代收代缴消费税。（　　）

【答案】√

四、消费税应纳税额的计算★★★

（一）计税方式

表 4-24　　　　　　　　　　　消费税计征方式

计算方式	适用项目	应纳税额的计算方法
从价定率	适用从量计征、复合计征以外的其他项目	应纳税额＝销售额×比例税率
从量定额	啤酒、黄酒、成品油	应纳税额＝销售数量×定额税率
复合计征	卷烟、白酒	应纳税额＝销售额×比例税率＋销售数量×定额税率

【例 4-74·单选题·2020】根据消费税法律制度的规定，下列各项中，进口时从量计征消费税的是（　　）。

　　A.红酒　　　　　B.啤酒　　　　　C.摄像机　　　　　D.摩托车

【答案】B

【解析】啤酒进口时从量计征消费税，选项 B 正确。选项 A 从价计征，选项 D 从价计征，选项 C 不征消费税。

【例 4-75·多选题·2018】根据消费税制度的规定，下列应税消费品中，采取比例税率和定额税率复合征收形式的有（ ）。

A.白酒   B.雪茄烟   C.卷烟   D.黄酒

【答案】AC

【解析】选项 AC，卷烟和白酒采取复合征收方式征收消费税；选项 B，雪茄烟采取从价定率方式征收消费税；选项 D，黄酒采取从量定额方式征收消费税。

（二）计税依据的判定

1.销售额的确定

（1）销售额，是指为纳税人销售应税消费品向购买方收取的**全部价款和价外费用，不包括应向购买方收取的增值税税款**。

（2）价外费用，是指价外向购买方收取的手续费、补贴、基金、集资费、返还利润、奖励费、违约金、滞纳金、延期付款利息、赔偿金、代收款项、代垫款项、包装费、包装物租金、储备费、优质费、运输装卸费以及其他各种性质的价外收费。

但下列项目**不包括**在销售额内：

① 同时符合以下条件的代垫运输费用：承运部门的运输费用发票开具给购买方的；纳税人将该项发票转交给购买方的。

② 同时符合以下条件代为收取的政府性基金或者行政事业性收费：由国务院或者财政部批准设立的政府性基金，由国务院或者省级人民政府及其财政、价格主管部门批准设立的行政事业性收费；收取时开具省级以上财政部门印制的财政票据；所收款项全额上缴财政。

（3）含增值税销售额的换算：

应税消费品的销售额 = 含增值税的销售额 ÷（1+ 增值税税率或征收率）

🎯**敲黑板**

> 消费税的纳税人同时又是增值税一般纳税人的，应适用 13% 的增值税税率；如果消费税的纳税人是增值税小规模纳税人，应适用 3% 的征收率。

【例 4-76·单选题·2019 改编】2019 年 5 月甲药酒厂生产 240 吨药酒，对外销售 140 吨，取得不含增值税销售额 1 000 万元，增值税税额 130 万元。甲药酒厂当月销售药酒计算消费税的计税依据为（ ）。

A.1 000 万元   B.1 130 万元   C.240 吨   D.140 吨

【答案】A

【解析】药酒从价计征消费税，销售额是纳税人销售应税消费品向购买方收取的全部价款和价外费用。不包括向购买方收取的增值税税款。故选项为 A。

【例 4-77·单选题·2019】甲公司为增值税小规模纳税人，2018 年 10 月销售自产葡萄酒，取得含增值税销售额 150 174 元。已知增值税征收率为 3%；葡萄酒消费税税率为 10%。计算甲公司当月该笔业务应缴纳消费税税额的下列算式中，正确的是（ ）。

A.150 174×（1-10%）×10% = 13 515.66（元）

B.150 174÷（1-10%）×10% = 16 686（元）

C. 150 174 ÷（1+3%）× 10% = 14 580（元）

D. 150 174 × 10% = 15 017.4（元）

【答案】C

【解析】增值税小规模纳税人在计算消费税时，增值税价税分离适用征收率。所以，应缴纳的消费税 = 含增值税的销售额 ÷（1+ 征收率）× 消费税税率 = 150 174 ÷（1+3%）× 10% = 14 580（元）。

2. 销售数量的确定

销售数量，是指纳税人生产、加工和进口应税消费品的数量。具体规定为：

（1）销售应税消费品的，为应税消费品的**销售数量**。

（2）自产自用应税消费品的，为应税消费品的**移送使用数量**。

（3）委托加工应税消费品的，为纳税人**收回的应税消费品数量**。

（4）进口应税消费品的，为海关核定的应税消费品**进口征税数量**。

【例 4-78·多选题·2021】根据消费税法律制度的规定，下列关于从量计征消费税计税依据的表述中，正确的有（　　）。

A. 销售应税消费品的，为应税消费品的销售数量

B. 进口应税消费品的，为海关核定的应税消费品进口征税数量

C. 委托加工应税消费品的，为纳税人收回的应税消费品数量

D. 自产自用应税消费品的，为应税消费品的移送使用数量

【答案】ABCD

【解析】从量计征消费税的计税依据：

（1）销售应税消费品的，为应税消费品的销售数量；

（2）自产自用应税消费品的，为应税消费品的移送使用数量；

（3）委托加工应税消费品的，为纳税人收回的应税消费品数量；

（4）进口应税消费品的，为海关核定的应税消费品进口征税数量。

【例 4-79·单选题·2022】甲石化公司 2021 年 11 月生产汽油 6 000 吨，其中 5 000 吨对外销售，20 吨属于本单位车辆使用，50 吨属于赞助其他单位，已知汽油 1 吨 =1 388 升，汽油消费税税率为 1.52 元 / 升，该石化公司应交消费税税额的算式为（　　）。

A. 6 000 × 1 388 × 152

B.（5 000+20+50）× 1 388 × 1.52

C.（5 000+50）× 1 388 × 1.52

D.（5 000+20）× 1 388 × 1.52

【答案】B

【解析】纳税人将自产自用的应税消费品用于生产非应税消费品、在建工程、管理部门、生产机构、提供劳务、馈赠、赞助、集资、广告、样品、职工福利、奖励等方面，于移送使用时缴纳消费税。该企业应缴纳消费税的算式为（5 000+20+50）× 1 388 × 1.52。

【例 4-80·单选题·2018 改编】2019 年 12 月，甲啤酒厂生产 150 吨啤酒，销售 100 吨，取得不含增值税销售额 30 万元，增值税税额 3.9 万元。甲啤酒厂当月销售啤酒消费税计税依据为（　　）。

A. 33.9 万元　　　　B. 30 万元　　　　C. 150 吨　　　　D. 100 吨

【答案】D

【解析】啤酒从量定额征收消费税。所以，生产啤酒以生产企业对外的销售数量作为计税依据。

【例 4-81·单选题·2018 改编】甲酒厂为增值税一般纳税人，2019 年 5 月销售白酒 50 吨，

取得含增值税销售额 3 390 000 元，已知增值税税率为 13%，白酒消费税比例税率为 20%，定额税率为 0.5 元 /500 克。计算甲酒厂当月应当缴纳消费税税额的下列计算式中，正确的是（　　）。

A. 3 390 000×20% = 678 000（元）

B. 3 390 000÷（1+13%）×20% = 600 000（元）

C. 3 390 000÷（1+13%）×20%+50×2 000×0.5 = 650 000（元）

D. 3 390 000×20%+50×2 000×0.5 = 728 000（元）

【答案】C

【解析】销售白酒复合征收消费税。所以，应纳消费税 = 不含增值税的销售额 × 比例税率 + 销售数量 × 定额税率 = 3 390 000÷（1+13%）×20%+50×2 000×0.5 = 650 000（元）。

3. 特殊情况下销售额和销售数量的确定

（1）纳税人应税消费品的计税价格明显偏低并无正当理由的，由税务机关核定计税价格。

（2）纳税人通过自设非独立核算门市部销售的自产应税消费品，应当按照门市部对外销售额或者销售数量征收消费税。

（3）纳税人用于换取生产资料和消费资料、投资入股和抵偿债务等方面的应税消费品，应当以纳税人同类应税消费品的最高销售价格作为计税依据计算消费税。

（4）白酒生产企业向商业销售单位收取的品牌使用费，属于应税白酒销售价款的组成部分，因此，不论企业采取何种方式或以何种名义收取价款，均应并入白酒的销售额中缴纳消费税。

（5）包装物押金的规定，见表 4-25。

表 4-25　　　　　　　　　　　增值税和消费税关于包装物押金规定的对比

项目	增值税相关规定		消费税相关规定	
	取得时	逾期未退没收或超过 12 个月时	取得时	逾期未退没收或超过 12 个月时
一般货物	不征税	征税	不征税	征税
啤酒、黄酒	不征税	征税	不征税	不征税
白酒、其他酒	征税	不征税	征税	不征税

🎓 名师说

增值税和消费税中就包装物押金的规定基本一致，但因为啤酒和黄酒的消费税是从量定额征税，与其销售价格无关，所以包装物押金是不影响啤酒和黄酒消费税应纳税额的计算的。

（6）金银首饰的特殊规定，见表 4-26。

表 4-26　　　　　　　　　　　金银首饰消费税计税依据的确定

销售方式	消费税计税依据的确定
采用以旧换新（含翻新改制）方式销售	按实际收取的不含增值税的全部价款确定计税依据征收消费税
既销售金银首饰，又销售非金银首饰	分别核算销售额。凡划分不清楚或不能分别核算的并在生产环节销售的，一律从高适用税率征收消费税；在零售环节销售的，一律按金银首饰征收消费税

（续表）

销售方式	消费税计税依据的确定
金银首饰与其他产品组成成套消费品销售的	按销售额全额征收消费税
金银首饰连同包装物销售的	无论包装是否单独计价，也无论会计上如何核算，均应并入金银首饰的销售额计征消费税
带料加工的金银首饰	视同委托加工。应按受托方销售同类金银首饰的销售价格确定计税依据征收消费税。没有同类金银首饰销售价格的，按照组成计税价格计算纳税

（7）纳税人生产、批发电子烟的，按照生产、批发电子烟的销售额计算纳税。电子烟生产环节纳税人采用代销方式销售电子烟的，按照经销商（代理商）销售给电子烟批发企业的销售额计算纳税。纳税人进口电子烟的，按照组成计税价格计算纳税。电子烟生产环节纳税人从事电子烟代加工业务的，应当分开核算持有商标电子烟的销售额和代加工电子烟的销售额。未分开核算的，一并缴纳消费税。

（8）纳税人销售的应税消费品，以人民币以外的货币结算销售额的，其销售额的人民币折合率可以选择销售额发生的当天或者当月1日的人民币汇率中间价。纳税人应在事先确定采取何种折合率，确定后1年内不得变更。

【例4-82·单选题·2022】甲化妆品厂为增值税一般纳税人，2021年10月以100箱自产W型高档化妆品与乙公司换取生产原料。当月甲化妆品厂W型高档化妆品含增值税平均售价5 650元/箱、最高售价5 876元/箱。已知增值税税率为13%，高档化妆品消费税税率为15%。计算甲化妆品厂当月该笔业务应缴纳消费税税额的下列算式中，正确的是（　　）。

A. 100×5 876×15%=88 140（元）

B. 100×5 876÷（1+13%）×15%=78 000（元）

C. 100×5 650÷（1+13%）×15%=75 000（元）

D. 100×5 650×15%=84 750（元）

【答案】B

【解析】（1）纳税人用于换取生产资料和消费资料，投资入股和抵偿债务等方面的应税消费品，应当以纳税人同类应税消费品的最高销售价格作为计税依据计算消费税，排除选项CD。（2）题中给出的价格均为含增值税的价格，因此需要价税分离，排除选项A。（3）甲化妆品厂当月该笔业务应缴纳消费税税额=100×5 876÷（1+13%）×15%=78 000（元）。

【例4-83·多选题·2021】甲酒厂为增值税一般纳税人，2019年8月销售白酒一批。在销售价款之外同时收取包装物租金、包装物押金、品牌使用费以及优质费等款项。甲酒厂收取的上述款项中，应计入白酒销售额计算缴纳消费税的有（　　）。

A. 品牌使用费　　　　B. 优质费　　　　C. 包装物租金　　　　D. 包装物押金

【答案】ABCD

【解析】（1）选项A：白酒生产企业向商业销售单位收取的"品牌使用费"，不论企业采取何种方式或以何种名义收取价款，均应并入白酒的销售额中缴纳消费税；（2）选项BC：实行从价定率及复合计税办法计征消费税的应税消费品，其销售额为纳税人销售应税消费品向购买方收取的全部价款和价外费用（包括但不限于包装物租金、优质费）；选项D：对酒类生产企业销售酒类产品（啤酒、黄酒除外）而收取的包装物押金，无论押金是否返还及会计上如何核算，均应在收取时并入酒类产品销售额，征收消费税。

【例 4-84·单选题·2021】甲酒厂为增值税一般纳税人，2019 年 11 月销售自产白酒 50 吨，取得不含增值税价款 2 200 000 元，同时收取包装物押金 45 200 元。当月不予退还 3 个月前销售自产白酒时收取的包装物押金 33 900 元。已知增值税税率为 13%；消费税比例税率为 20%，定额税率为 0.5 元 / 500 克；1 吨 =10 00 千克。计算甲酒厂当月上述业务应缴纳消费税税额的下列算式中，正确的是（　　）。

　　A.（2 200 000+45 200）×20% = 449040 元
　　B.（2 200 000+33 900）×20%+50×1000×2×0.5 = 496 780 元
　　C.［2 200 000+33 900÷（1+13%）］×20%+50×1 000×2×0.5 = 496 000 元
　　D.［2 200 000+45 200÷（1+13%）］×20%+50×1 000×2×0.5 = 498 000 元

【答案】D

【解析】对酒类生产企业销售酒类产品而收取的包装物押金，无论押金是否返还及会计上如何核算，均应并入酒类产品销售额，征收消费税。白酒的应纳税额 = 组成计税价格 × 比例税率 + 自产自用数量 × 定额税率 =［2 200 000+45 200÷（1+13%）］×20%+50×1 000×2×0.5 = 498 000 元。

【例 4-85·单选题·2021】甲摩托车厂为增值税一般纳税人，2019 年 8 月将一批自产气缸容量 250 毫升的摩托车移送至自设非独立核算门市部用于销售，出厂含增值税价为 50.85 万元，门市部对外销售了其中的 80%，取得含增值税销售额 67.8 万元。已知增值税税率为 13%，消费税税率为 3%，计算甲摩托车厂上述业务应缴纳消费税的下列算式中，正确的是（　　）。

　　A. 50.85×80%÷（1+13%）×3% = 1.08（万元）
　　B. 50.85÷（1+13%）×3% = 1.35（万元）
　　C. 67.8÷（1+13%）×3% = 1.8（万元）
　　D. 67.8×3% = 2.034（万元）

【答案】C

【解析】（1）纳税人通过自设非独立核算门市部销售的自产应税消费品，应当按照门市部对外销售额或者销售数量征收消费税，排除选项 AB；（2）销售额是纳税人销售应税消费品向购买方收取的全部价款和价外费用。不包括向购买方收取的增值税款。"67.8 万元"为含增值税销售额，要作价税分离处理，因此排除选项 D。

【例 4-86·单选题·2019】根据消费税法律制度的规定，企业发生下列事项，应根据企业同类应税消费品最高计税价格计征消费税的是（　　）。

　　A. 用于职工福利的自产高档化妆品
　　B. 用于运输车队的自产柴油
　　C. 用于抵偿债务的自产小汽车
　　D. 用于广告宣传的自产白酒

【答案】C

【解析】纳税人用于换取生产资料和消费资料、投资入股和抵偿债务等方面的应税消费品，应当以纳税人同类应税消费品的最高销售价格作为计税依据计算消费税。

（三）应纳税额的计算

1. 生产销售应纳消费税的计算

（1）从价定率计征：应纳税额 = 销售额 × 比例税率

（2）从量定额计征：应纳税额 = 销售数量 × 定额税率

（3）复合计征：应纳税额 = 销售额 × 比例税率 + 销售数量 × 定额税率

【例 4-87·单选题·2021】甲汽车经销商为增值税一般纳税人，2019 年 10 月零售超豪华小汽车 10 辆，取得含增值税销售额 2 034 万元，已知增值税税率为 13%，消费税税率为 10%。计算甲汽车经销商当月零售超豪华小汽车应缴纳消费税税额的下列算式中，正确的是（　　）。

  A. 2 034 ÷（1-10%）× 10% = 226（万元）

  B. 2 034 × 10% = 203.4（万元）

  C. 2 034 ÷（1+13%）÷（1-10%）× 10% = 200（万元）

  D. 2 034 ÷（1+13%）× 10% = 180（万元）

【答案】D

【解析】销售额是纳税人销售应税消费品向购买方收取的全部价款和价外费用。不包括向购买方收取的增值税税款。"2 034 万元"为含增值税销售额，应作价税分离处理，排除选项 AB；已经明确给出销售额，不涉及"（1-消费税税率）"，排除选项 C；选项 D 正确。

【例 4-88·单选题·2020】某化妆品厂 2019 年 7 月销售高档化妆品取得含税收入 46.09 万元，收取手续费 1.5 万元；另取得逾期包装物押金收入 1 万元。已知，增值税税率为 13%，消费税税率为 15%。根据消费税法律制度的规定，下列关于该化妆品厂本月应缴纳消费税的计算中，正确的是（　　）。

  A. 46.09 × 15% = 6.9135（万元）

  B. 46.09 ÷（1+13%）× 15% = 6.12（万元）

  C.（46.09+1.5）÷（1+13%）× 15% = 6.32（万元）

  D.（46.09+1.5+1）÷（1+13%）× 15% = 6.45（万元）

【答案】D

【解析】收取手续费 1.5 万元是含税的价外费用、包装物押金逾期后也应并入销售，1.5 万元和 1 万元都含税，因此必须价税分离。因此，应纳消费税 =（46.09+1.5+1）÷（1+13%）× 15% = 6.45（万元）。

【例 4-89·单选题·2020】某酒厂为增值税一般纳税人。本月销售白酒 4 000 斤，取得销售收入 11 300 元（含增值税）。已知白酒消费税定额税率为 0.5 元/斤，比例税率为 20%。该酒厂本月应缴纳的消费税税额为（　　）元。

  A. 6 229.92   B. 4 260   C. 4 000   D. 4 520

【答案】C

【解析】该酒厂本月应缴纳的消费税税额 = 11 300 ÷（1+13%）× 20%+4 000 × 0.5 = 4 000（元）。

2. 自产自用应纳消费税的计算

纳税人**自产自用的应税消费品，用于连续生产应税消费品**的，**不纳税**。凡用于其他方面的，于移送使用时，按照纳税人生产的**同类消费品的销售价格**计算纳税。没有同类消费品销售价格的，按照**组成计税价格**计算纳税。组成计税价格方式如下：

（1）实行从价定率办法计征的，其计算公式为：

组成计税价格 = 成本 ×（1+ 成本利润率）÷（1-消费税比例税率）

应纳消费税 = 组成计税价格 × 消费税比例税率

（2）实行复合计税办法计算纳税的，其计算公式为：

$$组成计税价格 = [成本 × （1+ 成本利润率）+ 自产自用数量 × 消费税定额税率] ÷ （1-消费税比例税率）$$

$$应纳消费税 = 组成计税价格 × 消费税比例税率 + 自产自用数量 × 消费税定额税率$$

🎯 **敲黑板**

计算消费税时，如果是实行从量定额计税的，因不涉及销售价格，故无需用组成计税价格计算消费税。

【例 4-90·单选题·2021】 2019 年 8 月甲酒厂将自产薯类白酒 1 吨馈赠老客户，该批白酒生产成本 42 500 元，无同类白酒销售价格。已知消费税比例税率为 20%，定额税率为 0.5 元 / 500克，成本利润率为 5%，1 吨 = 1 000 千克。计算甲酒厂当月该笔业务应缴纳消费税税额的下列算式中，正确的是（　　）。

A. 42 500 × （1+5%） ÷ （1-20%） ×20%=11 156.25 （元）

B. [42 500 × （1+5%）+1 × 1 000 × 2 × 0.5] ÷ （1-20%） ×20%+1 × 1 000 × 2 × 0.5 = 12 406.25（元）

C. 42 500 × （1+5%） ×20%+1 × 1 000 × 2 × 0.5=9 925 （元）

D. [42 500 × （1+5%）+1 × 1 000 × 2 × 0.5] ÷ （1-20%） ×20%=11 406.25 （元）

【答案】 B

【解析】 白酒采用复合计征方式计缴消费税：组成计税价格 = [成本 × （1+ 成本利润率）+ 自产自用数量 × 消费税定额税率] ÷ （1-消费税比例税率）=[42 500 × （1+5%）+1 × 1 000 × 2 × 0.5] ÷ （1-20%）；应纳消费税 = 组成计税价格 × 消费税比例税率 + 委托加工数量 × 消费税定额税率 = [42 500 × （1+5%）+1 × 1 000 × 2 × 0.5] ÷ （1-20%） ×20%+1 × 1 000 × 2 × 0.5=12 406.25 （元）。

【例 4-91·单选题·2018 改编】 甲化妆品公司为增值税一般纳税人，2019 年 12 月销售高档化妆品元旦套装 400 套，每套含增值税售价 678 元，将同款元旦套装 30 套用于对外赞助，已知增值税税率为 13%，消费税税率为 15%，计算甲化妆品公司当月元旦套装应缴纳消费税税额的下列算式中，正确的是（　　）。

A. 400 × 678 ÷ （1+13%） ×15% = 36 000 （元）

B. 400 × 678 ×15% = 40 680 （元）

C. （400+30） × 678 ÷ （1+13%） ×15% = 38 700 （元）

D. （400+30） × 678 ×15% = 43 731 （元）

【答案】 C

【解析】 将自产的化妆品对外赞助，应视同销售按照同类应税消费品不含税的售价缴纳消费税。所以，应纳消费税 = （400+30） × 678 ÷ （1+13%） ×15% = 38 700 （元）。

【例 4-92·单选题·2020】 某日化厂为增值税一般纳税人，本月将自产的 100 件高档化妆品无偿赠送给消费者，每件化妆品的生产成本为 50 元。已知，消费税税率为 15%，成本利润率为 5%，没有同类化妆品的销售价格。有关该日化厂当月应缴纳的消费税，下列计算列式正确的是（　　）。

A. 50 × 100 ×15%

B. 50 × 100 × （1+5%） ×15%

C. 50 × 100 × （1+5%） ÷ （1+15%） ×15%

D. 50 × 100 × （1+5%） ÷ （1-15%） ×15%

【答案】 D

【解析】将自产的高档化妆品用于赠送，且没有同类高档化妆品的销售价格，应按照组成计税价格计算消费税。高档化妆品属于从价定率计征消费税的应税消费品，组成计税价格 = 成本 ×（1+ 成本利润率）÷（1-消费税税率）。

3. 委托加工环节应纳税额的计算

委托加工的应税消费品，按照**受托方**的**同类消费品的销售价格**计算纳税，没有同类消费品销售价格的，按照**组成计税价格**计算纳税。组成计税价格方式如下：

（1）实行从价定率办法计算纳税的：

组成计税价格 =（材料成本 + 加工费）÷（1-消费税比例税率）

应纳消费税（应代收代缴的消费税）= 组成计税价格 × 消费税比例税率

（2）实行复合计税办法计征消费税的，其计算公式为：

组成计税价格 =（材料成本 + 加工费 + 委托加工数量 × 定额税率）÷（1-比例税率）

应纳消费税 = 组成计税价格 × 比例税率 + 委托加工数量 × 定额税率

敲黑板

委托加工组成计税价格计算中，材料成本，是指委托方所提供加工材料的实际成本，包括采购材料的运输费（不含可以抵扣的增值税）、采购过程中的其他杂费和入库前整理挑选费用等。加工费，是指受托方加工应税消费品向委托方所收取的全部费用（包括代垫辅助材料的实际成本），不包括增值税税款。

【例 4-93·单选题·2021】2019 年 8 月甲酒厂受托为乙酒店加工 10 吨粮食白酒。乙酒店提供原材料成本 500 000 元，甲酒厂收取不含增值税加工费 60 000 元，甲酒厂同类白酒不含增值税售价 90 000 元 / 吨。已知消费税比例税率为 20%，定额税率为 0.5 元 / 500 克，1 吨 = 1 000 千克，计算甲酒厂该笔业务应代收代缴消费税额的下列算式中，正确的是（ ）。

A.（500 000+60 000+10×1 000×2×0.5）÷（1-20%）×20% = 142 500（元）

B. 10×90 000×20%+10×1 000×2×0.5 = 190 000（元）

C. 500 000×20%+10×1 000×2×0.5 = 110 000（元）

D.（500 000+60 000）÷（1-20%）×20%+10×1 000×2×0.5 = 150 000（元）

【答案】B

【解析】甲酒厂同类白酒不含增值税售价 90 000 元 / 吨，因此无需计算组成计税价格。即，应纳税额 = 10×90 000×20%+10×1 000×2×0.5 = 190 000（元）。

【例 4-94·单选题·2021】甲鞭炮厂为增值税一般纳税人，2019 年 8 月受托加工一批焰火，委托方提供原材料成本 48 025 元，甲鞭炮厂收取含增值税加工费 9 605 元。甲鞭炮厂无同类焰火销售价格。已知增值税税率为 13%，消费税税率为 15%，计算甲鞭炮厂该笔业务应代收代缴消费税税额的下列算式中，正确的是（ ）。

A.［48 025+9 605÷（1+13%）］÷（1-15%）×15% = 9 975（元）

B.［48 025+9 605÷（1+13%）］×15% = 8 478.75（元）

C.（48 025+9 605）×15% = 8 644.5（元）

D.（48 025+9 605）÷（1+13%）÷（1-15%）×15% = 9 000（元）

【答案】A

【解析】受托方甲鞭炮厂无同类焰火销售价格，应当按组成计税价格，实行从价定率办法计算纳税。组成计税价格 =（材料成本＋加工费）÷（1-消费税比例税率），选项 BC 错误；组成计税价格公式中的"加工费"，应为不含增值税的加工费，要价税分离，"材料成本"不需要价税分离，选项 A 正确，选项 D 错误。

4. 进口环节消费税应纳税额的计算

（1）实行从价定率办法计征消费税的，其计算公式为：

组成计税价格 =（关税完税价格＋关税）÷（1-消费税比例税率）

应纳消费税 = 组成计税价格 × 消费税比例税率

（2）实行复合计税办法计征消费税的，其计算公式为：

组成计税价格 =（关税完税价格＋关税＋进口数量 × 消费税定额税率）÷（1-消费税比例税率）

应纳消费税 = 组成计税价格 × 消费税比例税率＋进口数量 × 消费税定额税率

【例 4-95·单选题·2021】2019 年 9 月甲珠宝厂进口钻石一批，海关核定的关税完税价格为 85.5 万元，缴纳关税 2.565 万元；进口红宝石一批，海关核定的关税完税价格为 179.55 万元，缴纳关税 7.182 万元。已知消费税税率为 10%。计算甲珠宝厂当期上述业务应缴纳消费税税额的下列算式中，正确的是（　　）。

A.（85.5+2.565+179.55+7.182）÷（1-10%）×10% = 30.533（万元）

B.（179.55+7.182）×10% = 18.6732（万元）

C.（85.5+179.55）÷（1-10%）×10% = 29.45（万元）

D.（179.55+7.182）÷（1-10%）×10% = 20.748（万元）

【答案】D

【解析】自 1995 年 1 月 1 日起，金银首饰、铂金首饰、钻石及钻石饰品消费税由生产环节征收改为零售环节征收，进口环节暂不征收。其他贵重首饰和珠宝玉石在生产、委托加工环节、进口环节征税。进口环节应纳消费税 =（关税完税价格＋关税）÷（1-消费税比例税率）× 消费税比例税率 =（179.55+7.182）÷（1-10%）×10% = 20.748（万元）。

5. 已纳消费税的扣除

为避免重复征税，外购应税消费品和委托加工收回的应税消费品继续生产应税消费品销售的，可以将外购应税消费品和委托加工收回应税消费品已缴纳的消费税给予抵扣。

（1）允许抵扣的范围包括：

① 以外购或委托加工收回的已税烟丝生产的卷烟；

② 以外购或委托加工收回的已税高档化妆品为原料生产的高档化妆品；

③ 以外购或委托加工收回的已税珠宝、玉石为原料生产的贵重首饰及珠宝玉石；

④ 以外购或委托加工收回的已税鞭炮、焰火为原料生产的鞭炮、焰火；

⑤ 以外购或委托加工收回的已税杆头、杆身和握把为原料生产的高尔夫球杆；

⑥ 以外购或委托加工收回的已税木制一次性筷子为原料生产的木制一次性筷子；

⑦ 以外购或委托加工收回的已税实木地板为原料生产的实木地板；

⑧ 以外购或委托加工收回的已税石脑油、润滑油、燃料油为原料生产的成品油；

⑨ 以外购或委托加工收回的已税汽油、柴油为原料生产的汽油、柴油。

（2）扣除金额的计算。

计算可抵扣已纳消费税税额时，税法规定**按照当期生产领用数量**计算准予扣除的已纳消费税款。具体公式如下。

① 外购应税消费品应纳税额的扣除：

当期准予扣除的外购应税消费品已纳税款 = 当期准予扣除的外购应税消费品买价 × 外购应税消费品适用税率

当期准予扣除的外购应税消费品买价 = 期初库存的外购应税消费品的买价 + 当期购进的应税消费品的买价–期末库存的外购应税消费品的买价

② 委托加工收回的应税消费品已纳税额的扣除：

当期准予扣除的委托加工应税消费品已纳税款 = 期初库存的委托加工应税消费品已纳税款 + 当期收回的委托加工应税消费品已纳税款 – 期末库存的委托加工应税消费品已纳税款

> **名师说**
>
> （1）并非所有外购或委托加工收回的消费品用于连续生产的都可以扣除已纳的消费税税款，只限于消费税法规中列举的上述 9 种情况。
>
> （2）**不能跨税目抵扣**：允许扣税的只涉及同一税目中的购入应税消费品的连续加工。
>
> （3）**不能跨环节抵扣**：纳税人用外购的已税珠宝玉石生产的改在零售环节征收消费税的金银首饰（镶嵌首饰），在计税时**一律不得扣除**外购珠宝玉石的已纳税款；在**批发环节纳税的卷烟不得抵扣前一生产环节的已纳消费税**的税款。
>
> （4）允许扣除已纳税款的应税消费只限于从工业企业购进或委托加工的应税消费品和进口环节已缴纳消费税的应税消费品，对从境内商业企业购进应税消费品的已纳税款一律不得扣除。

【**例 4-96·单选题·2021**】根据消费税法律制度的规定，在对下列连续生产出来的应税消费品计算征税时，准予扣除外购的应税消费品已纳消费税税款的是（ ）。

A. 外购已税溶剂油生产的涂料　　　　　B. 外购已税珠宝生产的铂金镶嵌首饰

C. 外购已税白酒生产的药酒　　　　　　D. 外购已税烟丝生产的卷烟

【答案】D

【解析】外购已税烟丝生产的卷烟，税法规定应按当期生产领用数量计算准予扣除外购的应税消费品已纳的消费税税款。选项 ABC 不符合扣除范围的规定。

【**例 4-97·单选题·2018**】甲企业为增值税一般纳税人，2017 年 12 月初库存烟丝不含增值税买价 5 万元，本月外购烟丝不含增值税买价 40 万元，月末库存烟丝不含增值税买价 10 万元，领用的烟丝当月全部用于连续生产卷烟。已知烟丝消费税税率为 30%，计算甲企业本月准予扣除的外购烟丝已缴纳消费税额的下列算式中，正确的是（ ）。

A.（5+40）×30% = 13.50（万元）　　　B.（5+40-10）×30% = 10.5（万元）

C. 40×30% = 12（万元）　　　　　　　D.（40-10）×30% = 9（万元）

【答案】B

【解析】当期准予扣除的外购应税消费品已纳税款 = 当期准予扣除的外购应税消费品买价 × 外购应税消费品适用税率 =（期初库存的外购应税消费品的买价 + 当期购进的应税消费品的买价–期末库存的外购应税消费品的买价）× 外购应税消费品适用税率 =（5+40-10）×30% = 10.5（万元）。

五、消费税征收管理★★

（一）消费税的纳税义务发生时间

（1）纳税人销售的应税消费品，纳税义务发生时间按不同的销售结算方式分别确定：

①纳税人采取**赊销和分期收款**结算方式的，为**书面合同约定**的收款日期的当天。书面合同没有约定收款日期或者无书面合同的，为发出应税消费品的当天。

②纳税人采取**预收货款**结算方式的，为**发出应税消费品**的当天。

③纳税人采取托收承付、委托银行收款结算方式的，为发出应税消费品并办妥托收手续的当天。

④纳税人采取其他结算方式的，为收讫销售款或者取得索取销售款凭据的当天。

（2）纳税人自产自用的应税消费品，为移送使用的当天。

（3）纳税人委托加工应税消费品的，为纳税人提货的当天。

（4）纳税人进口应税消费品的，为报关进口的当天。

【例4-98·单选题·2021】2019年9月5日，甲公司与乙公司签订书面合同，采用预收货款结算方式向乙公司销售一批自产高档化妆品。甲公司9月10日预收80%货款，9月20日发出货物，9月30日收到尾款。甲公司该业务消费税纳税义务发生时间为（　　）。

A.9月30日　　　　　　　　　　B.9月20日

C.9月5日　　　　　　　　　　D.9月10日

【答案】B

【解析】纳税人销售应税消费品，采取预收货款结算方式的，消费税纳税义务发生时间为发出应税消费品的当天（9月20日）。

【例4-99·单选题·2021】2019年5月甲地板厂采取赊销结算方式销售一批实木地板给乙公司，5月6日双方签订书面合同，合同约定收款日期为5月30日。甲地板厂于5月11日发出货物，6月5日收到乙公司支付的货款。甲地板厂该笔业务消费税纳税义务发生时间为（　　）。

A.5月30日　　　　　　　　　　B.6月5日

C.5月11日　　　　　　　　　　D.5月6日

【答案】A

【解析】采取赊销和分期收款结算方式的，为书面合同约定的收款日期的当天，书面合同没有约定收款日期或者无书面合同的，为发出应税消费品的当天。

【例4-100·单选题·2018】根据消费税法律制度的规定，下列关于消费税纳税义务发生时间的表述中，不正确的是（　　）。

A.委托加工应税消费品的，为纳税人提货的当天

B.采取托收承付方式销售应税消费品的，为收到货款的当天

C.进口应税消费品的，为报关进口的当天

D.自产自用应税消费品的，为移送使用的当天

【答案】B

【解析】纳税人采取托收承付、委托银行收款结算方式的，消费税纳税义务发生时间为发出应税消费品并办妥托收手续的当天。

（二）消费税的纳税地点

（1）纳税人销售的应税消费品以及自产自用的应税消费品除国务院财政、税务主管部门另有规定外，应当向纳税人**机构所在地或者居住地**的税务机关申报纳税。

（2）委托加工的应税消费品。

除受托方为个人外，由**受托方向机构所在地或者居住地**的税务机关解缴消费税税款；受托方

为个人的，由**委托方向其机构所在地**税务机关申报纳税。

（3）进口的应税消费品。

由进口人或者其代理人向**报关地海关**申报纳税。

（4）纳税人到外县（市）销售或者委托外县（市）代销自产应税消费品的

于应税消费品销售后，向**机构所在地或者居住地**税务机关申报纳税。

（5）总机构与分支机构不在同一县（市）。

① 纳税人的总机构与分支机构不在同一县（市）的，原则上应当分别向各自机构所在地的税务机关申报纳税。

② 纳税人的总机构与分支机构不在同一县（市），但在同一省（自治区、直辖市）范围内，经省（自治区、直辖市）财政厅（局）、税务局审批同意，可以由总机构汇总向总机构所在地的税务机关申报缴纳消费税。

（6）纳税人销售的应税消费品。

如因质量等原因由购买者退回时，经机构所在地或者居住地税务机关审核批准后，可退还已缴纳的消费税税款。

（7）个人携带或者邮寄进境的应税消费品的消费税。

连同关税一并计征，具体办法由国务院关税税则委员会会同有关部门制定。

【例 4-101·判断题·2021】委托个人加工应税消费品，应在受托方居住地解缴消费税。（   ）

【答案】×

【解析】委托个人加工的应税消费品，由委托方向其机构所在地税务机关申报纳税。

【例 4-102·判断题·2021】进口的应税消费品，由进口人或者其代理人向报关地海关申报缴纳消费税。（   ）

【答案】√

【解析】进口的消费税应税消费品，由进口人或者其代理人向报关地海关申报纳税。

（三）纳税期限

（1）消费税的纳税期限分别为 1 日、3 日、5 日、10 日、15 日、1 个月或者 1 个季度。

（2）纳税人以 **1 个月或者 1 个季度为 1 个纳税期**的，自期满之日起 **15 日内**申报纳税。

（3）以 1 日、3 日、5 日、10 日或者 15 日为 1 个纳税期的，自期满之日起 5 日内预缴税款，于次月 1 日起 15 日内申报纳税并结清上月应纳税款。

第四节 城市维护建设税、教育费附加和地方教育费附加法律制度

2020 年 8 月 11 日第十三届全国人大及其常委会第二十一次会议通过了《中华人民共和国城市建设维护税法》。本章节内容按最新税法编写。

一、城市建设维护税

（一）纳税人

城市维护建设税的纳税人，是指实际缴纳增值税、消费税的单位和个人；包括各类企业（含外商投资企业、外国企业）、行政单位、事业单位、军事单位、社会团体及其他单位，以及个体工商户和其他个人（含外籍个人）。

城市维护建设税扣缴义务人为负有增值税、消费税扣缴义务的单位和个人，在扣缴增值税、消费税的同时扣缴城市维护建设税。

（二）税率：差额比例税率

表 4-27　　　　　　　　　　　　　　　　城市维护建设税税率

情形	适用税率
纳税人所在地在市区的	7%
纳税人所在在县城、镇的	5%
纳税人所在地区不在市区、县城或者镇的	1%

1.由受托方代扣代缴、代收代缴增值税、消费税的单位和个人，其代扣代缴、代收代缴的城市维护建设税按受托方所在地适用税率执行。

2.流动经营等无固定纳税地点的单位和个人，在经营地缴纳增值税、消费税的，其城市维护建设税的缴纳按经营地适用税率执行。

（三）计税依据

城市维护建设税的计税依据为纳税人**实际**缴纳的增值税、消费税税额。在计算计税依据时，应当按照规定**扣除期末留抵退税**退还的增值税税额。

【例 4-103·单选题·2020】根据城市维护建设税法律制度的规定，纳税人向税务机关实际缴纳的下列税款中，应为城市维护建设税计税依据的是（　　）。

A. 房产税税款　　　　B. 消费税税款　　　　C. 土地增值税税款　　　　D. 车船税税款

【答案】B

【解析】城市维护建设税以纳税人依法实际缴纳的增值税、消费税税额为计税依据。

（四）应纳税额的计算

城市维护建设税的应纳税额按照纳税人实际缴纳的增值税、消费税税额乘以税率计算。其计算公式为：

应纳税额 = 实际缴纳的增值税、消费税税额 × 适用税率

【例 4-104·单选题·2021】甲公司为增值税一般纳税人，2019 年 6 月向税务机关实际缴纳增值税 60 000 元、消费税 30 000 元，预缴企业所得税 75 000 元。已知城市维护建设税税率为 5%，甲公司当月应缴纳城市维护建设税税额为（　　）。

A. 6 750 元　　　　B. 8 250 元　　　　C. 3 000 元　　　　D. 4 500 元

【答案】D

【解析】城市维护建设税以纳税人依法实际缴纳的增值税、消费税税额为计税依据。甲公司当月应缴纳城市维护建设税税额 =（60 000+30 000）×5% = 4 500（元）。

【例 4-105·单选题·2018】甲企业位于 A 市，本月应缴纳的增值税为 7 000 元，实际缴纳的增值税为 6 000 元；本月应缴纳的消费税为 5 000 元，实际缴纳的消费税为 4 000 元。该企业本月应该缴纳的城市维护建设税是（ ）。

A.（7 000+5 000）×7% = 840（元）　　B.（6 000+4 000）×7% = 700（元）

C.（7 000+5 000）×5% = 600（元）　　D.（6 000+4 000）×5% = 500（元）

【答案】B

【解析】城市维护建设税的计税依据，是纳税人实际缴纳的增值税、消费税税额。纳税人所在地区为市区的，税率为 7%。

（五）税收优惠

1. 对进口货物或者境外单位和个人向境内销售劳务、服务、无形资产缴纳的增值税、消费税税额，不征收城市维护建设税。

2. 对出口货物、劳务和跨境销售服务、无形资产以及因优惠政策退还增值税、消费税的，不退还已缴纳的城市维护建设税。

3. 对增值税、消费税实行先征后返、先征后退、即征即退办法的，除另有规定外，对随增值税、消费税附征的城市维护建设税，一律不予退（返）还。

4. 根据国民经济和社会发展的需要，国务院对重大公共基础设施建设、特殊产业和群体以及重大突发事件应对等情形可以规定减征或者免征城市维护建设税，报全国人大及其常委会备案。

【例 4-106·单选题·2021】甲公司为增值税一般纳税人，2019 年 8 月进口货物实际缴纳关税 60 万元、增值税 80 万元，境内销售货物实际缴纳增值税 100 万元。已知城市维护建设税税率为 7%。甲公司当月应缴纳城市维护建设税税额为（ ）。

A.4.2 万元　　　　B.12.6 万元　　　　C.7 万元　　　　D.9.8 万元

【答案】C

【解析】对进口货物或者境外单位或个人向境内销售劳务、服务、无形资产缴纳的增值税、消费税税额，不征收城市维护建设税。甲公司当月应缴纳的城市维护建设税 = 100×7% = 7（万元）。

【例 4-107·单选题·2016】下列关于城市维护建设税税收优惠的表述中，不正确的是（ ）。

A. 对出口货物退还增值税的，可同时退还已缴纳的城市维护建设税

B. 海关对进口货物代征的增值税，不征收城市维护建设税

C. 对增值税实行先征后退办法的，除另有规定外，不予退还对随增值税附征的城市维护建设税

D. 对增值税实行即征即退办法的，除另有规定外，不予退还对随增值税附征的城市维护建设税

【答案】A

【解析】选项 A，对出口货物、劳务和跨境销售服务、无形资产以及因优惠政策退还增值税、消费税的，不退还已缴纳的城市维护建设税。

（六）征收管理

1. 纳税义务发生时间。

城市维护建设税纳税义务发生时间与缴纳增值税、消费税的纳税义务发生时间一致，分别与

增值税、消费税同时缴纳。

2.纳税地点。

城市维护建设税纳税地点为实际缴纳增值税、消费税的地点。扣缴义务人应当向其机构所在地或者居住地的主管税务机关申报缴纳其扣缴的税款。有特殊情况的，按下列原则和办法确定纳税地点：

（1）代扣代缴、代收代缴增值税、消费税的单位和个人，同时也是城市维护建设税的代扣代缴、代收代缴义务人，其纳税地点为代扣代收地。

（2）对流动经营等无固定纳税地点的单位和个人，应随同增值税、消费税在经营地纳税。

3.纳税期限。

城市维护建设税的纳税期限与增值税、消费税的纳税期限一致。根据增值税法和消费税法规定，增值税、消费税的纳税期限均为1日、3日、5日、10日、15日、1个月或者1个季度；纳税人的具体纳税期限，由税务机关根据纳税人应纳税额的大小分别核定；不能按照固定期限纳税的，可以按次纳税。

二、教育费附加和地方教育费附加

（一）征收范围

教育费附加和地方教育费附加的征税范围为税法规定征收增值税、消费税的单位和个人。包括外商投资企业、外国企业及外籍个人。

（二）计征依据

纳税人实际缴纳的增值税、消费税税额之和。

（三）征收比例

现行教育费附加征收比例为3%，地方教育费附加征收比率为2%。

（四）计算与缴纳

1.计算公式：应纳教育费附加 = 实际缴纳的增值税、消费税税额之和 × 征收比率

　　　　　　应纳地方教育费附加 = 实际缴纳的增值税、消费税税额之和 × 征收比率

2.费用缴纳：教育费附加和地方教育费附加分别与增值税、消费税税款同时缴纳。

【例4-108·单选题·2021】甲公司为增值税一般纳税人，2019年10月向税务机关实际缴纳增值税40 000元，房产税10 000元，消费税20 000元，已知教育费附加征收比率3%，甲公司当月应缴纳教育费附加是（　　）。

A.1 800元　　　　　　　　　　　　B.2 100元

C.1 500元　　　　　　　　　　　　D.900元

【答案】A

【解析】教育费附加以纳税人依法实际缴纳的增值税、消费税税额为计征依据。甲公司当月应缴纳教育费附加 = （40 000+20 000）× 3% = 1 800（元）。

【例4-109·单选题·2020】甲公司为增值税一般纳税人，2019年9月向税务机关实际缴纳增值税260 000元、消费税750 000元、城市维护建设税70 700元。已知教育费附加征收比率为3%。计算甲公司当月应缴纳教育费附加的下列算式中，正确的是（　　）。

A.（750 000＋70 700）×3％＝24 621（元）

B.（260 000＋70 700）×3％＝9 921（元）

C.（260 000＋750 000）×3％＝30 300（元）

D.（260 000＋750 000＋70 700）×3％＝32 421（元）

【答案】C

【解析】教育费附加的计征依据为纳税人实际缴纳的增值税、消费税税额之和。

（五）减免规定

1.海关对进口产品代征的增值税、消费税，不征收教育费附加与地方教育费附加；

2.对由于减免增值税、消费税而发生退税的，可同时退还已征收的教育费附加与地方教育费附加。但对出口产品退还增值税、消费税的，不退还已征的教育费附加与地方教育费附加。

【例 4-110·单选题·2022】根据教育费附加法律制度的规定，下列关于教育费附加减免的表述中，正确的是（　　）。

A.对出口产品退还增值税的，应同时退还全部已征的教育费附加

B.对出口产品退还消费税的，应同时退还已征教育费附加的50％

C.对海关进口产品征收的增值税，不征收教育费附加

D.对外商投资企业在境内实际缴纳的增值税，不征收教育费附加

【答案】C

【解析】选项AB，对由于减免增值税、消费税而发生退税的可同时退还已征收的教育费附加。但对出口产品退还增值税、消费税的，不退还已征的教育费附加。选项D，教育费附加的征收范围为税法规定征收增值税、消费税的单位和个人。包括外商投资企业、外国企业及外籍个人。

第五节 车辆购置税法律制度

一、车辆购置税纳税人与征税范围

纳税人：在中华人民共和国境内购置应税车辆的单位和个人，为车辆购置税的纳税人。

1.购置行为：购买、进口、自产、受赠、获奖、其他（拍卖、抵债、走私、罚没等）方式取得并"自用"的行为。

2.车辆购置税征收范围，包括汽车、有轨电车、汽车挂车、排气量超过150毫升的摩托车。

【例 4-111·单选题·2018 改】下列各项中，不属于车辆购置税征税范围的是（　　）。

A.电动自行车　　　　B.汽车　　　　C.挂车　　　　D.有轨电车

【答案】A

【解析】车辆购置税征收范围，包括汽车、有轨电车、汽车挂车、排气量超过150毫升的摩托车。电动自行车不属于车辆购置税征税范围。因此，正确答案为A。

【例 4-112·多选题·2014】下列单位和个人中，属于车辆购置税纳税人的有（　　）。

A.购买应税货车并自用的某外商投资企业

B.进口应税小轿车并自用的某外贸公司

C. 获得奖励应税轿车并自用的李某

D. 受赠应税小型客车并自用的某学校

【答案】ABCD

【解析】在中华人民共和国境内购置应税车辆的单位和个人是车辆购置税的纳税人。购置行为是指购买、进口、自产、受赠、获奖、其他（拍卖、抵债、走私、罚没等）方式取得并"自用"的行为。因此，正确答案为 ABCD。

二、车辆购置税应纳税额的计算

表 4-28　　　　　　　　　　　　车辆购置税应纳税额的计算

情形	计税价格	应纳税额
购买自用应税车辆	① 实际支付给销售者的全部价款，不包括增值税税款 ② 自 2020 年 6 月 1 日起，纳税人购置应税车辆，以电子发票信息中的不含增值税价作为计税价格。纳税人依据相关规定提供其他有效价格凭证的情形除外	应纳税额 = 计税依据 × 税率（10%）
进口自用应税车辆	计税价格 = 关税完税价格 + 关税 + 消费税	
自产自用应税车辆	纳税人生产的同类应税车辆的销售价格确定，不包括增值税税款，没有同类应税车辆销售价格的，按照组成计税价格确定，计税公式为： 　　组成计税价格 = 成本 × （1+ 成本利润率） 属于应征消费税的应税车辆，其计税价格中包含消费税税额	
以受赠、获奖或者其他方式取得自用应税车辆	购置应税车辆时相关凭证载明的价格确定，不包括增值税税款	
申报的应税车辆计税价格明显偏低，又无正当理由的	由税务机关依照规定核定其应纳税额	

【例 4-113·单选题·2021】2019 年 6 月甲公司进口一辆小汽车自用，海关审定的关税完税价格 60 万元，甲公司向海关缴纳关税 15 万元、增值税 13 万元，消费税 25 万元。已知车辆购置税率为 10%。甲公司进口自用小汽车应缴纳车辆购置税税额为（　　）。

A. 10 万元　　　　　　B. 7.5 万元　　　　　　C. 11.3 万元　　　　　　D. 8.8 万元

【答案】A

【解析】进口应税车辆应纳税额 = （关税完税价格 + 关税 + 消费税）× 车辆购置税税率 = （60+15+25）× 10% = 10（万元）。

三、车辆购置税税收优惠

下列车辆免征车辆购置税：

1. 外国驻华使馆、领事馆和国际组织驻华机构及其有关人员自用的车辆。

2. 中国人民解放军和中国人民武装警察部队列入军队装备订货计划的车辆。

3. 悬挂应急救援专用号牌的国家综合性消防救援车辆。

4. 设有固定装置的非运输专用作业车辆。

5. 城市公交企业购置的公共汽电车辆。

6. 其他

（1）对购置日期在 2021 年 1 月 1 日至 2023 年 12 月 31 日期间内的新能源汽车，免征车辆购置税。免征车辆购置税的新能源汽车是指纯电动汽车、插电式混合动力（含增程式）汽车、燃料电池汽车。

（2）对购置日期在 2022 年 6 月 1 日至 2022 年 12 月 31 日期间内且单车价格（不含增值税）不超过 30 万元的 2.0 升及以下排量乘用车，减半征收车辆购置税。

【例 4-114·单选题·2019】根据车辆购置税法律制度的规定，下列车辆中，不属于车辆购置税免税项目的是（　　）。

A. 外国驻华使馆的自用小汽车

B. 设有固定装置的非运输车辆

C. 城市公交企业购置的公共汽电车

D. 个人购买的经营用小汽车

【答案】D

【解析】个人购买的经营用小汽车照章纳税，不享受税收优惠。

四、车辆购置税征收管理

1. 车辆购置税实行一次性征收，购置**已征车辆购置税**的车辆，**不再征收**车辆购置税。

2. 纳税人购置应税车辆的当日为纳税义务发生时间，纳税人应当自纳税义务发生之日起 **60 日内**申报缴纳车辆购置税。

3. 纳税人应当在向公安机关交通管理部门办理车辆注册登记前，缴纳车辆购置税。

4. 免税、减税车辆因转让、改变用途等原因不再属于免税、减税范围的，纳税人应当在办理车辆转移登记或者变更登记前缴纳车辆购置税。计税价格以免税、减税车辆**初次办理纳税申报时**确定的计税价格为基准，**每满 1 年扣减 10%**。

5. 纳税人将已征车辆购置税的车辆退回车辆生产企业或者销售企业的，可以向主管税务机关申请退还车辆购置税。退税额以已缴税款为基准，自缴纳税款之日至申请退税之日，每满 1 年扣减 10%。

6. 纳税人购置应税车辆，应当向**车辆登记地**的主管税务机关申报缴纳车辆购置税；购置不需要办理车辆登记的应税车辆的，应当向**纳税人所在地**的主管税务机关申报缴纳车辆购置税。

【例 4-115·单选题·2020】甲公司机构所在地为 M 市，于 N 市购进一辆应税汽车，在 P 市办理车辆登记，该汽车生产企业机构所在地为 Q 市。甲公司购置该汽车车辆购置税的纳税地点是（　　）。

A. N 市　　　　　　B. Q 市　　　　　　C. M 市　　　　　　D. P 市

【答案】D

【解析】纳税人购置应税车辆，应当向"车辆登记地"的主管税务机关申报缴纳车辆购置税；购置不需要办理车辆登记的应税车辆的，应当向纳税人所在地的主管税务机关申报缴纳车辆购置税。

第六节 关税法律制度

关税是对进出国境或关境的货物、物品征收的一种税。

一、关税纳税人

（一）进出口货物的收、发货人

进出口货物的收、发货人是依法取得对外贸易经营权，并且进口或者出口货物的法人或者其他社会团体，具体包括：

1. 外贸进出口公司。
2. 工贸或农贸结合的进出口公司。
3. 其他经批准经营进出口商品的企业。

（二）进出境物品的所有人

进出境物品的所有人包括该物品的所有人和推定为所有人的人，具体包括：

1. 入境旅客随身携带的行李、物品的持有人。
2. 各种运输工具上服务人员入境时携带自用物品的持有人。
3. 馈赠物品以及其他方式入境个人物品的所有人。
4. 个人邮递物品的收件人。

二、关税课税对象和税目

进出境的货物、物品。

凡准许进出口的货物，除国家另有规定的以外，均应由海关征收进口关税或出口关税。对从境外采购进口的原产于中国境内的货物，也应按规定征收进口关税（执行最惠国税率）。

【例4-116·判断题·2017】对从境外采购进口的原产于中国境内的货物不征收进口关税。（ ）

【答案】×

【解析】对从境外采购进口的原产于中国境内的货物，按照最惠国税率征收关税。

三、关税税率

（一）税率的种类

关税的税率分为进口税率和出口税率两种。

进口货物适用何种关税税率是以进口货物的原产地为标准的，进口税率的分类如表4-29所示。

表4-29　　　　　　　　　　　　　　　　进口税率分类

种类	特点
普通税率	①原产于未与我国共同适用或订立最惠国税率，特惠税率或协定税率的国家或地区的货物； ②原产地不明的货物

（续表）

种类	特点
最惠国税率	① 原产于与我国共同适用最惠国条款的世界贸易组织成员的进口货物； ② 原产于与我国签订含有相互给予最惠国待遇的双边贸易协定的国家或者地区的进口货物； ③ 原产于我国的进口货物
协定税率	对原产于与我国签订含有关税优惠条款的区域性贸易协定的国家或地区的进口货物
特惠税率	对原产于与我国签订含有特殊关税优惠条款的贸易协定的国家或地区的进口货物
关税配额税率	配额与税率结合以限制进口，配额内税率较低，配额外税率较高
暂定税率	在最惠国税率的基础上，对特殊货物可执行暂定税率

【例 4-117·单选题·2019】根据关税法律制度的规定，原产于与我国签订含有特殊关税优惠条款的是（　　）。

A. 协定税率　　　　　B. 最惠国税率　　　　　C. 特惠税率　　　　　D. 普通税率

【答案】C

【解析】选项 A，对原产于与我国签订含有关税优惠条款的区域性贸易协定的国家或地区的进口货物，按协定税率征税；选项 B，对原产于与我国共同适用最惠国条款的世界贸易组织成员进口货物，原产于与我国签订含有相互给予最惠国待遇的双边贸易协定的国家或者地区的进口货物，以及原产于我国的进口货物，按照最惠国税率征税。

（二）税率的确定

表 4-30　　　　　　　　　　　　　　　　税率的确定

具体情形	适用税率
进出口货物	海关接受该货物申报进口或出口之日实施的税率
进口货物到达前，先进行申报的	装载此货物的运输工具申报进境之日实施的税率
进口货物的补税和退税	该进出口货物原申报进口或者出口之日所实施的税率
按照特定减免税办法批准予以减免税的进口货物，后因情况改变经海关批准转让或出售需予补税的	原进口之日实施的税率
加工贸易进口料、件等属于保税性质的进口货物	如经批准转为内销，应按向海关申报转为内销当日实施的税率
	如未经批准擅自转为内销的，则按海关查获日期所施行的税率
对经批准缓税进口的货物以后交税	不论是分期或一次交清税款，都应按货物原进口之日实施的税率
分期支付租金的租赁进口货物	分期付税时，都应按该项货物原进口之日实施的税率
溢卸、误卸货物事后确定需予征税	该项货物原进口之日实施的税率征税
	原进口日期无法查明的，可按确定补税当天实施的税率

（续表）

具体情形	适用税率
由于《海关进出口税则》归类的改变、完税价格的审定或其他工作差错而需补征税款	原征税日期实施的税率
查获的走私进口货物需予补税	查获日期实施的税率征税
暂时进口货物转为正式进口需予补税	其转为正式进口之日实施的税率

四、关税计税依据

（一）进口货物的完税价格

1. 一般贸易项下进口货物的完税价格：以海关审定的成交价格为基础的到岸价格作为完税价格。

表4-31　　　　　　　　　　　　进口关税完税价格

应计入完税价格的项目	不应计入完税价格的项目
① 进口货物的买方为购买该项货物向卖方实际支付或应当支付的价格	—
② 进口人在成交价格外另支付给卖方的佣金	① 向境外采购代理人支付的买方佣金
③ 货物运抵我国关境内输入地点起卸前的包装费、运费、保险费和其他劳务费	② 进口货物运抵境内输入地点起卸之后的运输及其相关费用、保险费
④ 为了在境内生产、制造、使用或出版、发行的目的而向境外支付的与该进口货物有关的专利、商标、著作权，以及专有技术、计算机软件和资料等费用	—
⑤ 卖方违反合同规定延期交货的罚款（补偿）	③ 卖方付给进口人的正常回扣

【例4-118·单选题·2019】2018年9月，甲公司进口一批货物，海关审定的成交价格为1 100万元，货物运抵我国境内输入地点起卸前的运费96万元，保险费4万元。已知关税税率为10%。计算甲公司该笔业务应缴纳的关税税额的下列算式中，正确的是（　　）。

A.（1 100+96+4）×10% = 120（万元）　　　B.（1 100+4）×10% = 110.4（万元）

C. 1 100×10% = 110（万元）　　　D.（1 100+96）×10% = 119.6（万元）

【答案】A

【解析】进口环节，关税完税价格包括货价以及货物运抵我国关境内输入地点起卸前的包装费、运费、保险费和其他劳务费等费用。

【例4-119·判断题·2016】在进口货物成交过程中，卖方付给进口人的正常回扣，在计算进口货物完税价格时不得从成交价格中扣除。（　　）

【答案】×

【解析】卖方付给进口人的正常回扣，应从成交价格中扣除。

【例4-120·多选题·2015】下列各项中，应计入进口货物关税完税价格的有（　　）。

A. 货物运抵我国关境内输入地点起卸前的运费、保险费

B. 货物运抵我国关境内输入地点起卸后的运费、保险费

C. 支付给卖方的佣金

D. 向境外采购代理人支付的买方佣金

【答案】AC

【解析】货物运抵我国关境内输入地点起卸后的运费、保险费和向境外采购代理人支付的买方佣金不应计入进口货物关税完税价格。

2. 特殊贸易下进口货物的完税价格

表 4-32

特殊贸易下进口货物的完税价格

具体情况	完税价格的审定和估定
运往境外加工的货物	出境时已向海关报明，并在海关规定期限内复运进境的，以经海关审定的加工费、料件费、复运进境的运输及相关费用、保险费为基础审查确定完税价格
运往境外修理的货物	出境时已向海关报明，并在海关规定期限内复运进境的，应当以经海关审定的修理费和物料费为基础审查确定完税价格
借租和租赁进口的货物	以海关审查确定的租金作为完税价格
留购的进口货样、展览品和广告陈列品	以海关审定的留购价格作为完税价格
逾期未出境的暂进口货物	对于经海关批准暂时进口的施工机械、工程车辆、供安装使用的仪器和工具、电视或电影摄制机械，以及盛装货物的容器等，如入境超过半年仍留在国内使用的，应自第7个月起，按月征收进口关税。每月的税额计算公式为：每月关税 = 货物原到岸价格 × 关税税率 ×1÷48
转让出售进口减免税货物	按照特定减免税办法批准予以减免税进口的货物，在转让或出售而需补税时，其计算公式为：完税价格 = 原入境到岸价格 × [1- 实际使用月份 ÷（管理年限 ×12）]

【例 4-121 · 单选题 · 2019】甲公司将一台设备运往境外修理，出境前向海关报关出口并在海关规定期限内复运进境，该设备经修理后的市场价格为 500 万元，经海关审定的修理费和料件费分别为 15 万元和 20 万元，计算甲公司该设备复运进境时进口关税完税价格的下列算式中，正确的是（　　）。

A. 500-15 = 485（万元）

B. 500-15-20 = 465（万元）

C. 500+15+20 = 535（万元）

D. 15+20 = 35（万元）

【答案】D

【解析】出境时已向海关报明并在海关规定期限内复运进境的，以经海关审定的修理费和料件费作为完税价格。本题完税价格 = 15+20 = 35（万元）。

（二）出口货物的完税价格

出口货物应当以海关审定的货物售予境外的离岸价格，扣除出口关税后作为完税价格。

出口货物完税价格 = 离岸价格 ÷（1+ 出口税率）

表 4-33   出口关税完税价格

应计入离岸价格的项目	不应计入离岸价格的项目
—	若该项货物从内地起运，从内地口岸至最后出境口岸所支付的国内段运输费用
—	装船以后发生的费用
出口货物在成交价格以外未单独列明的支付给国外的佣金	出口货物在成交价格以外支付给国外的佣金
出口货物在成交价格以外，买方还另行支付的货物包装费	—

注：当离岸价格不能确定时，完税价格由海关估定。

【例 4-122·单选题·2015】下列关于出口货物关税完税价格的计算公式中，正确的是（   ）。

A. 关税完税价格 = 离岸价格 ÷（1−出口税率）

B. 关税完税价格 = 离岸价格 ÷（1+出口税率）

C. 关税完税价格 = 离岸价格 ×（1−出口税率）

D. 关税完税价格 = 离岸价格 ×（1+出口税率）

【答案】B

【解析】出口货物应当以海关审定的货物售予境外的离岸价格，扣除出口关税后作为完税价格。计算公式为：出口货物完税价格 = 离岸价格 ÷（1+出口税率）

（三）进出口货物完税价格的审定

对于进出口货物的收发货人或其代理人向海关申报进出口货物的成交价格明显偏低而又不能提供合法证据和正当理由的；申报价格明显低于海关掌握的相同或类似货物的国际市场上公开成交货物的价格，而又不能提供合法证据和正当理由的；申报价格经海关调查认定买卖双方之间有特殊经济关系或对货物的使用、转让互相订有特殊条件或特殊安排，影响成交价格的，以及其他特殊成交情况，海关认为需要估价的，则按以下方法依次估定完税价格：

1. 相同货物成交价格法；

2. 类似货物成交价格法；

3. 国际市场价格法；

4. 国内市场价格倒扣法；

5. 合理方法估定的价格。

五、关税应纳税额的计算

表 4-34   关税应纳税额的计算

计税依据	适用范围	应纳税额
从价计征	一般货物	进口货物数量 × 单位完税价格 × 税率（①）
从量计征	啤酒、原油等	进口货物数量 × 关税单位税额（②）

（续表）

计税依据	适用范围	应纳税额
复合计征	广播用录像机、放像机、摄像机	①＋②
滑准税	滑准税是指关税的税率随着进口商品价格的变动而反方向变动的一种税率形式，即价格越高，税率越低，税率为比例税率	

【例 4-123·多选题·2022】根据关税法律制度的规定，下列进口货物中，实行从价加从量复合计征关税的有（   ）。

A. 啤酒　　　　　　　　　　　　B. 广播用摄像机

C. 原油　　　　　　　　　　　　D. 广播用放像机

【答案】BD

【解析】选项 BD，对广播用录像机、放像机、摄像机等实行从价加从量复合计征关税；选项 AC，对啤酒、原油实行从量计征关税。

【例 4-124·单选题·2018】纳税额计算方法中，税率随着进口商品价格的变动而反方向变动的是（   ）。

A. 滑准税计算方法　　　　　　　B. 复合税计算方法

C. 从量税计算方法　　　　　　　D. 从价税计算方法

【答案】A

【解析】滑准税是指关税的税率随着进口商品价格的变动而反方向变动的一种税率形式，即价格越高，税率越低，税率为比例税率。

六、关税税收优惠

（一）法定减免（经海关审查无误后可以免税）

1. **一票货物**关税税额、进口环节增值税或者消费税税额在**人民币 50 元以下**的。

2. **无商业价值**的广告品及货样。

3. **国际组织、外国政府**无偿赠送的物资。

4. 进出境运输工具装载的途中**必需的**燃料、物料和饮食用品。

5. 因故退还的中国出口货物，可以免征进口关税，但已征收的出口关税不予退还。

6. 因故退还的境外进口货物，可以免征出口关税，但已征收的进口关税不予退还。

（二）酌情减免

1. 在境外运输途中或者在起卸时，遭受到损坏或者损失的。

2. 起卸后海关放行前，因不可抗力遭受损坏或者损失的。

3. 海关查验时已经破漏、损坏或者腐烂，经证明不是保管不慎造成的。

【例 4-125·判断题·2017】无商业价值的广告品及货样，经海关审核无误后可以免征关税。（   ）

【答案】√

【例 4-126·单选题·2014】下列各项中，海关可以酌情减免关税的是（   ）。

A. 进出境运输工具装载的途中必需的燃料、物料和饮食用品

B. 无商业价值的广告品及货样

C. 国际组织无偿赠送的物资

D. 在境外运输途中遭受到损坏的进口货物

【答案】D

【解析】选项 ABC 为法定减免的情形。

七、关税征收管理

（一）纳税期限与滞纳金

进出口货物的收发货人或者代理人应当在海关填发税款缴款凭证之日起 **15 日内**，向指定银行缴纳税款。逾期不缴的，除依法追缴外，由海关自到期次日起至缴清税款之日止，按日征收欠缴税额 0.5‰的滞纳金。

（二）海关暂不予放行的行李物品

旅客携运进出境的行李物品有下列情形之一的，海关暂不予放行：

1. 旅客不能当场缴纳进境物品税款的。

2. 进出境的物品属于许可证件管理的范围，但旅客不能当场提交的。

3. 进出境的物品超出自用合理数量，按规定应当办理货物报关手续或其他海关手续，其尚未办理的。

4. 对进出境物品的属性、内容存疑，需要由有关主管部门进行认定、鉴定、验核的。

5. 按规定暂不予以放行的其他行李物品。

（三）关税的退税与追缴

1. 税款退还的适用情形：

（1）对由于海关误征，多缴纳税款的；

（2）海关核准免验的进口货物在完税后，发现有短卸情况，经海关审查认可的；

（3）已征出口关税的货物，因故未装运出口申报退关，经海关查验属实的。

纳税人可以从缴纳税款之日起的 1 年内申请退税，逾期不予受理。海关应当自受理退税申请之日起 30 日内作出书面答复，并通知退税申请人。

2. 税款的补征和追征。

（1）进出口货物完税后，如发现少征或漏征税款（非因收发货人或其代理人违规），海关有权在 1 年内予以补征。

（2）进出口货物完税后，如因收发货人或其代理人违反规定而造成少征或漏征税款的，海关在 3 年内可以追缴。

本章习题精练

一、单选题

1. 根据增值税法律制度的规定，有关增值税纳税人的下列表述中，正确的是（ ）。
   A. 年应征增值税销售额未超过小规模纳税人标准的，一律不得申请登记为一般纳税人
   B. 年应征增值税销售额超过 500 万元，但会计核算不健全，可以选择登记为小规模纳税人
   C. 除个体经营者以外的其他个人，不得办理一般纳税人资格登记
   D. 除另有规定外，小规模纳税人不得转登记为一般纳税人

2. 下列税法要素中，计算税额尺度的是（ ）。
   A. 税目   B. 征税对象
   C. 计税依据   D. 税率

3. 根据增值税法律制度的规定，年应征增值税销售额在一定标准以下的纳税人为小规模纳税人。该标准是（ ）。
   A. 50 万元   B. 80 万元
   C. 300 万元   D. 500 万元

4. 下列各项中，不属于我国税收法律关系主体的是（ ）。
   A. 税务机关   B. 工商部门
   C. 海关   D. 自然人

5. 根据增值税法律制度的规定，关于增值税纳税人的下列表述中，正确的是（ ）。
   A. 进口货物，以进口货物的单位或个人为纳税人
   B. 转让不动产，以受让不动产的一方为纳税人
   C. 资管产品运营过程中发生的增值税应税行为，以资管产品委托方为纳税人
   D. 单位以承包、承租、挂靠方式经营的，一律以承包方为纳税人

6. 根据增值税法律制度的规定，下列各项中，应按照"销售服务——生活服务"税目计缴增值税的是（ ）。
   A. 收派服务   B. 道路通行服务
   C. 安全保护服务 D. 非学历教育服务

7. 根据增值税法律制度的规定，下列服务中，应按照"金融服务—贷款服务"税目计缴增值税的是（ ）。
   A. 财务担保
   B. 融资租赁
   C. 收入固定利润的货币投资
   D. 转让非货物期货

8. 下列各项中，不属于"邮政服务"的是（ ）。
   A. 邮政汇兑   B. 邮政代理
   C. 邮册等邮品的销售 D. 邮政储蓄

9. 根据增值税法律制度的规定，下列各项中，应按照"提供应税劳务"税目计缴增值税的是（ ）。
   A. 物业服务企业为业主提供的装修服务
   B. 汽车修理厂聘请员工为本厂提供的汽车修理服务
   C. 服装厂受托提供工作服加工服务
   D. 家具厂销售木材同时提供家具定制服务

10. 根据增值税法律制度的规定，下列选项中，应征收增值税的是（ ）。
    A. 房地产管理部门代为收取的住房专项维修资金
    B. 在资产重组过程中，通过合并方式，单独将货物、不动产转让给合并方
    C. 铁路运输公司根据国家指令无偿提供铁路运输服务
    D. 存款利息收入

11. 根据增值税法律制度的规定，下列情形中，属于境内销售服务的有（ ）。
    A. 新加坡某公司出租一栋办公楼给中国境内某公司在新加坡的办事处使用
    B. 韩国某航运公司为中国境内某公司从韩国运送一批货物至日本
    C. 美国某汽车出租公司出租一辆汽车给境内某单位在美国使用
    D. 法国某公司派遣工作人员来中国境内为某企业提供技术培训服务

12. 下列各项中，应当一并按照销售货物征收增值税的是（ ）
    A. 商场销售空调的同时为该客户提供安装服务
    B. 酒店在提供住宿服务的同时销售一次性洗漱用品

C. 建筑公司提供建筑服务的同时销售自产的钢结构件

D. 装饰公司提供装修服务的同时也为其他客户销售建筑材料

13. 根据增值税法律制度的规定，企业发生的下列行为中，不属于视同销售行为的是（　　）。

A. 将货物移送至外省分公司用于销售

B. 将自产的一批物资赠送给灾区

C. 运输公司为灾区无偿运送一批救灾物资

D. 受托代销一批烟酒

14. 一般纳税人销售下列货物，增值税税率为13%的是（　　）。

A. 面粉　　　　　　B. 自来水

C. 居民用煤炭制品　D. 电力

15. 根据增值税法律制度的规定，下列各项中，符合条件的一般纳税人可以选择适用简易计税方法计税的是（　　）。

A. 县级及县级以下小型火力发电单位生产的电力

B. 电影制作服务

C. 以沥青为原料生产的混凝土

D. 动漫产品的制作服务

16. 甲企业为增值税小规模纳税人。2021年10月，甲企业销售货物取得含税销售额257 500元，销售自己使用过5年的生产设备，取得含税销售额30 900元；销售自己使用过的包装物，取得含税销售额51 500元。甲企业当月应缴纳的增值税税额的下列计算列式正确的是（　　）。

A. 257 500÷（1+3%）×3%+（51 500+30 900）÷（1+3%）×2% = 9 100（元）

B. （257 500+51 500+30 900）÷（1+3%）×3% = 9900（元）

C. （257 500+51 500）÷（1+3%）×3%+30 900÷（1+3%）×2% = 9 600（元）

D. （257 500+51 500+30 900）÷（1+3%）×2% = 6 600（元）

17. 2021年9月，甲公司销售产品取得含增值税价款113 000元，另收取包装物租金6 780元。已知增值税税率为13%，甲公司当月该笔业务增值税销项税额的下列计算中，正确的是（　　）。

A. 113 000÷（1+13%）×13% = 13 000（元）

B. （113 000+6 780）÷（1+13%）×13% = 13 780（元）

C. 113 000×13% = 14 690（元）

D. （113 000+6 780）×13% = 15 571.4（元）

18. 甲公司为增值税一般纳税人，2020年10月采取折扣方式销售货物一批，取得含增值税销售额30万元，由于购买方购买数量较大给予10%的折扣。销售额和折扣额在同一张发票上分别注明。已知增值税税率为13%。计算甲公司当月该笔业务增值税销项税额的下列算式中，正确的是（　　）。

A. 30×（1-10%）×13% = 3.51（万元）

B. 30×（1-10%）÷（1+13%）×13% = 3.11（万元）

C. 30×13% = 3.9（万元）

D. 30×10%×13% = 0.39（万元）

19. 甲公司是增值税一般纳税人，2021年8月采取以旧换新方式销售电视机10台，新电视机每台不含税销售额为8 000元，旧电视机作价400元/台，实际收取价款7 600元/台。已知增值税税率为13%，计算甲公司当月该笔业务增值税销项税额的下列算式中，正确的是（　　）。

A. 10×8 000÷（1+13%）×13% = 9 203.54（元）

B. 10×8 000×13% = 10 400（元）

C. 10×7 600÷（1+13%）×13% = 8 743.36（元）

D. 10×7 600×13% = 9 880（元）

20. 某金店是增值税一般纳税人，本月采取以旧换新方式零售金项链共计100条，每条新项链的含税销售额4 520元，旧项链含税作价2 825元/条，每条实际收取差价款1 695元。已知增值税税率为13%，则金店该笔业务增值税销项税额的下列算式中，正确的是（　　）。

A. 100×4 520÷（1+13%）×13% = 52 000（元）

B. 100×1 695÷（1+13%）×13% = 19 500（元）

C. 100×4 520×13% = 58 760（元）

D. 100×1 695×13% = 22 035（元）

21. 甲食品加工厂为增值税一般纳税人，2021

年 8 月将自产的食用油作为福利发放给本厂职工，该批食用油账面成本为 200 000 元，成本利润率为 10%；按当月甲厂同类食用油的平均售价计算，该批食用油的不含税售价为 350 000 元；已知食用油适用税率为 9%。甲厂发放职工福利的该批食用油计征增值税的销项税额的算式中，正确的是（　　）。

A. 200 000 ×（1+10%）× 9% = 19 800（元）

B. 350 000 × 9% = 31 500（元）

C. 350 000 ÷（1+9%）× 9% = 28 899.08（元）

D. 200 000 × 9% = 18 000（万元）

22. 某日化厂为增值税一般纳税人，本月将自产的 200 万件高档化妆品无偿赠送给关联企业，每件高档化妆品的生产成本为 50 元。已知，消费税税率为 15%，增值税税率为 13%，成本利润率为 9%，没有同类高档化妆品的销售价格。有关该日化厂当月计征增值税的销项税额的算式中，正确的是（　　）。

A. 50 × 200 × 13% = 1 300（万元）

B. 50 × 200 ×（1+9%）× 13% = 1 417（万元）

C. 50 × 200 ×（1+9%）÷（1+15%）× 13% = 1 232.17（万元）

D. 50 × 200 ×（1+9%）÷（1-15%）× 13% = 1 667.06（万元）

23. 甲企业为增值税一般纳税人，2021 年 8 月销售空调取得含增值税价款 678 万元，另收取包装物押金 5.65 万元，约定 3 个月返还；当月确认逾期不予退还的包装物押金为 11.3 万元。已知增值税税率为 13%，计算甲企业当月上述业务增值税销项税额的下列算式中，正确的是（　　）。

A.（678+5.65+11.3）× 13% = 90.34（万元）

B.（678+11.3）÷（1+13%）× 13% = 79.3（万元）

C.（678+5.65+11.3）÷（1+13%）× 13% = 79.95（万元）

D.（678+11.3）× 13% = 89.609（万元）

24. 甲酒厂为增值税一般纳税人，2021 年 10 月销售白酒取得含增值税价款 5 650 000 元，另收取包装物押金 90 400 元，约定 6 个月返还；当月确认逾期不予退还的包装物押金为 67 800 元。已知增值税税率为 13%，计

算甲企业当月上述业务增值税销项税额的下列算式中，正确的是（　　）。

A.（5 650 000+90 400+67 800）× 13% = 755 066（元）

B.（5 650 000+90 400）÷（1+13%）× 13% = 660 400（万元）

C.（5 650 000+90 400+67 800）÷（1+13%）× 13% = 668 200（万元）

D.（5 650 000+67 800）÷（1+13%）× 13% = 657 800（万元）

25. 甲公司为增值税一般纳税人，2021 年 1 月以 120 万元的价格买入某上市公司股票 30000 份。3 月以 96 万元的价格售出其中 60%。已知甲公司 2020 年累计金融商品转让业务的负差为 16 万元，已知金融商品转让适用的增值税税率为 6%，则 2021 年 3 月该金融商品转让业务的销项税额的下列计算列式中，正确的是（　　）。（买卖价格均含增值税）

A.（96-120 × 60%）÷（1+6%）× 6% = 1.36（万元）

B.（96-120 × 60%-16）÷（1+6%）× 6% = 0.45（万元）

C.（96-120 × 60%）× 6% = 1.44（万元）

D.（96-16）÷（1+6%）× 6% = 4.53（万元）

26. 甲公司为一家汽车制造企业，购进乙公司一批钢材。甲公司由于资金紧张无法支付货款，经双方友好协商，乙公司同意甲公司以自产的 10 辆汽车抵顶货款，下列表述中正确的是（　　）。

A. 乙公司收到甲公司的抵顶货物不应作购货处理

B. 甲公司发出抵顶货款的货物不应作销售处理，不应计算销项税额

C. 甲、乙双方发出货物都作销售处理，但收到货物所含增值税额一律不能计入进项税额

D. 甲、乙双方都应作购销处理，可对开增值税专用发票分别核算销售额和购进额，并计算销项税额和进项税额

27. 甲制药厂为增值税一般纳税人，2021 年 10 月销售应税药物取得不含税收入 100 万元，销售抗癌药品取得不含税收入 50 万元，销

售免税药品取得收入 20 万元。当月购入原材料一批，取得增值税专用发票，注明税款 8.8 万元；无法划分原材料的领用情况。该公司当月可抵扣的进项税额的计算列示中，正确的是（　　）。（假设该制药厂销售抗癌药品享受简易计税）

A. 8.8（万元）

B. 8.8-8.8×（50+20）÷（100+50+20）= 5.18（万元）

C. 8.8-8.8×50÷（100+50+20）= 6.21（万元）

D. 8.8×（50+20）÷（100+50+20）= 3.62（万元）

28. 增值税一般纳税人支付的下列运费均已取得增值税专用发票并经认证，其中不得抵扣进项税额的是（　　）。

A. 销售产品支付的运费

B. 外购用于装修职工宿舍的装饰材料支付的运费

C. 外购用于研发用材料支付的运费

D. 购买免税农产品生产应税产品而支付的运费

29. 某食品加工厂为一般纳税人，上月从农村合作社购入的一批原材料因管理不善发霉变质，其账面成本 120 000 元（其中含运费 20 000 元），已知原材料成本和运费均已抵扣进项税额，则本期应转出的进项税额的下列计算中，正确的是（　　）。（已知，上月抵扣扣除率为 9%，交通运输服务税率为 9%）

A. 120 000×9% = 10800（元）

B. 120 000÷（1-9%）×9% = 11 868.13（元）

C.（120 000-20 000）÷（1-9%）×9%+20 000×9% = 11 690.11（元）

D.（120 000-20 000）÷（1+9%）×9%+20 000×9% = 10 056.88（元）

30. 甲企业为增值税一般纳税人，2021 年 6 月进口一台设备，经海关审定的关税完税价格为 200 000 元，已知进口关税税率为 10%，增值税税率 13%，甲企业进口环节应缴纳增值税额的下列算式中，正确的是（　　）。

A. 200 000×13% = 26 000（元）

B. 200 000÷（1+13%）×13% = 23 008.85（元）

C.（200 000+200 000×10%）×13% = 28 600

（元）

D.（200 000+200 000×10%）÷（1+13%）×13% = 25 309.73（元）

31. 某公司为增值税一般纳税人，2021 年 12 月从国外进口一批高档化妆品，海关核定的关税完税价格为 100 万元。已知进口关税税率为 10%，消费税税率为 15%，增值税税率为 13%。则该公司进口环节应纳增值税税额的下列算式中，正确的是（　　）。

A.（100+100×10%）×13% = 14.3（万元）

B. 100×13% = 13（万元）

C.（100+100×15%）×13% = 14.95（万元）

D.（100+100×10%）÷（1-15%）×13% = 16.82（万元）

32. 根据增值税法律制度的规定，下列各项中，免予缴纳增值税的是（　　）。

A. 生鲜超市销售新鲜水果

B. 国际组织无偿援助的进口设备

C. 个人转让专利权

D. 小规模纳税人销售自己使用过的包装物

33. 2021 年 5 月 30 日，甲乙公司签订了购销合同，双方约定总价款为 80 万元。6 月 3 日，甲公司就 80 万元货款全额开具了增值税专用发票。6 月 10 日，甲公司收到乙公司第一笔货款 45 万元，6 月 25 日，甲公司收到乙公司第二笔货款 35 万元。根据增值税法律制度的规定，甲公司增值税纳税义务发生时间为（　　）。

A. 5 月 30 日　　　　B. 6 月 3 日

C. 6 月 10 日　　　　D. 6 月 25 日

34. 下列各项中，不符合有关增值税纳税地点规定的是（　　）。

A. 非固定业户销售货物或者提供应税劳务应当向销售地或劳务发生地申报纳税

B. 固定业户销售货物应向其机构所在地申报税款

C. 固定业户总机构和分支机构不在同一县（市）的，应当分别向各自所在地的主管税务机关申报纳税。经批准，可由总机构汇总向总机构所在地申报纳税

D. 其他个人提供建筑服务，销售或者租赁不动产，转让自然资源使用权，应向户籍地或经常居住地所在地税务机关申报纳税

35. 企业生产销售的下列产品中，属于消费税征税范围的是（　　）。
   A. 烟叶　　　　　　　B. 医用酒精
   C. 珍珠项链　　　　　D. 沐浴露

36. 下列各项中，需要计算缴纳消费税的是（　　）。
   A. 啤酒屋销售自制啤酒
   B. 企业销售自己使用过的小轿车
   C. 商场销售高档化妆品
   D. 企业进口货车

37. 根据消费税法律制度的规定，下列各项中，不征收消费税的是（　　）。
   A. 体育上用的发令纸　C. 礼花弹
   B. 爆竹　　　　　　　D. 组合烟花

38. 下列应税消费品中，适用定额税率征收消费税的是（　　）。
   A. 成品油　　　　　　B. 白酒
   C. 高尔夫球　　　　　D. 摩托车

39. 根据消费税法律制度的规定，下列各项中，当以纳税人同类小汽车的最高销售价格为计税依据计算缴纳消费税的是（　　）。
   A. 将自产小汽车用于市场推广
   B. 将自产小汽车用于换取生产资料
   C. 将自产小汽车用于管理部门
   D. 将自产小汽车用于质量检测

40. 某高尔夫球具厂为增值税一般纳税人，下设一非独立核算门市部，2021 年 9 月该厂将生产的一批成本价 70 万元的高尔夫球具移送门市部，门市部将其中 80% 零售，取得含税销售额 77.22 万元。高尔夫球具的消费税税率为 10%，成本利润率 8%，该项业务应缴纳的消费税额的计算列示中，正确的是（　　）。
   A. $70 \times 80\% \times（1+8\%）\div（1-10\%）\times 10\% = 6.72$（万元）
   B. $77.22 \div（1+13\%）\times 10\% = 6.83$（万元）
   C. $70 \times（1+8\%）\div（1-10\%）\times 10\% = 8.4$（万元）
   D. $77.22 \times 10\% = 7.722$（万元）

41. 某酒厂 2021 年 7 月销售白酒 80 吨，取得含税收入 452 万元，收取包装物押金 33.9 万元，品牌使用费 56.5 万元；另取得逾期包装物押金收入 22.6 万元。已知，增值税税率为 13%，消费税税率为 20% 加 0.5 元 /500 克，1 吨 = 1 000 千克。根据消费税法律制度的规定，下列关于该酒厂本月应缴纳消费税的计算中，正确的是（　　）。
   A. $（452+56.5+22.6）\div（1+13\%）\times 20\%+80 \times 1 000 \times 2 \times 0.5 \div 10 000 = 102$（万元）
   B. $（452+56.5）\div（1+13\%）\times 20\%+80 \times 1 000 \times 2 \times 0.5 \div 10 000 = 98$（万元）
   C. $（452+33.9+56.5）\div（1+13\%）\times 20\%+80 \times 1 000 \times 2 \times 0.5 \div 10 000 = 104$（万元）
   D. $（452+33.9）\div（1+13\%）\times 20\%+80 \times 1 000 \times 2 \times 0.5 \div 10 000 = 94$（万元）

42. 甲企业是增值税一般纳税人，本月向乙摩托车厂订购摩托车 10 辆，每辆含增值税售价为 10 000 元，另支付改装费共计 30 000 元。已知，增值税税率为 13%，消费税税率为 10%。有关乙摩托车厂上述业务应缴纳的消费税，下列计算列式正确的是（　　）。
   A. $10 000 \times 10 \times 10\% = 10 000$（元）
   B. $10 000 \times 10 \div（1+13\%）\times 10\% = 8 849.56$（元）
   C. $（10 000 \times 10+30 000）\times 10\% = 13 000$（元）
   D. $（10 000 \times 10+30 000）\div（1+13\%）\times 10\% = 11 504.42$（元）

43. 2021 年 5 月，甲化妆品厂将一批自产高档化妆品用于馈赠客户，该批高档化妆品生产成本为 17 000 元，无同类高档化妆品销售价格，已知消费税税率为 15%；成本利润率为 5%。计算甲化妆品厂当月该笔业务应缴纳消费税税额的下列算式中，正确的是（　　）。
   A. $17 000 \times（1+5\%）\times 15\% = 2 677.5$（元）
   B. $17 000 \times（1+5\%）\div（1-15\%）\times 15\% = 3 150$（元）
   C. $17 000 \div（1-15\%）\times 15\% = 3 000$（元）
   D. $17 000 \times 15\% = 2 550$（元）

44. 某啤酒厂自产啤酒 10 吨，其中 8 吨无偿提供给某啤酒节，已知每吨成本 1000 元，同类产品售价为 1 300 元 / 吨。已知：税务机关核定的消费税单位税额为 220 元 / 吨，增值

值税税率为13%，成本利润率为10%。该
啤酒厂应缴纳增值税和消费税各（　　）元。

A. 1 372.8、2 200　　B. 1 352、2 200

C. 1 372.8、1760　　D. 1 352、1 760

45. 甲企业为增值税一般纳税人，1月外购一批
木材，取得增值税专用发票注明价款31万
元、税额2.79万元；将该批木材运往乙企
业委托其加工实木地板，取得税务局为小规
模纳税人代开的专用发票注明运费2万元、
税额0.18万元，支付不含税委托加工费12
万元。假定乙企业无同类产品对外销售，实
木地板消费税税率为5%。乙企业当月应代
收代缴的消费税的计算，正确的是（　　）。

A.（31+12）÷（1-5%）×5%＝2.26（万元）

B.（31+2+12）×5%＝2.25（万元）

C.（31+2+12）÷（1-5%）×5%＝2.37（万元）

D.（31+2+12+0.18）÷（1-5%）×5%＝2.38
（万元）

46. 甲卷烟厂为增值税一般纳税人，受托加工一
批烟丝，委托方提供的烟叶成本49 140元，
甲卷烟厂收取含增值税加工费2 373元。已
知受托方同类烟丝平均销售价格为100 000
元，增值税税率为13%，消费税税率为
30%，计算甲卷烟厂该笔业务应代收代缴消
费税税额的下列算式中，正确的是（　　）。

A.［49 140+2 373÷（1+13%）］÷（1-
30%）×30%＝21 960（元）

B.（49 140+2 373）÷（1-30%）×30%＝
22 077（元）

C. 100 000×30%＝30 000（元）

D.（49 140+2 373）÷（1+13%）÷（1-
30%）×30%＝19 537.17（元）

47. 2021年9月甲公司进口高尔夫球具一批，
海关核定的关税完税价格为120 000元，缴
纳关税6 000元。已知消费税税率为10%。
计算甲公司当期上述业务应缴纳消费税税额
的下列算式中，正确的是（　　）。

A.（120 000+6 000）÷（1-10%）×10%＝
14 000（元）

B.（120 000+6 000）×10%＝12 600（元）

C. 120 000÷（1-10%）×10%＝13 333.33
（元）

D.（120 000+6 000）×（1-10%）×10%＝
11 340（元）

48. 卷烟批发企业甲2021年1月批发销售卷烟
500箱，其中批发给另一卷烟批发企业300
箱、零售专卖店150箱、个体烟摊50箱。
每箱不含税批发价格为13 000元。已知：
卷烟批发环节的消费税税率为11%加250
元/箱，甲企业应缴纳的消费税为（　　）。

A. 300×13 000×11%+300×250＝504 000
（元）

B.（150+50）×13 000×11%+（150+50）×
250＝336 000（元）

C.（300+150）×13 000×11%+（300+
150）×250＝756 000（元）

D. 500×13 000×11%+500×250＝840 000
（元）

49. 甲企业为增值税一般纳税人，2021年7月
外购一批实木素板，取得的增值税专用发
票上注明的价款1 000万元，增值税130万
元。本月期初库存外购素板金额为300万
元，期末库存外购素板金额为250万元，当
期领用素板用于加工装饰地板。已知实木地
板消费税税率为5%，计算甲企业本月准予
扣除的外购素板已缴纳消费税额的下列算式
中，正确的是（　　）。

A.（300+1 000）×5%＝65（万元）

B.（300+1 000-250）×5%＝52.5（万元）

C. 1 000×5%＝50（万元）

D.（1 000-250）×5%＝37.5（万元）

50. 根据关税法律制度的规定，进口原产于与我
国签订含有关税优惠条款的区域性贸易协定
的国家或地区的进口货物，适用的关税税率
是（　　）。

A. 最惠国税率　　　B. 暂定税率

C. 协定税率　　　　D. 关税配额税率

51. 某企业2021年3月进口一台机器设备，设
备价款80万元，支付运抵我国关境内输入
地点起卸前的包装费、运费2万元，成交价
格外另支付给卖方的佣金1万元。进口关税
税率为10%，则该企业应纳进口关税的下
列计算中，正确的是（　　）。

A. 80×10%＝8（万元）

B.（80+2）×10%＝8.2（万元）

C.（80+1）×10%＝8.1（万元）

D.（80+2+1）×10% = 8.3（万元）

52. 某市工业企业 2021 年 10 月份进口货物，向海关缴纳增值税 20 万元、消费税 10 万元、关税 2 万元；向当地税务机关实际缴纳增值税 50 万元、消费税 15 万元、企业所得税 20 万元。已知城建税税率为 7%，教育费附加征收率为 3%，则该企业当月应缴纳城建税和教育费附加合计为（　　）万元。

A. 4.9　　　　　　　B. 6.5

C. 8.1　　　　　　　D. 9.7

53. 甲企业系增值税一般纳税人，2021 年 10 月向乙销售小汽车（非新能源或节约能源车辆），收取不含税价款 20 万元，同时向乙收取了 1.13 万元的优质费。乙购买小汽车后自用。已知该小汽车适用的增值税税率是 13%。则乙应缴纳车辆购置税（　　）万元。

A. 2　　　　　　　　B. 2.1

C. 1.7　　　　　　　D. 1

54. 某二手车经销公司 2021 年 4 月销售其收购的二手车 40 辆，取得含税销售额 120.6 万元。该公司当月销售二手车应缴纳增值税的算式中，正确的是（　　）。

A. 120.6÷（1+3%）×2% = 2.34（万元）

B. 120.6÷（1+3%）×3% = 3.51（万元）

C. 120.6÷（1+0.5%）×0.5% = 0.60（万元）

D. 120.6÷（1+3%）×0.5% = 0.59（万元）

二、多选题

55. 我国现行税法体系采用的累进税率形式包括（　　）。

A. 全额累进税率　　　B. 超额累进税率

C. 超率累进税率　　　D. 全率累进税率

56. 根据税收征收管理法律制度的规定，下列税种中，由税务机关负责征收的有（　　）。

A. 车船税

B. 进口车辆的车辆购置税

C. 进口环节的消费税

D. 资源税

57. 下列各项中，按照"销售货物"征收增值税的有（　　）。

A. 销售电力　　　　　B. 销售热力

C. 销售天然气　　　　D. 销售自来水

58. 根据增值税法律制度的规定，下列行为中，属于"销售无形资产"的有（　　）。

A. 提供技术咨询服务

B. 转让高速公路经营权

C. 转让会员权

D. 转让网络域名

59. 根据增值税法律制度的规定，下列行为中，属于"交通运输服务"的有（　　）。

A. 无运输工具承运服务

B. 货物运输代理

C. 航天运输服务

D. 索道运输服务

60. 下列关于增值税征税范围的表述中，不正确的有（　　）。

A. 邮政代理按"现代服务——商务辅助服务"征收增值税

B. 卫星电视信号落地转接服务按"电信服务——增值电信服务"征收增值税

C. 固定电话安装按"电信服务—基础电信服务"征收增值税

D. 航道疏浚按"建筑服务——其他建筑服务"征收增值税

61. 下列各项中，按照"生活服务"缴纳增值税的有（　　）。

A. 婚姻介绍服务

B. 物业管理服务

C. 救助救济

D. 市容市政管理

62. 根据增值税法律制度的规定，下列情形中，属于境内销售服务的有（　　）。

A. 境内的工程监理公司向境外单位提供工程项目完全在境外的监理服务

B. 境外的制造企业向境内单位转让完全在境内使用的专利权

C. 境外的餐饮企业向出差境外的单位提供餐饮服务

D. 境外的咨询公司向境内单位销售完全在境外发生的咨询服务

63. 下列关于混合销售与兼营的说法中错误的有（　　）。

A. 混合销售是指一项销售行为既涉及货物又涉及服务

B. 兼营是指纳税人的经营中包括销售货物、劳务以及销售服务、无形资产和不动产

C. 混合销售行为应当分别核算适用不同税率或者征收率的销售额

D. 兼营销售行为应当按照纳税人主营项目缴纳增值税

64. 根据增值税法律制度的规定，企业发生的下列行为中，属于视同销售货物行为的有（　　）。

A. 企业将购进的月饼发给职工作为福利

B. 企业将上月购进用于生产的钢材用于建造厂房

C. 企业将外购货物赠送给关联企业

D. 企业将自产白酒用于招待客户

65. 下列各项中，增值税税率为9%的有（　　）。

A. 不动产租赁服务

B. 建筑安装工程作业

C. 有形动产租赁服务

D. 基础电信服务

66. 下列关于增值税税率的表述中，不正确的有（　　）。

A. 煤炭制品适用9%的税率

B. 植物油适用9%的税率

C. 农机配件适用13%的税率

D. 转让土地使用权适用6%的税率

67. 下列各项中，一般纳税人在计算增值税销项税额时，应并入销售额的有（　　）。

A. 向购买方收取的赔偿金

B. 销售货物的同时代办保险而向购买方收取的保险费

C. 因销售货物向购买方收取的优质费

D. 以委托方的名义开具发票代委托方收取的款项

68. 根据增值税法律制度的规定，下列纳税人以特殊方式销售货物的税务处理，正确的有（　　）。

A. 纳税人用以物易物方式销售货物，双方都作购销处理

B. 还本销售本质上是一种融资行为，税法规定按照扣除还本金后的余额为销售额

C. 纳税人以直销方式销售货物，无论采用何种模式，其销售额均为收取的全部价款和价外费用

D. 以旧换新方式销售金银首饰以外的货物，按新货同期销售价格确定销售额，不得扣减旧货收购价格

69. 根据增值税法律制度的规定，选择差额计税的旅游公司发生的下列支出中，在确定增值税销售额时可以扣除的是（　　）。

A. 支付的广告制作费

B. 替旅游者支付的签证费

C. 支付给其他接团旅游企业的旅游费用

D. 支付的导游工资

70. 根据增值税法律制度的规定，下列项目中，增值税一般纳税人的进项税额不得从销项税额中抵扣的有（　　）。

A. 免税产品使用的外购物资

B. 为生产应税产品购入的原材料

C. 因自然灾害而导致外购商品变质

D. 因管理不善被盗的产成品所耗用的购进原材料

71. 根据增值税法律制度的规定，下列各项中，购进货物的进项税额不得从销项税额中抵扣的有（　　）。

A. 将购进的货物用于增值税免税项目

B. 将购进的货物用于本单位职工福利

C. 员工出差购进旅客运输服务

D. 招待客户购进餐饮服务

72. 甲企业主要从事白酒的生产和销售，2021年11发生下列购进业务，准予依法抵扣进项税额的有（　　）。

A. 进口设备一台，取得海关进口增值税专用缴款书

B. 购进办公用打印纸一批，取得销售方开具的增值税专用发票

C. 从农业生产者手中购进高粱一批，取得农产品销售发票

D. 销售人员出差外省，取得注明旅客身份信息的航空运输电子客票行程单

73. 根据增值税法律制度的规定，下列各项中，免予缴纳增值税的有（　　）。

A. 金融同业往来利息收入

B. 纳税人提供的直接或者间接国际货物运输代理服务

C. 一般纳税人提供管道运输服务

D. 金融机构提供贷款服务

74. 根据增值税法律制度的规定，下列关于增值税纳税义务发生时间的表述中，正确的有

（　　）。

A. 纳税人采取直接收款方式销售货物，为货物发出的当天

B. 纳税人销售应税劳务，为提供劳务同时收讫销售款或者取得索取销售款凭据的当天

C. 纳税人采取委托银行收款方式销售货物，为发出货物并办妥托收手续的当天

D. 纳税人进口货物，为报关进口的当天

75. 商业企业一般纳税人零售下列货物，可以开具增值税专用发票的是（　　）。

A. 劳保用品

B. 办公用品

C. 用于招待客户的烟酒

D. 计生用品

76. 根据消费税法律制度的规定，下列各项中，不征收消费税是（　　）。

A. 风力帆艇　　　　B. 电动汽车

C. 竹制一次性筷子　D. 黄酒

77. 下列各项中，需要计算缴纳消费税的是（　　）。

A. 烟草批发企业将卷烟销售给其他烟草批发企业

B. 珠宝店零售钻石饰品

C. 酒厂委托加工收回白酒

D. 汽车专卖店零售超豪华小汽车

78. 消费税纳税人销售货物一并收取的下列款项中，应计入消费税计税依据的有（　　）。

A. 消费税税款

B. 运输发票开给购货方收回的代垫运费

C. 销售啤酒收取的包装物押金

D. 价外收取的返还利润

79. 下列各项中关于从量计征消费税计税依据确定方法的表述中，正确的有（　　）。

A. 销售应税消费品的，为应税消费品的销售数量

B. 进口应税消费品的，为纳税人申报的应税消费品进口征税数量

C. 以应税消费品投资入股的，为应税消费品移送使用数量

D. 委托加工应税消费品，为加工完成的应税消费品数量

80. 根据消费税法律制度的规定，下列有关金银首饰的计税依据，正确的有（　　）。

A. 采用以旧换新方式销售金银首饰，按新产品的不含增值税的全部价款确定计税依据征收消费税

B. 金银首饰与其他产品组成成套消费品销售的，按销售额全额征收消费税

C. 金银首饰连同包装物销售的，无论包装是否单独计价，也无论会计上如何核算，均应并入金银首饰的销售额计征消费税

D. 带料加工的金银首饰，按照收取的加工费确定计税依据征收消费税

81. 纳税人发生的下列行为中，应征收消费税的有（　　）。

A. 地板厂将自产的地板用于装修职工宿舍

B. 高尔夫球具厂将自产的高尔夫球杆用于切割检测

C. 化妆品厂将自产的高档香水精连续生产高档香水

D. 葡萄酒厂将自产的葡萄酒用于连续生产酒心巧克力

82. 下列产品中，在计算缴纳消费税时准许扣除外购应税消费品已纳消费税的是（　　）。

A. 外购已税烟丝连续生产的卷烟

B. 外购已税实木素板涂漆生产的实木地板

C. 外购已税蓝宝石连续生产的金银镶嵌首饰

D. 外购已税白酒生产的药酒

83. 下列有关消费税纳税地点的表述中，不正确的有（　　）。

A. 纳税人销售的应税消费品，除国务院财政、税务主管部门另有规定外，应当向销售地税务机关申报纳税

B. 纳税人委托外县（市）代销自产的应税消费品，由受托方向机构所在地或者居住地税务机关申报纳税

C. 委托非个人加工的应税消费品，由受托方向机构所在地或者居住地的税务机关解缴消费税税款

D. 进口的应税消费品，由进口人或者其代理人向报关地海关申报纳税

84. 根据消费税法律制度的规定，下列关于消费税的纳税义务发生时间的表述中，正确的有（　　）。

A. 纳税人自产自用应税消费品的，为移送使用的当天

B. 纳税人委托加工应税消费品的，为应税消费品加工完成的当天

C. 纳税人进口应税消费品的，为报关进口的当天

D. 纳税人采取预收货款结算方式销售应税消费品的，为收到预收款的当天

85. 根据关税法律制度的规定，下列各项中，应当计入出口关税完税价格的有（　　）。

A. 出口关税

B. 出口货物装船以后发生的费用

C. 出口货物在成交价格中未单独列明的支付给国外的佣金

D. 出口货物在成交价格以外买方另行支付的货物包装费

86. 2×21 年 10 月，甲企业进口一辆小汽车自用，支付买价 17 万元，卖方佣金 3 万元，货物运抵我国关境内输入地点起卸前的运费和保险费共计 3 万元，货物运抵我国关境内输入地点起卸后的运费和保险费共计 2 万元，另支付买方佣金 1 万元。已知关税税率为 20%，消费税税率为 25%，增值税税率为 13%，城建税税率为 7%，教育费附加征收率为 3%。假设无其他纳税事项，则下列关于甲企业相关税金的计算，正确的有（　　）。

A. 应纳进口关税 =（17+3+3+2+1）×20%

B. 应纳进口环节消费税 =（17+3+3）×（1+20%）÷（1-25%）×25%

C. 应纳进口环节增值税 =（17+3+3）×（1+20%）÷（1-25%）×13%

D. 应纳城建税和教育费附加 1.34 万元

87. 根据城市维护建设税法律制度的规定，下列说法中，正确的有（　　）。

A. 城建税的计税依据为纳税人应缴纳的增值税、消费税税额

B. 对实行增值税期末留抵退税的纳税人，不允许其从城市维护建设税的计税依据中扣除退还的增值税税额

C. 城市维护建设税按月或者按季计征。不能按固定期限计征的，可以按次计征

D. 实行按月或者按季计征的，纳税人应当于月度或者季度终了之日起 15 日内申报并缴纳税款

88. 根据车辆购置税法律制度的规定，下列表述

中，正确的有（　　）。

A. 车辆购置税由公安局征收

B. 纳税人购买自用应税车辆的，应当自购买之日起 60 日内申报纳税

C. 纳税人应当在向公安机关交通管理部门办理车辆登记注册前，缴纳车辆购置税

D. 纳税人购置需要办理车辆登记的应税车辆，应当向车辆登记地的主管税务机关申报纳税

89. 根据车辆购置税法律制度的规定，下列各项中，属于车辆购置税纳税人的有（　　）。

A. 购进排气量为 2000 毫升摩托车自用的个体工商户

B. 进口高档小汽车自用的外贸企业

C. 获奖取得汽车自用的运动员

D. 购买汽车自用的外商投资企业

三、判断题

90. 税收法律关系的客体是主体所享受的权利和所应承担的义务。（　　）

91. 根据增值税法律制度的规定，中华人民共和国境外单位或者个人在境内销售劳务，在境内未设有经营机构的，以其境内代理人为扣缴义务人；在境内没有代理人的由境外单位自行缴纳。（　　）

92. 纳税人兼营不同税率的销售货物、劳务、服务、无形资产或者不动产，适用不同税率或者征收率的，应当分别核算适用不同税率或者征收率的销售额；未分别核算的，税务机关核定适用税率。（　　）

93. 小规模纳税人，提供劳务派遣服务，选择差额纳税的，按照 3% 的征收率征收增值税。（　　）

94. 单位或者个体工商户聘用的员工为本单位或者雇主提供加工、修理修配劳务，按照加工、修理修配劳务缴纳增值税。（　　）

95. 增值税一般纳税人实行登记制，除另有规定外，应当向税务机关办理登记手续。（　　）

96. 纳税人年应税销售额超过小规模纳税人标准的其他个人可以按一般纳税人纳税。（　　）

97. 纳税人一经认定为小规模纳税人后，不得转为一般纳税人。（　　）

98. 纳税人单独转让土地使用权和转让不动产时

一并转让其所占土地的使用权的，均按照"销售不动产"缴纳增值税。（　）

99. 高速公路道路通行服务，应当按照交通运输服务缴纳增值税。（　）

100. 以货币资金投资收取的固定利润或者保底利润，不缴纳增值税。（　）

101. 出租车公司向使用本公司自有出租车的出租车司机收取的管理费用，按照有形动产租赁服务缴纳增值税。（　）

102. 纳税人因自然灾害造成购进货物损毁的，该外购货物的增值税进项税额不得从销项税额中抵扣。（　）

103. 纳税人因违反法律法规而导致在建工程被拆除，该在建工程所耗用的购进货物、设计服务和建筑服务所对应的增值税进项税额不得从销项税额中抵扣。（　）

104. 纳税人接受贷款服务向贷款方支付的与该笔贷款直接相关的投融资顾问费，其进项税额可以从销项税额中抵扣。（　）

105. 根据增值税法律制度规定，纳税人进口货物，应当自月度或季度终了之日起15日内缴纳税款。（　）

106. 增值税一般纳税人向消费者个人销售货物，不得开具增值税专用发票。（　）

107. 根据增值税法律制度的规定，采取委托银行收款方式销售货物，增值税纳税义务发生时间为收取销售款的当天。（　）

108. 其他个人提供建筑服务、销售或者租赁不动产、转让自然资源使用权，应当向其居住地税务机关申报缴纳增值税。（　）

109. 红酒采用从量计征方法计缴消费税。（　）

110. 纳税人通过自设非独立核算门市部销售的自产应税消费品，应当按照门市部对外销售额或者销售数量征收消费税。（　）

111. 金银首饰与其他产品组成成套消费品零售的，应将金银首饰与其他产品的销售额分摊，并按分摊后金银首饰的销售额征收消费税。（　）

112. 白酒生产企业向商业销售单位收取的"品牌使用费"，应并入白酒的销售额缴纳消费税。（　）

113. 我国的消费税在生产销售、委托加工和进口环节课征，并实行单一环节征税，批发、零售环节一律不征收消费税。（　）

114. 纳税人将自产的高档香水精移送连续生产洗发香波，移送时应当缴纳消费税。（　）

115. 纳税人用于换取生产资料、消费资料、投资入股、无偿赠送的应税消费品，按照同类应税消费品的最高销售价格计算消费税。（　）

116. 进出口货物的收发货人或其代理人应当在海关签发税款缴款凭证之日起15日内（星期日和法定节假日除外），向指定银行缴纳税款。（　）

117. 免税、减税车辆因转让、改变用途等原因不再属于免税、减税范围的，纳税人应当在办理车辆转移登记或者变更登记前缴纳车辆购置税。（　）

118. 纳税人发生应税销售行为同时适用免税和零税率规定的，纳税人只能选择零税率。（　）

四、不定项选择题

119.【2021 改编】甲电信公司为增值税一般纳税人，主要提供各类电信服务及手机销售业务。2021 年 10 月有关经营情况如下：

（1）提供语音通话服务，取得不含增值税收入 20 000 000 元；提供短信服务，取得不含增值税收入 3 000 000 元；提供卫星电视信号落地转接服务，取得不含增值税收入 7 000 000 元；为客户开通宽带收取开户费，取得不含增值税收入 200 000 元。

（2）采取折扣方式向乙公司销售 M 型手机 100 部，该 M 型手机含增值税单价 2 260 元/部，甲电信公司给予乙公司 10% 的折扣，并将销售额和折扣额在同一张发票上分别注明。

（3）采取以旧换新方式向消费者销售 N 型手机 200 部，该 N 型手机含增值税单价 3 390元/部，换回的旧手机作价 237.3 元/部，甲电信公司实际收取差价款 3 152.7 元/部。

（4）支付本公司营业厅租金，取得增值税专用发票注明税额 18 000 元；购进办公耗材，取得增值税专用发票注明税额 3 900元；购进用于员工节日福利的货物，取得增值税专用发票注明税额 2 210 元；支付外出就餐费，取得增值税普通发票注明税额

1 200 元。已知销售货物增值税税率为 13%。取得的增值税扣税凭证均符合抵扣规定。

要求：根据上述资料，不考虑其他因素，分析回答下列小题。

（1）甲电信公司的下列收入中，应按照"增值电信服务"税目计缴增值税的是（   ）。

A 宽带开户费收入 200 000 元

B. 提供短信服务的收入 3 000 000 元

C. 提供语音通话服务的收入 20 000 000 元

D. 提供卫星电视信号落地转接服务的收入 7 000 000 元

（2）计算甲电信公司当月采取折扣方式向乙公司销售 M 型手机增值税销项税额的下列算式中，正确的是（   ）。

A. $100 \times 2\ 260 \div (1+13\%) \times 13\% = 26\ 000$（元）

B. $100 \times 2\ 260 \div (1+13\%) \times (1-10\%) \times 13\% = 23\ 400$（元）

C. $100 \times 2\ 260 \times (1-10\%) \times 13\% = 26\ 442$（元）

D. $100 \times 2\ 260 \times 13\% = 29\ 380$（元）

（3）计算甲电信公司当月采取以旧换新方式向消费者销售 N 型手机增值税销项税额的下列算式中，正确的是（   ）。

A. $200 \times 3\ 390 \times 13\% = 88\ 140$（元）

B. $200 \times 3\ 152.7 \times 13\% = 81\ 970.2$（元）

C. $200 \times 3\ 390 \div (1+13\%) \times 13\% = 78\ 000$（元）

D. $200 \times 3\ 152.7 \div (1+13\%) \times 13\% = 72\ 540$（元）

（4）计算甲电信公司允许抵扣增值税进项税额的下列算式中，正确的是（   ）。

A. $3\ 900 + 2\ 210 = 6\ 110$（元）

B. $18\ 000 + 2\ 210 + 1\ 200 = 21\ 410$（元）

C. $18\ 000 + 3\ 900 + 2\ 210 + 1\ 200 = 25\ 310$（元）

D. $18\ 000 + 3\ 900 = 21\ 900$（元）

120.【2020 改编】甲公司为增值税一般纳税人，主要从事大型机械设备制造和销售业务。2021 年 10 月有关经营情况如下：

（1）购入原材料取得增值税专用发票注明税额 39 万元；进口检测仪器取得海关进口增值税专用缴款书注明税额 26 万元。

（2）报销销售人员国内差旅费，取得网约车费增值税电子普通发票注明税额 0.09 万元；取得住宿费增值税普通发票注明税额 0.6 万元；取得注明销售人员身份信息的铁路车票，票面金额合计 10.9 万元；取得注明销售人员身份信息的公路客票，票面金额合计 5.15 万元。

（3）采取分期收款方式销售 W 型大型机械设备一台，含增值税价款 226 万元，合同约定当月收取 50% 价款，次年 4 月再收取 50% 价款；采取预收货款方式销售 Y 型大型机械设备一台，设备生产工期 18 个月，合同约定本月应预收含增值税价款 960.5 万元，甲公司当月实际收到该笔预收款。

（4）支付境外乙公司专利技术使用费，合同约定含增值税价款 99.64 万元，乙公司在境内未设有经营机构且无代理人。

已知：销售货物增值税税率为 13%；销售无形资产增值税税率为 6%；铁路旅客运输服务按照 9% 计算进项税额；公路旅客运输服务按照 3% 计算进项税额；取得的扣税凭证均符合抵扣规定。

要求：根据上述资料，不考虑其他因素，分析回答下列小题。

（1）甲公司当月下列进项税额中，准予从销项税额中抵扣的是（   ）。

A. 网约车费的进项税额 0.09 万元

B. 住宿费的进项税额 0.6 万元

C. 原材料的进项税额 39 万元

D. 检测仪器的进项税额 26 万元

（2）计算甲公司当月铁路车票和公路客票准予抵扣进项税额的下列算式中，正确的是（   ）。

A. $10.9 \div (1+9\%) \times 9\% + 5.15 \times 3\% = 1.054 5$（万元）

B. $10.9 \div (1+9\%) \times 9\% + 5.15 \div (1+3\%) \times 3\% = 1.05$（万元）

C. $10.9 \times 9\% + 5.15 \times 3\% = 1.135 5$（万元）

D. $10.9 \times 9\% + 5.15 \div (1+3\%) \times 3\% = 1.131$（万元）

（3）计算甲公司当月销售大型机械设备增值税销项税额的下列算式中，正确的是（   ）。

A. $(226 \times 50\% + 960.5) \div (1+13\%) \times$

13% = 123.5（万元）

　B. 960.5 × 13% = 124.865（万元）

　C.（226+960.5）÷（1+13%）× 13% = 136.5（万元）

　D. 226 ÷（1+13%）× 13% = 26（万元）

（4）计算甲公司支付专利技术使用费应代扣代缴增值税税额的下列算式中，正确的是（　　）。

　A. 99.64 × 6% = 5.9784（万元）

　B. 99.64 ÷（1+6%）× 6% = 5.64（万元）

　C. 99.64 ÷（1-6%）×（1+6%）× 6% = 6.7416（万元）

　D. 99.64 ÷（1-6%）× 6% = 6.36（万元）

121.【2020 改编】甲建筑公司为增值税一般纳税人，主要从事建筑工程施工及活动板房的生产和安装业务。2021 年 10 月有关经营情况如下：

（1）承建的 P 酒店项目当月竣工结算，取得含增值税工程款 2 180 万元，另取得奖励款 21.8 万元。P 酒店项目适用一般计税方法计税。

（2）承建的 Q 住宅项目当月竣工结算，取得含增值税工程款 5 150 万元；支付含增值税分包款 1 030 万元，取得增值税普通发票注明税额 30 万元。Q 住宅项目选择简易计税方法计税。

（3）购进 P 酒店项目用工程材料，取得增值税专用发票注明税额 130 万元。

（4）支付 Q 住宅项目的劳务派遣服务费，取得增值税专用发票注明税额 0.36 万元。

（5）进口专用设备共用于 P 酒店项目和 Q 住宅项目，取得海关进口增值税专用缴款书注明税额 52 万元。

（6）销售自产活动板房同时提供安装服务，取得活动板房含增值税价款 147.804 万元、安装服务含增值税价款 43.1095 万元。

已知：销售货物增值税税率为 13%，销售建筑服务增值税税率为 9%，增值税征收率为 3%。取得的扣税凭证均符合抵扣规定。

要求：根据上述资料，不考虑其他因素，分析回答下列小题。

（1）计算甲建筑公司当月 P 酒店项目增值税销项税额的下列算式中，正确的是（　　）。

　A.（2 180+21.8）× 9% = 198.162（万元）

　B.（2 180+21.8）÷（1+9%）× 9% = 181.8

（万元）

　C. 2 180 × 9% = 196.2（万元）

　D. 2 180 ÷（1+9%）× 9% = 180（万元）

（2）计算甲建筑公司当月 Q 住宅项目应缴纳增值税税额的下列算式中，正确的是（　　）。

　A.（5 150-1 030）÷（1+3%）× 3% = 120（万元）

　B.（5 150-1 030）× 3% = 123.6（万元）

　C. 5 150 × 3% = 154.5（万元）

　D. 5 150 ÷（1+3%）× 3% = 150（万元）

（3）甲建筑公司的下列进项税额中，准予从销项税额中抵扣的是（　　）。

　A. 购进 P 酒店项目用工程材料的进项税额 130 万元

　B. 进口专用设备的进项税额 52 万元

　C. 支付分包款的进项税额 30 万元

　D. 支付 Q 住宅项目劳务派遣服务费的进项税额 0.36 万元

（4）计算甲建筑公司当月销售自产活动板房同时提供安装服务增值税销项税额的下列算式中，正确的是（　　）。

　A.（147.804+43.1095）÷（1+9%）× 9% = 15.7635（万元）

　B. 147.804 ÷（1+13%）× 13%+43.1095 ÷（1+9%）× 9% = 20.5635（万元）

　C.（147.804+43.1095）÷（1+13%）× 13% = 21.9635（万元）

　D. 147.804 ÷（1+13%）× 13% = 17.004（万元）

122.【2020 改编】W 市甲葡萄酒公司为增值税一般纳税人，主要从事葡萄酒的生产和销售业务。2021 年 10 月有关经营情况如下：

（1）以自产 100 箱 M 品牌葡萄酒换入酿酒设备，该 M 品牌葡萄酒生产成本 1 130 元 / 箱，含增值税平均单价 2 034 元 / 箱，含增值税最高单价 2 486 元 / 箱。

（2）向 W 市自设非独立核算门市部移送 500 箱自产 N 品牌葡萄酒，该 N 品牌葡萄酒含增值税出厂价 1 695 元 / 箱；该门市部对外销售 400 箱，含增值税单价 3 390 元 / 箱。

（3）受托为乙公司加工 Z 品牌葡萄酒，收取含增值税加工费 40 680 元；乙公司提供原材料成本 720 000 元，甲葡萄酒公司无同类葡萄酒销售价格。

已知：销售葡萄酒增值税税率为13%，消费税税率为10%，销售劳务增值税税率为13%。

要求：根据上述资料，不考虑其他因素，分析回答下列小题。

（1）计算甲葡萄酒公司当月以自产M品牌葡萄酒换入酿酒设备应缴纳消费税税额的下列算式中，正确的是（　　）。

    A. $100 \times 1\,130 \times 10\% = 11\,300$（元）

    B. $100 \times 1\,130 \times (1+10\%) \times 10\% = 12\,430$（元）

    C. $100 \times 2\,034 \div (1+13\%) \times 10\% = 18\,000$（元）

    D. $100 \times 2\,486 \div (1+13\%) \times 10\% = 22\,000$（元）

（2）计算甲葡萄酒公司当月N品牌葡萄酒应缴纳消费税税额的下列算式中，正确的是（　　）。

    A. $500 \times 3\,390 \div (1+13\%) \times 10\% = 150\,000$（元）

    B. $400 \times 3\,390 \div (1+13\%) \times 10\% = 120\,000$（元）

    C. $(500 \times 1\,695 + 400 \times 3\,390) \times 10\% = 220\,350$（元）

    D. $500 \times 1\,695 \times 10\% = 84\,750$（元）

（3）计算甲葡萄酒公司当月受托加工Z品牌葡萄酒应代收代缴消费税税额的下列算式中，正确的是（　　）。

    A. $(720\,000 + 40\,680) \div (1-10\%) \times 10\% = 84\,520$（元）

    B. $[720\,000 \times (1+10\%) + 40\,680 \div (1+13\%)] \times 10\% = 82\,800$（元）

    C. $[720\,000 + 40\,680 \div (1+13\%)] \div (1-10\%) \times 10\% = 84\,000$（元）

    D. $[720\,000 + 40\,680 \div (1+13\%)] \times 10\% = 75\,600$（元）

（4）甲葡萄酒公司当月发生的下列业务中，应缴纳增值税的是（　　）。

    A. 受托加工Z品牌葡萄酒

    B. 以自产M品牌葡萄酒换入酿酒设备

    C. 门市部对外销售N品牌葡萄酒

    D. 向W市自设非独立核算门市部移送自产N品牌葡萄酒

123.【2019改编】甲商业银行M支行为增值税一般纳税人，主要提供相关金融服务，乙公司为其星级客户。甲商业银行M支行2021年第四季度有关经营业务的收入如下：

（1）提供贷款服务，取得含增值税利息收入6 491.44万元。

（2）提供票据贴现服务，取得含增值税利息收入874.5万元。

（3）提供资金结算服务，取得含增值税服务费收入37.1万元。

（4）提供账户管理服务，取得含增值税服务费收入12.72万元。

已知：金融服务增值税税率为6%，乙公司为增值税一般纳税人。

要求：根据上述资料，不考虑其他因素，分析回答下列小题。

（1）甲商业银行M支行2021年第四季度取得的下列收入中，应按照"金融服务——直接收费金融服务"税目计缴增值税的是（　　）

    A. 账户管理服务费收入12.72万元

    B. 票据贴现利息收入874.5万元

    C. 资金结算服务费收入37.1万元

    D. 贷款利息收入6 491.44万元

（2）乙公司向甲商业银行M支行购进的下列金融服务中，不得从销项税额中抵扣进项税的是（　　）

    A. 票据贴现服务　　B. 账户管理服务

    C. 贷款服务　　　　D. 资金结算服务

（3）计算甲商业银行M支行2021年第四季度贷款服务增值税销项税额的下列算式中，正确的是（　　）。

    A. $(6\,491.44 + 874.5) \div (1+6\%) \times 6\% = 416.94$（万元）

    B. $37.1 \times 6\% + 12.72 \div (1+6\%) \times 6\% = 2.946$（万元）

    C. $37.1 \div (1+6\%) \times 6\% + 874.5 \times 6\% = 54.57$（万元）

    D. $(6\,491.44 + 37.1) \times 6\% = 391.7124$（万元）

（4）计算甲商业银行M支行2021年第四季度直接收费金融服务增值税销项税额的下列算式中，正确的是（　　）

    A. $37.1 \div (1+6\%) \times 6\% + 12.72 \times 6\% =$

2.8632（万元）

B.（37.1+12.72）÷（1+6%）×6% = 2.82（万元）

C.（6491.44+37.1）÷（1+6%）×6% = 369.54（万元）

D.874.5×6%+12.72÷（1+6%）×6% = 53.19（万元）

124.【2019 改编】甲旅游公司为增值税一般纳税人，主要从事旅游服务，2021 年 10 月有关经营情况如下：

（1）提供旅游服务取得的含增值税收入 720.8 万元，替游客向其他单位支付交通费 53 万元，住宿费 25.44 万元，门票费 22.26 万元，并支付本单位导游工资 2.12 万元。

（2）将本年购入商铺对外出租，每月含增值税租金 10.9 万元。本月一次性收取一个季度的含增值税租金 32.7 万元。

（3）购进职工通勤用班车，取得增值税专用发票注明税额 9.6 万元。

（4）购进广告设计服务，取得增值税专用发票注明税额 0.6 万元。

（5）购进电信服务，取得增值税专用发票注明税额 0.2 万元。

（6）购进会议展览服务，取得增值税专用发票注明税额 2.4 万元。

已知旅游服务增值税税率为 6%，不动产租赁服务增值税税率为 9%，取得扣税凭证已通过税务机关认证；甲旅游公司提供旅游服务选择差额计税方法计缴增值税。

要求根据上述资料不考虑其他因素，分析回答下列小题。

（1）甲旅游公司的下列支出中，在计算当月旅游服务增值税销售额时，准予扣除的是（   ）。

A.门票费 22.26 万元

B.交通费 53 万元

C.导游工资 2.12 万元

D.住宿费 25.44 万元

（2）计算甲旅游公司当月提供旅游服务增值税销项税额的下列算式中，正确的是（   ）。

A.（720.8−25.44−22.26）×6% = 40.386（万元）

B.（720.8−53−25.44−22.26）÷（1+6%）×

6% = 35.1（万元）

C.（720.8−53−2.12）×6% = 39.9408（万元）

D.（720.8−53−25.44−22.26−2.12）÷（1+6%）×6% = 34.98（万元）

（3）计算甲旅游公司当月出租商铺增值税销项税额的下列算式中，正确的是（   ）。

A.10.9÷（1+9%）×9% = 0.9（万元）

B.10.9×9% = 0.981（万元）

C.32.7÷（1+9%）×9% = 2.7（万元）

D.32.7×9% = 2.943（万元）

（4）甲旅游公司的下列进项税额中，准予从销项税额中抵扣的是（   ）。

A.购进会议展览服务所支付的进项税额 2.4 万元

B.购进电信服务所支付的进项税额 0.2 万元

C.购进职工通勤用班车所支付的进项税额 9.6 万元

D.购进广告设计服务所支付的进项税额 0.6 万元

125.【2019 改编】甲酒店为增值税一般纳税人。主要从事餐饮住宿等服务。2021 年 12 月有关经营情况如下：

（1）酒店餐饮部和客房部提供餐饮住宿服务，取得含增值税销售额 636 000 元；为答谢长期合作伙伴乙公司，甲酒店为乙公司员工提供免费晚宴，同类晚宴的平均含增值税价格为 2 650 元。

（2）酒店美容部提供美容美发服务，取得含增值税销售额 28 620 元。

（3）酒店停车场提供车辆停放服务，取得含增值税销售额 10 560 元。

（4）酒店建筑物广告位出租，取得含增值税销售额 109 000 元。

（5）酒店商品部销售商品取得含增值税销售额 180 800 元，另收取包装费 1 130 元。

（6）购进客房用品，取得增值税专用发票，注明税额 9 120 元；向农户购进自产农产品用于餐饮服务，农产品收购发票注明买价 29 430 元；购进用于销售的各类商品，取得增值税专用发票注明税额 6 080 元。

（7）上期留抵税额 3 200 元。

已知：生活服务增值税税率为 6%，销售货物增值税税率为 13%，农产品扣除率为

9%，取得的扣税凭证已通过税务机关认证。

要求：根据上述资料，不考虑其他因素，分析回答下列小题。

（1）计算甲酒店当月提供餐饮住宿服务增值税销项税额的下列算式中，正确的是（　　）。

　　A.（636 000+2 650）×6% = 38 319（元）

　　B.（636 000+2 650）÷（1+6%）×6% = 36 150（元）

　　C. 636 000÷（1+6%）×6% = 36 000（元）

　　D. 636 000×6% = 38 160（元）

（2）甲酒店当月取得的下列销售额中，应该按照"现代服务"税目计算增值税的是（　　）。

　　A. 车辆停放服务取得的销售额 10 560 元

　　B. 美容美发服务取得的销售额 28 620 元

　　C. 餐饮住宿服务取得的销售额 636 000 元

　　D. 广告位出租取得的销售额 109 000 元

（3）计算甲酒店当月销售商品增值税销项税额的下列算式中，正确的是（　　）。

　　A.（180 800+1 130）÷（1+13%）×13% = 20 930（元）

　　B. 180 800×13%+1 130÷（1+13%）×13% = 23 634（元）

　　C.（180 800+1 130）×13% = 23 650.9（元）

　　D. 180 800÷（1+13%）×13%+1 130×13% = 20 946.9（元）

（4）计算甲酒店当月准予抵扣进项税额的下列算式中，正确的是（　　）。

　　A. 9 120+29 430÷（1+9%）×9%+6 080+3 200 = 20 830（元）

　　B. 6 080+3 200 = 9 280（元）

　　C. 9 120+29 430×9%+6 080+3 200 = 21 048.7（元）

　　D. 9 120+29 430×9%+6 080 = 17 848.7（元）

第五章 所得税法律制度

考情概要

　　本章为考试重点章节，会以包括不定项选择题在内的各种题型出现在考试中，考查分值在 20 分左右。企业所得税部分，重要考点为企业所得税应纳税所得额的计算、资产的税务处理、应纳税额的计算以及相关的税收优惠等；个人所得税部分，重要考点为应税所得项目、居民个人应纳税所得额的确定、应纳税额的计算以及相关的税收优惠。本章涉及的计算较多，考生们在备考时一定不要仅动脑理解记忆，勤动手演算才能准确掌握考点。

考纲要求及考查方式

考纲内容		要求	考试题型
企业所得税	纳税义务人	熟悉	单选题、多选题、判断题
	征税对象	掌握	单选题、多选题、判断题
	税率	了解	考试中会与企业所得税应纳税额的计算相结合
	居民企业收入总额及其确认时间	掌握	单选题、多选题、判断题
	居民企业不征税收入和免税收入的确定	掌握	单选题、多选题、不定项选择题
	居民企业税前准予扣除项目的确定及计算	掌握	单选题、多选题、判断题、不定项选择题
	居民企业税前不得扣除项目的确定及计算	掌握	单选题、多选题、判断题、不定项选择题
	居民企业以前年度亏损弥补的确定及计算	掌握	单选题、判断题
	非居民企业应纳税所得额的确定及计算	掌握	单选题、多选题
	固定资产的税务处理	掌握	单选题、多选题、判断题
	生产型生物资产的税务处理	掌握	单选题、多选题
	无形资产的税务处理	掌握	单选题、多选题
	长期待摊费用的税务处理	掌握	单选题、多选题
	投资资产的税务处理	掌握	判断题
	应纳税额的计算	掌握	单选题、不定项选择题
	境外所得境内抵免的计算	掌握	单选题
	代扣代缴企业所得税的计算（源泉扣缴）	掌握	单选题

（续表）

	考纲内容	要求	考试题型
企业所得税	所得减免	熟悉	单选题
	加计扣除	掌握	单选题、多选题
	小型微利企业税收优惠	掌握	单选题
	税额抵免	熟悉	单选题
	纳税期限和纳税申报	了解	单选题、判断题
个人所得税	个人所得税纳税义务人的确定	熟悉	单选题、多选题
	所得来源地的确定	熟悉	单选题、多选题、判断题
	应税所得项目	掌握	单选题、多选题
	税率	了解	考试中会与个人所得税应纳税额的计算相结合
	综合所得应纳税额的范围及各项扣除的内容	掌握	单选题、多选题、不定项选择题
	经营所得应纳税额的计算	掌握	单选题、多选题
	财产租赁所得应纳税额的计算	掌握	单选题、判断题
	财产转让所得应纳税额的计算	掌握	单选题
	利息、股息、红利所得应纳税额的计算	掌握	单选题
	偶然所得应纳税额的计算	掌握	单选题
	税收优惠	熟悉	单选题、多选题、判断题、不定项选择题
	征收管理	了解	单选题、多选题、判断题

学习建议

本章所得税法律制度包括企业所得税和个人所得税两部分，二者关联性不强，难度都较高，需要考生重点关注学习。

企业所得税部分，其与企业的收入、成本和费用等的确认与计量高度关联，故要求考生有一定的会计学基础；同时要考虑资产的计税基础，并需要对应纳税所得额进行纳税调整，加之相关的税收优惠，使得本部分内容掌握起来难度较高。但考试中的题目难度相对较小，所以考生不要有畏难情绪，在学习过程中只要理顺思路，把隐藏在题干表述中的细节统筹考虑，就能顺利得分。

个人所得税部分，根据 2019 年新实施的《中华人民共和国个人所得税法》（以下简称《个人所得税法》）进行调整编写，一些政策内容也在不断地更新完善，其分类与综合相结合的征收

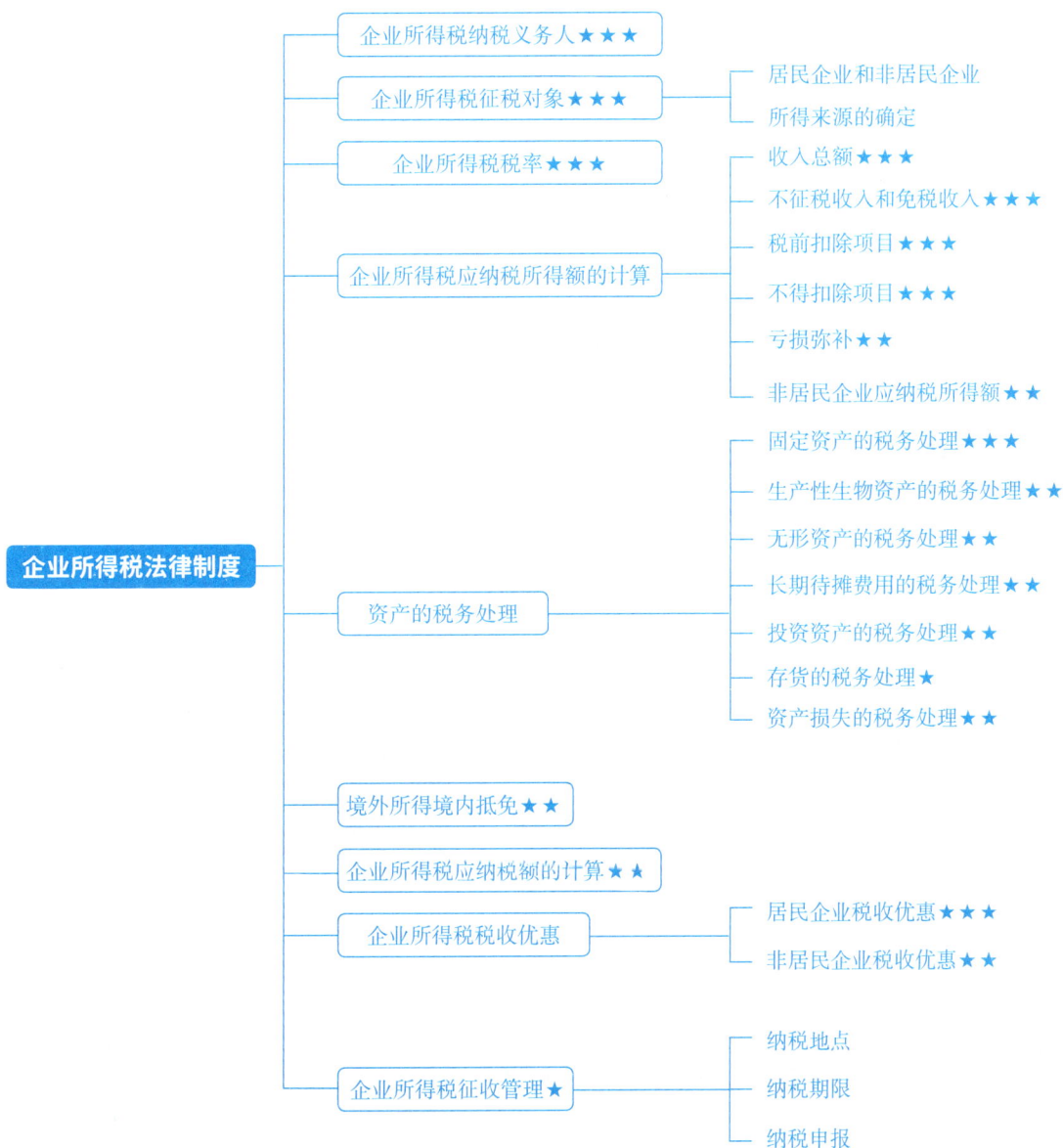

模式无疑增加了该部分知识的难度。考生在学习的过程中，首先要能够分辨个人取得的所得是哪一项所得，其次要能够根据对应所得项目的计算方式计算应纳税所得额，从而正确求得应纳税额。

学习框架

```
                        ┌─ 企业所得税纳税义务人 ★★★
                        │
                        ├─ 企业所得税征税对象 ★★★ ──┬─ 居民企业和非居民企业
                        │                            └─ 所得来源的确定
                        │
                        ├─ 企业所得税税率 ★★★
                        │                        ┌─ 收入总额 ★★★
                        │                        ├─ 不征税收入和免税收入 ★★★
                        │                        ├─ 税前扣除项目 ★★★
                        ├─ 企业所得税应纳税所得额的计算 ──┼─ 不得扣除项目 ★★★
                        │                        ├─ 亏损弥补 ★★
                        │                        └─ 非居民企业应纳税所得额 ★★
                        │                        ┌─ 固定资产的税务处理 ★★★
                        │                        ├─ 生产性生物资产的税务处理 ★★
                        │                        ├─ 无形资产的税务处理 ★★
企业所得税法律制度 ──────┤                        ├─ 长期待摊费用的税务处理 ★★
                        ├─ 资产的税务处理 ────────┼─ 投资资产的税务处理 ★★
                        │                        ├─ 存货的税务处理 ★
                        │                        └─ 资产损失的税务处理 ★★
                        │
                        ├─ 境外所得境内抵免 ★★
                        │
                        ├─ 企业所得税应纳税额的计算 ★★
                        │
                        ├─ 企业所得税税收优惠 ──┬─ 居民企业税收优惠 ★★★
                        │                      └─ 非居民企业税收优惠 ★★
                        │                        ┌─ 纳税地点
                        └─ 企业所得税征收管理 ★ ──┼─ 纳税期限
                                                 └─ 纳税申报
```

```
                                                        ┌─ 个人所得税纳税人★★★
                                  ┌─ 个人所得税概述 ──────┼─ 个人所得税纳税人的纳税义务★
                                  │                      └─ 所得来源地的确定★★
                                  │                      ┌─ 工资、薪金所得
                                  │                      ├─ 劳务报酬所得
                                  │                      ├─ 稿酬所得
                                  │                      ├─ 特许权使用费所得
                                  ├─ 个人所得税应税所得项目★★★ ┼─ 经营所得
                                  │                      ├─ 利息、股息、红利所得
                                  │                      ├─ 财产租赁所得
                                  │                      ├─ 财产转让所得
                                  │                      └─ 偶然所得
                                  │                      ┌─ 综合所得★
                                  ├─ 个人所得税税率 ──────┼─ 经营所得★
                                  │                      └─ 其他所得★★★
                                  │                      ┌─ 个人所得的形式
个人所得税法律制度 ──────────────────┼─ 个人所得税应纳税所得额的确定★ ┤
                                  │                      └─ 每次收入的确定
                                  │                      ┌─ 居民个人综合所得应纳税额的
                                  │                      │  计算★★★
                                  │                      │
                                  │                      ├─ 非居民个人的工资、薪金所得，
                                  │                      │  劳务报酬所得，稿酬所得和特许
                                  │                      │  权使用费所得扣缴个人所得税的
                                  │                      │  计算★★
                                  │                      ├─ 经营所得应纳税额的计算★★
                                  │                      ├─ 财产租赁所得应纳税额的计算
                                  │                      │  ★★
                                  ├─ 个人所得税应纳税额的计算 ──┼─ 财产转让所得应纳税额的计算
                                  │                      │  ★★
                                  │                      ├─ 利息、股息、红利所得应纳税
                                  │                      │  额的计算★★
                                  │                      ├─ 偶然所得应纳税额的计算★★
                                  │                      ├─ 捐赠的个人所得税处理★★★
                                  │                      └─ 应纳税额计算的其他规定★★
                                  │                      ┌─ 免税项目
                                  ├─ 个人所得税税收优惠★★★ ──┼─ 减税项目
                                  │                      └─ 其他免税和暂免征税项目
                                  │                      ┌─ 纳税申报
                                  └─ 个人所得税征收管理★ ────┼─ 纳税期限
                                                         └─ 货币单位及外币折算
```

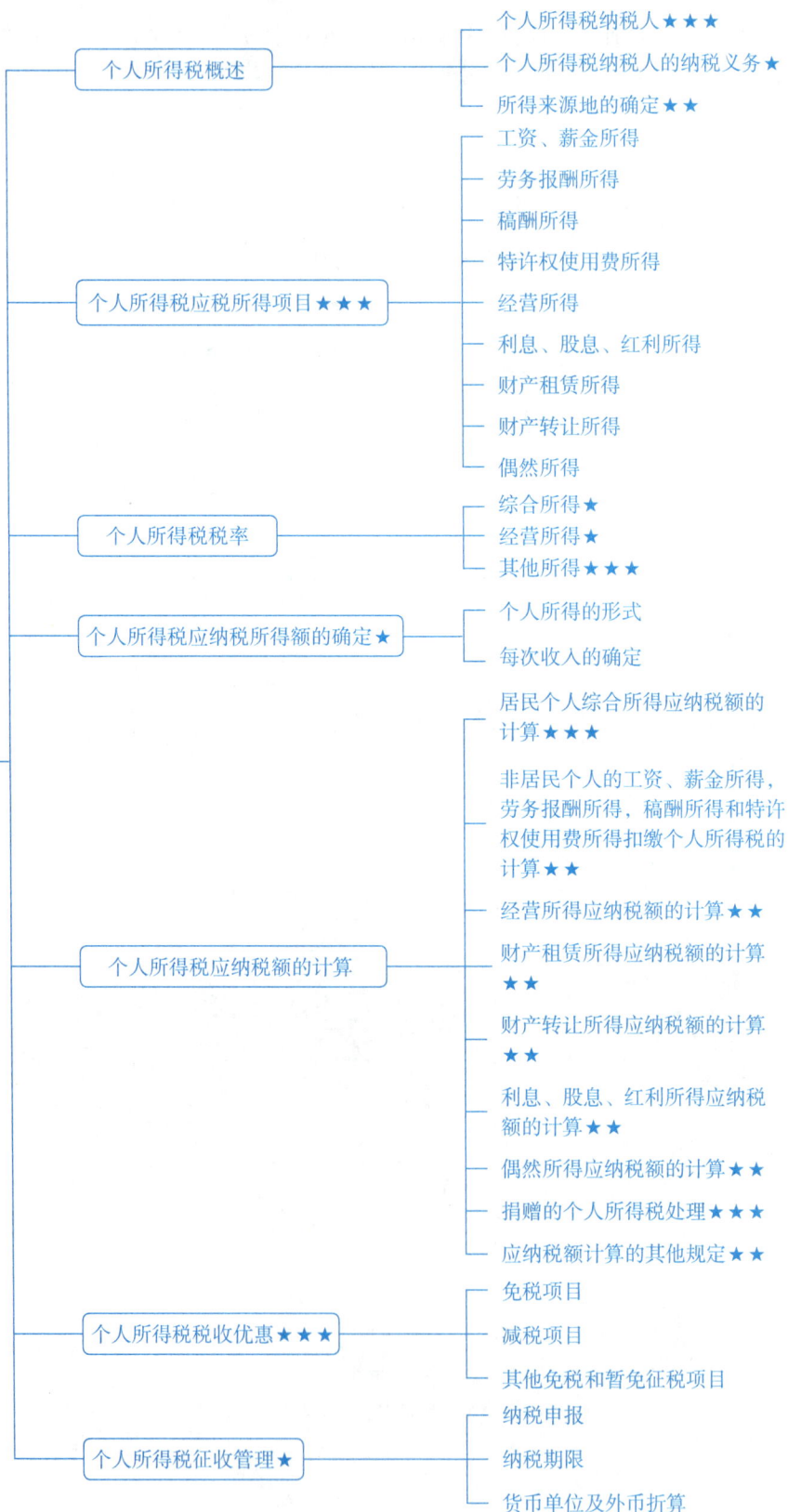

第一节 企业所得税法律制度

一、企业所得税纳税义务人 ★★★

企业所得税纳税人包括各类企业、事业单位、社会团体、民办非企业单位和从事经营活动的其他组织。

> **🎯 敲黑板**
>
> 依照中国法律、行政法规成立的**个人独资企业、合伙企业，不适用**《中华人民共和国企业所得税法》（以下简称《企业所得税法》），不属于企业所得税纳税义务人。

【例 5-1·单选题·2020】根据企业所得税法律制度的规定，下列各项中，属于企业所得税纳税人的是（　　）。

A. 个人独资企业　　　　　　　　　　B. 合伙企业

C. 个体工商户　　　　　　　　　　　D. 股份有限公司

【答案】D

【解析】个人独资企业、合伙企业，不适用《企业所得税法》，不属于企业所得税纳税义务人；个体工商户属于个人，而非企业。

二、企业所得税征税对象 ★★★

（一）居民企业和非居民企业

缴纳企业所得税的企业分为居民企业和非居民企业，不同的企业在向中国政府缴纳所得税时，纳税义务不同，见表 5-1。

表 5-1　　　　　　　　　　居民企业和非居民企业的企业所得税征税范围规定

企业类型	判定标准		征税范围、对象
居民企业（**无限纳税义务**）	依法在中国境内成立（**注册地标准**）		应当就来源于中国境内、境外的所得，缴纳企业所得税
	或者依照外国（地区）法律成立但实际管理机构在中国境内（**实际管理机构所在地标准**）		
非居民企业（**有限纳税义务**）	依照外国（地区）法律成立且实际管理机构不在中国境内	在中国境内设立机构、场所	应当就其所设机构、场所所取得的来源于中国境内的所得，以及发生在中国境外但与其所设机构场所有实际联系的所得，缴纳企业所得税
		在中国境内未设立机构、场所但有来源于中国境内所得**或者**虽设立机构、场所但取得的所得与其所设机构、场所没有实际联系的	应当就其来源于中国境内的所得缴纳企业所得税

（1）实际管理机构，是指对企业的生产经营、人员、账务、财产等实施实质性全面管理和控制的机构。

（2）非居民企业委托营业代理人在中国境内从事生产经营活动的，包括委托单位或者个人经常代其签订合同，或者储存、交付货物等，该**营业代理人视为非居民企业在中国境内设立的机构、场所**。

（二）来源于中国境内、境外所得的确定原则

表 5-2　　　　　　　　　来源于中国境内、境外所得的确定原则

所得类型	所得来源的确定原则
销售货物所得	按照交易活动发生地确定
提供劳务所得	按照劳务发生地确定
转让财产所得	不动产转让所得，按照不动产所在地确定
	动产转让所得，按照转让动产的企业或者机构、场所所在地确定
	权益性投资资产转让所得，按照被投资企业所在地确定
股息、红利等权益性投资所得	按照分配所得的企业所在地确定
利息所得、租金所得、特许权使用费所得	按照负担、支付所得的企业或者机构、场所所在地确定，或者按照负担、支付所得的个人的住所地确定
其他所得	由国务院财政、税务主管部门确定

🎓 **名师说**

确定所得来源地的目的是判断企业取得的所得是境内所得还是境外所得，从而确定该所得是否为居民企业或非居民企业的征税对象，特别是针对非居民企业。

【例 5-2·多选题·2018】根据企业所得税法律制度的规定，下列所得中，属于企业所得税征税对象的有（　　）。

A.在中国境内设立机构、场所的非居民企业，其机构、场所来源于中国境内的所得

B.居民企业来源于中国境外的所得

C.在中国境内未设立机构、场所的非居民企业来源于中国境外的所得

D.居民企业来源于中国境内的所得

【答案】ABD

【解析】选项 C，在中国境内未设立机构、场所的非居民企业仅就其来源于中国境内的所得缴纳企业所得税，来源于中国境外的所得无需征税。

【例 5-3·多选题·2022】根据企业所得税法律制度的规定，下列关于确定所得来源地的表述中，正确的有（　　）。

A.股息所得按分配股息的企业所在地确定

B.动产转让所得按照购买动产的企业所在地确定

C.销售货物所得按照交易活动发生地确定

D.提供劳务所得按照支付所得的企业所在地确定

【答案】AC

【解析】选项B，动产转让所得按照转让动产的企业或者机构、场所所在地确定所得来源地；选项D，提供劳务所得，按照劳务发生地确定所得来源地。

【例5-4·多选题·2018】根据企业所得税法律制度的规定，下列各项中，属于来源于中国境内所得的有（　　）。

A.甲国企业在中国境内提供咨询服务取得的收入

B.乙国企业转让中国境内公司股权取得的收入

C.丁国企业在中国境外为中国公司技术人员提供培训服务取得的收入

D.丙国企业通过其代理商在中国境内销售货物取得的收入

【答案】ABD

【解析】选项C，提供劳务所得，按照劳务发生地确定。在中国境外为中国公司技术人员提供培训服务取得的收入属于来源于境外所得。

【例5-5·多选题·2022】根据企业所得税法律制度的规定，下列企业中，属于居民企业的有（　　）。

A.依照外国法律成立，实际管理机构在中国境内的丙公司

B.依法在中国境内设立的乙外资公司

C.依照外国法律成立，实际管理机构不在中国境内但有来源于境内所得的丁公司

D.依法在中国境内设立的甲合伙企业

【答案】AB

【解析】居民企业，是指依法在中国境内成立的企业（选项B），或者依照外国（地区）法律成立但实际管理机构在中国境内的企业（选项A）；依照中国法律、行政法规成立的个人独资企业、合伙企业（选项D），不适用《中华人民共和国企业所得税法》，不属于企业所得税纳税人，不缴纳企业所得税。

三、企业所得税税率 ★★★

企业所得税实行比例税率。纳税人类型不同，适用的税率也不同。具体规则见表5-3。

表5-3　　　　　　　　　　　　　　　企业所得税税率表

种类	税率	适用范围
基本税率	25%	①居民企业； ②在中国境内设有机构、场所且所得与机构、场所有实际联系的非居民企业
低税率	20% （实际征税时适用10%税率）	①在中国境内未设立机构、场所的非居民企业； ②虽设立机构、场所但取得的所得与其所设机构、场所没有实际联系的非居民企业

【例5-6·判断题·2016】在中国境内设立机构、场所且取得的所得与其所设机构、场所有实际联系的非居民企业，适用的企业所得税税率为20%。（　　）

【答案】×

【解析】在中国境内设立机构、场所且取得的所得与其所设机构、场所有实际联系的非居民企业，适用的企业所得税税率为25%。

四、企业所得税应纳税所得额的计算

企业所得税的计税依据是应纳税所得额，即指企业每一个纳税年度的收入总额，减除不征税收入、免税收入、各项扣除以及允许弥补的以前年度亏损后的余额。

1.直接法

应纳税所得额＝收入总额-不征税收入-免税收入-各项扣除-允许弥补的以前年度亏损

2.间接法

应纳税所得额＝会计利润总额 ± 纳税调整项目金额

📖 名师说

"应纳税所得额"属于税法口径的利润，直接法公式中的各项计算要素均应按照税法口径确定。在计算应纳税所得额时，企业财务、会计处理办法与税收法律法规的规定不一致的，应当按照税收法律法规的规定计算。

（一）收入总额 ★★★

企业的收入总额包括以货币形式和非货币形式从各种来源取得的收入。

货币形式的收入：现金、银行存款、应收账款、应收票据、**准备持有至到期的债券投资**以及债务的豁免等。

非货币形式的收入：固定资产、生物资产、无形资产、股权投资、存货、**不准备持有至到期的债券投资**、劳务以及有关权益等。

🎯 敲黑板

企业以非货币形式取得的收入，应当按照**公允价值**确定收入额。

【例5-7·多选题·2019】根据企业所得税法律制度的规定，企业取得的下列收入中属于货币形式的有（　　）。

A.债务的豁免　　　　　　　　　　B.现金

C.应收账款　　　　　　　　　　　D.存货

【答案】ABC

【解析】企业取得收入的货币形式包括现金、银行存款、应收账款、应收票据、准备持有至到期的债券投资以及债务的豁免等。存货属于非货币形式取得的收入。

1.企业所得税的收入类型

企业所得税的收入具体包括：销售货物收入，提供劳务收入，转让财产收入，股息、红利等权益性投资收益，利息收入，租金收入，特许权使用费收入，接受捐赠收入以及其他收入。（见表5-4）

表 5-4　企业所得税收入类型

收入类型	内涵
销售货物收入	销售货物收入，是指企业销售商品、产品、原材料、包装物、低值易耗品以及其他存货取得的收入
提供劳务收入	提供劳务收入，是指企业从事建筑安装、修理修配、交通运输、仓储租赁、金融保险、邮电通信、咨询经纪、文化体育、科学研究、技术服务、教育培训、餐饮住宿、中介代理、卫生保健、社区服务、旅游、娱乐、加工以及其他劳务服务活动取得的收入
转让财产收入	转让财产收入，是指企业转让固定资产、生物资产、无形资产、股权、债权等财产取得的收入 🎯敲黑板　转让财产收入为转让上述财产的所有权。
股息、红利等权益性投资收益	股息、红利等权益性投资收益，是指企业因权益性投资从被投资方取得的收入
利息收入	利息收入，是指企业将资金提供他人使用但不构成权益性投资，或者因他人占用本企业资金取得的收入，包括存款利息、贷款利息、债券利息、欠款利息等收入
租金收入	租金收入，是指企业提供固定资产、包装物或者其他有形资产的使用权取得的收入
特许权使用费收入	特许权使用费收入，是指企业提供专利权、非专利技术、商标权、著作权以及其他特许权的使用权取得的收入
接受捐赠收入	接受捐赠收入，是指企业接受的来自其他企业、组织或者个人无偿给予的货币性资产、非货币性资产
其他收入	其他收入，是指企业取得的除以上收入外的其他收入，包括企业资产溢余收入、逾期未退包装物押金收入、确实无法偿付的应付款项、已作坏账损失处理后又收回的应收款项、债务重组收入、补贴收入、违约金收入、汇兑收益等
视同销售	企业发生的非货币性资产交换，以及将货物、财产、劳务用于捐赠、偿债、赞助、集资、职工福利或利润分配等用途的，应当视同销售货物、转让财产和提供劳务，但国务院财政、税务主管部门另有规定的除外

【例 5-8·多选题·2020】根据企业所得税法律制度的规定，纳税人发生的下列行为中，应视同销售确认收入的有（　　）

A. 将货物用于偿还债务
B. 将货物用于赞助
C. 将货物用于捐赠
D. 将货物用于换入设备

【答案】ABCD

【解析】企业发生非货币性资产交换（选项 D），以及将货物、财产、劳务用于捐赠（选项 C）、偿债（选项 A）、赞助（选项 B）、集资、广告、样品、职工福利或者利润分配等用途的，应当视同销售货物、转让财产或者提供劳务，但国务院财政、税务主管部门另有规定的除外。

【例 5-9·多选题·2018】根据企业所得税法律制度的规定，下列各项中，在计算企业所得税应纳税所得额时，应计入收入总额的有（　　）。

A. 企业资产溢余收入
B. 逾期未退包装物押金收入
C. 确实无法偿付的应付款项
D. 汇兑收益

【答案】ABCD

【解析】上述选项均属于"其他收入",应计入企业所得税的收入总额。

【例5-10·单选题·2015】根据企业所得税法律制度规定,下列各项中,属于特许权使用费收入的是（　　）。

A. 提供生产设备使用权取得的收入

B. 提供运输工具使用权取得的收入

C. 提供房屋使用权取得的收入

D. 提供商标权的使用权取得的收入

【答案】D

【解析】选项ABC,提供"有形资产"使用权取得的收入属于"租金收入";选项D,提供"无形资产"使用权的收入,属于"特许权使用费收入"。

2. 企业所得税收入确认时间

表5-5　　　　　　　　　　　　　　　企业所得税收入确认时间

收入类型	确认时间
销售货物收入	符合收入确认条件,采取下列商品销售方式的,应按以下规定确认收入实现时间: ① 销售商品采用托收承付方式的,在办妥托收手续时确认收入; ② 销售商品采取预收款方式的,在发出商品时确认收入; ③ 销售商品需要安装和检验的,在购买方接受商品以及安装和检验完毕时确认收入;如果安装程序比较简单,可在发出商品时确认收入; ④ 销售商品采用支付手续费方式委托代销的,在收到代销清单时确认收入; 🎯敲黑板　注意与增值税的不同。委托其他纳税人代销货物,增值税的纳税义务发生时间为收到代销单位的代销清单或者收到全部或者部分货款的当天;未收到代销清单及货款的,为发出代销货物满180天的当天。 ⑤ 以分期收款方式销售货物的,按照合同约定的收款日期确认收入的实现; ⑥ 企业采取产品分成方式取得收入的,按照企业分得产品的日期确认收入的实现,其收入额按照产品的公允价值确定
提供劳务收入	① 在各个纳税期末,提供劳务交易的结果能够可靠估计的,应采用完工进度（百分比）法确认提供劳务收入; ② 企业受托加工制造大型机械设备、船舶、飞机,以及从事建筑、安装、装配工程业务或者提供其他劳务等,持续时间超过12个月的,按照纳税年度内完工进度或者完成的工作量确认收入的实现
股息、红利等权益性投资收益	除国务院财政、税务主管部门另有规定外,按照被投资方作出利润分配决定的日期确认收入的实现
利息收入	按照合同约定的债务人应付利息的日期确认收入的实现
租金收入	① 按照合同约定的承租人应付租金的日期确认收入的实现; ② 如果交易合同或协议中规定租赁期限跨年度,且租金提前一次性支付的,出租人可对上述已确认的收入,在租赁期内,分期均匀计入相关年度收入
特许权使用费收入	收入按照合同约定的特许权使用人应付特许权使用费的日期确认收入的实现
接受捐赠收入	按照实际收到捐赠资产的日期确认收入的实现
其他收入	除另有规定外,均应一次性计入确认收入的年度计算缴纳企业所得税

【例5-11·判断题·2021】计算企业所得税应纳税所得额时，企业的利息收入按照实际收到利息的日期确认收入的实现。（　　）

【答案】×

【解析】利息收入按照合同约定的债务人应付利息的日期确认收入的实现。

【例5-12·单选题·2018】2017年9月1日，甲公司与乙公司签订合同，采用预收款方式销售商品一批，并于9月10日收到全部价款。甲公司9月20日发出商品，乙公司9月21日收到该批商品。下列关于甲公司确认该业务企业所得税销售收入实现时间的表述中，正确的是（　　）。

A. 9月10日确认销售收入   B. 9月20日确认销售收入

C. 9月21日确认销售收入   D. 9月1日确认销售收入

【答案】B

【解析】销售商品采取预收款方式的，在发出商品时确认收入，故甲公司应当于9月20日确认销售收入。

【例5-13·多选题·2017】根据企业所得税法律制度的规定，下列关于收入确认的表述中，正确的有（　　）。

A. 销售商品采用预收款方式的，在收到预收款时确认收入

B. 销售商品采用托收承付方式的，在办妥托收手续时确认收入

C. 销售商品采用支付手续费方式委托代销的，在收到代销清单时确认收入

D. 销售商品需要安装和检验的，在收到款项时确认收入

【答案】BC

【解析】选项A，销售商品采用预收款方式的，在发出商品时确认收入；选项D，销售商品需要安装和检验的，在购买方接受商品以及安装和检验完毕时确认收入，如果安装程序比较简单，可在发出商品时确认收入。

3. 特殊销售方式下收入的确认

表5-6   特殊销售方式下收入的确认

销售方式	确认收入的具体规定
售后回购	（1）采用售后回购方式销售商品的，销售的商品按售价确认收入，回购的商品作为购进商品处理。如：甲公司把多余的A原料卖给乙公司；不久，甲公司缺少原料，经过沟通，又把卖给乙公司的A原料买回。 （2）有证据表明不符合销售收入确认条件的，如以销售商品方式进行融资，收到的款项应确认为负债，回购价格大于原售价的，差额应在回购期间确认为利息费用。例如，甲公司把A汽车销售给乙公司，售价为10万元，并同时约定乙公司在获得A汽车后，只拥有使用权或拥有所有权但不能进行处置；半年后，甲公司又以12万元的价格把A汽车购回。上述情形体现的是以汽车作为抵押的融资关系，差额2万元相当于利息，所以确认为利息费用
以旧换新	销售商品应当按照销售商品收入（不含增值税价）确认条件确认收入，回收的商品作为购进商品处理。例如，新货不含增值税售价100元，旧货不含增值税作价30元，应当按照100元确认收入，30元通常计入购货成本
商业折扣	企业为促进商品销售而在商品价格上给予的价格扣除属于商业折扣，商品销售涉及商业折扣的，应当按照扣除商业折扣后的金额确定销售商品收入金额。例如，购入商品不含增值税售价100元，因购入量大，打8折，应按80元确认收入

（续表）

销售方式	确认收入的具体规定
现金折扣	债权人为鼓励债务人在规定的期限内付款而向债务人提供的债务扣除属于现金折扣。销售商品涉及现金折扣的，应当按扣除现金折扣前的金额确定销售商品收入金额，现金折扣在实际发生时作为财务费用扣除
销售折让和销售退回	企业因售出商品的质量不合格等原因而在售价上给予的减让属于销售折让；企业因售出商品质量、品种不符合要求等原因而发生的退货属于销售退回。企业已经确认销售收入的售出商品发生销售折让和销售退回的，应当在发生当期冲减当期销售商品收入
买一赠一	企业以买一赠一等方式组合销售本企业商品的，不属于捐赠，应将总的销售金额按各项商品的公允价值的比例来分摊确认各项的销售收入

名师说

买一赠一增值税的税务处理是视同销售，与所得税不同，请考生重点掌握。

例如，假定甲商品售价 A 元（不含税），乙商品售价 B 元（不含税）。若购买甲商品赠送乙商品，则其所得税收入和增值税收入处理如下：

① 所得税：甲商品确认收入 $= A \times \dfrac{A}{A+B}$，乙商品确认收入 $= A \times \dfrac{B}{A+B}$

② 增值税：甲商品应确认增值税销项税额 $= A \times$ 适用税率，乙商品应确认增值税销项税额 $= B \times$ 适用税率

【例 5-14·多选题·2022】根据企业所得税法律制度的规定，下列关于不同销售方式收入确认中，正确的有（　　）。

A.以现金折扣方式销售商品，应按扣除现金折扣后的金额确认销售收入

B.以商业折扣方式销售商品，应按扣除商业折扣前的金额确认销售收入

C.销售商品采用支付手续费方式委托代销的，在收到代销清单时确认收入

D.以旧换新方式销售商品，销售的商品按照售价确认收入，回收的商品作为购进商品处理

【答案】CD

【解析】选项 A，以现金折扣方式销售商品，应按扣除现金折扣"前"的金额确认销售收入；选项 B，以商业折扣方式销售商品，应按扣除商业折扣"后"的金额确认销售收入。

【例 5-15·单选题·2017、2018 年改】甲电子公司 2019 年 9 月销售一批产品，含增值税价格为 45.2 万元。由于购买数量多，甲电子公司给予 9 折优惠，购买发票上已分别注明。已知增值税税率为 13%。甲电子公司在计算企业所得税应纳税所得额时，应确认的产品销售收入是（　　）。

A.36 万元　　　　　　B.40 万元　　　　　　C.40.68 万元　　　　　　D.45.20 万元

【答案】A

【解析】商业折扣，按照扣除商业折扣后的金额确定销售商品收入金额；销售价格含增值税，应价税分离。应确认的产品销售收入 $= 45.20 \div (1+13\%) \times 90\% = 36$（万元）。

（二）不征税收入和免税收入 ★★★

1.不征税收入

表 5-7   不征税收入

项目	具体规定
财政拨款	财政拨款是指各级人民政府对纳入预算管理的事业单位、社会团体等组织拨付的财政资金，但国务院和国务院财政、税务主管部门另有规定的除外
依法收取并纳入财政管理的行政事业性收费、政府性基金	① 行政事业性收费，是指依照法律法规等有关规定，按照国务院规定程序批准，在实施社会公共管理，以及在向公民、法人或者其他组织提供特定公共服务过程中，向特定对象收取并纳入财政管理的费用。 ② 政府性基金，是指企业依照法律、行政法规等有关规定，代政府收取的具有专项用途的财政资金。
国务院规定的其他不征税收入	① 国务院规定的其他不征税收入，是指企业取得的，由国务院财政、税务主管部门规定专项用途并经国务院批准的财政性资金。 ② 县级以上人民政府将国有资产无偿划入企业，凡指定专门用途并按规定进行管理的，企业可作为不征税收入进行企业所得税处理。其中，该项资产属于非货币性资产的，应按政府确定的接收价值计算不征税收入。 ③ 自 2018 年 9 月 20 日起，对全国社会保障基金理事会及基本养老保险基金投资管理机构在国务院批准的投资范围内，运用养老基金投资取得的归属于养老基金的投资收入，作为企业所得税不征税收入。 ④ 自 2018 年 9 月 10 日起，对全国社会保障基金取得的直接股权投资收益、股权投资基金收益，作为企业所得税不征税收入

2. 免税收入

（1）国债利息收入。

🎯 **敲黑板**

> 国债利息收入免征所得税，国债转让收入应按规定缴纳企业所得税。

（2）符合条件的居民企业之间的股息、红利等权益性收益，是指居民企业直接投资于其他居民企业取得的投资收益。

（3）在中国境内设立机构、场所的非居民企业从居民企业取得与该机构、场所有实际联系的股息、红利等权益性投资收益。

🎯 **敲黑板**

> 第（2）（3）项所称的权益性投资不包括连续持有居民企业公开发行并上市流通的股票不足 12 个月取得的投资收益（未上市的居民企业之间的投资，不受 12 个月期限限制）。

（4）符合条件的非营利组织的收入，是指非营利组织的非营利收入。

🎯 **敲黑板**

> 第（4）项不包括非营利组织从事营利性活动取得的收入。

（5）债券利息减免税。

① 对企业取得的 2012 年及以后年度发行的地方政府债券利息收入，免征企业所得税。

② 自 2018 年 11 月 7 日起至 2021 年 11 月 6 日止，对境外机构投资境内债券市场取得的债券利息收入暂免征收企业所得税。暂免征收企业所得税的范围不包括境外机构在境内设立的机构、场所取得的与机构、场所有实际联系的债券利息。

③ 对企业投资者持有 2019 ~ 2023 年发行的铁路债券取得的利息收入，减半征收企业所得税。

名师说

应当严格区分不征税收入和免税收入。①不征税收入，是不应纳入征税范围的收入；免税收入则是应纳入征税范围的收入，只是国家出于特殊考虑给予税收优惠，在一定时期有可能恢复征税；②按照相关性原则，企业不征税收入对应的费用、折旧、摊销同样不得税前扣除，免税收入对应的费用、折旧、摊销一般可以税前扣除；③免税收入和不征税收入，均应计入收入总额，而后在计算企业所得税应纳税所得额时再减除，即不计入应纳税所得额。

【例 5-16 · 多选题 · 2021】根据企业所得税法律制度的规定，下列各项中，属于不征税收入的有（　　）。

A. 财政拨款
B. 国债利息收入
C. 接受捐赠收入
D. 依法收取并纳入财政管理的政府性基金

【答案】AD

【解析】选项 B，属于免税收入；选项 C，属于应税收入。

【例 5-17 · 单选题 · 2018】根据企业所得税法律制度的规定，下列各项中，属于免税收入的是（　　）。

A. 财政拨款收入
B. 转让企业债券取得的收入
C. 企业购买国债取得的利息收入
D. 县级以上人民政府将国有资产无偿划入企业，指定专门用途并按规定进行管理的

【答案】C

【解析】选项 AD 属于不征税收入；选项 B 属于应税收入。

（三）税前扣除项目 ★★★

1. 税前扣除项目的原则

企业实际发生的与**取得收入有关的、合理的**支出，包括成本、费用、税金、损失和其他支出，准予在计算应纳税所得额时扣除。

在实际中，计算应纳税所得额时还应注意三方面的内容：第一，企业发生的支出应当区分收益性支出和资本性支出。收益性支出在发生当期直接扣除；资本性支出应当分期扣除或者计入有关资产成本，不得在发生当期直接扣除。第二，企业的不征税收入用于支出所形成的费用或者资产，不得扣除或者计算对应的折旧、摊销扣除。第三，除另有规定外，企业实际发生的成本、费用、税金、损失和其他支出，不得重复扣除。

扣除项目范围具体包括五个方面（见表5-8）。

表5-8 扣除项目的范围的五个方面

项目	具体规定		
成本	是指企业在生产经营过程中发生的销售成本、销货成本、业务支出以及其他耗费，即企业销售商品（产品、材料、下脚料、废料、废旧物资等）、提供劳务、转让固定资产、无形资产（包括技术转让）的成本		
费用	是指企业每一个纳税年度为生产、经营商品和提供劳务所发生的销售（经营）费用、管理费用、财务费用。**已经计入成本的有关费用除外**		
税金	准予税前扣除	计入税金及附加当期直接扣除	消费税、城市维护建设税、出口关税、资源税、土地增值税（**房地产开发企业**）、房产税、车船税、城镇土地使用税、印花税、环境保护税、教育费附加和地方教育费附加（视同税金扣除）等
		计入相关资产的成本分摊结转扣除	车辆购置税、契税、耕地占用税、进口关税、不得抵扣的增值税
		通过损失扣除	购进货物发生非正常损失的增值税进项税额转出
	不得税前扣除		企业所得税、可抵扣的增值税
损失	① 范围：指企业在生产经营活动中发生的固定资产和存货的盘亏、毁损、报废损失，转让财产损失，呆账损失，坏账损失，自然灾害等不可抗力因素造成的损失以及其他损失。 ② 金额：税前可以扣除的损失为**净损失**，即企业发生的损失**减除责任人赔偿和保险赔款后的余额**。 ③ 企业已经作为损失处理的资产，在以后纳税年度又全部收回或者部分收回时，应当计入**当期**收入（**计入收回当年的收入**）		
其他支出	是指除成本、费用、税金、损失外，企业经营活动中发生的与生产经营活动有关的、合理的支出，以及符合国务院财政、税务主管部门规定的其他支出		

【例5-18·多选题·2021】根据企业所得税法律制度的规定。企业按照规定缴纳的下列税金中，在计算企业所得税应纳税所得额时准予扣除的有（　　）。

A.企业所得税　　　B.印花税　　　C.土地增值税　　　D.增值税

【答案】BC

【解析】计算企业所得税应纳税所得额时准予扣除的税金，是指企业发生的除企业所得税和允许抵扣的增值税以外的各项税金及其附加。因此，正确答案为BC。

2.扣除项目及其标准

（1）工资、薪金支出。

企业发生的**合理的**工资、薪金支出准予**据实扣除**。

工资、薪金，是指企业每一纳税年度支付给在本企业任职或者受雇的员工的所有现金和非现金形式的劳动报酬，包括基本工资、奖金、津贴、补贴、年终加薪、加班工资，以及与任职或者受雇有关的其他支出。

（2）职工福利费、工会经费、职工教育经费。

表 5-9　　　　　　　　　　　　　职工福利费、工会经费、职工教育经费

项目	扣除限额计算基数	扣除限额计算比例	超过规定比例部分的处理
职工福利费		14%	不得结转扣除
工会经费	工资、薪金总额	2%	不得结转扣除
职工教育经费		8%	准予在以后纳税年度结转扣除（无期限限制）

敲黑板

三项经费要分别计算扣除限额，不能合并。

名师说

（1）列入企业员工工资薪金制度、固定与工资薪金一起发放的福利性补贴，符合国家税务总局相关规定的，可作为企业发生的工资薪金支出，按规定在税前扣除；不能同时符合上述条件的福利性补贴，应按规定计算限额税前扣除。

（2）企业的职工福利费，包括以下内容：

① 尚未实行分离办社会职能的企业，其内设福利部门所发生的设备、设施和人员费用，包括职工食堂、职工浴室、理发室、医务所、托儿所、疗养院等集体福利部门的设备、设施及维修保养费用和福利部门工作人员的工资薪金、社会保险费、住房公积金、劳务费等。

② 为职工卫生保健、生活、住房、交通等所发放的各项补贴和非货币性福利，包括企业向职工发放的因公外地就医费用、未实行医疗统筹企业职工医疗费用、职工供养直系亲属医疗补贴、供暖补贴、职工防暑降温费、职工困难补贴、救济费、职工食堂经费补贴、职工交通补贴等。

③ 按照其他规定发生的其他职工福利费，包括丧葬补助费、抚恤费、安家费、探亲假路费等。

企业发生的职工福利费，应该单独设置账册，进行准确核算。没有单独设置账册准确核算的，税务机关应当责令企业在规定的期限内进行改正。逾期仍未改正的，税务机关可对企业发生的福利费进行合理的核定。

【例 5-19·判断题·2020】计算企业所得税应纳税所得额时，企业当年发生的职工福利费超过法律规定扣除标准的部分，准予在以后年度结转扣除。（　　）

【答案】×

【解析】职工福利费支出不存在"结转扣除"，职工教育经费支出、广告费和业务宣传费支出、公益性捐赠支出、保险企业的手续费及佣金支出可以依法"结转扣除"。

【例 5-20·单选题·2022】甲企业 2021 年度计入成本、费用的实发合理的工资总额为 500 万元，拨缴工会经费 12 万元，发生职工福利费 50 万元、职工教育经费 15 万元。已知，在计算企业所得税应纳税所得额时，工会经费、职工福利费支出、职工教育经费支出的扣除比例依次为不超过工资薪金总额的 2%、14% 和 8%。根据企业所得税法律制度的规定，甲企业 2021 年度企业所得税税前准予扣除的工资和三项经费合计为（　　）万元。

A. 75　　　　　　　B. 95　　　　　　　C. 575　　　　　　　D. 595

【答案】C

【解析】（1）工会经费的扣除限额 =500×2%=10（万元），实际发生额 12 万元超过限额，只能按 10 万元在税前扣除；（2）职工福利费的扣除限额 =500×14%=70（万元），实际发生额 50 万元，未超过限额，据实在税前扣除；（3）职工教育经费的扣除限额 =500×8%=40（万元），实际发生额 15 万元，未超过限额，可以全额在税前扣除；（4）甲企业 2021 年度企业所得税税前准予扣除的工资和三项经费合计 =500+10+50+15=575（万元）。

（3）党组织工作经费

国有企业（包括国有独资、全资和国有资本绝对控股、相对控股企业）纳入管理费用的党组织工作经费，实际支出不超过职工年度**工资薪金总额** 1% 的部分，可以据实在企业所得税前扣除。

非公有制企业党组织工作经费纳入企业管理费列支，不超过职工年度**工资薪金总额** 1% 的部分，可以据实在企业所得税前扣除。

（4）保险费。

表 5-10　　　　　　　　　　　　　　　　　　保险费

项目	具体规定
据实扣除	① 企业依照国家规定的范围和标准为职工缴纳的基本养老保险费、基本医疗保险费、失业保险费、工伤保险费等基本社会保险费和住房公积金，准予扣除。 ② 企业依照国家有关规定为**特殊工种**职工支付的人身安全保险费和符合国务院财政、税务主管部门规定可以扣除的商业保险费，准予扣除。 ③ 企业参加财产保险，按照规定缴纳的保险费，准予扣除。 ④ 企业职工因公出差乘坐交通工具发生的人身意外保险费支出，准予扣除。 ⑤ 企业参加雇主责任险、公众责任险等责任保险，按规定缴纳的保险费，准予扣除。
限额扣除	企业为本企业任职或者受雇的全体员工支付的补充养老保险费、补充医疗保险费，在国务院财政、税务主管部门规定的范围和标准（工资总额 5% 标准以内的部分），准予扣除；超过部分，不予扣除
不得扣除	纳税人为其投资者或雇员个人向商业保险机构投保的非社保类的人寿保险或财产保险，不得在企业所得税前扣除，而且在支付时应代扣代缴个人所得税

【例 5-21·多选题·2018】根据企业所得税法律制度的规定，企业依照国务院有关主管部门或省级人民政府规定的范围和标准为职工缴纳的下列费用中，在计算企业所得税应纳税所得额时准予扣除的有（　　）。

A. 基本医疗保险费　　B. 基本养老保险费　　C. 工伤保险费　　D. 住房公积金

【答案】ABCD

【解析】企业依照国家规定的范围和标准为职工缴纳的基本养老保险费、基本医疗保险费、失业保险费、工伤保险费等基本社会保险费和住房公积金，准予扣除。

【例 5-22·判断题·2019 / 2021】企业职工因公出差乘坐交通工具发生的人身意外保险费支出，不得在计算企业所得税的应纳税所得额时扣除。（　　）

【答案】×

【解析】企业职工因公出差乘坐交通工具发生的人身意外保险费支出，准予在计算企业所得税的应纳税所得额时扣除。

【例5-23·单选题·2022】甲公司2021年度发生合理的工资、薪金支出700万元，为全体员工支付补充养老保险费40万元、补充医疗保险费25万元。已知补充养老保险费、补充医疗保险费分别在不超过职工工资总额5%标准内的部分，在计算应纳税所得额时准予扣除。甲公司在计算2021年度企业所得税应纳税所得额时准予扣除的补充养老保险费、补充医疗保险费合计为（　　）。

A. 60万元　　　　　　B. 65万元　　　　　　C. 55万元　　　　　　D. 70万元

【答案】A

【解析】补充养老保险费的扣除限额=700×5%=35（万元），实际发生额40万元超过扣除限额，只能按限额35万元在税前扣除；补充医疗保险费的扣除限额=700×5%=35（万元），实际发生额25万元未超过扣除限额，按实际发生额25万元在税前扣除。准予扣除的补充养老保险费、补充医疗保险费合计=35+25=60（万元）。

（5）借款费用。

① 企业在生产经营活动中发生的合理的不需要资本化的借款费用，准予扣除。

② 企业为购置、建造固定资产、无形资产和经过12个月以上的建造才能达到预定可销售状态的存货发生借款的，在有关资产购置、建造期间发生的合理的借款费用应予以资本化，作为资本性支出计入有关资产的成本；有关资产交付使用后发生的借款利息，可在发生当期扣除。

（6）利息费用。

表5-11　　　　　　　　　　　　　　　利息费用

借款对象		具体规定
向金融企业借款		非金融企业向金融企业借款的利息支出、金融企业的各项存款利息支出和同业拆借利息支出、企业经批准发行债券的利息支出，可据实扣除
向非关联方的非金融企业借款		非金融企业向非金融企业借款的利息支出，不超过按照金融企业同期同类贷款利率计算的数额的部分可据实扣除，超过部分不允许扣除。 🎓 名师说　只需要调整利率 举例：甲公司2021年1月1日向乙公司（非关联方）借入一年期借款200万元，按10%的年利率计算利息，实际支付利息20万元。已知：金融机构同期同类贷款利率为6%。计算甲公司当年企业所得税应纳税所得额时，利息费用可扣除限额=200×6%=12（万元）<实际支付利息20万元，超过部分不得扣除，所得税前准予扣除的利息费用为12万元
股东未尽出资义务时借款利息的税务处理		投资者在规定期限内未缴足其应缴资本额的，该企业对外借款所发生的利息，相当于投资者实缴资本额与在规定期限内应缴资本额的差额应计付的利息，不属于企业合理支出，应由投资者负担，不得在计算企业应纳税所得额时扣除
向自然人借款	股东或关联自然人	处理同关联企业
	内部职工或其他人员（非关联自然人）	借款情况同时符合以下条件的，其利息支出在不超过按照金融企业同期同类贷款利率计算的数额的部分，准予扣除： ① 企业与个人之间的借贷是真实、合法、有效的，并且不具有非法集资目的或其他违反法律、法规行为； ② 企业与个人之间签订了借款合同

【例5-24·单选题·2015】2014年5月非金融企业甲公司向非关联关系的非金融企业乙公司借款100万元，用于生产经营，期限为半年，双方约定年利率为10%，已知金融企业同期同类贷款年利率为7.8%，甲公司在计算当年企业所得税应纳税所得额时，准予扣除利息费用的下列计算中，正确的是（　　）万元。

A. 100×7.8%＝7.8（万元）

B. 100×10%＝10（万元）

C. 100×7.8%×50%＝3.9（万元）

D. 100×10%×50%＝5（万元）

【答案】C

【解析】该100万元借款"半年"的利息费用支出税前扣除限额＝100×7.8%×50%＝3.9（万元），实际发生利息费用支出＝100×10%×50%＝5（万元），超过部分不得扣除，准予扣除的利息费用为3.9万元。

（7）汇兑损失。

企业在货币交易中，以及纳税年度终了时将人民币以外的货币性资产、负债按照期末即期人民币汇率中间价折算为人民币时产生的汇兑损失，除已经计入有关资产成本以及与向所有者进行利润分配有关的部分外，准予扣除。

（8）公益性捐赠。

① 公益性捐赠，是指企业通过公益性社会组织或者**县级以上**人民政府及其部门，用于符合法律规定的慈善活动、公益事业的捐赠。

② 企业当年发生以及以前年度结转的公益性捐赠支出，不超过**年度利润总额12%**的部分，在计算应纳税所得额时准予扣除；超过年度利润总额12%的部分，准予结转以后**3年内**在计算应纳税所得额时扣除。

年度利润总额，是指企业依照国家统一会计制度的规定计算的年度会计利润。

🎯 **敲黑板**

公益性捐赠一般为间接性捐赠，纳税人直接向受赠人的捐赠，一般不允许在税前扣除。

③ 企业对公益性捐赠支出计算扣除时，应**先扣除以前年度**结转的捐赠支出，再扣除当年发生的捐赠支出。

④ 自2019年1月1日至2025年12月31日，企业通过公益性社会组织或者县级以上人民政府及其组成部门和直属机构，用于**目标脱贫地区的扶贫捐赠支出**，准予在计算企业所得税应纳税所得额时**据实扣除**。企业同时发生扶贫捐赠支出和其他公益性捐赠支出，在计算公益性捐赠支出年度扣除限额时，符合条件的扶贫捐赠支出不计算在内。

⑤ 企业在非货币性资产捐赠过程中发生的运费、保险费、人工费用等相关支出，凡纳入国家机关、公益性社会组织开具的公益捐赠票据记载的数额中的，作为公益性捐赠支出按照规定在税前扣除；上述费用未纳入公益性捐赠票据记载的数额中的，作为企业相关费用按照规定在税前扣除。

【例5-25·单选题·2021】甲公司2019年度利润总额为3 000万元，当年通过公益性社会团体捐赠200万元用于救助灾害，直接向某小学捐款120万元，准予结转的上年度未在税前扣除的公益性捐赠支出100万元。已知企业当年发生以及以前年度结转的公益性捐赠支出，不超过年度利润总额 12% 的部分，准予在计算企业所得税应纳税所得额时扣除。在计算甲公司 2019 年度企业所得税应纳税所得额时，准予扣除的公益性捐赠支出为（　　）万元。

A. 300　　　　　　　　B. 360　　　　　　　　C. 320　　　　　　　　D. 420

【答案】A

【解析】直接捐赠的 120 万元不得扣除；公益性捐赠支出扣除限额 = 3 000×12% = 360（万元）；360 万元 > 300 万元（本年发生额 200 万元 + 上年结转额 100 万元），当年准予扣除的公益性捐赠支出为 300 万元。

【例 5-26·单选题·2022】甲公司 2021 年度实现利润总额 1 000 万元，通过市人民政府用于目标脱贫地区的扶贫捐赠支出 170 万元，通过市教育局向某乡村小学捐赠 40 万元，已知公益性捐赠支出不超过年度利润总额 12% 的部分准予扣除。甲公司准予扣除的公益性捐赠支出为（　　）。

A. 170 万元　　　　　B. 160 万元　　　　　C. 210 万元　　　　　D. 120 万元

【答案】C

【解析】（1）企业通过市人民政府用于目标脱贫地区的扶贫捐赠支出，准予在计算企业所得税应纳税所得额时据实扣除，因此 170 万元可全额扣除；（2）通过市教育局向某乡村小学捐赠应该按照限额扣除 = 1 000×12%=120 万元 >40 万元，则按照实际发生额 40 万元扣除；（3）甲公司准予扣除的公益性捐赠支出 =170+40=210（万元）。

（9）业务招待费。

表 5-12　　　　　　　　　　　　　　　　　业务招待费

分类		所得税处理
日常经营活动过程中发生的业务招待费	扣除限额	限额①＝销售（营业）收入 ×5‰ 限额②＝实际发生额 ×60% 孰低原则：选择上述较小者作为可扣除金额
	计算扣除限额的基数	销售（营业）收入： ①一般企业：主营业务收入＋其他业务收入＋视同销售收入（企业所得税口径） ②股权投资企业（包括集团公司总部、创业投资企业等）：主营业务收入＋其他业务收入＋视同销售收入（企业所得税口径）＋投资收益
筹建期间发生的业务招待费		企业筹建期间，与筹办活动有关的业务招待费支出，按实际发生额的 60% 计入企业筹办费，按有关规定在税前扣除（单限制）

【例 5-27·单选题·2021】甲公司 2019 年度取得销售收入 5 000 万元，发生与生产经营活动有关的业务招待费支出 30 万元。已知业务招待费支出按照发生额的 60% 扣除，但最高不得超过当年销售（营业）收入的 5‰。在计算甲公司 2019 年度企业所得税应纳税所得额时，准予扣除的业务招待费支出为（　　）万元。

A. 30　　　　　　　　B. 25　　　　　　　　C. 18　　　　　　　　D. 24.85

【答案】C

【解析】扣除限额① =5 000×5‰ =25（万元）> 扣除限额② =30×60%=18（万元），因此，准予扣除的业务招待费支出为 18 万元。

（10）广告费和业务宣传费。

表 5-13 广告费和业务宣传费

分类		所得税处理
日常经营过程中发生的广告费和业务宣传费	扣除限额	① 一般企业：扣除限额为销售（营业）收入的15%，超过部分可结转以后纳税年度扣除（无限期结转）。 ② 自 2021 年 1 月 1 日至 2025 年 12 月 31 日，化妆品制造或销售、医药制造和饮料制造（不含酒类制造）企业：扣除限额为销售（营业）收入的30%，超过部分可结转以后纳税年度扣除（无限期结转）。 ③ 烟草企业的烟草广告费和业务宣传费支出：一律不得在税前扣除
	计算扣除限额的基数	同业务招待费
筹建期间发生的广告和业务宣传费		企业在筹建期间，发生的广告费和业务宣传费支出，可按实际发生额计入企业筹办费，并按有关规定在税前扣除
签订分摊协议		对签订广告费和业务宣传费分摊协议的关联企业，其中一方发生的不超过当年销售（营业）收入税前扣除限额比例内的广告费和业务宣传费支出可以在本企业扣除，也可以将其中的部分或全部按照分摊协议归集至另一方扣除。另一方在计算本企业广告费和业务宣传费支出企业所得税税前扣除限额时，可将按照上述办法归集至本企业的广告费和业务宣传费不计算在内

【例 5-28·多选题·2015】根据企业所得法律制度的规定，下列各项费用，超过税法规定的扣除标准后，准予在以后纳税年度结转扣除的有（　　）。

A. 工会经费
B. 职工教育经费
C. 广告费和业务宣传费
D. 职工福利费

【答案】BC

【解析】选项 ABD，三项经费中，只有职工教育经费准予结转以后纳税年度扣除；选项 C，广告费和业务宣传费准予结转以后纳税年度扣除。

【例 5-29·多选题·2022】甲公司 2021 年取得销售家具收入 600 万元，受托加工家具收入 200 万元。当年发生符合条件的广告费和业务宣传费支出 100 万元，以前年度符合条件的广告费和业务宣传费累计结转金额 30 万元。已知广告费和业务宣传费支出不超过当年销售（营业）收入15%的部分，准予扣除。甲公司在计算 2021 年度企业所得税应纳税所得额时，准予扣除的广告费和业务宣传费支出为（　　）。

A. 90 万元
B. 100 万元
C. 120 万元
D. 130 万元

【答案】C

【解析】广告费和业务宣传费扣除限额 =（600+200）×15%=120（万元）＜待扣除金额 =100+30=130（万元），只能按照限额 120 万元扣除。

（11）环境保护专项资金。

企业依照法律、行政法规有关规定提取的用于环境保护、生态恢复等方面的专项资金，准予扣除。上述专项资金提取后改变用途的，不得扣除。

（12）租赁费。

表 5-14　　　　　　　　　　　　　　　　　租赁费

分类	所得税处理
以经营租赁方式租入固定资产发生的租赁费支出	按照租赁期限均匀扣除
以融资租赁方式租入固定资产发生的租赁费支出	按照规定构成融资租入固定资产价值的部分应当提取折旧费用，分期扣除

（13）劳动保护费。

企业发生的合理的劳动保护支出，准予扣除。

（14）有关资产的费用。

企业转让各类固定资产发生的费用，允许扣除。企业按规定计算的固定资产折旧费、无形资产和递延资产的摊销费，准予扣除。

（15）总机构分摊的费用。

非居民企业在中国境内设立的机构、场所，就其中国境外总机构发生的与该机构、场所生产经营有关的费用，能够提供总机构出具的费用汇集范围、定额、分配依据和方法等证明文件，并合理分摊的，准予扣除。

（16）手续费及佣金支出。

企业发生与生产经营有关的手续费及佣金支出，不超过以下规定计算限额以内的部分，准予扣除；超过部分，不得扣除，具体规定见表 5-15。

表 5-15　　　　　　　　　　　　　　　　手续费及佣金支出

企业类型或情形	具体规定
保险企业	保险企业扣除限额 =（当年全部保费收入-退保金等）×18% 🎯敲黑板　超过部分准予结转以后年度扣除
其他企业	扣除限额 = 与具有合法经营资格中介服务机构或个人（不含交易双方及其雇员、代理人和代表人等）签订服务协议或合同确认的收入金额 ×5%
从事代理服务、主营业务收入为手续费、佣金的企业（如证券、期货、保险代理等企业）	为取得该类收入实际发生的营业成本（包括手续费及佣金支出），准予在企业所得税前据实扣除（无比例限制）
发行权益性证券支付的手续费和佣金	发行权益性证券支付给有关证券承销机构的手续费和佣金不得在税前扣除
其他相关规定	① 支付方式的限制：除委托个人代理外，企业以现金等非转账方式支付的手续费及佣金不得在税前扣除。 ② 手续费及佣金支出不得变换名目计入回扣、业务提成、返利、进场费等费用。 ③ 企业已计入固定资产、无形资产等相关资产的手续费及佣金支出，应当通过折旧、摊销等方式分期扣除，不得在发生当期直接扣除

（17）依照有关法律、行政法规和国家有关税法规定准予扣除的其他项目。如会员费、合理的会议费、差旅费、违约金、诉讼费用等。

（四）不得扣除的项目 ★★★

计算应纳税所得额时不得扣除的项目：

（1）向投资者支付的股息、红利等权益性投资收益款项。

（2）企业所得税税款。

（3）税收滞纳金，是指纳税人违反税收法规，被税务机关处以的滞纳金。

（4）**罚金、罚款**和被没收财物的损失，是指纳税人违反国家有关法律、法规规定，被有关部门处以的罚款，以及被司法机关处以的罚金和被没收财物。

> **名师说**
>
> 罚款分为经营性罚款和行政性罚款，其中经营性罚款可以税前扣除（如银行按规定加收的罚息、违约金等），行政性罚款不得税前扣除（如税收滞纳金、没收财物等）；而罚金是法院判处的经济刑，属于刑事责任中的附加刑，在企业所得税前不得扣除。

（5）超过规定标准的捐赠支出。

（6）赞助支出，指企业发生的与**生产经营活动无关**的各种**非广告性质的**支出。

（7）**未经核定**的准备金支出，指不符合国务院财政、税务主管部门规定的各项资产减值准备、风险准备等准备金支出。

（8）企业之间支付的管理费、企业内营业机构之间支付的租金和特许权使用费，以及非银行企业内营业机构之间支付的利息，不得扣除。

（9）与取得收入无关的其他支出。

【例5-30·单选题·2021】根据企业所得税法律制度的规定，下列各项中，在计算企业所得税应纳税所得额时准予扣除的是（　　）。

A.罚金　　　　　　　　　　B.合理的劳动保护支出

C.向投资者支付的股息　　　D.税收滞纳金

【答案】B

【解析】在计算企业所得税应纳税所得额时，下列支出"不得扣除"：①向投资者支付的股息、红利等权益性投资收益款项（选项C）；②企业所得税税款；③税收滞纳金（选项D）；④罚金、罚款和被没收财物的损失（选项A）；⑤不符合规定的捐赠支出；⑥赞助支出，具体是指企业发生的与生产经营活动无关的各种非广告性质的赞助支出；⑦未经核定的准备金支出；⑧企业之间支付的管理费、企业内营业机构之间支付的租金和特许权使用费，以及非银行企业内营业机构之间支付的利息；⑨与取得收入无关的其他支出。

【例5-31·多选题·2019】根据企业所得税法律制度的规定，下列各项中，在计算企业所得税应纳税所得额时，不得扣除的有（　　）。

A.罚金　　　　　B.诉讼费用　　　　　C.罚款　　　　　D.税收滞纳金

【答案】ACD

【解析】罚金、罚款和被没收财物的损失，不得在企业所得税前扣除；法院判决由企业承担的"诉讼费用"等准予在税前扣除。

【例 5-32·单选题·2018】根据企业所得税法律制度的规定，下列各项中，在计算企业所得税应纳税所得额时，不得扣除的是（　　）。

A. 企业转让固定资产发生的费用

B. 企业参加财产保险按照规定缴纳的保险费

C. 企业发生的非广告性质赞助支出

D. 企业发生的合理的劳动保护支出

【答案】C

【解析】企业发生的非广告性质赞助支出不得在企业所得税前扣除。

（五）亏损弥补 ★★

表 5-16　　　　　　　　　　　　　　亏损弥补

内容		具体规定
补亏期限	一般企业	除另有规定外，企业某一纳税年度发生的亏损，可以用下一年度的所得弥补，下一年度的所得不足以弥补的，可以逐年延续弥补，但结转年限最长不得超过 5 年
	高新技术企业和科技型中小企业	自 2018 年 1 月 1 日起，当年具备高新技术企业或科技型中小企业资格的企业，其具备资格年度之前 5 个年度发生的尚未弥补完的亏损，准予结转以后年度弥补，最长结转年限由 5 年延长至 10 年
境内外机构间的亏损弥补		企业在汇总计算缴纳企业所得税时，其境外营业机构的亏损不得抵减境内营业机构的盈利

名师说

（1）企业所得税亏损的弥补年限，针对的是纳税人的实际亏损额，即应纳税所得额为负数；

（2）以亏损年度的下一年算起，连续计算 5 年或 10 年，中间不得中断；

（3）先亏先补，后亏后补；

（4）只许境外盈利弥补境内亏损，不许境内盈利弥补境外亏损。

【例 5-33·判断题·2020】居民企业在汇总计算缴纳企业所得税时，其境外营业机构的亏损可以抵减境内营业机构的盈利。（　　）

【答案】×

【解析】企业在汇总计算缴纳企业所得税时，其境外营业机构的亏损不得抵减境内营业机构的盈利。

【例 5-34·单选题·2018】甲居民企业 2013 年设立，2013—2017 年未弥补亏损前的所得情况如下：

年份	2013 年	2014 年	2015 年	2016 年	2017 年
未弥补亏损前的所得（单位：万元）	-20	100	-220	180	200

假设无其他纳税调整项目，甲居民企业 2017 年度企业所得税应纳税所得额为（　　）万元。

A. 200　　　　　　　　B. 160　　　　　　　　C. 210　　　　　　　　D. 260

【答案】B

【解析】2013 年的亏损，要用 2014—2018 年的所得弥补，2014 年弥补 2013 年亏损后的应纳税所得额为 80 万元；2015 年的亏损，要用 2016—2020 年的所得弥补，2016 年弥补亏损 180 万元，应纳税所得额为零，2015 年尚有未弥补亏损 40 万元，于 2017 年度税前弥补，2017 年补亏后应纳税所得额 = 200-40 = 160（万元）。

（六）非居民企业的应纳税所得额 ★★

在中国境内未设立机构、场所，或者虽设立机构、场所但取得的所得与其所设机构、场所没有实际联系的非居民企业，取得来源于中国境内的所得，按照下列方法计算其应纳税所得额：

（1）股息、红利等权益性投资收益和利息、租金、特许权使用费所得，以收入全额为应纳税所得额。

（2）转让财产所得，以收入全额减除财产净值后的余额为应纳税所得额。

（3）其他所得，参照前两项规定的方法计算应纳税所得额。

【例 5-35 · 单选题 · 2021】根据企业所得税法律制度的规定，在中国境内未设立机构、场所的非居民企业取得的来源于中国境内的下列所得，以收入全额减除财产净值后的余额为应纳税所得额的是（　　）。

A. 转让财产所得　　　　　　　　　B. 利息所得

C. 租金所得　　　　　　　　　　　D. 股息、红利等权益性投资收益

【答案】A

【解析】在中国境内未设立机构、场所的，或者虽设立机构、场所但取得的所得与其所设机构、场所没有实际联系的非居民企业，其取得的来源于中国境内的所得，按照下列方法计算应纳税所得额：①股息、红利等权益性投资收益和利息、租金、特许权使用费所得，以收入"全额"为应纳税所得额；②转让财产所得，以收入全额减除财产净值后的"余额"为应纳税所得额；③其他所得，参照①②项规定的方法计算应纳税所得额。

【例 5-36 · 单选题 · 2018】境外某公司在中国境内未设立机构、场所，2017 年取得境内甲公司支付的股息 500 万元，发生相关支出 1 万元，取得境内乙公司支付的特许权使用费 350 万元，发生相关支出 2 万元。2017 年度该境外公司在我国的应纳税所得额是（　　）万元。

A. 348　　　　　　B. 499　　　　　　C. 847　　　　　　D. 850

【答案】D

【解析】非居民企业在中国境内取得的股息、红利等权益性投资收益和利息、租金、特许权使用费所得，以收入全额为应纳税所得额。2017 年度应纳税所得额 = 500+350 = 850（万元）。

五、资产的税务处理

企业资产包括：固定资产、生产性生物资产、无形资产、长期待摊费用、投资资产、存货等，均以历史成本为计税基础。企业持有各项资产期间资产增值或减值，除按规定可以确认损益外，不得调整该资产的计税基础。

（一）固定资产的税务处理★★★

表 5-17   固定资产的税务处理

内容	具体规定
定义	固定资产，是指企业为生产产品、提供劳务、出租或者经营管理而持有的、使用时间超过 12 个月的非货币性资产，包括房屋、建筑物、机器、机械、运输工具以及其他与经营活动有关的设备、器具、工具等
折旧范围	下列固定资产不得计算折旧扣除： ① 房屋、建筑物以外未投入使用的固定资产； ② 以经营租赁方式租入的固定资产； ③ 以融资租赁方式租出的固定资产； ④ 已足额提取折旧仍继续使用的固定资产； ⑤ 与经营活动无关的固定资产； ⑥ 单独估价作为固定资产入账的土地； ⑦ 其他不得计算折旧扣除的固定资产
计税基础	① 外购的固定资产，以购买价款和支付的相关税费以及直接归属于使该资产达到预定用途发生的其他支出为计税基础； ② 自行建造的固定资产，以竣工结算前发生的支出为计税基础； ③ 融资租入的固定资产，以租赁合同约定的付款总额和承租人在签订租赁合同过程中发生的相关费用为计税基础，租赁合同未约定付款总额的，以该资产的公允价值和承租人在签订租赁合同过程中发生的相关费用为计税基础； ④ 盘盈的固定资产，以同类固定资产的重置完全价值为计税基础； ⑤ 通过捐赠、投资、非货币性资产交换、债务重组等方式取得的固定资产，以该资产的公允价值和支付的相关税费为计税基础； ⑥ 改建的固定资产，除法定的支出外，以改建过程中发生的改建支出增加计税基础
折旧方法	① 企业应当自固定资产投入使用月份的次月起计算折旧；停止使用的固定资产，应当自停止使用月份的次月起停止计算折旧； ② 企业应当根据固定资产的性质和使用情况，合理确定固定资产的预计净残值。固定资产的预计净残值一经确定，不得变更； ③ 固定资产按照直线法计算的折旧，准予扣除： 年折旧率 =（1-预计净残值率）÷ 预计使用年限
折旧年限	除国务院财政、税务主管部门另有规定外，固定资产计算折旧的最低年限如下： ① 房屋、建筑物，为 20 年； ② 飞机、火车、轮船、机器、机械和其他生产设备，为 10 年； ③ 与生产经营活动有关的器具、工具、家具等，为 5 年； ④ 飞机、火车、轮船以外的运输工具，为 4 年； ⑤ 电子设备，为 3 年

【例 5-37·单选题·2021】企业所得税法律制度的规定，下列固定资产中，在计算企业所得税应纳税所得额时不得计算折旧扣除的是（   ）。

A. 以融资租赁方式租入的厂房

B. 未投入使用的厂房

C. 已足额提取折旧仍继续使用的运输工具

D. 以经营租赁方式租出的运输工具

【答案】C

【解析】选项 A，以融资租赁方式租出的固定资产不得计算折旧扣除，但租入可以计算折旧扣除；选项 B，房屋、建筑物以外未投入使用的固定资产不得计算折旧扣除，厂房属于房屋、建筑物，所以未投入使用也可以计算折旧扣除；选项 C，已足额提取折旧仍继续使用的固定资产不得计算折旧扣除；选项 D，以经营租赁方式租入的固定资产不得计算折旧扣除，但租出的可以税前扣除。因此，选项为 C。

【例 5-38·多选题·2018】根据企业所得税法律制度的规定，下列固定资产折旧的处理中，不正确的有（   ）。

A. 甲企业 2017 年 3 月 5 日购进一台起重机，2017 年 4 月 5 日投入使用，应当自 2017 年 4 月起计算折旧

B. 丙企业 2017 年 4 月 1 日以融资租赁方式租出一架小型喷气式飞机，之后继续对该飞机计提折旧

C. 乙企业因生产经营调整，于 2017 年 10 月 1 日停止使用一批设备，应当自 2017 年 11 月起停止计算折旧

D. 丁企业 2017 年 9 月以经营租赁方式租入一辆大型巴士，在计算企业所得税时，对该巴士计提折旧

【答案】ABD

【解析】选项 A，企业购入固定资产，应当自固定资产投入使用月份的次月起计算折旧，甲企业应当于 5 月起计算折旧；选项 B，以融资租赁方式租出的固定资产不得计算折旧扣除；选项 D，以经营租赁方式租入的固定资产不得计算折旧扣除。

（二）生产性生物资产的税务处理★★

表 5-18　　　　　　　　　　　　　　　生产性生物资产的税务处理

内容	具体规定
定义	生产性生物资产是指为生产农产品、提供劳务或出租等目的而持有的生物资产（可以理解为固定资产）。包括经济林、薪炭林、产畜和役畜等
计税基础	① 外购的生产性生物资产，以购买价款和支付的相关税费为计税基础。 ② 通过捐赠、投资、非货币性资产交换、债务重组等方式取得的生产性生物资产，以该资产的公允价值和支付的相关税费为计税基础
折旧方法	① 生产性生物资产按照直线法计算的折旧，准予扣除。 ② 企业应当自生产性生物资产投入使用月份的次月起计算折旧；停止使用的生产性生物资产，应当自停止使用月份的次月起停止计算折旧。 ③ 生产性生物资产的预计净残值一经确定，不得变更
折旧年限	生产性生物资产最低折旧年限如下： ① 林木类生产性生物资产，为 10 年； ② 畜类生产性生物资产，为 3 年

【例5-39·多选题·2019】生产性生物资产指为生产农产品、提供劳务或者出租等目的持有的生物资产。下列各项中，属于生产性生物资产的有（　　）。

A.经济林　　　　　　B.薪炭林　　　　　　C.产畜　　　　　　D.役畜

【答案】ABCD

【解析】生产性生物资产是指为生产农产品、提供劳务或出租等目的而持有的生物资产，包括经济林、薪炭林、产畜和役畜等。

（三）无形资产的税务处理★★

表5-19　　　　　　　　　　　　　　　　　无形资产的税务处理

内容	具体规定
定义	无形资产是指企业为生产产品，提供劳务、出租或者经营管理而持有的、没有实物形态的非货币性长期资产，包括专利权、商标权、著作权、土地使用权、非专利技术、商誉等
计税基础	① 外购的无形资产，以购买价款和支付的相关税费以及直接归属于使该资产达到预定用途发生的支出为计税基础； ② 自行开发的无形资产，以开发过程中该资产符合资本化条件后至达到预定用途前发生的支出为计税基础； ③ 通过捐赠、投资、非货币性资产交换、债务重组等方式取得的无形资产，以该资产的公允价值和支付的相关税费为计税基础
摊销范围	下列无形资产不得计算摊销费用扣除： ①自行开发的支出已在计算应纳税所得额时扣除的无形资产； ②自创商誉； 🎯敲黑板　外购商誉的支出，在企业整体转让或者清算时，准予扣除。 ③与经营活动无关的无形资产； ④其他不得计算摊销费用扣除的无形资产
摊销方法和年限	①无形资产按照直线法计算的摊销费用，准予扣除； 🎯敲黑板　当月增加当月摊销，当月减少当月不摊销。 ②无形资产的摊销年限不得低于10年； ③作为投资或者受让的无形资产，有关法律规定或者合同约定了使用年限的，可以按照规定或者约定的使用年限分期摊销

【例5-40·多选题·2018】根据企业所得税法律制度的规定，下列无形资产中，应当以该资产的公允价值和支付的相关税费为计税基础的有（　　）。

A.通过债务重组取得的无形资产

B.自行开发的无形资产

C.接受投资取得的无形资产

D.接受捐赠取得的无形资产

【答案】ACD

【解析】通过捐赠、投资、非货币性资产交换、债务重组等方式取得的无形资产，以该资产的公允价值和支付的相关税费为计税基础，故选项ACD正确；自行开发的无形资产，以开发过程中该资产符合资本化条件后至达到预定用途前发生的支出为计税基础，故选项 B 不正确。

（四）长期待摊费用的税务处理★★

表 5-20　　　　　　　　　　　　　　　　长期待摊费用的税务处理

内容	具体规定
定义	长期待摊费用，是指企业发生的应在 1 个年度以上进行摊销的费用
摊销方法	①已足额提取折旧的固定资产的改建支出，按照固定资产预计尚可使用年限分期摊销； ②租入固定资产的改建支出，按照合同约定的剩余租赁期限分期摊销； ③固定资产的**大修理**支出，按照固定资产尚可使用年限分期摊销； 🎯 **敲黑板** 固定资产日常维修支出，在发生当期直接扣除。税法所指的固定资产的大修理支出，是指同时符合下列条件的支出：修理支出达到取得固定资产时的计税基础 50% 以上；修理后固定资产的使用年限延长 2 年以上。 ④其他应当作为长期待摊费用的支出，自支出发生月份的次月起，分期摊销，摊销年限不得低于 3 年

【例 5-41·多选题·2020】根据企业所得税法律制度的规定，下列各项中，属于长期待摊费用的有（　　）

A. 固定资产的大修理支出　　　　　　B. 融资租入固定资产的租赁费支出

C. 已足额提取折旧固定资产的改建支出　D. 经营租入固定资产的改建支出

【答案】ACD

【解析】选项 B，以融资租赁方式租入固定资产发生的租赁费支出，按照规定构成融资租入固定资产价值的部分应当提取折旧费用，分期扣除。

（五）投资资产的税务处理★★

表 5-21　　　　　　　　　　　　　　　　投资资产的税务处理

内容	具体规定
定义	投资资产，是指企业对外进行权益性投资和债权性投资而形成的资产
成本的确认方法	①通过支付现金方式取得的投资资产，以购买价款为成本； ②通过支付现金以外的方式取得的投资资产，以该资产的公允价值和支付的相关税费为成本
投资资产的成本计算方法	①企业**对外投资期间**，投资资产的成本在计算应纳税所得额时不得扣除； ②企业在转让或者处置投资资产时，投资资产的成本，准予扣除

【例 5-42·判断题·2019】企业投资期间，投资资产的成本在计算企业所得税应纳税所得额时不得扣除。（　　）

【答案】√

（六）存货的税务处理 ★

表 5-22   存货的税务处理

内容	具体规定
定义	存货，是指企业持有以备出售的产品或者商品、处在生产过程中的在产品、在生产或者提供劳务过程中耗用的材料或物料等
存货的计税基础	① 通过支付现金方式取得的存货，以购买价款和支付的相关税费为成本； ② 通过支付现金以外的方式取得的存货，以该存货的公允价值和支付的相关税费为成本； ③ 生产性生物资产收获的农产品，以产出或者采收过程中发生的材料费、人工费和分摊的间接费用等必要支出为成本
存货的成本计算方法	企业使用或者销售的存货的成本计算方法，可以在"先进先出法、加权平均法、个别计价法"中选用一种。计价方法一经选用，不得随意变更 🎯 敲黑板 不得采用"后进先出法"

（七）资产损失的税务处理 ★★

资产损失，是指企业在生产经营活动中实际发生的、与取得应税收入有关的资产损失，包括现金损失，存款损失，坏账损失，贷款损失，股权投资损失，固定资产和存货的盘亏、毁损、报废、被盗损失，自然灾害等不可抗力因素造成的损失以及其他损失。具体见表 5-23。

表 5-23   资产损失的税务处理

情形	税务处理
一般规定	企业发生的资产损失，应在按税法规定实际确认或者实际发生的当年申报扣除
特殊规定	① 企业以前年度发生的资产损失未能在当年税前扣除的，可以按照规定，向税务机关说明并进行专项申报扣除。其中，属于实际资产损失，准予在追补至该项损失发生年度扣除，其追补期限一般不超过 5 年。 ② 企业因以前年度实际资产损失未在税前扣除而多缴的企业所得税税款，可在追补确认年度企业所得税应纳税款中予以抵扣，不足抵扣的，向以后年度递延抵扣

六、境外所得境内抵免 ★★

1.抵免范围

企业取得的下列所得已在境外缴纳的所得税税额，可以从其当期应纳税额中抵免，抵免限额为该项所得依照规定计算的应纳税额；超过抵免限额的部分，可以在以后 5 个年度内，用每年抵免限额抵免当年应抵税额后的余额进行抵补：

（1）居民企业来源于中国境外的应税所得；

（2）非居民企业在中国境内设立机构、场所，取得发生在中国境外但与该机构、场所有实际联系的应税所得。

抵免限额，是指企业来源于中国境外的所得，依照规定计算的应纳税额。

5 个年度，是指从企业取得的来源于中国境外的所得，已经在中国境外缴纳的企业所得税性质的税款超过抵免限额的当年的次年起连续 5 个纳税年度。

2.抵免方法

（1）自 2017 年 7 月 1 日起，企业可以**选择按国（地区）别分别计算**〔即"分国（地区）不分项"〕，或者**不按国（地区）别汇总计算**〔即"不分国（地区）不分项"〕其来源于境外的应纳税所得额，并按照有关规定分别计算其可抵免境外所得税税额和抵免限额。上述方式一经选择，**5 年内不得改变**。计算公式见表 5-24。

表 5-24　　　　　　　　　　　　　　　　两种方式下抵免限额的计算

抵免方法	计算公式
分国、不分项	抵免限额＝来源于某国的（税前）应纳税所得额 × 我国税率（25% 或 15%）
不分国、不分项	抵免限额＝来源于境外全部（税前）应纳税所得额 × 我国税率（25% 或 15%）

> **名师说**
>
> 　　一般企业税率只能用 25%。以境内、境外全部生产经营活动有关的指标申请并经认定的高新技术企业，对其来源于境外所得可以按 15% 的优惠税率缴纳企业所得税，在计算境外抵免限额时，可按照 15% 的优惠税率计算抵免限额。

（2）居民企业从其直接或间接控制的外国企业分得的来源于中国境外的股息、红利等权益性投资收益，外国企业在境外实际缴纳的所得税税额中属于该项所得负担的部分，可以作为该居民企业的可抵免境外所得税税额，在规定的抵免限额内抵免。

3.限制条件

直接控制是指居民企业直接持有外国企业 20% 以上股份，间接控制是指居民企业以间接持股方式持有外国企业 20% 以上股份。

【例 5-43·单选题·2020】甲公司为居民企业，2019 年度取得境内所得 800 万元、境外所得 100 万元，已在境外缴纳企业所得税税款 20 万元。已知企业所得税税率为 25%。计算甲公司 2019 年度应缴纳企业所得税税额的下列算式中，正确的是（　　）。

A.800 × 25% ＝ 200（万元）　　　　　　　B.800 × 25%-100 × 25% ＝ 175（万元）

C.（800+100）× 25% ＝ 225（万元）　　　D.（800+100）× 25%-20 ＝ 205（万元）

【答案】D

【解析】①境外所得的抵免限额＝100 × 25% ＝ 25（万元），大于境外已纳税额（20 万元），境外已纳税额可以全额抵免；②甲公司应缴纳企业所得税＝（800+100）× 25%-20 ＝ 205（万元）。

七、企业所得税应纳税额的计算★★★

（一）直接法

应纳税额＝应纳税所得额 × 适用税率-减免税额-抵免税额

　　　　＝（收入总额-不征税收入-免税收入-各项扣除-以前年度亏损）× 适用税率-
　　　　　减免税额-抵免税额

🎯 **敲黑板**

减免税额和抵免税额，是指依照《企业所得税法》和国务院的税收优惠规定减征、免征和抵免的应纳税额。

（二）间接法

应纳税额 = 应纳税所得额 × 适用税率-减免税额-抵免税额

= （会计利润 ± 纳税调整项目金额） × 适用税率-减免税额-抵免税额

【例5-44·单选题·2016】甲公司2015年应纳税所得额为1 000万元，减免税额为10万元，抵免税额为20万元。已知甲公司适用的所得税税率为25%，则下列甲公司2015年度企业所得税应纳税额的计算中，正确的是（   ）。

A. 1 000×25%-20 = 230（万元）

B. 1 000×25%-10-20 = 220（万元）

C. 1 000×25%-10 = 240（万元）

D. 1 000×25% = 250（万元）

【答案】B

【解析】应纳税额 = 应纳税所得额 × 税率 - 减免税额 - 抵免税额 = 1 000×25% - 10 - 20 = 220（万元）。因此，正确答案为B。

【例5-45·单选题·2017】甲公司2016年实现会计利润总额300万元，预缴企业所得税税额60万元，在"营业外支出"账目中列支了通过公益性社会团体向灾区的捐款38万元。已知企业所得税税率为25%，公益性捐赠支出不超过年度利润总额12%的部分，准予在计算企业所得税应纳税所得额时扣除，计算甲公司当年应补缴企业所得税税额的下列算式中，正确的是（   ）。

A. （300+38）×25%-60 = 24.5（万元）

B. 300×25%-60 = 15（万元）

C. （300+300×12%）×25%-60 = 24（万元）

D. ［300+（38-300×12%）］×25%-60 = 15.5（万元）

【答案】D

【解析】公益性捐赠支出扣除限额 = 300×12% = 36（万元），纳税调增 = 38 - 300×12% = 2（万元）；甲公司当年应补缴企业所得税税额 = （会计利润 ± 纳税调整项目金额） × 适用税率 - 减免税额 - 抵免税额 - 已预缴税额 = ［300+（38-300×12%）］×25% - 60 = 15.5（万元）。

【例5-46·单选题·2022】甲公司2021年度企业所得税收入总额10 000万元，不征税收入200万元，免税收入800万元，各项扣除7 000万元，未弥补的以前年度亏损500万元，甲企业企业所得税税率为25%。甲公司2021年度应缴纳企业所得税额为（   ）。

A. 375万元   B. 625万元   C. 1 500万元   D. 0

【答案】A

【解析】应纳税所得额 = 收入总额-不征税收入-免税收入-各项扣除-以前年度亏损 = 10 000 - 200 - 800 - 7 000 - 500 = 1 500（万元），应纳税额 = 1 500×25% = 375（万元）。

八、企业所得税税收优惠

企业所得税的税收优惠方式包括免税、减税、加计扣除、加速折旧、减计收入、税额抵免等。

（一）居民企业税收优惠 ★ ★ ★

1. 所得减免

表 5-25　　　　　　　　　　　　　　　所得减免

项目		具体规定
企业从事农、林、牧、渔项目的所得	免税	① 蔬菜、谷物、薯类、油料、豆类、棉花、麻类、糖料、水果、坚果的种植； ② 农作物新品种的选育； ③ 中药材的种植； ④ 林木的培育和种植； ⑤ 牲畜、家禽的饲养； ⑥ 林产品的采集； ⑦ 灌溉、农产品的初加工、兽医、农技推广、农机作业和维修等农、林、牧、渔服务业项目； ⑧ 远洋捕捞 （敲黑板）"农"不包括部分"经济作物"；"渔"不包括"养殖"。
	减半征收	① 花卉、茶以及其他饮料作物和香料作物的种植； ② 海水养殖、内陆养殖
从事国家重点扶持的公共基础设施项目的投资经营的所得		国家重点扶持的公共基础设施项目，是指《公共基础设施项目企业所得税优惠目录》规定的港口码头、机场、铁路、公路、城市公共交通、电力、水利等项目，自项目取得第一笔生产经营收入所属纳税年度起，第 1 年至第 3 年免征企业所得税，第 4 年至第 6 年减半征收企业所得税（3 免 3 减半） （敲黑板）企业承包经营、承包建设和内部自建自用上述项目，不得享受上述企业所得税优惠。
从事符合条件的环境保护、节能节水项目的所得		符合条件的环境保护、节能节水项目，包括公共污水处理、公共垃圾处理、沼气综合开发利用、节能减排技术改造、海水淡化等，自项目取得第一笔生产经营收入所属纳税年度起，第 1 年至第 3 年免征企业所得税，第 4 年至第 6 年减半征收企业所得税（3 免 3 减半）
符合条件的技术转让所得		一个纳税年度内，居民企业转让技术所有权所得不超过 500 万元的部分，免征企业所得税；超过 500 万元的部分，减半征收企业所得税 （名师说）技术转让所得＝技术转让收入−技术转让成本−相关税费 技术转让所得≤500 万元，免征企业所得税；技术转让所得＞500 万元，技术转让所得应纳税额＝（技术转让所得−5 000 000）×50%× 税率
QFII、RQFII 等机构投资者		从 2014 年 11 月 17 日起，对合格境外机构投资者（简称 QFII）、人民币合格境外机构投资者（简称 RQFII）取得来源于中国境内的股票等权益性投资资产转让所得，暂免征收企业所得税
创业投资企业		创业投资企业采取股权投资方式直接投资于初创科技型企业满 2 年的，可以按照其投资额的 70% 在股权持有满 2 年的当年抵扣该创业投资企业的应纳税所得额；当年不足抵扣的，可以在以后纳税年度结转抵扣
基础研究资金收入		自 2022 年 1 月 1 日起，对非营利性科研机构、高等学校接收企业、个人和其他组织机构基础研究资金收入，免征企业所得税

【例 5-47·单选题·2022】根据企业所得税法律制度的规定，企业从事下列项目的所得，减半征收企业所得税的是（   ）。

A. 花卉种植　　　　　B. 谷物种植　　　　　C. 中药材种植　　　　　D. 蔬菜种植

【答案】A

【解析】企业从事下列项目的所得减半征收企业所得税：花卉（A 选项）、茶以及其他饮料作物和香料作物的种植；海水养殖、内陆养殖。选项 BCD，属于免征企业所得税项目。

【例 5-48·单选题·2019】甲公司为居民企业，2018 年取得符合条件的技术转让所得 600 万元，在计算甲公司 2018 年度企业所得税应纳税所得额时，技术转让所得应纳税调减的金额是（   ）万元。

A. 550　　　　　B. 100　　　　　C. 350　　　　　D. 300

【答案】A

【解析】符合条件的技术转让所得不超过 500 万元的部分，免征企业所得税；超过 500 万元的部分，减半征收企业所得税。因此，需要调减的金额 = 500 +（600 - 500）× 50% = 550（万元）。

【例 5-49·单选题·2017】甲企业为创业投资企业，2016 年 2 月采取股权投资方式向乙公司（初创科技型企业）投资 300 万元，至 2018 年 12 月 31 日仍持有该股权。甲企业 2018 年在未享受股权投资应纳税所得额抵扣的税收优惠政策前的企业所得税应纳税所得额为 2 000 万元。已知企业所得税税率为 25%，甲企业享受股权投资应纳税所得额抵扣的税收优惠政策。计算甲企业 2018 年度应缴纳企业所得税税额的下列算式中，正确的是（   ）。

A.（2 000 - 300）× 25% = 425（万元）

B.（2 000 - 300 × 70%）× 25% = 447.5（万元）

C. 2 000 × 70% × 25% = 350（万元）

D.（2 000 × 70% - 300）× 25% = 275（万元）

【答案】B

【解析】创业投资企业采取股权投资方式投资于未上市的初创科技型企业 2 年以上的，可以按照其投资额的 70% 在股权持有满 2 年的当年抵扣该创业投资企业的应纳税所得额；当年不足抵扣的，可以在以后纳税年度结转抵扣。故甲企业 2018 年度应缴纳企业所得税税额 =（2 000 - 300 × 70%）× 25% = 447.5（万元）。

2. 加计扣除

（1）研究开发费用。

企业开展研发活动中实际发生的研发费用，未形成无形资产计入当期损益的，在按照规定据实扣除的基础上，在 2018 年 1 月 1 日至 2023 年 12 月 31 日期间，再按照实际发生额的 75% 在税前加计扣除；形成无形资产的，在上述期间按照无形资产成本的 175% 在税前摊销。

制造业企业、科技型中小企业开展研发活动中实际发生的研发费用，未形成无形资产计入当期损益的，在按规定据实扣除的基础上，再按照实际发生额的 100% 在税前加计扣除。形成无形资产的，按照无形资产成本的 200% 在税前摊销。

自 2022 年 1 月 1 日起，对企业出资给非营利性科学技术研究开发机构、高等学校和政府性自然科学基金用于基础研究的支出，在计算应纳税所得额时可按实际发生额在税前扣除，并可按 100% 在税前加计扣除。

下列行业不适用税前加计扣除政策：①烟草制造业；②住宿和餐饮业；③批发和零售业；④房地产业；⑤租赁和商务服务业；⑥娱乐业；⑦财政部和国家税务总局规定的其他行业。

（2）残疾人工资。

企业安置残疾人员所支付的工资的加计扣除，是指企业安置残疾人员的，在按照支付给残疾职工工资据实扣除的基础上，按照支付给残疾职工工资的 **100%** 加计扣除。

3. 加速折旧。

对所有行业企业的加速折旧规定，见表 5-26。

表 5-26　　　　　　　　　　　　　　对所有行业企业的加速折旧规定

固定资产种类	折旧方法
① 由于技术进步，产品更新换代较快的固定资产； ② 常年处于强震动、高腐蚀状态的固定资产	缩短折旧年限或者采取加速折旧法

对六大行业和四个领域重点行业的加速折旧规定，见表 5-27。

表 5-27　　　　　　　　　　　对六大行业和四个领域重点行业的加速折旧规定

内容	六个行业	四个领域重点行业
适用行业和领域	生物药品制造业，专用设备制造业，铁路、船舶、航空航天和其他运输设备制造业，计算机、通信和其他电子设备制造业，仪器仪表制造业，信息传输、软件和信息技术服务业	对轻工、纺织、机械、汽车四个领域重点行业企业
时间条件	2014 年 1 月 1 日后新购进的固定资产	2015 年 1 月 1 日后新购进的固定资产（包括自行建造）
加速折旧方法	企业新购进的固定资产可缩短折旧年限或采取加速折旧的方法	

自 2019 年 1 月 1 日起，适用固定资产加速折旧优惠相关规定的行业范围，扩大至全部制造业领域。

⊚ **敲黑板**

> 企业按规定缩短折旧年限的，对其购置的新固定资产，最低折旧年限不得低于《中华人民共和国企业所得税法实施条例》（以下简称《企业所得税法实施条例》）规定的折旧年限的 60%；采取加速折旧方法的，可采取双倍余额递减法或者年数总和法。

企业在 2018 年 1 月 1 日至 2023 年 12 月 31 日期间新购进（包括自行建造）的设备器具，单位价值不超过 500 万元的，允许一次性计入当期成本费用在计算应纳税所得额时扣除，不再分年度计算折旧。

中小微企业在 2022 年 1 月 1 日至 2022 年 12 月月 31 日期间新购置的设备、器具（是指除房屋、建筑物以外的固定资产），单位价值在 500 万元以上的，按照单位价值的一定比例自愿选择在企业所得税税前扣除。其中，《企业所得税法实施条例》规定最低折旧年限为 3 年的设备器具，单位价值的 100% 可在当年一次性税前扣除。最低折旧年限为 4 年、5 年、10 年的，单位价值的 50% 可在当年一次性税前扣除，其余 50% 按规定在剩余年度计算折旧进行税前扣除。企业选择适用上述政策当年不足扣除形成的亏损，可在以后 5 个纳税年度结转弥补，享受其他延长亏损结转年限政策的企业可按现行规定执行。

高新技术企业在 2022 年 10 月 1 日至 2022 年 12 月 31 日期间新购置的设备、器具，允许当年一次性全额在计算应纳税所得额时扣除，并允许在税前实行 100% 加计扣除。

【例 5-50·多选题·2021】根据企业所得税法律制度的规定，企业的下列支出中，可以在计算企业所得税应纳税所得额时加计扣除的有（　　）。

A. 电信公司研究开发新通信技术的支出

B. 家电制造企业购进专利技术的支出

C. 化工厂购置环境保护专用设备的支出

D. 连锁超市安置残疾人员所支付的工资

【答案】AD

【解析】选项 A，企业为开发新技术、新产品、新工艺发生的研究开发费用，未形成无形资产计入当期损益的，在按规定据实扣除的基础上，在 2018 年 1 月 1 日至 2023 年 12 月 31 日期间，再按照实际发生额的 75% 在税前加计扣除；形成无形资产的，在上述期间按照无形资产成本的 175% 在税前摊销；选项 D，企业安置残疾人员的，在按照支付给残疾职工工资据实扣除的基础上，按照支付给残疾职工工资的 100% 加计扣除。选项 BC 没有加计扣除的规定。

【例 5-51·多选题·2021】根据企业所得税法律制度的规定，下列行业中，不适用研究开发费用税前加计扣除政策的有（　　）。

A. 住宿业　　　　　B. 装备制造业　　　　C. 批发和零售业　　　　D. 租赁业

【答案】ACD

【解析】下列行业不适用税前加计扣除政策：①烟草制造业；②住宿和餐饮业（选项 A）；③批发和零售业（选项 C）；④房地产业；⑤租赁和商务服务业（选项 D）；⑥娱乐业；⑦财政部和国家税务总局规定的其他行业。

【例 5-52·单选题·2020 年改编】甲机械厂 2021 年度利润总额 500 万元，实际发生未形成无形资产计入当期损益的研究开发费用 100 万元，无其他纳税调整项目。计算甲机械厂 2021 年度企业所得税应纳税所得额的下列算式中，正确的是（　　）。

A. 500-100×75% = 425（万元）　　　　B. 500-100 = 400（万元）

C. 500-100×50% = 450（万元）　　　　D. 500+100 = 600（万元）

【答案】B

【解析】制造业企业开展研发活动中实际发生的研发费用，未形成无形资产计入当期损益的，在按规定据实扣除的基础上，自 2021 年 1 月 1 日起，再按照实际发生额的 100% 在税前加计扣除；形成无形资产的，自 2021 年 1 月 1 日起，按照无形资产成本的 200% 在税前摊销。甲机械厂 2021 年度企业所得税应纳税所得额 = 500-100×100% = 400（万元）。因此，正确答案为 B。

【例 5-53·单选题·2019】根据企业所得税法律制度的规定，企业中符合条件的固定资产可以缩短计提折旧年限，但不得低于税法规定折旧年限的一定比例，该比例为（　　）。

A. 30%　　　　　B. 40%　　　　　C. 50%　　　　　D. 60%

【答案】D

【解析】企业按规定缩短折旧年限的，对其购置的新固定资产，最低折旧年限不得低于《企业所得税法实施条例》规定的折旧年限的 60%。

4. 小型微利企业税收优惠。

表 5-28 小型微利企业税收优惠

必备条件	政策要求
企业性质	从事国家非限制和禁止行业的企业
从业人数	不超过 300 人
资产总额	不超过 5 000 万元
盈利水平及所得优惠	自 2021 年 1 月 1 日至 2022 年 12 月 31 日，对小型微利企业年应纳税所得额不超过 100 万元的部分，减按 12.5% 计入应纳税所得额，按 20% 的税率缴纳企业所得税；自 2022 年 1 月 1 日至 2024 年 12 月 31 日，对小型微利企业年纳税所得额超过 100 万元但不超过 300 万元的部分，减按 25% 计入应纳税所得额，按 20% 的税率缴纳企业所得税。
税率	20%

从业人数，包括与企业建立劳动关系的职工人数和企业接受的劳务派遣用工人数。

所称从业人数和资产总额指标，应按企业全年的季度平均值确定。具体计算公式如下：

季度平均值 =（季初值 + 季末值）÷ 2

全年季度平均值 = 全年各季度平均值之和 ÷ 4

年度中间开业或者终止经营活动的，以其实际经营期作为一个纳税年度确定上述相关指标。

小型微利企业无论按查账征收方式还是核定征收方式缴纳企业所得税，均可享受优惠政策。

【例 5-54·单选题·2021 改编】甲居民企业为小型微利企业，适用 20% 的企业所得税税率。2022 年实现年度会计利润 150 万元。假设不考虑其他纳税调整事项，甲居民企业 2022 年应缴纳企业所得税（　　）。

A. 150×50%×20% = 15（万元）

B. 100×25%×20%+（150-100）×50%×20% = 10（万元）

C. 100×50%×20%+（150-100）×25%×20% = 12.5（万元）

D. 100×12.5%×20%+（150-100）×25%×20% = 5（万元）

【答案】D

【解析】自 2021 年 1 月 1 日起至 2022 年 12 月 31 日，对小型微利企业年应纳税所得额不超过 100 万元的部分，减按 12.5% 计入应纳税所得额，按 20% 的税率缴纳企业所得税。自 2022 年 1 月 1 日至 2024 年 12 月 31 日，对小型微利企业年纳税所得额超过 100 万元但不超过 300 万元的部分，减按 25% 计入应纳税所得额，按 20% 的税率缴纳企业所得税。甲居民企业 2022 年应缴纳企业所得税 = 100×12.5%×20%+（150-100）×25%×20% = 5（万元）。

5. 税率优惠

表 5-29 税率部分的税收优惠

项目	具体规定
高新技术企业	减按 15% 的所得税税率征收企业所得税
技术先进型服务企业	自 2018 年 1 月 1 日起，对经认定的技术先进型服务企业（服务贸易类），减按 15% 的所得税税率征收企业所得税
小型微利企业	小型微利企业减按 20% 的所得税税率征收企业所得税
对设在西部地区国家鼓励类产业企业	对设在西部地区以《西部地区鼓励类产业目录》中鼓励类产业项目为主营业务，且其当年度主营业务收入占收入总额 60% 以上的企业，自 2021 年 1 月 1 日至 2030 年 12 月 3 日，可减按 15% 税率缴纳企业所得税

6. 减计收入

表 5-30　　　　　　　　　　　　　　　　　减计收入优惠

项目	具体规定
资源综合利用生产所得	企业以《资源综合利用企业所得税优惠目录》规定的资源作为主要原材料，生产国家非限制和禁止并符合国家和行业相关标准的产品取得的收入，减按90%计入收入总额
社区提供养老、托育、家政等服务	自2019年6月1日起至2025年12月31日，社区提供养老、托育、家政等服务的机构，提供社区养老、托育、家政服务取得的收入，在计算应纳税所得额时，减按90%计入收入总额

7. 税额抵免

企业购置并实际使用《优惠目录》规定的环境保护、节能节水、安全生产等专用设备的，该专用设备的投资额的10%可以从企业当年的应纳税额中抵免；当年不足抵免的，可在以后5个纳税年度抵免。

抵免的应纳税额 = 专用设备的投资额 ×10%

（1）享受上述规定优惠的企业，应当实际购置并自身实际投入使用上述规定的专用设备。

（2）企业购置上述专用设备在5年内转让、出租的，应当停止享受企业所得税优惠、并补缴已经抵免的企业所得税税款。

【例 5-55·单选题·2020】某公司2019年度企业所得税应纳税所得额1 000万元，当年购置并实际使用一台符合《节能节水专用设备企业所得税优惠目录》规定的节能节水专用设备，该专用设备投资额510万元。已知企业所得税税率为25%。计算该公司2019年度应缴纳企业所得税税额的下列算式中，正确的是（　　）。

A. 1 000×25% = 250（万元）

B. 1 000×25%-510×10% = 199（万元）

C.（1 000-510）×25% = 122.5（万元）

D.（1 000-510×10%）×25% = 237.25（万元）

【答案】B

【解析】企业购置并实际使用规定的环境保护、节能节水、安全生产等专用设备的，该专用设备的投资额的10%（510×10%）可以从企业当年的"应纳税额"（1 000×25%）中抵免；当年不足抵免的，可以在以后5个纳税年度结转抵免。

8. 特殊行业的优惠

表 5-31　　　　　　　　　　　　　　　　特殊行业的优惠

行业	行业细分	具体税收优惠	
集成电路生产企业和项目（自 2020 年 1 月 1 日起）	集成电路线宽小于 28 纳米（含），且经营期在 15 年以上的集成电路生产企业或项目	第 1 年至第 10 年免征企业所得税	享受优惠的集成电路企业，优惠期自企业获利年度起算；享受优惠的集成电路项目，优惠期自项目取得第一笔生产经营收入所属纳税年度起算
	集成电路线宽小于 65 纳米（含），且经营期在 15 年以上的集成电路生产企业或项目	第 1 年至第 5 年免征企业所得税，第 6 年至第 10 年按照 25% 的法定税率减半征收企业所得税（5 免 5 减半）	
	集成电路线宽小于 130 纳米（含），且经营期在 10 年以上的集成电路生产企业或项目	第 1 年至第 2 年免征企业所得税，第 3 年至第 5 年按照 25% 的法定税率减半征收企业所得税（2 免 3 减半）	
	线宽小于 130 纳米（含）的集成电路生产企业	属于国家鼓励的集成电路生产企业清单年度之前 5 个纳税年度发生的尚未弥补的亏损，准予向以后年度结转，总结转年限最长不得超过 10 年	
集成电路相关企业和软件企业	集成电路设计、装备、材料、封装、测试企业和软件企业	自获利年度起，第 1 年至第 2 年免征企业所得税，第 3 年至第 5 年按照 25% 的法定税率减半征收企业所得税（2 免 3 减半）	
	重点集成电路设计企业和软件企业	自获利年度起，第 1 年至第 5 年免征企业所得税，接续年度减按 10% 的税率征收企业所得税	
经营性文化事业单位转制为企业	2019 年 1 月 1 日至 2023 年 12 月 31 日，经营性文化事业单位转制为企业，自转制注册之日起 5 年内免征企业所得税。2018 年 12 月 31 日之前已完成转制的企业，自 2019 年 1 月 1 日起可继续免征 5 年		
生产和装配伤残人员专门用品企业	自 2021 年 1 月 1 日至 2023 年 12 月 31 日，对符合条件的生产和装配伤残人员专门用品，且在民政部发布的《中国伤残人员专门用品目录》范围之内的居民企业，免征企业所得税		

9.海南自由贸易港企业所得税优惠

自 2020 年 1 月 1 日起至 2024 年 12 月 31 日，对海南自由贸易港实行以下企业所得税优惠政策：

（1）对注册在海南自由贸易港并实质性运营的鼓励类产业企业，减按 15% 的税率征收企业所得税。对不符合实质性运营的企业，不得享受优惠。

（2）对在海南自由贸易港设立的旅游业、现代服务业、高新技术产业企业新增境外直接投资取得的所得，免征企业所得税。

（3）对在海南自由贸易港设立的企业，新购置（含自建、自行开发）固定资产或无形资产，单位价值不超过 500 万元（含）的，允许一次性计入当期成本费用在计算应纳税所得额时扣除，不再分年度计算折旧和摊销；新购置（含自建、自行开发）固定资产或无形资产，单位价值超过 500 万元的，可以缩短折旧、摊销年限或采取加速折旧、摊销的方法。

上述所称固定资产，是指除房屋、建筑物以外的固定资产。

（二）非居民企业税收优惠★★

表 5-32　　　　　　　　　　　　　　　　非居民企业税收优惠

优惠种类	具体规定
减按低税率	在我国境内未设机构场所或者虽有机构、场所但取得的所得与机构、场所没有实际联系的非居民企业，**减按 10%** 的所得税税率征收企业所得税
免征企业所得税	① 外国政府向中国政府提供贷款取得的利息所得； ② 国际金融组织向中国政府和居民企业提供优惠贷款取得的利息所得； ③ 经国务院批准的其他所得

九、企业所得税特别纳税调整（2023 年新增）

（一）转让定价税制

1. 关联方

2. 独立交易原则

3. 合理方法

4. 成本分摊

5. 预约定价安排

6. 资料提供义务

7. 核定应纳税所得额

（二）受控外国企业制度

（三）资本弱化税制

（四）一般反避税制度

（五）对避税行为的处理

1. 加收利息

（1）税务机关依照规定做出纳税调整，需要补征税款的，应当补征税款，并按照国务院规定加收利息。

（2）按规定加收的利息，不得在计算应纳税所得额时扣除。

2. 特别纳税调整期限

（1）税务机关有权在纳税调整业务发生的纳税年度起 10 年内，进行纳税调整。

十、企业重组业务企业所得税处理（2023 年新增）

（一）企业重组类型

企业重组，是指企业在日常经营活动以外发生的法律结构或经济结构重大改变的交易，包括企业法律形式改变、债务重组、股权收购、资产收购、合并、分立等。

（二）股权支付和非股权支付

1.股权支付

在企业重组中购买、换取资产的一方支付的对价中，以本企业或其控股企业的股权、股份作为支付的形式。

2.非股权支付

以本企业的现金、银行存款、应收款项、本企业或其控股企业股权和股份以外的有价证券、存货、固定资产、其他资产以及承担债务等作为支付的形式。

（三）企业重组一般性税务处理规定

重组类型	税务处理
企业由法人转变为个人独资企业、合伙企业等非法人组织，或将登记注册地转移至中华人民共和国境外（包括中国港澳台地区）	①应视同企业进行清算、分配，股东重新投资成立新企业。 ②企业的全部资产以及股东投资的计税基础均应以公允价值为基础确定
企业发生其他法律形式简单改变	可直接变更税务登记，除另有规定外，有关企业所得税纳税事项（包括亏损结转、税收优惠等权益和义务）由变更后企业承继，但因住所发生变化而不符合税收优惠条件的除外
企业债务重组	① 以非货币性资产清偿债务，应当分解为转让相关非货币性资产、按非货币性资产公允价值清偿债务两项业务，确认相关资产的所得或损失。 ② 发生债权转股权的，应当分解为债务清偿和股权投资两项业务，确认有关债务清偿所得或损失。 ③ 债务人应当按照支付的债务清偿额低于债务计税基础的差额，确认债务重组所得。债权人应当按照收到的债务清偿额低于债权计税基础的差额，确认债务重组损失。 ④ 债务人的相关所得税纳税事项原则上保持不变
企业股权收购、资产收购重组	①被收购方应确认股权、资产转让所得或损失。 ②收购方取得股权或资产的计税基础应以公允价值为基础确定。 ③被收购企业的相关所得税事项原则上保持不变
企业合并	①合并企业应按公允价值确定接受被合并企业各项资产和负债的计税基础。 ②被合并企业及其股东都应按清算进行所得税处理。 ③被合并企业的亏损不得在合并企业结转弥补
企业分立	①被分立企业对分立出去资产应按公允价值确认资产转让所得或损失。 ②分立企业应按公允价值确认接受资产的计税基础。 ③被分立企业继续存在时，其股东取得的对价应视同被分立企业分配进行处理。 ④被分立企业不再继续存在时，被分立企业及其股东都应按清算进行所得税处理。 ⑤企业分立相关企业的亏损不得相互结转弥补

【例5-56·多选题】下列关于企业实施分立重组，适用企业所得税一般性税务处理方法的，下列处理正确的有（　　）。

A. 企业分立相关企业的亏损不得相互结转弥补

B. 被分立企业继续存在时，其股东取得的对价应按清算所得进行处理

C. 分立企业应按公允价值确认接受资产的计税基础

D. 被分立企业对分立出去的资产应按账面价值确认资产转让所得或损失

【答案】AC

【解析】企业重组一般性税务处理办法下，企业分立，当事各方的税务处理如下：

①被分立企业对分立出去的资产，应按公允价值而非账面价值确认资产转让所得或损失，故选项 D 不正确。②分立企业应按公允价值确认接受资产的计税基础，故选项 C 正确。③被分立企业继续存在时，其股东取得的对价，应视同被分立企业分配进行处理，而非应按清算所得进行处理，故选项 B 不正确。④被分立企业不再继续存在时，被分立企业及其股东都应按清算进行所得税处理。⑤企业分立相关企业的亏损不得相互结转弥补，故选项 A 正确。

（四）企业重组特殊性税务处理规定

1. 适用特殊性税务处理需要符合的条件：

（1）具有合理的商业目的，且不以减少、免除或者推迟缴纳税款为主要目的。

（2）被收购、合并或分立部分的资产或股权比例符合规定的比例（50%）。

（3）企业重组后的连续 12 个月内不改变重组资产原来的实质性经营活动。

（4）重组交易对价中涉及股权支付金额符合规定比例（85%）。

（5）企业重组中取得股权支付的原主要股东，在重组后连续 12 个月内，不得转让所取得的股权。

2. 企业重组符合规定条件的，交易各方对其交易中的股权部分和非股权部分的税务处理如下：

（1）股权支付部分，可以按规定进行特殊性税务处理

业务	情形	税务处理
债务重组	企业债务重组确认的应纳税所得额占该企业当年应纳税所得额 50% 以上	① 可以在 5 个纳税年度的期间内，均匀计入各年度的应纳税所得额。 ② 对债务清偿和股权投资两项业务暂不确认有关债务清偿所得或损失，股权投资的计税基础以原债权的计税基础确定。 ③ 企业的其他相关所得税事项保持不变
股权收购	收购企业购买的股权不低于被收购企业全部股权 50%，且收购企业在该股权收购发生时的股权支付金额不低于其交易支付总额的 85%	① 被收购企业的股东取得收购企业股权的计税基础，以被收购股权的原有计税基础确定。 ② 收购企业取得被收购企业股权的计税基础，以被收购股权的原有计税基础确定。 ③ 收购企业、被收购企业的原有各项资产和负债的计税基础和其他相关所得税事项保持不变
资产收购	受让企业收购的资产不低于转让企业全部资产的 50%，且受让企业在该资产收购发生时的股权支付金额不低于其交易支付总额的 85%	① 转让企业取得受让企业股权的计税基础，以被转让资产的原有计税基础确定。 ② 受让企业取得转让企业资产的计税基础，以被转让资产的原有计税基础确定。

（续表）

业务	情形	税务处理
企业合并	企业股东在该企业合并发生时取得的股权支付金额不低于其交易支付总额的85%，以及同一控制下且不需要支付对价的企业合并	① 合并企业接受被合并企业资产和负债的计税基础，以被合并企业的原有计税基础确定。 ② 被合并企业合并前的相关所得税事项由合并企业承继。 ③ 可由合并企业弥补的被合并企业亏损的限额＝被合并企业净资产公允价值×截至合并业务发生当年年末国家发行的最长期限的国债利率。 ④ 被合并企业股东取得合并企业股权的计税基础，以其原持有的被合并企业股权的计税基础确定
企业分立	被分立企业所有股东按原持股比例取得分立企业的股权，分立企业和被分立企业均不改变原来的实质经营，且被分立企业股东在该企业分立发生时取得的股权支付金额不低于其原交易支付总额的85%	① 分立企业接受被分立企业资产和负债的计税基础，以被分立企业的原有计税基础确定 ② 被分立企业已分立出去资产相应的所得税事项由分立企业承继 ③ 被分立企业未超过法定弥补期限的亏损额可按分立资产占全部资产的比例进行分配，由分立企业继续弥补 ④ 被分立企业的股东取得分立企业的股权（以下简称"新股"），如需部分或全部放弃原持有的被分立企业的股权（以下简称"旧股"），新股的计税基础应以放弃旧股的计税基础确定。如不需放弃旧股，则其取得新股的计税基础可从以下两种方法中选择确定：直接将新股的计税基数确定为零；或者以被分立企业分立出去的净资产占被分立企业全部净资产的比例先调减原持有的旧股的计税基础，再将调减的计税基础平均分配到新股上

（2）**非股权支付**部分的税务处理

重组交易各方按上述规定对交易中**股权支付暂不确认资产的转让所得或损失的**，其非股权支付仍应在交易当期确认**相应的资产转让所得或损失**，并调整相应资产的计税基础。

非股权支付对应的资产转让所得或损失＝（被转让资产的公允价值-被转让资产的计税基础）×（非股权支付金额÷被转让资产的公允价值）

十一、企业所得税征收管理★

（一）纳税地点

表5-33　　　　　　　　　　　　　　企业所得税纳税地点

企业类型		纳税地点
居民企业	登记注册地在境内的	登记注册地
	登记注册地在境外的	实际管理机构所在地
	在中国境内设立不具有法人资格的营业机构	汇总计算并缴纳企业所得税
非居民企业	境内设立机构、场所，且取得的境内外所得与机构、场所有实际联系的所得	机构、场所所在地

（续表）

企业类型	纳税地点
在境内未设立机构、场所的，或者虽设立机构、场所但取得的所得与其所设机构、场所没有实际联系的所得	扣缴义务人所在地
在中国境内设立两个或者两个以上机构场所的	选择由其主要机构、场所汇总缴纳企业所得税

（二）纳税期限

企业所得税按年计征，分月或者分季预缴，年终汇算清缴，多退少补，具体规定见表5-34。

表5-34 企业所得税纳税期限

内容	具体规定
纳税年限	自公历1月1日起至12月31日止为1个纳税年度
	企业在一个纳税年度的中间开业，或者终止经营活动，使该纳税年度的实际经营期不足12个月的，应当以其实际经营期为1个纳税年度
	企业清算时，应将整个清算期作为1个独立的纳税年度计算清算所得
汇算清缴期限	自年度终了之日起5个月内，向税务机关报送年度企业所得税纳税申报表，并汇算清缴，结清应缴应退税款
	在年度中间终止经营活动的，应当自实际经营终止之日起60日内，向税务机关办理当期企业所得税汇算清缴

【例5-57·单选题·2021】根据企业所得税法律制度的规定，企业在年度中间终止经营活动的，应当自实际经营终止之日起（ ）内向税务机关办理当期企业所得税汇算清缴。

A.180日　　　　　B.90日　　　　　C.360日　　　　　D.60日

【答案】D

【解析】企业在年度中间终止经营活动的，应当自实际经营终止之日起60日内，向税务机关办理当期企业所得税汇算清缴。

【例5-58·单选题·2018】根据企业所得税法律制度的规定，企业应当自纳税年度终了之日起一定期限内，向税务机关报送年度企业所得税申报表，并汇算清缴、结清应缴应退税款。该期限为（ ）。

A.3个月　　　　　B.5个月　　　　　C.6个月　　　　　D.4个月

【答案】B

【解析】根据企业所得税法律制度的规定，企业应当自纳税年度终了之日起5个月内，向税务机关报送年度企业所得税申报表，并汇算清缴、结清应缴应退税款。

（三）纳税申报

（1）按月或按季预缴的，应当自月份或者季度终了之日起15日内，向税务机关报送预缴企业所得税纳税申报表，预缴税款。

（2）企业应当在办理注销登记前，就其清算所得向税务机关申报并依法缴纳企业所得税。

（3）企业分月或者分季预缴企业所得税时，应当按照月度或者季度的实际利润额预缴；按照月度或者季度的实际利润额预缴有困难的，可以按照上一纳税年度应纳税所得额的月度或者季度平均额预缴，或者按照税务机关认可的其他方法预缴。预缴方法一经确定，该纳税年度内不得随意变更。

（4）企业在纳税年度内无论盈利或者亏损，都应当依照规定期限，向税务机关报送预缴。

（5）企业所得税以人民币计算。所得以人民币以外的货币计算的，应当折合成人民币计算并缴纳税款。

企业所得以人民币以外的货币计算的，预缴企业所得税时，应当按照月度或者季度最后1日的人民币汇率中间价，折合成人民币计算应纳税所得额。

年度终了汇算清缴时，对已经按照月度或者季度预缴税款的，不再重新折合计算，只就该纳税年度内未缴纳企业所得税的部分，按照纳税年度最后1日的人民币汇率中间价，折合成人民币计算应纳税所得额。

【例5-59·单选题·2018】企业所得税按年计征，分月或者分季预缴，年终汇算清缴，多退少补。（　　）

【答案】√

第二节　个人所得税法律制度

一、个人所得税纳税人及其纳税义务

（一）个人所得税纳税人★★★

个人所得税的纳税义务人，包括中国公民、个体工商户、个人独资企业投资者和合伙企业个人合伙人等。

🎯 **敲黑板**

个人独资企业和合伙企业不缴纳企业所得税，只对投资者个人或个人合伙人取得的生产经营所得征收个人所得税。

个人所得税纳税人依据住所和居住时间，分为居民个人和非居民个人。具体见表5-35。

表5-35　　　　　　　　　　　　　　　　个人所得税纳税义务人

纳税义务人	判定标准	征税范围
居民个人	① 在中国境内有住所的个人； ② 在中国境内无住所，而一个纳税年度在中国境内居住累计满183天的个人	无限纳税义务 （境内＋境外所得）
非居民个人	① 在中国境内无住所且不居住的个人； ② 在中国境内无住所，而一个纳税年度在中国境内居住累计不满183天的个人	有限纳税义务 （境内所得）

名师说

居民个人和非居民个人的界定有两个标准：①住所地标准；②居住时间标准。两者符合其一即为我国个人所得税的居民纳税人，两者均不符合则为非居民纳税人。

（1）个人所得税纳税人包括自然人以及自然人性质的企业，所以中国公民、外籍人员、个人独资企业等都属于个人所得税的纳税义务人。

（2）住所标准：**习惯性居住地**。是指因户籍、家庭、经济利益关系，而在中国境内习惯性居住的地方。

【案例 5-1】某纳税人因学习、工作、探亲、旅游等原因，原来是在中国境外居住，但是在这些原因消除之后，如果必须回到中国境内居住的，则中国为该纳税人的习惯性居住地。尽管该纳税人在一个纳税年度内，甚至连续几个纳税年度都未在中国境内居住过一天，但他仍是中国的居民个人，应就其来自全球的应纳税所得向中国缴纳个人所得税。

（3）时间标准：**一个纳税年度**（公历 1 月 1 日～12 月 31 日）内在境内居住**累计**（注意：**不是连续**）**满 183 天**。也就是说境内无住所的纳税人在一个纳税年度内**无论出境多少次**，只要在我国境内累计住满 183 天，就可以判定为我国的居民个人。

【案例 5-2】在中国境内无住所的 Jenifer 2019 年 3 月 10 日入境，2019 年 12 月 21 日离境，Jenifer 2019 年一个纳税年度在中国境内居住累计满 183 天，因此其 2019 年为我国的居民个人。

（4）无住所个人一个纳税年度内在中国境内累计居住天数，按照个人在中国境内累计停留的天数计算。在中国境内停留的**当天满 24 小时的**，**计入**中国境内居住天数，在中国境内停留的**当天不足 24 小时**的，**不计入**中国境内居住天数。

【案例 5-3】赵先生为外籍个人，居住在香港，在深圳工作，每周一早上来深圳上班，周五晚上回香港。周六和周日在香港，周一和周五当天在深圳停留时间不足 24 小时，不计入境内居住天数，因此每周可计入境内居住天数仅为 3 天，全年累计不足 183 天，赵先生不构成居民纳税人。

【例 5-60·多选题·2021】根据个人所得税法律制度的规定，下列外籍人员中，属于 2019 年度居民个人的有（   ）。

A. 在中国境内无住所但 2019 年度在中国境内居住累计 180 天的乔治

B. 在中国境内无住所又不居住的佩奇

C. 在中国境内有住所的汤姆

D. 在中国境内无住所但 2019 年度在中国境内居住累计 270 天的杰瑞

【答案】CD

【解析】在中国境内"有住所"（选项 C）或者无住所而在一个纳税年度内在中国境内居住累计满"183 天"的个人（选项 D），为居民个人。

【例 5-61·单选题·2018】根据个人所得税法律制度的规定，下列各项中，不属于个人所得税纳税人的是（   ）。

A. 个人独资企业的投资者个人

B. 一人有限责任公司

C. 个体工商户

D. 合伙企业中的自然人合伙人

【答案】B

【解析】选项 B，一人有限责任公司属于法人企业，应缴纳企业所得税。

【例 5-62·判断题·2015】中国居民张某，在境外工作，只就来源于中国境外的所得征收个

人所得税。（　　）

【答案】×

【解析】张某为中国居民，即在中国境内有住所，可以判定其为居民个人，居民个人应就来源于境内、境外的全部所得缴纳个人所得税。

（二）个人所得税纳税人的纳税义务★

（1）居民个人从中国境内和境外取得的所得，依法缴纳个人所得税。

（2）非居民个人从中国境内取得的所得，依法缴纳个人所得税。

（3）无住所个人纳税义务的规定总结如下。

表 5-36　　　　　　　　　　　　　　　无住所个人所得税纳税义务

境内连续或累计居住时间	境内所得 （境内工作期间）		境外所得 （境外工作期间）	
	境内 支付	境外 支付	境内 支付	境外 支付
90 天以内	√	免税	×	×
超过 90 天但不满 183 天	√	√	×	×
满 183 天的年度连续不满 6 年	√	√	√	免税
满 183 天的年度连续满 6 年	√	√	√	√

注："√"表示征税，"×"表示不征税

（三）所得来源地的确定★★

1.下列所得，不论支付地点是否在中国境内，均为来源于中国境内的所得

（1）因任职、受雇、履约等而在中国境内提供劳务取得的所得；

（2）将财产出租给承租人在中国境内使用而取得的所得；

（3）许可各种特许权在中国境内使用而取得的所得；

（4）转让中国境内的不动产等财产或者在中国境内转让其他财产取得的所得；

（5）从中国境内企业、事业单位、其他组织以及居民个人取得的利息、股息、红利所得。

2.下列所得，为来源于中国境外的所得

（1）因任职、受雇、履约等在中国境外提供劳务取得的所得；

（2）中国境外企业以及其他组织支付且负担的稿酬所得；

（3）许可各种特许权在中国境外使用而取得的所得；

（4）在中国境外从事生产、经营活动而取得的与生产、经营活动相关的所得；

（5）从中国境外企业、其他组织以及非居民个人取得的利息、股息、红利所得；

（6）将财产出租给承租人在中国境外使用而取得的所得；

（7）转让中国境外的不动产、转让对中国境外企业以及其他组织投资形成的股票、股权以及其他权益性资产或者在中国境外转让其他财产取得的所得。但转让对中国境外企业以及其他组织投资形成的权益性资产，该权益性资产被转让前 3 年 (连续 36 个公历月份) 内的任一时间，被投资企业或其他组织的资产公允价值 50% 以上直接或间接来自位于中国境内的不动产的，取得的所得为来源于中国境内的所得；

（8）中国境外企业、其他组织以及非居民个人支付且负担的偶然所得；

（9）财政部、税务总局另有规定的，按照相关规定执行。

> **🎯 敲黑板**
>
> 　　因为个人所得税纳税义务人的征税范围不同，所以征税时要区分个人取得的所得是来源于境内的所得还是境外的所得。在判断所得来源地时，要看取得该所得的原因是发生在境内还是境外，不能单纯看所得的支付地点。

【例5-63·多选题·2020】根据个人所得税法律制度的规定，下列所得中，不论支付地点是否在中国境内，均为来源于中国境内的所得的有（　　）。

A. 将财产出租给承租人在中国境内使用而取得的所得

B. 许可各种特许权在中国境内使用而取得的所得

C. 转让中国境内的不动产取得的所得

D. 因任职在中国境内提供劳务取得的所得

【答案】ABCD

【解析】除国务院财政、税务主管部门另有规定外，下列所得，不论支付地点是否在中国境内，均为来源于中国境内的所得：①因任职、受雇、履约等在中国境内提供劳务取得的所得（选项D）；②将财产出租给承租人在中国境内使用而取得的所得（选项A）；③许可各种特许权在中国境内使用而取得的所得（选项B）；④转让中国境内的不动产等财产或者在中国境内转让其他财产取得的所得（选项C）；⑤从中国境内企业、事业单位、其他组织以及居民个人取得的利息、股息、红利所得。

二、个人所得税应税所得项目 ★★★

（一）工资、薪金所得

工资、薪金所得是指个人**因任职或受雇**而取得的工资、薪金、奖金、**年终加薪**、**劳动分红**、津贴、补贴以及与任职或受雇有关的其他所得。

下列项目不属于工资、薪金性质的补贴、津贴，不予征收个人所得税。

（1）独生子女补贴。

（2）执行公务员工资制度**未纳入基本工资总额**的补贴、津贴差额和家属成员的副食品补贴。

（3）托儿补助费。

（4）**差旅费津贴、误餐补助**。误餐补助是指个人因公在城区、郊区工作，不能在工作单位或返回就餐的，根据实际误餐顿数，按规定的标准领取的误餐费。单位以误餐补助名义发给职工的补助、津贴不包括在内。

（5）工资、薪金所得的其他规定：

① 个人取得公务交通、通讯补贴收入的征税规定。个人因公务用车和通讯制度改革而取得的公务用车、通讯补贴收入，**扣除**一定标准的公务费用后，按照"工资、薪金所得"项目计征个人所得税。

② 退休人员再任职取得收入的征税规定。退休人员再任职取得的收入，在减除按个人所得税法规定的费用扣除标准后，按**"工资、薪金所得"**应税项目缴纳个人所得税。

③ 离退休人员从原任职单位取得各类补贴、奖金、实物的征税规定。离退休人员除按规定领取离退休工资或养老金外，另从原任职单位取得的各类补贴、奖金、实物，**不属于免税的退休工资、离休工资、离休生活补助费**，应在减除费用扣除标准后，按**"工资、薪金所得"**应税项目缴纳个人所得税。

④ 基本养老保险费、基本医疗保险费、失业保险费、住房公积金的征税规定。

企事业单位和个人**超过规定的比例和标准缴付**的基本养老保险费、基本医疗保险费和失业保险费，应将超过部分并入个人当期的工资、薪金收入，计征个人所得税。

单位和个人分别在不超过职工本人上一年度月平均工资 12% 的幅度内，其实际缴存的住房公积金，允许在个人应纳税所得额中扣除。单位和职工个人缴存住房公积金的月平均工资不得超过职工工作地所在设区城市上一年度职工月平均工资的 3 倍，具体标准按照各地有关规定执行。单位和个人超过规定比例和标准缴付的住房公积金，应将**超过部分并入**个人当期的工资、薪金收入，计征个人所得税。

⑤ 企业为员工支付保险金的征税规定。对企业为员工支付各项免税之外的保险金，应在企业向保险公司缴付时并入员工当期的工资收入，按"工资、薪金所得"项目计征个人所得税，税款由企业负责代扣代缴。

⑥ 兼职律师从律师事务所取得工资、薪金性质所得的征税规定。

兼职律师从律师事务所取得工资、薪金性质的所得，律师事务所在代扣代缴其个人所得税时，**不再减除个人所得税法规定的费用扣除标准，以收入全额**（取得分成收入的为扣除办理案件支出费用后的余额）直接确定适用税率，计算扣缴个人所得税。

兼职律师应自行向主管税务机关申报两处或两处以上取得的工资、薪金所得，合并计算缴纳个人所得税。

兼职律师是指取得律师资格和律师执业证书，不脱离本职工作从事律师职业的人员。

⑦ 从职务科技成果转化收入中给予科技人员的现金奖励的征税规定。

依法批准设立的非营利性研究开发机构和高等学校根据《中华人民共和国促进科技成果转化法》规定，从职务科技成果转化收入中给予科技人员的现金奖励，可**减按 50% 计入科技人员当月"工资、薪金所得"**，依法缴纳个人所得税。

非营利性科研机构和高校包括国家设立的科研机构和高校、民办非营利性科研机构和高校。

（二）劳务报酬所得

（1）劳务报酬所得，指个人**独立从事各种非雇佣**的各种劳务所取得的所得，包括从事设计、装潢、安装、制图、化验、测试、医疗、法律、会计、咨询、讲学、翻译、审稿、书画、雕刻、影视、录音、录像、演出、表演、广告、展览、技术服务、介绍服务、经纪服务、代办服务以及其他劳务取得的所得。

（2）区分"工资、薪金所得"和"劳务报酬所得"，主要看是否存在雇佣与被雇佣的关系。"工资、薪金所得"是个人从事非独立劳动，从所在单位（雇主）领取的报酬，存在雇佣与被雇佣的关系，如老师从学校领取工资，属于"工资、薪金所得"；而"劳务报酬所得"则是指个人独立从事某种技艺、独立提供某种劳务而取得的报酬，一般不存在雇佣关系，如教师自行举办学习班、培训班等取得的收入，就属于"劳务报酬所得"或"经营所得"。

（3）个人兼职取得的收入，应按照"劳务报酬所得"项目缴纳个人所得税。

（4）律师以个人名义再聘请其他人员为其工作而支付的报酬，应由该律师按"劳务报酬所得"项目负责扣缴个人所得税。

（5）保险营销员、证券经纪人取得的佣金收入，应按照"劳务报酬所得"项目缴纳个人所得税。

（三）稿酬所得

（1）稿酬所得，是指个人因其作品以图书、报刊形式出版、发表取得的所得。作品包括文学作品、书画作品、摄影作品，以及其他作品。

（2）作者去世后，对取得其遗作稿酬的个人，按"稿酬所得"征收个税。

（四）特许权使用费所得

（1）特许权使用费所得，是指个人提供专利权、商标权、著作权、非专利技术以及其他特许权的使用权取得的所得。

（2）提供著作权的使用权取得的所得，属于"特许权使用费所得"，不包括稿酬所得。

（3）作者将自己的文字作品手稿原件或复印件公开拍卖取得的所得，按照"特许权使用费所得"项目计征个人所得税。

（4）个人取得专利赔偿所得，应按"特许权使用费所得"项目缴纳个人所得税。

（5）剧本作者从电影、电视剧的制作单位取得的剧本使用费，不再区分剧本的使用方是否为其任职单位，统一按"特许权使用费所得"项目计征个人所得税。

（五）经营所得

（1）个体工商户从事生产、经营活动取得的所得，个人独资企业投资人、合伙企业的个人合伙人来源于境内注册的个人独资企业、合伙企业生产、经营的所得。

（2）个人依法从事办学、医疗、咨询以及其他有偿服务活动取得的所得。

（3）个人对企事业单位承包经营、承租经营以及转包（包括全部转包或部分转包）、转租取得的所得。

（4）个人从事其他生产、经营活动取得的所得。

（5）出租车驾驶员个人所得征税问题如下：（看车权）

① 出租汽车经营单位对出租车驾驶员采取单车承包或承租方式运营，出租车驾驶员从事客货营运取得的收入，按"工资、薪金所得"项目征税。（车是单位的）

② 出租车属于个人所有，但挂靠出租汽车经营单位或企事业单位，驾驶员向挂靠单位缴纳管理费的，或出租汽车经营单位将出租车所有权转移给驾驶员的，从事客货营运取得的收入，比照"经营所得"项目征税。（车是个人的）

③ 从事个体出租车运营的出租车驾驶员取得的收入，按"经营所得"项目得税。（车是个人的）

（六）利息、股息、红利所得

（1）利息、股息、红利所得，是指个人拥有债权、股权而取得的利息、股息、红利所得。

（2）免税的利息：

① 国债和国家发行的金融债券利息免税；

② 储蓄存款利息所得暂免征收个人所得税。

（3）房屋买受人在未办理房屋产权证的情况下，按照与房地产公司约定条件（如对房屋的占有、使用、收益和处分权进行限制）在一定时期后无条件退房而取得的补偿款，应按照"利息、股息、红利所得"项目缴纳个人所得税，税款由支付补偿款的房地产公司代扣代缴。

（七）财产租赁所得

（1）财产租赁所得，是指个人**出租不动产、机器设备、车船以及其他财产**取得的所得。

（2）个人取得的房屋转租收入，属于"财产租赁所得"项目。

（3）房地产开发企业与商店购买者个人签订协议规定，房地产开发企业按优惠价格出售其开发的商店给购买者个人，但购买者个人在一定期限内必须将购买的商店无偿提供给房地产开发企业对外出租使用。对购买者个人少支出的购房价款，应视同个人财产租赁所得，按照"财产租赁所得"项目征收个人所得税。每次财产租赁所得的收入额，按照少支出的购房价款和协议规定的租赁月份数平均计算确定。

（八）财产转让所得

财产转让所得，是指个人转让**有价证券、股权、合伙企业中的财产份额、不动产、机器设备、车船以及其他财产**取得的所得。

（1）个人将投资于在中国境内成立的企业或组织（不包括个人独资企业和合伙企业）的股权或股份，转让给其他个人或法人的行为，按照"财产转让所得"项目，依法计算缴纳个人所得税。

（2）个人因各种原因终止投资、联营、经营合作等行为，从被投资企业或合作项目、被投资企业的其他投资者以及合作项目的经营合作人取得股权转让收入、违约金、补偿金、赔偿金及以其他名目收回的款项等，均属于个人所得税应税收入，应按照"财产转让所得"项目适用的规定计算缴纳个人所得税。

（3）个人以非货币性资产投资属于转让非货币性资产和投资同时发生，对个人转让的非货币性资产的所得按照"财产转让所得"项目，依法计算缴纳个人所得税。

（4）纳税人收回转让的股权征收个人所得税的方法：

① 股权转让合同履行完毕、股权已作变更登记，且所得已经实现的，转让人取得的股权转让收入应当依法缴纳个人所得税。转让行为结束后，当事人双方签订并执行解除原股权转让合同、退回股权的协议，是另一次股权转让行为，对前次转让行为征收的个人所得税款不予退回。

② 股权转让合同未履行完毕，因执行仲裁委员会作出解除股权转让合同及补充协议的裁决、停止执行原股权转让合同，并原价收回已转让股权的，纳税人不应缴纳个人所得税。

（5）对个人转让新三板挂牌公司**原始股**取得的所得，按照"财产转让所得"适用20%的比例税率征收个人所得税。原始股是指个人在新三板挂牌公司挂牌前取得的股票以及在该公司挂牌前和挂牌后由上述股票孳生的送、转股。

🎯 **敲黑板**

自2018年11月1日（含）起，对个人转让新三板挂牌公司**非原始股**取得的所得，暂免征收个人所得税。

（6）个人通过招标、竞拍或其他方式购置债权以后，通过相关司法或行政程序主张债权而取得的所得，按照"财产转让所得"项目缴纳个人所得税。

（7）个人通过收购网络玩家的虚拟货币加价后出售取得的收入，按照"财产转让所得"项目缴纳个人所得税。

（8）自 2010 年 1 月 1 日起，对个人转让限售股取得的所得，按照"财产转让所得"项目缴纳个人所得税。

敲黑板

对个人在上海证券交易所、深圳证券交易所转让从上市公司公开发行和转让市场取得的**上市公司股票**所得，**免征**个人所得税。

（9）关于企业改组改制过程中个人取得的量化资产征税问题。

① 对职工个人以股份形式取得的**仅作为分红依据，不拥有所有权的企业量化资产，不征收个人所得税**。

② 对职工个人以股份形式取得的**拥有所有权**的企业量化资产，**暂缓征收**个人所得税；待个人**将股份转让时**，就其转让收入额，减除个人取得该股份时实际支付的费用支出和合理转让费用后的余额，按**"财产转让所得"项目计征个人所得税**。

③ 对职工个人以股份形式取得的企业量化资产参与企业**分配而获得的股息、红利，应按"利息、股息、红利所得"**项目征收个人所得税。

（九）偶然所得

偶然所得，是指个人得奖、中奖、中彩以及其他偶然性质的所得。

（1）个人取得单张有奖发票奖金所得不超过 800 元（含 800 元）的，暂免征收。单张有奖发票奖金所得超过 800 元的，应全额按照"偶然所得"项目征收个人所得税。

（2）对个人购买福利彩票、体育彩票，一次中奖收入在 1 万元以下的（含 1 万元）暂免征收个人所得税，超过 1 万元的，应全额按照"偶然所得"项目征收个人所得税。

（3）个人为单位或他人提供担保获得收入，按照"偶然所得"项目计算缴税。

（4）房屋产权所有人将房屋产权无偿赠与他人的，受赠人因无偿受赠房屋取得的受赠收入，按照"偶然所得"项目计算缴税。

（5）企业促销展业赠送礼品个人所得税的规定。

自 2011 年 6 月 9 日起，企业和单位（包括企业、事业单位、社会团体、个人独资企业、合伙企业和个体工商户等，以下简称"企业"）在营销活动中以折扣折让、赠品、抽奖等方式，向个人赠送现金、消费券、物品、服务等（以下简称"礼品"）有关个人所得税的具体规定如下：

① 企业向个人赠送礼品，属于下列情形之一的，取得该项所得的个人应依法缴纳个人所得税，税款由赠送礼品的企业代扣代缴。以下项目均按**"偶然所得"**项目缴纳个人所得税：

a. 企业在业务宣传、广告等活动中，随机向本单位以外的个人赠送礼品（包括网络红包，下同），个人取得的礼品所得。

b. 企业在年会、座谈会、庆典以及其他活动中向本单位以外的个人赠送礼品，个人取得的礼品所得。

c. 企业对累积消费达到一定额度的顾客，给予额外抽奖机会，个人的获奖所得。

② 企业在销售商品（产品）和提供服务过程中向个人赠送礼品，属于下列情形之一的，**不征**

收个人所得税：

a. 企业通过价格折扣、折让方式向个人销售商品（产品）和提供服务。

b. 企业在向个人销售商品（产品）和提供服务的同时给予赠品，如通信企业对个人购买手机赠话费、入网费，或购话费赠手机等。

c. 企业对累积消费达到一定额度的个人按消费积分反馈礼品。

【例 5-64·单选题·2021】根据个人所得税法律制度的规定，下列各项中，应征收个人所得税的是（　　）。

A. 全年一次性奖金

B. 差旅费津贴

C. 托儿补助费

D. 独生子女补贴

【答案】A

【解析】下列项目不属于工资、薪金性质的补贴、津贴，不予征收个人所得税。这些项目包括：①独生子女补贴；②执行公务员工资制度未纳入基本工资总额的补贴、津贴差额和家属成员的副食补贴；③托儿补助费；④差旅费津贴、误餐补助。

【例 5-65·多选题·2021】根据个人所得税法律制度的规定，甲公司员工张某取得的下列收益中，应按"偶然所得"项目缴纳个人所得税的有（　　）。

A. 为孙某提供担保获得收入 3 000 元

B. 在丙公司业务宣传活动中取得随机赠送的耳机一副

C. 在乙商场累积消费达到规定额度获得额外抽奖机会抽中手机一部

D. 取得房屋转租收入 10 000 元

【答案】ABC

【解析】选项 D：应按"财产租赁所得"项目缴纳个人所得税。

【例 5-66·多选题·2021】根据个人所得税法律制度的规定，下列各项中，属于"劳务报酬所得"的有（　　）。

A. 教师出版专著取得的收入

B. 律师以个人名义应邀到某中学作法制讲座取得的报酬

C. 证券经纪人取得的佣金收入

D. 个体工商户从事经营活动取得的收入

【答案】BC

【解析】选项 A，属于稿酬所得；选项 BC，属于劳务报酬所得；选项 D，属于经营所得。

【例 5-67·单选题·2020】根据个人所得税法律制度的规定，下列各项中，属于稿酬所得的是（　　）。

A. 画家将书画作品以图书的形式出版取得的所得

B. 科研工作者取得的专利赔偿所得

C. 剧本作者从电视剧制作单位取得的剧本使用费

D. 作者将自己的文字作品手稿原件拍卖取得的所得

【答案】A

【解析】选项 BCD 属于特许权使用费所得。

【例 5-68·多选题·2020】根据个人所得税法律制度的规定，下列各项中，应按照"财产转让所得"项目计缴个人所得税的有（　　）。

A.个人通过网络收购玩家的虚拟货币，加价后向他人出售取得的所得

B.个人转让新三板挂牌公司原始股取得的所得

C.个人通过竞拍购置债权后，通过司法程序主张债权而取得的所得

D.个人取得专利赔偿所得

【答案】ABC

【解析】选项D，个人取得专利赔偿所得，应按"特许权使用费所得"项目征收个人所得税。

【例5-69·判断题·2022】出租汽车经营单位对出租驾驶员采取单车承包经营或承租方式运营，出租车驾驶员从事客运取得的收入，适用的个人所得税应纳税所得项目为"经营所得"。（　　）

【答案】×

【解析】出租汽车经营单位对出租车驾驶员采取单车承包或承租方式运营，出租车驾驶员从事客货营运取得的收入，按"工资、薪金所得"项目征税。

【例5-70·单选题·2022】甲公司出资购买房屋，将所有权登记在股东李某名下。关于上述业务个人所得税税务处理的下列表述中，正确的是（　　）。

A.李某不需要缴纳个人所得税

B.李某应按照"综合所得"项目缴纳个人所得税

C.李某应按照"利息、股息、红利所得"项目缴纳个人所得税

D.李某应按照"经营所得"项目缴纳个人所得税

【答案】C

【解析】企业（个人独资企业、合伙企业除外）出资购买房屋及其他财产，将所有权登记为投资者个人、投资者家庭成员或企业其他人员的，应按"利息、股息、红利所得"项目缴纳个人所得税。

【例5-71·判断题·2017】作者去世后其财产继承人的遗作稿酬免征个人所得税。（　　）

【答案】×

【解析】作者去世后，对取得其遗作稿酬的个人，按"稿酬所得"项目征收个税。

居民个人取得前文所述第（一）至（四）项所得，为综合所得，应按照纳税年度合并计算个人所得税；非居民个人取得前文所述第（一）至（四）项所得，按月或按次分项计算个人所得税。纳税人取得前文所述第（五）至（九）项所得，依照法律规定分别计算个人所得税。具体见表5-37。

表5-37 个人所得税的征税方法

税目	非居民个人	居民个人	
工资、薪金所得	按月计算	按纳税年度合并计算	按月或按次预扣预缴
劳务报酬所得	按次计算		
稿酬所得			
特许权使用费所得			
经营所得	按年计算		

（续表）

税目	非居民个人	居民个人
利息、股息、红利所得		
财产租赁所得	按次计算	
财产转让所得		
偶然所得		

【例 5-72·单选题·2018】个人取得的下列所得中，适用按年征收个人所得税的是（　　）。

A. 经营家庭旅馆取得的所得　　　　　　B. 将房产以年租的方式取得的租金所得

C. 转让房产取得的所得　　　　　　　　D. 转让持有期满一年的股票取得的所得

【答案】A

【解析】选项 A，经营所得按年计征。选项 BCD，财产租赁、转让所得按次计征。

三、个人所得税税率

个人所得税依照所得项目的不同，适用两种类别的税率，一种是超额累进税率（包括七级超额累进税率和五级超额累进税率），一种是比例税率（20%）。

（一）综合所得★

居民个人每一纳税年度内取得综合所得包括：工资、薪金所得；劳务报酬所得；稿酬所得；特许权使用费所得。综合所得适用 3% ~ 45% 的超额累进税率（七级超额累进税率）。具体税率见表 5-38。

表 5-38　　　　　　　　　　　　　个人所得税税率表（综合所得适用）

级数	全年应纳税所得额	税率（%）	速算扣除数
1	不超过 36 000 元的	3	0
2	超过 36 000 元至 144 000 元的部分	10	2 520
3	超过 144 000 元至 300 000 元的部分	20	16 920
4	超过 300 000 元至 420 000 元的部分	25	31 920
5	超过 420 000 元至 660 000 元的部分	30	52 920
6	超过 660 000 元至 960 000 元的部分	35	85 920
7	超过 960 000 元的部分	45	181 920

注：①表中所称全年应纳税所得额，是指依照税法规定，居民个人取得综合所得以每一纳税年度收入额减除费用 6 万元以及专项扣除、专项附加扣除和依法确定的其他扣除后的余额。②非居民个人取得工资、薪金所得，劳务报酬所得，稿酬所得和特许权使用费所得，依照本表按月换算后计算应纳税额。

（二）经营所得★

经营所得适用 5% ~ 35% 的超额累进税率（五级超额累进税率）。具体税率见表 5-39。

表 5-39 个人所得税税率表（经营所得适用）

级数	全年应纳税所得额	税率（%）	速算扣除数
1	不超过 30 000 元的	5	0
2	超过 30 000 元至 90 000 元的部分	10	1 500
3	超过 90 000 元至 300 000 元的部分	20	10 500
4	超过 300 000 元至 500 000 元的部分	30	40 500
5	超过 500 000 元的部分	35	65 500

注：本表所称全年应纳税所得额，是指以每一纳税年度的收入总额减除成本、费用以及损失后的余额。

（三）其他所得适用税率 ★ ★ ★

（1）利息、股息、红利所得，财产租赁所得，财产转让所得和偶然所得，适用 20% 比例税率。

（2）自 2001 年 1 月 1 日起，对个人出租住房取得的所得，暂减按 10% 的税率征收个人所得税。

四、个人所得税应纳税所得额的确定 ★

个人所得税的计税依据，是纳税人取得的应纳税所得额。应纳税所得额为个人取得的各项收入减去税法规定的费用扣除金额和减免税收入后的余额。由于个人所得时的应税项目不同，扣除费用标准也各不相同，需要按不同应税项目分项计算。

（一）个人所得的形式

个人所得的形式，包括现金、实物、有价证券和其他形式的经济利益。

（1）所得为实物的，应按取得的凭证上注明的价格计算应纳税所得额，无凭证或凭证注明的价格明显偏低的，参照市场价格核定应纳税所得额；

（2）所得为有价证券的，根据票面价格和市场价格核定应纳税所得额；

（3）所得为其他形式的经济利益的，参照市场价格核定应纳税所得额。

（二）每次收入的确定

（1）财产租赁所得，以一个月内取得的收入为一次；

（2）利息、股息、红利所得，以支付利息、股息、红利时取得的收入为一次；

（3）偶然所得，以每次取得该项收入为一次；

（4）非居民个人取得的劳务报酬所得、稿酬所得、特许权使用费所得，属于一次性收入的，以取得该项收入为一次；属于同一项连续性收入的，以一个月内取得的收入为一次。

【例 5-73·单选题·2021】根据个人所得税法律制度的规定，下列关于确定"每次收入"的表述中，不正确的是（ ）。

A. 财产租赁所得，以一年内取得的收入为一次

B. 偶然所得，以每次取得该项收入为一次

C. 利息所得，以支付利息时取得的收入为一次

D. 非居民个人取得的稿酬所得，属于同一项目连续性收入的，以一个月内取得的收入为一次

【答案】A

【解析】财产租赁所得，以一个月内取得的收入为一次。

五、个人所得税应纳税额的计算

（一）居民个人综合所得应纳税额的计算★★★

1. 居民个人的综合所得应纳税额的计算（年度汇算清缴时）

应纳税额 = 应纳税所得额 × 适用税率 - 速算扣除数

= （每一纳税年度的收入额 - 费用6万元 - 专项扣除 - 专项附加扣除 - 依法确定的其他扣除）× 适用税率 - 速算扣除数

（1）居民个人取得综合所得年终汇算清缴应纳税额计算的具体规定。

表5-40　　　　　　　　居民个人取得综合所得年终汇算清缴应纳税额计算的具体规定

计算项目		具体规定
每一纳税年度的收入额	工资、薪金所得	所得全额100%计入年收入总额
	劳务报酬所得	实际取得的收入 × （1-20%）
	特许权使用费所得	
	稿酬所得	实际取得的收入 × （1-20%）× 70%
基本费用扣除		5 000元/月，即6万元/年
专项扣除		居民个人缴纳的"三险一金"，即基本养老保险、基本医疗保险、失业保险等社会保险和住房公积金
专项附加扣除		包括子女教育、继续教育、大病医疗、住房贷款利息或住房租金、赡养老人、3岁以下婴幼儿照护等七项支出
依法确定的其他扣除		包括个人缴付符合国家规定的企业年金、职业年金，个人购买符合国家规定的商业健康保险、税收递延型商业养老保险的支出，以及国务院规定可以扣除的其他项目

注：针对专项扣除、专项附加扣除和其他扣除，均以居民个人一个纳税年度的应纳税所得额为限额；一个纳税年度扣除不完的，不结转以后年度扣除。

【例5-74·单选题·2019】根据个人所得税法律制度的规定，在中国境内有住所的居民取得的下列所得中，属于综合所得的是（　　）。

A. 经营所得　　　　　　　　　　　　B. 劳务报酬

C. 利息、股息、红利所得　　　　　　D. 财产租赁所得

【答案】B

【解析】居民个人的综合所得，包括工资、薪金所得，劳务报酬所得，稿酬所得和特许权使用费所得。

（2）专项附加扣除的具体规定。

表 5-41　　　　　　　　　　　　　　　　专项附加扣除的具体规定

专项附加扣除	扣除标准	具体规定
子女教育	每个子女1 000 元 / 月定额扣除	① 纳税人的子女接受全日制学历教育的相关支出、年满 3 岁至小学入学前处于学前教育阶段的子女，按照每个子女每月 1 000 元的标准定额扣除。 ② 子女，是指婚生子女、非婚生子女、继子女、养子女。父母之外的其他人担任未成年人的监护人的，比照本规定执行。 ③ 学历教育包括义务教育（小学、初中教育）、高中阶段教育（普通高中、中等职业、技工教育）、高等教育（大学专科、大学本科、硕士研究生、博士研究生教育）。 ④ 父母可以选择由其中一方按扣除标准的 100% 扣除，也可以选择由双方分别按扣除标准的 50% 扣除，具体扣除方式在一个纳税年度内不能变更。 ⑤ 纳税人子女在中国境外接受教育的，纳税人应当留存境外学校录取通知书、留学签证等相关教育的证明资料备查
3 岁以下婴幼儿照护	每个子女1 000 元 / 月定额扣除	① 婴幼儿子女 ≤ 3 岁。 ② 父母可以选择由其中一方按扣除标准的 100% 扣除，也可以选择由双方分别按扣除标准的 50% 扣除，具体扣除方式在一个纳税年度内不能变更。
继续教育	学历继续教育	① 纳税人在中国境内接受学历（学位）继续教育的支出，在学历（学位）教育期间按照每月 400 元定额扣除。 ② 同一学历（学位）继续教育的扣除期限不能超过 48 个月。 ③ 个人接受本科及以下学历（学位）继续教育，符合规定扣除条件的，可以选择由其父母扣除，也可以选择由本人扣除
	职业资格继续教育	① 纳税人接受技能人员职业资格继续教育、专业技术人员职业资格继续教育的支出，在取得相关证书的当年，按 3 600 元定额扣除。 ② 纳税人接受技能人员职业资格继续教育、专业技术人员职业资格继续教育的，应当留存相关证书等资料备查 🎯 敲黑板　学历继续教育：400 元 / 月，同一学历 4 年；职业继续教育：取证当年 3 600 元。
大病医疗	80 000 元 / 年限额内据实扣除	① 一个纳税年度内，纳税人发生的与基本医保相关的医药费用支出，扣除医保报销后个人负担（指医保目录范围内的自付部分）累计超过 15 000 元的部分，由纳税人在办理年度汇算清缴时，在 80 000 元限额内据实扣除。 ② 纳税人发生的医药费用支出可以选择由本人或者其配偶扣除；未成年子女发生的医药费用支出可以选择由其父母一方扣除。 ③ 纳税人及其配偶、未成年子女发生的医药费用支出，应按前述规定分别计算扣除额。 ④ 纳税人应当留存医药服务收费及医保报销相关票据原件（或者复印件）等资料备查。医疗保障部门应当向患者提供在医疗保障信息系统记录的本人年度医药费用信息查询服务

（续表）

专项附加扣除	扣除标准		具体规定
住房贷款利息	1 000元／月定额扣除		① 纳税人本人或者配偶单独或者共同使用商业银行或者住房公积金个人住房贷款为本人或者其配偶购买中国境内住房，发生的首套住房贷款利息支出（指购买住房时享受首套贷款利率的住房），在实际发生贷款利息的年度，按照每月1 000元的标准定额扣除，扣除期限最长不超过240个月（20年）。 ② 纳税人只能享受一次首套住房贷款的利息扣除； ③ 经夫妻双方约定，可以选择由其中一方扣除，具体扣除方式在一个纳税年度内不能变更； ④ 夫妻双方婚前分别购买住房发生的首套住房贷款，其贷款利息支出，婚后可以选择其中一套购买的住房，由购买方按扣除标准的100%扣除，也可以由夫妻双方对各自购买的住房分别按扣除标准的50%扣除，具体扣除方式在一个纳税年度内不能变更。 ⑤ 纳税人应当留存住房贷款合同、贷款还款支出凭证备查
住房租金	位于直辖市、省会城市、计划单列市等	1 500元／月（18 000元／年）	① 是指纳税人本人及配偶在纳税人的主要工作城市没有住房，而在主要工作城市租赁住房发生的租金支出；纳税人的配偶在纳税人的主要工作城市有自有住房的，视同纳税人在主要工作城市有自有住房。 ② 夫妻双方主要工作城市相同的，只能由一方扣除。 ③ 住房租金支出由签订租赁住房合同的承租人扣除。 ④ 纳税人及其配偶不得同时分别享受住房贷款利息和住房租金专项附加扣除。 ⑤ 纳税人应当留存住房租赁合同、协议等有关资料备查
	其他城市 — 市辖区户籍人口＞100万	1 100元／月（13 200元／年）	
	其他城市 — 市辖区户籍人口≤100万	800元／月（9 600元／年）	
赡养老人	独生子女	2 000元／月（24 000元／年）	① 被赡养人，指年满60岁的父母，以及子女均已去世的年满60岁的祖父母、外祖父母。 ② 赡养2个及以上老人的，不按人数加倍扣除。 ③ 纳税人为非独生子女的，由其与兄弟姐妹分摊2 000元／月的扣除额度，但每人分摊的额度最高不得超过1 000元／月（12 000元／年）。 ④ 分摊方式包括：平均分摊、被赡养人指定分摊、赡养人约定分摊，具体分摊方式在一个纳税年度内不得变更；采取指定分摊或约定分摊方式的，应签订书面分摊协议；指定分摊优于约定分摊。具体分摊方式和额度在一个纳税年度内不能变更。
	非独生子女	兄弟姐妹分摊上述扣除额度	

【例5-75·多选题·2021】根据个人所得税法律制度的规定，下列各项中，属于专项附加扣除的有（ ）。

A.购车贷款利息　　B.上下班交通费　　C.大病医疗支出　　D.子女教育支出

【答案】CD

【解析】专项附加扣除包括3岁以下婴幼儿照护、子女教育、继续教育、大病医疗、住房贷款利息或者住房租金、赡养老人等支出。

【例5-76·多选题·2019】根据个人所得税法律制度的规定，下列各项中，属于专项扣除项目的有（　　）。

A. 基本医疗保险　　　　　　　　　　B. 基本养老保险

C. 住房公积金　　　　　　　　　　　D. 首套住房贷款利息支出

【答案】ABC

【解析】首套住房贷款利息支出属于专项附加扣除项目。

【例5-77·判断题·2022】儿子在国外读高中，父母能够扣除"子女教育"专项附加扣除。（　　）

【答案】√

【解析】纳税人子女在中国境外接受教育的，可扣除"子女教育"专项附加扣除。纳税人应当留存境外学校录取通知书、留学签证等相关教育的证明资料备查。

（3）商业健康保险的征税规定。

对个人购买符合规定的商业健康保险产品的支出，允许在当年（月）计算应纳税所得额时予以税前扣除，**扣除限额为2 400元/年（200元/月）**。单位统一为员工购买符合规定的商业健康保险产品的支出，应分别计入员工个人工资、薪金，视同个人购买，按上述限额予以扣除。

适用商业健康保险税收优惠政策的纳税人，是指取得工资薪金所得、连续性劳务报酬所得的人，以及取得个体工商户生产经营所得、对企事业单位的承包承租经营所得的个体工商户业主、个人独资企业投资者、合伙企业合伙人和承包承租经营者。

【例5-78·单选题·2019】根据个人所得税法律制度的规定，个人购买符合规定的商业健康保险产品的支出，允许在当年计算工资、薪金所得应纳税所得额时在一定限额内予以税前扣除，该限额为（　　）元/年。

A. 3 600　　　　　B. 2 400　　　　　C. 3 200　　　　　D. 2 800

【答案】B

【解析】自2017年7月1日起，对个人购买符合规定的商业健康保险产品的支出，允许在当年（月）计算应纳税所得额时予以税前扣除，扣除限额为2 400元/年（200元/月）。

【例5-79·单选题】中国公民赵某受聘于甲公司，2021年全年总计取得工资收入150 000元，专项扣除22 000元。赵某夫妇有个在上小学的孩子，子女教育专项扣除由赵某夫妇分别按扣除标准的50%扣除；赵某父母均年满60周岁（赵某为独生子女）。假设无其他扣除项目，已知：综合所得，每一纳税年度减除费用60 000元；子女教育专项附加扣除，按照每个子女每年12 000元的标准定额扣除；赡养老人，按照每年24 000元的扣除标准扣除。计算赵某2021年综合所得应纳个人所得税税额的下列算式中，正确的是（　　）

A. （150 000-60 000-22 000-12 000-24 000）×3%＝960（元）

B. （150 000-60 000-22 000-24 000-24 000）×3%＝600（元）

C. （150 000-60 000-22 000-12 000×50%-24 000）×3%＝1 140（元）

D. （150 000-60 000-22 000-12 000×50%-24 000×50%）×3%＝1 500（元）

【答案】C

【解析】应纳税额＝（每一纳税年度的收入额-费用扣除60 000元-专项扣除-专项附加扣除-依法确定的其他扣除）×适用税率-速算扣除数；工资、薪金所得全额计入收入总额，无其他综合所得；减除费用 60 000 元，专项扣除 22 000 元，专项附加扣除 = 12 000×50% + 24 000 = 30 000（元）；应纳税所得额 = 150 000 − 60 000 − 22 000 − 12 000×50%−24 000 = 38 000（元），查找税率表，适用税率3%，速算扣除数0；应纳税额 = 38 000 ×3% = 1 140（元）。

【例 5-80·单选题·2022】中国居民谢某 2021 年从任职单位甲公司取得工资 126 800 元，取得劳务报酬 6 000 元，全年缴纳社会保险费、住房公积金合计 24 192 元，已知综合所得减除费用为每年 60 000 元，下列计算谢某 2021 年度个人所得税应纳税额的算式中，正确的是（　　）。

A.（126 800 + 6 000×20% − 60 000 − 24 192）×10% − 2 520
B.［126 800 + 6 000×（1 − 20%）− 60 000 − 24 192］×10% − 2 520
C.［（126 800 + 6 000）×（1 − 20%）− 60 000 − 24 192］×10% − 2 520
D.（126 800 + 6 000 − 60 000 − 24 192）×10%

【答案】B

【解析】综合所得应纳税额 =（每一纳税年度的收入额 − 费用 6 万元 − 专项扣除 − 专项附加扣除 − 依法确定的其他扣除）× 适用税率 − 速算扣除数；工资、薪金所得全额计入收入总额；劳务报酬所得以收入减除 20% 的费用后的余额为收入额。因此，谢某 2021 年度个人所得税应纳税额 =［126 800+6 000×（1 − 20%）− 60 000 − 24 192］×10% − 2 520。

2. 居民个人工资、薪金所得的预扣预缴

扣缴义务人向居民个人支付工资、薪金所得时，需要按照"**累计预扣法**"计算预扣预缴税款，并按月办理全员全额扣缴申报。具体计算公式如下：

累计预扣预缴应纳税所得额 = 累计收入−累计免税收入−累计减除费用−累计专项扣除−累计专项附加扣除−累计依法确定的其他扣除

累计减除费用，按照"5 000 元 / 月 × 纳税人当年截至本月在本单位的任职受雇月份数"计算。上述公式中累计可扣除的专项附加扣除金额，为该员工在本单位截至当前月份符合政策条件的扣除金额。

自 2020 年 7 月 1 日起，对一个纳税年度内首次取得工资、薪金所得的居民个人，扣缴义务人在预扣预缴个人所得税时，可按照 5 000 元 / 月乘以纳税人当年截至本月月份数计算累计减除费用。首次取得工资、薪金所得的居民个人，是指自纳税年度首月起至新入职时，未取得工资、薪金所得或者未按照累计预扣法预扣预缴过连续性劳务报酬所得个人所得税的居民个人。

自 2021 年 1 月 1 日起，对同时符合下列第①～③项条件的居民纳税人，扣缴义务人在预扣预缴本年度工资、薪金所得个人所得税时，累计扣除费用自 1 月份起直接按照全年 6 万元计算扣除。即，在纳税人累计收入不超过 6 万元的月份，暂不预扣预缴个人所得税；在其累计收入超过 6 万元的当月及年内后续月份，再预扣预缴个人所得税。

①上一完整纳税年度内每月均在同一单位预扣预缴工资、薪金所得个人所得税；

②上一完整纳税年度内全年工资、薪金收入（包括全年一次性奖金等各类工资薪金所得，且不扣减任何费用及免税收入）不超过 6 万元；

③本纳税年度自 1 月起，仍在该单位任职受雇并取得工资、薪金所得。

本期应预扣预缴税额 =（累计预扣预缴应纳税所得额 × 预扣率−速算扣除数）−累计减免税额−累计已预扣预缴税额

计算本期应预扣预缴的税额，应按照"个人所得税预扣率表一"（见表 5-42）查找适用预扣率和速算扣除数。如果计算**本月应预扣预缴税额为负值时，暂不退税**。纳税年度终了后余额仍为负值时，由纳税人通过办理综合所得年度汇算清缴，税款多退少补。

表 5-42　　　　　　　　　　　　个人所得税预扣率表一（居民工人工资、薪金所得预扣预缴适用）

级数	累计预扣预缴应纳税所得额	预扣率（%）	速算扣除数
1	不超过 36 000 元的	3	0
2	超过 36 000 元至 144 000 元的部分	10	2 520
3	超过 144 000 元至 300 000 元的部分	20	16 920
4	超过 300 000 元至 420 000 元的部分	25	31 920
5	超过 420 000 元至 660 000 元的部分	30	52 920
6	超过 660 000 元至 960 000 元的部分	35	85 920
7	超过 960 000 元的部分	45	181 920

年度预扣预缴税额与年度应纳税额不一致的，由居民个人于次年 3 月 1 日至 6 月 30 日向主管税务机关办理综合所得年度汇算清缴，税款多退少补。

【案例 5-4】公司员工王某从 2021 年 1 月开始，每月从公司取得工资 10 000 元，每月支付"三险一金"1 500 元。此外，从年初开始，王某便开始享受子女教育专项附加扣除 1 000 元 / 月。假设没有减免收入及减免税额等情况。以前 3 个月为例，计算公司应为王某预扣预缴的税款。

【解析】累计预扣预缴应纳税所得额 = 累计收入-累计免税收入-累计减除费用-累计专项扣除-累计专项附加扣除-累计其他扣除，所以公司应为王某预扣预缴的税款为：

1 月份：（10 000 - 5 000 - 1 500 - 1 000）× 3% = 75（元）

2 月份：（10 000 × 2 - 5 000 × 2 - 1 500 × 2 - 1 000 × 2）× 3% - 75 = 75（元）

3 月份：（10 000 × 3 - 5 000 × 3 - 1 500 × 3 - 1 000 × 3）× 3% - 75 - 75 = 75（元）

【案例 5-5】公司员工王某 2021 年 3 月入职，每月从公司取得工资 30 000 元，每月支付"三险一金"4 500 元。此外，王某有两个年满三周岁的孩子，从入职开始便开始享受子女教育专项附加扣除。假设没有减免收入及减免税额等情况。以入职的前 3 个月为例，计算该公司应为王某预扣预缴的税款。

【解析】累计预扣预缴应纳税所得额 = 累计收入-累计免税收入-累计减除费用-累计专项扣除-累计专项附加扣除-累计其他扣除，其中，累计减除费用和累计专项附加扣除均按纳税人在本单位的实际月份数进行计算。王某是 3 月份入职公司的，自然月 3 月是王某来该公司的第 1 个月，该公司应重新按第 1 个月累计计算应预扣预缴的税款。所以公司应为王某预扣预缴的税款为：

3 月份（王某来公司的第 1 个月）：（30 000 - 5 000 - 4 500 - 2 000）× 3% = 555（元）

4 月份（王某来公司的第 2 个月）：（30 000 × 2 - 5 000 × 2 - 4 500 × 2 - 2 000 × 2）× 10% - 2 520 - 555 = 625（元）

5 月份（王某来公司的第 3 个月）：（30 000 × 3 - 5 000 × 3 - 4 500 × 3 - 2 000 × 3）× 10% - 2 520 - 555 - 625 = 1 850（元）

【例 5-81·单选题·2022】中国居民徐某为家中独子，父亲 65 周岁，母亲 57 周岁。2021 年 1 月至 11 月累计取得工资 118 800 元，按照国家规定缴纳社会保险费、住房公积金累计 28 512 元。已知工资、薪金所得累计减除费用按照 5 000 元 / 月计算，赡养老人按照每月 2 000 元的标准定额扣除；累计预扣预缴应纳税所得额不超过 36 000 元的部分，预扣率为 3%；徐某 2021 年 1 月至 10 月工资已预扣预缴个人所得税 362.4 元。计算徐某 11 月工资应预扣预缴个人所得税税额的下列算式中,正确的是( )。

A.(118 800 − 5 000 × 11 − 28 512 − 2 000 × 11)× 3% − 362.4 = 36.24(元)

B.(118 800 − 5 000 × 11 − 28 512 − 2 000 × 11)× 3% = 398.64(元)

C.(118 800 − 5 000 × 11 − 28 512)× 3% = 1058.64(元)

D.(118 800 − 5 000 × 11 − 2 000 × 2 × 11)× 3% − 362.4 = 231.6(元)

【答案】A

【解析】累计预扣预缴应纳税所得额 = 累计收入 − 累计免税收入 − 累计减除费用 − 累计专项扣除 − 累计专项附加扣除 − 累计依法确定的其他扣除 = 118 800 − 5 000 × 11 − 28 512 − 2 000 × 11 = 13 288(元);本期应预扣预缴税额 =(累计预扣预缴应纳税所得额 × 预扣率 − 速算扣除数)− 累计减免税额 − 累计已预扣预缴税额 =(13 288 × 3% − 0)− 0 − 362.4 = 36.24(元)。

3. 居民个人劳务报酬所得、稿酬所得和特许权使用费所得预扣预缴

扣缴义务人向居民个人支付劳务报酬所得、稿酬所得、特许权使用费所得时,按以下方法按月或按次预扣预缴个人所得税。

(1)计算预扣预缴应纳税所得额。

表 5-43　　　　　　劳务报酬所得、稿酬所得、特许权使用费所得税款的预扣预缴计算方法

三项综合所得 (按月或按次预扣预缴)	预扣预缴应纳税所得额的计算	
	每次收入 ≤ 4 000 元	每次收入 > 4 000 元
劳务报酬所得	每次收入 − 800	每次收入 ×(1−20%)
特许权使用费所得		
稿酬所得	(每次收入 − 800)× 70%	每次收入 ×(1−20%)× 70%

(2)计算预扣预缴应纳税额。

劳务报酬所得应按照《个人所得税预扣率表二》(见表 5-44)查找适用预扣率,特许权使用费所得和稿酬所得均适用 20% 的预扣率。

表 5-44　　　　　　个人所得税预扣率表二(居民个人劳务报酬所得预扣预缴适用)

级数	预扣预缴应纳税所得额	预扣率(%)	速算扣除数
1	不超过 20 000 元的	20	0
2	超过 20 000 元至 50 000 元的部分	30	2 000
3	超过 50 000 元的部分	40	7 000

劳务报酬所得应预扣预缴税额 = 预扣预缴应纳税所得额 × 预扣率 − 速算扣除数

稿酬所得、特许权使用费所得应预扣预缴税额 = 预扣预缴应纳税所得额 × 20%

自 2020 年 7 月 1 日起,正在接受全日制学历教育的学生因实习取得劳务报酬所得的,扣缴义务人预扣预缴个人所得税时,可按照累计预扣法计算并预扣预缴税款。

居民个人工资、薪金所得,劳务报酬所得,稿酬所得,特许权使用费所得年度预扣预缴税额与年度应纳税额不一致的,由居民个人于次年 3 月 1 日至 6 月 30 日向主管税务机关办理综合所

得年度汇算清缴，税款多退少补。

【案例5-6】2021年3月，乙公司聘请赵某到单位进行技术指导，支付劳务报酬30 000元，请计算乙公司应预扣预缴的个人所得税？

【解析】预扣预缴应纳税所得额 = 30 000×（1−20%）= 24 000（元）

　　　　劳务报酬所得应预扣预缴税额 = 24 000×30%− 2 000 = 5 200（元）

【案例5-7】2021年4月赵某发表了一篇文章，取得稿酬1 000元，请计算出版社在支付稿酬时应预扣预缴的个人所得税？

【解析】预扣预缴应纳税所得额 =（1 000−800）×70% = 140（元）

　　　　稿酬所得应预扣预缴税额 = 140×20% = 28（元）

【案例5-8】2021年5月赵某获得特许权使用费所得5 000元，请计算支付方在支付特许权使用费时应预扣预缴的个人所得税？

【解析】预扣预缴应纳税所得额 = 5 000×（1−20%）= 4 000（元）

　　　　特许权使用费应预扣预缴税额 = 4 000×20% = 800（元）

【提示】赵某年度终了，2022年3月1日至2022年6月30日之间需要进行汇算清缴。

【例5-82·单选题·2021】2019年9月李某出版小说取得稿酬40 000元。为创作该小说，李某发生资料购买费等各种费用5 000元。已知稿酬所得个人所得税预扣率为20%；每次收入4 000元以上的，减除费用按20%计算，收入额减按70%计算。计算李某该笔稿酬所得应预扣预缴个人所得税税额的下列算式中，正确的是（　　）。

A. 40 000×（1−20%）×70%×20% = 4 480（元）

B. 40 000×（1−20%）×20% = 6 400（元）

C.（40 000−5 000）×（1−20%）×70%×20% = 3 920（元）

D.（40 000−5 000）×（1−20%）×20% = 5 600（元）

【答案】A

【解析】稿酬所得每次收入不超过4 000元的，减除费用按800元计算；每次收入4 000元以上的，减除费用按20%计算；不能减除其他费用，排除选项CD；稿酬所得收入额减按70%计算，排除选项B。因此，正确答案为A。

【例5-83·单选题·2021】2019年1月中国居民李某取得工资20 000元，李某当月专项扣除4 000元，专项附加扣除3 000元。已知工资、薪金所得累计预扣预缴应纳所得额不超过36 000元的部分，预扣率为3%，预扣预缴个人所得税减除费用为5 000元/月。计算李某当月工资应预扣预缴个人所得税税额的下列算式中，正确的是（　　）。

A.（20 000−5 000−4 000−3 000）×3% = 240（元）

B.（20 000−5 000−3 000）×3% = 360（元）

C.（20 000−4 000−3 000）×3% = 390（元）

D.（20 000−5 000−4 000）×3% = 330（元）

【答案】A

【解析】取得工资、薪金所得，累计预扣预缴应纳税所得额 = 累计收入−累计免税收入−累计减除费用−累计专项扣除−累计专项附加扣除−累计依法确定的其他扣除；选项CD未扣除减除费用5000元，排除CD；选项B未扣除专项扣除4 000元，排除B；因此，正确答案为A。

【例5-84·单选题·2021】2019年1月中国居民张某将一项专利的使用权提供给甲公司，取得收入50 000元，已知特许权使用费所得个人所得税预扣税率为20%；每次收入4 000元以上

（续表）

的，减除费用按 20% 计算，张某该笔所得应预扣预缴个人所得税税额为（ ）元。

A.12 500　　　　　　B.9 200　　　　　　C.7 360　　　　　　D.8 000

【答案】D

【解析】特许权使用费所得应预扣预缴税额 = 预扣预缴应纳税所得额 ×20% = 50 000×（1-20%）×20% = 8 000（元）。

【例 5-85·单选题·2022】中国居民张某 2021 年 8 月应邀为甲公司提供培训一次，取得报酬 32 000 元，张某自己负担交通费 300 元。已知劳务报酬所得每次收入 4 000 元以上的，减除费用按 20% 计算；累计预扣预缴应纳税所得额超过 20 000 元至 50 000 元的部分，预扣率为 30%，速算扣除数为 2 000。张某上述业务应预扣预缴个人所得税税额的下列式中，正确的是（ ）。

A.（32 000－300－800）×30%－2 000 = 7 270（元）

B.（32 000－300）×（1－20%）×30% = 7 608（元）

C.（32 000－300）×（1－20%）×30%－2 000 = 5 608（元）

D.32 000×（1－20%）×30%－2 000 = 5 680（元）

【答案】D

【解析】劳务报酬所得应预扣预缴税额 = 预扣预缴应纳税所得额 × 预扣率－速算扣除数。其中劳务报酬所得每次收入不超过 4 000 元的，减除费用按 800 元计算；每次收入 4 000 元以上的，减除费用按 20% 计算。则张某上述业务应预扣预缴个人所得税税额 = 32 000×（1－20%）×30%－2 000 = 5 680（元）。

【例 5-86·单选题】赵某是我国公民，任职于甲公司工作。2021 年取得工资收入 80 000 元，在某大学授课取得收入 40 000 元，出版著作一部，取得稿酬 60 000 元，转让商标使用权，取得特许权使用费收入 20 000 元。已知：赵某个人缴纳"三险一金"20 000 元，赡养老人支出等专项附加扣除为 24 000 元（赵某为独生子女），假设无其他扣除项目，赵某全年已预缴个人所得税 23 000 元，赵某 2021 年汇算清缴应补或应退个人所得税的下列计算列式中，正确的是（ ）。

A.［80 000＋40 000×（1－20%）+60 000×（1－20%）×70%+20 000×（1－20%）－60 000－20 000－24 000］×10%－2 520－23 000 = －19 760（元）

B.［80 000+40 000×（1－20%）+ 60 000×（1－20%）×70%+ 20 000×（1－20%）－60 000－20 000－24 000］×10%－2 520 = 3 240（元）

C.（80 000＋40 000＋60 000＋20 000－60 000－20 000－24 000）×10%－2 520 = 7 080（元）

D.（80 000＋40 000＋60 000＋20 000－60 000－20 000－24 000）×10%－2 520－23 000 = －15 920（元）

【答案】A

【解析】应纳税所得额 = 全年收入总额－基本费用扣除 60 000 元－专项扣除－专项附加扣除－依法确定的其他扣除 = 80 000＋40 000×（1－20%）+60 000×（1－20%）×70%+20 000×（1－20%）－60 000－20 000－24 000 = 57 600（元），查找税率表，适用税率 10%，速算扣除数 2 520；应纳税额 = 57 600×10%-2 520 = 3 420（元）；赵某 2021 年汇算清缴补缴个人所得税 = 3 420－23 000 = －19 760（元）。

（二）非居民个人的工资、薪金所得，劳务报酬所得，稿酬所得和特许权使用费所得扣缴个人所得税的计算★★

（1）非居民个人取得工资、薪金所得，劳务报酬所得，稿酬所得和特许权使用费所得，有扣缴义务人的，由扣缴义务人**按月或者按次**代扣代缴税款，不办理汇算清缴。

（2）应纳税额所得额的计算。

表 5-45　　　　非居民个人取得工资、薪金，劳务报酬，稿酬和特许权使用费所得应纳税所得额的计算

所得项目	应纳税所得额的计算
工资、薪金所得	应纳税所得额 = 每月收入额-5 000 元
劳务报酬所得	应纳税所得额 = 每次收入 ×（1-20%）
特许权使用费所得	
稿酬所得	应纳税所得额 = 每次收入 ×（1-20%）×70%

（3）适用税率。

表 5-46　　　　　　　　　　　个人所得税税率表三
（非居民个人工资、薪金所得，劳务报酬所得，稿酬所得，特许权使用费所得适用）

级数	应纳税所得额	税率（%）	速算扣除数
1	不超过 3 000 元的	3	0
2	超过 3 000 元至 12 000 元的部分	10	210
3	超过 12 000 元至 25 000 元的部分	20	1 410
4	超过 25 000 元至 35 000 元的部分	25	2 660
5	超过 35 000 元至 55 000 元的部分	30	4 410
6	超过 55 000 元至 80 000 元的部分	35	7 160
7	超过 80 000 元的部分	45	15 160

（4）非居民个人从中国境内两处以上取得工资、薪金所得的，应当在取得所得的次月 15 日内申报纳税。

【案例 5-9】假定在某外商投资企业中工作的美国专家（非居民个人），2019 年 2 月取得由该企业发放的含税工资收入 10 400 元人民币，此外还从别处取得劳务报酬收入 5 000 元人民币。计算当月该专家应缴纳的个人所得税。

【解析】非居民个人取得工资薪金所得按月征税，取得劳务报酬按次征税。适用非居民个人工资、薪金所得，劳务报酬所得，稿酬所得，特许权使用费所得税率表。

该非居民个人当月工资薪金应缴纳个人所得税 =（10 400-5 000）×10%-210 = 330（元）

该非居民个人取得劳务报酬应缴纳个人所得税 = 5 000×（1-20%）×10%-210 = 190（元）

则该居民个人当月一共缴纳个人所得税 = 330+190 = 520（元）

（三）经营所得应纳税额的计算★★

1.个体工商户应纳税额的计算

应纳税额 = 应纳税所得额 × 适用税率-速算扣除数

　　　　 =（全年收入总额-成本、费用、税金、损失、其他支出及允许弥补的以前年度亏损）× 适用税率-速算扣除数

（1）上述计算中，有关收入总额的确定，成本、费用、税金、损失、其他支出的扣除，以及

以前年度亏损的弥补方式，可以比照企业所得税的相关规定记忆。

（2）个体工商户生产经营活动中，应分别核算生产经营费用和个人、家庭费用。对于生产经营与个人、家庭生活混用难以分清的费用，其40%视为与生产经营有关费用，准予扣除。

（3）扣除项目及标准。

表 5-47　　　　　　　　　　　　　　个体工商户扣除项目及标准

扣除项目	具体规定
可以扣除的项目	有关工资、薪金的扣除规定： ① 个体工商户实际支付给从业人员的、合理的工资、薪金支出，准予据实扣除。 ② 个体工商户业主的工资、薪金支出，不得税前扣除。 ③ 取得经营所得的个人，没有综合所得的，计算其每一纳税年度的应纳税所得额时，应当减除费用6万元、专项扣除、专项附加扣除以及依法确定的其他扣除。专项附加扣除在办理汇算清缴时减除。 ④ 投资者兴办两个或两个以上企业的，其投资者个人费用扣除标准由投资者选择在其中一个企业的生产经营所得中扣除 有关保险费的扣除规定： ① 个体工商户按照国务院有关主管部门或者省级人民政府规定的范围和标准为其业主和从业人员缴纳的基本养老保险费、基本医疗保险费、失业保险费、工伤保险费和住房公积金，准予扣除。 ② 个体工商户为从业人员缴纳的补充养老保险费、补充医疗保险费，分别在不超过从业人员工资总额5%标准内的部分据实扣除。 ③ 个体工商户业主本人缴纳的补充养老保险费、补充医疗保险费，以当地（地级市）上年度社会平均工资的3倍为计算基数，分别在不超过该计算基数5%标准内的部分据实扣除。 ④ 除个体工商户依照国家有关规定为特殊工种从业人员支付的人身安全保险费和财政部、国家税务总局规定可以扣除的其他商业保险费外，个体工商户业主本人或者为从业人员支付的商业保险费，不得扣除。 ⑤ 个体工商户业主、个人独资投资者和合伙企业合伙人自行购买符合条件的商业健康保险产品的，在不超过2 400元/年的标准内据实扣除；1年内保费金额超过2 400元的部分，不得在个人所得税前扣除。 ⑥ 个体工商户参加财产保险，按照规定缴纳的保险费，准予扣除 个体工商户发生的合理的劳动保护支出，准予扣除 个体工商户在生产经营活动中发生的合理的不需要资本化的借款费用准予扣除 借款利息的扣除规定： ① 个体工商户在生产经营活动中向金融企业借款的利息支出可以据实扣除。 ② 向非金融企业和个人借款的利息支出，不超过按照金融企业同期同类贷款利率计算的数额的部分准予扣除 汇兑损失的扣除规定： 个体工商户在货币交易中，以及纳税年度终了时将人民币以外的货币性资产、负债按照期末即期人民币汇率中间价折算为人民币时产生的汇兑损失，除已经计入有关资产成本部分外，准予扣除 职工福利费、工会经费、职工教育经费的扣除规定： ① 个体工商户实际发生的职工福利费支出、向当地工会组织拨缴的工会经费、职工教育经费支出分别在工资薪金总额的14%、2%、2.5%的标准内据实扣除。

（续表）

扣除项目	具体规定
	② 职工教育经费的实际发生数额超出规定比例当期不能扣除的数额，准予在以后纳税年度结转扣除。 ③ 个体工商户业主本人向当地工会组织缴纳的工会经费、实际发生的职工福利费支出、职工教育经费支出，以当地（地级市）上年度社会平均工资的3倍为计算基数，在上述规定比例内据实扣除 业务招待费的扣除规定： ① 个体工商户发生的与生产经营活动有关的业务招待费按照实际发生额的60%扣除，但最高不得超过当年销售（营业）收入的5‰。 ② 业主自申请营业执照之日起至开始生产经营之日止所发生的业务招待费，按照实际发生额的60%计入个体工商户的开办费 广告费和业务宣传费的扣除规定： 个体工商户每一纳税年度发生的与其生产经营活动直接相关的广告费和业务宣传费不超过当年销售（营业）收入15%的部分，可以据实扣除；超过部分，准予在以后纳税年度结转扣除 按照规定缴纳的摊位费、行政性收费、协会会费等，按实际发生数额扣除 有关租赁费的扣除规定： 以融资租赁方式租入固定资产发生的租赁费支出，按照规定构成融资租入固定资产价值的部分应当提取折旧费用，分期扣除 公益性捐赠的扣除规定： 个体工商户通过公益性社会团体或者县级以上人民政府及其部门，用于《中华人民共和国公益事业捐赠法》规定的公益事业的捐赠，捐赠额不超过其应纳税所得额30%的部分可以据实扣除。财政部、国家税务总局规定可以全额在税前扣除的捐赠支出项目，按有关规定执行 研究开发费用的扣除规定： ① 个体工商户研究开发新产品、新技术、新工艺所发生的开发费用准予在当期直接扣除。 ② 个体工商户研究开发新产品、新技术、新工艺所发生的开发费用，以及研究开发新产品、新技术而购置单台价值在10万元以下的测试仪器和试验性装置的购置费准予直接扣除
不得扣除的项目	① 个体工商户业主的工资薪金支出； ② 个人所得税税款； ③ 税收滞纳金； ④ 罚金、罚款和被没收财物的损失； ⑤ 不符合扣除规定的捐赠支出，例如个体工商户直接对受益人的捐赠； ⑥ 赞助支出； ⑦ 用于个人和家庭的支出； ⑧ 与取得生产经营收入无关的其他支出； ⑨ 个体工商户代其从业人员或者他人负担的税款； ⑩ 单台价值在10万元以上（含10万元）的测试仪器和试验性装置，按固定资产管理，不得在当期直接扣除

自2021年1月1日至2022年12月31日，对个体工商户经营所得年应纳税所得额不超过100万元的部分，在现行优惠政策基础上，再减半征收个人所得税。个体工商户不区分征收方式，均可享受。个体工商户在预缴税款时即可享受，其年应纳税所得额暂按截至本期申报所属期末的情况进行判断，并在年度汇算清缴时按年计算、多退少补。若个体工商户从两处以上取得经营所得，需在办理年度汇总纳税申报时，合并个体工商户经营所得年应纳税所得额，重新计算减免税额，多退少补。

　　减免税额 =（个体工商户经营所得应纳税所得额不超过 100 万元部分的应纳税额–其他政策减免税额 × 个体工商户经营所得应纳税所得额不超过 100 万元部分 ÷ 经营所得应纳税所得额）×（1-50%）

　　【例 5-87·多选题·2021】根据个人所得税法律制度的规定，个体工商户的下列支出中，在计算经营所得应纳税所得额时准予扣除的有（　　）。

　　A. 按照规定缴纳的摊位费

　　B. 在生产经营活动中发生的向金融企业借款的利息支出

　　C. 代从业人员负担的税款

　　D. 个体工商户业主的工资

　　【答案】AB

　　【解析】选项 C，个体工商户代其从业人员或者他人负担的税款，不得税前扣除。选项 D，个体工商户业主的工资薪金支出不得税前扣除。

　　【例 5-88·单选题·2019】根据个人所得税法律制度的规定，个体工商户发生的下列支出中，在计算个人所得税应纳税所得额时不得扣除的是（　　）。

　　A. 非广告性的赞助支出

　　B. 合理的劳动保护支出

　　C. 实际支付给从业人员的合理的工资薪金支出

　　D. 按规定缴纳的财产保险费

　　【答案】A

　　【解析】根据规定，个体工商户发生的非广告性的赞助支出不得扣除。

　　【例 5-89·单选题·2017】个体工商户张某 2016 年度取得营业收入 200 万元，当年发生业务宣传费 25 万元，上年度结转未扣除的业务宣传费 15 万元。已知业务宣传费不得超过当年营业收入 15% 的部分，准予扣除，个体工商户张某在计算当年个人所得税应纳税所得额时，允许扣除的业务宣传费金额为（　　）万元。

　　A. 30　　　　　　　　　　　　　　B. 25

　　C. 40　　　　　　　　　　　　　　D. 15

　　【答案】A

　　【解析】个体工商户每一纳税年度发生的与其生产经营活动直接相关的广告费和业务宣传费不超过当年销售（营业）收入 15% 的部分，可以据实扣除；超过部分，准予在以后纳税年度结转扣除；200×15% = 30（万元）< 40 万元（25+15），按照限额扣除，即允许扣除的业务宣传费金额为 30 万元。

　　2. 查账征收的**个人独资企业和合伙企业**的扣除项目比照《个体工商户个人所得税计税办法》的规定确定

　　（1）个人独资企业的投资者以全部生产经营所得为应纳税所得额；合伙企业的合伙人按合伙企业的全部生产经营所得和合伙协议约定的分配比例确定应纳税所得额，合伙协议没有约定分配比例的，以全部生产经营所得和合伙人数量平均计算每个投资者的应纳税所得额。**生产经营所得，包括企业分配给投资者个人的所得和企业当年留存的所得（利润）。**

　　（2）投资者兴办**两个或两个以上企业**，并且企业性质全部是个人独资的，年度终了后汇算清缴时，应汇总其投资兴办的所有企业的经营所得作为应纳税所得额，以此确定适用税率，计算出全年经营所得的应纳税额，再根据每个企业的经营所得占所有企业经营所得的比例，分别计算出每个企业的应纳税额和应补缴税额。

（3）投资者兴办两个或两个以上企业的，其投资者个人费用扣除标准由投资者选择在其中一个企业的生产经营所得中扣除。

（4）自 2022 年 1 月 1 日起，持有股权、股票、合伙企业财产份额等权益性投资的个人独资企业、合伙企业，一律适用查账征收方式计征个人所得税。

（四）财产租赁所得应纳税额的计算 ★★

1. 应纳税所得额的计算

（1）每次（月）收入 ≤ 4 000 元：

应纳税所得额 = 每次（月）收入额-财产租赁过程中缴纳的税费-**由纳税人负担的租赁财产实际开支的修缮费用（800 元为限）**-800 元

（2）每次（月）收入 > 4 000 元：

应纳税所得额 = 每次（月）收入额-财产租赁过程中缴纳的税费-**由纳税人负担的租赁财产实际开支的修缮费用（800 元为限）** ×（1-20%）

> 🎓 **名师说**
>
> （1）判定是否达到 4 000 元的基数为"每次（月）收入额—财产租赁过程中缴纳的税费—修缮费"。
>
> （2）财产租赁过程中缴纳的税费包括出租房屋时缴纳的城市维护建设税、教育费附加以及房产税、印花税等相关税费。不包括本次出租缴纳的增值税；但个人转租房屋的，其向房屋出租方支付的租金及增值税额，在计算转租所得时予以扣除。
>
> （3）若房屋租赁期间发生"修缮费用"同样准予在税前扣除，但以"每月 800 元"为限，多出部分在"以后月份"扣除，扣完为止。

2. 税率

（1）一般情况下为 20%；

（2）个人出租住房取得的所得暂减按 10% 的税率征收个人所得税。

3. 应纳税额的计算

应纳税额 = 应纳税所得额 ×20%（或者 10%）

【例 5-90·判断题·2020】个人转租房屋的，其向房屋出租方支付的租金及增值税额，在计算个人所得税财产租赁所得时，准予扣除。（　）

【答案】√

【例 5-91·单选题·2019】张某出租住房取得租金收入 3 800 元，财产租赁缴纳税费 152 元，修缮费 600 元，已知个人出租住房暂减按 10% 征收个人所得税，收入不超过 4 000，减除 800 元费用，下列关于张某当月租金收入应缴纳个人所得税税额的计算中，正确的是（　）。

A.（3 800-800）×10% = 300（元）

B. 3 800×10% = 380（元）

C.（3 800-152-600-800）×10% = 224.8（元）

D.（3 800-152-600）×10% = 304.8（元）

【答案】C

【解析】个人出租住房，财产租赁所得，每次（月）收入不足 4 000 元的：应纳税额 =［每次（月）收入额−财产租赁过程中缴纳的税费−由纳税人负担的租赁财产实际开支的修缮费用（800 元为限）−800 元］× 10%。

【例 5−92·单选题·2022】2021 年 11 月赵某出租房屋、取得当月租金 20 000 元，房屋租赁过程中发生相关税费 400 元，当月支付水电费 100 元、房屋修缮费 1 000 元，已知个人出租住房所得暂减按 10% 的税率征收个人所得税，财产租赁所得，每次收入 4 000 元以上的，减除 20% 的费用，准予减除的修缮费用以 800 元为限。计算赵某 11 月应缴个人所得税，正确的是（　　）。

A.（20 000 −400 −1 000）×（1 −20%）× 10% = 1 488（元）

B.（20 000 −400 −100 −1 000）×（1 −20%）× 10% = 1 480（元）

C.（20 000 −400 −100 −800）×（1 −20%）× 10% = 1 496（元）

D.（20 000 −400 −800）×（1 −20%）× 10% = 1 504（元）

【答案】D

【解析】财产租赁所得每次（月）收入超过 4 000 元的，个人所得税应纳税额［每次（月）收入额−财产租赁过程中缴纳的税费−由纳税人负担的租赁财产实际开支的修缮费用（800 元为限）］×（1 −20%）× 20%（或 10%）=（20 000 −400 −800）×（1 −20%）× 10% = 1 504（元）。

（五）财产转让所得应纳税额的计算 ★ ★

1. 应纳税所得额的计算

应纳税所得额 = 收入总额−财产原值−合理费用

【提示 1】个人转让房屋的个人所得税应税收入**不含增值税**，其取得房屋时所支付价款中包含的增值税计入财产原值，计算转让所得时可扣除的税费不包括本次转让缴纳的增值税。

【提示 2】财产原值，按照下列方法计算：

① 有价证券，为买入价以及买入时按照规定交纳的有关费用；

② 建筑物，为建造费或者购进价格以及其他有关费用；

③ 土地使用权，为取得土地使用权所支付的金额、开发土地的费用以及其他有关费用；

④ 机器设备、车船，为购进价格、运输费、安装费以及其他有关费用。

⑤ 其他财产，参照上述规定的方法确定财产原值。

纳税人未提供完整、准确的财产原值凭证，**不能正确计算财产原值的，由主管税务机关核定其财产原值。**

【提示 3】合理税费，是指卖出财产时按照规定支付的有关税费。

（1）受赠人转让受赠房屋的。

应纳税所得额 = 转让受赠房屋的收入−**原捐赠人取得该房屋的实际购置成本**−赠与和转让过程中受赠人支付的相关税费

（2）个人转让限售股，以每次限售股转让收入，减除股票原值和合理税费后的余额，为应纳税所得额。即：应纳税所得额 = 限售股转让收入−（限售股原值 + 合理税费）

限售股转让收入，是指转让限售股股票实际取得的收入。限售股原值，是指限售股买入时的买入价及按照规定缴纳的有关费用。合理税费，是指转让限售股过程中发生的印花税、佣金、过户费等与交易相关的税费。

2. 税率：20%

3. 应纳税额 = 应纳税所得额 × 20%

【例 5-93·单选题·2019】2018 年 11 月，林某将一套 3 年前购入的普通住房出售，取得收入 160 万元，原值 120 万元，售房中发生合理费用 0.5 万元。已知财产转让所得个人所得税税率为 20%，计算林某出售该住房应缴纳个人所得税税额的下列算式中正确的是（　　）。

A.（160 − 120 − 0.5）× 20% = 7.9（万元）

B. 160 ×（1 − 20%）× 20% = 25.6（万元）

C.（160 − 120）× 20% = 8（万元）

D.（160 − 0.5）× 20% = 31.9（万元）

【答案】A

【解析】财产转让所得以一次转让财产收入额减去财产原值和合理费用后的余额为应纳税所得额，适用 20% 的税率计算缴纳个人所得税。

（六）利息、股息、红利所得应纳税额的计算 ★★

1. 应纳税额 = 应纳税所得额 × 适用税率 = 每次收入额 × 适用税率（20%）

敲黑板

每次收入额为收入全额，不做扣减。

2. 个人持有上市公司股票、全国中小企业股份转让系统挂牌公司股票、股息红利的征税问题

（1）个人持有从公开发行或转让市场取得上市公司股票而取得股息红利相关规定。

表 5-48　　　个人持有从公开发行或转让市场取得上市公司股票而取得股息红利相关规定

	具体规定	处理规则
应纳税所得额	持股期限 ≤ 1 个月	全额计入应纳税所得额
	1 个月 < 持股期限 ≤ 1 年	减按 50% 计入应纳税所得额
	持股期限 > 1 年	暂免征收个人所得税
税率	统一适用 20% 的税率计征个人所得税	

（2）对个人持有的上市公司限售股，解禁后取得的股息红利，按照上市公司股息红利差别化个人所得税政策规定计算纳税，持股时间自解禁日起计算；解禁前取得的股息红利继续暂减按 50% 计入应纳税所得额，适用 20% 的税率计征个人所得税。

（3）自 2019 年 7 月 1 日起至 2024 年 6 月 30 日，个人（含证券投资基金）持有全国中小企业股份转让系统挂牌公司的股票，股息红利政策和上市公司保持一致。

【例 5-94·单选题·2020】2020 年 1 月，中国公民李某在境内公开发行和转让市场购入某上市公司股票，当年 7 月取得该上市公司分配的股息 4 500 元，8 月将持有的股票全部卖出。已知，利息、股息、红利所得个人所得税税率为 20%。计算李某该笔股息所得应缴纳个人所得税税额的下列算式中，正确的是（　　）。

A. 4 500 × 20% = 900（元）

B. 4 500 ×（1 − 20%）× 20% = 720（元）

C. 4 500 ×（1－20%）×50%×20% = 360（元）

D. 4 500 ×50%×20% = 450（元）

【答案】D

【解析】利息、股息、红利所得没有减除费用，排除选项BC；对于个人持有的上市公司股票，持股期限大于1个月小于等于1年的，其股息红利所得暂减按50%计入应纳税所得额，选项A错误，选项D正确。

（七）偶然所得应纳税额的计算★★

应纳税额 = 应纳税所得额 × 适用税率 = 每次收入额 ×20%

【例 5-95·单选题·2019/2020】2019年5月，张某购买福利彩票，一次中奖收入100 000元，购买彩票支出1 000元。已知：偶然所得个人所得税税率为20%。计算张某当月该笔中奖收入应缴纳的所得税税额的下列算式中，正确的是（　　）。

A. 100 000×20% = 20 000（元）

B.（100 000－1 000）×20% = 19 800（元）

C.（100 000－1 000）×（1－20%）×20% = 15 840（元）

D. 100 000×（1－20%）×20% = 16 000（元）

【答案】A

【解析】"偶然所得"应以每次收入额全额计税，没有任何扣除。

（八）捐赠的个人所得税处理★★★

（1）个人将其所得对教育、扶贫、济困等公益慈善事业进行捐赠，捐赠额未超过纳税人申报的应纳税所得额30%的部分，可以从其应纳税所得额中扣除。国务院规定对公益慈善事业捐赠实行全额税前扣除的，从其规定。

个人将其所得对教育、扶贫、济困等公益慈善事业进行捐赠，是指个人将其所得通过中国境内的公益性社会组织、国家机关向教育、扶贫、济困等公益慈善事业的捐赠。

> **名师说**
>
> （1）公益性捐赠应该满足两个条件：一是捐赠途径要间接，即通过第三方的对外捐赠，直接捐赠不得扣除；二是要符合公益性，即用于教育、扶贫、济困等公益慈善事业。
>
> （2）这里所说的应纳税所得额，是指计算扣除捐赠额之前的应纳税所得额。

（2）全额扣除的情形：

①向红十字事业的捐赠；

②向农村义务教育的捐赠；

③对公益性青少年活动场所（其中包括新建）的捐赠；

④向教育事业的捐赠；

⑤通过特定基金会用于公益救济性的捐赠；

⑥向福利性、非营利性老年服务机构的捐赠。

【例 5-96·单选题·2022】2022年2月中国居民张某发生两笔捐赠支出：通过市教育局向教育事业捐款20 000元，直接捐款给低保户李某5 000元。张某当月取得彩票中奖收入50 000元。

张某选择在偶然所得中扣除当月的公益捐赠支出。已知偶然所得个人所得税税率为20%。计算张某该笔中奖收入应缴纳个人所得税税额的下列算式中，正确的是（ ）。

A.（50 000 − 20 000）× 20% = 6 000（元）

B. 50 000 ÷（1 − 20%）× 20% = 12 500（元）

C.（50 000 − 50 000 × 30%）× 20% = 7 000（元）

D.（50 000 − 20 000 − 5 000）× 20% = 5 000（元）

【答案】A

【解析】个人通过境内非营利的社会团体、国家机关向教育事业的捐赠，在计算缴纳个人所得税时，准予全额扣除；直接捐赠不得税前扣除。张某应缴纳个人所得税 =（50 000 − 20 000）× 20% = 6 000（元）。

【例5-97·多选题】根据个人所得税法律制度的规定，个人发生的下列公益救济性捐赠支出，准予税前全额扣除的有（ ）。

A. 通过国家机关向红十字事业的捐赠

B. 通过国家机关向农村义务教育的捐赠

C. 通过非营利社会团体向公益性青少年活动场所的捐赠

D. 通过非营利社会团体向贫困地区的捐赠

【答案】ABC

【解析】个人通过非营利性社会团体将其所得对教育、扶贫、济困等公益慈善事业进行捐赠，捐赠额未超过纳税人申报的应纳税所得额30%的部分，可以从其应纳税所得额中扣除，故选项D不正确。

【例5-98·单选题】中国公民赵某取得财产转让收入40 000元，将其中6 000元通过民政部门捐赠给贫困山区，可以扣除的原值和相关税费22 000元，李某应缴纳个人所得税（ ）元。

A. 2 520   B. 3 808   C. 4 480   D. 4 760

【答案】A

【解析】捐赠扣除限额 =（40 000 − 22 000）× 30% = 5 400（元），实际捐赠额6 000元大于捐赠限额，所以可以税前扣除的金额5 400元。应缴纳个人所得税 = [（40 000 − 22 000）− 5 400] × 20% = 2 520（元）。

（九）应纳税额计算的其他规定 ★

1. 个人取得全年一次性奖金的征税规定（2023年新增）

居民个人取得全年一次性奖金，符合规定的，在2023年12月31日前，不并入当年综合所得，以全年一次性奖金收入除以12个月得到的数额，按照个人所得税税率表（月表），确定适用税率和速算扣除数，单独计算纳税。计算公式为：

应纳税额 = 全年一次性奖金收入 × 适用税率 − 速算扣除数

居民个人取得全年一次性奖金，也可以选择并入当年综合所得计算纳税。

2. 企业年金、职业年金个人所得税的规定

表 5-49   企业年金、职业年金个人所得税的规定

情形	税务处理
年金缴费	① 企业和事业单位（以下统称单位）根据国家有关政策规定的办法和标准，为在本单位任职或者受雇的全体职工缴付的企业年金或职业年金单位缴费部分，在计入个人账户时，个人暂不缴纳个人所得税。 ② 个人根据国家有关政策规定缴付的年金个人缴费部分，在不超过本人缴费工资计税基数的 4% 标准内的部分，暂从个人当期的应纳税所得额中扣除
年金收益	年金基金投资运营收益分配计入个人账户时，个人暂不缴纳个人所得税

情形		税务处理	
年金领取	达到退休年龄，领取年金时	不并入综合所得，全额单独计算应纳税款	
		按月领取	适用综合所得的月度税率表计税
		按季领取	平均分摊计入各月，按每月领取额适用综合所得的月度税率表计税
		按年领取	适用综合所得的税率表计税
年金领取	一次性领取年金	个人因出境定居而一次性领取年金个人账户资金	适用综合所得的税率表计税
		个人死亡后其指定的受益人或法定继承人一次性领取年金个人账户余额	
		其他情形	适用综合所得月度税率表计税

3. 解除劳动关系一次性补偿收入的征税规定。

表 5-50   对个人因解除劳动合同取得经济补偿金的征税方法

情形	税务处理	
从依法宣告破产的企业取得的一次性安置费收入	免税	
个人因与用人单位解除劳动关系而取得的一次性补偿收入（包括用人单位发放的经济补偿金、生活补助费和其他补助费用）	经济补偿金≤当地上年职工平均工资的 3 倍	免税
	经济补偿金＞当地上年职工平均工资的 3 倍	不并入当年综合所得，单独适用综合所得税税率表，计算纳税

【案例 5-10】赵某为某公司雇员，2021 年 3 月与公司解除劳动合同关系，赵某在本企业工作了 7 年，领取经济补偿金 650 000 元。假定当地上年度职工平均工资为 50 000 元，请计算赵某从公司取得的该笔经济补偿金应缴纳的个人所得税。

【解析】个人因与用人单位解除劳动关系而取得的一次性补偿收入，其收入在当地上年职工平均工资 3 倍数额以内的部分，免征个人所得税；超过 3 倍数额部分，不并入当年综合所得，单独适用综合所得税税率表，计算纳税。

超过上年平均工资 3 倍以上的部分 = 650 000 − 50 000 × 3 = 500 000（元），适用税率为 30%，

速算扣除数为 52 920，赵某从公司取得的该笔经济补偿金应缴纳的个人所得税 = 500 000×30% − 52 920 = 97 080（元）。

【例 5-99·判断题·2013 改编】对企业职工，因企业依照《中华人民共和国企业破产法》宣告破产，从破产企业取得的一次性安置费收入，免予征收个人所得税。（ ）

【答案】√

4. 提前退休一次性补贴收入的征税规定

个人办理提前退休手续而取得的一次性补贴收入，应按照办理提前退休手续至法定离退休年龄之间实际年度数**平均分摊，确定适用税率和速算扣除数，单独适用综合所得税率表**，计算纳税。计算公式为：

应纳税额 =［（一次性补贴收入 ÷ 办理提前退休手续至法定退休年龄的实际年度数−费用扣除标准）× 适用税率−速算扣除数］× 办理提前退休手续至法定退休年龄的实际年度数

【案例 5-11】高先生还有 3 年正式退休，但由于身体原因，高先生于 2021 年 1 月申请办理了提前退休手续，取得单位按照统一标准发放的一次性补贴收入 240 000 元。当月，高先生还领取了退休工资 5 000 元。计算高先生领取一次性补贴收入应缴纳的个人所得税。

【解析】高先生领取一次性补贴收入应缴纳的个人所得税 =（240 000 ÷ 3−60 000）×3%×3 = 1 800（元）。

5. 内部退养一次性补贴收入的征税规定

实行内部退养的个人在其办理内部退养手续后至法定离退休年龄之间从原任职单位取得的工资、薪金，**不属于离退休工资**，应按"**工资、薪金所得**"项目计征个人所得税。

个人在办理内部退养手续后从原任职单位取得的一次性收入，应按办理内部退养手续后至法定离退休年龄之间的所属月份进行平均，并与领取当月的工资、薪金所得合并后减除当月费用扣除标准，以余额为基数确定适用税率，再将当月工资、薪金加上取得的一次性收入，减去费用扣除标准，按适用税率计征个人所得税。

个人在办理内部退养手续后至法定离退休年龄之间重新就业取得的工资、薪金所得，应与其从原任职单位取得的同一月份的工资、薪金所得合并，并依法自行向主管税务机关申报缴纳个人所得税。

6. 单位低价向职工售房的征税规定

单位按低于购置或建造成本价格出售住房给职工，职工因此而少支出的差价部分，符合相关规定的，不并入当年综合所得，**以差价收入除以 12 个月得到的数额，按照月度税率表确定适用税率和速算扣除数，单独计算纳税**。计算公式为：

应纳税额 = 职工实际支付的购房价款低于该房屋的购置或建造成本价格的差额 × 适用税率−速算扣除数

【注意】类似于年终奖。

【案例 5-12】2021 年 3 月，赵某所在公司以 48 万元的价格向其出售一套 100 平方米的住房，房屋的市场价格为 90 万元，公司是 2015 年购买的该套住房，当时的购置成本是 60 万元。计算赵某 3 月份应缴纳个人所得税。

【解析】判断赵某低价购房的差价部分适用税率：

（600 000−480 000）÷12 = 10 000（元），适用于 10% 的税率，速算扣除数 210 元。

购房差价所得应缴个人所得税 =（600 000−480 000）×10%−210 = 11 790（元）。

7. 保险营销员、证券经纪人取得佣金收入的征税规定

保险营销员、证券经纪人取得的佣金收入，属于"**劳务报酬所得**"，以不含增值税的收入减除 20% 的费用后的余额为收入额，收入额减去展业成本以及附加税费后，**并入当年综合所得**，计算缴纳个人所得税。保险营销员、证券经纪人展业成本按照**收入额的 25% 计算**。

扣缴义务人向保险营销员、证券经纪人支付佣金收入时，应按照规定的**累计预扣法计算预扣税款**。

8. 个人投资者收购企业股权后，将企业原有盈余积累转增股本个人所得税规定

一名或多名个人投资者以股权收购方式取得被收购企业 100% 股权，股权收购前，被收购企业原账面金额中的"资本公积、盈余公积、未分配利润"等盈余积累未转增股本，而在股权交易时将其一并计入股权转让价格并履行了所得税纳税义务。股权收购后，企业将原账面金额中的盈余积累向个人投资者（以下称"新股东"）转增股本，有关个人所得税问题区分以下情形处理（见表 5-51）。

表 5-51　　　　　　　　　个人投资者收购企业股权后，将企业原有盈余积累转增股本个人所得税规定

具体情形		税务处理
转增资本	新股东以不低于净资产价格收购股权的	新股东取得盈余积累转增股本的部分	不征收个人所得税
	新股东以低于净资产价格收购股权的	股权收购价格减去原股本的差额转增股本	不征收个人所得税
		股权收购价格低于原所有者权益的差额转增股本	应按"利息、股息、红利所得"项目征收个人所得税
		顺序：先转增应税的盈余积累部分，然后再转增免税部分	

9. 两个以上的个人共同取得同一项目收入的，应当对每个人取得的收入分别按照个人所得税法的规定计算纳税

10. 企业为个人购房或其他财产的征税规定

符合以下情形的房屋或其他财产，不论所有权人是否将财产无偿或有偿交付企业使用，其实质均为企业对个人进行了**实物性质的分配**，应依法计征个人所得税

（1）企业出资购买房屋及其他财产，将所有权登记为投资者个人、投资者家庭成员或企业其他人员的。

（2）企业投资者个人、投资者家庭成员或企业其他人员向企业借款用于购买房屋及其他财产，将所有权登记为投资者、投资者家庭成员或企业其他人员，且借款年度终了后未归还借款的。

（3）对个人独资企业、合伙企业的个人投资者或其家庭成员取得的上述所得，视为企业对个人投资者的利润分配，按照"经营所得"项目计征个人所得税；对除个人独资企业、合伙企业以外其他企业的个人投资者或其家庭成员取得的上述所得，视为企业对个人投资者的红利分配，按照"利息、股息、红利所得"项目计征个人所得税；对企业其他人员取得的上述所得，按照"综合所得"项目计征个人所得税。

11. 居民个人从境外取得所得的征税规定

（1）居民个人从中国境外取得的所得，可以从其应纳税额中抵免已在境外缴纳的个人所得税

额，但抵免额不得超过该纳税人境外所得依照税法规定计算的应纳税额。

（2）居民个人应当依照个人所得税法及其实施条例规定，按照以下方法**计算当期境内和境外所得应纳税额**：

① 居民个人来源于中国境外的**综合所得**，应当与境内综合所得**合并计算**应纳税额；

② 居民个人来源于中国境外的**经营所得**，应当与境内经营所得**合并计算**应纳税额。居民个人来源于境外的经营所得，按照个人所得税法及其实施条例的有关规定计算的亏损，不得抵减其境内或他国（地区）的应纳税所得额，但可以用来源于同一国家（地区）以后年度的经营所得按中国税法规定弥补；

③ 居民个人来源于中国境外的**利息、股息、红利所得，财产租赁所得，财产转让所得**和偶然所得，不与境内所得合并，应当**分别单独计算**应纳税额。

（3）居民个人来源于一国（地区）的综合所得、经营所得以及其他分类所得项目的应纳税额为其**抵免限额**，按照下列公式计算：

① 来源于一国（地区）综合所得的抵免限额 = 中国境内和境外综合所得依照规定计算的综合所得应纳税额 × 来源于该国（地区）的综合所得收入额 ÷ 中国境内和境外综合所得收入额合计

② 来源于一国（地区）经营所得的抵免限额 = 中国境内和境外经营所得依照规定计算的经营所得应纳税额 × 来源于该国（地区）的经营所得应纳税所得额 ÷ 中国境内和境外经营所得应纳税所得额合计

③ 来源于一国（地区）其他分类所得的抵免限额 = 该国（地区）的其他分类所得依照规定计算的应纳税额

④ 来源于一国（地区）所得的抵免限额 = 来源于该国（地区）综合所得抵免限额 + 来源于该国（地区）经营所得抵免限额 + 来源于该国（地区）其他分类所得抵免限额

（4）居民个人在中国境外一个国家（地区）实际**已经缴纳的个人所得税税额**，**低于**依照规定计算出的来源于该国家（地区）所得的**抵免限额**的，应当**在中国缴纳差额部分**的税款；超过来源于该国家（地区）所得的**抵免限额**的，**其超过部分不得**在本纳税年度的应纳税额中**抵免**，但是可以在以后纳税年度来源于该国家（地区）所得的抵免限额的余额中补扣。**补扣期限最长不得超过5年**。

（5）可抵免的境外所得税税额，是指居民个人取得境外所得，依照该所得来源国（地区）税收法律应当缴纳且实际已经缴纳的所得税性质的税额。可抵免的境外所得税税额**不包括**以下情形：

① 按照境外所得税法律属于**错缴或错征**的境外所得税税额；

② 按照我国政府签订的避免双重征税协定以及内地与香港、澳门签订的避免双重征税安排（以下统称税收协定）规定**不应征收**的境外所得税税额；

③ 因少缴或迟缴境外所得税而追加的**利息、滞纳金或罚款**；

④ 境外所得税纳税人或者其利害关系人从境外征税主体得到**实际返还或补偿**的境外所得税税款；

⑤ 按照我国个人所得税法及其实施条例规定，**已经免税**的境外所得负担的境外所得税税款。

（6）居民个人从与我国签订税收协定的国家（地区）取得的所得，按照该国（地区）税收法律享受免税或减税待遇，且该免税或减税的数额**按照税收协定饶让条款规定应视同已缴税额**在中国的应纳税额中抵免的，该免税或减税数额可作为居民个人实际缴纳的境外所得税税额按规定申报税收抵免。

【案例 5-14】居民个人王某 2021 年除取得境内工资收入 120 000 元（已代扣"三险一金"）

外，还从境外甲国获得劳务报酬收入折合人民币 50 000 元、稿酬收入折合人民币 20 000 元和利息收入折合人民币 10 000 元，并分别就这三项收入在甲国缴纳税款 10 000 元、1 000 元和 2 000元。假设除居民个人年度费用扣除标准 60 000 元和专项附加扣除 12 000 元外，不考虑其他费用扣除和境内预缴税额。因此，就王某 2021 年来源于甲国的所得抵免限额计算过程如下：

（1）境内、外全部综合所得收入额 = 120 000+50 000×（1-20%）+20 000×（1-20%）×70% = 171 200（元）

（2）境内、外全部综合所得应纳税额 =（171 200-60 000-12 000）×10%-2 520 = 7 400（元）

（3）来源于甲国综合所得抵免限额 = 7 400×（40 000+11 200）÷171 200 = 2 213.08（元）

（4）来源于甲国利息所得抵免限额 = 10 000×20% = 2 000（元）

（5）来源于甲国全部所得抵免限额 = 2 213.08+2 000 = 4 213.08（元）

（6）甲国实际缴纳税额 = 10 000+1 000+2 000 = 13 000（元）> 4 213.08 元

（7）实际抵免税额为 4 213.08 元，多交税额 8 786.9 元（13 000-4 213.08）可以在以后 5 个年度内结转抵免。

（8）境内实际缴纳税额 =（7 400 + 10 000×20%）- 4 213.08 = 5 186.92（元）

六、个人所得税税收优惠 ★ ★ ★

（一）免税项目

（1）**省级人民政府、国务院部委和中国人民解放军军以上单位，以及外国组织、国际组织颁发**的科学、教育、技术、文化、卫生、体育、环境保护等方面的奖金。

（2）**国债和国家发行**的金融债券**利息**。

（3）按国家统一规定发给的补贴、津贴。

（4）福利费，抚恤金，救济金。

（5）**保险赔款**。

（6）军人的转业费、复员费、退役金。

（7）按国家统一规定发给干部、职工的安家费、退职费、基本养老金或者退休费、离休费、离休生活补助费。

（8）依我国有关法律规定应予免税的各国驻华使馆、领事馆的外交代表、领事官员和其他人员的所得。

（9）中国政府参加的国际公约以及签订的协议中规定免税的所得。

（10）国务院规定的其他免税所得。该免税规定，由国务院报全国人大及其常委会备案。

（二）减税项目

（1）残疾、孤老人员和烈属的所得。

（2）因严重自然灾害造成重大损失的。

（3）国务院可以规定其他减税情形，报全国人大及其常委会备案。具体减征幅度和期限，由省级人民政府规定，并报同级人大常委会备案。

（三）其他税收优惠项目

（1）下列所得，暂免征收个人所得税：

① 外籍个人以**非现金形式或实报实销**形式取得的住房补贴、伙食补贴、搬迁费、洗衣费。

② 外籍个人按**合理**标准取得的境内、境外出差补贴。

③ 外籍个人取得的探亲费、语言训练费、子女教育费等，经当地税务机关审核批准为合理的部分。

④ 外籍个人从**外商投资**企业取得的股息、红利所得。

⑤ 符合条件的外籍专家取得的工资、薪金所得，可免征个人所得税（具体条件略）。

【注意】2019 年 1 月 1 日至 2021 年 12 月 31 日期间，外籍个人符合居民个人条件的，可以选择享受个人所得税专项附加扣除，也可以选择按照上述规定，享受住房补贴、语言训练费、子女教育费等津补贴免税优惠政策，但不得同时享受。外籍个人一经选择，在一个纳税年度内不得变更。自 2022 年 1 月 1 日起，外籍个人不再享受住房补贴、语言训练费、子女教育费津补贴免税优惠政策，应按规定享受专项附加扣除。

（2）个人在上海、深证证券交易所转让从**上市公司公开发行和转让市场取得**的股票，转让所得暂不征收个人所得税。

（3）自 2018 年 11 月 1 日（含）起，对个人转让全国中小企业股份转让系统（新三板）挂牌公司**非原始股**取得的所得，暂免征收个人所得税。非原始股是指个人在新三板挂牌公司挂牌后取得的股票，以及由上述股票孳生的送、转股。

（4）个人举报、协查各种违法、犯罪行为而获得的奖金暂免征税。

（5）个人办理代扣代缴手续，按规定取得的扣缴手续费暂免征税。

（6）个人转让自用达 5 年以上，并且是**唯一**的家庭生活用房取得的所得暂免征收。

（7）对个人购买**福利彩票、体育彩票**，一次中奖收入在 1 万以下（含 1 万元）的暂免征收个人所得税，**超过 1 万元的，全额征收个人**所得税。

（8）个人取得单张有奖发票奖金所得不超过 800 元（含 800 元）的，暂免征收个人所得税。

（9）达到离休、退休年龄，但确因工作需要，适当延长离休、退休年龄的**高级专家**（指享受国家发放的政府特殊津贴的专家、学者），其在延长离休、退休期间的工资、薪金所得，视同离休、退休工资免征。

（10）个人领取原提存的住房公积金、基本医疗保险金、基本养老保险金，以及失业保险金，免予征收个人所得税。

（11）对工伤职工及其近亲属按规定取得的工伤保险待遇，免征个人所得税。

（12）企事业单位按照国家或省（自治区、直辖市）人民政府规定的缴费比例或办法实际缴付的基本养老保险、基本医疗保险和失业保险，免征个人所得税；个人按照国家或省（自治区、直辖市）人民政府规定的缴费比例或办法实际缴付的基本养老保险费、基本医疗保险费和失业保险费，允许在个人所得税额中扣除。

（13）自 2008 年 10 月 9 日（含）起，对储蓄存款利息所得暂免征收个人所得税。

（14）对被拆迁人按照国家有关城镇房屋拆迁管理办法规定的标准取得的拆迁补偿款免征个人所得税。

（15）以下情形的房屋产权无偿赠与，对当事人双方不征收个人所得税：

① 房屋产权所有人将房屋产权无偿赠与配偶、父母、子女、祖父母、外祖父母、孙子女、外孙子女、兄弟姐妹；

② 房屋产权所有人将房屋产权无偿赠与对其承担直接抚养或者赡养义务的抚养人或者赡养人；

③ 房屋产权所有人死亡，依法取得房屋产权的法定继承人、遗嘱继承人或者受遗赠人。

（16）对个体工商户、个人独资企业和合伙企业或个人从事种植业、养殖业、饲养业和捕捞业（简称"四业"），取得的"四业"所得暂不征收个人所得税。

（17）自 2022 年 1 月 1 日起，对法律援助人员按规定获得的法律援助补贴，免征个人所得税。（2023 年新增）

（18）自 2022 年 1 月 1 日至 2023 年 12 月 31 日，对出售自有住房并在现住房出售后 1 年内在市场重新购买住房的纳税人，对其出售现住房已缴纳的个人所得税予以退税优惠。（2023 年新增）

🎯 敲黑板

税法中**未明确规定**纳税人享受减免税必须经税务机关审批，且纳税人取得的所得完全符合减免税条件的，**无须**经主管税务机关审核，纳税人可自行享受减免税。

税法中**明确规定**纳税人享受减免税必须经税务机关审批的，或者纳税人无法准确判断其取得的所得是否应享受个人所得税减免的，**必须**经主管税务机关按照有关规定审核或批准后，方可减免个人所得税。

【例 5-100・单选题・2021】根据个人所得税法律制度的规定，下列所得中，不属于免税项目的是（　　）。

A. 县级人民政府颁发的教育方面的奖金　　B. 国家发行的金融债券利息

C. 军人的转业费　　　　　　　　　　　　D. 个人取得的保险赔款

【答案】A

【解析】"省级"人民政府、国务院部委和中国人民解放军军以上单位，以及外国组织、国际组织颁发的科学、教育、技术、文化、卫生、体育、环境保护等方面的奖金，免征个人所得税。"县级"人民政府颁发的教育方面的奖金，不属于免税项目。

【例 5-101・单选题・2021】2019 年 12 月中国居民陈某取得国债利息收入 7 000 元，银行储蓄存款利息收入 300 元，公司债券利息收入 3 000 元，已知利息、股息、红利所得个人所得税税率为 20%。陈某当月上述收入应缴纳个人所得税税额为（　　）元。

A. 460　　　　　　B. 1 060　　　　　　C. 600　　　　　　D. 660

【答案】C

【解析】①国债利息收入免征个人所得税；②银行储蓄存款利息收入暂免征收个人所得税；③公司债券利息收入，照章纳税。应缴纳个人所得税税额 = 3 000×20% = 600（万元）。

【例 5-102・单选题・2019】下列收入免征个人所得税的是（　　）

A. 退休人员再任职取得的收入

B. "长江学者奖励计划"特聘教授取得的岗位津贴

C. 提前退休人员取得的一次性补贴收入

D. 员工从破产企业取得的一次性安置费

【答案】D

【解析】选项 A，退休人员再任职取得的收入，在减除按个人所得税法规定的费用扣除标准后，按"工资、薪金所得"应税项目缴纳个人所得税；选项 B，"长江学者奖励计划"特聘教授取得的岗位津贴应并入其当月的工资、薪金所得计征个人所得税，税款由所在学校代扣代缴；选项 C，个人办理提前退休手续而取得的一次性补贴收入，应按照办理提前退休手续至法定离退休年龄之间实际年度数平均分摊，确定适用税率和速算扣除数，单独适用综合所得税率表，计算纳税。

七、个人所得税征收管理★

（一）纳税申报

1. 个人所得税以所得人为纳税人，以支付所得的**单位**或者**个人**为扣缴义务人

扣缴义务人向个人支付应税款项时，应当依照预扣或代扣税款，按时缴库，并专项记载备查。支付，包括现金支付、汇拨支付、转账支付和以有价证券、实物以及其他形式的支付。

税务机关对扣缴义务人按照所扣缴的税款，付给 **2% 的手续费**。

扣缴义务人应当按照国家规定办理**全员全额扣缴申报**，并向纳税人提供其个人所得和已扣缴税款等信息。全员全额扣缴申报，是指扣缴义务人在代扣税款的次月 15 日内，向主管税务机关报送其支付所得的所有个人的有关信息、支付所得数额、扣除事项和数额、扣缴税款的具体数额和总额以及其他相关涉税信息资料。

2. 纳税人应当依法办理纳税申报的情形

（1）取得综合所得需要办理汇算清缴。

① 在两处或者两处以上取得综合所得，且综合所得年收入额**减去专项扣除的余额超过 6 万元**。

② 取得劳务报酬所得、稿酬所得、特许权使用费所得中一项或者多项所得，且综合所得年收入额**减去专项扣除的余额超过 6 万元**。

> 🎯 **敲黑板**
>
> 扣减项目只包括专项扣除（三险一金），而不包括基本扣除费用 6 万元、专项附加扣除和其他扣除项目。

③ 纳税年度内预缴税额低于应纳税额的。

④ 纳税人**申请退税**的。

申请退税应当提供本人在中国境内开设的银行账户，并在汇算清缴地就地办理税款退库。

（2）取得应税所得**没有**扣缴义务人。

（3）取得应税所得，扣缴义务人未扣缴税款。

（4）取得**境外**所得。

（5）因移居境外注销中国户籍。

（6）**非居民个人**在中国境内从**两处**以上取得**工资、薪金所得**。

（7）国务院规定的其他情形。

3. 纳税人可以委托扣缴义务人或其他单位和个人办理汇算清缴

（二）纳税期限

1. 居民个人的纳税期限

（1）居民个人取得综合所得，按年计算个人所得税；有扣缴义务人的，由扣缴义务人按月或者按次预扣预缴税款；需要办理汇算清缴的，应当在取得所得的**次年 3 月 1 日至 6 月 30 日内**办理汇算清缴。

（2）居民个人从中国境外取得所得的，应当在取得所得的**次年 3 月 1 日至 6 月 30 日内**申报

纳税。

2.非居民个人的纳税期限

（1）非居民个人取得工资、薪金所得，劳务报酬所得，稿酬所得和特许权使用费所得，有扣缴义务人的，由扣缴义务人**按月或者按次**代扣代缴税款，**不办理汇算清缴**。

（2）非居民个人在中国境内从两处以上取得工资、薪金所得的，应当在**取得所得的次月15日内**申报纳税。

3.扣缴义务人的纳税期限

扣缴义务人每月或者每次预扣、代扣的税款，应当在**次月15日内**缴入国库，并向税务机关报送扣缴个人所得税申报表。

4.其他情形的纳税期限

（1）纳税人取得**经营所得**，按年计算个人所得税，由纳税人在**月度或者季度终了后15日内**向税务机关报送纳税申报表，并**预缴税款**；在取得所得的次年3月31日前办理汇算清缴。

（2）纳税人取得利息、股息、红利所得，财产租赁所得，财产转让所得和偶然所得，按月或者按次计算个人所得税，有扣缴义务人的，由扣缴义务人按月或者按次代扣代缴税款。

（3）纳税人取得应税所得没有扣缴义务人的，应当在取得所得的次月15日内向税务机关报送纳税申报表，并缴纳税款。

（4）纳税人取得应税所得，扣缴义务人未扣缴税款的，纳税人应当在取得所得的次年6月30日前，缴纳税款；税务机关通知限期缴纳的，纳税人应当按照期限缴纳税款。

（5）纳税人因移居境外注销中国户籍的，应当在**注销中国户籍前**办理税款清算。

（三）货币单位及外币折算

年度终了后办理汇算清缴的，对已经按月、按季或者按次预缴税款的人民币以外货币所得，**不再重新折算**；对应当补缴税款的所得部分，按照**上一纳税年度最后一日人民币汇率中间价**，折合成人民币计算应纳税所得额。

【例5-104·多选题·2020】根据个人所得税法律制度的规定，下列情形中，纳税人应当依法办理纳税申报的有（ ）。

A.取得应税所得，扣缴义务人未扣缴税款的　B.因移居境外注销中国户籍的

C.取得境外所得的　　　　　　　　　　　　D.取得应税所得没有扣缴义务人的

【答案】ABCD

【解析】有下列情形之一的，纳税人应当依法办理纳税申报：①取得综合所得需要办理汇算清缴；②取得应税所得没有扣缴义务人（选项D）；③取得应税所得，扣缴义务人未扣缴税款（选项A）；④取得境外所得（选项C）；⑤因移居境外注销中国户籍（选项B）；⑥非居民个人在中国境内从两处以上取得工资、薪金所得；⑦国务院规定的其他情形。

【例5-105·单选题·2019】根据个人所得税法律制度的规定，居民个人从中国境外取得所得的，应当在取得所得的一定期限内向税务机关申报纳税，该期限是（ ）。

A.次年6月1日至6月30日　　　　　　　B.次年1月1日至3月1日

C.次年3月1日至6月30日　　　　　　　D.次年1月1日至1月31日

【答案】C

【解析】居民个人从中国境外取得所得的，应当在取得所得的次年3月1日至6月30日内申报纳税。

本章习题精练

一、单项选择题

1. 根据企业所得税法律制度的规定，下列各项中，不属于企业所得税纳税义务人的是（　　）。
   A. 在中国境内注册的甲事业单位
   B. 在中国境内注册的乙合伙企业
   C. 注册地在开曼群岛的丙公司在中国境内的分公司
   D. 在中国境内注册的丁国有企业

2. 根据企业所得税法律制度的规定，以下属于非居民企业的是（　　）。
   A. 根据中国法律成立，实际管理机构在境内的甲公司
   B. 根据外国法律成立，实际管理机构在境内的乙公司
   C. 根据外国法律成立且实际管理机构在国外，在境内设立机构场所的丙公司
   D. 根据中国法律成立，在国外设立机构场所的丁公司

3. 根据企业所得税法律制度的规定，关于确认收入实现时间的下列表述中，正确的是（　　）。
   A. 接受捐赠收入，按照合同约定的捐赠日期确认收入的实现
   B. 利息收入，按照合同约定的债务人应付利息的日期确认收入的实现
   C. 租金收入，按照出租人实际收到租金的日期确认收入的实现
   D. 权益性投资收益，按照投资方实际收到利润的日期确认收入的实现

4. 根据《企业所得税法》的规定，下列关于企业收入的确认不正确的是（　　）。
   A. 企业已确认销售收入的售出商品发生的销售折让和销售退回，应当在发生当期冲减当期销售商品收入
   B. 企业销售商品涉及现金折扣的，应当按照扣除现金折扣后的金额确定销售商品收入金额
   C. 销售商品以旧换新的，销售商品应当按照销售商品收入确认条件确认收入，回收的

商品作为购进商品处理
   D. 采取售后回购方式销售商品进行融资的，回购价格大于原售价的差额应在回购期间确认为利息费用

5. 某企业2×21年度实现利润总额100万元，在营业外支出账户列支了通过公益性社会团体向贫困地区的捐款10万元、直接向某小学捐款5万元。在计算该企业2×21年度应纳税所得额时，允许扣除的捐款数额为（　　）万元。
   A. 5　　　　　　　　　B. 10
   C. 12　　　　　　　　 D. 15

6. 下列关于企业所得税税前扣除的表述中，不正确的是（　　）。
   A. 企业发生的合理的工资薪金的支出，准予扣除
   B. 企业发生的职工福利费支出超过工资薪金总额的14%的部分，准予在以后纳税年度结转扣除
   C. 企业发生的合理的劳动保护支出，准予扣除
   D. 企业参加财产保险，按照规定缴纳的保险费，准予扣除

7. 某公司2×21年度支出合理的工资薪金总额1 000万元，按规定标准为职工缴纳基本社会保险费150万元，为受雇的全体员工支付补充养老保险费80万元，为公司高管缴纳商业保险费30万元。根据企业所得税法律制度的规定，该公司2×21年度发生的上述保险费在计算应纳税所得额时准予扣除数额的下列计算中，正确的是（　　）。
   A. 150+80+30 = 260（万元）
   B. 150+1 000×5%+30 = 230（万元）
   C. 150+1 000×5% = 200（万元）
   D. 150万元

8. 下列各项支出中，准予在计算企业所得税应纳税所得额时扣除的是（　　）。
   A. 向投资者支付的股息
   B. 合理的劳动保护支出
   C. 为投资者支付的商业保险费
   D. 内设营业机构之间支付的租金

9. 2×21年5月，甲生产企业因业务需要，经某具有合法经营资格的中介机构介绍与乙企业

签订了一份买卖合同，合同金额为20万元。甲生产企业向该中介机构支付佣金2万元。甲生产企业在计算当年企业所得税应纳税所得额时，该笔佣金准予扣除的数额是（　　）。

A. 0.5 万元　　　　B. 1.5 万元

C. 1 万元　　　　　D. 2 万元

10. 以下各项支出中，可以在计算企业所得税应纳税所得额时扣除的是（　　）。

A. 支付给母公司的管理费

B. 按规定缴纳的财产保险费

C. 以现金方式支付给某中介公司的佣金

D. 赴灾区慰问时直接向灾民发放的慰问金

11. 根据企业所得税法律制度的规定，运输货物的大卡车，税法规定的最低折旧年限是（　　）年。

A. 10　　　B. 5　　　C. 4　　　D. 3

12. 依据企业所得税的相关规定，下列表述中，正确的是（　　）。

A. 企业未使用的房屋和建筑物，不得计提折旧

B. 企业以经营租赁方式租入的固定资产，应当计提折旧

C. 企业盘盈的固定资产，以该固定资产的原值为计税基础

D. 企业自行建造的固定资产，以竣工结算前发生的支出为计税基础

13. 企业发生的下列支出中，可在发生当期直接在企业所得税税前扣除的是（　　）。

A. 固定资产改良支出

B. 租入固定资产的改建支出

C. 固定资产的日常修理支出

D. 已足额提取折旧的固定资产的改建支出

14. 企业从事下列项目取得的所得中，免征企业所得税的是（　　）。

A. 花卉种植　　　　B. 蔬菜种植

C. 海水养殖　　　　D. 内陆养殖

15. 自2021年1月1日起，制造企业开展研发活动中实际发生的研发费用，在企业所得税税前加计扣除的比例为（　　）。

A. 50%　　　　　B. 75%

C. 25%　　　　　D. 100%

16. 甲企业为符合条件的小型微利企业。2022年甲企业的应纳税所得额为250万元。甲企

业当年应缴纳的企业所得税税额的下列计算中正确的是（　　）。

A. 250 × 20% = 50（万元）

B. 250 × 50% × 20% = 25（万元）

C. 100 × 25% × 20%+150 × 50% × 20% = 20（万元）

D. 100 × 12.5% × 20%+150 × 25% × 20% = 10（万元）

17. 某企业2×21年实现利润总额为80万元，营业外支出账户列支了通过公益性社会团体向目标脱贫地区捐款10万元。在计算2×21年度应纳税所得额时，允许扣除的捐款数额为（　　）万元。

A. 5　　　　　　　B. 10

C. 9.6　　　　　　D. 12

18. 个人取得的下列所得中，应确定为来源于中国境内所得的是（　　）

A. 在境外开办展览取得的所得

B. 在境外为境内企业提供服务而取得的所得

C. 从境外上市公司取得的股息所得

D. 将境内房产转让给外国人取得的所得

19. 下列所得中，应按"偶然所得"项目征收个人所得税的是（　　）

A. 个人取得不竞争款项

B. 个人转让限售股所得

C. 通信企业对个人购买手机赠送话费

D. 个人取得公务交通补贴

20. 下列各项所得，按"工资、薪金所得"计算缴纳个人所得税的是（　　）。

A. 个人合伙人从合伙企业按月取得的劳动所得

B. 律师以个人名义聘请的其他人员从律师处获得的报酬

C. 任职于杂志社的记者在本杂志社上发表作品取得的稿费

D. 出版社的专业作者的作品，由本社以图书形式出版而取得的稿费

21. 根据个人所得税法律制度的规定，受赠人转让无偿受赠房屋取得的所得适用的税目是（　　）。

A. 偶然所得　　　　B. 劳务报酬所得

C. 免征个人所得税　　D. 财产转让所得

22. 作家赵某2×21年12月从某电视剧制作中

心取得剧本使用费 50 000 元。关于赵某该项收入计缴个人所得税的下列表述中，正确的是（ ）。

A. 应按"稿酬所得"计缴个人所得税

B. 应按"工资、薪金所得"计缴个人所得税

C. 应按"劳务报酬所得"计缴个人所得税

D. 应按"特许权使用费所得"计缴个人所得税

23. 根据个人所得税法律制度的规定，下列各项中，不属于"劳务报酬所得"的是（ ）。

A. 个人举办展览活动的所得

B. 个人设计业务所得

C. 个人担任公司董事长所取得的收入

D. 个人应邀为大学作学术报告取得的收入

24. 下列关于预扣预缴率和税率的表述，错误的有（ ）

A. 综合所得适用 7 级超额累进税率

B. 劳务报酬所得预扣预缴时适用 20% 的预扣预缴率

C. 特许权使用费所得预扣预缴时适用 20% 的预扣预缴率

D. 工资、薪金所得预扣预缴时适用 7 级超额累进税率

25. 某作家的一部长篇小说从 2×21 年 3 月 1 日起在某报纸副刊上连载，每日刊出一期，至 5 月 31 日结束，共刊出 92 期，每期稿酬 500 元，2×21 年 2 月 10 日，该作家取得该社预付稿酬 3 000 元，开始连载后报社每周支付一次稿酬，至 5 月 31 日已结清全部稿酬。下列关于报社代扣缴个人所得税的表述中，正确的是（ ）

A. 应以预付稿酬作为一次稿酬据以代扣代缴个人所得税

B. 应以每周支付稿酬作为一次稿酬据以代扣代缴个人所得税

C. 应以每月实际支付的稿酬作为一次稿酬据以代扣代缴个人所得税

D. 应以实际支付的全部稿酬作为一次稿酬据以代扣代缴个人所得税

26. 根据个人所得税法律制度的规定，下列各项支出，属于居民个人综合所得中的专项扣除项目的是（ ）

A. 大病医疗支出

B. 居民个人按照国家规定的范围和标准缴纳的基本养老保险

C. 子女教育支出

D. 个人交付的符合国家规定的企业年金、职业年金

27. 关于综合所得专项附加扣除中的大病医疗支出，下列说法错误的是（ ）

A. 纳税人发生的医药费用支出可以选择由本人或者其配偶扣除

B. 纳税人应当留存医药服务收费及医保报销相关票据原件等留存备查

C. 纳税人可以在预扣预缴时扣除，也可以选择在年度汇算清缴时扣除

D. 只能在符合规定的限额内据实扣除

28. 中国公民王某 2×21 年 2 月与中国境内的甲公司解除了劳动关系，从工作多年的甲公司取得了一次性补偿收入 380 000 元。当地的职工上年平均工资为 6 000 元 / 月，王某应就其取得的补偿收入缴纳个人所得税（ ）元。（适用税率 20%，速算扣除数 16 920）

A. 14 885　　　　B. 10 985

C. 15 880　　　　D. 12 485

29. 2×21 年 10 月李某取得稿酬收入 18 000 元，当月因追加印数又取得稿酬 4 000 元。出版社在支付稿酬时应该预扣预缴个人所得税（ ）元。

A. 2 880　　　　B. 2 016

C. 2 464　　　　D. 2 260

30. 某个人独资企业 2×21 年的销售收入为 5 000 万元，实际支出的业务招待费为 40 万元，根据个人所得税法律的规定，在计算应纳税所得额时允许扣除的业务招待费是（ ）万元。

A. 18　　　　B. 24

C. 25　　　　D. 30

31. 根据个人所得税的有关规定，在计算经营所得时，下列费用准予在个人所得税税前扣除的是（ ）。

A. 实际支付给从业人员的、合理的工资薪金支出

B. 税收滞纳金

C. 用于个人和家庭的支出

D. 赞助支出

32. 下列关于财产租赁所得应纳税额计算的相关说法中，不正确的是（　　）。

A. 个人出租房屋的个人所得税应税收入不含增值税

B. 计算房屋出租所得可扣除的税费中不包括本次出租缴纳的增值税

C. 个人转租房屋的，其向房屋出租方支付的租金，在计算转租所得时予以扣除

D. 个人转租房屋的，其向房屋出租方支付的增值税额，在计算转租所得时不得扣除

33. 王某 2×21 年 2 月转让 3 年前购入的精装修房屋一套，销售价 230 万元（不含增值税），转让过程中支付的除增值税以外的相关税费共计 13.8 万元。赵某当年购入该房屋时的价格为 180 万元。已知财产转让所得税率为 20%。赵某此次转让房屋所得应缴纳的个人所得税（　　）元。

A. 43.24　　　　　　B. 7.24

C. 46　　　　　　　D. 10

34. 2×21 年 12 月，李某获得 A 上市公司派发的现金股利 10 000 元。该股票为当年 9 月份购入。适用税率 20%。李某获得的股利应缴纳个人所得税的下列计算中正确的是（　　）。

A. $10\ 000 \times 50\% \times 20\% = 1\ 000$（元）

B. $10\ 000 \times 20\% = 2\ 000$（元）

C. 0

D. $10\ 000 \times 50\% \times 20\% \div 2 = 500$（元）

35. 2×21 年 10 月，李某购买福利彩票，取得一次中奖收入 3 万元，购买彩票支出 400 元，已知偶然所得个人所得税税率为 20%，计算李某中奖收入应缴纳个人所得税税额的下列算式中，正确的是（　　）。

A. $30\ 000 \times (1-20\%) \times 20\% = 4\ 800$（元）

B. $(30\ 000-400) \times 20\% = 5\ 920$（元）

C. $30\ 000 \times 20\% = 6\ 000$（元）

D. $(30\ 000-400) \times (1-20\%) \times 20\% = 4\ 736$（元）

36. 非居民纳税人约翰取得一次提供劳务的报酬所得 3 000 元，其通过民政局向某灾区全部捐赠，下列关于约翰取得该次劳务报酬所得可以在税前扣除的捐赠额为（　　）元。

A. 3 000　　　　　　B. 2 400

C. 720　　　　　　　D. 660

37. 2×21 年 5 月，李某花费 500 元购买体育彩票，一次中奖 30 000 元，将其中 1 000 元直接捐赠给甲小学，已知偶然所得个人所得税税率为 20%，李某彩票中奖收入应缴纳个人所得税税额的下列计算中，正确的是（　　）。

A. $(30\ 000-500) \times 20\% = 5\ 900$（元）

B. $30\ 000 \times 20\% = 6\ 000$（元）

C. $(30\ 000-1\ 000) \times 20\% = 5\ 800$（元）

D. $(30\ 000-1\ 000-500) \times 20\% = 5\ 700$（元）

38. 中国公民李某取得财产转让收入 40 000 元，将其中 6 000 元通过民政部门捐赠给农村义务教育，可以扣除的原值和相关税费 22 000 元，李某应缴纳个人所得税（　　）元。

A. 2 520　　　　　　B. 2 400

C. 3 600　　　　　　D. 4 760

39. 高某 2×21 年 10 月购买福利彩票获得奖金 8 000 元，领奖时发生交通费 100 元、食宿费 200 元（均由高某承担）。已知偶然所得适用的个人所得税税率为 20%。高某中奖收入应缴纳的个人所得税税额是（　　）。

A. 0

B. $8\ 000 \times 20\% = 1\ 600$（元）

C. $(8\ 000-100) \times 20\% = 1\ 580$（元）

D. $(8\ 000-100-200) \times 20\% = 1\ 540$（元）

40. 根据个人所得税法律制度的规定，下列不属于个人所得税免税项目的是（　　）。

A. 个人办理代扣代缴手续，按规定取得的扣缴手续费

B. 军人的转业费、复员费

C. 被拆迁人取得的拆迁补偿款

D. 获得县级体育比赛一等奖奖金

41. 某企业退休职工张先生本月取得的下列收入中，应当按照规定计算缴纳个人所得税的是（　　）。

A. 退休工资 10 000 元

B. 国家发行的金融债券利息收入 4 000 元

C. 稿酬所得 8 000 元

D. 保险赔款 15 000 元

42. 下列有关居民个人从境外取得所得的征税规定，不正确的是（　　）。

A. 居民个人来源于中国境外的综合所得，应当与境内综合所得合并计算应纳税额

B. 居民个人来源于中国境外的经营所得，应当与境内经营所得合并计算应纳税额

C. 居民个人来源于中国境外的财产转让所得，应当与境内财产转让所得合并计算应纳税额

D. 居民个人来源于中国境外的利息、股息、红利所得，不与境内所得合并，应当分别单独计算应纳税额

二、多项选择题

43. 依据企业所得税法的规定，判定居民企业的标准的有（　　）。

A. 登记注册地标准

B. 所得来源地标准

C. 经营行为实际发生地标准

D. 实际管理机构所在地标准

44. 下列各项中，不属于企业所得税纳税人的企业有（　　）

A. 依外国法律成立但实际管理机构在中国境内的企业

B. 在中国境内成立的合伙企业

C. 在中国境内成立的个人独资企业

D. 在中国境内未设立机构、场所，但有来源于中国境内所得的企业

45. 下列关于所得来源地确定方法的表述中，符合企业所得税法规定的有（　　）。

A. 提供劳务所得按照劳务发生地确定

B. 特许权使用费所得按照收取特许权使用费所得的企业所在地确定

C. 股息所得按照分配股息的企业所在地确定

D. 动产转让所得按照转让动产的企业所在地确定

46. 依据《企业所得税法》的规定，下列各项中，按照负担、支付所得的企业或者机构、场所所在地确定，或者按照负担、支付所得的个人的住所地确定所得来源地的是（　　）。

A. 提供劳务所得　　B. 利息所得

C. 权益性投资所得　D. 特许权使用费所得

47. 根据企业所得税法律制度的规定，下列收入中，应计入企业所得税收入总额的有（　　）。

A. 销售货物收入　　B. 接受捐赠收入

C. 利息收入　　　　D. 特许权使用费收入

48. 根据企业所得税法律制度的规定，下列各项中，应视同销售货物的有（　　）。

A. 将外购货物用于捐赠

B. 将外购货物用于偿债

C. 将外购货物用于广告

D. 将外购货物用于赞助

49. 依据《企业所得税法》的规定，采取产品分成方式取得收入的，下列说法中正确的有（　　）。

A. 收入实现确认时间为合同约定分配产品的日期

B. 收入实现确认时间为企业分得产品的日期

C. 收入额按照产品的公允价值确定

D. 收入额按照产品的账面价值确定

50. 下列选项中，属于企业不征税收入的有（　　）。

A. 依法收取并纳入财政管理的行政事业性收费、政府性基金

B. 财政拨款

C. 符合条件的非营利组织的收入

D. 在中国境内设立机构、场所的非居民企业从居民企业取得与该机构、场所有实际联系的股息、红利等权益性投资收益

51. 根据企业所得税法律制度的规定，下列各项中表述正确的有（　　）。

A. 企业为发行权益性证券支付给有关证券承销机构的手续费及佣金不得在税前扣除

B. 企业不得将手续费及佣金支出计入回扣、业务提成、返利、进场费等费用

C. 企业已计入固定资产、无形资产等相关资产的手续费及佣金支出，应当通过折旧、摊销等方式分期扣除，不得在发生当期直接扣除

D. 企业支付的手续费及佣金不得直接冲减服务协议或合同金额，并如实入账

52. 居民企业发生的下列支出中，可在企业所得税税前扣除的有（　　）。

A. 逾期归还银行贷款的罚息

B. 以经营租赁方式租入固定资产的租金

C. 企业内营业机构之间支付的租金

D. 未能形成无形资产的研究开发费用

53. 根据企业所得税法的规定，在计算应纳税所得额时，下列支出不得扣除的是（　　）。

A. 企业提取的环境保护专项基金

B. 企业之间支付的租金

C. 被司法机关处予的罚金和被没收财物

D. 向投资者支付的股息

54. 根据企业所得税法的规定，下列项目不得计算折旧或摊销费用在税前扣除的有（　　）。

A. 租入固定资产的改建支出

B. 单独估价作为固定资产入账的土地

C. 自创商誉

D. 固定资产的大修理支出

55. 根据企业所得税法律制度的规定，下列关于无形资产税务处理的表述中，正确的有（　　）。

A. 外购的无形资产，以购买价款和支付的相关税费以及直接归属于使该资产达到预定用途发生的其他支出为计税基础

B. 自行开发的无形资产，以开发过程中该资产符合资本化条件后至达到预定用途前发生的支出为计税基础

C. 通过捐赠、投资、非货币性资产交换、债务重组等方式取得的无形资产，以该资产的公允价值和支付的相关税费为计税基础

D. 无形资产按照直线法计算的摊销费用，准予扣除

56. 根据企业所得税法律制度的规定，在中国境内未设立机构、场所，有来源于中国境内所得的非居民纳税人，取得下列所得中，应根据收入全额纳税的有（　　）。

A. 特许权使用费所得　B. 股息红利所得

C. 租金所得　　　　　D. 转让财产所得

57. 根据个人所得税法律制度的规定，个人所得税的纳税义务人包括（　　）。

A. 个体工商户

B. 合伙企业合伙人

C. 有限责任公司

D. 在中国境内有所得的外籍个人

58. 根据《个人所得税法》的相关规定，下列属于划分居民纳税人和非居民纳税人标准的有（　　）。

A. 住所标准

B. 户籍所在地标准

C. 在中国境内居住时间标准

D. 工作地点所在地标准

59. 根据个人所得税的相关规定，下列各项中，属于个人所得税的居民纳税人的有（　　）。

A. 在中国境内无住所且不居住的个人

B. 在中国境内无住所，但一个纳税年度内在中国境内居住累计满183天的个人

C. 在中国境内无住所，但在境内居住时间跨度超过9个月但实际天数累计不满183天的个人

D. 在中国境内有住所的个人

60. 下列各项中，不属于工资、薪金性质的补贴、津贴，不予征收个人所得税的有（　　）。

A. 误餐补助

B. 托儿补助费

C. 差旅费津贴

D. 公司职工取得的用于购买企业国有股权的劳动分红

61. 下列各项中，应按"财产转让所得"项目计征个人所得税的有（　　）。

A. 转让机器设备所得

B. 提供著作权的使用权所得

C. 转让股权所得

D. 提供非专利技术使用权所得

62. 下列各项所得在计算应纳税所得额时，不允许扣减任何费用的有（　　）。

A. 利息、股息、红利所得

B. 财产转让所得

C. 财产租赁所得

D. 偶然所得

63. 根据《个人所得税法》的规定，下列各项居民个人所得中，属于综合所得的有（　　）。

A. 特许权使用费所得

B. 偶然所得

C. 利息、股息、红利所得

D. 工资、薪金所得

64. 根据个人所得税法律制度的规定，下列各项支出，属于居民个人综合所得中允许扣除的专项附加扣除的有（　　）。

A. 子女学前教育支出

B. 配偶大病医疗支出

C. 住房租金支出

D. 继续教育支出

65. 根据个人所得税法律制度的规定，关于综合所得的下列表述中，不正确的是（　　）。

A. 纳税人赡养2个及以上老人的，按照每个老人每年12 000元标准定额扣除

B. 子女接受学前教育和学历教育的相关支

出按每个子女每年 12 000 元标准定额扣除

C. 大病医疗专项附加扣除由纳税人办理汇算清缴时扣除

D. 纳税人接受技能人员职业资格继续教育、专业技术人员职业资格继续教育的支出，在接受教育期间按照每月 400 元定额扣除

66. 根据个人所得税法律制度的规定，下列各项中，非居民纳税人可以按次计征个人所得税的税目有（　　）。

A. 偶然所得

B. 利息、股息、红利所得

C. 稿酬所得

D. 劳务报酬所得

67. 根据个人所得税法律制度的规定，下列关于个人取得所得的表述中，正确的有（　　）。

A. 个人通过注册登记的个体工商户取得的所得，按经营所得征税

B. 个体工商户经营所得按月计征

C. 个人依法取得执照从事办学活动取得的所得，按经营所得计征个人所得税

D. 境内合伙企业的个人合伙人从事生产经营活动取得的所得，征收企业所得税

68. 赵某有 A、B、C 三套住房，其中 A、B 两套用于出租，3 月份共收取租金 9 600 元，其中住宅 A 租金 4 799 元，住宅 B 租金 4 801 元，同时两套住宅分别发生修缮费用，各 900 元，则下列说法中正确的有（　　）。（不考虑个人出租住房应缴纳的其他税费）

A. 出租 A 住房应缴纳个人所得税 = [（4 799 - 0 - 800）- 800] × 10% = 319.9（元）

B. 出租 A 住房应缴纳个人所得税 = [（4 799 - 0 - 900）- 800] × 10% = 309.9（元）

C. 出租 B 住房应缴纳个人所得税 = [（4 801 - 0 - 900）- 800] × 10% = 310.1（元）

D. 出租 B 住房应缴纳个人所得税 = （4 801 - 0 - 800）× （1 - 20%）× 10% = 320.08（元）

69. 张某在 2×21 年足球世界杯期间参加下列活动所获得收益中，应当缴纳个人所得税的有（　　）

A. 参加某电商的秒杀活动，以 100 元购得原价 2 000 元的足球鞋一双

B. 为赴巴西看球，开通手机全球漫游套餐，获赠价值 1 500 元的手机一部

C. 参加某电台举办世界杯竞猜活动，获得价值 6 000 元的赴巴西机票一张

D. 作为某航空公司金卡会员被邀请参加世界杯抽奖活动，抽得市价 2 500 元球衣一套

70. 根据个人所得税法律制度的规定，个人通过非营利性的社会团体和国家机关进行的下列公益性捐赠支出中，准予在缴纳个人所得税前的所得额中全额扣除的有（　　）。

A. 向贫困地区的捐赠

B. 向农村义务教育的捐赠

C. 向公益性青少年活动场所的捐赠

D. 向红十字事业的捐赠

71. 根据个人所得税法律制度的规定，下列各项中，免征个人所得税的有（　　）。

A. 按国家统一规定发给职工的退休工资

B. 保险佣金

C. 按照国务院规定发给的政府特殊津贴

D. 退休人员再任职收入

72. 根据个人所得税法律制度规定，下列各项，暂免征收个人所得税的有（　　）。

A. 赵某转让自用满 10 年，并且是唯一的家庭生活用房取得的所得 500 000 元

B. 李某获得兼职所得 1 000 元

C. 王某取得的储蓄存款利息 1 500 元

D. 张某因举报某公司违法行为获得的奖金 20 000 元

73. 居民纳税人发生的下列情形中，应当按照规定向主管税务机关办理个人所得税自行纳税申报的有（　　）。

A. 甲从美国取得所得

B. 乙月均工资 2 万元，取得兼职收入 3 万元，专项扣除 2.2 万元

C. 丙从境内两家公司取得工资，年收入额减去专项扣除的余额为 8 万元

D. 丁取得财产租赁所得 2 万元，扣缴义务人未扣缴税款

74. 下列所得可以采用按年计征、分期预缴个人所得税的有（　　）

A. 偶然所得

B. 个体工商户生产经营所得

C. 财产租赁所得

D. 个人独资企业的生产经营所得

75. 下列关于个人所得税征收管理的表述中，错

误的有（　　）。

A.居民个人取得综合所得，需要办理汇算清缴的，应当在取得所得的次年6月30日前办理汇算清缴

B.纳税人取得经营所得在取得所得的次年6月30日前办理汇算清缴

C.非居民个人在中国境内从两处以上取得工资、薪金所得应当在取得所得的次月15日内申报纳税

D.纳税人因移居境外注销中国户籍应当在注销中国户籍前办理税款清算

76.自2021年1月1日起，对同时符合（　　）条件的居民纳税人，扣缴义务人在预扣预缴本年度工资、薪金所得个人所得税时，累计扣除费用自1月份起直接按照全年6万元计算扣除。

A.上一完整纳税年度内每月均在同一单位预扣预缴工资、薪金所得个人所得税

B.上一完整纳税年度内全年工资、薪金收入不超过6万元

C.工资、薪金收入不包括全年一次性奖金

D.本纳税年度自1月起，仍在该单位任职受雇并取得工资薪金所得

77.可抵免的境外所得税税额，是指居民个人取得境外所得，依照该所得来源国（地区）税收法律应当缴纳且实际已经缴纳的所得税性质的税额。可抵免境外所得税额的情形不包括（　　）。

A.按照境外所得税法律属于错缴或错征的境外所得税税额

B.因少缴或迟缴境外所得税而追加的利息、滞纳金或罚款

C.居民个人从与我国签订税收协定的国家（地区）取得的所得，按照该国（地区）税收协定饶让条款规定享受免税或减税待遇数额

D.按照我国个人所得税法及其实施条例规定，已经免税的境外所得负担的境外所得税税款

三、判断题

78.居民企业就其来源于中国境内、境外的全部所得缴纳企业所得税，非居民企业仅就来源于中国境内的所得缴纳企业所得税。

（　　）

79.计算企业所得税收入总额时，以分期收款方式销售货物，以发货日期来确认收入。（　　）

80.烟草企业的烟草广告费和业务宣传费支出，准予在计算应纳税所得额时扣除。（　　）

81.企业在汇总计算缴纳企业所得税时，其境外营业机构的亏损可以抵减境内营业机构的盈利。（　　）

82.外购商誉的支出，在企业整体转让或者清算时，准予税前扣除。（　　）

83.企业所得税优惠政策中，对采取缩短折旧年限方法的，最低折旧年限不得低于法定年限的70%。（　　）

84.企业所得税按年计征，分月或者分季预缴，年终汇算清缴，多退少补。（　　）

85.中国居民张某，在境外工作，只就来源于中国境外的所得征个人所得税。（　　）

86.根据个人所得税的相关规定，特许权使用费所得，以特许权的转让人所在地作为所得来源地。（　　）

87.个人兼职取得的收入，按照"劳务报酬所得"项目征收个人所得税。（　　）

88.居民个人取得综合所得，按月计算个人所得税；有扣缴义务人的，由扣缴义务人按月或者按次预扣预缴税款。（　　）

89.个体工商户生产经营活动中，应当分别核算生产经营费用和个人、家庭费用。对于生产经营与个人、家庭生活混用难以分清的费用，全部视为个人、家庭生活费用，不允许在税前扣除。（　　）

90.集体所有制企业职工个人在企业改制过程中，以股份形式取得的仅作为分红依据，不拥有所有权的企业量化资产，应按"利息、股息、红利所得"计缴个人所得税。（　　）

91.两个或者两个以上的个人共同取得同一项目收入的，应视同一人取得收入，减除一定费用计算应纳税额。（　　）

92.对个人购买福利彩票、体育彩票，一次性中奖收入在1万元以下的（含1万元），暂免征收个人所得税，超过1万元的，按超出部分计算征收个人所得税。（　　）

93.自2020年7月1日起，正在接受全日制学历教育的学生因实习取得劳务报酬所得的，

扣缴义务人预扣预缴个人所得税时，按照劳务报酬所得计算并预扣预缴税款。（　　）

94. 自 2021 年 1 月 1 日　至 2022 年 12 月 31 日，对个体工商户经营所得年应纳所得额不超过 100 万元的部分，在现行优惠政策基础上，再减半征收个人所得税。（　　）

四、不定项选择题

95. 甲公司为居民企业，主要从事不锈钢用品的生产和销售业务，2×21 年有关经营情况如下：

（1）产品销售收入 800 万元，销售边角料收入 40 万元，国债利息收入 5 万元。

（2）以产品抵偿债务，该批产品不含增值税售价 60 万元。

（3）实发合理工资、薪金总额 100 万元，发生职工福利费支出 15 万元、职工教育经费支出 1.5 万元，拨缴工会经费 2 万元。

（4）支付法院诉讼费 3 万元，税收滞纳金 4 万元，合同违约金 5 万元，银行逾期利息 6 万元。

（5）因管理不善一批原材料被盗，原材料成本 10 万元，增值税进项税额 1.3 万元，取得保险公司赔款 6 万元，原材料损失已经税务机关核准。

已知：职工福利费支出，职工教育经费支出，拨缴的工会经费分别不超过工资、薪金总额的 14%、8% 和 2% 的部分，准予扣除。

要求：根据上述资料，不考虑其他因素，分析回答下列小题。

（1）甲公司的下列收益中，在计算 2×21 年度企业所得税应纳税所得额时，应计入收入总额的是（　　）。

A. 销售边角料收入 40 万元

B. 产品销售收入 800 万元

C. 国债利息收入 5 万元

D. 抵债产品售价 60 万元

（2）甲公司的下列支出中，在计算 2×21 年度企业所得税应纳税所得额时，准予全额扣除的是（　　）。

A. 工资、薪金 100 万元

B. 工会经费 2 万元

C. 职工福利费 15 万元

D. 职工教育经费 1.5 万元

（3）甲公司的下列支出中，在计算 2×21 年度企业所得税应纳税所得额时，不得扣除的是（　　）。

A. 法院诉讼费 3 万元

B. 银行逾期利息 6 万元

C. 税收滞纳金 4 万元

D. 合同违约金 5 万元

（4）甲公司在计算 2×21 年度企业所得税应纳税所得额时，准予扣除原材料损失金额的下列算式中，正确的是（　　）。

A. 10−6 = 4（万元）

B. 10+1.3 = 11.3（万元）

C. 10−1.3−6 = 2.7（万元）

D. 10+1.3−6 = 5.3（万元）

96. 甲电子设备公司为居民企业，主要从事电子设备的制造业务，2×21 年有关经营情况如下：

（1）销售货物收入 2 000 万元，提供技术服务收入 500 万元，转让股权收入 3 000 万元，经税务机关核准上年已作坏账损失处理后又收回的其他应收款 15 万元。

（2）缴纳增值税 180 万元，城市维护建设税和教育费附加 18 万元，房产税 25 万元，预缴企业所得税税款 43 万元。

（3）与生产经营有关的业务招待费支出 50 万元。

（4）支付残疾职工工资 14 万元，新技术研究开发费用未形成无形资产计入当期损益 19 万元，购进专门用于研发的设备一台，价值 35 万元，购置《环境保护专用设备企业所得税优惠目录》规定的环境保护专用设备一台，投资额 60 万元，购置完毕当年即投入使用。

已知：业务招待费支出，按照发生额的 60% 扣除，但最高不得超过当年销售收入的 5‰。

要求：根据上述资料，不考虑其他因素，分析回答下列小题。

（1）甲电子设备公司的下列收入中，应计入收入总额的是（　　）。

A. 销售货物收入 2 000 万元

B. 转让股权收入 3 000 万元

C. 上年以作坏账损失先处理后又收回的其他应收款 15 万元

D. 提供技术服务收入 500 万元

（2）甲电子设备公司缴纳的下列税款中，在计算 2×21 年度企业所得税时，准予扣除的是（　）。

A. 增值税 180 万元

B. 预缴企业所得税税额 43 万元

C. 城市维护建设税和教育费附加 18 万元

D. 房产税 25 万元

（3）甲电子设备公司在计算 2×21 年企业所得税应纳税额时，准予扣除的业务招待费支出是（　）。

A. 27.575 万元　　　　B. 30 万元

C. 12.5 万元　　　　　D. 25 万元

（4）关于甲电子设备公司可以享受当年企业所得税税收优惠的下列表述中，正确的是（　）。

A. 支付残疾职工的工资，在据实扣除的基础上，按照 14 万元的 200% 在计算当年应纳税所得额时加计扣除

B. 购置环境保护专用设备 60 万元投资额的 20% 可以从当年的应纳税额中抵免

C. 新技术研究开发费用未形成无形资产计入当期损益的，在据实扣除的基础上，按照 19 万元的 75% 在计算当年应纳税所得额时加计扣除

D. 购进专门用于研发的设备金额 35 万元可以一次性在计算当年应纳税所得额时扣除

97. 甲企业是国家重点扶持的环保科技型中小企业，主要从事节能减排技术改造（技术先进型服务企业），2022 年经营情况如下：

（1）全年产品销售收入 4 000 万元；

（2）全年实际发生合理工资 200 万元、职工福利费 34 万元、职工教育经费 5 万元、工会经费 4 万元、按照规定缴纳的基本社会保险费 56 万元；

（3）全年实际发生业务招待费 30 万元、新技术研究开发费用 400 万元；

（4）当年闲置厂房计提折旧 15 万元，未投入使用的机器设备折旧 10 万元；

（5）当年直接向养老院捐赠 20 万元；

（6）发生非广告性质的赞助支出 8 万元；

（7）购入运输车辆支付价款 20 万元。

已知：业务招待费支出按发生额的 60% 扣除，但最高不得超过当年销售（营业）收入的 5‰；职工福利费支出、职工教育费支出，拨缴的工会经费分别不超过工资、薪金总额的 14%、8% 和 2% 的部分准予扣除。

要求：根据上述资料，分析回答下列小题。

（1）计算企业所得税应纳税所得额时，业务招待费准予扣除（　）万元。

A. 18　　　　　　　　B. 20

C. 30　　　　　　　　D. 12

（2）下列各项中准予全额在税前扣除的是（　）。

A. 职工福利费 34 万元

B. 职工教育经费 5 万元

C. 基本社会保险费 56 万元

D. 工会经费 4 万元

（3）下列关于企业所得税税前扣除项目的表述中，正确的是（　）。

A. 闲置厂房计提折旧 15 万元可以扣除

B. 发生的非广告性质的赞助支出 8 万元不得扣除

C. 直接向养老院捐赠 20 万元，准予在利润总额 12% 以内扣除

D. 未投入使用的机器设备计提 10 万元折旧不得税前扣除

（4）下列税收优惠中，甲企业适用的是（　）。

A. 新技术研发费用可以加计扣除 400 万元

B. 享受三免三减半优惠政策

C. 购入运输车辆 20 万元可以享受税额抵免

D. 按 15% 的税率征收企业所得税

98. 甲企业为居民企业，主要从事服装生产和销售业务。2×21 年有关收入情况如下：

（1）取得销售货物收入 9 000 万元、技术服务收入 700 万元、出租设备收入 60 万元、出售房产收入 400 万元、国债利息收入 40 万元。

（2）缴纳增值税 900 万元、资源税 20 万元、城市维护建设税和教育费附加 92 万元、房产税 25 万元。

（3）发生广告费和业务宣传费 1 500 万元、其他可在企业所得税前扣除的成本和费用 4 100 万元。

已知：在计算企业所得税应纳税所得额时，广告费和业务宣传费支出不超过当年销售（营业）收入的15%准予扣除。

要求：根据上述资料，不考虑其他因素，分析回答下列小题。

（1）甲企业下列收入中，属于企业所得税免税收入的是（　　）。

A. 出租设备收入60万元

B. 国债利息收入40万元

C. 技术服务收入700万元

D. 出售房产收入400万元

（2）甲企业缴纳的下列税费中，在计算2×21年度企业所得税应纳税所得额时，准予扣除的是（　　）。

A. 增值税900万元

B. 房产税25万元

C. 资源税20万元

D. 城市维护建设税和教育费附加92万元

（3）甲企业在计算2×21年度企业所得税应纳税所得额时，准予扣除的广告费和业务宣传费是（　　）万元。

A. 1 356　　　　　B. 1 530

C. 1 500　　　　　D. 1 464

（4）甲企业2×21年度企业所得税应纳税所得额的下列计算中，正确的是（　　）。

A. 9 000+400+60-25-4 100-1 530 = 3 805（万元）

B. 9 000+400+40-900-92-25-4 100-1 356 = 2 967（万元）

C. 9 000+700+400+60-20-92-25-4 100-1 464 = 4 459（万元）

D. 9 000+700+40-900-20-92-4 100-1 500 = 3 128（万元）

99. 甲公司注册于某市东城区。2×21年有关收支情况如下：

（1）取得产品销售收入2 000万元、国债利息收入30万元、接受捐赠收入10万元。

（2）缴纳工商行政罚款2万元、税收滞纳金1万元。

（3）缴纳增值税200万元、城市维护建设税和教育费附加20万元。

（4）从直接投资的未上市居民企业取得股息收益200万元。

已知：2×20年度甲公司会计利润为-60万元，经纳税调整后应纳税所得额为-50万元。甲公司按月预缴企业所得税。

要求：根据上述资料，不考虑其他因素，分析回答下列小题。

（1）甲公司下列收入中，应计入企业所得税应纳税所得额的是（　　）。

A. 接受捐赠收入10万元

B. 产品销售收入2 000万元

C. 股息收益200万元

D. 国债利息收入30万元

（2）甲公司下列支出中，在计算2×21年度企业所得税应纳税所得额时，准予扣除的是（　　）。

A. 税收滞纳金1万元

B. 工商行政罚款2万元

C. 城市维护建设税和教育费附加20万元

D. 增值税200万元

（3）关于甲公司弥补亏损的下列表述中，正确的是（　　）

A. 2×21至2×25年度的税前所得可以弥补的2×20年度亏损额为50万元

B. 2×21至2×25年度的税前所得可以弥补的2×20年度亏损额为60万元

C. 如果2×21年度税前所得弥补2×20年度亏损后，应纳税所得额大于零，应缴纳企业所得税

D. 如果2×21年度税前所得不足以弥补2×20年度亏损，可以逐年延续弥补亏损，但最长不得超过5年

（4）下列有关甲公司企业所得税征收管理的表述中，正确的是（　　）。

A. 如果2×21年度税前所得不足以弥补2×20年度亏损，甲公司无须办理2×21年度企业所得税汇算清缴

B. 甲公司企业所得税的纳税地点为该市东城区

C. 甲公司应当于每月终了之日起15日内，向税务机关预缴企业所得税

D. 甲公司2×21年的纳税年度自2×21年1月1日起至2×21年12月31日止

100. 中国公民杨某2×21年的有关收支情况如下：

（1）1月购买体育彩票，取得中奖收入20 000元，购买体育彩票支出700元。

（2）2月获赠父母名下的住房一套。

（3）3月取得储蓄存款利息1 500元；在乙商场购买空调，获赠价值280元的电饭锅一个；在丙公司累积消费达到规定额度，取得按消费积分反馈的价值100元的礼品。

（4）4月将一套商铺出租，取得当月租金6 000元，缴纳相关税费720元。

（5）其他相关情况：2×21年总计取得工资收入105 600元，专项扣除20 250元。杨某夫妇有一个在上小学的孩子，子女教育专项附加扣除由杨某夫妇分别按扣除标准的50%扣除。

已知：财产租赁所得个人所得税税率为20%，财产租赁所得每次（月）收入在4 000元以上的，减除20%的费用。综合所得，每一纳税年度减除费用60 000元；子女教育专项附加扣除，按照每个子女每年12 000元的标准定额扣除。

个人所得税税率表（居民综合所得适用）

级数	全年应纳税所得额	税率（%）	速算扣除数
1	不超过36 000元的	3	0
2	超过36 000元至144 000元的部分	10	2 520
3	超过144 000元至300 000元的部分	20	16 920
4	超过300 000元至420 000元的部分	25	31 920
5	超过420 000元至660 000元的部分	30	52 920
6	超过660 000元至960 000元的部分	35	85 920
7	超过960 000元的部分	45	181 920

要求：根据上述资料，不考虑其他因素，分析回答下列小题。

（1）计算杨某1月体育彩票中奖收入应纳个人所得税税额的下列算式中，正确的是（　　）。

A.（20 000-700）×20%＝3 860（元）

B. 20 000÷（1-20%）×20%＝5 000（元）

C.（20 000-700）÷（1-20%）×20%＝4 825（元）

D. 20 000×20%＝4 000（元）

（2）杨某的下列所得中，不缴纳个人所得税的是（　　）。

A. 获赠父母名下住房一套

B. 取得储蓄存款利息1 500元

C. 获赠乙商场价值280元的电饭锅

D. 获赠丙公司价值100元的礼品

（3）计算杨某4月出租商铺应缴纳个人所得税税额的下列算式中，正确的是（　　）。

A.（6 000-720）×20%＝1 056（元）

B.（6 000-720）×（1-20%）×20%＝844.8（元）

C. 6 000×（1-20%）×20%＝960（元）

D. 6 000×20%＝1 200（元）

（4）计算杨某2×21年综合所得应纳个人所得税税额的下列算式中，正确的是（　　）。

A.（105 600-60 000-12 000×2）×3%＝648（元）

B.（105 600-60 000-20 250-12 000）×3%＝400.5（元）

C.（105 600-60 000-20 250-12 000×50%）×3%＝580.5（元）

D.（105 600-60 000-12 000）×3%＝1 008（元）

101.某研究院技术员赵某2×21年取得收入情况如下：

（1）全年取得工资、薪金收入180 000元。

（2）因专利被侵权取得专利赔偿100 000元。

（3）为某企业进行产品设计，取得报酬50 000元。

（4）获得保险公司赔偿80 000元。

已知：当地规定的社会保险和住房公积金个人缴存比例为：基本养老保险8%，基本医疗保险2%，失业保险0.5%，住房公积金12%，赵某缴纳社会保险费核定的缴费工资基数为10 000元。赵某为独生子女，其父亲已过60周岁，母亲尚未过60周岁；赵某正在偿还首套住房贷款及利息，其独生子4岁，正在上幼儿园，赵某夫妇约定由赵某扣除贷款利息，子女教育费双方各扣50%。

要求：根据上述资料，不考虑其他因素，分析回答下列小题。

（1）计算综合所得的应纳税所得额时，允许减除的专项扣除是（　　）。

A. 10 000×（8%+0.5%+12%）×12 =24 600（元）

B. 10 000×（8%+2%+0.5%+12%）×12 = 27 000（元）

C. 10 000×（8%+2%）×12 = 12 000（元）

D. 10 000×（8%+2%+12%）×12 = 26 400（元）

（2）计算综合所得的应纳税所得额时，下列关于专项附加扣除的说法中，正确的是（　　）。

A. 赵某赡养老人支出可以扣除金额为 12 000 元

B. 赵某可扣除的首套住房贷款利息支出为 12 000 元

C. 赵某可扣除的子女教育支出为 12 000 元

D. 赵某可扣除的子女教育支出为 6 000 元

（3）根据个人所得税法律制度的规定，下列表述中正确的是（　　）。

A. 保险赔款应按照20%的税率计算个人所得税

B. 提供设计服务，应计入收入额 40 000 元

C. 取得专利赔偿，应计入收入额 80 000 元

D. 工资、薪金所得应计入收入额 144 000 元

（4）应纳入综合所得收入总额的有（　　）。

A. 取得工资、薪金收入

B. 取得专利赔偿

C. 取得产品设计收入

D. 获得保险赔偿收入

102. 中国公民赵某为某研究院技术人员，2×21年8月有关收入情况如下：

（1）将一套三年前购入的普通住房出售，取得收入 180 万元，原值 150 万元，售房中发生合理费用 0.8 万元。

（2）在某大学讲学，取得讲学收入 4 800 元；

（3）在某杂志上发表专业论文，获得稿酬 8 000 元；

（4）取得其 3 个月前购入的甲上市公司股票分红 3 000 元；并将其持有的乙上市公司股票转让，取得转让净收入 20 000 元。

（5）因城市规划取得符合国家规定标准的拆迁补偿款 500 000 元。

已知：赵某每月取得工资收入 15 000 元，午餐补助 500 元，住房补贴 1 000 元；赵某每月由任职单位扣缴"三险一金"2 250元；赵某有兄弟二人，父母均年满 60 周岁，赡养老人约定分摊，兄弟二人各扣除 50%；赵某有一独子上小学 3 年级，子女教育由赵某全额扣除；赵某已由任职单位累计预扣个人所得税 2 555 元。赵某财产转让所得个人所得税税率为20%。稿酬所得预扣预缴税率为20%。

个人所得税预扣率表

（居民个人工资、薪金所得预扣预缴适用）

级数	累计预扣预缴应纳税所得额	预扣率（%）	速算扣除数
1	不超过 36 000 元的	3	0
2	超过 36 000 元至 144 000 元的部分	10	2 520
3	超过 144 000 元至 300 000 元的部分	20	16 920
4	超过 300 000 元至 420 000 元的部分	25	31 920
5	超过 420 000 元至 660 000 元的部分	30	52 920
6	超过 660 000 元至 960 000 元的部分	35	85 920
7	超过 960 000 元的部分	45	181 920

要求：根据上述资料，不考虑其他因素，分析回答下列小题。

（1）赵某出售住房应缴纳的个人所得税税额的下列算式中正确的是（　　）。

A.（180－150－0.8）×20% = 5.84（万元）

B. 180×（1－20%）×20% = 28.8（万元）

C.（180－150）×20% = 6（万元）

D.（180－0.8）×20% = 35.84（万元）

（2）赵某的下列收入中，免予（暂不）征收个
人所得税的是（　　）。

A. 股票分红收入 3 000 元

B. 股票转让净收入 20 000 元

C. 拆迁补偿款 500 000 元

D. 讲学收入 4 800 元

（3）有关某研究院 2×21 年 8 月应当为赵某预
扣预缴的个人所得税税额，下列算式正确的
是（　　）。

A.（15 000×8－5 000×8－2 250×8－1 000×8－
1 000×8）×10%－2 520－2 555

B.［（15 000+1 000）×8－5 000×8－2 250×8－
2 000×8－1 000×8］×10%－2 520－2 555

C.［（1 5000+500+1 000）×8－5 000×8－
2 250×8－2 000×8－1 000×8］×10%－2 520－
2 555

D.［（15 000+500+1 000）×8－5 000×8－
2 250×8－1 000×8－1 000×8］×10%－2 520－
2 555

（4）有关赵某取得稿酬所得，应当预扣预缴税
个人所得税，下列算式正确的是（　　）。

A. 8 000×（1－20%）×20%

B. 8 000×20%

C. 8 000×（1－20%）×70%×20%

D. 8 000×5%×20%

初级知识点全解及真题模拟

经济法基础

（下）

高顿教育研究院 编著

世界图书出版公司

上海·西安·北京·广州

图书在版编目（CIP）数据

初级知识点全解及真题模拟. 经济法基础. 下册 /
高顿教育研究院编著. — 上海：上海世界图书出版公司，
2023.2
 ISBN 978-7-5232-0166-4

Ⅰ.①初… Ⅱ.①高… Ⅲ.①经济法—中国—资格考
试—习题集 Ⅳ.①F23-44

中国国家版本馆CIP数据核字（2023）第 021553 号

书　　名	初级知识点全解及真题模拟·经济法基础（下）	
	Chuji Zhishidian Quanjie ji Zhenti Moni Jingjifa Jichu（Xia）	
编　　著	高顿教育研究院	
责任编辑	邬佳媚	
装帧设计	汤惟惟	
出版发行	上海世界图书出版公司	
地　　址	上海市广中路88号9-10楼	
邮　　编	200083	
网　　址	http://www.wpcsh.com	
经　　销	新华书店	
印　　刷	上海四维数字图文有限公司	
开　　本	787 mm × 1092 mm　1/16	
印　　张	37.5	
字　　数	1008千字	
版　　次	2023 年 2 月第 1 版　　2023 年 2 月第 1 次印刷	
书　　号	ISBN 978-7-5232-0166-4 / F·83	
定　　价	78.00元（全二册）	

目　录

第六章 财产和行为税法律制度

考情概要

　　本章属于较为重要的章节。教材在今年对本章做出了较大调整，房产税、契税、城镇土地使用税、耕地占用税、资源税、印花税都有相应变动，其中印花税变动较大，需关注变动内容。本章历年多以单选题、多选题或判断题的形式进行考查，题目的考察角度多为知识细节的记忆以及简单的计算运用。考虑今年的变动情况后，预计考查分值为 11 分左右。

考纲要求及考查方式

考纲内容	要求	考试题型
房产税征税范围、计税依据、应纳税额的计算	掌握	单选题、多选题、判断题
房产税纳税人、税收优惠、征收管理	熟悉	
房产税税率	了解	
契税征税范围、应纳税额的计算	掌握	单选题、多选题、判断题
契税纳税人、计税依据、税收优惠	熟悉	
契税税率、征收管理	了解	
土地增值税征税范围、计税依据、应纳税额的计算	掌握	单选题、多选题、判断题
土地增值税纳税人、税收优惠	熟悉	
土地增值税税率、征收管理	了解	
城镇土地使用税征税范围、应纳税额的计算	掌握	单选题、多选题、判断题
城镇土地使用税纳税人、税收优惠、征收管理	熟悉	
城镇土地使用税计税依据、税率	了解	
耕地占用税应纳税额的计算	掌握	单选题、多选题、判断题
耕地占用税纳税人、征税范围、税收优惠、征收管理	熟悉	
耕地占用税计税依据、税率	了解	
车船税应纳税额的计算	掌握	单选题、多选题、判断题
车船税纳税人、税目、计税依据、征收管理	熟悉	
车船税征税范围、税率	了解	

考纲内容	要求	考试题型
资源税应纳税额的计算	掌握	单选题、多选题、判断题
资源税纳税人、计税依据、税收优惠	熟悉	
资源税征税范围、税目、税率、征收管理	了解	
环境保护税应纳税额的计算、税收优惠	掌握	单选题、多选题、判断题
环境保护税纳税人、征税范围、计税依据	熟悉	
环境保护税税率、征收管理	了解	
印花税征税范围、计税依据、应纳税额的计算	掌握	单选题、多选题、判断题
印花税纳税人、税收优惠	熟悉	
印花税税率	了解	
烟叶税	熟悉	单选题、多选题
船舶吨税	熟悉	近年未涉及

学习建议

　　本章涉及的小税种较多，共计 11 个小税种，记忆比较困难，所以建议大家根据章节标题，将其在学习过程中进行分类。我们将本章税种归为四大类：房地产和土地类税种、行为类税种、车船类税种和其他类税种，这样方便大家学习并建立起各个税种之间的联系。

　　考生在学习本章内容时，可以每学完一个部分后，先停下来对这个部分的小税种进行整理回顾。对比记忆，然后再进入下一部分内容的学习。逐个攻破，也就能顺利完成本章内容的学习。

学习框架

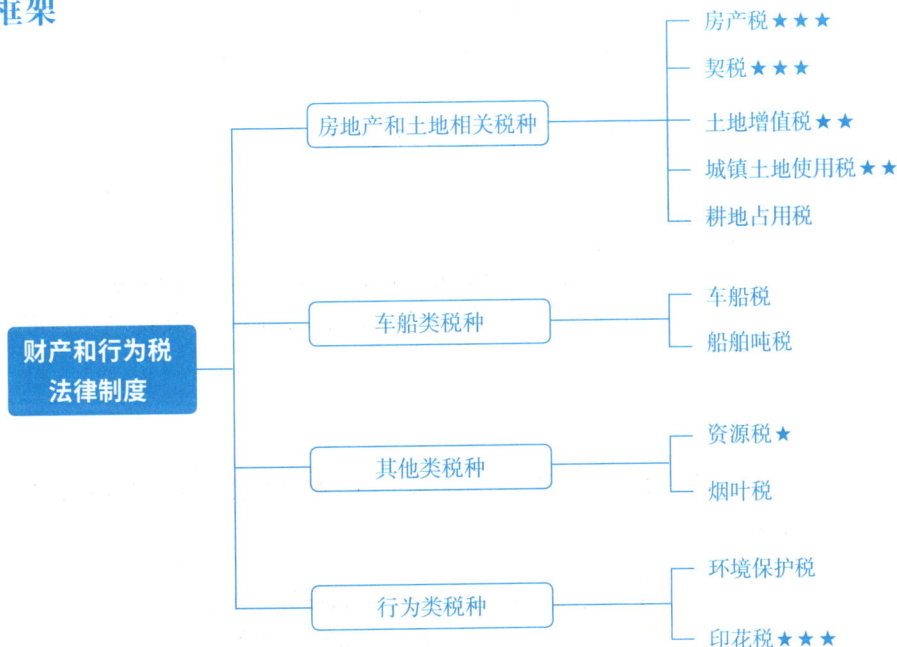

第一节 房产税法律制度

房产税，是以房产为征税对象，按照房产的计税价值或房产租金收入向产权所有人征收的一种税。

一、房产税纳税人

房产税的纳税人，是指在我国城市、县城、建制镇和工矿区内拥有房屋产权的单位和个人。具体见表 6-1。

表 6-1　　　　　　　　　　　房产税纳税人

具体情形	纳税人
产权属于国家所有	经营管理单位
产权属于集体和个人所有	集体单位和个人
产权出典	承典人
产权所有人、承典人均不在房产所在地	房产代管人或者使用人
产权未确定、租典纠纷未解决	房产代管人或者使用人
应税单位和个人无租使用其他单位的房产	使用人代缴

【例 6-1·单选题·2012】关于房产税纳税人的下列表述中，不符合法律制度规定的是（　　）。
A. 房屋出租的，承租人为纳税人
B. 房屋产权所有人不在房产所在地的，房产代管人为纳税人
C. 房屋产权属于国家的，其经营管理单位为纳税人
D. 房屋产权未确定的，房产代管人为纳税人
【答案】A
【解析】选项 A，房屋产权所有人（出租人）为纳税人。

二、房产税征税范围

1. 房产税的征税范围：城市、县城、建制镇和工矿区（不包括农村）的房屋。
2. 不属于房产税的征税对象：独立于房屋之外的建筑物，如围墙、烟囱、水塔、菜窖、室外游泳池等。

敲黑板

对于房地产开发企业建造的商品房，在出售前，不征收房产税，但对出售前已经使用或出租、出借的商品房征收房产税。

【例 6-2·单选题·2022】下列建筑物中，属于房产税征税范围的是（　　）。
A. 位于农村的菜窖　　　　　　　　B. 位于县城的厂房

C. 位于市区的室外游泳池　　　　　　　　D. 位于工矿区的独立烟囱

【答案】B

【解析】选项 A，房产税的征税范围为城市、县城、建制镇和工矿区的房屋，不包含农村；选项 CD，独立于房屋之外的建筑物，如围墙、烟囱、水塔、菜窖、室外游泳池等不属于房产税的征税对象。

【例 6-3·判断题·2016】房地产开发企业建造的商品房，出售前已使用或出租、出借的，不缴纳房产税。（　　）

【答案】×

【解析】房地产开发企业建造的商品房，在出售之前不征收房产税；但对出售前房地产开发企业已经使用、出租、出借的商品房应当征收房产税。

三、房产税税率

表 6-2　　　　　　　　　　　　　　　房产税税率

计价方法	适用情况	税率
从价计征	自有房产用于生产经营	1.2%
从租计征	出租非居住的房产取得租金收入	12%
	① 个人出租住房（不分出租后用途） ② 单位按"市场价格"向"个人"出租用于"居住"的住房	4% （优惠税率）

【例 6-4·单选题·2020】根据房产税法律制度的规定，下列房屋中，不属于房产税免税项目的是（　　）。

A. 公园管理部门自用的办公用房　　　　B. 居民个人出租的市区住房
C. 国家机关自用的房产　　　　　　　　D. 军队自用的房产

【答案】B

【解析】选项 B，个人出租住房，按 4% 的税率征收房产税。

四、房产税计税依据

（一）从价计征的房产税的计税依据

1. 从价计征的房产税，以房产原值一次减除 10%～30% 后的余值为计税依据。

（1）房产原值，是指纳税人按照会计制度规定，在账簿固定资产科目中记载的房屋原价（不减除折旧）。

（2）房产余值 = 房产原值 ×（1-扣除比例）

（3）房屋附属设备和配套的计税规定：

① 凡以房屋为载体，不可随意移动的附属设备和配套设施，如给排水、采暖、消防、中央空调、电气及智能化楼宇设备等，无论在会计核算中是否单独记账与核算，都应计入房产原值，计征房产税。

② 纳税人对原有房屋进行改建、扩建的，要相应增加房屋的原值。

③ 更改房屋附属设备和配套设施的，在将其价值计入房产原值时，可扣减原来相应设备和设施的价值。对附属设备和配套设施中易损坏、需要经常换的零配件，更新后不再计入房产原值。

（4）对于投资联营的房产的计税规定：

① 对以房产投资联营，投资者**参与投资利润分红、共担风险**的，按**房产余值**作为计税依据计缴房产税。

② 对以房产投资**收取固定收入，不承担联营风险**的，实际上是以联营名义取得房产租金，应以出租方取得的**租金收入**为计税依据计缴房产税。

（5）融资租赁：由**承租人**以**房产余值**计征房产税（从价计征）。

（6）居民住宅区内业主共有的经营性房产的计税规定。

从 2007 年 1 月 1 日起，对居民住宅区内业主共有的经营性房产，由实际经营（包括自营和出租）的代管人或使用人缴纳房产税。其中：

① **自营的**依照房产原值减除 10%~30% 后的**余值计征**，没有房产原值或不能将业主共有房产与其他房产的原值准确划分开的，由房产所在地税务机关参照同类房产核定房产原值。

② **出租**房产的，按照**租金收入**计征。

（二）从租计征的房产税的计税依据：不含增值税的租金收入

房产出租的，以房屋出租取得的租金收入为计税依据，计缴房产税。计征房产税的租金收入不含增值税。

【例 6-5·判断题·2020】对以房产投资联营，投资者参与投资利润分红、共担风险的，按房产余值作为计税 依据计缴房产税。（　　）

【答案】√

【解析】"共担风险"——真投资，从价计征房产税，以房产余值为计税依据；"收取固定收入、不承担经营风险"——假投资，视为租赁，从租计征房产税，以出租方取得的不含增值税的租金收入为计税依据。

五、房产税应纳税额的计算

表 6-3　　　　　　　　　　　　　　　房产税应纳税额的计算

计征方式	应纳税额
从价计征	全年应纳税额 = 应税房产原值 × （1-扣除比例）× 1.2%
从租计征	年应纳税额 = 不含增值税的租金收入 × 12%（或 4%）

名师说

　　扣除比例的幅度 10%~30%，具体减除幅度由省、自治区、直辖市人民政府规定，考试不需要记忆，题目会给出。

【例 6-6·单选题·2021】甲公司为增值税一般纳税人，2018 年 12 月在原值 1000 万元的厂房里安装了一台价值 80 万元的电梯，已通过验收并投入使用，该电梯与厂房不可分割，已知房产税从价计征税率1.2%，当地规定的房产原值扣除比例为30%。甲公司2019年度该厂房应缴纳房产税税额为（ ）。

A. 12.96万元

B. 9.072万元

C. 12万元

D. 8.4万元

【答案】B

【解析】房产原值应包括与房屋不可分割的各种附属设备或一般不单独计算价值的配套设施。甲公司2019年度该厂房应缴纳房产税税额 =（1000+80）×（1-30%）×1.2% = 9.072万元。

【例6-7·单选题·2022】甲企业拥有一处房产自用，该房产原值1 200万元，已计提折旧100万元。该房产于2020年12月更换了监控系统，新系统价值60万元，原系统价值20万元。已知房产原值减除比例为30%；房产税从价计征税率为1.2%。计算甲企业该房产2021年度应缴纳房产税税额的下列算式中，正确的是（ ）。

A.（1 200-100+60）×（1-30%）×1.2% = 9.74（万元）

B.（1 200+60）×1.2% = 15.12（万元）

C.（1 200+100+60）×（1-30%）×1.2% = 11.42（万元）

D.（1 200-20+60）×（1-30%）×1.2% = 10.42（万元）

【答案】D

【解析】（1）房产原值，是指纳税人按照会计制度规定，在账簿固定资产科目中记载的房屋原价（不扣减折旧额）；（2）对更换房屋附属设备和配套设施的，在将其价值计入房产原值时，可扣减原来相应设备和设施的价值；（3）从价计征房产税的，年应纳税额 = 应税房产原值 ×（1-扣除比例）×1.2% =（1 200-20+60）×（1-30%）×1.2% = 10.42（万元）。

【例6-8·单选题·2019】2018年，甲公司将一幢办公楼出租，取得含增值税租金92.43万元。已知增值税征收率为5%。房产税从租计征的税率为12%，下列关于甲公司2018年出租办公楼应缴纳房产税税额的计算中正确的是（ ）。

A. 92.43÷（1+5%）×12% = 10.56（万元）

B. 92.43÷（1+5%）÷（1-12%）×12% = 12（万元）

C. 92.43÷（1-12%）×12% = 12.6（万元）

D. 92.43×12% = 11.0916（万元）

【答案】A

【解析】房产税从租计征，应纳税额 = 租金收入（不含增值税）×12%。

【例6-9·单选题·2015】甲企业2014年年初拥有一栋房产，房产原值1 000万元，3月31日将其对外出租，租期1年，每月收取不含税租金1万元。已知房产税税率从价计征的为1.2%，从租计征的为12%，当地省政府规定计算房产余值的减除比例为30%。2014年甲企业上述房产应缴纳房产税税额的下列计算中，正确的是（ ）。

A. 9×12% = 1.08（万元）

B. 1000×（1-30%）×1.2%÷12×3+1×9×12% = 3.18（万元）

C. 1000×（1-30%）×1.2%÷12×4+1×8×12% = 3.76（万元）

D. 1000×（1-30%）×1.2% = 8.4（万元）

【答案】B

【解析】甲企业经营用房产于3月31日对外出租，则2014年1～3月份应从价计征房产税，房产税按年计算，则从价计征的房产税 = 1000×（1-30%）×1.2%÷12×3 = 2.1（万元）；2014

年4～12月份应从租计征房产税，收取9个月的不含增值税的租金共计9万元，则从租计征的房产税 = 9 × 12% = 1.08（万元）；2014年甲企业上述房产应缴纳房产税税额 = 2.1+1.08 = 3.18（万元）。

六、房产税税收优惠（2023年调整）

（一）非营利机构自用房产免征房产税

1. 国家机关、人民团体、军队自用的房产免征房产税，自2004年8月1日起，对军队空余房产租赁收入暂免征收房产税。

2. 由国家财政部门拨付事业经费（全额或差额）的单位（学校、医疗卫生单位、托儿所、幼儿园、敬老院以及文化、体育、艺术类单位）所有的、本身业务范围内使用的房产免征房产税。

上述单位所属的附属工厂、商店、招待所等不属于单位公务、业务的用房，应照章纳税。

3. 宗教寺庙、公园、名胜古迹自用的房产免征房产税。

宗教寺庙、公园、名胜古迹中附设的营业单位，如影剧院、饮食部、茶社、照相馆等所使用的房产及出租的房产，不属于免税范围，应照章征税。

4. 对高校学生公寓免征房产税。

5. 对非营利性医疗机构、疾病控制机构和妇幼保健机构等卫生机构自用的房产，免征房产税。

6. 老年服务机构自用的房产免征房产税。

> 🎯 **敲黑板**
>
> 上述免税房产强调特定主体特定用途，用途为"自用"、"本身业务范围内使用"才能享受免税优惠；如为"出租房产"、"非本身业务范围内使用房产"应当照章纳税。

7. 对公共租赁住房免征房产税。公共租赁住房经营单位应单独核算公共租赁住房租金收入，未单独核算的，不得享受免征房产税优惠政策。

对廉租住房经营管理单位按照政府规定价格、向规定保障对象出租廉租住房的租金收入，免征房产税。

对个人出租住房，不区分用途，按4%的税率征收房产税；对企事业单位、社会团体以及其他组织按市场价格向个人出租用于居住的住房，减按4%的税率征收房产税。

8. 体育场馆的房产税优惠政策。

（1）国家机关、军队、人民团体、财政补助事业单位、居民委员会、村民委员会拥有的体育场馆，用于体育活动的房产，免征房产税。

（2）经费自理事业单位、体育社会团体、体育基金会、体育类民办非企业单位拥有并运营管理的体育场馆，符合相关条件的，其用于体育活动的房产，免征房产税。

（3）企业拥有并运营管理的大型体育场馆，其用于体育活动的房产，减半征收房产税。注：享受上述税收优惠体育场馆的运动场地用于体育活动的天数不得低于全年自然天数的70%。

9. 自2019年1月1日至2023年供暖期结束，对向居民供热收取采暖费的供热企业，为居民供热所使用的厂房免征房产税；对供热企业的其他厂房，应按照规定征收房产税。对专业供热企业，按其向居民供热取得的采暖费收入占全部采暖费收入的比例，计算免征的房产税。

10. 自 2021 年 10 月 1 日起，对企事业单位、社会团体以及其他组织向个人、专业化规模化住房租赁企业出租住房的，减按 4% 的税率征收房产税。

11. 2022 年 1 月 1 日至 2024 年 12 月 31 日，由省、自治区、直辖市人民政府根据本地区实际情况，以及宏观调控需要确定，对增值税小规模纳税人、小型微利企业和个体工商户可以在 50% 的税额幅度内减征房产税。

（二）个人所有非营业用的房产免征房产税

对个人拥有的营业用房或者出租的房产，不属于免税房产，应照章征税。

（三）经财政部批准免税的其他房产

1. 毁损不堪居住的房屋和危险房屋，经有关部门鉴定，在停止使用后，可免征房产税。

2. 纳税人因房屋大修导致连续停用半年以上的，在房屋大修期间免征房产税。

3. 在基建工地为基建工地服务的各种工棚、材料棚、休息棚和办公室、食堂、茶炉房、汽车房等临时性房屋：

施工期间，一律免征房产税。

工程结束后，施工企业将这种临时性房屋交还或估价转让给基建单位的，应从基建单位接收的次月起，照章纳税。

4. 对房管部门经租的居民住房，在房租调整改革之前收取租金偏低的，可暂缓征收房产税。对房管部门经租的其他非营业住房，是否给予照顾，由各省、自治区、直辖市根据当地具体情况按税收管理体制的规定办理。

【例 6-10·单选题·2019】根据房产税法律制度的规定，下列房产中，应缴纳房产税的是（　）。

A. 国家机关自用的房产

B. 名胜古迹自用的办公用房

C. 个人拥有的市区经营性用房

D. 老年服务机构自用的房产

【答案】C

【解析】个人所有非营业用的房产免征房产税，经营性用房照常纳税。

【例 6-11·单选题·2021（改编）】根据房产税法律制度的规定，下列各项中，免征房产税的是（　）。

A. 国家机关用于出租的房产

B. 企业拥有并运营管理的体育场馆

C. 公园中附设的饮食部所使用的房产

D. 公立高校的教学楼

【答案】D

【解析】选项 A，国家机关自用的房产免征房产税；选项 B，企业拥有并运营管理的大型体育场馆，其用于体育活动的房产，减半征收房产税；选项 C，宗教寺庙、公园、名胜古迹"自用"的房产免征房产税。

七、房产税征收管理

（一）纳税义务发生时间

表6-4   纳税义务发生时间

情形	纳税义务发生时间
将原有房产用于生产经营	从生产经营之月起
自行新建房屋用于生产经营	从建成之次月起
委托施工企业建设的房屋	从办理验收手续之次月起
购置新建商品房	自房屋交付使用之次月起
购置存量房	自办理房屋权属转移、变更登记手续，房地产权属登记机关签发房屋权属证书之次月起
出租、出借房产	自交付出租、出借房产之次月起
房地产开发企业自用、出租、出借本企业建造的商品房	自房屋使用或交付之次月起
因房产的实物或权利状态发生变化而依法终止房产税纳税义务的	其应纳税款的计算截止到房产的实物或权利状态发生变化的当月末

【例6-12·多选题·2018】根据《房产税暂行条例》的规定，下列各项中，不符合房产税纳税义务发生时间规定的有（　　）。

A.纳税人将原有房产用于生产经营，从生产经营之次月起，缴纳房产税

B.纳税人自行新建房屋用于生产经营，从建成之次月起，缴纳房产税

C.纳税人委托施工企业建设的房屋，从办理验收手续之月起，缴纳房产税

D.纳税人购置新建商品房，自房屋交付使用之次月起，缴纳房产税

【答案】AC

【解析】选项A，纳税人将原有房产用于生产经营，从生产经营之月起，缴纳房产税，选项C，纳税人委托施工企业建设的房屋，从办理验收手续之次月起，缴纳房产税。

（二）纳税地点的确定

房产税在房产所在地缴纳。房产不在同一地方的纳税人，应按房产的坐落地点分别向房产所在地的税务机关申报纳税。

（三）纳税期限的确定

房产税实行"按年计算、分期缴纳"的征收方法，具体纳税期限由省、自治区、直辖市人民政府确定。

第二节 契税法律制度

契税，是指国家在土地、房屋权属转移时，按照当事人双方签订的合同（契约）以及所确定价格的一定比例，向权属承受人征收的一种税。

一、契税纳税人

契税的纳税人，是指在我国境内承受（受让、购买、受赠、互换等）土地、房屋权属转移的单位和个人。

二、契税征税范围

表6-5   契税征税范围

分类	具体情形
一般情况	①土地使用权出让； ②土地使用权转让（包括出售、赠与、交换） 【提示】土地使用权的转让不包括土地承包经营权和土地经营权的转移。 ③房屋买卖、赠与、交换。
视同发生应税行为	①以作价投资（入股）、偿还债务、划转、奖励等方式转移土地、房屋权属； ②土地使用权受让人通过完成转让方约定的投资额度或投资特定项目，以此获取低价转让或无偿赠与土地使用权； ③公司增资扩股中，以土地、房屋权属作价入股或作为出资投入企业； ④企业破产清算期间，非债权人承受破产企业土地、房屋权属； ⑤因共有不动产份额变化发生土地、房屋权属转移； ⑥因共有人增加或减少发生土地、房屋权属转移； ⑦因人民法院、仲裁委员会的生效法律文书或者监察机关出具的监察文书等因素，发生土地、房屋权属转移
不属于征税范围	①农村集体土地承包经营权的转移； ②土地、房屋典当，分拆（分割），抵押以及出租等行为

【例6-13·单选题·2021】根据契税法律制度的规定，下列各项中，属于契税纳税人的是（　　）。

A.继承父母车辆的子女

B.转让土地使用权的企业

C.出租自有住房的个人

D.受赠房屋权属的个体工商户

【答案】D

【解析】选项A，"车辆"不属于契税的征税范围；选项B，契税纳税人为"承受方"，转让方不缴纳契税；选项C，土地、房屋典当、分拆（分割）、抵押以及出租等行为，不属于契税的征税范围。

【例 6-14·单选题·2021】根据契税法律制度的规定，下列各项中，不属于契税征税范围的是（　　）。

A.房屋买卖　　　　　　　　　　　B.房屋互换

C.房屋出租　　　　　　　　　　　D.房屋赠与

【答案】C

【解析】契税以在我国境内转移土地、房屋权属的行为作为征税对象。土地、房屋权属未发生转移的（如房屋出租），不征收契税。

【例 6-15·单选题·2022】2018年陈某继承父母的一套住房，当年与王某结婚并在不动产权证书上增加王某的姓名。2021年陈某与王某将该套住房转让给李某，随后李某将该套住房出租给郑某。上述事项中，契税的纳税人是（　　）。

A.李某　　　　　　　　　　　　　B.王某

C.陈某　　　　　　　　　　　　　D.郑某

【答案】A

【解析】（1）契税的纳税人，是指在我国境内承受土地、房屋权属转移的单位和个人。李某购买该套住房，为契税的纳税人。（2）出租该套住房，权属未发生转移，不缴纳契税。（3）婚姻关系存续期间夫妻之间变更土地、房屋权属，法定继承人通过继承承受土地、房屋权属，免征契税。陈某与王某免征契税。

三、契税税率

采用比例税率，实行 3%～5% 的幅度税率。

> **敲黑板**
>
> 考试会直接给出税率。

四、契税计税依据

1.土地使用权出让、土地使用权出售、房屋买卖，以不含增值税的成交价格作为计税依据。

2.土地使用权赠与、房屋赠与，由征税机关参照土地使用权出售、房屋买卖的"市场价格"确定。

3.土地使用权交换、房屋交换，以交换土地使用权、房屋的"价格差额"作为计税依据。

> **敲黑板**
>
> 1.交换价格不相等的，由多交付货币的一方缴纳契税；交换价格相等的，免征契税。
>
> 2."交换"行为是指房房、地地、房地互换，"以房抵债"和"以房易货"均属于买卖行为。

【例 6-16·多选题·2021】根据契税法律制度的规定，下列各项中，属于契税纳税人的有（　　）。

A.房屋买卖的出售方　　　　　　　B.房屋赠与的受赠方

C. 房屋互换支付差价方　　　　　　　　D. 房屋租赁的承租方

【答案】BC

【解析】选项 ABD，在我国境内转移土地、房屋权属，承受的单位和个人为契税的纳税人；选项 C，土地使用权交换、房屋交换，由多交付货币、实物、其他经济利益的一方纳税。

【例 6-17·单选题·2022】陈某借款 200 万元给王某，王某到期无力偿还，把名下一套房以 160 万元抵偿债务，剩下 40 万元以现金支付。陈某取得该套住房时应缴纳契税的计税依据为（　　）。

A. 100 万元　　　　　　　　　　　　　B. 236.4 万元

C. 160 万元　　　　　　　　　　　　　D. 200 万元

【答案】C

【解析】以偿还债务的方式转移房屋权属的，应当视同房屋买卖行为征收契税，以成交价格作为计税依据。本题中，房屋的成交价格为 160 万元，因此，陈某在计算缴纳契税时的计税依据是 160 万元。

（4）以划拨方式取得土地使用权不同处理方式下的计税依据

类别	处理方式		计税依据
以划拨方式取得的土地使用权	改为出让方式重新取得土地使用权		补缴的土地出让价款
	转让房地产	划拨土地性质改为出让	补缴的土地出让价款和房地产权属转移合同确定的成交价格
		划拨土地性质未改变	房地产权属转移合同确定的成交价格

（5）核定价格

对纳税人申报的成交价格、互换价格明显偏低且无正当理由的，由税务机关参照市场价格，采用房地产价格评估等方法依法核定计税价格。

五、契税应纳税额的计算

应纳税额 = 计税依据 × 税率

【例 6-18·单选题·2020】2019 年 10 月，甲广告公司从乙公司购入一处写字楼，支付不含增值税价款 500 万元。该写字楼乙公司账面原值 300 万元，已提折旧 75 万元。已知：契税税率为 4%。计算甲广告公司当月该笔业务应缴纳契税税额的下列算式中，正确的是（　　）。

A. 300×4% = 12（万元）

B. 500×4% = 20（万元）

C. [500-（300-75）]×4% = 11（万元）

D. （300-75）×4% = 9（万元）

【答案】B

【解析】房屋买卖，契税应以不含增值税的成交价格（500 万元）为计税依据。

【例 6-19·单选题·2019】2018 年 5 月，张某获得县人民政府奖励住房一套，经税务机关核定该住房价值 80 万元。张某对该住房进行装修，支付装修费用 5 万元。已知契税适用税率为 3%。计算张某应缴纳契税税额的下列算式中，正确的是（　　）。

A.（80+5）×3% = 2.55（万元）

B. 80×3% = 2.4（万元）

C.（80+5）×（1+3%）×3% = 2.6265（万元）

D.（80−5）×3% = 2.25（万元）

【答案】B

【解析】以获奖方式承受的房屋需要缴纳契税，计税价格由税务机关核定，不包括后期的装修费用，所以张某应缴纳的契税 = 80×3% = 2.4（万元）

六、契税税收优惠（2023 年调整）

（一）法定免税的情形

1. 国家机关、事业单位、社会团体、军事单位承受土地、房屋用于办公、教学、医疗、科研和军事设施。

2. 非营利性的学校、医疗机构、社会福利机构承受土地、房屋权属用于办公、教学、医疗、科研、养老、救助。

3. 承受荒山、荒地、荒滩土地使用权，用于农、林、牧、渔业生产。

4. 婚姻关系续存期间夫妻之间变更土地、房屋权属。

5. 法定继承人通过继承承受土地、房屋权属。

6. 依照法律规定应当予以免税的外国驻华使馆、领事馆和国际组织驻华代表机构承受土地、房屋权属。

（二）省、自治区、直辖市可以决定免征或减征契税的情形

（1）因土地、房屋被县级以上人民政府征用、征收后，重新承受土地、房屋权属。

（2）因不可抗力灭失住房，重新承受住房权属。

🎯 **敲黑板**

> 经批准减征、免征契税的纳税人，改变有关土地、房屋的用途的，就不再属于减征、免征契税范围，并且应当补缴已经减征、免征的税款。

（三）临时减免税情形

1. 夫妻因离婚分割共同财产发生土地、房屋权属变更的，免征契税。

2. 城镇职工按规定第一次购买公有住房，免征契税。公有制单位为解决职工住房而采取集资建房方式建成的普通住房或由单位购买的普通商品住房，经县级以上地方人民政府房改部门批准、按照国家房改政策出售给本单位职工的，如属职工首次购买住房，比照公有住房免征契税。已购公有住房经补缴土地出让价款成为完全产权住房的，免征契税。

3. 外国银行分行按照《中华人民共和国外资银行管理条例》等相关规定改制为外商独资银行（或其分行），改制后的外商独资银行（或其分行）承受原外国银行分行的房屋权属的，免征契税。

4. 自 2021 年 1 月 1 日至 2023 年 12 月 31 日，企业、事业单位改制重组执行如表 6-6 的契税政策。

表 6-6   临时减免税情形

行为	具体情况	优惠政策
企业改制	包括非公司制企业改制为有限责任公司或股份有限公司,有限责任公司变更为股份有限公司,股份有限公司变更为有限责任公司,原企业投资主体存续并在改制后的公司中所持股份的比例超过75%。且改制后公司承继原企业权利、义务的,对改制后公司承受原企业土地、房屋权属	免征
事业单位改制	事业单位按照国家有关规定改制为企业,原投资主体存续并在改制后企业中出资比例超过50%的,对改制后企业承受原事业单位土地、房屋权属	免征
公司合并	两个或两个以上的公司,按照规定合并为一个公司。且原投资主体存续的,对合并后的公司承受原合并各方的土地,房屋权属	免征
公司分立	公司按规定分设两个或两个以上与原公司投资主体相同的公司,对分立后公司承受原公司土地、房屋权属	免征
企业破产	企业依照有关法律法规实施破产,债权人(包括破产企业职工)承受破产企业抵偿债务的土地,房屋权属	免征
	对非债权人承受破产企业土地、房屋权属,凡按照《中华人民共和国劳动法》等国家有关法律法规政策妥善安置原企业全部职工,与原企业全部职工签订服务年限不少于3年的劳动用工合同的,对其承受所购企业土地、房屋权属	免征
	对非债权人承受破产企业土地、房屋权属,按规定妥善安置原企业全部职工,与原企业超过30%的职工签订服务年限不少于3年的劳动用工合同的,对其承受所购企业土地、房屋权属	减半征收
资产划转	对承受县级以上人民政府或国有资产管理部门按规定进行行政性调整、划转国有土地、房屋权属的单位	免征
	同一投资主体内部所属企业间土地、房屋权属的划转,包括母公司与其全资子公司之间,同一公司所属全资子公司之间,同一自然人与其设立的个人独资企业、一人有限公司之间土地、房屋权属的划转[提示]母公司以土地,房屋权属向其全资子公司增资,视同划转,免征契税	
债权转股权	经国务院批准实施债权转股权的企业,对债权转股权后新设立的公司承受原企业的土地、房屋权属	免征
划拨用地出让或作价出资	以出让方式或国家作价出资(入股)方式承受原改制重组企业、事业单位划拨用地的	对承受方征税
公司股权(股份)转让	在股权(股份)转让中,单位、个人承受公司股权(股份),公司土地、房屋权属不发生转移	不征收

七、契税征收管理

(一)纳税义务发生时间

契税的纳税义务发生时间是纳税人签订土地、房屋权属转移合同的当日。或者纳税人取得其他具有土地、房屋权属转移合同性质凭证的当日。

1.特殊情形下纳税义务发生时间(表6-7)

表 6-7   特殊情形下纳税义务发生时间

情形	纳税义务发生时间
人民法院，仲裁委员会的生效法律文书发生土地，房屋权属转移	法律文书生效当日
改变土地，房屋用途	改变有关土地，房屋用途当日
改变土地性质，容积率等土地使用条件	改变土地使用条件当日

发生上述情形，按规定不再需要办理房屋，土地权属登记的，纳税人应自纳税义务发生之日起 90 日内申报缴纳契税。

（二）纳税地点

向土地，房屋所在地的税务机关申报纳税。

第三节 土地增值税法律制度

一、土地增值税纳税人

土地增值税的纳税人为转让国有土地使用权、地上建筑物及其附着物并取得收入的单位和个人。

> 🎯 **敲黑板**
>
> 土地增值税的纳税人为房地产的**转让方**，受让方不征税。

二、土地增值税征税范围

（一）一般规定

1. 土地增值税只对转让国有土地使用权的行为征税，对**出让国有土地使用权**的行为**不征税**。

2. 土地增值税既对转让土地使用权的行为征税，也对转让地上建筑物及其他附着物产权的行为征税。

（二）特殊规定

表 6-8   土地增值税征税范围特殊规定

具体情形		是否征税
房地产的继承	—	不属于征税范围
房地产的赠与	房产所有人、土地使用权所有人将房屋产权、土地使用权赠与直系亲属或承担直接赡养义务人	不属于征税范围
	房产所有人、土地使用权所有人通过中国境内非营利的社会团体、国家机关将房屋产权、土地使用权赠与教育、民政和其他社会福利、公益事业的	不属于征税范围

（续表）

	具体情形	是否征税
	除此以外的赠与	征税
企业改制重组	企业发生整体改制的（不改变原企业的投资主体，并承继原企业权利、义务），对改制前的企业将国有土地使用权、地上的建筑物及其附着物（简称"房地产"）转移、变更到改制后的企业	暂不征土地增值税
	按照法律规定或者合同约定，两个或两个以上企业合并为一个企业，且原企业投资主体存续的，对原企业将房地产转移、变更到合并后的企业	暂不征土地增值税
	按照法律规定或者合同约定，企业分设为两个或两个以上与原企业投资主体相同的企业，对原企业将房地产转移、变更到分立后的企业	暂不征土地增值税
	单位、个人在改制重组时以房地产价作为入股投资、对其将房地产转移、变更到被投资的企业	暂不征土地增值税
	上述改制重组业务任意一方如为房地产开发企业	征税
房地产的出租	—	不属于征税范围
房地产的抵押	在抵押期间	不属于征税范围
	抵押期满后，对于以房地产抵债而发生房地产权属转让的	征税
房地产的交换	个人之间互换自有居住用房地产的	免征
	除此以外的房地产交换	征税
合作建房	对于一方出地，另一方出资金，双方合作建房，建成后按比例分房自用的	免征
	建成后转让的	征税
房地产的代建房行为		不属于征税范围
房地产的重新评估		不属于征税范围

【例 6-20·判断题·2021】双方合作建商品房，建成后转让的，应征收土地增值税。（　）

【答案】√

【解析】对于一方出地，另一方出资金，双方合作建房，建成后按比例分房"自用"的，暂免征收土地增值税；建成后"转让"的，应征收土地增值税。

【例 6-21·判断题·2021】房地产重新评估，不属于土地增值税纳税范围。（　）

【答案】√

【解析】对房地产进行重新评估而产生的评估增值，因其既没有发生房地产权属的转移，房产产权、土地使用权人也未取得收入，所以不属于土地增值税的征税范围。

【例 6-22·单选题·2021】根据土地增值税法律制度的规定，下列情形中，应征收土地增值税的是（　）。

A.李某继承房屋所有权　　　　　　　　B.甲地板厂将厂房抵押，尚处于抵押期间

C.乙房地产开发公司将办公楼出租　　　D.丙水泥厂有偿转让国有土地使用权

【答案】D

【解析】BC 所有权未发生变动，不需要缴纳土地增值税。土地增值税只对有偿转让的房地产

征税，对以继承、赠与等方式无偿转让的房地产，不予征税。

【例6-23·判断题·2020】房产所有人将房屋产权赠与直系亲属的行为，不征收土地增值税。（　　）

【答案】√

【解析】房产所有人、土地使用权所有人将房屋产权、土地使用权赠与直系亲属或承担直接赡养义务人的行为不征收土地增值税。

【例6-24·单选题·2019】根据土地增值税法律制度的规定，下列各项中，属于土地增值税纳税人的是（　　）。

　　A.出售房屋的企业　　B.购买房屋的个人　　C.出租房屋的个人　　D.购买房屋的企业

【答案】A

【解析】土地增值税的纳税人为转让国有土地使用权、地上建筑物及其附着物（简称"转让房地产"）并取得收入的单位和个人。选项BD，属于受让方，不缴纳土地增值税；选项C，所有权未发生转移，不属于土地增值税的征税范围。

三、土地增值税税率

表6-9　　　　　　　　　　　　　　　　　土地增值税税率

级数	增值额与扣除项目的比例	税率（%）	速算扣除系数（%）
1	不超过50%的部分	30	0
2	超过50%至100%的部分	40	5
3	超过100%至200%的部分	50	15
4	超过200%的部分	60	35

【例6-25·判断题·2022】土地增值税采用四级超率累进税率，其中最低税率为20%，最高税率为60%。（　　）

【答案】×

【解析】土地增值税采用四级超率累进税率，其中最低税率为30%，最高税率为60%。

四、土地增值税应纳税额的计算

1.计算步骤

第一步：增值额 = 房地产转让收入 − 扣除项目金额

第二步：增值率 = 增值额 ÷ 扣除项目金额 × 100%

第三步：根据计算出的增值率，确定适用税率

第四步：应纳税额 = 增值额 × 适用税率 − 扣除项目金额 × 速算扣除系数

【例6-26·单选题·2019】2018年6月，甲公司销售自行开发的房地产项目，取得不含增值税收入10 000万元，准予从房地产转让收入中减除的扣除项目金额为6 000万元，已知土地增值税适用税率为40%，速算扣除数为5%，计算甲公司该笔业务应缴纳土地增值税税额的下列算式中，正确的是（　　）。

　　A.（10 000−6 000）×40%−6 000×5% = 1 300（万元）

　　B.10 000×40% = 4 000（万元）

C. 10 000×40%−6 000×5% = 3 700（万元）

D.（10 000−6 000）×40%+6 000×5% = 1 900（万元）

【答案】A

【解析】增值额 = 房地产转让收入−扣除项目金额

土地增值税应纳税额 = 增值额 × 适用税率−扣除项目金额 × 速算扣除系数

【例 6−27·单选题·2020】2019 年 9 月，甲房地产开发公司销售自行开发的一处住宅项目，取得不含增值税价款 8 000 万元，扣除项目金额 5 000 万元。已知，土地增值税税率为 40%，速算扣除系数为 5%。计算甲房地产开发公司销售该住宅项目应缴纳土地增值税的下列算式中，正确的是（　　）。

A. 8 000×40% = 3 200（万元）

B.（8 000−5 000）×（40%−5%）= 1 050（万元）

C.（8 000−5 000）×40%×5% = 60（万元）

D.（8 000−5 000）×40%−5 000×5% = 950（万元）

【答案】D

【解析】土地增值税应纳税额 = 增值额 × 税率−扣除项目金额 × 速算扣除系数；

增值额 = 不含增值税的房地产转让收入−扣除项目金额。

2. 应税收入的确定：不含增值税收入

3. 扣除项目及其金额

表 6-10　　　　　　　　　　　　　土地增值税扣除项目及金额

转让项目		具体扣除项目	扣除标准
新建项目	房地产开发企业	① 取得土地使用权所支付的金额	据实扣除（土地价款＋契税）
		② 房地产开发成本	包括土地的征用及拆迁补偿费、前期工程费、建筑安装工程费、基础设施费、公共配套设施费、开发间接费用等。
		③ 房地产开发费用（利息明确）	利息＋（①＋②）× 省级政府确定的比例（5% 以内）
		③ 房地产开发费用（利息不明确）	（①＋②）× 省级政府确定的比例（10% 以内）
		④ 与转让房地产有关的税金	城建税、教育费附加、不得抵扣的增值税
		⑤ 加计扣除额	（①＋②）×20%
	非房地产开发企业	同上①＋②＋③＋④（城建税、教育费附加、印花税、不得抵扣的增值税）	
存量项目	房屋	取得评估价格 ① 房屋及建筑物的评估价格	重置成本价 × 成新度折扣率
		② 取得土地使用权所支付的地价款和缴纳的有关费用	
		③ 与转让房地产有关的税金（城建税、教育费附加、印花税、不得抵扣的增值税）	

（续表）

转让项目	具体扣除项目	扣除标准
	不能取得评估价格	按发票所载金额并从购买年度起至转让年度止，每年加计5%计算的金额
		④与转让房地产有关的税金（城建税、教育费附加、印花税、契税、不得抵扣的增值税）【提示】契税不作为加计5%的基数
土地	同上①+④（城建税、教育费附加、印花税、不得抵扣的增值税）	

🎯 **敲黑板**

两项即使明确也不得扣除的利息：
（1）利息的上浮幅度按国家的有关规定执行，超过上浮幅度的部分不允许扣除；
（2）超过贷款期限的利息部分和加罚的利息不允许扣除。

【例6-28·计算题】2×19年，某国有商业企业利用库房空地进行住宅商品房开发，按照国家有关规定补交土地出让金2 840万元，缴纳相关税费160万元；住宅开发成本2 800万元，其中含装修费用500万元；房地产开发费用中的利息支出为300万元（不能提供金融机构证明）；当年住宅全部销售完毕，取得不含增值税销售收入共计9 000万元；缴纳城市维护建设税和教育费附加45万元；缴纳印花税4.5万元。已知：该公司所在省人民政府规定的房地产开发费用的计算扣除比例为10%。计算该企业销售住宅应缴纳的土地增值税税额。

【答案】
（1）住宅销售收入为9 000万元。
（2）确定转让房地产的扣除项目金额包括：
①取得土地使用权所支付的金额=2 840+160=3 000（万元）
②住宅开发成本为2 800万元
③房地产开发费用=（3 000+2 800）×10%=580（万元）
④与转让房地产有关的税金=45+4.5=49.5（万元）
⑤转让房地产的扣除项目金额=3 000+2 800+580+49.5=6 429.5（万元）
（3）转让房地产的增值额=9 000-6 429.5=2 570.5（万元）
（4）增值额与扣除项目金额的比率=2 570.5÷6 429.5≈39.98%
（5）应纳土地增值税税额=2 570.5×30%=771.15（万元）

【例6-29·多选题·2020】根据土地增值税法律制度的规定，下列各项中，在计算土地增值税时，应计入房地产开发成本的有（　　）。
A.公共配套设施费
B.建筑安装工程费
C.取得土地使用权所支付的地价款
D.土地征用及拆迁补偿费
【答案】ABD
【解析】选项C，属于"取得土地使用权所支付的金额"。

【例6-30·单选题·2019】根据土地增值税法律制度的规定，纳税人支付的下列款项中，在计算土地增值税计税依据时，不允许从房地产转让收入额中减除的是（　　）。
A.在转让房地产时缴纳的城市维护建设税

B. 为取得土地使用权所支付的地价款

C. 超过贷款期限的利息部分

D. 开发房地产款项实际发生的土地征用费

【答案】C

【解析】财政部、国家税务总局对扣除项目金额中利息支出的计算问题作了两点专门规定：一是利息的上浮幅度按国家的有关规定执行，超过上浮幅度的部分不允许扣除；二是对于超过贷款期限的利息部分和加罚的利息不允许扣除。

【例 6-31·多选题·2019】根据土地增值税法律制度的规定，下列各项中，在计算土地增值税计税依据时，应列入房地产开发成本的有（　　）。

A. 土地出让金

B. 前期工程费

C. 耕地占用税

D. 公共配套设施费

【答案】BCD

【解析】房地产开发成本包括土地的征用及拆迁补偿费（选项 C）、前期工程费（选项 B）、建筑安装工程费、基础设施费、公共配套设施费（选项 D）、开发间接费用等。选项 A，属于土地成本。

【例 6-32·单选题·2018】2017 年 5 月，某国有企业转让 2009 年 5 月在市区购置的一栋办公楼，取得不含税收入 10 000 万元，签订产权转移书据，相关税费 115 万元，2009 年购买时支付价款 8 000 万元，办公楼经税务机关认定的重置成本价为 12 000 万元，成新率 70%。该企业在缴纳土地增值税时计算的增值额为（　　）万元。

A. 400　　　　　　　B. 1485　　　　　　　C. 1 490　　　　　　　D. 200

【答案】B

【解析】增值额 = 10 000−115−12 000×70% = 1 485（万元）。旧房及建筑物按照评估价格扣除。

【例 6-33·单选题·2022】某市甲生产企业（增值税一般纳税人）2021 年 8 月取得一块土地使用权，支付地价款 200 万元、相关税费 8 万元，委托建筑公司建造房产，支付工程价款 150 万元，为开发房地产向银行借款，支付借款利息 80 万元，该利息支出不能够提供银行贷款证明。已知，房地产开发费用的扣除比例为 8%，则该企业计算土地增值税时，下列计算准予扣除的房地产开发费用算式中，正确的是（　　）。

A. 80+（200+8+150）×8% = 108.64（万元）

B. 80+（200+150）×8% = 108（万元）

C. （200+150）×8% =2 8（万元）

D. （200+8+150）×8% = 28.64（万元）

【答案】D

【解析】①地价和相关税费应据实扣除（地价 + 契税）= 200+8 = 208 万元；②房地产开发成本应据实扣除 150 万元；③房地产开发费用利息不能分摊的情况下扣除限额 =（①+②）×8%，所以准予扣除的房地产开发费用 =（200+8+150）×8% = 28.64（万元）。

1. 计税依据的特殊规定

表6-11   计税依据的特殊规定

具体情况	计税依据
隐瞒、虚报房地产成交价格	评估价格
提供扣除项目金额不实	根据评估价格确定的房产扣除项目金额和该房产所坐落土地取得时的基准地价之和
转让房地产的成交价格低于房地产评估价格，又无正当理由	市场交易价格
非直接销售和自用房地产收入的确定	按下列方法和顺序确定： ① 按本企业在同一地区，同一年度销售的同类房地产的平均价格确定。 ② 由主管税务机关参照当地当年同类房地产的市场价格或评估价值确定

五、土地增值税税收优惠

1.纳税人建造普通标准住宅出售，增值额未超过扣除项目金额20%的，予以免税；超过20%的，应按全部增值额缴纳土地增值税。房地产开发项目中同时包含普通住宅和非普通住宅的，应分别计算土地增值税的税额。

2.因国家建设需要依法征用、收回的房地产，免征土地增值税。因城市实施规划、国家建设需要而搬迁，由纳税人自行转让原房地产的，免征土地增值税。

3.企事业单位、社会团体以及其他组织转让旧房作为公共租赁房房源且增值额未超过扣除项目金额20%的，免征土地增值税。

4.个人转让住房暂免征收土地增值税。

【例6-34·单选题·2018】根据土地增值税法律制度的规定，下列各项中，不属于土地增值税免税项目的是（   ）。

A.居民个人转让住房

B.因国家建设需要被政府批准收回的土地使用权

C.企业出售闲置办公用房

D.因城市规划需要被政府批准征用的房产

【答案】C

【解析】选项A，自2008年11月1日起，对居民个人转让住房一律免征土地增值税；选项BD，因国家建设需要依法征用、收回的房地产，免征土地增值税。

六、土地增值税征收管理

（一）土地增值税的纳税清算

1.符合下列情形之一的，纳税人应当进行土地增值税的清算：

（1）房地产开发项目全部竣工、完成销售的；

（2）整体转让未竣工决算房地产开发项目的；

（3）直接转让土地使用权的。

2. 符合下列情形之一的，主管税务机关<u>可以要求</u>纳税人进行土地增值税清算：

（1）已竣工验收的房地产开发项目，已转让的房地产建筑面积占整个项目可售建筑面积的比例在<u>85%以上</u>，或该比例虽未超过85%，但剩余的可售建筑面积已经<u>出租或自用</u>的；

（2）取得销售（预售）许可证满<u>3年</u>仍未销售完毕的；

（3）纳税人申请注销税务登记但未办理土地增值税清算手续的。

【例6-35·单选题·2014】下列情形中，不属于纳税人应当进行土地增值税清算的是（　　）。

A. 直接转让土地使用权的

B. 房地产开发项目全部竣工并完成销售的

C. 整体转让未竣工决算房地产开发项目的

D. 取得房地产销售（预售）许可证满3年尚未销售完毕的

【答案】D

【解析】选项D属于主管税务机关"可以要求"纳税人进行土地增值税清算的情形。

3. 清算后再转让房地产的处理

土地增值税清算时未转让的房地产，清算后销售或有偿转让的，纳税人应按规定进行土地增值税的纳税申报，扣除项目金额按清算时的单位建筑面积成本费用乘以销售或转让面积计算。

单位建筑面积成本费用 = 清算时的扣除项目总金额 ÷ 清算的总建筑面积。

（二）其他征收管理规定

1. 纳税申报。

（1）纳税人应在转让房地产合同签订后7日内，到房地产所在地主管税务机关办理纳税申报。

（2）纳税人采取预售方式销售房地产的，对在项目全部竣工结算前转让房地产取得的收入，税务机关可以预征土地增值税。

2. 核定征收。

房地产开发企业有下列情形之一的，税务机关可以实行核定征收土地增值税：

（1）依照法律、行政法规的规定应当设置但未设置账簿的；

（2）擅自销毁账簿或者拒不提供纳税资料的；

（3）虽设置账簿，但账目混乱或者成本资料、收入凭证、费用凭证残缺不全，难以确定转让收入或扣除项目金额的；

（4）符合土地增值税清算条件，未按照规定的期限办理清算手续，经税务机关责令限期清算，逾期仍不清算的；

（5）申报的计税依据明显偏低，又无正当理由的。

3. 纳税地点。

土地增值税纳税人发生应税行为应向房地产所在地主管税务机关缴纳税款。

房地产所在地，是指房地产的坐落地。纳税人转让的房地产坐落在两个或两个以上地区的，应按房地产所在地分别申报纳税。

【例6-36·判断题·2022】土地增值税纳税人发生应税行为，应向纳税人登记注册地主管税务机关缴纳土地增值税。（　　）

【答案】×

【解析】土地增值税纳税人发生应税行为应向房地产所在地主管税务机关缴纳税款。

第四节 城镇土地使用税法律制度

城镇土地使用税是国家在城市、县城、建制镇和工矿区范围内，对使用土地的单位和个人，以其实际占用的土地面积为计税依据，按照规定的税额计算征收的一种税。

一、城镇土地使用税纳税人

1. 城镇土地使用税由拥有土地使用权的单位或个人缴纳

2. 拥有土地使用权的纳税人不在土地所在地的，由代管人或实际使用人缴纳

3. 土地使用权未确定或权属纠纷未解决的，由实际使用人纳税

4. 土地使用权共有的，共有各方均为纳税人，以共有各方实际使用土地的面积占总面积的比例，分别计算缴纳城镇土地使用税。

【例 6-37·单选题·2022】根据城镇土地使用税法律制度的规定，下列关于城镇土地使用税纳税人的表述中，不正确的是（   ）。

A. 土地使用权未确定或权属纠纷未解决的，由实际使用人缴纳

B. 拥有土地使用权的纳税人不在土地所在地的，暂不缴纳

C. 土地使用权共有的，共有各方均为纳税人，由共有各方分别缴纳

D. 城镇土地使用税由拥有土地使用权的单位或个人缴纳

【答案】B

【解析】选项 B，拥有土地使用权的纳税人不在土地所在地的，由代管人或实际使用人缴纳。

二、城镇土地使用税征税范围

凡在城市、县城、建制镇、工矿区范围内的土地，不区分国家所有，还是集体所有的土地，都属于城镇土地使用税的征税范围。但不包括农村集体所有的土地。

【例 6-38·单选题·2017】根据城镇土地使用税法律制度的规定，下列土地中，不征收城镇土地使用税的是（   ）。

A. 位于农村的集体所有土地　　　　　B. 位于工矿区的集体所有土地

C. 位于县城的国家所有土地　　　　　D. 位于城市的公园内索道公司经营用地

【答案】A

【解析】凡是"城市、县城、建制镇和工矿区"范围内（不包括农村）的土地，不论是国家所有的土地，还是集体所有的土地，都是城镇土地使用税的征税范围。因此选项 A 符合题意。

三、城镇土地使用税税率

城镇土地使用税采用定额税率，即采用有幅度的差别税额。大城市 1.5~30 元；中等城市 1.2~24 元；小城市 0.9~18 元；县城、建制镇、工矿区 0.6~12 元，每个幅度税额的差距为 **20 倍**，经济落后地区城镇土地使用税的适用税额标准可适当降低，但降低额不得超过上述规定**最低税额的 30%**。

四、城镇土地使用税计税依据

纳税人实际占用的土地面积。具体按以下办法确定：

1. 凡由省级人民政府确定的单位组织测定土地面积的，以测定的土地面积为准。

2. 尚未组织测定，但纳税人持有政府部门核发的土地使用权证书的，以证书确定的土地面积为准。

3. 尚未核发土地使用权证书的，应当由纳税人据实申报土地面积，待核发土地使用权证书后再作调整。

【例 6-39·多选题·2018】根据城镇土地使用税法律制度的规定，下列各项中，可以作为城镇土地使用税计税依据的有（　　）。

A. 省政府确认的单位测定的面积

B. 土地使用证书确认的面积

C. 由纳税人申报的面积为准，核发土地使用证后做调整

D. 税务部门规定的面积

【答案】ABC

【解析】城镇土地使用税的计税依据是纳税人实际占用的土地面积：

① 凡由省级人民政府确定的单位组织测定土地面积的，以测定的土地面积为准。

② 尚未组织测定，但纳税人持有政府部门核发的土地使用证书的，以证书确定的土地面积为准。

③ 尚未核发土地使用证书的，应由纳税人据实申报土地面积，并据以纳税，待核发土地使用证书后再作调整。

五、城镇土地使用税应纳税额的计算

年应纳税额 = 实际占用应税土地面积（平方米）× 适用税率

【例 6-40·单选题·2019】甲商贸公司位于市区，实际占用面积为 5 000 平方米，其中办公区占地 4 000 平方米，生活区占地 1 000 平方米，甲商贸公司还有一个位于农村的仓库，租给公安局使用，实际占用面积为 15 000 平方米，已知城镇土地使用税适用税率每平方米税额为 5 元，计算甲商贸公司全年应缴纳城镇土地使用税税额的下列算式中，正确的是（　　）。

A. 5 000 × 5 = 25 000（元）

B.（5 000+15 000）× 5 = 100 000（元）

C.（4 000+15 000）× 5 = 95 000（元）

D. 4 000 × 5 = 20 000（元）

【答案】A

【解析】城镇土地使用税的征税范围包括在城市、县城、建制镇、工矿区范围内的土地，农村的土地不属于城镇土地使用税的征税范围。

六、城镇土地使用税税收优惠（2023 年调整）

1. 免征城镇土地使用税的用地

（1）国家机关、人民团体、军队自用的土地；

（2）由国家财政部门拨付事业经费的单位自用的土地；

（3）宗教寺庙、公园、名胜古迹自用的土地；

（4）市政街道、广场、绿化地带等公共用地；

（5）直接用于农、林、牧、渔业的生产用地；

（6）经批准开山填海整治的土地和改造的废弃土地，从使用的月份起免缴土地使用税5~10年；

（7）由财政部另行规定免税的能源、交通、水利设施用地和其他用地。

2.城镇土地使用税与耕地占用税的征税范围衔接

凡是缴纳了耕地占用税的，从批准征用之日起**满1年**后征收城镇土地使用税；征用非耕地因不需要缴纳耕地占用税，应从批准征用之次月起征收城镇土地使用税。

3.免税单位与纳税单位之间无偿使用的土地

对免税单位无偿使用纳税单位的土地（如公安、海关等单位使用铁路、民航等单位的土地），免征城镇土地使用税；对纳税单位无偿使用免税单位的土地，纳税单位应照章缴纳城镇土地使用税。

4.房地产开发公司开发建造商品房的用地

房地产开发公司开发建造商品房的用地，除经批准开发建设经济适用房的用地外，对各类房地产开发用地一律不得减免城镇土地使用税。

5.防火、防爆、防毒等安全防范用地

6.企业的铁路专用线、公路等用地

对企业的铁路专用线、公路等用地除另有规定者外，在企业厂区（包括生产、办公及生活区）以内的，应照章征收城镇土地使用税；在厂区以外、与社会公用地段未加隔离的，暂免征收城镇土地使用税。

7.石油天然气（含页岩气、煤层气）生产企业用地

（1）下列石油天然气生产建设用地暂免征收城镇土地使用税：① 地质勘探、钻井、井下作业、油气田地面工程等施工临时用地；② 企业厂区以外的铁路专用线、公路及输油（气、水）管道用地；③ 油气长输管线用地。

（2）在城市、县城、建制镇以外工矿区内的消防、防洪排涝、防风、防沙设施用地，暂免征收城镇土地使用税。

（3）除上述列举免税的土地外，其他油气生产及办公、生活区用地，依照规定征收城镇土地使用税。

（4）享受上述税收优惠的用地，用于非税收优惠用途的，不得享受税收优惠。

8.林业系统用地

（1）对林区的育林地、运材道、防火道、防火设施用地，免征城镇土地使用税；

（2）林业系统的森林公园、自然保护区可比照公园免征城镇土地使用税；

（3）除上述列举免税的土地外，对林业系统的其他生产用地及办公、生活区用地，均应征收城镇土地使用税。

9.盐场、盐矿用地

（1）对盐场、盐矿的生产厂房、办公、生活区用地，应照章征收城镇土地使用税。

（2）盐场的盐滩、盐矿的矿井用地，暂免征收城镇土地使用税。

对盐场、盐矿的其他用地，由各省、自治区、直辖市税务局根据实际情况，确定征收城镇土地使用税或给予定期减征、免税的照顾。

10. 矿山企业用地

矿山的采矿场、排土场、尾矿库、炸药库的安全区，以及运矿运岩公路、尾矿输送管道及回水系统用地，免征城镇土地使用税。

除上述规定外，对矿山企业的其他生产用地及办公、生活区用地，均应征收城镇土地使用税。

11. 电力行业用地

（1）火电厂厂区围墙内的用地均应征收城镇土地使用税，对厂区围墙外的灰场、输灰管、输油（气）管道、铁路专用线用地，免征城镇土地使用税；厂区围墙外的其他用地，应照章征税。

（2）水电站的发电厂房用地，生产、办公、生活用地，应征收城镇土地使用税；对其他用地给予免税照顾。

（3）对供电部门的输电线路用地、变电站用地，免征城镇土地使用税。

12. 水利设施用地

水利设施及其管护用地（如水库库区、大坝、堤防、灌渠、泵站等用地），免征城镇土地使用税；其他用地（如生产、办公、生活用地）应照章征税。

13. 对港口的码头用地，免征城镇土地使用税

14. 民航机场用地

（1）机场飞行区（包括跑道、滑行道、停机坪、安全带、夜航灯光区）用地、场内外通信导航设施用地和飞行区四周排水防洪设施用地，免征城镇土地使用税。

（2）在机场道路中，场外道路用地免征城镇土地使用税；场内道路用地依照规定征收城镇土地使用税。

（3）机场工作区（包括办公、生产和维修用地及候机楼、停车场）用地、生活区用地、绿化用地，均须按照规定征收城镇土地使用税。

15. 老年服务机构自用的土地免征城镇土地使用税

16. 体育场馆的城镇土地使用税优惠政策

（1）国家机关、军队、人民团体、财政补助事业单位、居民委员会、村民委员会拥有的体育场馆，用于体育活动的土地，免征城镇土地使用税。

（2）经费自理事业单位、体育社会团体、体育基金会、体育类民办非企业单位拥有并运营管理的体育场馆，符合相关条件的，其用于体育活动的土地，免征城镇土地使用税。

（3）企业拥有并运营管理的大型体育场馆，其用于体育活动的土地，减半征收城镇土地使用税。

（4）享受上述税收优惠体育场馆的运动场地用于体育活动的天数不得低于全年自然天数的70%。

17. 自2019年1月1日至2023年供暖期结束，对向居民供热收取采暖费的供热企业，为居民供热所使用的土地免征城镇土地使用税；对供热企业其他土地，应当按照规定征收城镇土地使用税。

对专业供热企业，应按其向居民供热取得的采暖费收入占全部采暖费收入的比例，计算免征的城镇土地使用税。

对兼营供热企业，视其供热所使用的土地与其他生产经营活动所使用的土地是否可以区分，按照不同方法计算免征的城镇土地使用税。可以区分的，对其供热所使用土地，按向居民供热取得的采暖费收入占全部采暖费收入的比例，计算免征的城镇土地使用税。难以区分的，对其全部

土地，按向居民供热取得的采暖费收入占其营业收入的比例，计算免征的城镇土地使用税。

对自供热单位，按向居民供热建筑面积占总供热建筑面积的比例，计算免征供热所使用土地的城镇土地使用税。

18. 自 2020 年 1 月 1 日至 2022 年 12 月 31 日，对物流企业自有或承租的大宗商品仓储设施用地，减按所属土地等级适用税额标准的 50% 计征城镇土地使用税。

物流企业的办公、生活区用地以及其他非直接用于大宗商品仓储土地，不属于减税范围，应按规定征收城镇土地使用税。

19. 自 2022 年 1 月 1 日至 2024 年 12 月 31 日，由省、自治区、直辖市人民政府根据本地区实际情况，以及宏观调控需要确定，对增值税小规模纳税人、小型微利企业和个体工商户可以在 50% 的税额幅度内减征城镇土地使用税。

【例 6-41·单选题·2020】甲公园位于市郊，2019 年实际占用土地面积 4 500 000 平方米，其中索道公司经营用地 30 000 平方米。已知，城镇土地使用税适用税率每平方米年税额为 5 元。计算甲公园 2019 年度应缴纳城镇土地使用税税额的下列算式中，正确的是（　　）。

　A. 30 000×5 = 150 000（元）

　B. 4 500 000×5 = 22 500 000（元）

　C.（4 500 000 + 30 000）×5 = 22 650 000（元）

　D.（4 500 000–30 000）×5 = 22 350 000（元）

【答案】A

【解析】公园自用土地免征城镇土地使用税，索道公司经营用地不免税。

【例 6-42·单选题·2021】根据城镇土地使用税法律制度的规定，下列各项中，免征城镇土地使用税的是（　　）。

　A. 民航机场工作区用地　　　　　　　　　B. 民航机场停机坪用地

　C. 民航机场场内道路用地　　　　　　　　D. 民航机场生活区用地

【答案】B

【解析】机场飞行区（包括跑道、滑行道、停机坪、安全带、夜航灯光区）用地、场内外通信导航设施用地和飞行区四周排水防洪设施用地，免征城镇土地使用税。

【例 6-43·单选题·2021】甲盐矿为增值税一般纳税人，其占用土地中，矿井用地 450 000 平方米，生产厂房用地 40 000 平方米，办公用地 5 000 平方米。已知城镇土地使用税适用税率为每平方米年税额 2 元。甲盐矿全年应缴纳城镇土地使用税税额为（　　）。

　A. 910 000 元　　　　　　　　　　　　　B. 900 000 元

　C. 90 000 元　　　　　　　　　　　　　　D. 990 000 元

【答案】C

【解析】（1）盐场、盐矿的生产厂房、办公、生活区用地，应照章征收城镇土地使用税；盐场的盐滩、盐矿的矿井用地，暂免征收城镇土地使用税。（2）甲盐矿全年应缴纳城镇土地使用税（40 000+5 000）×2 = 90 000（元）。

【例 6-44·多选题·2018】下列城市用地中，应缴纳城镇土地使用税的有（　　）。

　A. 民航机场场内道路用地　　　　　　　　B. 商业企业经营用地

　C. 火电厂厂区围墙内的用地　　　　　　　D. 市政街道公共用地

【答案】ABC

【解析】选项 A，在机场道路中，场外道路用地免征城镇土地使用税，场内道路用地依照规定征收城镇土地使用税；选项 B，商业企业经营用地依法征收城镇土地使用税；选项 C，火电厂厂区围墙内的用地均应征收城镇土地使用税，对厂区围墙外的灰场、输灰管、输油（气）管道、铁路专用线用地，免征城镇土地使用税；厂区围墙外的其他用地，应照章征税。

【例 6-45·多选题·2015】某林场占地面积 100 万平方米，其中森林公园占地 58 万平方米，防火设施占地 17 万平方米，办公用地占地 10 万平方米，生活区用地占地 15 万平方米，该林场需要交纳城镇土地使用税的面积为（　　）。

 A. 58 万平方米 B. 100 万平方米 C. 42 万平方米 D. 25 万平方米

【答案】D

【解析】对林区的育林地、运材道、防火道、防火设施用地，免征城镇土地使用税；林业系统的森林公园、自然保护区可比照公园免征城镇土地使用税；除上述列举免税的土地外，对林业系统的其他生产用地及办公、生活区用地，均应征收城镇土地使用税。因此，正确答案为 D。

【例 6-46·判断题·2021】对免税单位无偿使用纳税单位的土地，应征收城镇土地使用税。（　　）

【答案】×

【解析】对免税单位无偿使用纳税单位的土地，免征城镇土地使用税；对纳税单位无偿使用免税单位的土地，纳税单位应照章缴纳城镇土地使用税。

七、城镇土地使用税征收管理

（一）纳税义务发生时间

表 6-12   城镇土地使用税纳税义务发生时间

情形	纳税义务发生时间
购置新建商品房	自房屋交付使用之次月起
购置存量房	自办理房屋权属转移、变更登记手续，房地产权属登记机关签发房屋权属证书之次月起
出租、出借房产	自交付出租、出借房产之次月起
以出让或转让方式有偿取得土地使用权的	应由受让方从合同约定交付土地时间的次月起缴纳城镇土地使用税；合同未约定交付土地时间的，由受让方从合同签订的次月起缴纳城镇土地使用税
新征用的耕地	自批准征用之日起满 1 年时
新征用的非耕地	自批准征用次月起

【例 6-47·多选题·2022】根据城镇土地使用税法律制度的规定，关于城镇土地使用税纳税义务发生时间的下列表述中，正确的有（　　）。

 A. 纳税人新征用的非耕地，自批准征用当月起缴纳城镇土地使用税

 B. 纳税人出租房产，自交付出租房产当月起，缴纳城镇土地使用税

 C. 纳税人购置存量房，自房地产权属登记机关签发房屋权属证书之次月起，缴纳城镇土地使用税

 D. 纳税人购置新建商品房，自房屋交付使用之次月起，缴纳城镇土地使用税

【答案】CD

【解析】选项 A，纳税人新征用的非耕地，自批准征用次月起缴纳城镇土地使用税；选项 B，纳税人出租、出借房产，自交付出租、出借房产之次月起缴纳城镇土地使用税。

【例 6-48·单选题·2022】甲公司购买一幢旧办公楼，2021 年 5 月 12 日签订合同并付讫全部款项，2021 年 6 月 3 日入驻办公楼，2021 年 7 月 2 日办理完权属变更登记。甲公司持有该办公楼城镇土地使用税的纳税义务发生时间为（　　）。

　　A. 2021 年 8 月　　　　B. 2021 年 7 月　　　　C. 2021 年 6 月　　　　D. 2021 年 5 月

【答案】A

【解析】购置存量房，城镇土地使用税的纳税义务发生时间为签发房屋权属证书之次月。故 A 选项正确。

（二）纳税地点

1. 在土地所在地缴纳。

2. 纳税人使用的土地不属于同一省、自治区、直辖市管辖的，由纳税人分别向土地所在地税务机关缴纳城镇土地使用税。

（三）纳税期限

按年计算，分期缴纳。具体纳税期限由省、自治区、直辖市人民政府确定。

【例 6-49·判断题·2022】城镇土地使用税按月计算，一次性缴纳。（　　）

【答案】×

【解析】城镇土地使用税按年计算，分期缴纳。

第五节　耕地占用税法律制度

一、耕地占用税纳税人

耕地占用税的纳税人为在我国境内占用耕地**建设建筑物、构筑物**或者**从事非农业建设**的单位或者个人（表 6-13）。

表 6-13　　　　　　　　　　　　　　　　　耕地占用税纳税人

是否经批准		纳税人
经批准	农用地转用审批文件中标明建设用地人	建设用地人
	农用地转用审批文件中未标明建设用地人	用地申请人。用地申请人为各级人民政府的，由同级土地储备中心、自然资源主管部门或政府委托的其他部门、单位履行耕地占用税申报纳税义务
未经批准	实际用地人	

二、耕地占用税征税范围

耕地是指用于种植农作物的土地（基本农田）；占用园地、林地、草地、农田水利用地、养殖水面、渔业水域滩涂以及其他农用地（非基本农田）建设建筑物、构筑物或者从事非农业建设的，也应征收耕地占用税。

占用耕地建设**直接为农业生产服务**的生产设施的（农田水利设施），不征收耕地占用税。

【例 6-50·单选题·2020】根据耕地占用税法律制度的规定，下列情形中，不缴纳耕地占用税的是（   ）。

A. 占用渔业水域滩涂建设海上乐园的

B. 占用林地修建木材集材道的

C. 占用养殖水面建设城市公园的

D. 占用耕地建设经济技术开发区的

【答案】B

【解析】占用园地、林地、草地、农田水利用地、养殖水面、渔业水域滩涂以及其他农用地建设直接为农业生产服务的生产设施的，不缴纳耕地占用税。

三、耕地占用税的应纳税额计算

（一）税率：实行有幅度的地区差别定额税率

1. 在人均耕地低于 0.5 亩的地区，省、自治区、直辖市可以根据当地经济发展情况，适当提高耕地占用税的适用税额，但提高的部分不得超过确定的适用税额的 **50%**。

2. 占用基本农田的，应当按照当地适用税额，**加按 150%** 征收。

（二）耕地占用税计税依据：实际占用的耕地面积 ＝"经批准"占用的耕地面积 ＋"未经批准"占用的耕地面积

（三）应纳税额 ＝ 纳税人实际占用的耕地面积（平方米）× 适用税率

【例 6-51·单选题·2022】占用基本农田的，应当按照当地适用税额，加按 150% 征收耕地占用税。（   ）

【答案】√

【解析】题目表述正确。

四、耕地占用税税收优惠（2023 年调整）

1. 军事设施、学校、幼儿园、社会福利机构、医疗机构占用耕地，免征。

学校内经营性场所、教职工住房和医疗机构职工住房不免征。

2. **农村居民**在规定**用地标准以内**占用耕地新建自用住宅，按照当地适用税额**减半征收**耕地占用税；其中农村居民经批准搬迁，新建自用住宅占用耕地**不超过原宅基地面积的部分，免征**耕地占用税。

3. 农村烈士遗属、因公牺牲军人遗属、残疾军人以及符合农村最低生活保障条件的农村居民，在规定用地标准以内新建自用住宅，免征耕地占用税。

4.铁路线路、公路线路、飞机场跑道、停机坪、港口、航道、水利工程占用耕地，减按**每平方米 2 元的税额**征收耕地占用税。专用铁路和铁路专用线、专用公路和城区内机动车道占用耕地的，按照当地使用税额缴纳耕地占用税（没有税收优惠）。

5.根据国民经济和社会发展的需要，国务院可以规定免征或者减征耕地占用税的其他情形，报全国人大及其常委会备案。

6.按规定免征或者减征耕地占用税后，纳税人改变原占地用途，**不再属于免征或者减征**耕地占用税情形的，应当按照当地适用税额**补缴**耕地占用税。

7.自 2022 年 1 月 1 日至 2024 年 12 月 31 日，由省、自治区、直辖市人民政府根据本地区实际情况，以及宏观调控需要确定，对增值税小规模纳税人、小型微利企业和个体工商户可以在 50% 的税额幅度内减征耕地占用税。

【**例 6-52·多选题·2017**】根据耕地占用税法律制度的规定，下列各项中，免征耕地占用税的有（　　）。

A.公立学校教学楼占用耕地

B.厂区内机动车道占用耕地

C.军事设施占用耕地

D.医院内职工住房占用耕地

【答案】AC

【解析】选项 AC，免征耕地占用税的项目包括：军事设施、学校、幼儿园、养老院和医院占用耕地。选项 D，学校内经营性场所、教职工住房和医院内职工住房不免征；选项 B，厂区内机动车道占用耕地照章纳税。

【**例 6-53·单选题·2017**】2016 年 7 月，甲公司开发住宅社区经批准共占用耕地 150 000 平方米，其中 800 平方米兴建幼儿园，5 000 平方米修建学校，已知耕地占用税每平方米税额为 30 元，甲公司应缴纳地占用税税额的下列算式中，正确的是（　　）。

A. 150 000×30 = 4 500 000（元）

B.（150 000-800-5 000）×30 = 4 326 000（元）

C.（150 000-5 000）×30 = 4 350 000（元）

D.（150 000-800）×30 = 4 476 000（元）

【答案】B

【解析】学校、幼儿园占用耕地，免征耕地占用税。甲公司应缴纳耕地占用税 =（150 000-800-5 000）×30 = 4 326 000（元）。

五、耕地占用税征收管理

（一）纳税义务发生时间

1.纳税人收到自然资源主管部门办理占用耕地手续的**书面通知的当日**。

2.未经批准占用耕地的，耕地占用税纳税义务发生时间为**自然资源主管部门认定的纳税人实际占用耕地的当日**。

3.因挖损、采矿塌陷、压占、污染等损毁耕地的纳税义务发生时间为**自然资源、农业农村等相关部门认定损毁耕地的当日**。

（二）纳税期限

纳税人应当自纳税义务发生之日起 30 日内申报缴纳耕地占用税。

（三）纳税地点

纳税人占用耕地或其他农用地，应当在耕地或其他农用地所在地申报纳税。

（四）临时占用耕地相关规定

纳税人因建设项目施工或者地质勘查临时占用耕地，应当按照规定缴纳耕地占用税。纳税人在批准临时占用耕地期满之日起一年内依法复垦，恢复种植条件的，全额退还已经缴纳的耕地占用税。临时占用耕地，是指经自然资源主管部门批准，在一般不超过 2 年内临时使用耕地并且没有修建永久性建筑物的行为。

（五）因挖损、采矿塌陷、压占、污染等损毁耕地相关规定

因挖损、采矿塌陷、压占、污染等损毁耕地属于税法所称的非农业建设，应依照税法规定缴纳耕地占用税；自自然资源、农业农村等相关部门认定损毁耕地之日起 3 年内依法复垦或修复，恢复种植条件的，按规定办理退税。

（六）改变占地用途相关规定

纳税人改变占地用途，不再属于免征或减征情形的，应自改变用途之日起 30 日内申报补缴税款，补缴税款按改变用途的实际占用耕地面积和改变用途时当地适用税额计算。

【例 6-54·单选题·2021】根据耕占用税法律制度的规定，纳税人应当自纳税义务发生之日起一定期限内申报缴纳耕地占用税。该期限为（　　）。

A.30 日　　　　　　　　　　　　B.180 日

C.60 日　　　　　　　　　　　　D.90 日

【答案】A

【解析】耕地占用税的纳税人应当自纳税义务发生之日起 30 日内申报缴纳耕地占用税。

【例 6-55·单选题·2015】甲企业 2015 年 2 月经批准新占用一块耕地建造办公楼，另占用一块非耕地建造企业仓库。下列关于甲企业城镇土地使用税和耕地占用税的有关处理，说法正确的是（　　）。

A. 甲企业建造办公楼占地，应征收耕地占用税，并自批准征用之次月起征收城镇土地使用税

B. 甲企业建造办公楼占地，应征收耕地占用税，并自批准征用之日起满一年后征收城镇土地使用税

C. 甲企业建造仓库占地，不征收耕地占用税，应自批准征用之月起征收城镇土地使用税

D. 甲企业建造仓库占地，不征收耕地占用税，应自批准征用之日起满一年时征收城镇土地使用税

【答案】B

【解析】纳税人占用非耕地不需要缴纳耕地占用税，应自批准征用次月起缴纳城镇土地使用税，故选项 CD 错误；占用耕地建造办公楼和仓库，凡是缴纳了耕地占用税的，从批准征用之日起满 1 年后征收城镇土地使用税，故选项 A 错误，选项 B 正确。

第六节　车船税法律制度

车船税，是依照法律规定对在中华人民共和国境内的车辆、船舶，按照规定税目税额计算征收的一种税。

一、车船税纳税人

1.纳税人：在中华人民共和国境内属于《中华人民共和国车船税法》（以下简称《车船税法》）所附《车船税税目税额表》规定的车辆、船舶（以下简称"车船"）的所有人或者管理人，为车船税的纳税人。

2.扣缴义务人：从事机动车第三者责任强制保险业务的保险机构为机动车车船税的扣缴义务人。

二、车船税征收范围

1.依法应当在车船登记管理部门登记的机动车辆和船舶。

2.依法不需要在车船登记管理部门登记的在单位内部场所行驶或者作业的机动车辆和船舶。

三、车船税税目

车船税的税目分为 6 大类，包括乘用车、商用车、挂车、其他车辆、摩托车和船舶。

四、车船税税率

车船税实行有幅度的定额税率。

【例 6-56·单选题·2018】我国车船税的税率形式是（　　）。

A.地区差别比例税率　　　　　　　　B.有幅度的比例税率

C.有幅度的定额税率　　　　　　　　D.全国统一的定额税率

【答案】C

【解析】根据规定，对车船税实行有幅度的定额税率。

五、车船税应纳税额的计算

1.基本规定

表 6-14　　　　　　　　　　　　　车船税应纳税额的计算

税目	计税单位	计税依据	应纳税额
乘用车	每辆	辆数	应纳税额＝辆数 × 适用年基准税额
摩托车			
商用客车			

（续表）

税目		计税单位	计税依据	应纳税额
商用货车	半挂牵引车	整备质量每吨	整备质量吨位数	应纳税额＝整备质量吨位数 × 适用年基准税额
	三轮汽车			
	低速载货汽车			
挂车		整备质量每吨	整备质量吨位数	应纳税额＝整备质量吨位数 × 适用年基准税额 ×50%
其他车辆	专用作业车	整备质量每吨	整备质量吨位数	应纳税额＝整备质量吨位数 × 适用年基准税额
	轮式专用机械车（不包括拖拉机）			
船舶	拖船、非机动驳船	净吨位每吨	净吨位数	应纳税额＝净吨位数 × 适用年基准税额 ×50%
	其他机动船舶			应纳税额＝净吨位数 × 适用年基准税额
	游艇	艇身长度每米	艇身长度	应纳税额＝艇身长度 × 适用年基准税额

【例 6-57·单选题·2020】根据车船税法律制度的规定，下列各项中，不属于车船税征税范围的是（　　）。

A.自行车　　　　　　B.摩托车　　　　　　C.乘用车　　　　　　D.商用车

【答案】A

【解析】车船税的税目分为 6 大类，包括乘用车、商用车、挂车、其他车辆、摩托车和船舶，不包括自行车（不论人力的，还是电动的）、火车、拖拉机。

【例 6-58·多选题·2021】根据车船税法律制度规定，下列车船中以"整备质量吨位数"为计税依据的有（　　）。

A.商用客车　　　　B.机动船舶　　　　C.专用作业车　　　　D.挂车

【答案】CD

【解析】选项 A，商用客车，以"辆数"为计税依据；选项 B，机动船舶，以"净吨位数"为计税依据。

【例 6-59·单选题·2019】根据车船税法律制度的规定，非机动驳船的计税依据是（　　）。

A.净吨位数　　　　　　　　　　　B.艇身长度

C.辆数　　　　　　　　　　　　　D.整备质量吨位数

【答案】A

【解析】机动船舶、非机动驳船、拖船，以净吨位数为计税依据。游艇以艇身长度为计税依据。

2.购置新车船

购置当年的应纳税额自纳税义务发生的当月起按月计算。计算公式为：

$$应纳税额 = 适用年基准税额 \div 12 × 应纳税月份数$$

【例 6-60·单选题·2021】2019 年 4 月甲公司购进净吨位 900 吨的拖船 1 艘，已知机动船舶车船税适用年基准税额为每吨 4 元。计算甲公司 2019 年度该艘拖船应缴纳车船税税额下列算式中，正确的是（　　）。

A. 900×4＝3600（元）　　　　　　　B. 900×4÷12×9＝2700（元）

C. 900×4×50%＝1800（元）　　　　D. 900×4×50%÷12×9＝1 350（元）

【答案】D

【解析】购置新车船，购置当年的应纳税额自纳税义务发生的当月起按月计算；车船税纳税义务发生时间为取得车辆所有权或者管理权的当月，即2019年计算缴纳车船税的月份为4月-12月，共9个月，排除选项AC；拖船的车船税税额按照机动船舶税额的50%计算，排除选项B。

六、车船税税收优惠

表 6-15　　　　　　　　　　　　　车船税税收优惠

类别	具体情形
免征车船税	捕捞、养殖渔船
	军队、武装警察部队专用的车船
	警用车船
	悬挂应急救援专用号牌的国家综合性消防救援车辆和国家综合性消防救援船舶
	依照法律规定应当予以免税的外国驻华使领馆、国际组织驻华代表机构及其有关人员的车船
	新能源车船 【注意】免征车船税的新能源汽车是指**纯电动商用车、插电式（含增程式）混合动力汽车、燃料电池商用车**。
不属于征税范围	纯电动乘用车和燃料电池乘用车
	外国、港、澳、台临时入境车船
减半征收	节能汽车 （1）节能乘用车：排量为1.6升以下（含1.6升）的燃用汽油、柴油的乘用车（含非插电式混合动力、双燃料和两用燃料乘用车） （2）节能商用车：燃用天然气、汽油、柴油的轻型和重型商用车（含非插电式混合动力、双燃料和两用燃料轻型和重型商用车）
	拖船、非机动驳船
	挂车

【例 6-61·判断题·2021】纯电动乘用车属于车船税征税范围。（　　）

【答案】×

【解析】纯电动乘用车和燃料电池乘用车，不属于车船税的征税范围。

【例 6-62·单选题·2019】根据车船税法律制度的规定，下列各项中，应缴纳车船税的是（　　）。

A.捕捞渔船　　　　B.养殖渔船　　　　C.商用货车　　　　D.警务用车

【答案】C

【解析】选项ABD免征车船税。

七、车船税征收管理

（一）纳税义务发生时间

车船税纳税义务发生时间为取得车船所有权或者管理权的**当月**，以购买车船的发票或者其他证明文件所载日期的当月为准。

（二）纳税地点

车船税的纳税地点为**车船的登记地**或者**车船税扣缴义务人所在地**。

1.扣缴义务人代收代缴车船税的，纳税地点为扣缴义务人所在地。

2.纳税人自行申报缴纳车船税的，纳税地点为车船登记地的主管税务机关所在地。

3.依法不需要办理登记的车船，其车船税的纳税地点为车船的所有人或者管理人所在地。

【例 6-63·判断题·2017】扣缴义务人代收代缴车船税的，纳税地点为扣缴义务人所在地。（   ）

【答案】√

【解析】扣缴义务人代收代缴车船税的，纳税地点为扣缴义务人所在地。纳税人自行申报缴纳车船税的，纳税地点为车船登记地的主管税务机关所在地。

（三）纳税申报

1.车船税按**年**申报，分**月**计算，**一次性**缴纳。

2.扣缴义务人，应当在收取保险费时依法代收车船税，并出具代收税款凭证，扣缴义务人已代收代缴车船税的，纳税人不再向车辆登记地的主管税务机关申报缴纳车船税。

3.没有扣缴义务人的，纳税人应当向主管税务机关自行申报缴纳车船税。

（四）其他管理规定

1.已缴纳车船税的车船在同一纳税年度内办理转让过户的，不另纳税，也不退税。

2.购置的新车船，购置当年的应纳税额自纳税义务发生的当月起按月计算。应纳税额为年应纳税额除以 12 再乘以应纳税月份数。

3.在一个纳税年度内，已完税的车船被盗抢、报废、灭失的，纳税人可以凭有关管理机关出具的证明和完税凭证，向纳税所在地的主管税务机关申请退还自被盗抢、报废、灭失月份起至该纳税年度终了期间的税款。

已办理退税的被盗抢车船失而复得的，纳税人应当从公安机关出具相关证明的当月起计算缴纳车船税。

【例 6-64·单选题·2015】下列关于车船税纳税申报的表述中，不正确的是（   ）。

A.扣缴义务人已代收代缴车船税的，纳税人不再向车辆登记地的主管税务机关申报缴纳车船税

B.没有扣缴义务人的，纳税人应当向主管税务机关自行申报缴纳车船税

C.已缴纳车船税的车船在同一纳税年度内办理转让过户的，需要另外纳税

D.车船税按年申报，分月计算，一次性缴纳

【答案】C

【解析】选项 C，已缴纳车船税的车船在同一纳税年度内办理转让过户的，不另纳税，也不办理退税。

【例 6-65·单选题·2015】某企业 2014 年年初拥有小轿车 2 辆；当年 4 月，1 辆小轿车被盗，

已按照规定办理退税。通过公安机关的侦查，9月份被盗车辆失而复得，并取得公安机关的相关证明。已知当地小轿车车船税年税额为500元/辆，该企业2014年实际应缴纳的车船税下列计算中，正确的是（　　）。

A. $500 \times 1 = 500$（元）

B. $500 + 500 \times 3 \div 12 = 625$（元）

C. $500 + 500 \times 7 \div 12 = 792$（元）

D. $500 \times 2 = 1\,000$（元）

【答案】C

【解析】在一个纳税年度内，已完税的车船被盗抢、报废、灭失的，纳税人可以凭有关机关出具的证明和完税凭证，向纳税所在地的主管税务机关申请退还自被盗抢、报废、灭失月份起至该纳税年度终了期间的税款。失而复得的，自公安机关出具相关证明的当月起计算缴纳车船税。所以其中一辆小轿车4-8月份不需要缴纳车船税，实际使用月份数为7个月。因此，正确答案为C。

第七节　资源税法律制度

2019年8月26日《中华人民共和国资源税法》正式通过，并自2020年9月1日起正式施行，本部分内容根据最新的《中华人民共和国资源税法》（以下简称《资源税法》）编写。

一、资源税纳税人

资源税的纳税人，是指在中华人民共和国领域和中华人民共和国管辖的其他海域开发应税资源的单位及个人。这里所称单位是指国有企业、集体企业、私营企业、股份制企业、其他企业和行政单位、事业单位、军事单位、社会团体及其他单位；这里所称个人，是指个体经营者和其他个人。

中外合作开采陆上、海上石油资源的企业依法缴纳资源税。

2011年11月1日前已依法订立中外合作开采陆上、海上石油资源合同的，在合同有效期内，继续依照国家有关规定缴纳矿区使用费，不缴纳资源税；合同期满后，依法缴纳资源税。

> **敲黑板**
>
> 资源税只针对开采我国境内不可再生的自然资源征收，且仅限于初级矿产品或者原矿。

【例6-66·判断题·2021】企业进口原油应缴纳资源税。（　　）

【答案】×

【解析】资源税只对在中华人民共和国领域和中华人民共和国管辖的其他海域开发应税资源的行为征收，进口原油不征收资源税。

【例6-67·单选题·2018】根据资源税法律制度的规定，下列经营者中，属于资源税纳税人的是（　　）。

A. 销售汽油的加油站　　　　　　　　　B. 进口铁矿石的冶炼厂

C.销售精盐的超市　　　　　　　　　　D.开采原煤的煤矿企业

【答案】D

【解析】资源税只针对开采我国境内不可再生的自然资源征收，且仅限于初级矿产品或者原矿。选项AC，不属于初级矿产品或者原矿；选项B，进口矿产品不属于资源税征税范围。

二、资源税征税范围

（一）一般规定

表6-16　　　　　　　　　　　　　　资源税征税范围的一般规定

税目	具体内容
能源矿产	原油，不包括人造石油
	天然气（专门开采或与原油同时开采）、页岩气、天然气水合物
	煤（包括原煤和以未税原煤加工的洗选煤）
	煤成（层）气
	铀、钍
	油页岩、油砂
	天然沥青
	石煤
	地热
金属矿产	包括黑色金属和有色金属
非金属矿产	包括矿物类、岩石类、宝玉石类
水气矿产	包括二氧化碳气、硫化氢气、氦气、氡气、矿泉水
盐类	包括钠盐、钾盐、镁盐、锂盐、天然卤水、海盐

【例6-68·单选题·2021】根据资源税法律制度的规定，下列情形中，应缴纳资源税的是（　　）

A.火电厂使用煤炭发电　　　　　　　　B.石材厂购进大理岩加工瓷砖

C.油田销售所开采的原油　　　　　　　D.钢铁厂进口铁矿石

【答案】C

【解析】资源税，是对在中华人民共和国领域和中华人民共和国管辖的其他海域开发应税资源征税，即在开采环节征税。故选项AB不正确，选项C正确；进口资源产品不征收资源税，故选项D不正确。

【例6-69·单选题·2018】根据资源税法律制度的规定，下列各项中，不属于资源税征税范围的是（　　）。

A.以未税原煤加工的洗选煤　　　　　　B.以空气加工生产的液氧

C.开采的原煤　　　　　　　　　　　　D.开采的天然气

【答案】B

【解析】资源税只针对开采我国境内不可再生的自然资源征收。选项B，以空气加工生产的液氧不属于不可再生的自然资源。

（二）自产自用的情形

1. 纳税人、开采或者生产应税产品自用的，视同销售，应当按规定缴纳资源税。纳税人自用应税产品应当缴纳资源税的情形，包括纳税人以应税产品用于非货币性资产交换、捐赠、偿债、赞助、集资、投资、广告、样品、职工福利、利润分配或者连续生产非应税产品等。

2. 自用于连续生产应税产品的，不缴纳资源税。

【例 6-70·判断题·2021】企业将开采的资源税应税产品自用于连续生产应税产品的，不缴纳资源税。（　）

【答案】√

【解析】纳税人开采或者生产应税产品自用的，应当依法缴纳资源税；但是自用于连续生产应税产品的，不缴纳资源税。

（三）其他规定

国务院根据国民经济和社会发展需要，依照《资源税法》原则，对取用地表水或者地下水的单位和个人试点征收水资源税。征收水资源税的，停止征收水资源费。

水资源税试点的实施办法由国务院规定，报全国人大及其常委会备案。

三、资源税税率

（一）征收方法

资源税采用比例税率或者定额税率两种形式，具体种类及征收方法见表 6-17。

表 6-17　　　　　　　　　　　　资源税的应税资源及征收方法

应税资源	征收方法
地热、石灰岩、其他黏土、砂石、矿泉水和天然卤水	从价定率计征（比例税率）或从量定额计征（定额税率）
水资源税	根据当地水资源状况、取用水类型和经济发展等情况实行差别税率
除以上资源以外的其他应税资源	从价定率计征（比例税率）

（二）具体税率的确定

1. 《税目税率表》（本表不需要记忆，所以不写入本书）中规定实行幅度税率的，其具体适用税率由省、自治区、直辖市人民政府统筹考虑该应税资源的品位、开采条件以及对生态环境的影响等情况，在《税目税率表》规定的税率幅度内提出，报同级人大及其常委会决定，并报全国人大及其常委会和国务院备案。

2. 《税目税率表》中规定征税对象为原矿或者选矿的，应当分别确定具体适用税率。

（三）分别核算

纳税人开采或者生产不同税目应税产品的，应当分别核算不同税目应税产品的销售额（销售量），未分别核算的，从高适用税率。

四、资源税计税依据

（一）销售额

1. 资源税应税产品销售额是指纳税人销售应税产品向购买方收取的全部价款，不包括收取的增值税销项税额和运杂费用。运杂费用是指应税产品从坑口或洗选（加工）地到车站、码头或购买方指定地点的运输费用、建设基金以及随运销产生的装卸、仓储、港杂费用。运杂费用应与销售额分别核算，凡未取得相应凭据或不能与销售额分别核算的，应当一并计征资源税。

2. 核定销售额

纳税人申报的应税产品销售额明显偏低并且无正当理由的、有视同销售应税产品行为而无销售额的，除财政部、国家税务总局另有规定外，按下列方法和顺序确定销售额：

（1）按纳税人最近时期同类产品的平均销售价格确定。

（2）按其他纳税人最近时期同类产品的平均销售价格确定。

（3）按后续加工非应税产品销售价格，减去后续加工环节的成本利润后确定。

（4）按组成计税价格确定。

组成计税价格 = 成本 × （1+ 成本利润率）÷ （1 - 资源税税率）

（二）销售数量

1. 一般规定。

应税产品的销售数量，包括纳税人开采或者生产应税产品的实际销售数量和自用于应当缴纳资源税情形的应税产品数量。

2. 特殊规定。

（1）外购应税产品购进金额、购进数量的扣减：

纳税人外购应税产品与自采应税产品混合销售或者混合加工为应税产品销售的，在计算应税产品销售额或者销售数量时，准予扣减外购应税产品的购进金额或者购进数量；当期不足扣减的，可结转下期扣减。纳税人应当准确核算外购应税产品的购进金额或购进数量，未准确核算的，一并计算缴纳资源税。扣减方法见表6-18：

表6-18　　　　　　　　　　　　外购应税产品购进金额、购进数量的扣减

情形	购进金额、购进数量的扣减
外购原矿＋自采原矿→混合原矿销售	扣减原矿购进金额或购进数量
外购选矿＋自采选矿→混合选矿销售	扣减选矿购进金额或购进数量
外购原矿＋自采原矿→混合洗选加工为选矿销售	准予扣减的外购应税产品购进金额（数量）= 外购原矿购进金额（数量）×（本地区原矿适用税率 ÷ 本地区选矿产品适用税率）
不能按照上述方法计算扣减的	按照主管税务机关确定的其他合理方法进行扣减

【例6-71·经典题解】某煤炭企业将外购100万元原煤与自采200万元原煤混合洗选加工为选煤销售，选煤销售额为450万元。当地原煤税率为3%，选煤税率为2%。计算该煤炭企业应缴资源税税额。

【解析】准予扣减的外购选煤购进金额 = 外购原煤购进金额 ×（本地区原煤适用税率 ÷ 本地区选煤适用税率）= 100 ×（3% ÷ 2%）= 150（万元）

该煤炭企业应纳资源税额 =（选煤销售金额-准予扣除的外购选煤购进金额）× 税率 =（450 - 150）× 2% = 6（万元）

（2）纳税人开采或者生产同一税目下适用不同税率应税产品的，应当分别核算不同税率应税产品的销售额或者销售数量；未分别核算或者不能准确提供不同税率应税产品的销售额或者销售数量的，从高适用税率。

（3）纳税人以自采原矿（经过采矿过程采出后未进行选矿或者加工的矿石）直接销售，或者自用于应当缴纳资源税情形的，按照原矿计征资源税。

纳税人以自采原矿洗选加工为选矿产品（通过破碎、切割、洗选、筛分、磨矿、分级、提纯、脱水、干燥等过程形成的产品，包括富集的精矿和研磨成粉、粒级成型、切割成型的原矿加工品）销售，或者将选矿产品自用于应当缴纳资源税情形的，按照选矿产品计征资源税，在原矿移送环节不缴纳资源税。

（4）对于无法区分原生岩石矿种的粒级成型砂石颗粒，按照砂石税目征收资源税。

（5）纳税人开采或者生产同一应税产品，其中既有享受减免税政策的，又有不享受减免税政策的，按照免税、减税项目的产量占比等方法分别核算确定免税、减税项目的销售额或者销售数量。

【例 6-72·判断题·2017】纳税人将开采的原煤，自用于生产洗选煤的，在原煤移送使用环节缴纳资源税。（　　）

【答案】×

【解析】纳税人将开采的原煤，自用于连续生产洗选煤的，在原煤移送使用环节不缴纳资源税。

五、资源税应纳税额的计算

资源税的应纳税额，按照从价定率或者从量定额的办法，分别以应税产品的销售额乘以纳税人具体适用的比例税率或者以应税产品的销售数量乘以纳税人具体适用的定额税率计算。计算公式如下：

（一）实行从价定率计征办法的应税产品

实行从价定率计征办法的应税产品，资源税应纳税额按销售额和比例税率计算。

应纳税额 = 应税产品的销售额 × 适用的比例税率

（二）实行从量定额计征办法的应税产品

实行从量定额计征办法的应税产品，资源税应纳税额按销售数量和定额税率计算。

应纳税额 = 应税产品的销售数量 × 适用的定额税率

（三）扣缴义务人代扣代缴资源税应纳税额的计算

代扣代缴应纳税额 = 收购未税产品的数量 × 适用定额税率

【例 6-73·单选题·2021】甲煤矿为增值税一般纳税人，2019 年 8 月销售原煤取得不含增值税价款 435 万元，其中包含从坑口到码头的运输费用 10 万元、随运销产生的装卸费用 5 万元，均取得增值税发票。已知资源税税率为 2%。甲煤矿当月应缴纳资源税税额为（　　）。

A. 8.7 万元　　　　　　B. 9 万元　　　　　　C. 8.9 万元　　　　　　D. 8.4 万元

【答案】D

【解析】（1）资源税应税产品的销售额，按照纳税人销售应税产品向购买方收取的全部价款确定，不包括增值税税款。（2）计入销售额中的相关运杂费用，凡取得增值税发票或者其他合法有效凭据的，准予从销售额中扣除。相关运杂费用是指应税产品从坑口或者洗选（加工）地到车站、码头或者购买方指定地点的运输费用、建设基金以及随运销产生的装卸、仓储、港杂费用。（3）甲煤矿当月应缴纳资源税＝（435-10-5）×2%＝8.4（万元）。

六、资源税税收优惠（2023年调整）

1. 开采原油以及在油田范围内运输原油过程中用于加热的原油、天然气免征资源税。
2. 煤炭开采企业因安全生产需要抽采的煤成（层）气免征资源税。
3. 油气田相关税收优惠。

表6-19   油气田相关税收优惠

情形	税收优惠
稠油、高凝油	减征40%
高含硫天然气、三次采油、从深水油气田开采的原油、天然气	减征30%
从低丰度油气田开采的原油、天然气	减征20%

注：上述优惠不能叠加适用。

4. 从衰竭矿山开采的矿产品，减征30%资源税。衰竭期矿山，是指设计开采年限在不超过15年，且剩余可开采储量下降到原设计可开采储量的20%以下或者剩余开采年限不超5年的矿山。

5. 自2022年1月1日至2024年12月31日，由省、自治区、直辖市人民政府根据本地区实际情况，以及宏观调控需要确定，对增值税小规模纳税人、小型微利企业和个体工商户可以在50%的税额幅度内减征资源税。

6. 自2014年12月1日至2023年8月31日，对充填开采置换出来的矿产资源，资源税减征50%。

7. 有下列情形之一的，省、自治区、直辖市可以决定免征或者减征资源税。

（1）纳税人开采或者生产应税矿产品过程中，因意外事故或者自然灾害等原因遭受重大损失；

（2）纳税人开采共伴生矿、低品位矿、尾矿。

【例6-74·判断题·2022】开采原油过程中用于加热的原油，免征资源税。（   ）

【答案】√

【解析】开采原油以及在油田范围内运输原油过程中用于加热的原油、天然气免征资源税。

七、资源税征收管理

（一）纳税义务发生时间

1. 纳税人销售应税产品，纳税义务发生时间为收讫销售款或者取得索取销售款凭据的当日。
2. 自用应税产品的，纳税义务发生时间为移送应税产品的当日。

资源税由税务机关征收管理。海上开采的原油和天然气资源税由海洋石油税务管理机构征收管理。

（二）纳税地点

纳税人应当向矿产品的开采地或海盐的生产地缴纳资源税。

（三）纳税期限

1. 按月或按季申报缴纳的，应当自月度或者季度终了之日起 15 日内，向税务机关办理申报并缴纳税款。

2. 按次申报缴纳的，应当自纳税义务发生之日起 15 日内，向税务机关办理申报并缴纳税款。

【例 6-75·判断题·2021】煤炭开采企业应当在煤炭的开采地缴纳资源税。（　　）

【答案】√

【解析】纳税人应当在矿产品的开采地或者海盐的生产地缴纳资源税。

【例 6-76·单选题·2018】根据资源税法律制度的规定，纳税人以 1 个月为一期纳税的，自期满之日起一定期限内申报纳税，该期限为（　　）。

A. 10 日　　　　　　B. 15 日　　　　　　C. 20 日　　　　　　D. 25 日

【答案】B

【解析】纳税人按月纳税的，自期满之日起 15 日内申报纳税。

第八节　环境保护税法律制度

一、环境保护税纳税人

在中华人民共和国领域和中华人民共和国管辖的其他海域，**直接**向环境排放应税污染物的**企业事业单位和其他生产经营者**。

🎯 **敲黑板**

> 只对"**直接**"排放征税，纳税人不包括不从事生产经营的"**其他个人**"。

二、环境保护税征税范围

环境保护税的征税范围：**大气污染物、水污染物、固体废物和噪声**（仅限于**工业噪声**）等应税污染物。

有下列情形之一的，不属于直接向环境排放污染物，不缴纳相应污染物的环境保护税：

1. 企业事业单位和其他生产经营者向依法设立的污水集中处理、生活垃圾集中处理场所排放应税污染物的。依法设立的城乡污水集中处理、生活垃圾集中处理场所超过国家和地方规定的排放标准向环境排放应税污染物的，应当缴纳环境保护税。

2. 企业事业单位和其他生产经营者在符合国家和地方环境保护标准的设施、场所储存或者处置固体废物的。企业事业单位和其他生产经营者储存或者处置固体废物不符合国家和地方环境保护标准的，应当缴纳环境保护税。

【例6-77·单选题·2021】根据环境保护税法律制度的规定，下列各项中，不属于环境保护税征税范围的是（　　）。

A. 工业噪声　　　　B. 电磁辐射　　　　C. 尾矿　　　　D. 冶炼渣

【答案】B

【解析】环境保护税的征税范围是《环境保护税法》所附《环境保护税税目税额表》《应税污染物和当量值表》规定的大气污染物、水污染物、固体废物和噪声等应税污染物。

固体废物包括尾矿、冶炼渣；噪声仅指工业噪声。

【例6-78·判断题·2021】造纸厂向依法设立的污水处理场所排放污水，应缴纳环境保护税。（　　）

【答案】×

【解析】有下列情形之一的，不属于直接向环境排放污染物，不缴纳相应污染物的环境保护税：（1）企业事业单位和其他生产经营者向依法设立的污水集中处理、生活垃圾集中处理场所排放应税污染物的；（2）企业事业单位和其他生产经营者在符合国家和地方环境保护标准的设施、场所贮存或者处置固体废物的。

三、环境保护税税率：定额税率

四、环境保护税计税依据及应纳税额的计算

表6-20　　　　　　　　　　　　环境保护税计税依据及应纳税额的计算

税目	计税依据	应纳税额
大气污染物	污染物排放量折合的污染当量数	污染当量数 × 具体适用税额
水污染物	污染物排放量折合的污染当量数	污染当量数 × 具体适用税额
固体废物	固体废物的排放量	固体废物排放量 × 具体适用税额
噪声	超过国家规定标准的分贝数	超过国家规定标准的分贝数对应的具体适用税额

应税大气污染物、水污染物、固体废物的排放量和噪声的分贝数，按照下列方法和顺序计算：

（1）纳税人安装使用符合国家规定和监测规范的污染物自动监测设备的，按照污染物自动监测数据计算；

（2）纳税人未安装使用污染物自动监测设备的，按照监测机构出具的符合国家有关规定和监测规范的监测数据计算；

（3）因排放污染物种类多等原因不具备监测条件的，按照国务院环境保护主管部门规定的排污系数、物料衡算方法计算；

（4）不能按上述（1）至（3）规定的方法计算的，按照省、自治区、直辖市人民政府环境保护主管部门规定的抽样测算的方法核定计算。

【提示】工业噪声中的注意事项：

（1）一个单位边界上有多处噪声超标，根据**最高一处**超标声级计算应纳税额；当沿边界长度**超过 100 米**有两处以上噪声超标，**按照两个**单位计算应纳税额。

（2）一个单位有不同地点作业场所的，应**分别计算**应纳税额，合并计征。

（3）昼、夜均超标的环境噪声，**昼、夜分别计算应纳税额**，累计计征。

（4）声源一个月内超标**不足 15 天的，减半**计算应纳税额。

（5）夜间频繁突发和夜间偶然突发厂界超标噪声，按等效声级和峰值噪声两种指标中超标分贝值高的一项计算应纳税额。

【例 6-79·多选题·2021】根据环境保护税法律制度的规定，下列关于环境保护税计税依据的表述中，正确的有（　　）。

A. 应税水污染物按照污染物排放量折合的污染当量数确定

B. 应税固体废物按照固体废物的排放量确定

C. 应税噪声按照超过国家规定标准的分贝数确定

D. 应税大气污染物按照污染物排放量折合的污染当量数确定

【答案】ABCD

【解析】应税污染物的计税依据，按照下列方法确定：

（1）应税大气污染物按照污染物排放量折合的污染当量数确定。

（2）应税水污染物按照污染物排放量折合的污染当量数确定。

（3）应税固体废物按照固体废物的排放量确定。

（4）应税噪声按照超过国家规定标准的分贝数确定。

五、环境保护税税收优惠

表 6-21　　　　　　　　　　　　　　环境保护税税收优惠

类别	具体情形
免征	农业生产（**不包括规模化养殖**）排放应税污染物的
	机动车、铁路机车、非道路移动机械、船舶和航空器等**流动污染源**排放应税污染物的
	依法设立的城乡污水集中处理、生活垃圾集中处理场所排放相应应税污染物，不超过国家和地方规定的排放标准的
	纳税人综合利用的固体废物，符合国家和地方环境保护标准的
减征	纳税人排放应税大气污染物或者水污染物的浓度值低于国家和地方规定的污染物排放标准30%的，减按75%征收环境保护税
	纳税人排放应税大气污染物或者水污染物的浓度值低于国家和地方规定的污染物排放标准50%的，减按50%征收环境保护税

【例 6-80·单选题·2020】2019 年 7 月，甲公司产生炉渣 400 吨，其中 80 吨贮存在符合国家和地方环境保护标准的设施中，100 吨综合利用且符合国家和地方环境保护标准，其余的直接倒弃于周边空地。已知炉渣环境保护税税率为 25 元/吨。计算甲公司当月所产生炉渣应缴纳环境

保护税税额的下列算式中，正确的是（　　）。

A.（400−80−100）×25＝5 500（元）　　B. 400×25＝10 000（元）

C.（400−100）×25＝7 500（元）　　D.（400−80）×25＝8 000（元）

【答案】A

【解析】企业事业单位和其他生产经营者在符合国家和地方环境保护标准的设施、场所贮存或者处置固体废物的，不属于直接向环境排放污染物，不缴纳相应污染物的环境保护税；因此，甲企业在符合国家和地方环境保护标准的设施中贮存的80吨炉渣，不缴纳环境保护税。纳税人综合利用的固体废物，符合国家和地方环境保护标准的，暂予免征环境保护税；因此，甲企业综合利用且符合国家和地方环境保护标准的100吨炉渣，暂予免征收环境保护税。

【例6-81·判断题·2019】机动车排放应税污染物应征收环境保护税。（　　）

【答案】×

【解析】机动车、铁路机车、非道路移动机械、船舶和航空器等流动污染源排放应税污染物的，暂予免征收环境保护税。

六、环境保护税征收管理

1.环境保护税由税务机关依照有关规定征收管理。

2.纳税义务发生时间为纳税人**排放**应税污染物的**当日**。纳税人应当向应税污染物排放地的税务机关申报缴纳环境保护税。

3.环境保护税**按月计算**，**按季申报**缴纳。不能按固定期限计算缴纳的，可以按次申报缴纳。

4.纳税人按季申报缴纳的，应当自季度终了之日起**15日内**，向税务机关办理纳税申报并缴纳税款。纳税人按次申报缴纳的，应当自纳税义务发生之日起**15日内**，向税务机关办理纳税申报并缴纳税款。

【例6-82·判断题·2020】环境保护税纳税义务发生时间为纳税人排放应税污染物的当日。（　　）

【答案】√

第九节　烟叶税与船舶吨税法律制度

一、烟叶税法律制度

（一）纳税人

烟叶税的纳税人为在中华人民共和国境内收购烟叶的单位（包括受托收购烟叶的单位）。

敲黑板

烟叶税的纳税人，没有个人。

【例6-83·判断题·2019】烟叶税的纳税人为种植烟叶的农户。（　　）

【答案】×

【解析】烟叶税的纳税人为在中华人民共和国境内收购烟叶的单位，而不是农户。

（二）征税范围

包括晾晒烟叶、烤烟叶。

【例6-84·多选题·2018、2022】根据烟叶税法律制度规定，下列各项中属于烟叶税征收范围的有（   ）。

A. 晾晒烟叶 　　B. 烟丝 　　C. 卷烟 　　D. 烤烟叶

【答案】AD

【解析】烟叶税的征税范围包括晾晒烟叶、烤烟叶。

（三）计税依据和税率

烟叶税的计税依据是纳税人收购烟叶实际支付的价款总额，包括纳税人支付给烟叶生产销售单位和个人的烟叶收购价款和价外补贴。其中，价外补贴统一按烟叶收购价款的10%计算。烟叶税实行比例税率，税率为20%。

（四）应纳税额的计算

烟叶税的应纳税额＝价款总额×税率＝收购价款×（1+10%）×税率

【例6-85·单选题·2020】2019年9月，甲公司向烟农收购烟叶一批，支付收购价款1 000 000元，支付价外补贴100 000元，已开具农产品收购发票。已知烟叶税税率为20%。计算甲公司当月该笔业务应缴纳烟叶税税额的下列算式中，正确的是（   ）。

A.（1 000 000-100 000）×20%＝180 000（元）

B.（1 000 000+100 000）×20%＝220 000（元）

C. 100 000×（1+20%）×20%＝24 000（元）

D. 1 000 000×20%＝200 000（元）

【答案】B

【解析】烟叶税应纳税额＝价款总额 × 烟叶税税率；

价款总额＝烟叶收购价款＋价外补贴（统一按烟叶收购价款的10%计算）

（五）征收管理

（1）烟叶税的纳税义务发生时间为纳税人收购烟叶的当日。烟叶税在烟叶收购环节征收。纳税人收购烟叶即发生纳税义务。

（2）烟叶税按月计征，纳税人应当于纳税义务发生月终了之日起15日内申报并缴纳税款。

（3）烟叶税由收购地的主管税务机关征收。

二、船舶吨税法律制度

（一）纳税人

对自中国境外港口进入中国境内港口的船舶（以下简称"应税船舶"）征收船舶吨税（以下简称"吨税"），以应税船舶负责人为纳税人。

🎯 **敲黑板**

并非仅针对外国船舶征收。我国国籍的应税船舶自中国境外港口进入境内港口也要缴纳船舶吨税。

（二）税率

1. 采用定额税率

2. 执行优惠税率的船舶

（1）我国国籍的应税船舶；

（2）船籍国（地区）与我国签订含有互相给予船舶税费最惠国待遇条款的条约或者协定的应税船舶。

（三）计税依据及应纳税额

1. 计税依据：以船舶净吨位为计税依据

（1）拖船按照发动机功率每千瓦折合净吨位 0.67 吨；

（2）无法提供净吨位证明文件的游艇按照发动机功率每千瓦折合净吨位 0.05 吨；

（3）**拖船和非机动驳船**按相同净吨位船舶税率的 50% 计征。

2. 应纳税额 = 应税船舶净吨位数 × 适用税率

（四）税收优惠

下列船舶免征吨税：

（1）应纳税额在人民币 **50 元以下**的船舶；

（2）自境外以购买、受赠、继承等方式取得船舶所有权的**初次**进口到港的**空载**船舶；

（3）吨税执照期满后 **24 小时内不上下客货**的船舶；

（4）非机动船舶（**不包括非机动驳船**）；

（5）捕捞、养殖渔船；

（6）避难、防疫隔离、修理、终止运营或者拆解，并不上下客货的船舶；

（7）军队、武装警察部队专用或者征用的船舶；

（8）警用船舶；

（9）依照法律规定应当予以免税的外国驻华使领馆、国际组织驻华代表机构及其有关人员的船舶；

（10）国务院规定的其他船舶。

【例 6-86·单选题·2013】根据船舶吨税法律制度的规定，下列船舶中，不予免征船舶吨税的是（　　）。

A. 捕捞渔船　　　　B. 非机动驳船　　　　C. 养殖渔船　　　　D. 军队专用船舶

【答案】B

【解析】选项 ACD 免征船舶吨税；选项 B，非机动驳船按相同净吨位船舶税率的 50% 计征船舶吨税。

【例 6-87·判断题·2022】船舶吨税执照期满后 24 小时内不上下客货的船舶，免征船舶吨税。（　　）

【答案】√

【解析】题目表述正确。

（五）征收管理

（1）吨税纳税义务发生时间为应税船舶进入境内港口的当日，应税船舶在吨税执照期满后尚未离开港口的，应当申领新的吨税执照，自上一执照期满的次日起续缴吨税。

（2）应税船舶负责人应当自海关填发吨税缴款凭证之日起 15 日内缴清税款。

（3）船舶吨税由海关负责征收。海关征收吨税应当制发缴款凭证。

（4）海关发现少征或者漏征税款的，应当自应税船舶应当缴纳税款之日起 1 年内，补征税款。但因应税船舶违反规定造成少征或者漏征税款的，海关可以自应当缴纳税款之日起 3 年内追征税款，并自应当缴纳税款之日起按日加征少征或者漏征税款万分之五的税款滞纳金。

（5）海关发现多征税款的，应当在 24 小时内通知应税船舶办理退还手续，并加算银行同期活期存款利息。

（6）应税船舶发现多缴税款的，可以自缴纳税款之日起 3 年内以书面形式要求海关退还多缴的税款并加算银行同期活期存款利息；海关应当自受理退税申请之日起 30 日内查实并通知应税船舶办理退还手续。

第十节 印花税法律制度

印花税是对经济活动和经济交往中书立、领受、使用的应税经济凭证征收的一种税。

一、印花税纳税人（2023 年调整）

1. 在中华人民共和国境内书立应税凭证、进行证券交易的单位和个人和在中华人民共和国境外书立在境内使用应税凭证的单位和个人，为印花税的纳税义务人。

在中华人民共和国境外书立在境内使用的应税凭证，应当按规定缴纳印花税，包括以下几种情况：

（1）应税凭证的标的为不动产的，该不动产在境内。

（2）应税凭证的标的为股权的，该股权为中国居民企业的股权。

（3）应税凭证的标的为动产或者商标专用权、著作权、专利权、专有技术使用权的，其销售方或者购买方在境内，但不包括境外单位或者个人向境内单位或者个人销售完全在境外使用的动产或者商标专用权、著作权、专利权、专有技术使用权。

（4）应税凭证的标的为服务的，其提供方或者接受方在境内，但不包括境外单位或者个人向境内单位或者个人提供完全在境外发生的服务。

2. 纳税人的种类：

（1）立合同人。立合同人是指合同的当事人，即对凭证有直接权利义务关系的单位和个人，但不包括合同的担保人、证人、鉴定人。

（2）立账簿人。立账簿人是指开立并使用营业账簿的单位和个人。例如，某企业因生产需要，设立了若干营业账簿，该企业即为印花税的纳税人。

（3）立据人。立据人是指书立产权转移书据的单位和个人。

（4）使用人。使用人是指在国外书立，但在国内使用应税凭证的单位和个人。

3. 同一应税凭证由两方以上当事人书立的，按照各自涉及的金额分别计算应纳税额。

【例 6-88·单选题·2018】甲公司与乙公司签订购销合同，合同约定丙为担保人，丁为鉴定人。下列关于该合同印花税纳税人的表述中，正确的是（　　）。

A. 甲、乙、丙和丁为纳税人　　　　　　　B. 甲、乙和丁为纳税人

C. 甲、乙为纳税人　　　　　　　　　D. 甲、乙和丙为纳税人

【答案】C

【解析】合同的当事人是印花税的纳税人，不包括合同的担保人、证人、鉴定人。

二、印花税征税范围、税率、计税依据及应纳税额的计算（2023年调整）

（一）合同

1. 应纳税额 = 价款或者报酬 × 适用税率

2. 合同种类、计税依据及税率。

表 6-22　　　　　　　　　　　　　　合同种类、计税依据及税率

税目	计税依据及税率	备注
买卖合同	支付价款的 0.3‰	指动产买卖合同
借款合同	借款金额的 0.05‰	指银行及其他金融组织和借款人订立的借款合同。不包括银行同业拆借；不包括非金融机构与借款人的借款合同
融资租赁合同	租金的 0.05‰	—
租赁合同	租金的 1‰	不包括企业与主管部门签订的租赁承包合同
承揽合同	支付报酬的 0.3‰	—
建设工程合同	支付价款的 0.3‰	包括总包合同、分包合同和转包合同
运输合同	运输费用的 0.3‰	指货运合同和多式联运合同，不包括管道运输合同
技术合同	支付价款、报酬或者使用费的 0.3‰	① 包括技术开发、转让、咨询、服务等。 ② 专利权转让、专利实施许可所书立的合同应属于"产权转移书据"。 ③ 一般的法律、会计、审计等方面的咨询不属于技术咨询，其所立合同不贴印花
保管合同	保管费的 1‰	包括作为合同使用的仓单、栈单（或称入库单）
仓储合同	仓储费的 1‰	—
财产保险合同	保险费的 1‰	不包括再保险合同；不包括人身保险

下列情形的凭证，不属于印花税征收范围：

（1）人民法院的生效法律文书，仲裁机构的仲裁文书，监察机关的监察文书。

（2）县级以上人民政府及其所属部门按照行政管理权限征收、收回或者补偿安置房地产书立的合同、协议或者行政类文书。

（3）总公司与分公司、分公司与分公司之间书立的作为执行计划使用的凭证。

🎯 敲黑板

（1）应税合同的计税依据，为合同列明的价款或者报酬，不包括增值税税款；合同中价款或者报酬与增值税税款未分开列明的，按照合计金额确定。

（2）同一应税凭证载有两个或者两个以上经济事项并分别列明价款或者报酬的，按照各自适用税目税率计算应纳税额；未分别列明价款或者报酬的，按税率高的计算应纳税额。

（续表）

【例 6-89·单选题·2020】根据印花税法律制度的规定，下列合同中，应征收印花税的是（　　）。

A. 会计咨询合同　　　　B. 审计咨询合同　　　　C. 法律咨询合同　　　　D. 技术咨询合同

【答案】D

【解析】一般的法律、会计、审计等方面的咨询不属于技术咨询，其所立合同不贴印花。

【例 6-90·判断题·2021】同一应税凭证载有两个或者两个以上经济事项未分别列明价款或者报酬的，按税率高的计算应纳印花税税额。（　　）

【答案】√

【解析】同一应税凭证载有两个或者两个以上经济事项并分别列明价款或者报酬的，按照各自适用税目税率计算应纳税额；未分别列明价款或者报酬的，按税率高的计算应纳税额。

（二）产权转移书据

1. 我国印花税税目中的产权转移书据包括土地使用权出让书据，土地使用权、房屋等建筑物和构筑物所有权转让书据（不包括土地承包经营权和土地经营权转移），股权转让书据（不包括应缴纳证券交易印花税）以及商标专用权、著作权、专利权、专有技术使用权转让书据。

2. 产权转移书据种类、计税依据及税率

表 6-23　　　　　　　　　　　　产权转移书据种类、计税依据及税率

税目	计税依据及税率	备注
土地使用权出让书据	价款的 0.5‰	转让包括买卖（出售）、继承、赠与、互换、分割
土地使用权、房屋等建筑物和构筑物所有权转让书据（不包括土地承包经营权和土地经营权转移）	价款的 0.5‰	
股权转让书据（不包括应缴纳证券交易印花税）	价款的 0.5‰	
商标专用权、著作权、专利权、专有技术使用权转让书据	价款的 0.3‰	

3. 价款。

（1）应税产权转移书据的计税依据，为产权转移书据列明的价款，不包括增值税税款；产权转移书据中价款与增值税税款未分开列明的，按照合计金额确定。

（2）应税合同、产权转移书据未列明价款或者报酬的，按照下列方法确定计税依据：

① 按照订立合同、产权转移书据时市场价格确定；依法应当执行政府定价的，按照其规定确定。

② 不能按照上述规定的方法确定的，按照实际结算的价款或者报酬确定。

（3）同一应税合同、应税产权转移书据中涉及两方以上纳税人、且未列明纳税人各自涉及金额的，以纳税人平均分摊的应税凭证所列金额（不包括列明的增值税税款）确定计税依据。

（4）应税合同、应税产权转移数据所列的金额与实际结算金额不一致，不变更应税凭证所列金额的，以所列金额为计税依据；变更应税凭证所列金额的，以变更后的所列金额为计税依据。已缴纳印花税的应税凭证，变更后所列金额增加的，纳税人应当就增加部分的金额补缴印花税；变更后所列金额减少的，纳税人可以就减少部分的金额向税务机关申请退还或抵缴印花税。

（5）应税凭证金额为人民币以外的货币的，应当按照凭证书立当日的人民币汇率中间价折合人民币确定计税依据。

（6）未履行的应税合同、产权转移数据，已缴纳的印花税不予退还及抵缴税款。

（7）纳税人多贴的印花税票，不予退税及抵缴税款。

（三）营业账簿

1. 按照营业账簿反映的内容不同，在税目中分为记载资金的账簿（简称资金账簿）和其他营业账簿两类，对记载资金的营业账簿征收印花税，对其他营业账簿不征收印花税。

2. 应税营业账簿的应纳税额 = 实收资本（股本）、资本公积合计金额 ×0.25‰

（四）证券交易

1. 证券交易是指在依法设立的证券交易所上市交易或者在国务院批准的其他全国性证券交易场所转让公司股票和以股票为基础发行的存托凭证。

2. 证券交易单方征收印花税，即出让方征收，受让方不征收。

3. 应纳税额 = 成交金额或者依法确定的计税依据 ×1‰

（1）以非集中交易方式转让证券时无转让价格的，按照办理过户登记手续前一个交易日收盘价计算确定计税依据；

（2）办理过户登记前一个交易日无收盘价的，按照证券面值计算确定计税依据。

【例 6-91·多选题·2019】根据印花税法律制度的规定，下列各项中，属于印花税征收范围的有（   ）。

A. 审计咨询合同　　　　　　　　　　B. 财产保险合同

C. 技术中介合同　　　　　　　　　　D. 建筑工程分包合同

【答案】BCD

【解析】根据规定，技术咨询合同是合同当事人就有关项目的分析、论证、评价、预测和调查订立的技术合同，而一般的法律、会计、审计等方面的咨询不属于技术咨询，其所立合同不贴印花。

【例 6-92·单选题·2021】某电厂与某运输公司签订了两份运输保管合同。第一份合同载明的金额合计 50 万元（运费和保管费并未分别记载）；第二份合同中注明运费为 30 万元、保管费 10 万元。已知运输合同印花税税率为 0.3‰，保管合同印花税税率为 1‰。分别计算该电厂第一份、第二份合同应缴纳的印花税税额为（   ）。

A. 500 元、400 元　　　B. 150 元、190 元　　　C. 500 元、190 元　　　D. 150 元、400 元

【答案】C

【解析】同一应税凭证载有 2 个或者 2 个以上经济事项并分别列明价款或者报酬的，按照各自适用税目税率计算应纳税额；未分别列明价款或者报酬的，按税率高的计算应纳税额。第一份合同未分别记载运费和保管费，应从高计征印花税，即按 1‰ 计算印花税，第一份合同应缴纳印花税 = 50×10 000×1‰ = 500（元）；第二份合同分别记载运费、保管费，分别按运输合同、保管合同计算印花税，即第二份合同应缴纳印花税 = 30×10 000×0.3‰ +10×10 000×1‰ = 190（元）。故选 C。

【例 6-93·多选题·2015 改编】下列关于印花税计税依据的说法，不正确的有（   ）。

A. 租赁合同，以所租赁财产的金额作为计税依据

B. 运输合同，以所运货物金额和运输费用的合计金额为计税依据

C. 借款合同，以借款金额和借款利息的合计金额为计税依据

D. 财产保险合同，以保险费收入为计税依据

【答案】ABC

【解析】选项 A，租赁合同，以租赁金额（即租金收入）作为计税依据；选项 B，运输合同，取得的运输费金额（即运费收入）为计税依据，不包括所运货物的金额、装卸费和保险费等；选项 C，借款合同，以借款金额（即借款本金）为计税依据，不包括借款利息。选项 D 表述正确。

（五）未列明金额时的计税依据

应税合同、产权转移书据未列明金额的，印花税的计税依据按照实际结算的金额确定。计税依据按照上述规定仍不能确定的，按照书立合同、产权转移书据时的市场价格确定；依法应当执行政府定价或者政府指导价的，按照国家有关规定确定。

（六）核定印花税计税依据

纳税人有以下情形的，税务机关可以核定纳税人印花税计税依据：

1. 未按规定建立印花税应税凭证登记簿，或未如实登记和完整保存应税凭证的。

2. 拒不提供应税凭证或不如实提供应税凭证致使计税依据明显偏低的。

3. 采用按期汇总缴纳办法的，未按税务机关规定的期限报送汇总缴纳印花税情况报告，经税务机关责令限期报告，逾期仍不报告的或者税务机关在检查过程中发现纳税人有未按规定汇总缴纳印花税情况的。

三、印花税税收优惠（2023 年新修）

1. 下列法定凭证免税：

（1）应税凭证的副本或者抄本。

（2）依据法律规定应当予以免税的国外驻华使馆、领事馆和国际组织驻华代表机构为获得馆舍书立的应税凭证。

（3）中国人民解放军、中国人民武装警察部队书立的应税凭证。

（4）农民、家庭农场、农民专业合作社、农村集体经济组织、村民委员会购买农业生产资料或者销售农产品书立的买卖合同和农业保险合同。

（5）无息或者贴息借款合同、国际金融组织向中国提供优惠贷款书立的借款合同。

（6）财产所有权人将财产赠与政府、学校、社会福利机构、慈善组织书立的产权转移书据。

（7）非营利性医疗机构卫生机构采购药品或者卫生材料书立的买卖合同。

（8）个人与电子商务经营者订立的电子订单。

根据国民经济和社会发展的需要，国务院对居民住房需求保障、企业改制重组、破产、支持小型微型企业发展等情形可以规定减征或者免征印花税，报全国人大常委会备案。

2. 临时性减免税优惠

（1）对铁路、公路、航运、水路承运快件行李、包裹开具的托运单据，暂免贴印花。

（2）各类发行单位之间，以及发行单位与订阅单位或个人之间的征订凭证，暂免征印花税。

（3）军事物资运输，凡附有军事运输命令或使用专用的军事物资运费结算凭证，免征印花税。

（4）抢险救灾物资运输，凡附有县级以上（含县级）人民政府抢险救灾物资运输证明文件的运费结算凭证，免纳印花税。

（5）对资产公司成立时设立的资金账簿免征印花税。对资产公司收购、承接和处置不良资产，免征购销合同和产权转移书据应缴纳的印花税。

（6）金融资产管理公司按财政部核定的资本金数额，接收国有商业银行的资产，在办理过户手续时，免征印花税。

（7）国有商业银行按财政部核定的数额，划转给金融资产管理公司的资产，在办理过户手续时，免征印花税。

（8）对社保理事会委托社保基金投资管理人运用社保基金买卖证券应缴纳的印花税实行先征后返。

（9）对社保基金持有的证券，在社保基金证券账户之间的划拨过户，不属于印花税的征税范围，不征收印花税。

（10）实行公司制改造的企业在改制过程中成立的新企业（重新办理法人登记的），其新启用的资金账簿记载的资金或因企业建立资本纽带关系而增加的资金，凡原已贴花的部分可不再贴花，未贴花的部分和以后新增加的资金按规定贴花。

（11）以合并或分立方式成立的新企业，其新启用的资金账簿记载的资金，凡原已贴花的部分可不再贴花，未贴花的部分和以后新增加的资金按规定贴花。合并包括吸收合并和新设合并。分立包括存续分立和新设分立。

（12）企业改制前签订但尚未履行完的各类应税合同，改制后需要变更执行主体的，对仅改变执行主体、其余条款未作变动且改制前已贴花的，不再贴花。

（13）企业因改制签订的产权转移书据免予贴花。

（14）股权分置改革过程中因非流通股股东向流通股股东支付对价而发生的股权转让，暂免征收印花税。

（15）发起机构、受托机构在信贷资产证券化过程中，与资金保管机构（指接受受托机构委托，负责保管信托项目财产账户资金的机构）、证券登记托管机构（指中央国债登记结算有限责任公司）以及其他为证券化交易提供服务的机构签订的其他应税合同，暂免征收发起机构、受托机构应缴纳的印花税。

（16）受托机构发售信贷资产支持证券以及投资者买卖信贷资产支持证券暂免征收印花税。

（17）发起机构、受托机构因开展信贷资产证券化业务而专门设立的资金账簿暂免征收印花税。

（18）对发电厂与电网之间、电网与电网之间（国家电网公司系统、南方电网公司系统内部各级电网互供电量除外）签订的购售电合同按购销合同征收印花税。电网与用户之间签订的供用电合同不属于印花税列举征税的凭证，不征收印花税。

（19）对经济适用住房经营管理单位与经济适用住房相关的印花税以及经济适用住房购买人涉及的印花税予以免征。开发商在商品住房项目中配套建造经济适用住房，如能提供政府部门出具的相关材料，可按经济适用住房建筑面积占总建筑面积的比例免征开发商应缴纳的印花税。

（20）对个人出租、承租住房签订的租赁合同，免征印花税。

（21）对个人销售或购买住房暂免征收印花税。

（22）在融资性售后回租业务中，对承租人、出租人因出售租赁资产及购回租赁资产所签订的合同，不征收印花税。

（23）对香港市场投资者通过沪股通和深股通参与股票担保卖空涉及的股票借入、归还，暂免征收证券（股票）交易印花税。

（24）对因农村集体经济组织以及代行集体经济组织职能的村民委员会、村民小组进行清产核资收回集体资产而签订的产权转移书据，免征印花税。

（25）自 2018 年 1 月 1 日至 2023 年 12 至 31 日，对金融机构与小型企业、微型企业签订的借款合同免征印花税。

（26）对与高校学生签订的高校学生公寓租赁合同，免征印花税。

（27）对公租房经营管理单位免征建设、管理公租房涉及的印花税。在其他住房项目中配套建设公租房，按公租房建筑面积占总建筑面积的比例免征建设、管理公租房涉及的印花税。

（28）对公租房经营管理单位购买住房作为公租房，免征印花税；对公租房租赁双方免征签订租赁协议涉及的印花税。

（29）对饮水工程运营管理单位为建设饮水工程取得土地使用权而签订的产权转移书据，以及与施工单位签订的建设工程承包合同，免征印花税。

（30）自 2022 年 1 月 1 日至 2024 年 12 月 31 日，由省、自治区、直辖市人民政府根据本地区实际情况，以及宏观调控需要确定，对增值税小规模纳税人、小型微利企业和个体工商户可以在 50% 的税额幅度内减征印花税。

【例 6-94·单选题·2019 改编】根据印花税法律制度的规定，下列合同中，应征收印花税的是（　）。

A. 个人与电子商务经营者签订的电子订单

B. 农民销售自产农产品订立的买卖合同

C. 发电厂与电网之间签订的购售电合同

D. 财产所有权人将财产赠与学校书立的产权转移书据

【答案】C

【解析】选项 A，个人与电子商务经营者签订的电子订单免征印花税；选项 B，销售自产农产品订立的买卖合同和农业保险合同，免征印花税；选项 C，发电厂与电网之间、电网与电网之间签订的购售电合同，按购销合同征收印花税；选项 D，财产所有权人将财产赠与学校书立的产权转移书据，免征印花税。。

四、印花税征收管理

（一）纳税义务发生时间

印花税纳税义务发生时间为纳税人订立应税凭证或者完成证券交易的当日。

证券交易印花税扣缴义务发生时间为证券交易完成的当日。证券登记结算机构为证券交易印花税的扣缴义务人。

（二）纳税地点

1. 单位纳税人应当向其机构所在地的主管税务机关申报缴纳印花税；个人纳税人应当向应税凭证书订立地或纳税人居住地的税务机关申报缴纳印花税。

2. 纳税人出让或者转让不动产产权的，应当向不动产所在地的税务机关申报缴纳印花税。

3. 证券交易印花税的扣缴义务人应当向其机构所在地的主管税务机关申报解缴税款以及银行结算的利息。

（三）纳税期限

1. 印花税按季、按年或者按次计征。实行按季、按年计征的，纳税人应当于季度、年度终了之日起 15 日内申报缴纳税款。实行按次计征的，纳税人应当于纳税义务发生之日起 15 日内申报并缴纳税款。

2. 证券交易印花税按周解缴。证券交易印花税的扣缴义务人应当于每周终了之日起 5 日内申报解缴税款及孳息。

本章习题精练

一、单选题

1. 下列选项中，属于房产税征税范围的是（　　）。
   A. 工厂的围墙
   B. 室外游泳池
   C. 建立在县城的办公楼
   D. 菜窖

2. 根据房产税法律制度的规定，下列关于房产税计税依据的表述中，正确的是（　　）。
   A. 经营租赁的房产，以租金收入为计税依据，由承租方来缴纳房产税
   B. 经营租赁的房产，以房产余值为计税依据，由出租方来缴纳房产税
   C. 融资租赁的房产，以租金收入为计税依据，由出租方来缴纳房产税
   D. 融资租赁的房产，以房产余值为计税依据，由承租方来缴纳房产税

3. 某企业有原值为 3 000 万元的房产，2022 年 1 月 1 日将其中的 20% 用于对外投资联营，投资期限为 10 年，承担投资风险。已知，当地省政府规定的房产原值扣除比例为 20%。根据房产税法律制度的规定，该企业 2022 年度应缴纳房产税（　　）万元。
   A. 5.76　　　　　B. 24
   C. 22.80　　　　D. 23.04

4. 根据契税法律制度的规定，下列各项中，应当征收契税的是（　　）。

A. 企业房产不等价交换
B. 房屋继承
C. 房屋典当
D. 土地使用权抵押

5. 陈某将其一套价值 50 万元的住房与李某的一套价值 80 万元的住房交换，陈某以现金方式补偿给李某差价；另将一套价值 100 万元的门面房与王某的门面房等价交换。已知当地契税适用税率为 3%，则下列关于上述房产应纳契税的计算中，正确的是（　　）。（上述金额均不含增值税）
   A. 陈某应纳契税 =（80-50）× 3% = 0.9（万元）
   B. 陈某应纳契税 =（80-50）× 3%+100× 3% = 3.9（万元）
   C. 李某应纳契税 =（80-50）× 3% = 0.9（万元）
   D. 王某应纳契税 = 100 × 3% = 3（万元）

6. 根据土地增值税法律制度的规定，下列各项中不属于土地增值税纳税人的是（　　）。
   A. 以房抵债的某外商投资企业
   B. 出租写字楼的某外资房地产开发公司
   C. 转让住房的某个体经营者
   D. 转让国有土地使用权的某国家机关

7. 某市甲生产企业（增值税一般纳税人）2019 年 8 月取得一块土地使用权，支付地价款 200 万元、按规定缴纳契税 8 万元，委托建筑公司建造房产，支付工程价款 150 万元，为开发房地产向银行借款，支付借款利息 80 万元，该利息支出能够提供银行贷款证明，

但不能按转让房地产项目计算分摊。2022 年 10 月该企业将开发的房地产全部销售，取得不含增值税销售收入 1 200 万元并签订产权转移书据。已知该企业转让房地产适用的增值税税率为 9%，不考虑地方教育附加，房地产开发费用的扣除比例为 8%。则该企业计算土地增值税时，下列列式中正确的是（　　）。

A. 准予扣除的房地产开发费用 =（200+8+150）×8% = 28.64（万元）

B. 准予扣除的房地产开发费用 = 80+（200+8+150）×8% = 108.64（万元）

C. 与转让房地产有关的税金 = 1 200×9%×（1+7%+3%）= 118.8（万元）

D. 与转让房地产有关的税金 = 1 200×9%×（1+7%+3%）+1 200×0.5‰ = 119.4（万元）

8. 某人民团体 2022 年年初拥有 A、B 两栋自用写字楼，A 栋占地 3 500 平方米，B 栋占地 500 平方米。于 1 月 1 日将 B 栋出租给某企业用于办公，租期为 1 年。当地城镇土地使用税的单位税额为每平方米 40 元，该人民团体 2022 年应缴纳城镇土地使用税（　　）元。

A. 15 000　　　　　　B. 20 000

C. 90 000　　　　　　D. 0

9. 下列关于城镇土地使用税的说法中，不正确的是（　　）。

A. 凡由省级人民政府确定的单位组织测定土地面积的，以测定的土地面积为准

B. 尚未组织测定，但纳税人持有政府有关部门核发的土地使用证书的，以证书确定的土地面积为准

C. 尚未核发土地使用证书的，应由纳税人据实申报土地面积，并据以纳税，待核发土地使用证书后再作调整

D. 对于纳税单位无偿使用免税单位的土地，应由免税单位缴纳城镇土地使用税

10. 根据车船税法律制度的规定，下列各项中，不属于车船税税目的是（　　）。

A. 乘用车　　　　　　B. 商用车

C. 挂车　　　　　　　D. 拖拉机

11. 某运输公司 2022 年拥有非机动驳船 2 艘，每艘净吨位 180 吨；机动船舶 10 艘，每艘净吨位 250 吨。已知当地机动船舶的车船税年税额：净吨位小于或者等于 200 吨的，每吨 3 元；净吨位 201～2 000 吨的，每吨 4 元。则该公司 2022 年应缴纳车船税（　　）元。

A. 1 620　　　　　　B. 10 000

C. 10 540　　　　　　D. 11 620

12. 甲向乙购买一批货物，合同约定丙为鉴定人，丁为担保人，关于该合同印花税纳税人的下列表述中，正确的是（　　）。

A. 甲和乙为纳税人

B. 甲和丙为纳税人

C. 乙和丁为纳税人

D. 甲和丁为纳税人

13. 根据印花税法律制度的规定，下列表述中，不正确的是（　　）。

A. 专利申请权转让合同应按技术合同贴花

B. 对发电厂与电网之间签订的购售电合同，按买卖合同征收印花税

C. 证券交易的计税依据，为成交金额

D. 纳税人出让或者转让不动产权的，应当向纳税人居住地的税务机关申报缴纳印花税

14. 2022 年 12 月，甲公司与乙公司签订一份承揽合同，合同载明由甲公司提供原材料 200 万元，支付乙公司加工费报酬 30 万元；又与丙公司签订了一份财产保险合同，保险金额 1 000 万元，支付保险费 1 万元。已知承揽合同印花税税率为 0.3‰，财产保险合同印花税税率为 1‰。则甲公司应缴纳的印花税为（　　）元。

A. 11 000　　　　　　B. 11 050

C. 1 010　　　　　　D. 100

15. 宏兴餐饮有限公司 2022 年 1 月开业，注册资金 500 万元；领受营业执照、商标注册证、卫生许可证各一件；宏兴公司与乙公司签订一份租期 2 年的租赁合同，合同载明由宏兴公司支付的租金为 50 万元，当月

一次性提前支付。已知租赁合同的印花税税率为1‰，记载资金的账簿印花税税率为0.25‰，则宏兴公司计算应纳印花税额的下列算式中，正确的是（　　）。

A. 5 000 000×0.25‰+2×5+500 000×1‰＝1 760（元）

B. 5 000 000×0.25‰+2×5+250 000×1‰＝1 510（元）

C. 5 000 000×0.25‰+500 000×1‰＝1 750（元）

D. 5 000 000×0.25‰+250 000×1‰＝1 500（元）

16. 根据资源税法律制度的规定，下列单位和个人的生产经营行为不缴纳资源税的是（　　）。

A. 冶炼企业进口铁矿石

B. 个体经营者开采煤矿

C. 军事单位开采石油

D. 中外合作开采天然气

17. 根据资源税法律制度的规定，下列各项中，不正确的是（　　）。

A. 开采原油过程中，用于加热的原油免税

B. 深水油气田资源税税额减征20%

C. 对依法在建筑物下、铁路下、水体下通过充填开采方式采出的矿产资源，资源税减征50%

D. 低丰度油气田资源税暂减征20%

18. 根据环境保护税法律制度的规定，下列说法正确的是（　　）。

A. 企业事业单位和其他生产经营者向依法设立的污水集中处理、生活垃圾集中处理场所排放应税污染物的，应当缴纳环境保护税

B. 企业事业单位和其他生产经营者在符合国家和地方环境保护标准的设施、场所贮存或者处置固体废物的，应当缴纳环境保护税

C. 依法设立的城乡污水集中处理、生活垃圾集中处理场所超过国家和地方规定的排放标准向环境排放应税污染物的，应当缴纳环境保护税

D. 机动车、铁路机车、非道路移动机械、船舶和航空器等流动污染源排放应税污染物的，应当缴纳环境保护税

19. 某烟草公司2022年10月向烟叶生产者收购烟叶一批，支付不含价外补贴的收购价款50 000元，已知价外补贴为烟叶收购价款的10%，烟叶税税率为20%。则该烟草公司应缴纳烟叶税（　　）元。

A. 10 000　　　　　　B. 1 000

C. 55 000　　　　　　D. 11 000

20. 根据船舶吨税法律制度的规定，下列船舶中，不予免征船舶吨税的是（　　）。

A. 捕捞渔船　　　　　B. 非机动驳船

C. 警用船舶　　　　　D. 养殖渔船

21. 根据土地增值税法律制度的规定，下列关于土地增值税税收优惠的表述，不正确的是（　　）。

A. 自2008年11月1日起，对个人转让住房暂免征收土地增值税

B. 企事业单位、社会团体以及其他组织转让旧房作为公共租赁住房房源的，免征土地增值税

C. 因国家建设需要依法征用、收回的房地产，免征土地增值税

D. 纳税人建造普通标准住宅出售，增值额未超过扣除项目金额20%的，予以免税；超过20%的，应按全部增值额缴纳土地增值税

22. 某生产企业2022年转让一栋二十世纪末建造的办公楼，取得转让收入400万元，缴纳相关税费共计25万元。该办公楼原造价300万元，经房地产评估机构评定其重置成本为800万元，成新度折扣率为四成。该企业转让办公楼应缴纳土地增值税的下列计算中正确的是（　　）。

A.（400−800×40%−25）×30%＝16.5（万元）

B.（400−300−25）×30%＝22.5（万元）

C.（400−800×40%）×30%＝24（万元）

D.（400−300）×30%＝30（万元）

二、多项选择题

23. 根据房产税法律制度的规定，下列表述中，

正确的有（　　）。

A.公园内开设的照相馆免征房产税

B.居民委员会用于体育活动的房产，免征房产税

C.纳税人因房屋大修导致连续停用半年以上的，在房屋大修期间免征房产税

D.在基建工地为基建工地服务的各种工棚，在施工期间一律免征房产税

24.根据土地增值税法律制度的规定，下列各项中，属于房地产开发成本的有（　　）。

A.耕地占用税　　　　B.前期工程费

C.基础设施费　　　　D.公共配套设施费

25.根据土地增值税法律制度的规定，下列各项中，应当进行土地增值税清算的有（　　）。

A.已转让的房地产建筑面积占整个项目可售建筑面积的比例在85%以上

B.整体转让未竣工决算房地产开发项目的

C.直接转让土地使用权的

D.纳税人申请注销税务登记但未办理土地增值税清算手续的

26.根据城镇土地使用税法律制度的规定，下列关于城镇土地使用税纳税义务发生时间的表述中，正确的有（　　）。

A.纳税人新征用的耕地，自批准征用之日起满1年时开始缴纳城镇土地使用税

B.纳税人出租房产，自交付出租房产之次月起，缴纳城镇土地使用税

C.纳税人以出让方式有偿取得土地使用权，合同约定交付土地时间的，自合同约定交付土地时间的次月起缴纳城镇土地使用税

D.纳税人以出让方式有偿取得土地使用权，合同未约定交付土地时间的，自合同签订的次月起缴纳城镇土地使用税

27.根据耕地占用税法律制度的规定，下列各项中，免征耕地占用税的有（　　）。

A.军事设施占用耕地

B.学校内教职工住房占用耕地

C.公路线路占用耕地

D.幼儿园占用耕地

28.根据烟叶税法律制度的有关规定，下列说法

正确的有（　　）。

A.在境外收购晾晒烟叶的单位为烟叶税的纳税人

B.在境内收购晾晒烟叶的单位为烟叶税的纳税人

C.烟叶税实行定额税率

D.纳税人应当于纳税义务发生月终了之日起15日内申报并缴纳税款

29.根据《房产税暂行条例》的规定，下列各项中，不符合房产税纳税义务发生时间规定的有（　　）。

A.纳税人将原有房产用于生产经营，从生产经营之次月起，缴纳房产税

B.纳税人自行新建房屋用于生产经营，从建成之次月起，缴纳房产税

C.纳税人委托施工企业建设的房屋，从办理验收手续之月起，缴纳房产税

D.纳税人购置新建商品房，自房屋交付使用之次月起，缴纳房产税

30.赵某原有两套相同的住房，2022年8月，将其中一套无偿赠送给战友钱某；将另一套以市场价格60万元与谢某的住房进行了等价置换；又以100万元价格购置了一套新住房，已知契税的税率为3%。根据契税法律制度的规定，下列说法正确的有（　　）。

A.赵某应缴纳契税3万元

B.赵某应缴纳契税4.8万元

C.钱某应缴纳契税1.8万元

D.钱某无需缴纳契税

31.根据城镇土地使用税的有关规定，下列表述正确的有（　　）。

A.城镇土地使用税由拥有土地使用权的单位或个人缴纳

B.土地使用权未确定或权属纠纷未解决的，由双方到税务机关协商确定

C.土地使用权共有的，由共有各方分别纳税

D.对外商投资企业和外国企业暂不征收城镇土地使用税

32.根据车船税法律制度的规定，下列纳税主体中，属于车船税纳税人的有（　　）。

A. 在中国境内拥有并使用船舶的国有企业

B. 在中国境内拥有并使用车辆的外籍个人

C. 在中国境内拥有并使用船舶的内地居民

D. 在中国境内拥有并使用车辆的外国企业

33. 下列属于车船税免税项目的有（　　）。

A. 非机动驳船　　　　B. 武警消防车

C. 监狱专用的船舶　　D. 捕捞渔船

34. 下列关于印花税的表述中正确的有（　　）。

A. 土地使用权出让合同的计税依据为列明的价款，不包括增值税税额

B. 同一应税凭证由两方或两方以上当事人订立的，应当按照各自涉及的价款或者报酬分别计算应纳税额

C. 技术合同以支付的价款、报酬或使用费为计税依据

D. 著作权转让书据应按件贴花

35. 下列污染物按照污染物排放量折合的污染当量数确定环境保护税计税依据的有（　　）。

A. 大气污染物　　　　B. 水污染物

C. 固体废物　　　　　D. 噪声

三、判断题

36. 房地产开发企业建造的商品房，在出售前未自用、出租的，不征收房产税。（　　）

37. 契税的纳税义务发生时间为纳税人签订土地、房屋权属转移合同的当天，或者纳税人取得其他具有土地、房屋权属转移合同性质凭证的当天。（　　）

38. 纳税人转让旧房及建筑物，凡不能取得评估价格，但能提供购房发票的，可按购房发票所载金额及购房时缴纳的契税从购买年度起至转让年度止每年加计 5% 计算扣除项目金额。（　　）

39. 按照法律规定或者合同约定，两个或两个以上非房开企业合并为一个企业，且原企业投资主体存续的，对原企业将房地产权属转移、变更到合并后的企业，暂不征土地增值税。（　　）

40. 纳税人使用的土地不属于同一省、自治区、直辖市管辖的，由纳税人向机构所在地税务机关缴纳城镇土地使用税。（　　）

41. 轮式专用机械车，以整备质量每吨为车船税的计税依据。（　　）

42. 从事机动车第三者责任强制保险业务的保险机构为机动车车船税的扣缴义务人，应当在收取保险费时依法代收车船税，并出具代收税款凭证。（　　）

43. 应税产品的销售数量，包括纳税人开采或者生产应税产品的实际销售数量和自用于应当缴纳资源税情形的应税产品数量。（　　）

44. 规模化养鸡场排放固体污染物免征环境保护税。（　　）

45. 纳税人占用耕地或其他农用地，应当在纳税人住所所在地申报纳税。（　　）

46. 烟叶税的征税范围包括晾晒烟叶、烤烟叶和烟丝。（　　）

47. 财产所有人将财产赠给政府、社会福利单位、学校及其他事业单位所立的书据免纳印花税。（　　）

48. 在人均耕地低于 0.5 亩的地区，耕地占用税的适用税率提高 50%。（　　）

第七章 税收征收管理法律制度

考情概要

　　本章属于非重点章节，多以单项选择题、多项选择题或判断题的形式进行考查，通常不涉及不定项选择题，题目的考查角度多为概念性知识的记忆。今年本章内容整体变化不大，近三年平均分值在 7 分左右。

考纲要求及考查方式

考纲内容	要求	考试题型
税务登记管理、账簿和凭证管理、发票管理、纳税申报管理	掌握	单选题、多选题、判断题
应纳税额的核定和调整、应纳税额的缴纳、税款征收的保障措施、税款征收的其他规定	掌握	单选题、多选题、判断题
税务机关在税务检查中的职权和职责、纳税信用管理、重大税收违法失信案件信息公布	掌握	单选题、多选题
税务行政复议的范围、税务行政复议的管辖	掌握	单选题、多选题、判断题
征纳双方的权利和义务、税款征收方式	熟悉	单选题、多选题、判断题
被检查人的义务、税收违法行为检举管理	熟悉	单选题、多选题、判断题
税务行政复议申请与受理、税务行政复议审查和决定	熟悉	单选题、多选题、判断题
税务管理相对人实施税收违法行为、税务行政主体实施税收违法行为的法律责任	熟悉	单选题、多选题、判断题
税收征收管理法的适用范围、税收征收管理法的适用对象、税款征收主体	了解	单选题、多选题

学习建议

　　本章内容为概念性知识点，理解难度不大，但对记忆有比较高的要求。考生在学习本章的过程中，需要注重记忆。

学习框架

```
                        ┌─ 税收征收管理法概述 ─┬─ 税收征收管理法的适用范围
                        │                      ├─ 税收征收管理法的适用对象
                        │                      └─ 税收征纳主体的权利和义务★★
                        │
                        ├─ 税务管理 ─────────┬─ 税务登记管理★★★
                        │                      ├─ 账簿和凭证管理★★★
                        │                      ├─ 发票管理★★★
                        │                      └─ 纳税申报管理★★★
                        │
                        ├─ 税款征收 ─────────┬─ 税款征收主体
                        │                      ├─ 税款征收方式★★
                        │                      ├─ 应纳税额的核定和调整★★★
税收征管法律制度 ───────┤                      ├─ 应纳税额的缴纳★★★
                        │                      ├─ 税款征收的保障措施★★★
                        │                      └─ 税款征收的其他规定★★★
                        │
                        ├─ 税务检查 ─────────┬─ 税务机关在税务检查中的职权和职责★★★
                        │                      ├─ 被检查人的义务★★
                        │                      ├─ 纳税信用管理★★★
                        │                      ├─ 税收违法行为检举管理★★
                        │                      └─ 重大税收违法失信案件信息公布★★★
                        │
                        ├─ 税务行政复议 ─────┬─ 税务行政复议范围★★★
                        │                      ├─ 税务行政复议管辖★★★
                        │                      ├─ 税务行政复议申请与受理★★
                        │                      └─ 税务行政复议审查和决定
                        │
                        └─ 税收法律责任 ─────┬─ 违反税务管理规定的法律责任★★
                                               └─ 首违不罚制度
```

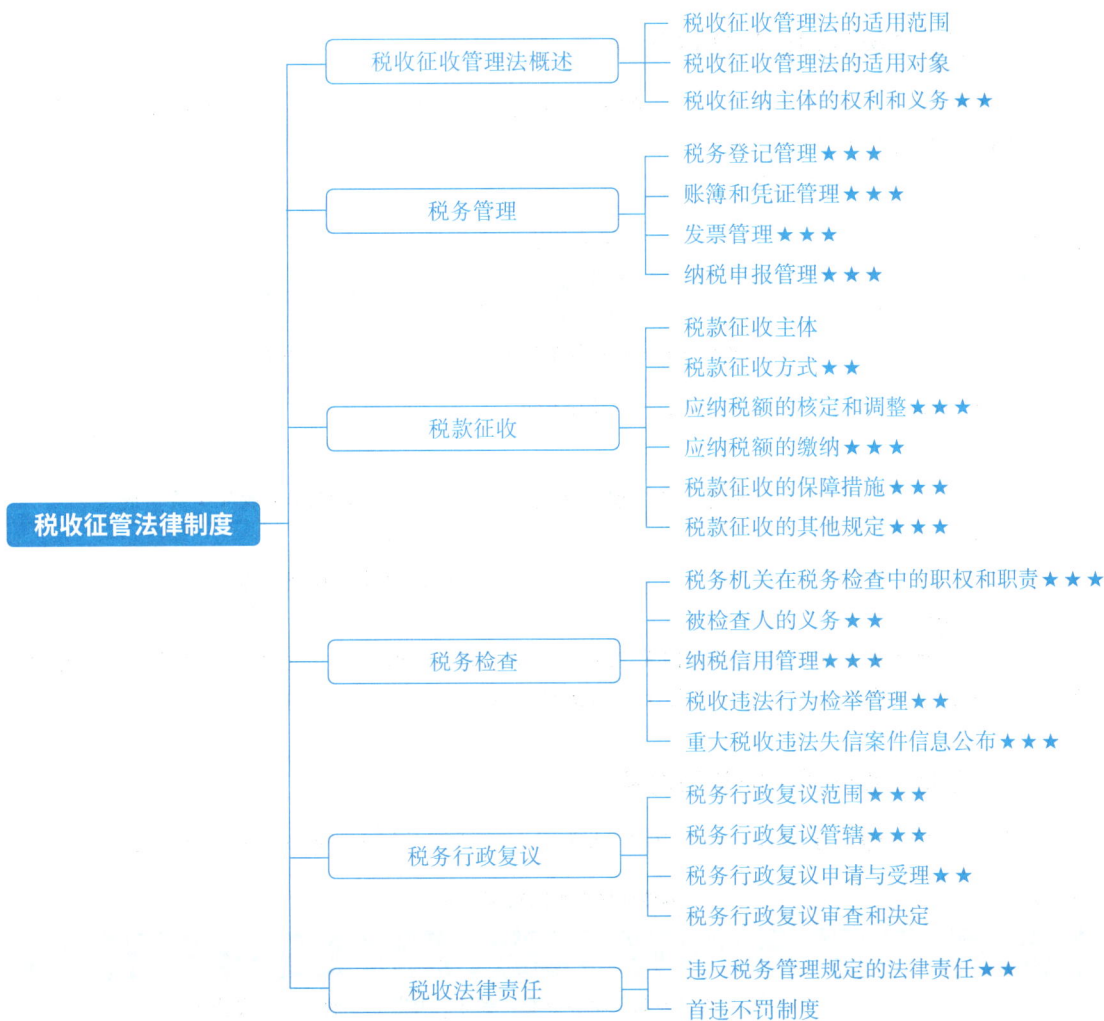

第一节 税收征收管理法概述

一、税收征收管理法的概念

税收征收管理法，是指调整税收征收与管理过程中所发生的社会关系的法律规范的总称，包括国家权力机关制定的税收征管法律、国家权力机关授权行政机关制定的税收征管行政法规和有关税收征管的规章制度等。

税收征收管理法属于税收程序法，它是以规定税收实体法中所确定的权利义务的履行程序为主要内容的法律规范，是税法的有机组成部分。税收征收管理法不仅是纳税人全面履行纳税义务必须遵守的法律准则，也是税务机关履行征税职责的法律依据。

二、税收征收管理法的适用范围

凡依法由**税务机关征收**的**各种税收**的征收管理均适用《中华人民共和国税收征收管理法》（以下简称《征管法》）。

《征管法》不适用情形如表 7-1 所示。

表 7-1   《征管法》不适用情形

主体	具体内容
海关	关税及代征的进口环节增值税、代征的进口环节消费税
税务机关	教育费附加、地方教育附加

【例 7-1·多选题】下列税费的征收管理，适用《中华人民共和国税收征收管理法》的是（　　）。

A. 关税   B. 契税

C. 车船税   D. 海关代征的进口环节消费税

【答案】BC

【解析】《税收征管法》的适用范围是税务机关征收的各种税收。由海关征收的关税及代征的增值税、代征的消费税，不属于《征管法》的适用范围。

三、税收征收管理法的适用对象

《税收征收管理法》的遵守主体不仅限于纳税人，主要涉及三个方面（具体见表 7-2）：

表 7-2   税收征收管理法的适用对象

适用对象	具体规定
税收征收管理主体	① 包括各级税务局、税务分局、税务所和省以下税务局的稽查局 ② 国家税务总局应当明确划分税务局和稽查局的职责，避免职责交叉 ③ 税务机关依法执行职务，任何单位和个人不得阻扰
税务征收管理相对人	① 包括纳税人和扣缴义务人 ② 纳税人和扣缴义务人必须依照法律、行政法规的规定缴纳税款，代扣代缴税款、代收代缴税款
相关单位和部门	① 包括地方各级人民政府在内的有关单位和部门 ② 地方各级人民政府应当依法加强对本行政区域内税收征收管理工作的领导或者协调，支持税务机关依法执行职务，依照法定税率计算税额，依法征收税款 ③ 各有关部门和单位应当支持、协助税务机关依法执行职务

四、税收征纳主体的权利和义务 ★★

（一）征税主体的权利和义务

表 7-3　　　　　　　　　　　　　　　　征税主体的权利和义务

权利与义务		解释
职权	税收立法权	税收立法权包括参与起草税收法律法规草案，提出税收政策建议，在职权范围内制定、发布关于税收征管的部门规章等
	税务管理权	税务管理权包括对纳税人进行税务登记管理、账簿和凭证管理、发票管理、纳税申报管理等
	税款征收权	税款征收权是征税主体享有的最基本、最主要的职权。税款征收权包括依法计征权、核定税款权、税收保全和强制执行权、追征税款权等
	税务检查权	税务检查权包括查账权、场地检查权、询问权、责成提供资料权、存款账户核查权等
	税务行政处罚权	税务行政处罚权是对税收违法行为依照法定标准予以行政制裁的职权，如罚款等
	其他职权	如在法律、行政法规规定的权限内，对纳税人的减、免、退、延期缴纳的申请予以审批的权利；阻止欠税纳税人离境的权利；委托代征权；估税权；代位权与撤销权；定期对纳税人欠缴税款情况予以公告的权利；上诉权等
职责		① 宣传税收法律、行政法规，普及纳税知识，无偿为纳税人提供纳税咨询服务。 ② 依法为纳税人、扣缴义务人的情况保守秘密，为检举违反税法行为者保密。纳税人、扣缴义务人的税收违法行为不属于保密范围。 ③ 加强队伍建设，提高税务人员的政治业务素质。 ④ 秉公执法，忠于职守，清正廉洁，礼貌待人，文明服务，尊重和保护纳税人、扣缴义务人的权利，依法接受监督。 ⑤ 税务人员不得索贿受贿、徇私舞弊、玩忽职守、不征或者少征应征税款；不得滥用职权多征税款或者故意刁难纳税人和扣缴义务人。 ⑥ 税务人员在核定应纳税额、调整税收定额、进行税务检查、实施税务行政处罚、办理税务行政复议时，与纳税人、扣缴义务人或者其法定代表人、直接责任人有利害关系，包括夫妻关系、直系血亲关系、三代以内旁系血亲关系、近姻亲关系、可能影响公正执法的其他利害关系的，应当回避。 ⑦ 建立、健全内部制约和监督管理制度。上级税务机关应当对下级税务机关的执法活动依法进行监督。各级税务机关应当对其工作人员执行法律、行政法规和廉洁自律准则的情况进行监督检查

（二）纳税主体的权利和义务

表 7-4　　　　　　　　　　　　　　　　纳税主体的权利和义务

项目	具体权利和义务
权利	① 知情权； ② 要求保密权； ③ 依法享受税收优惠权； ④ 申请退还多缴税款权； ⑤ 申请延期申报权；

（续表）

项目	具体权利和义务
	⑥ 纳税申报方式选择权； ⑦ 申请延期缴纳税款权； ⑧ 索取有关税收凭证权； ⑨ 委托税务代理权； ⑩ 陈述权、申辩权； ⑪ 对未出示税务检查证和税务检查通知书的拒绝检查权； ⑫ 依法要求听证权； ⑬ 税收法律救济权； ⑭ 税收监督权
义务	① 按期办理税务登记，及时核定应纳税种、税目； ② 依法设置账簿、保管账簿和有关资料以及依法开具、使用、取得和保管发票的义务； ③ 财务会计制度和会计核算软件备案的义务； ④ 按照规定安装、使用税控装置的义务； ⑤ 按期、如实办理纳税申报的义务； ⑥ 按期缴纳或解缴税款的义务； ⑦ 接受税务检查的义务； ⑧ 代扣、代收税款的义务； ⑨ 及时提供信息的义务，如纳税人有歇业、经营情况变化、遭受各种灾害等特殊情况的，应及时向征税机关说明等； ⑩ 报告其他涉税信息的义务，如企业合并、分立的报告义务等

【例 7-2·多选题·2020】根据税收征收管理法律制度的规定，下列各项中，属于纳税人权利的有（　　）。

　A. 陈述权　　　　　　　　　　　　　B. 核定税款权

　C. 税收监督权　　　　　　　　　　　D. 税收法律救济权

【答案】ACD

【解析】选项 B 属于征税主体的权利。

【例 7-3·多选题·2022】根据税收征收管理法律制度的规定，下列各项中属于征税主体职权的有（　　）。

　A. 税务管理权　　　B. 代位权　　　　C. 核定税款权　　　　D. 税务检查权

【答案】ABCD

【解析】征税主体的职权包括：税收立法权、税务管理权（选项 A）、税款征收权（如核定税款权，选项 C）、税务检查权（选项 D）、税务行政处罚权、其他职权（如代位权，选项 B）。

第二节　税务管理

一、税务管理的概念

　税务管理，是指税收征收管理机关为了贯彻执行国家税收法律制度，加强税收工作，协调征税关系而对纳税人和扣缴义务人实施的基础性的管理制度和管理行为。

税务管理主要包括税务登记管理、账簿和凭证管理、发票管理、纳税申报管理等。

税务管理是税收征收管理的重要内容，是税款征收的前提和基础。

二、税务登记管理 ★★★

税务登记又称纳税登记，是税务机关对纳税人的基本情况及生产经营项目进行登记管理的一项基本制度。税务登记是整个税收征收管理的起点。从税务登记开始，纳税人的身份及征纳双方的法律关系即得到确认。

（一）税务登记申请人

企业，企业在外地设立的分支机构和从事生产、经营的场所，个体工商户和从事生产、经营的事业单位，都应当办理税务登记（统称从事生产、经营的纳税人）。

上述规定以外的纳税人，**除国家机关、个人和无固定生产经营场所的流动性农村小商贩外**，也应当办理税务登记（统称非从事生产经营但依照规定负有纳税义务的纳税人）。

负有扣缴税款义务的扣缴义务人（国家机关除外），应当办理扣缴税款登记。

（二）税务登记主管机关

县以上（含本级）税务局（分局）是税务登记的主管机关，负责税务登记的设立登记、变更登记、注销登记和税务登记证验证、换证以及非正常户处理、报验登记等有关事项。

（三）税务登记的内容（2023 年调整）

根据我国法律和行政法规的规定，我国现行税务登记包括设立（开业）税务登记、变更税务登记、注销税务登记、外出经营报验登记以及停业、复业登记等。

1. 设立（开业）税务登记

表 7-5　　设立（开业）税务登记

登记对象	登记时间	登记地点
从事生产、经营的纳税人领取工商营业执照的	自领取工商营业执照之日起 30 日内	生产、经营所在地
从事生产、经营的纳税人未办理工商营业执照但经有关部门批准设立的	自有关部门批准设立之日起 30 日内	
从事生产、经营的纳税人未办理工商营业执照也未经有关部门批准设立的	自纳税义务发生之日起 30 日内	
有独立的生产经营权、在财务上独立核算并定期向发包人或出租人上交承包费或租金的承包承租人	自承包承租合同签订之日起 30 日内	承包承租业务发生地
境外企业在中国境内承包建筑、安装、装配、勘探工程和提供劳务	自项目合同或协议签订之日起 30 日内	项目所在地
其他纳税人（除国家机关、个人和无固定生产、经营场所的流动性农村小商贩外）	自纳税义务发生之日起 30 日内	纳税义务发生地

【例7-4·单选题·2022】根据税收征收管理法律制度的规定，下列主体中，可以不办理税务登记的是（　　）。

A. 公益性社会团体

B. 无固定生产经营场所的流动性农村小商贩

C. 公立大学

D. 企业的分支机构

【答案】B

【解析】企业，企业在外地设立的分支机构和从事生产、经营的场所，个体工商户和从事生产、经营的事业单位，都应当办理税务登记。前述规定以外的纳税人，除国家机关、个人和无固定生产、经营场所的流动性农村小商贩（选项B）外，也应当办理税务登记。

2. 变更税务登记

表7-6　　　　　　　　　　　　　　　　　　　变更税务登记

项目	内容
适用范围	纳税人办理设立税务登记后，因登记内容发生变化，需要对原有登记内容进行更改，而向主管税务机关申报办理的税务登记
时间要求	①纳税人已在市场监管部门办理变更登记的，应当自变更登记之日起**30日内** ②无需到市场监管部门办理变更登记的，应当自税务登记内容实际发生变化之日起**30日**内，或者自有关机关批准或者宣布变更之日起**30日内**
登记地点	原税务登记机关

3. 停业、复业登记

（1）实行**定期定额征收方式**的个体工商户需要停业的，应当在**停业前**向税务机关申请办理停业登记。纳税人的停业期限**不得超过1年**；

（2）纳税人在申报办理停业登记时，应如实填写停业复业报告书，说明停业理由、停业期限、停业前的纳税情况和发票的领、用、存情况，并结清应纳税款、滞纳金、罚款。税务机关应收存其税务登记证件及副本、发票领购簿、未使用完的发票和其他税务证件；

（3）纳税人停业期间发生纳税义务的，应当依法申报缴纳税款；

（4）纳税人应当于恢复生产经营之前，向税务机关申请办理复业登记，如实填写停业复业报告书，领回并启用税务登记证件、发票领购簿及其停业前领购的发票；

（5）纳税人停业期满不能及时恢复生产、经营的，应当在**停业期满前**向税务机关办理延长停业登记。

4. 外出经营报验登记

（1）纳税人跨省经营的，应在外出生产经营以前，持税务登记证向主管税务机关申请开具《外出经营活动税收管理证明》（简称《外管证》）。纳税人在省税务机关管辖区域内跨县（市）经营的，是否开具《外管证》由**省税务机关**自行确定。

（2）税务机关按照"一地一证"的原则发放《外管证》。《外管证》的有效期限一般为30日，最长不得超过180日。但**建筑安装行业**纳税人项目合同期限超过180日的，按照合同期限确定有效期限。

（3）纳税人应当自《外管证》签发之日起**30日内**，应持《外管证》向经营地税务机关报验登记，并接受经营地税务机关的管理。

（4）纳税人外出经营活动结束，应当向经营地税务机关填报《外出经营活动情况申报表》，并结清税款、缴销发票。

（5）《外管证》有效期届满后10日内，应持《外管证》回原税务登记地税务机关办理《外管证》缴销手续。

5. 注销税务登记

表7-7　　　　　　　　　　　　　　　　　　　　注销税务登记

项目	内容
办理原因	① 纳税人发生解散、破产、撤销以及其他情形，依法终止纳税义务的。 ② 纳税人被市场监管部门吊销营业执照或者被其他机关予以撤销登记的。 ③ 纳税人因住所、经营地点变动，涉及变更税务登记机关的。 ④ 境外企业在中国境内承包建筑、安装、装配、勘探工程和提供劳务的，项目完工、离开中国的
办理时限	① 纳税人发生解散、破产、撤销以及其他情形，依法终止纳税义务的，应在向市场监管部门或其他机关办理注销登记前，向原税务登记机关申报办理注销税务登记。 ② 按规定不需要在市场监管部门或其他机关办理注销登记的，应自有关机关批准或者宣告终止之日起15日内，向原税务登记机关申报办理注销税务登记。 ③ 纳税人被市场监管部门吊销营业执照或被其他机关予以撤销登记的，自被吊销营业执照或被撤销登记之日起15日内，向原税务登记机关申报办理注销税务登记。 ④ 纳税人因住所、经营地点的变动，涉及改变税务登记机关的，应当在向市场监管部门或者其他机关申请办理变更、注销登记前，或者住所、经营地点变更前，持有关证件和资料向原税务登记机关申报办理注销税务登记，并自注销税务登记之日起30日内向迁达地税务机关申报办理税务登记。 ⑤ 境外企业在中国境内承包建筑、安装、装配、勘探工程和提供劳务的，应当在项目完工、离开中国前15日内，持有关证件和资料向原税务登记机关办理注销税务登记
清税证明的出具	① 已实行"多证合一、一照一码"登记模式的企业办理注销登记，须先向主管税务机关申报清税，填写清税申报表。清税完毕后，受理税务机关根据清税结果向纳税人统一出具清税证明。 ② 清税证明免办。符合市场监管部门简易注销条件而申请简易注销的纳税人，未办理过涉税事宜或办理过涉税事宜但未领用发票（含代开发票）、无欠税（滞纳金）及罚款且没有其他未办结涉税事项的，可免予到税务机关办理清税证明。 ③ 清税证明即办。纳税人采用普通流程申请注销的，税务机关进行税务注销预检。纳税人未办理过涉税事宜且主动到税务机关办理清税的，税务机关可根据纳税人提供的营业执照即时出具清税文书。符合容缺即时办理条件的纳税人，在办理税务注销时，资料齐全的，税务部门即时出具清税文书；若资料不齐，可在作出承诺后，税务部门即时出具清税文书。纳税人应按承诺的时限补齐资料并办结相关事项。具体容缺条件有二：一是办理过涉税事宜但未领用发票（含代开发票）、无欠税（滞纳金）及罚款的纳税人，主动到税务部门办理清税的；二是未处于税务检查状态、无欠税（滞纳金）及罚款、已缴销增值税专用发票及税控设备，且符合下列情形之一的纳税人：a. 纳税信用级别为A级和B级的纳税人；b. 控股母公司纳税信用级别为A级的M级纳税人；c. 省级人民政府引进人才或经省级以上行业协会等机构认定的行业领军人才等创办的企业；d. 未纳入纳税信用级别评价的定期定额个体工商户；e. 未达到增值税纳税起征点的纳税人。 ④ 经人民法院裁定宣告破产的纳税人，持人民法院终结破产程序裁定书向税务机关申请税务注销的，税务机关即时出具清税文书。 ⑤ 经人民法院裁定强制清算的市场主体，持人民法院终结强制清算程序的裁定申请税务注销的，税务机关即时出具清缴文书

【例 7-5·单选题】下列情形中，纳税人应当注销税务登记的是（   ）。

A. 纳税人改变住所和经营地点涉及改变原主管税务机关的

B. 纳税人改变住所和经营地点未涉及改变原主管税务机关的

C. 纳税人改变经营范围

D. 纳税人改变登记类型

【答案】A

【解析】选项 A，纳税人因住所、生产、经营场所变动而涉及改变主管税务登记机关的，应当在向工商行政管理机关申请办理变更或注销登记前，或者住所、经营地点变动前，向原税务机关申请办理注销税务登记。选项 BCD，只需要办理变更税务登记。

6. 临时税务登记。

从事生产、经营的个人应办而未办营业执照，但发生纳税义务的，可以按规定申请办理临时税务登记。

7. 非正常户的认定和解除

（1）纳税人负有纳税申报义务，但连续 3 个月所有税种均未进行纳税申报的，税收征管系统自动将其认定为非正常户，并停止其发票领用簿和发票的使用。

（2）对欠税的非正常户，税务机关《征管法》规定追征税款及滞纳金。

（3）已认定为非正常户的纳税人，就其逾期未申报行为接受处罚、缴纳罚款，并补办纳税申报的，税收征管系统自动解除非正常状态，无需纳税人专门申请解除。

8. 扣缴税款登记

（1）已办理税务登记的扣缴义务人应当自扣缴义务发生之日起 30 日内，向税务登记地税务机关申报办理扣缴税款登记。

（2）根据税收法律、行政法规的规定可不办理税务登记的扣缴义务人，应当自扣缴义务发生之日起 30 日内，向机构所在地税务机关申报办理扣缴税款登记，并由税务机关发放扣缴税款登记证件。

【例 7-6·单选题·2022】根据税收征收管理制度的规定，负有纳税申报义务的纳税人连续一定期限所有税种均未进行纳税申报的，税收征管系统自动将其认定为非正常户。该期限为（   ）。

A. 9 个月

B. 6 个月

C. 3 个月

D. 12 个月

【答案】C

【解析】纳税人负有纳税申报义务，但连续 3 个月所有税种均未进行纳税申报的，税收征管系统自动将其认定为非正常户，并停止其发票领购簿和发票的使用。

三、账簿和凭证管理 ★★★

（一）账簿的设置

1. 纳税人、扣缴义务人应按照有关规定设置账簿。从事生产、经营的纳税人应当自领取营业执照或者发生纳税义务之日起 15 日内按规定设置账簿。

2. 生产、经营规模小又确无建账能力的纳税人可以聘请专业机构或财会人员代为建账和办理账务。聘请有实际困难的，经县以上税务机关批准，建立收支凭证粘贴簿、进货销货登记簿或者使用税控装置。

3. 扣缴义务人应当自税收法律、行政法规规定的**扣缴义务发生之日起10日内**，按照所代扣、代收的税种，分别设置代扣代缴、代收代缴税款账簿。

【例7-7·单选题·2019】根据税收征收管理法律制度的规定，扣缴义务人应当自税收法律、行政法规规定的扣缴义务发生之日起一定期限内设置代扣代缴，代收代缴税款账簿。该期限是（　）。

A. 5日　　　　　　B. 10日　　　　　　C. 15日　　　　　　D. 20日

【答案】B

【解析】从事生产、经营的纳税人应当自领取营业执照或者发生纳税义务之日起15日内，按照国家有关规定设置账簿。扣缴义务人应当自税收法律、行政法规规定的扣缴义务发生之日起10日内，按照所代扣、代收的税种，分别设置代扣代缴、代收代缴税款账簿。

（二）对纳税人财务会计制度及其处理办法的管理

纳税人的财务会计制度及其处理办法，是其进行会计核算的依据，直接关系到计税依据是否真实合理。

1. 备案制度。从事生产、经营的纳税人应当**自领取税务登记证件之日起15日内**，将其财务、会计制度或者财务、会计处理办法报送主管税务机关备案。

纳税人使用计算机记账的，应当在使用前将会计电算化系统的会计核算软件、使用说明书及有关资料报送主管税务机关备案。

2. 税法规定优先。从事生产、经营的纳税人、扣缴义务人的财务、会计制度或者财务、会计处理办法与国务院或者国务院财政、税务主管部门有关税收的规定抵触的，依照国务院或者国务院财政、税务主管部门有关税收的规定计算应纳税款、代扣代缴和代收代缴税款。

3. 使用计算机记账。纳税人建立的会计电算化系统应当符合国家有关规定，并能正确、完整核算其收入或者所得。

（三）账簿、凭证等涉税资料的保存

从事生产、经营的纳税人、扣缴义务人必须按照规定的保管期限保管账簿、记账凭证、完税凭证及其他有关资料。账簿、记账凭证、报表、完税凭证、发票、出口凭证以及其他有关涉税资料**应当保存10年**；但是法律、行政法规另有规定的除外。

【例7-8·单选题·2018、2022】根据税收征收管理法律制度的规定，除另有规定外，从事生产、经营的纳税人的账簿、记账凭证、报表、完税凭证、发票、出口凭证以及其他有关涉税资料应当保存一定期限，该期限为（　）。

A. 30年　　　　　　B. 10年　　　　　　C. 15年　　　　　　D. 20年

【答案】B

【解析】根据税收征收管理法律制度的规定，除另有规定外，从事生产、经营的纳税人的账簿、记账凭证、报表、完税凭证、发票、出口凭证以及其他有关涉税资料应当保存10年。

四、发票管理 ★★★

（一）发票管理机关

1. 税务机关是发票的主管机关。国家税务总局统一负责全国发票管理工作。

2. 在全国范围内统一式样的发票，由国家税务总局确定。

3.在省、自治区、直辖市范围内统一式样的发票，由省、自治区、直辖市税务局确定。

4.增值税专用发票由国家税务总局确定的企业印制；其他发票，按照国家税务总局的规定，由省、自治区、直辖市税务机关确定的企业印制。禁止私自印制、伪造、变造发票。

（二）发票的种类、联次和内容

1.发票的种类

表 7-8 发票的种类

类型	具体种类
增值税专用发票	增值税专用发票（折叠票）、增值税电子专用票和机动车销售统一发票
增值税普通发票	包括增值税普通发票（折叠票）、增值税电子普通发票和增值税普通发票（卷票）
其他发票	包括农产品收购发票、农产品销售发票、门票、过路（过桥）费发票、定额发票、客运发票和二手车销售统一发票等

2.发票的联次和内容。

发票的基本联次包括存根联、发票联、记账联。存根联由收款方或开票方留存备查；发票联由付款方或受票方作为付款原始凭证；记账联由收款方或开票方作为记账原始凭证。省以上税务机关可根据发票管理情况以及纳税人经营业务需要，增减除发票联以外的其他联次，并确定其用途。

发票的基本内容包括发票的名称、发票代码和号码、联次及用途、客户名称、开户银行及账号、商品名称或经营项目、计量单位、数量、单价、大小写金额、开票人、开票日期、开票单位（个人）名称（章）等。省以上税务机关可根据经济活动以及发票管理需要，确定发票的具体内容。

用票单位可以书面向税务机关要求使用印有本单位名称的发票，税务机关依法确认印有该单位名称发票的种类和数量。

（三）发票的领购

1.领购发票的程序

需要领购发票的单位和个人，应当持税务登记证件、经办人身份证明、按照国务院税务主管部门规定式样制作的发票专用章的印模，向主管税务机关办理发票领购手续。主管税务机关根据领购单位和个人的经营范围和规模，确认领购发票的种类、数量以及领购方式，在5个工作日内发给发票领购簿。

2.代开发票

需要临时使用发票的单位和个人，可以凭购销商品、提供或者接受服务以及从事其他经营活动的书面证明、经办人身份证明，直接向经营地税务机关申请代开发票。依照税收法律、行政法规规定应当缴纳税款的，税务机关应当**先征收税款，再开具发票**。税务机关根据发票管理的需要，可以按照国务院税务主管部门的规定**委托其他单位代开发票。禁止非法代开发票**。

3.外地经营领购发票

临时到本省、自治区、直辖市以外从事经营活动的单位或个人，应当凭所在地税务机关的证明，向经营地税务机关领购经营地的发票。

税务机关对外省、自治区、直辖市来本辖区从事临时经营活动的单位和个人领购发票的，可以要求其提供保证人或者根据所领购发票的票面限额以及数量交纳不超过 1 万元的保证金，并限期缴销发票。按期缴销发票的，解除保证人的担保义务或者退还保证金；未按期缴销发票的，由保证人或者以保证金承担法律责任。

【例 7-9·多选题·2018】根据税收征收管理法律制度的规定，增值税一般纳税人使用增值税发票管理新系统，可开具增值税发票的种类有（　　）。

　　A. 增值税普通发票

　　B. 增值税专用发票

　　C. 机动车销售统一发票

　　D. 增值税电子普通发票

【答案】ABCD

【解析】增值税一般纳税人销售货物、提供加工修理修配劳务和发生应税行为，使用增值税发票管理新系统开具增值税专用发票、增值税普通发票、机动车销售统一发票、增值税电子普通发票。

（四）发票的开具和使用

1. 发票的开具

（1）销售商品、提供服务以及从事其他经营活动的单位和个人，对外发生经营业务收取款项，收款方应当向付款方开具发票。

特殊情况下，由付款方向收款方开具发票。

特殊情况是指：收购单位和扣缴义务人支付个人款项时；国家税务总局认为其他需要由付款方向收款方开具发票的。

（2）所有单位和从事生产、经营活动的个人在购买商品、接受服务以及从事其他经营活动支付款项，应当向收款方取得发票。取得发票时，不得要求变更品名和金额。

（3）在人民法院裁定受理破产申请之日至企业注销之日期间，企业因继续履行合同、生产经营或处置财产需要开具发票的，管理人可以以企业名义按规定申领开具发票或者代开发票。

（4）开具发票应当按照规定的时限、顺序、栏目，全部联次一次性如实开具，并加盖发票专用章。

（5）除国务院税务主管部门规定的特殊情形外，发票限于领购单位和个人在本省、自治区、直辖市内开具。使用电子计算机开具发票，须经主管税务机关批准，并使用税务机关统一监制的机外发票，开具后的存根联应当按照顺序号装订成册。

（6）任何单位和个人不得有下列虚开发票行为。

① 为他人、为自己开具与实际经营业务情况不符的发票。

② 让他人为自己开具与实际经营业务情况不符的发票。

③ 介绍他人开具与实际经营业务情况不符的发票。

【例 7-10·多选题·2018】根据税收征收管理法律制度的规定，下列各项中，属于虚开发票行为的有（　　）。

　　A. 为自己开具与实际经营业务情况不符的发票

　　B. 为他人开具与实际经营业务情况不符的发票

　　C. 介绍他人开具与实际经营业务情况不符的发票

D. 让他人为自己开具与实际经营业务情况不符的发票

【答案】ABCD

【解析】任何单位和个人不得有下列虚开发票行为：①为他人、为自己开具与实际经营业务情况不符的发票；②让他人为自己开具与实际经营业务情况不符的发票；③介绍他人开具与实际经营业务情况不符的发票。

2. 发票的使用和保管

任何单位和个人应当按照发票管理规定使用发票，不得有下列行为。

（1）转借、转让、介绍他人转让发票、发票监制章和发票防伪专用品。

（2）知道或者应当知道是私自印制、伪造、变造、非法取得或者废止的发票而受让、开具、存放、携带、邮寄、运输。

（3）拆本使用发票。

（4）扩大发票使用范围。

（5）以其他凭证代替发票使用。

🎯 **敲黑板**

开具发票的单位和个人应当按照税务机关的规定存放和保管发票，不得擅自损毁。已经开具的发票存根联和发票登记簿，应当保存 5 年。保存期满，报经税务机关查验后销毁。

【例 7-11·多选题·2020】根据税收征收管理法律制度的规定，下列各项中，不符合发票使用规定的有（　　）。

A. 拆本使用发票

B. 扩大发票使用范围

C. 转借发票监制章

D. 以其他凭证代替发票使用

【答案】ABCD

【解析】任何单位和个人应当按照发票管理规定使用发票，不得有下列行为：①转借、转让、介绍他人转让发票、发票监制章和发票防伪专用品（选项 C）；②知道或者应当知道是私自印制、伪造、变造、非法取得或者废止的发票而受让、开具、存放、携带、邮寄、运输；③拆本使用发票（选项 A）；④扩大发票使用范围（选项 B）；⑤以其他凭证代替发票使用（选项 D）。

【例 7-12·单选题·2015】根据税收征收管理法律制度的规定，关于发票开具和保管的下列表述中，正确的是（　　）。

A. 销售货物开具发票时，可按付款方要求变更品名和金额

B. 经单位财务负责人批准后，可拆本使用发票

C. 已经开具的发票存根联保存期满后，开具发票的单位可直接销毁

D. 收购单位向个人支付收购款项时，由付款方向收款方开具发票

【答案】D

【解析】选项 A，购买方取得发票时，不得要求变更品名和金额。销售方按付款方要求变更品名和金额，属于虚开发票的行为；选项 B，任何单位和个人不得拆本使用发票；选项 C，已经开具的发票存根联保存期满后应报经税务机关查验后销毁。

【例 7-13·单选题·2022】根据税收征收管理法律制度的规定，已经开具的发票存根联应当

保存的最低年限为（　　）。

　　A. 10 年　　　　　　　B. 3 年　　　　　　　C. 2 年　　　　　　　D. 5 年

【答案】D

【解析】已经开具的发票存根联和发票登记簿，应当保存 5 年。保存期满，报经税务机关查验后销毁。

（五）发票的检查

税务机关在发票管理中有权进行下列检查：

1. 检查印制、领购、开具、取得、保管和缴销发票的情况。

2. 调出发票查验。

3. 查阅、复制与发票有关的凭证、资料。

4. 向当事各方询问与发票有关的问题和情况。

5. 在查处发票案件时，对与案件有关的情况和资料，可以记录、录音、录像、照相和复制。

【提示】税务人员进行检查时，应当出示税务检查证。

【例 7-14·多选题·2018】根据税收征收管理法律制度的规定，下列各项中，属于税务机关发票管理权限的有（　　）。

　　A. 向当事各方询问与发票有关的问题和情况

　　B. 查阅、复制与发票有关的凭证、资料

　　C. 调出发票查验

　　D. 检查印制、领购、开具、取得、保管和缴销发票的情况

【答案】ABCD

【解析】选项 ABCD，均属于税务机关发票管理权限。

（六）网络发票

1. 开具发票的单位和个人开具网络发票应登录网络发票管理系统，如实完整填写发票的相关内容及数据，确认保存后打印发票。

2. 税务机关应根据开具发票的单位和个人的经营情况，核定其在线开具网络发票的种类、行业类别、开票限额等内容。

3. 单位和个人取得网络发票时，应及时查询验证网络发票信息的真实性、完整性，对不符合规定的发票，不得作为财务报销凭证，任何单位和个人都有权拒收。

4. 开具发票的单位和个人需要开具红字发票的，必须收回原网络发票全部联次或取得受票方出具的有效证明，通过网络发票管理系统开具金额为负数的红字网络发票。

5. 开具发票的单位和个人作废开具的网络发票，应收回原网络发票全部联次，注明"作废"，并在网络发票管理系统中进行发票作废处理。

6. 开具发票的单位和个人应当在办理变更或者注销税务登记的同时，办理网络发票管理系统的用户变更、注销手续并缴销空白发票。

7. 税务机关根据发票管理的需要，可以按照国家税务总局的规定委托其他单位通过网络发票管理系统代开网络发票。

8. 开具发票的单位和个人必须如实在线开具网络发票，不得利用网络发票进行转借、转让、虚开发票及其他违法活动。开具发票的单位和个人在网络出现故障，无法在线开具发票时，可离

线开具发票。

9. 开具发票后，不得改动开票信息，并于 48 小时内上传开票信息。

五、纳税申报管理 ★ ★ ★

表 7-9   纳税申报

项目	主要规定
纳税申报的对象	纳税申报的对象为纳税人和扣缴义务人
纳税申报的内容	主要在各种纳税申报表和代扣代缴、代收代缴税款报告中体现，还可以在随纳税申报表附报的财务报表和有关纳税资料中体现。主要内容包括：税种、税目、应纳税项目、计税依据、扣缴项目及标准、适用税率或单位税额、税款所属期限、延期缴纳税款、滞纳金等
纳税申报的方式	（1）直接申报。 （2）邮寄申报。应使用统一规定的纳税申报专用信封，并以邮政部门收据作为申报凭据，以寄出的邮戳日期作为实际申报日期。 （3）数据电文。其申报日期以税务机关计算机网络系统收到该数据电文的时间为准。 （4）其他方式。实行定期定额缴纳税款的纳税人，可实行简易申报、简并征期等申报纳税方式
纳税申报的其他要求	（1）纳税人在纳税期内没有应纳税款的，也应当按照规定办理纳税申报。 （2）纳税人享受减税、免税待遇的，在减税、免税期间应当按照规定办理纳税申报
破产期间的纳税申报	破产程序中如发生应税情形，管理人可以按照《中华人民共和国企业破产法》规定，以企业名义办理纳税申报等涉税事宜
简并税费申报	① 自 2021 年 5 月 1 日起，海南、陕西、大连和厦门开展增值税、消费税分别与城市维护建设税、教育费附加、地方教育附加申报表整合试点。 ② 自 2021 年 6 月 1 日起，纳税人申报缴纳城镇土地使用税、房产税、车船税、印花税、耕地占用税、资源税、土地增值税、契税、环境保护税、烟叶税中一个或多个税种时，使用《财产和行为税纳税申报表》。 ③ 自 2021 年 8 月 1 日起，增值税、消费税分别与城市维护建设税、教育费附加、地方教育附加申报表整合
延期申报管理	（1）纳税人因有特殊情况，不能按期进行纳税申报的，经县以上税务机关核准，可延期申报。但应在规定的期限内向税务机关提出书面延期申请，经税务机关核准，在核准的期限内办理。 （2）经核准延期办理纳税申报、报送事项的，应在纳税期内按照上期实际缴纳的税额或税务机关核定的税额预缴税款，并在核准的延期内办理纳税结算

【例 7-15·判断题·2021、2022】纳税人享受免税待遇的，在免税期间不需要办理纳税申报。（   ）

【答案】×

【解析】纳税人享受减税、免税待遇的，在减税、免税期间应当按照规定办理纳税申报。

【例 7-16·单选题·2022】下列关于纳税申报的说法中，错误的是（   ）。

A.纳税申报包括直接申报、邮寄申报、数据电文申报等方式

B.采用邮寄申报方式的，以税务机关收到申报资料的日期为实际申报日期

C.采用数据电文申报的，以税务机关的计算机网络收到该数据电文的时间为申报日期

D.自行申报也称直接申报，是一种传统的申报方式

【答案】B

【解析】选项B，邮寄申报以寄出的邮戳日期为实际申报日期。

【例7-17·多选题·2019】根据税收征收管理法律制度的规定，下列各项中，属于纳税申报表内容的有（   ）。

A.税款所属期限   B.适用的税率   C.税种、税目   D.计税依据

【答案】ABCD

【解析】选项ABCD都属于纳税申报表内容。

【例7-18·多选题·2018】根据税收征收管理法律制度的规定，下列纳税申报方式中，符合法律规定的有（   ）。

A.甲企业在规定的申报期限内，自行到主管税务机关指定的办税服务大厅申报

B.经税务机关批准，丙企业以网络传输方式申报

C.经税务机关批准，乙企业使用统一的纳税申报专用信封，通过邮局交寄

D.实行定期定额缴纳税款的丁个体工商户，采用简易申报方式申报

【答案】ABCD

【解析】选项ABCD都符合税收征收管理法的规定。

【例7-19·判断题·2019】经核准延期办理纳税申报、报送事项的，应当在纳税期内按照上期实际缴纳的税额或者税务机关核定的税额预缴税款，并在核准的延期内办理税款结算。（   ）

【答案】√

【例7-20·判断题·2018】纳税人在纳税期内没有应纳税款的，应当按照规定办理纳税申报。（   ）

【答案】√

【解析】纳税人在纳税期内没有应纳税款的，也应当按照规定办理纳税申报。

第三节 税款征收

一、税款征收法定原则（2023年调整）

1.税务机关是征税的法定主体。除税务机关、税务人员以及经税务机关依照法律、行政法规委托的单位和人员外，任何单位和个人**不得**进行税款征收活动。

2.税务机关依照法律、行政法规的规定征收税款，**不得**违反法律、行政法规的规定开征、停征、多征、少征、提前征收、延缓征收或者摊派税款。

3.税务机关征收税款时，必须给纳税人开具完税凭证。税务机关扣押商品、货物或者其他财产时，必须开付收据；查封商品、货物或者其他财产时，必须开付清单。

税务机关应当将各种税收的税款、滞纳金、罚款，按照国家规定的预算科目和预算级次及时缴入国库，税务机关**不得**占压、挪用、截留，**不得**缴入国库以外或者国家规定的税款账户以外的

任何账户。

二、税款征收方式★★

表 7-10 税款征收的方式

方式	定义	适用范围
查账征收	指针对财务会计制度健全的纳税人，税务机关依据其报送的纳税申报表、财务会计报表和其他有关纳税资料，依照适用税率，计算其应缴纳税款的税款征收方式	适用于财务会计制度健全，能够如实核算和提供生产经营情况，并能正确计算应纳税款和如实履行纳税义务的纳税人
查定征收	指针对账务不全，但能控制其材料、产量或进销货物的纳税单位或个人，税务机关依据正常条件下的生产能力对其生产的应税产品查定产量、销售额并据以确定其应缴纳税款的税款征收方式	适用于生产经营规模较小、产品零星、税源分散、会计账册不健全，但能控制原材料或进销货的小型厂矿和作坊
查验征收	是指税务机关对纳税人的应税商品、产品，通过查验数量，按市场一般销售单价计算其销售收入，并据以计算其应缴纳税款的税款征收方式	适用于纳税人财务制度不健全，生产经营不固定，零星分散、流动性大的税源
定期定额征收	指税务机关对小型个体工商户在一定经营地点、一定经营时期、一定经营范围内的应纳税经营额（包括经营数量）或所得额进行核定，并以此为计税依据，确定其应缴纳税额的一种税款征收方式	适用于经税务机关认定和县以上税务机关（含县级）批准的生产、经营规模小，达不到规定设置账簿标准，难以查账征收，不能准确计算计税依据的个体工商户（包括个人独资企业）
扣缴征收	扣缴征收包括代扣代缴和代收代缴两种征收方式。	扣缴义务人依照法律、行政法规的规定履行代扣、代收税款的义务。法律、行政法规没有规定负有代扣、代收税款义务的单位和个人，税务机关不得要求其履行代扣、代收税款义务
委托征收	指税务机关根据有利于税收控管和方便纳税的原则，按照国家有关规定，通过委托形式将税款委托给代征单位或个人以税务机关的名义代为征收，并将税款缴入国库的一种税款征收方式。	适用于零星分散和异地缴纳的税收

【例 7-21·单选题·2020】根据税收征收管理法律制度的规定，对财务会计制度健全、能够如实核算和提供生产经营情况，并能正确计算应纳税款和如实履行纳税义务的纳税人适用的税款征收方式是（ ）。

A. 查账征收 　　　　　　　　　　B. 查定征收

C. 定期定额征收 　　　　　　　　D. 查验征收

【答案】A

【解析】查账征收适用于财务会计制度健全、能够如实核算和提供生产经营情况，并能正确计算应纳税款和如实履行纳税义务的纳税人。

三、应纳税额的核定和调整★★★

（一）应纳税额的核定

1. 核定应纳税额的情形

（1）依照法律、行政法规的规定可以**不设置**账簿的。

（2）依照法律、行政法规的规定应当设置但**未设置**账簿的。

（3）**擅自销毁**账簿或者**拒不提供**纳税资料的。

（4）虽设置账簿，但账目混乱或者成本资料、收入凭证、费用凭证残缺不全，**难以查账**的。

（5）发生纳税义务，未按照规定的期限办理纳税申报，经税务机关**责令限期申报，逾期仍不申报**的。

（6）纳税人申报的计税依据明显偏低，又**无正当理由**的。

> **敲黑板**
>
> 可以核定的情形大致包括：无账可查、查账不清、拒不申报。

2. 核定应纳税额的方法

（1）参照当地同类行业或者类似行业中经营规模和收入水平相近的纳税人的税负水平核定。

（2）按照营业收入或者成本加合理的费用和利润的方法核定。

（3）按照耗用的原材料、燃料、动力等推算或者测算核定。

（4）按照其他合理方法核定。

> **敲黑板**
>
> 当其中一种方法不足以正确核定应纳税额时，可以同时采用两种以上的方法核定。
>
> 纳税人对税务机关采取上述方法核定的应纳税额有异议的，应当提供相关证据，经税务机关认定后，调整应纳税额。

【例7-22·多选题·2018】根据税收征收管理法律制度的规定，下列情形中，税务机关有权核定纳税人应纳税额的有（　　）。

A. 纳税人依照法律、行政法规的规定应当设置但未设置账簿的

B. 纳税人申报的计税依据明显偏低，又无正当理由的

C. 纳税人拒不提供纳税资料的

D. 纳税人擅自销毁账簿的

【答案】ABCD

（二）应纳税额的调整

1. 应纳税额调整的含义。

企业或者外国企业在中国境内设立的从事生产、经营的机构、场所与其关联企业间的业务往来，应当按照独立企业之间的业务往来收取或者支付价款、费用。

纳税人可以向主管税务机关提出与其关联企业之间业务往来的定价原则和计算方法，主管税务机关审核、批准后，与纳税人预先约定有关定价事项，监督纳税人执行。

不按照独立企业之间的业务往来收取或者支付价款、费用，而减少其应纳税的收入或者所得额的，税务机关有权进行合理调整。

2.应纳税额调整的情形。

纳税人与其关联企业之间的业务往来有下列情形之一的，税务机关可以调整其应纳税额：

（1）购销业务未按照独立企业之间的业务往来作价。

（2）融通资金所支付或者收取的利息超过或者低于没有关联关系的企业之间所能同意的数额，或者利率超过或者低于同类业务的正常利率。

（3）提供劳务，未按照独立企业之间业务往来收取或者支付劳务费用。

（4）转让财产、提供财产使用权等业务往来，未按照独立企业之间业务往来作价或者收取、支付费用。

（5）未按照独立企业之间业务往来作价的其他情形。

3.应纳税额调整的方法。

（1）按照独立企业之间进行的**相同或者类似业务活动**的价格。

（2）按照**再销售给无关联关系的第三者的价格**所应取得的收入和利润水平。

（3）按照**成本加合理的费用和利润**。

（4）按照其他合理的方法。

4.应纳税额调整的期限。

（1）自该业务往来发生的纳税年度起**3年内**进行调整；

（2）有**特殊情况**的，可以自该业务往来发生的纳税年度起**10年内**进行调整。

四、应纳税款的缴纳★★★

（一）应纳税款的当期缴纳

1.税务机关收到税款后，应当向纳税人开具完税凭证。

2.扣缴义务人代扣、代收税款时，纳税人要求扣缴义务人开具代扣、代收税款凭证的，扣缴义务人应当开具。

3.纳税人通过银行缴纳税款的，税务机关可以委托银行开具完税凭证。

4.完税凭证不得转借、倒卖、变造或者伪造。

（二）应纳税款的延期缴纳

1.纳税人因有特殊困难，不能按期缴纳税款的，经**省、自治区、直辖市**税务局批准，可以延期缴纳税款，但是**最长不得超过3个月**。

🎯 **敲黑板**
> 特殊困难是指：①因不可抗力，导致纳税人发生较大损失，**正常生产经营活动受到较大影响**的；②**当期货币资金**在扣除应付职工工资、社会保险费后，**不足以缴纳税款**的。

2.纳税人需要延期缴纳税款的，应当在**缴纳税款期限届满前**提出申请，并报送相关材料。

3.税务机关应当自收到申请延期缴纳税款报告之日起**20日内**作出批准或者不予批准的决定；**不予批准的**，从缴纳税款期限届满之日起**加收滞纳金**。

名师说

延期纳税不同于延期申报：

① 延期申报属于申报管理内容，审批级别是**县以上**税务机关；延期纳税属于税收征收制度内容，审批级别是**省、自治区、直辖市**税务机关。

② 延期申报必须在纳税期内**预缴税款**，在核准的延期内办理正式申报，并于预缴税款相比较，办理纳税结算；延期纳税没有此规定。

【例 7-23·多选题·2022】纳税人因有特殊困难，不能按期缴纳税款的，经相关部门批准，可以延期缴纳税款。"特殊困难"的一种情形是指当期货币资金在扣除（   ）后，不足以缴纳税款。

A. 应付职工工资

B. 维持正常生产经营活动所必需的投资费用

C. 社会保险费

D. 维持正常生产经营活动所借款的利息费用

【答案】AC

【解析】特殊困难是指因不可抗力，导致纳税人发生较大损失，正常生产经营活动受到较大影响的；当期货币资金在扣除应付职工工资（选项 A）、社会保险费（选项 C）后，不足以缴纳税款的。

五、税款征收的保障措施 ★★★

税款征收措施包括：责令缴纳、责令提供纳税担保、税收保全、强制执行、欠税清缴、税收优先权、阻止出境。

【例 7-24·单选题·2020】根据税收征收管理法律制度的规定，下列各项中，属于税款征收措施的是（   ）。

A. 查账征收　　　　B. 税务行政复议　　　　C. 税收保全　　　　D. 自行申报

【答案】C

【解析】税款征收措施包括：责令缴纳、责令提供纳税担保、税收保全、强制执行、欠税清缴、税收优先权、阻止出境。选项 A 属于税款征收的方式，选项 B 属于税务争议纠纷的解决途径，选项 D 属于纳税申报的方式。

（一）责令缴纳

1. 从事生产、经营的**纳税人、扣缴义务人**未按照规定的期限缴纳或者解缴税款的，**纳税担保人**未按照规定的期限缴纳所担保的税款的，由税务机关发出限期缴纳税款通知书，责令缴纳或者解缴税款的最长期限**不得超过 15 日**。对存在欠税行为的纳税人、扣缴义务人、纳税担保人，税务机关可责令其**先行缴纳欠税，再依法缴纳滞纳金**。逾期仍未缴纳的，税务机关可以采取税收强制执行措施。

滞纳金**按日加收**，日收取标准为滞纳税款的**万分之五**。加收滞纳金的起止时间，为按规定确定的**税款缴纳期限届满次日起**至纳税人、扣缴义务人**实际缴纳或者解缴税款之日止**。

2. 对**未按照规定办理税务登记**的从事生产、经营的纳税人以及临时从事经营的纳税人，由税务机关核定其应纳税额，责令缴纳。

纳税人不缴纳的，税务机关可以扣押其价值相当于应纳税款的商品、货物。扣押后缴纳应纳税款的，税务机关必须立即解除扣押，并归还所扣押的商品、货物；扣押后仍不缴纳应纳税款的，经**县以上**税务局（分局）局长批准，依法拍卖或者变卖所扣押的商品、货物，以拍卖或者变卖所得抵缴税款。

3.税务机关有根据认为从事生产、经营的纳税人有逃避纳税义务行为，可在规定的纳税期之前责令其限期缴纳应纳税款。**逾期仍未缴纳的**，税务机关有权采取其他税款征收措施。

4.纳税担保人**未按照规定的期限缴纳所担保的税款**，税务机关可责令其限期缴纳应纳税款。逾期仍未缴纳的，税务机关有权采取其他税款征收措施。

【例 7-25·单选题·2017】纳税人未按照规定期限缴纳税款的，税务机关可责令限期缴纳，并从滞纳之日起，按日加收滞纳税款一定比例的滞纳金，该比例为（　　）。

A.万分之一　　　　　B.万分之三　　　　　C.万分之五　　　　　D.万分之七

【答案】C

【解析】纳税人未按照规定期限缴纳税款的，税务机关可责令限期缴纳，并从滞纳之日起，按日加收滞纳税款万分之五的滞纳金。

【例 7-26·单选题·2022】按照规定甲公司最晚应于 2022 年 1 月 19 日缴纳应纳税款，但其因自身原因一直未缴纳。主管税务机关责令其于当年 2 月 28 日前缴纳，并加收滞纳金。甲公司直到 2022 年 3 月 14 日才缴纳税款，主管税务机关应对甲公司加收滞纳金的起止时间为（　　）。

A.2022 年 1 月 20 日至 2022 年 3 月 14 日

B.2022 年 3 月 1 日至 2022 年 3 月 14 日

C.2022 年 1 月 19 日至 2022 年 3 月 14 日

D.2022 年 2 月 28 日至 2022 年 3 月 14 日

【答案】A

【解析】加收滞纳金的起止时间：自税款法定缴纳期限届满次日（1 月 20 日）起至纳税人、扣缴义务人实际缴纳日（3 月 14 日）或者解缴税款之日止。

（二）责令提供纳税担保

纳税担保，是指经税务机关同意或确认，纳税人或其他自然人、法人、经济组织以**保证**、**抵押**、**质押**的方式，为纳税人应当缴纳的**税款**及**滞纳金**提供担保的行为。包括经税务机关认可的有纳税担保能力的保证人为纳税人提供的纳税保证，以及纳税人或者第三人以其未设置或未完全设置担保物权的财产提供的担保。

1.适用纳税担保的情形。

（1）税务机关有根据认为纳税人有逃避纳税义务行为，在规定的纳税期之前经**责令其限期缴纳**应纳税款，**在限期内发现**纳税人有明显的转移、隐匿其应纳税的商品、货物以及其他财产或者应纳税收入的**迹象**，责成纳税人提供纳税担保的；

（2）欠缴税款、滞纳金的纳税人或者其**法定代表人需要出境**的；

（3）纳税人同税务机关**在纳税上**发生争议而**未缴清税款**，需要申请行政复议的。

（4）税收法律、行政法规规定可以提供纳税担保的其他情形。

2.担保范围。

纳税担保的范围包括**税款**、**滞纳金**和**实现税款、滞纳金的费用**。费用包括抵押、质押登记费用，质押保管费用，以及保管、拍卖、变卖担保财产等相关费用支出。

用于纳税担保的财产、权利的价值**不得低于**应当缴纳的税款、滞纳金，并考虑相关的费用。纳税担保的财产价值不足以抵缴税款、滞纳金的，税务机关应当向提供担保的纳税人或纳税担保人继续追缴。

用于纳税担保的财产、权利的价格估算，除法律、行政法规另有规定外，参照同类商品的市场价、出厂价或评估价估算。

3.纳税担保的方式。

表 7-11　　　　　　　　　　　　　　　　　　纳税担保的方式

方式	具体规定
纳税保证	① 纳税保证人，是指在中国境内**具有纳税担保能力**的自然人、法人或者其他经济组织。 ② 纳税保证**须经税务机关认可**，税务机关**不认可的，保证不成立**。 ③ 纳税保证为**连带责任保证**，纳税人和纳税保证人对所担保的税款及滞纳金承担连带责任。 ④ 保证期间为纳税人**应缴纳税款期限届满之日起 60 日**，即税务机关自纳税人应缴纳税款的期限届满之日起 60 日内有权要求纳税保证人承担保证责任，缴纳税款、滞纳金。纳税保证期间内税务机关未通知纳税保证人缴纳税款及滞纳金以承担担保责任的，纳税保证人免除担保责任。 ⑤ 履行保证责任的期限为 **15 日**，即纳税保证人应当自收到税务机关的纳税通知书之日起 15 日内履行保证责任，缴纳税款及滞纳金。逾期仍未缴纳的，经**县以上税务局（分局）局长**批准，对纳税保证人采取强制执行措施
纳税抵押	① 纳税抵押是指纳税人或纳税担保人**不转移对可抵押财产的占有**，将该财产作为税款及滞纳金的担保。纳税人逾期未缴清税款及滞纳金的，税务机关有权依法处置该财产以抵缴税款及滞纳金。 ② 纳税抵押**自抵押物登记之日起生效**
纳税质押	① 纳税质押是指经税务机关同意，纳税人或纳税担保人将其**动产或权利凭证移交税务机关占有**，将该动产或权利凭证作为税款及滞纳金的担保。纳税人逾期未缴清税款及滞纳金的，税务机关有权依法处置该动产或权利凭证以抵缴税款及滞纳金。纳税质押分为**动产质押**和**权利质押**。 ② 纳税质押自纳税担保书和纳税担保财产清单**经税务机关确认和质物移交之日起生效**。 ③ 纳税人在规定的期限内缴清税款及滞纳金的，税务机关应当自纳税人缴清税款及滞纳金之日起 **3 个工作日内**返还质物，解除质押关系。纳税人在规定期限内未缴清税款、滞纳金的，税务机关应当依法拍卖、变卖质物，抵缴税款、滞纳金

【例 7-27·单选题·2019】下列各项中，不属于税务担保范围的是（　　）。

A.罚款

B.滞纳金

C.实现税款、滞纳金的费用

D.税款

【答案】A

【解析】纳税担保的范围包括税款、滞纳金和实现税款、滞纳金的费用。如因为存在税务违法行为被税务机关处以罚款，不属于税务担保范围。

【例7-28·单选题·2019】根据税收征收管理法律制度的规定，下列情形中，税务机关可以责令纳税人提供纳税担保的是（　　）。

A.纳税人按照规定应设置账簿而未设置

B.纳税人同税务机关在纳税上发生争议而未缴清税款，需要申请行政复议的

C.纳税人对税务机关作出逾期不缴纳罚款加处罚款的决定不服，需要申请行政复议的

D.纳税人开具与实际经营业务情况不符的发票

【答案】B

【解析】适用纳税担保的情形：①税务机关有根据认为从事生产、经营的纳税人有逃避纳税义务行为，在规定的纳税期之前经责令其限期缴纳应纳税款，在限期内发现纳税人有明显的转移、隐匿其应纳税的商品、货物，以及其他财产或者应纳税收入的迹象，责成纳税人提供纳税担保的；②欠缴税款、滞纳金的纳税人或者其法定代表人需要出境的；③纳税人同税务机关在纳税上发生争议而未缴清税款，需要申请行政复议的；④税收法律、行政法规规定可以提供纳税担保的其他情形。选项A，税务机关有权核定纳税人应纳税额；选项C，应当先缴纳罚款和加处罚款，再申请行政复议，无需提供纳税担保。选项D，属于虚开发票，税法机关应当对纳税人作出行政处罚。

【例7-29·单选题·2018】根据税收征收管理法律制度的规定，不属于纳税担保方式的是（　　）。

A.抵押　　　　　　B.质押　　　　　　C.扣押　　　　　　D.保证

【答案】C

【解析】纳税担保，是指经税务机关同意或确认，纳税人或其他自然人、法人、经济组织以保证、抵押、质押的方式，为纳税人应当缴纳的税款及滞纳金提供担保的行为。扣押不属于纳税担保方式。

（三）采取税收保全措施

表7-12　　　　　　　　　　　　　　　税收保全措施

项目	具体规定
前提条件	①税务机关有根据认为从事生产、经营的纳税人有逃避纳税义务行为。 ②纳税人逃避纳税义务的行为发生在规定的纳税期之前，以及在责令限期缴纳应纳税款的限期内。 ③税务机关责成纳税人提供纳税担保后，纳税人不能提供纳税担保。 ④经县以上税务局（分局）局长批准
措施	①书面通知纳税人开户银行或者其他金融机构冻结纳税人的金额相当于应纳税款的存款。 ②扣押、查封纳税人的价值相当于应纳税款的商品、货物或者其他财产。其他财产包括纳税人的房地产、现金、有价证券等不动产和动产
不适用税收保全的财产	①个人及其所扶养家属维持生活必需的住房和用品，不在税收保全措施的范围之内。个人及其所扶养家属维持生活必需的住房和用品不包括机动车辆、金银饰品、古玩字画、豪华住宅或者一处以外的住房。个人所扶养家属，是指与纳税人共同居住生活的配偶、直系亲属以及无生活来源并由纳税人扶养的其他亲属。 ②税务机关对单价5 000元以下的其他生活用品，不采取税收保全措施

（续表）

项目	具体规定
期限	一般**不超过6个月**；重大案件需要延长的，应当报**国家税务总局**批准
解除	① 纳税人在**规定期限内缴纳了**应纳税款的，税务机关必须立即解除税收保全措施。 ② 纳税人在规定的限期期满**仍未缴纳税款**的，经县以上税务局（分局）局长批准，终止保全措施，**转入强制执行**措施

【例 7-30·单选题·2021】根据税收征收管理法律制度的规定，下列各项中，属于税收保全措施的是（　　）。

A.扣押纳税人的价值相当于应纳税款的货物

B.加收滞纳金

C.责令纳税人提供担保

D.书面通知纳税人开户银行从纳税人存款中扣缴税款

【答案】A

【解析】税务机关责令具有税法规定情形的纳税人提供纳税担保而纳税人拒绝提供纳税担保或无力提供纳税担保的，经县以上税务局（分局）局长批准，税务机关可以采取下列税收保全措施：①书面通知纳税人开户银行或者其他金融机构冻结纳税人的金额相当于应纳税款的存款。②扣押、查封纳税人的价值相当于应纳税款的商品、货物或者其他财产。其他财产包括纳税人的房地产、现金、有价证券等不动产和动产。

【例 7-31·单选题·2020】国家税务总局 H 县税务局决定对拒绝提供纳税担保的纳税人采取税收保全措施，可以适用税收保全的是（　　）。

A.维持生活必须的唯一住房

B.价值 2 000 元的一部手机

C.代他人保管的一辆汽车

D.古玩字画

【答案】D

【解析】个人及其所扶养家属维持生活必需的住房（选项 A）和用品，不在税收保全措施的范围之内。个人及其所扶养家属维持生活必需的住房和用品不包括机动车辆、金银饰品、古玩字画（选项 D）、豪华住宅或者一处以外的住房。税务机关对单价 5 000 元以下的其他生活用品（选项 B），不采取税收保全措施。选项 C，代他人保管的一辆汽车，不属于其自身的财产，不适用税收保全措施。

（四）采取强制执行措施

从事生产、经营的纳税人、扣缴义务人未按照规定的期限缴纳或解缴税款，纳税担保人未按照规定的期限缴纳所担保的税款，由税务机关责令限期缴纳，逾期仍未缴纳的，经**县以上税务局（分局）局长**批准，可以采取强制执行措施。（见表 7-13）：

表 7-13 强制执行措施

项目	具体规定
对象	从事**生产、经营**的纳税人、扣缴义务人、纳税担保人
措施	① **强制扣款**，即书面通知其开户银行或者其他金融机构从其存款中扣缴税款。 ② **拍卖变卖**，即扣押、查封、依法拍卖或者变卖**其价值相当于应**纳税款的商品、货物或者其他财产，以拍卖或者变卖所得抵缴税款 🎯**敲黑板** 个人及其所扶养家属维持**生活必需**的住房和用品，不在强制执行措施的范围之内。税务机关对**单价5 000元以下**的其他生活用品，不采取强制执行措施。
滞纳金的执行	① 税务机关采取强制执行措施时，对**未缴纳的滞纳金同时强制执行**。 ② 对纳税人已缴纳税款，但拒不缴纳滞纳金的，税务机关**可以单独**对纳税人应缴未缴的滞纳金采取强制措施
抵税财产的拍卖与变卖	（1）拍卖、变卖执行原则与顺序： ① 税务机关将扣押、查封的商品、货物或者其他财产变价抵缴税款时，应当交由依法成立的拍卖机构拍卖； ② 无法委托拍卖或者不适于拍卖的，可以交由当地商业企业代为销售，也可以责令纳税人限期处理； ③ 无法委托商业企业销售，纳税人也无法处理的，可以由税务机关变价处理，具体办法由国家税务总局规定； ④ 国家禁止自由买卖的商品，应当交由有关单位按照国家规定的价格收购； （2）拍卖或者变卖所得抵缴税款、滞纳金、罚款以及拍卖、变卖等费用后，剩余部分应当在**3日内退还**被执行人

🎓 **名师说**

税收保全措施和税收强制执行措施异同点：

异同点	税收保全措施	税收强制执行措施
相同点	① 均是县以上税务局（分局）局长批准； ② 个人及其所扶养家属维持生活必需的住房和用品、单价5 000元以下的其他生活用品，不在措施的执行范围之内	
不同点	① 被执行人范围是从事生产、经营的纳税人； ② 执行措施是冻结查封、扣押； ③ 以应纳税额为限	① 被执行人范围是从事生产、经营的纳税人、扣缴义务人、纳税担保人； ② 执行措施是强制扣款，拍卖变卖； ③ 除了应纳税额，还包括滞纳金

【**例 7-32·单选题·2021**】根据税收征收管理法律制度的规定，纳税人的下列财产中，不在强制执行措施范围之内的是（   ）。

A.唯一的商铺

B.价值4 500元的生活用品

C.证券交易账户中的股票

D.价值20 000元的手表

【答案】B

【解析】选项 B，税务机关对单价 5000 元以下的其他生活用品，不采取强制执行措施。

【例 7-33·多选题·2021】根据税收征收管理法律制度的规定，下列各项中，属于强制执行措施的有（　　）。

A. 书面通知纳税人开户银行冻结纳税人的金额相当于应纳税款的存款

B. 书面通知纳税人开户银行从纳税人的存款中扣缴税款

C. 依法拍卖纳税人价值相当于应纳税款的商品，以拍卖所得抵缴税款

D. 通知出境管理机关阻止欠缴税款的纳税人出境

【答案】BC

【解析】从事生产、经营的纳税人、扣缴义务人未按照规定的期限缴纳或者解缴税款，纳税担保人未按照规定的期限缴纳所担保的税款，由税务机关责令限期缴纳，逾期仍未缴纳的，经县以上税务局（分局）局长批准，税务机关可以采取下列强制执行措施：①书面通知其开户银行或者其他金融机构从其存款中扣缴税款；②扣押、查封、依法拍卖或者变卖其价值相当于应纳税款的商品、货物或者其他财产，以拍卖或者变卖所得抵缴税款。

（五）欠税清缴

表 7-14　　　　　　　　　　　　　　　　　　欠税清缴

措施	相关规定
离境清税	欠缴税款的纳税人或者他的法定代表人需要出境的，应当在出境前向税务机关结清应纳税款、滞纳金或者提供担保
税收代位权、撤销权	欠缴税款的纳税人因怠于行使到期债权，或者放弃到期债权，或者无偿转让财产，或者以明显不合理的低价转让财产而受让人知道该情形，对国家税收造成损害的，税务机关可以依法行使代位权、撤销权
欠税报告	纳税人有欠税情形而以其财产设定抵押、质押的，应当向抵押权人、质权人说明其欠税情况。抵押权人、质权人可以请求税务机关提供有关的欠税情况
	纳税人有解散、撤销、破产情形的，在清算前应当向其主管税务机关报告；未结清税款的，由其主管税务机关参加清算
	纳税人有合并、分立情形的，应当向税务机关报告，并依法缴清税款。纳税人合并时未缴清税款的，应当由合并后的纳税人继续履行未履行的纳税义务；纳税人分立时未缴清税款的，分立后的纳税人对未履行的纳税义务应当承担连带责任
	欠缴税款数额在 5 万元以上的纳税人，在处分其不动产或者大额资产之前，应向税务机关报告
欠税公告	县级以上各级税务机关应当将纳税人的欠税情况，在办税场所或者广播、电视、报纸、期刊、网络等新闻媒体上定期公告

（六）税款优先权

1. 税收优先于无担保债权，法律法规另有规定的除外。

2. 税收与有担保债权：纳税人发生欠税在前的，税收优先于抵押权、质权和留置权的执行。

3. 税收优先于罚款、没收非法所得。

【例 7-34·单选题】纳税人因实施违法行为被行政机关处以罚款、没收违法所得，后又欠缴税款。下列关于税务机关对该纳税人征收税款表述中，正确的是（　　）。

A. 税收优先于罚款、没收违法所得　　　　B. 罚款优先于税收、没收违法所得

C. 没收违法所得优先于罚款、税收　　　　D. 罚款、没收违法所得优先于税收

【答案】A

【解析】根据税收征收管理法律制度的规定，纳税人欠缴税款，同时又被行政机关决定处以罚款、没收违法所得的，税收优先于罚款、没收违法所得。

（七）阻止出境

欠缴税款的纳税人或者其法定代表人在出境前未按规定结清应纳税款、滞纳金或者提供纳税担保的，税务机关可以通知出境管理机关阻止其出境。

【例 7-35·单选题·2021】甲公司未缴纳税款和滞纳金共计 50 万元，其法定代表人需要出境参加重要会议，但未提供纳税担保，则税务机关可以采取的税款征收措施是（　　）。

A. 书面通知甲公司开户银行冻结相当于应纳税款的存款

B. 书面通知甲公司开户银行从其存款中扣缴税款

C. 直接阻止甲公司法定代表人出境

D. 通知出境管理机关阻止甲公司法定代表人出境

【答案】D

【解析】欠缴税款的纳税人或者其法定代表人在出境前未按规定结清应纳税款、滞纳金或者提供纳税担保的，税务机关可以通知出境管理机关阻止其出境。

六、税款征收的其他规定 ★★★

（一）税收减免

纳税人依法办理减税、免税。地方各级人民政府、各级人民政府主管部门、单位和个人违反法律、行政法规规定，擅自作出的减税、免税决定无效，税务机关不得执行，并向上级税务机关报告。

享受减税、免税优惠的纳税人，减税、免税期满，应当自期满次日起恢复纳税；减税、免税条件发生变化的，应当在纳税申报时向税务机关报告；不再符合减税、免税条件的，应当依法履行纳税义务；未依法纳税的，税务机关应当予以追缴。

（二）税款的退还

1. 纳税人超过应纳税额缴纳的税款，税务机关发现后，应当自发现之日起 10 日内办理退还手续。

2. 纳税人自结算缴纳税款之日起 3 年内发现多缴税款的，可以向税务机关要求退还多缴纳的税款并加算银行同期活期存款利息。税务机关应当自接到纳税人退还申请之日起 30 日内查实并办理退还手续。

3. 加算银行同期存款利息的多缴税款退税，不包括依法预缴税款形成的结算退税、出口退税和各种减免退税。

4. 当纳税人既有应退税款又有欠缴税款的，税务机关可以将应退税款和利息先抵扣欠缴税

款；抵扣后有余额的，退还纳税人。

【例 7-36·多选题】根据税收征管法律制度的规定，下列关于退还纳税人多缴税款的表述中，正确的有（　　）。

A. 纳税人发现多缴税款但距缴款日期已超过 3 年的，税务机关不再退还多缴税款

B. 税务机关发现纳税人多缴税款但距缴款日期已超过 3 年的，不再退还多缴税款

C. 税务机关发现纳税人多缴税款的，在退还税款的同时，应一并计算银行同期存款利息

D. 纳税人结算缴纳税款后次年发现多缴税款的，可以向税务机关要求退还多缴的税款并加算银行同期存款利息

【答案】AD

【解析】选项 B，税务机关发现的多缴税款，《征管法》没有规定多长时间内可以退还，法律没有规定期限的，推定为无限期。选项 C，发现多缴税款的，可以向税务机关要求退还多缴的税款并加算银行同期存款利息；税务机关发现的，没有加算银行同期存款利息的规定。

（三）税款的补缴和追缴

1. 因税务机关的责任，致使纳税人、扣缴义务人未缴或者少缴税款的，税务机关在 **3 年内**可以要求纳税人、扣缴义务人补缴税款，但是**不得加收滞纳金**。

2. 因纳税人、扣缴义务人计算错误等失误，未缴或者少缴税款的，税务机关在 **3 年内**可以追征税款、滞纳金；有特殊情况（累计数额在 10 万元以上）的，追征期**可以延长到 5 年**。

3. 对偷税（逃税）、抗税、骗税的，税务机关追征其未缴或者少缴的税款、滞纳金或者所骗取的税款，**不受前述规定期限的限制**。

【例 7-37·单选题·2022】根据税收征收管理法律制度的规定，因税务机关的责任致使纳税人未缴纳或少缴纳税款的，税务机关在一定期限内，可要求纳税人补缴税款，该期限为（　　）。

A.3 年　　　　　　　　B.5 年　　　　　　　　C.10 年　　　　　　　　D.6 年

【答案】A

【解析】因税务机关的责任，致使纳税人、扣缴义务人未缴或者少缴税款的，税务机关在 3 年内可以要求纳税人、扣缴义务人补缴税款，但是不得加收滞纳金。

（四）无欠税证明的开具

1. 无欠税证明是指税务机关依纳税人申请，根据税收征管信息系统所记载的信息，为纳税人开具的表明其不存在欠税情形的证明。

2. 不存在欠税情形。

不存在欠税情形，是指纳税人在税收征管信息系统中，不存在应申报未申报记录且无下列应缴未缴的税款：

（1）办理纳税申报后，纳税人未在税款缴纳期限内缴纳的税款；

（2）经批准延期缴纳的税款期限已满，纳税人未在税款缴纳期限内缴纳的税款；

（3）税务机关检查已查定纳税人的应补税额，纳税人未缴纳的税款；

（4）税务机关根据《征管法》规定，核定纳税人的应纳税额，纳税人未在税款缴纳期限内缴纳的税款；

（5）纳税人的其他未在税款缴纳期限内缴纳的税款。

第四节 税务检查

一、税务机关在税务检查中的职权和职责 ★★★

（一）税务的检查范围

税务机关有权进行下列税务检查

1. 检查账簿。检查纳税人的账簿、记账凭证、报表和有关资料，检查扣缴义务人代扣代缴、代收代缴税款账簿、记账凭证和有关资料。

2. 检查经营场所。到纳税人的**生产、经营场所和货物存放地**检查纳税人应纳税的商品、货物或者其他财产，检查扣缴义务人与代扣代缴、代收代缴税款有关的**经营情况**。

> 🎯 **敲黑板**
>
> 不能进入纳税人的生活场所。

3. 责成提供资料。责成纳税人、扣缴义务人提供与纳税或者代扣代缴、代收代缴税款有关的文件、证明材料和有关资料。

4. 询问。询问纳税人、扣缴义务人与纳税或者代扣代缴、代收代缴税款有关的问题和情况。

5. 检查物流。到车站、码头、机场、邮政企业及其分支机构检查纳税人托运、邮寄应纳税商品、货物或者其他财产的有关**单据、凭证和有关资料**。

6. 检查存款。**经县以上税务局（分局）局长批准**，凭全国统一格式的检查存款账户许可证明，查询从事生产、经营的纳税人、扣缴义务人在银行或者其他金融机构的存款账户。

税务机关在调查税收违法案件时，经**设区的市、自治州以上税务局（分局）局长批准**，可以查询案件涉嫌人员的**储蓄存款**。

税务机关查询所获得的资料，不得用于税收以外的用途。

（二）税务检查的措施和手段

1. 依法检查的时候，发现纳税人有逃避纳税义务行为，并有明显的转移、隐匿其应纳税的商品、货物和其他财产或者应纳税的收入的迹象的，可以依法采取税收保全措施或者强制执行措施。

2. 税务机关调查税务违法案件时，对与案件有关的情况和资料，可以记录、录音、录像、照相和复制。

（三）税务检查应遵守的义务

税务机关派出的人员进行税务检查时，应当**出示税务检查证和税务检查通知书**，并有责任为被检查人**保守秘密**；未出示税务检查证和税务检查通知书的，被检查人有权拒绝检查。

二、被检查人的义务 ★★

纳税人、扣缴义务人必须接受税务机关依法进行的税务检查，如实反映情况，提供有关资料，不得拒绝、隐瞒。

税务机关依法进行税务检查时，有权向有关单位和个人调查纳税人、扣缴义务人和其他当事人与纳税或者代扣代缴、代收代缴税款有关的情况，有关单位和个人有义务向税务机关如实提供有关资料及证明材料。

【例7-38·判断题·2021】税务机关派出的人员进行税务检查时，应当出示税务检查证和税务检查通知书，并有责任为被检查人保守秘密。（　）

【答案】√

【解析】税务机关派出的人员进行税务检查时，应当出示税务检查证和税务检查通知书，并有责任为被检查人保守秘密；未出示税务检查证和税务检查通知书的，被检查人有权拒绝检查。

【例7-39·多选题·2016】根据税收征收管理法律制度规定，下列各项中，属于税务机关纳税检查职权的有（　）。

A.检查扣缴义务人代扣代缴、代收代缴税款账簿、记账凭证和有关资料

B.检查纳税人托运、邮寄应纳税商品、货物或者其他财产的有关单据

C.检查纳税人存放在生产、经营场所的应纳税的货物

D.检查纳税人的账簿、记账凭证、报表和有关资料

【答案】ABCD

三、纳税信用管理★★★

纳税信息管理，是指税务机关对纳税人的纳税信用信息开展的采集、评估、确定、发布和应用等活动，有利于促进纳税人诚信自律，提高税法遵从度，推进社会信用体系建设。

（一）纳税信用管理的主体

1.国家税务总局主管全国纳税信用管理工作。省以下税务机关负责所辖地区纳税信用管理工作的组织和实施。

2.下列企业参与纳税信用评价：

（1）已办理税务登记，从事生产、经营并适用查账征收的企业纳税人。

（2）从首次在税务机关办理涉税事宜之日起时间不满一个评价年度的企业（新设立企业）。

（3）评价年度内无生产经营业务收入的企业。

（4）适用企业所得税核定征收办法的企业。

【提示】非独立核算分支机构可自愿参与纳税信用评价。

（二）纳税信用信息采集

1.纳税信用信息的范围。

（1）纳税信用信息包括**纳税人信用历史信息、税务内部信息、外部信息**。

（2）纳税人信用历史信息包括基本信息和评价年度之前的纳税信用记录，以及相关部门评定的优良信用记录和不良信用记录。

（3）税务内部信息包括经常性指标信息和非经常性指标信息。

（4）外部信息包括外部参考信息和外部评价信息。

2.纳税信用信息采集的实施。

纳税信用信息采集工作**由国家税务总局和省税务机关组织实施，按月采集**。

（三）纳税信用评价

1. 纳税信用评价的方式。

纳税信用评价采取年度评价指标得分和直接判级方式。

（1）年度评价指标得分采取扣分方式。近三个评价年度内存在非经常性指标信息的，从 100 分起评；近 3 个评价年度内没有非经常性指标信息的，从 90 分起评。

（2）直接判级适用于**有严重失信行为**的纳税人。

2. 纳税信用评价周期。

纳税信用评价周期为一个纳税年度，有下列情形之一的纳税人，**不参加**本期的评价：

① 纳入纳税信用管理时间不满一个评价年度的。

② 因涉嫌税收违法被立案查处尚未结案的。

③ 被审计、财政部门依法查出税收违法行为，税务机关正在依法处理，尚未办结的。

④ 已申请税务行政复议、提起行政诉讼尚未结案的。

⑤ 其他不应参加本期评价的情形。

3. 纳税信用级别。

纳税信用级别分为 A、B、M、C、D 五级。具体见表 7-15：

表 7-15 纳税信用级别

级别	评级规则
A 级	（1）A 级纳税信用为年度评价指标得分 90 分以上的。 （2）有下列情形之一的纳税人，本评价年度**不能评为** A 级： ①实际生产经营期不满 3 年的； ②上一评价年度纳税信用评价结果为 D 级的； ③非正常原因一个评价年度内增值税连续 3 个月或者累计 6 个月零申报、负申报的； ④ 不能按照国家统一的会计制度规定设置账簿，并根据合法、有效凭证核算，向税务机关提供准确税务资料的
B 级	B 级纳税信用为年度评价指标得分 70 分以上不满 90 分的
M 级	M 级纳税信用为评价年度未被直接判为 D 级的新设立企业和评价年度内无生产经营业务收入且年度评价指标得分 70 分以上的企业
C 级	C 级纳税信用为年度评价指标得分 40 分以上不满 70 分的
D 级	（1）D 级纳税信用为年度评价指标得分不满 40 分或者直接判级确定的。 （2）有下列情形之一的纳税人，本评价年度**直接判为 D 级**： ①存在逃避缴纳税款、逃避追缴欠税、骗取出口退税、虚开增值税专用发票等行为，经判决构成涉税犯罪的。 ②存在第①项所列行为，未构成犯罪，但偷税（逃避缴纳税款）金额 10 万元以上且占各税种应纳税总额 10% 以上，或者存在逃避追缴欠税、骗取出口退税、虚开增值税专用发票等税收违法行为，已缴纳税款、滞纳金、罚款的。 ③在规定期限内未按税务机关处理结论缴纳或者足额缴纳税款、滞纳金和罚款的。 ④以暴力、威胁方法拒不缴纳税款或者拒绝、阻挠税务机关依法实施税务稽查执法行为的。 ⑤存在违反增值税发票管理规定或者违反其他发票管理规定的行为，导致其他单位或者个人未缴、少缴或者骗取税款的。

（续表）

级别	评级规则
其他规定	⑥提供虚假申报材料享受税收优惠政策的。 ⑦骗取国家出口退税款，被停止出口退（免）税资格未到期的。 ⑧有非正常户记录或者由非正常户直接责任人员注册登记或者负责经营的。 ⑨由D级纳税人的直接责任人员注册登记或者负责经营的。 ⑩存在税务机关依法认定的其他严重失信情形的 纳税人有下列情形的，不影响其纳税信用评价： （1）由于税务机关原因或者不可抗力，造成纳税人未能及时履行纳税义务的。 （2）非主观故意的计算公式运用错误以及明显的笔误造成未缴或者少缴税款的。 （3）国家税务总局认定的其他不影响纳税信用评价的情形

4.纳税信用评价结果

（1）税务机关每年4月确定上一年度纳税信用评价结果，并为纳税人提供自我查询服务。

（2）纳税人对纳税信用评价结果有异议的，可以书面向作出评价的税务机关申请复评。作出评价的税务机关应按规定进行复核。

（3）税务机关对纳税人的纳税信用级别实行动态调整。

5.纳税信用评价结果的应用

表7-16　　　　　　　　　　　　　　　纳税信用评价结果的应用

级别	评估结果的应用
A级	①主动向社会公告年度A级纳税人名单。 ②一般纳税人可单次领取3个月的增值税发票用量，需要调整增值税发票用量时即时办理。 ③普通发票按需领用。 ④连续3年被评为A级信用级别（简称3连A）的纳税人，除享受以上措施外，还可以由税务机关提供绿色通道或专门人员帮助办理涉税事项。 ⑤税务机关与相关部门实施的联合激励措施，以及结合当地实际情况采取的其他激励措施
B级	税务机关实施正常管理，适时进行税收政策和管理规定的辅导，并视信用评价状态变化趋势选择性地提供纳税信用A级纳税人适用的激励措施
M级	税务机关适时进行税收政策和管理规定的辅导
C级	税务机关应依法从严管理，并视信用评价状态变化趋势选择性地采取纳税信用D级纳税人适用的管理措施
D级	①公开D级纳税人及其直接责任人员名单，对直接责任人员注册登记或者负责经营的其他纳税人纳税信用直接判为D级。 ②增值税专用发票领用按辅导期一般纳税人政策办理，普通发票的领用实行交（验）旧供新、严格限量供应。 ③加强出口退税审核。 ④加强纳税评估，严格审核其报送的各种资料。 ⑤列入重点监控对象，提高监督检查频次，发现税收违法违规行为的，不得适用规定处罚幅度内的最低标准。 ⑥将纳税信用评价结果通报相关部门，建议在经营、投融资、取得政府供应土地、进出口、出入

（续表）

级别	评估结果的应用
	境、注册新公司、工程招投标、政府采购、获得荣誉、安全许可、生产许可、从业任职资格、资质审核等方面予以限制或禁止。 ⑦ 对于因评价指标得分评为 D 级的纳税人，次年由直接保留 D 级评价调整为评价时加扣 11 分；对于因直接判级评为 D 级的纳税人，D级评价保留 2 年，第三年纳税信用不得评价为 A 级。 ⑧ 税务机关与相关部门实施的联合惩戒措施，以及结合实际情况依法采取的其他严格管理措施

（四）纳税信用修复

1. 纳税信用修复申请人及修复程序。

表 7-17   纳税信用修复申请人及修复程序

申请人	修复程序
纳税人未按法定期限办理纳税申报、税款缴纳、资料备案等事项且已补办	失信行为已纳入纳税信用评价的：纳税人可在失信行为被税务列入失信记录的次年年底前提出信用修复申请，税务机关重新评价纳税人的纳税信用级别
	失信行为尚未纳入纳税信用评价的，纳税人无需提出申请，税务机关重新评价纳税人的纳税信用级别
未按税务机关处理结论缴纳或者足额缴纳税款、滞纳金和罚款，未构成犯罪，纳税信用级别被直接判为 D 级的纳税人，在税务机关处理结论明确的期限期满后 60 日内足额缴纳、补缴的	① 在纳税信用被直接判为 D 级的次年年底前提出申请，税务机关重新评价纳税人的纳税信用级别，但不得评价为 A 级
纳税人履行相应法律义务并由税务机关依法解除非正常户状态的	② 非正常户失信行为纳税信用修复一年内只能申请一次

2. 其他相关规定。

（1）纳税信用修复后纳税信用级别不再为 D 级的纳税人，其直接责任人注册登记或者负责经营的其他纳税人之前被关联为 D 级的，可向主管税务机关申请解除纳税信用 D 级关联。

（2）主管税务机关自受理纳税信用修复申请之日起 15 个工作日内完成审核，并向纳税人反馈信用修复结果。

（3）纳税信用修复完成后，纳税人按照修复后的纳税信用级别适用相应的税收政策和管理服务措施，之前已适用的税收政策和管理服务措施不作追溯调整。

【例 7-40·单选题】下列关于纳税信用修复的表述中，符合税法规定的是（   ）。

A. 非正常户失信行为一个纳税年度内可申请两次纳税信用修复

B. 纳税人履行相应法律义务并由税务机关依法解除非正常户状态的，可在规定期限内向税务机关申请纳税信用修复

C. 主管税务机关自受理纳税信用修复申请之日起 30 日内完成审核，并向纳税人反馈结果

D. 纳税信用修复完成后，纳税人之前已适用的税收政策和管理服务措施要作追溯调整

【答案】B

【解析】选项 A，非正常户失信行为纳税信用修复一个纳税年度内只能申请一次；选项 C，主

管税务机关自受理纳税信用修复申请之日起15个工作日内完成审核，并向纳税人反馈信用修复结果；选项D，纳税信用修复完成后，纳税人按照修复后的纳税信用级别适用相应的税收政策和管理服务措施，之前已适用的税收政策和管理服务措施不作追溯调整。

四、税收违法行为检举管理★★

（一）税收违法行为检举管理原则

1.检举管理工作坚持依法依规、分级分类、属地管理、严格保密的原则。

2.市（地、州、盟）以上税务局稽查局设立税收违法案件举报中心。

（1）国家税务总局稽查局税收违法案件举报中心负责接收税收违法行为检举，督促、指导、协调处理重要检举事项；

（2）省、自治区、直辖市、计划单列市和市（地、州、盟）税务局稽查局税收违法案件举报中心负责税收违法行为检举的接收、受理、处理和管理；

（3）各级跨区域稽查局和县税务局应当指定行使税收违法案件举报中心职能的部门，负责税收违法行为检举的接收，并按规定职责处理。

3.税务机关同时通过12366纳税服务热线接收税收违法行为检举。

4.检举税收违法行为是检举人的自愿行为，检举人因检举而产生的支出应当由其自行承担。

5.检举人在检举过程中应当遵守法律、行政法规等规定；应当对其所提供检举材料的真实性负责，不得捏造、歪曲事实，不得诬告、陷害他人；不得损害国家、社会、集体的利益和其他公民的合法权益。

（二）检举事项的提出与受理

1.检举的提出。

（1）检举人可以实名检举，也可以匿名检举。检举人以个人名义实名检举应当由其本人提出；以单位名义实名检举应当委托本单位工作人员提出。

（2）税务机关应当合理设置检举接待场所。检举接待场所应当与办公区域适当分开，配备使用必要的录音、录像等监控设施，保证监控设施对接待场所全覆盖并正常运行。

（3）检举的受理。举报中心对接收的检举事项，应当及时审查，有下列情形之一的，不予受理：

①无法确定被检举对象，或者不能提供税收违法行为线索的。

②检举事项已经或者依法应当通过诉讼、仲裁、行政复议以及其他法定途径解决的。

③对已经查结的同一检举事项再次检举，没有提供新的有效线索的。

除前款规定外，举报中心自接收检举事项之日起即为受理。举报中心可以应实名检举人要求，视情况采取口头或者书面方式解释不予受理原因。

（三）检举事项的处理

1.检举事项受理后，应当分级分类，按照以下方式处理：

（1）检举内容详细、税收违法行为线索清楚、证明资料充分的，由稽查局立案检查。

（2）检举内容与线索较明确但缺少必要证明资料，有可能存在税收违法行为的，由稽查局调查核实。发现存在税收违法行为的，立案检查；未发现的，作查结处理。

（3）检举对象明确，但其他检举事项不完整或者内容不清、线索不明的，可以暂存待查，待检举人将情况补充完整以后，再进行处理。

（4）已经受理尚未查结的检举事项，再次检举的，可以合并处理。

（5）《办法》规定以外的检举事项，转交有处理权的单位或者部门。

2.处理的时限。

（1）举报中心应当在检举事项**受理之日起 15 个工作日**内完成分级分类处理，特殊情况除外。

（2）举报中心可以税务机关或者以自己的名义向下级税务机关督办、交办检举事项。查处部门应当在收到举报中心转来的检举材料之日起 **3 个月内**办理完毕；案情复杂无法在期限内办理完毕的，可以延期。

（四）检举人的答复和奖励

1.检举人的答复。

（1）实名检举人可以要求答复检举事项的处理情况与查处结果。举报中心可以视具体情况**采取口头或者书面方式**答复实名检举人。

（2）实名检举事项的**处理情况**，由**作出处理行为**的税务机关的举报中心答复。

（3）实名检举事项的**查处结果**，由**负责查处**的税务机关的举报中心答复。

（3）12366 纳税服务热线接收检举事项并转交举报中心或者相关业务部门后，可以应检举人要求将举报中心或者相关业务部门反馈的受理情况告知检举人。

2.检举人的奖励。

检举事项经查证属实，为国家挽回或者减少损失的，按照财政部和国家税务总局的有关规定对实名检举人给予相应奖励。

五、重大税收违法失信案件信息公布★★★（2023 年调整）

（一）失信主体的确定

1.确定失信主体的依据。

纳税人、扣缴义务人或者其他涉税当事人（以下简称"当事人"）有下列情形之一的，税务机关确定其为失信主体。

① 伪造、变造、隐匿、擅自销毁账簿、记账凭证，或者在账簿上多列支出或者不列、少列收入，或者经税务机关通知申报而拒不申报或者进行虚假的纳税申报，不缴或者少缴应纳税款 100 万元以上，且任一年度不缴或者少缴应纳税款占当年各税种应纳税总额 10% 以上的，或者采取前述手段，不缴或者少缴已扣、已收税款，数额在 100 万元以上的。

② 欠缴应纳税款，采取转移或者隐匿财产的手段，妨碍税务机关追缴欠缴的税款，欠缴税款金额 100 万元以上的。

③ 骗取国家出口退税款的。

④ 以暴力、威胁方法拒不缴纳税款的。

⑤ 虚开增值税专用发票或者虚开用于骗取出口退税、抵扣税款的其他发票的。

⑥ 虚开增值税普通发票 100 份以上或者金额 400 万元以上的。

⑦ 私自印制、伪造、变造发票，非法制造发票防伪专用品，伪造发票监制章的。

⑧ 具有偷税、逃避追缴欠税、骗取出口退税、抗税、虚开发票等行为，在稽查案件执行完毕

前，不履行税收义务并脱离税务机关监管，经税务机关检查确认走逃（失联）的。

⑨ 为纳税人、扣缴义务人非法提供银行账户、发票、证明或者其他方便，导致未缴、少缴税款 100 万元以上或者骗取国家出口退税款的。

⑩ 税务代理人违反税收法律、行政法规造成纳税人未缴或者少缴税款 100 万元以上的。

⑪ 其他性质恶劣、情节严重、社会危害性较大的税收违法行为。

【例 7-41·多选题】下列各项中，属于重大税收违法失信案件的有（ ）。

A. 纳税人在账簿上多列支出，少缴税款 100 万元且占当年各税种应纳税总额 10%

B. 纳税人妨碍税务机关追缴欠缴的税款，金额 100 万元

C. 以暴力、威胁方法拒不缴纳税款

D. 纳税人虚开，经税务机关检查确认走逃（失联）

【答案】ABCD

【解析】选项 ABCD 都属于重大税收违法失信案件。

2. 确定失信主体的程序。

税务机关应当在作出确定失信主体决定前向当事人送达告知文书，告知其依法享有陈述、申辩的权利。

当事人在税务机关告知后 5 日内，可以书面或者口头提出陈述、申辩意见。当事人口头提出陈述、申辩意见的，税务机关应当制作陈述申辩笔录，并由当事人签章。

经设区的市、自治州以上税务局局长或者其授权的税务局领导批准，税务机关在申请行政复议或提起行政诉讼期限届满，或者行政复议决定、人民法院判决或裁定生效后、于 30 日内制作失信主体确定文书，并依法送达当事人。

（二）失信主体的信息公布

1. 信息公布的内容。

税务机关应当在失信主体确定文书送达后的次月 15 日内，向社会公布下列信息：

（1）失信主体基本情况。

（2）失信主体的主要税收违法事实。

（3）税务处理、税务行政处罚决定及法律依据。

（4）确定失信主体的税务机关。

（5）法律、行政法规规定应当公布的其他信息。

税务机关向社会公布失信主体基本情况时，经人民法院生效裁判确定的实际责任人，与违法行为发生时的法定代表人或者负责人不一致的，除有证据证明法定代表人或者负责人有涉案行为外，税务机关只向社会公布实际责任人信息。

对依法确定为国家秘密的信息，法律、行政法规禁止公开的信息，以及公开后可能危及国家安全、公共安全、经济安全、社会稳定的信息，税务机关不予公开。

2. 信息公布的管理

失信主体信息公布管理应当遵循依法行政、公平公正、统一规范、审慎适当的原则。

税务机关应当通过国家税务总局各省、自治区、直辖市、计划单列市税务局网站向社会公布失信主体信息，根据本地区实际情况，也可以通过税务机关公告栏、报纸、广播、电视、网络媒体等途径以及新闻发布会等形式向社会公布。国家税务总局归集各地税务机关确定的失信主体信息，并提供至"信用中国"网站进行公开。

税务机关对按规定确定的失信主体，纳入纳税信用评价范围的，按照纳税信用管理规定，将其纳税信用级别判为 D 级，适用相应的 D 级纳税人管理措施。

失信主体信息自公布之日起满 3 年的，税务机关在 5 日内停止信息公布。

（三）失信主体信息的提前停止公布

1. 失信信息公布期间，失信主体按照《税务处理决定书》《税务行政处罚决定书》缴清（退）税款、滞纳金、罚款，且失信主体失信信息公布满六个月的，可以向税务机关申请提前停止公布失信信息。

申请人应当提交停止公布失信信息申请表、诚信纳税承诺书。受理申请后，税务机关审核，经设区的市、自治州以上税务局局长或者其授权的税务局领导批准，准予提前停止公布。

2. 失信信息公布期间，失信主体在发生重大自然灾害、公共卫生、社会安全等突发事件期间，因参与应急抢险救灾、疫情防控、重大项目建设或者履行社会责任作出突出贡献的，可以向税务机关申请提前停止公布失信信息。

申请人应当提交停止公布失信信息申请表、诚信纳税承诺书以及省、自治区、直辖市、计划单列市人民政府出具的有关材料。受理申请后，税务机关审核，经省、自治区直辖市、计划单列市税务局局长或者其授权的税务局领导批准，准予提前停止公布。

前述两类提出申请的失信主体有下列情形之一的，不予提前停止公布：（1）被确定为失信主体后，因发生偷税、逃避追缴欠税、骗取出口退税、抗税、虚开发票等税收违法行为受到税务处理或者行政处罚的。（2）五年内两次以上被确定为失信主体的。

3. 失信信息公布期间，失信主体破产，人民法院出具批准重整计划或认可和解协议的裁定书，税务机关依法受偿的，失信主体或者其破产管理人可以向税务机关申请提前停止公布失信信息。

申请人应当提交停止公布失信信息申请表、人民法院出具的批准重整计划或认可和解协议的裁定书。受理申请后，税务机关审核，经省、自治区、直辖市、计划单列市税务局局长或者其授权的税务局领导批准，准予提前停止公布。

申请人申请提前停止公布失信信息的，税务机关应当自受理之日起 15 日内作出是否予以提前停止公布的决定，并告知申请人。对不予提前停止公布的，应当说明理由。

税务机关作出准予提前停止公布决定的，应当在 5 日内停止信息公布。

第五节 税务行政复议

一、税务行政复议的概念

税务行政复议，是指纳税人和其他税务当事人对税务机关的税务行政行为不服，依法向上级税务机关提出申诉，请求上一级税务机关对原行政行为的合理性、合法性作出审议，复议机关依法对原行政行为的合理性、合法性作出裁决的行政司法活动。

二、税务行政复议范围 ★★★

表 7-18　　　　　　　　　　　　税务行政复议范围

具体行政行为	内　　容	特点
征税行为	确认纳税主体、征税对象、征税范围、减税、免税、退税、抵扣税款、适用税率、计税依据、纳税环节、纳税期限、纳税地点和税款征收方式等行政行为；征收税款、加收滞纳金；扣缴义务人、受税务机关委托征收的单位和个人作出的代扣、代收代缴行为	应当先向行政复议机关申请行政复议；对行政复议决定不服的，可以向人民法院提起行政诉讼
行政许可、行政审批行为	—	可以申请行政复议，也可以直接向人民法院提起行政诉讼
发票管理行为	包括发售、收缴、代开发票等	
税收保全措施、强制执行措施	税收保全措施：书面通知银行或其他金融机构冻结纳税人存款；扣押、查封商品、货物或者其他财产	
	强制执行措施：书面通知银行或其他金融机构从当事人存款中扣缴税款；拍卖所扣押、查封商品、货物或者其他财产以抵缴税款	
行政处罚行为	罚款、没收非法财产和违法所得、停止出口退税权	
不依法履行职责的行为	颁发税务登记；开具、出具完税凭证；行政赔偿；行政奖励等	
资格认定行为		
不依法确认纳税担保行为		
政府公开信息工作中的具体行政行为		
纳税信用等级评定行为		
通知出入境管理机关阻止出境行为		
其他行政行为		

（1）申请人认为被申请人的行政行为所依据的下列规定不合法，对行政行为申请行政复议时，可以一并向复议机关提出对该规定（不含规章）的审查申请：

①国家税务总局和国务院其他部门的规定；

②其他各级税务机关的规定；

③地方各级人民政府的规定；

④地方人民政府工作部门的规定。

（2）申请人对行政行为提出行政复议申请时不知道该具体行政行为所依据的规定的，可以在行政复议机关作出行政复议决定以前提出对该规定的审查申请。

【例 7-43·多选题·2021】根据税收征收管理法律制度的规定，纳税人对税务机关的下列具体行政行为不服时，应当先向复议机关申请行政复议的有（　　）。

A.加收滞纳金　　　　B.发票管理行为　　　　C.确认适用税率　　　　D.停止出口退税权

【答案】AC

【解析】选项 AC，属于征税行为，应当"先议后诉"；选项 BD：不属于征税行为，可以"或议或诉"。

【例 7-44·单选题·2020】根据税收征收管理法律制度的规定，下列关于纳税人对税务机关作出的征税行为不服时的救济措施的表述中，正确的是（　　）。

A.只能向复议机关申请行政复议，不能向人民法院提起行政诉讼

B.应当先向复议机关申请行政复议，对行政复议决定不服的，可以再向人民法院提起行政诉讼

C.可以向复议机关申请行政复议，也可以直接向人民法院提起行政诉讼

D.可以向复议机关申请行政复议，但对行政复议决定不服的，不能再向人民法院提起行政诉讼

【答案】B

【解析】申请人对税务机关作出的征税行为不服，必须先提出行政复议申请，对行政复议结果不服的，可向人民法院提起行政诉讼（先议后诉）。

【例 7-45·多选题·2022】根据税收征收管理法律制度的规定，纳税人对税务机关作出的下列行政行为不服，可以不经行政复议而直接提起行政诉讼的有（　　）。

A.停止出口退税权　　　　　　　　　B.加收滞纳金

C.确认计税依据　　　　　　　　　　D.收缴发票

【答案】AD

【解析】申请人对复议范围中"征税行为"不服的，应当先向复议机关申请行政复议，对行政复议决定不服的，可以再向人民法院提起行政诉讼（必经复议）。选项 AD 不属于征税行为，因此可以不经行政复议而直接提起行政诉讼。

【例 7-46·判断题·2018】有关不依法开具完税凭证的行为属于税务行政复议的范围。（　　）

【答案】√

【解析】税务机关不依法履行下列职责的行为，可以提起行政复议：①开具、出具完税凭证；②行政赔偿；③行政奖励；④其他不依法履行职责的行为。

三、税务行政复议管辖 ★★★

表 7-19　　　　　　　　　　　　　　　税务行政复议管辖

分类	具体情形
一般规定	（1）各级税务局——向其上一级税务局申请。 （2）计划单列市税务局——向国家税务总局申请。 （3）税务所（分局）、各级税务局的稽查局——向其所属税务局申请。 （4）国家税务总局——向国家税务总局申请。对行政复议决定不服，申请人可以向人民法院提起行政诉讼，也可以向国务院申请裁决。国务院的裁决为最终裁决
特殊规定	（1）两个以上税务机关共同作出——向共同上一级税务机关申请；税务机关与其他行政机关共同作出——向其共同上一级行政机关申请。 （2）被撤销的税务机关在撤销前作出——向继续行使其职权的税务机关的上一级税务机关申请。 （3）逾期不缴纳罚款加处罚款的决定不服——向作出行政处罚决定的税务机关申请。 （4）已处罚款和加处罚款都不服——一并向作出行政处罚决定的税务机关的上一级税务机关申请

【例 7-47・单选题・2021】王某因税务违法行为被 M 市 N 县税务局处以罚款，逾期未缴纳罚款又被 N 县税务局加处罚款。王某对已处罚款和加处罚款都不服，欲申请行政复议。下列关于该争议行政复议管辖的表述中，正确的是（　　）。

A. 王某应当对已处罚款和加处罚款一并向 M 市税务局申请复议

B. 王某应当对已处罚款向 M 市税务局申请复议，对加处罚款向 N 县税务局申请复议

C. 王某应当对已处罚款向 N 县税务局申请复议，对加处罚款向 M 市税务局申请复议

D. 王某应当对已处罚款和加处罚款一并向 N 县税务局申请复议

【答案】A

【解析】对税务机关作出逾期不缴纳罚款加处罚款的决定不服的，向作出行政处罚决定的税务机关申请行政复议。但是对已处罚款和加处罚款都不服的，一并向作出行政处罚决定的税务机关的上一级税务机关申请行政复议。

【例 7-48・单选题・2019】根据税收征收管理法律制度的规定，下列关于税务行政复议管辖的表述中，不正确的是（　　）。

A. 对国家税务总局的具体行政行为不服的，向国家税务总局申请行政复议

B. 对市辖区税务局的具体行政行为不服的，向市税务局申请行政复议

C. 对税务局的稽查局的具体行政行为不服的，向其所属税务局申请行政复议

D. 对计划单列市税务局的具体行政行为不服的，向其所在省的省税务局申请行政复议

【答案】D

【解析】对计划单列市税务局的具体行政行为不服的，向国家税务总局申请行政复议，选项 D 的表述错误。

四、税务行政复议申请与受理★★

（一）税务行政复议申请

1. 申请时限

申请人可以在知道税务机关**作出具体行政行为之日起 60 日内**提出行政复议申请。因不可抗力或者被申请人设置障碍等原因耽误法定申请期限的，申请期限的计算**应当扣除**被耽误的时间。

【例 7-49・单选题・2020】根据税收征收管理法律制度的规定，申请人可以在知道税务机关作出具体行政行为之日起一定期限内提出行政复议申请。该期限为（　　）。

A. 90 日　　　　　B. 30 日　　　　　C. 15 日　　　　　D. 60 日

【答案】D

【解析】公民、法人或者其他组织认为具体行政行为侵犯其合法权益的，可以自**知道**该具体行政行为之日起 60 日内提出行政复议申请，但法律规定的申请期限超过 60 日的除外。

2. 复议前置

申请人对复议范围中**征税行为**不服的，应当**先向复议机关申请行政复议**，对行政复议决定不服的，可以再向人民法院提起行政诉讼。

申请人按前述规定申请行政复议的，必须依照税务机关根据法律、行政法规确定的税额、期限，先行缴纳或者提供相应的担保，或者提供相应的担保方可在实际缴清税款和滞纳金后或者所提供的担保得到作出行政行为的税务机关确认之日起 60 日内提出行政复议申请。

3. 复议诉讼选择

申请人对复议范围中税务机关作出征税行为以外的其他具体行政行为不服的，可以申请行政

复议，也可以直接向人民法院提起行政诉讼。

4. 先交罚款和加处罚款

申请人对税务机关作出逾期不缴纳罚款加处罚款的决定不服的，应当**先缴纳罚款和加处罚款，再申请行政复议**。

5. 申请形式

申请人申请行政复议，**可以书面申请，也可以口头申请**。书面申请的，可以采取当面递交、邮寄、传真或者电子邮件等方式提出行政复议申请。口头申请的，复议机关应当当场制作行政复议申请笔录，交申请人核对或者向申请人宣读，并由申请人确认。

（二）税务行政复议受理

1. 复议机关收到行政复议申请后，应当在 5 日内进行审查，决定是否受理。对符合规定的行政复议申请，自行政复议机构收到之日起即为受理，应当书面告知申请人。

2. 对不符合规定的行政复议申请，决定不予受理，并书面告知申请人。对不属于本机关受理的行政复议申请，应当告知申请人向有关行政复议机关提出。复议机关收到行政复议申请以后未按照规定期限审查并作出不予受理决定的，视为受理。

3. 对应当先向复议机关申请行政复议，对行政复议决定不服再向人民法院提起行政诉讼的行政行为，复议机关决定不予受理或者受理以后超过行政复议期限不作答复的，申请人可以自收到不予受理决定书之日起或者行政复议期满之日起 15 日内，依法向人民法院提起行政诉讼。

4. 申请人向复议机关申请行政复议，复议机关已经受理的，在法定行政复议期限内申请人不得向人民法院提起行政诉讼；申请人向人民法院提起行政诉讼，人民法院已经依法受理的，不得申请行政复议。

5. 行政复议期间具体行政行为不停止执行，但有下列情形之一的，可以停止执行：

（1）**被申请人**认为需要停止执行的；

（2）**复议机关**认为需要停止执行的；

（3）申请人申请停止执行，**复议机关**认为其要求合理，决定停止执行的；

（4）**法律规定**停止执行的。

【例 7-50·判断题·2022】税务机关收到不属于本机关受理的行政复议申请，应当告知申请人向有关行政复议机关提出。（　　）

【答案】√

【解析】税务机关收到不属于本机关受理的行政复议申请，应当告知申请人向有关行政复议机关提出。

五、税务行政复议审查和决定

（一）税务行政复议审查

1. 复议工作人员

行政复议机构审理行政复议案件，应当由 2 名以上行政复议工作人员参加。行政复议工作人员应当具备与履行行政复议职责相适应的品行、专业知识和业务能力。税务机关中初次从事行政复议的人员，应当通过国家统一法律职业资格考试取得法律职业资格。

2. 书面审查

行政复议原则上采用书面审查的办法，但是申请人提出要求或者行政复议机构认为有必要时，应当听取申请人、被申请人和第三人的意见，并可以向有关组织和人员调查了解情况。

3. 听证

（1）对重大、复杂的案件，申请人提出要求或者行政复议机构认为必要时，可以采取听证的方式审理。

（2）听证应当公开举行，但是涉及国家秘密、商业秘密或者个人隐私的除外。

（3）行政复议听证人员不得少于2人，听证主持人由行政复议机构指定。

（4）听证应当制作笔录，申请人、被申请人和第三人应当确认听证笔录内容。

（5）第三人不参加听证的，不影响听证的举行。

4. 撤回复议申请

申请人在行政复议决定做出以前撤回行政复议申请的，经行政复议机构同意，可以撤回。申请人撤回行政复议申请的，不得再以同一事实和理由提出行政复议申请。但是，申请人能够证明撤回行政复议申请违背其真实意思表示的除外。

5. 改变原行政行为

行政复议期间被申请人改变原具体行政行为的，不影响行政复议案件的审理。但是，申请人依法撤回行政复议申请的除外。

6. 审查行政行为的依据

行政复议机关审查被申请人的具体行政行为时，认为其依据不合法，本机关有权处理的，应当在30日内依法处理；无权处理的，应当在7个工作日内按照法定程序逐级转送有权处理的国家机关依法处理。处理期间，中止对具体行政行为的审查。

（二）税务行政复议决定

行政复议机构应当对被申请人的行政行为提出审查意见，经复议机关负责人批准，按照下列规定作出行政复议决定：

1. 行政行为认定事实清楚，证据确凿，适用依据正确，程序合法，内容适当的，决定维持。

2. 被申请人不履行法定职责的，决定其在一定期限内履行。

3. 行政行为有下列情形之一的，决定撤销、变更或者确认该行政行为违法：

（1）主要事实不清、证据不足的。

（2）适用依据错误的。

（3）违反法定程序的。

（4）超越或者滥用职权的。

（5）行政行为明显不当的。

决定撤销或者确认该行政行为违法的，可以责令被申请人在一定期限内重新作出行政行为。复议机关责令被申请人重新作出行政行为的，被申请人不得以同一事实和理由作出与原行政行为相同或者基本相同的行政行为；但复议机关以原行政行为违反法定程序而决定撤销的，被申请人重新作出行政行为的除外。

4. 复议机关责令被申请人重新作体行政行为的，被申请人不得作出对申请人更为不利的决定；但是复议机关以原行政行为主要事实不清、证据不足或适用依据错误决定撤销的，被申请人重新作出行政行为的除外。

复议机关责令被申请人重新作出行政行为的，被申请人应当在60日内重新作出行政行为；情况复杂、不能在规定期限内重新作出行政行为的，经复议机关批准，可以适当延期，但是延期不得超过 30 日。

5. 申请人对被申请人重新作出的行政行为不服的，可以依法申请行政复议，或者提起行政诉讼。

被申请人不按照规定提出书面答复，提交当初作出行政行为的证据、依据和其他有关材料的，视为该行政行为没有证据、依据，决定撤销该行政行为。

复议机关应当自受理申请之日起 60 日内作出行政复议决定。情况复杂、不能在规定期限内作出行政复议决定的，经复议机关负责人批准，可以适当延期，并告知申请人和被申请人；但延期不得超过 30 日。

复议机关作出行政复议决定，应当制作行政复议决定书，并加盖印章。行政复议决定书一经送达、即发生法律效力。

【例 7-51·多选题·2022】根据税收征收管理法律制度的规定，行政复议机关决定撤销、变更或者确认被申请人行政行为违法的情形有（　　）。

A. 被申请人的行政行为明显不当的　　　　B. 被申请人的行政行为证据不足的

C. 被申请人的行政行为超越职权的　　　　D. 被申请人的行政行为适用依据错误的

【答案】ABCD

【解析】行政行为有下列情形之一的，决定撤销、变更或者确认该行政行为违法：（1）主要事实不清、证据不足的。（2）适用依据错误的。（3）违反法定程序的。（4）超越或者滥用职权的。（5）行政行为明显不当的。

第六节　税收法律责任

一、违反税务管理规定的法律责任 ★★

表 7-20　　　　　　　　　　　　　　违反税务管理规定的法律责任

项目	违法行为	法律责任
偷税（逃税）	纳税人采取欺骗、隐瞒手段进行虚假纳税申报或不申报逃避缴纳税款	追缴税款、滞纳金，并处 50% 以上 5 倍以下罚款
欠税	纳税人采取转移或隐匿财产的手段，妨碍税务机关追缴欠税	
抗税	以暴力、威胁方法拒不缴纳税款的行为	追缴税款、滞纳金，并处 1 倍以上 5 倍以下罚款
骗税	以假报出口或其他欺骗手段骗取出口退税款	追缴税款，并处税款 1 倍以上 5 倍以下的罚款，在规定期间内停止办理退税
不配合税务检查	①逃避、拒绝或者以其他方式阻挠税务机关检查的。②提供虚假资料，不如实反映情况，或者拒绝提供有关资料的。③拒绝或者阻止税务机关记录、录音、录像、照相和复制与案件有关的情况和资料的。④转移、隐匿、销毁有关资料的。⑤有不依法接受税务检查的其他情形的	责令改正，可以处 1 万元以下的罚款；情节严重的，处 1 万元以上 5 万元以下的罚款

（续表）

项目	违法行为	法律责任
	①未按照规定设置、保管账簿或者保管记账凭证和有关资料的。②未按照规定将财务、会计制度或者财务、会计处理办法和会计核算软件报送税务机关备查的。③未按照规定将其全部银行账号向税务机关报告的。④未按照规定安装、使用税控装置，或者损毁或者擅自改动税控装置的	责令限期改正，可以处2000元以下的罚款；情节严重的，处2000元以上1万元以下的罚款
	纳税人未按照规定的期限办理纳税申报和报送纳税资料的，或者扣缴义务人未按规定的期限向税务机关报送代扣代缴、代收代缴税款报告表和有关资料的	
	扣缴义务人未按照规定设置、保管代扣代缴、代收代缴税款账簿或者保管代扣代缴、代收代缴税款记账凭证及有关资料的	责令限期改正，可以处2000元以下的罚款；情节严重的，处2000元以上5000元以下的罚款
	非法印制、转借、倒卖、变造或者伪造完税凭证的	责令改正，处2000元以上1万元以下的罚款；情节严重的，处1万元以上5万元以下的罚款；构成犯罪的，依法追究刑事责任
	税务代理人违反税收法律、行政法规，造成纳税人未缴或者少缴税款的	除由纳税人缴纳或者补交税款、滞纳金外，对税务代理人纳税人未缴或者少缴税款50%以上3倍以下的罚款
	编造虚假计税依据	责令限期改正，并处5万元以下的罚款
	扣缴义务人应扣未扣、应收未收税款	向纳税人追缴税款；对扣缴义务人处以50%以上3倍以下罚款

【例7-52·单选题·2016】纳税人有骗税行为，由税务机关追缴其骗取的退税款，并处骗取税款一定倍数的罚款，该倍数为（　　）。

A. 5倍以上10倍以下
B. 1倍以上5倍以下
C. 10倍
D. 10倍以上15倍以下

【答案】B

【解析】纳税人以假报出口或其他欺骗手段骗取出口退税款，由税务机关追缴税款，并处税款1倍以上5倍以下的罚款，在规定期间内停止办理退税。

二、首违不罚制度（2023年调整）

2021年4月1日起，对当事人首次发生下列清单中所列事项且危害后果轻微，在税务机关发现前主动改正或者在税务机关责令限期改正的期限内改正的，不予行政处罚。税务违法行为造成不可挽回的税费损失或者较大社会影响的，不能认定为"危害后果轻微"。具体见表7-21。

表7-21　　　　　　　　　税务行政处罚"首违不罚"事项清单

序号	事项
1	纳税人未按照《征管法》等有关规定将其全部银行账号向税务机关报送

（续表）

序号	事项
2	纳税人未按照《征管法》等有关规定设置、保管账簿或者保管记账凭证和有关资料
3	纳税人未按照《征管法》等有关规定的期限办理纳税申报和报送纳税资料
4	纳税人使用税控装置开具发票，未按照《征管法》、《发票管理办法》等有关规定的期限向主管税务机关报送开具发票的数据且没有违法所得
5	纳税人未按照《征管法》、《发票管理办法》等有关规定取得发票，以其他凭证代替发票使用且没有违法所得
6	纳税人未按照《征管法》、《发票管理办法》等有关规定缴销发票且没有违法所得
7	扣缴义务人未按照《征管法》等有关规定设置、保管代扣代缴、代收代缴税款账簿或者保管代扣代缴、代收代缴税款记账凭证及有关资料
8	扣缴义务人未按照《征管法》等有关规定的期限报送代扣代缴、代收代缴税款有关资料
9	扣缴义务人未按照《税收票证管理办法》的规定开具税收票证
10	境内机构或个人向非居民发包工程作业或劳务项目，未按照《非居民承包工程作业和提供劳务税收管理暂行办法》的规定向主管税务机关报告有关事项
11	纳税人使用非税控电子器具开具发票，未按照《征管法》《发票管理办法》等有关规定，将非税控电子器具使用的软件程序说明资料报主管税务机关备案且没有违法所得
12	纳税人未按照《征管法》《税务登记管理办法》等有关规定办理税务登记证件验证或者换证手续
13	纳税人未按照《征管法》《发票管理办法》等有关规定加盖发票专用章且没有违法所得
14	纳税人未按照《征管法》等有关规定将财务、会计制度或者财务、会计处理办法和会计核算软件报送税务机关备查

本章习题精练

一、单项选择题

1. 根据税收征收管理法律制度的规定，从事生产、经营的纳税人应当自领取营业执照或者发生纳税义务之日起一定期限内，按照国家有关规定设置账簿，该期限是（　）日。
   A. 7　　　　　　　B. 10
   C. 15　　　　　　D. 60

2. 根据税收征收管理法律制度的规定，下列关于账簿和凭证管理的说法中不正确的是（　）。
   A. 从事生产、经营的纳税人应当自领取营业执照或者发生纳税义务之日起 15 日内，按规定设置账簿

B. 生产、经营规模小又确无建账能力的纳税人，可以聘请经批准从事会计代理记账业务的专业机构或者经税务机关认可的财会人员代为建账和办理账务

C. 从事生产、经营的纳税人应当自领取税务登记证件之日起 15 日内，将其财务、会计制度或者财务、会计处理办法报送主管税务机关备案

D. 账簿、记账凭证、报表、完税凭证、发票、出口凭证以及其他有关涉税资料应当保存 5 年

3. 根据税收征收管理法律制度的规定，纳税人申请税务行政复议的法定期限是（　）。
   A. 在税务机关作出具体行政行为之日起 60 日内
   B. 在知道税务机关作出具体行政行为之日

起 60 日内

C.在知道税务机关作出具体行政行为之日起 3 个月内

D.在税务机关作出具体行政行为之日起 3 个月内

4. 根据税收征收管理法律制度的规定，下列关于纳税申报方式的表述中，不正确的是（　　）。

A.邮寄申报以税务机关收到的日期为实际申报日期

B.数据电文方式的申报日期以税务机关计算机网络系统收到该数据电文的时间为准

C.实行定期定额缴纳税款的纳税人，可以实行简易申报、简并征期等方式申报纳税

D.自行申报是指纳税人、扣缴义务人按照规定的期限自行直接到主管税务机关指定的办税服务场所办理纳税申报手续

5. 根据税收征收管理法律制度的规定，下列各项中，不适用《征管法》的是（　　）。

A.车船税　　　　　　B.印花税

C.环境保护税　　　　D.关税

6. 下列税款征收方式中，适用于纳税人财务制度不健全，生产经营不固定，零星分散、流动性大的税源的是（　　）。

A.查账征收　　　　　B.查定征收

C.查验征收　　　　　D.定期定额征收

7. 根据税收征收管理法律制度的规定，税务机关在税款征收中可以根据不同情况采取相应的税款征收措施，下列各项中，不属于税款征收措施的是（　　）。

A.罚款　　　　　　　B.采取税收保全措施

C.阻止出境　　　　　D.采取强制执行措施

8. 某公司将税务机关确定的最晚应于 2022 年 10 月 15 日前缴纳的税款 200 000 元拖延至 10 月 25 日缴纳，则税务机关应依法加收该公司滞纳税款的滞纳金为（　　）元。

A.100　　　　　　　B.1 000

C.10 000　　　　　　D.4 000

9. 税务机关采取税收保全和税收强制执行措施都需要经（　　）批准。

A.国家税务总局

B.财政部

C.省级人民政府

D.县级以上税务局（分局）局长

10. 根据税收征收管理法律制度的规定，下列关于纳税担保的表述中，正确的是（　　）。

A.欠缴税款、滞纳金的纳税人或者其财务负责人需要出境的，税务机关可以责令纳税人提供纳税担保

B.纳税担保的范围包括税款、滞纳金和实现税款、滞纳金的费用

C.用于纳税担保的财产、权利的价值不得低于应当缴纳的税款

D.纳税担保方式包括扣押、抵押、质押的方式

11. 根据税收征收管理法律制度的规定，下列说法正确的是（　　）。

A.纳税人在账簿上多列支出，不缴或少缴应纳税款的行为，属于骗税

B.纳税人经税务机关通知申报而拒不申报，不缴或者少缴应纳税款的行为，属于抗税

C.纳税人以暴力、威胁办法拒不缴纳税款的行为，属于抗税

D.纳税人以假报出口手段骗取国家出口退税款的行为，属于逃税

12. 税务行政复议申请人对税务机关作出的下列行为不服的，应当先向复议机关申请行政复议，对行政复议决定不服的，可以再向人民法院提起行政诉讼的是（　　）。

A.行政许可行为

B.税收强制执行措施

C.确认征税范围

D.纳税信用等级评定行为

13. 根据税收征收管理法律制度的规定，下列关于税务行政复议管辖的表述中，不正确的是（　　）。

A.对两个以上税务机关以共同名义作出的具体行政行为不服的，向共同上一级税务机关申请行政复议

B.对被撤销的税务机关在撤销以前所作出的具体行政行为不服的，向继续行使其职权的税务机关的上一级税务机关申请行政复议

C.对税务机关与其他行政机关以共同名义作出的具体行政行为不服的，向该税务机关的上一级税务机关申请行政复议

D.对国家税务总局的具体行政行为不服的，

向国家税务总局申请行政复议

14. 重大税收违法失信案件信息一经录入相关税务信息管理系统，作为当事人的税收信用记录应保存（　　）。
  A. 5 年　　　　　　　　B. 10 年
  C. 20 年　　　　　　　D. 永久

15. 根据税收征收管理法律制度的规定，下列关于发票的表述中，错误的是（　　）。
  A. 国家税务总局统一负责全国发票管理工作
  B. 需要临时使用发票的单位和个人，可以凭从事经营活动的书面证明、经办人身份证明，直接向经营地税务机关申请代开发票
  C. 税务机关代开发票的，依照法律法规规定应当缴纳税款的，税务机关可以先开具发票，再征收税款
  D. 已开具的发票存根联和发票登记簿，应当保存 5 年

16. 根据税收征收管理法律制度的规定，整个税收征收管理的起点是（　　）。
  A. 办理营业执照　　　B. 纳税人资格认定
  C. 税务登记　　　　　D. 纳税申报

17. 下列选项中，不属于税务机关职权的是（　　）。
  A. 陈述权、申辩权　　B. 委托代征权
  C. 税款征收权　　　　D. 估税权

18. 纳税人对税务机关的下列行为不服时，不可以申请行政复议的是（　　）。
  A. 税务机关对其确认征税对象
  B. 税务机关对其作出税收保全措施
  C. 税务机关关于具体贯彻落实税收法规的规定
  D. 税务机关责令其提供纳税担保

19. 税务机关在查阅甲公司公开披露的信息时发现，其法定代表人张某有一笔股权转让收入未申报缴纳个人所得税，要求张某补缴税款 80 万元，滞纳金 3.8 万元，张某在未结清应纳税款、滞纳金的情况下，拟出国考查，且未提供纳税担保，税务机关知晓后对张某可以采取的税款征收措施是（　　）。
  A. 查封住房
  B. 查封股票交易账户
  C. 通知出境管理机关阻止出境
  D. 冻结银行存款

20. 下列选项中不可以为纳税人提供纳税担保的

是（　　）。
  A. 税务机关认可的有纳税担保能力的保证人
  B. 纳税人自己以其未设置担保物权的财产提供的担保
  C. 第三人以其未全部设置担保物权的财产提供的担保
  D. 欠缴税款、滞纳金的保证人

21. 对重大税收违法失信案件信息自公布之日起满一定期限的，停止公布并从公告栏中撤出。该期限是（　　）。
  A. 1 年　　　　　　　　B. 2 年
  C. 3 年　　　　　　　　D. 10 年

22. 根据税收征收管理法律制度规定，下列各项中，不属于税务机关派出人员在税务检查中应履行的职责有（　　）。
  A. 出示税务检查通知书
  B. 出示税务机关组织机构代码证
  C. 为被检查人保守秘密
  D. 出示税务检查证

23. 下列情形中，纳税人应当注销税务登记的是（　　）。
  A. 纳税人改变生产经营方式的
  B. 纳税人被工商行政管理部门吊销营业执照的
  C. 纳税人改变名称的
  D. 纳税人改变住所和经营地点未涉及改变原主管税务机关的

24. 根据税收征收管理法律制度的规定，下列有关发票管理的表述中，不正确的是（　　）。
  A. 在全国范围内统一式样的发票，由国家税务总局确定
  B. 增值税专用发票由国家税务总局确定的企业印制
  C. 经税务机关的批准，用票单位可以根据需要自行印制有本单位名称的普通发票
  D. 税务机关根据发票管理的需要，可以按照国务院税务主管部门的规定委托其他单位代开发票

25. 根据税收征收管理法律制度的规定，下列有关网络发票的说法中，不正确的是（　　）。
  A. 开具发票的单位和个人需要开具红字发票的，必须收回原网络发票全部联次或取得受票方出具的有效证明，通过网络发票管理

系统开具金额为负数的红字网络发票

B. 开具发票的单位和个人应当在办理变更或者注销税务登记的同时，办理网络发票管理系统的用户变更、注销手续，但无须缴销空白发票

C. 开具发票的单位和个人作废开具的网络发票，应收回原网络发票全部联次，注明"作废"，并在网络发票管理系统中进行发票作废处理

D. 开具发票的单位和个人在网络出现故障，无法在线开具发票时，可离线开具发票

26. 从事机动车第三者责任强制保险业务的保险机构应当在收取保险费时依法代收车船税，并出具代征税款凭证。故车船税适用的税款征收方式是（　　）。

    A. 查定征收　　　　B. 查验征收

    C. 扣缴征收　　　　D. 委托代征

27. 下列关于申请延期缴纳税款的表述中，不符合规定的是（　　）。

    A. 在批准期限内免于加收滞纳金

    B. 延期期限最长不得超过 3 个月

    C. 应在规定期限内提出书面申请

    D. 延期纳税须经县级税务局申请

28. 下列关于欠税清缴的表述中，不符合规定的是（　　）。

    A. 欠缴税款的纳税人或者他的财务负责人需要出境的，应当在出境前向税务机关结清应纳税款、滞纳金或者提供担保

    B. 纳税人有解散、撤销、破产情形的，在清算前应当向其主管税务机关报告

    C. 欠缴税款数额在 5 万元以上的纳税人，在处分其不动产或者大额资产之前，应向税务机关报告

    D. 纳税人分立时未缴清税款的，分立后的纳税人对未履行的纳税义务应当承担连带责任

29. 下列关于纳税信用管理的表述中，符合规定的是（　　）。

    A. 税务机关每年 3 月确定上一年度纳税信用评价结果

    B. 实际生产经营期不满 3 年的纳税人，本评价年度不能评为 B 级

    C. 年度内无生产经营业务收入的企业，不参加本期评价

    D. 以直接判级进行纳税信用评价适用于有重大失信行为纳税人

30. 根据征管法规定，下列各项中对税款的退还和追征表述正确的是（　　）。

    A. 纳税人多缴纳的税款，税务机关发现后应当立即退还，并加算银行同期存款利息

    B. 因税务机关责任，纳税人少缴纳税款的，税务机关可在 3 年内要求纳税人补缴税款，同时加收滞纳金

    C. 因纳税人计算失误，税务机关可在 3 年内追征税款、滞纳金；特殊情况的，追征期可延长到 5 年

    D. 纳税人偷税、抗税、骗税的，税务机关追征期可延长至 10 年

二、多项选择题

31. 根据税收征收管理法律制度的规定，下列各项中，属于征税主体权利的有（　　）。

    A. 税收立法权

    B. 税收监督权

    C. 对纳税人延期缴纳申请审批权

    D. 税务检查权

32. 根据税收征收管理法律制度的规定，关于征税主体义务的有关说法中，正确的有（　　）。

    A. 宣传税收法律、行政法规，普及纳税知识是征税主体的义务

    B. 税务人员不得索贿受贿、不得滥用职权是征税主体的义务

    C. 税务人员核定应纳税额时遵守回避制度是征税主体的义务

    D. 依法为纳税人的税收违法行为保密是征税主体的义务

33. 根据税收征收管理法的规定，下列行为属于发票使用中禁止行为的有（　　）。

    A. 转借、转让、介绍他人转让发票、发票监制章和发票防伪专用品

    B. 知道或者应当知道是私自印制、伪造、变造、非法取得或者废止的发票而受让、开具、存放、携带、邮寄、运输

    C. 拆本使用发票

    D. 扩大发票使用范围

34. 根据税收征收管理法律制度的规定，税务机

关在发票管理中有权（　　）。

A. 检查缴销发票的情况

B. 调出发票查验

C. 向当事各方询问与发票有关的问题与情况

D. 查阅与发票有关的凭证、资料，但无权复制

35. 根据税收征收管理法律制度的规定，下列各项中，税务机关可责令限期纳税的有（　　）。

A. 纳税人未按照规定期限缴纳税款

B. 扣缴义务人未按照规定期限解缴税款

C. 纳税担保人未按照规定期限缴纳所担保的税款

D. 税务机关有根据认为纳税人有逃避缴纳税款义务的行为

36. 根据税收征收管理法律制度的规定，下列关于税务行政复议申请与受理的表述中，正确的有（　　）。

A. 申请人对税务机关作出逾期不缴纳罚款加处罚款的决定不服的，应当先缴纳罚款和加处罚款，再申请行政复议

B. 申请人申请行政复议，必须采取书面申请，不能口头申请

C. 行政复议机关收到行政复议申请以后未按照规定期限审查并作出不予受理决定的，视为受理

D. 对符合规定的行政复议申请，自复议机关收到之日起即为受理

37. 下列关于税收保全措施和税收强制执行措施的说法中，不正确的有（　　）。

A. 纳税人作为唯一代步工具的一辆小汽车不在税收保全措施的范围之内

B. 税务机关对单价4 000元的沙发，不采取税收强制执行措施

C. 税务机关采取税收保全和强制执行措施时，对纳税人未缴纳的滞纳金也同时采取保全和强制执行措施

D. 税收保全措施是强制执行措施的必经前置程序

38. 根据税收征收管理法律制度的规定，下列各项适用拍卖、变卖的情形有（　　）。

A. 采取税收保全措施后，限期期满仍未缴纳税款的

B. 设置纳税担保后，限期期满仍未缴纳所

担保的税款的

C. 逾期不按规定履行复议决定的

D. 逾期不按规定履行税务行政处罚决定的

39. 纳税人发生的下列行为中，由税务机关责令限期改正，可以处2 000元以下的罚款，情节严重的，处2 000元以上1万元以下的罚款的有（　　）。

A. 纳税人未按照规定将其全部银行账号向税务机关报告的

B. 纳税人未按照规定设置、保管账簿的

C. 纳税人伪造完税凭证的

D. 纳税人未按照规定的期限办理纳税申报和报送纳税资料的

40. 行政复议期间具体行政行为不停止执行，但有（　　）情形之一的，可以停止执行。

A. 申请人认为需要停止执行的

B. 复议机关认为需要停止执行的

C. 申请人申请停止执行，被申请人认为其要求合理，决定停止执行的

D 法律规定停止执行的

41. 根据税收征收管理法律制度的规定，下列各项中，属于税务机关发票管理权限的有（　　）。

A. 向当事各方询问与发票有关的问题和情况

B. 查阅、复制与发票有关的凭证、资料

C. 调出发票查验

D. 检查印制、领购、开具、取得、保管和缴销发票的情况

42. 根据我国《征管法》的规定，对扣缴义务人应扣未扣、应收而不收税款的行为，税务机关采取的下列措施中，正确的有（　　）。

A. 向扣缴义务人追缴税款

B. 向纳税人追缴税款

C. 对扣缴义务人处以罚款

D. 对纳税人处以罚款

43. 根据税收征收管理法律制度的规定，下列关于税务行政复议决定的表述中，正确的有（　　）。

A. 复议机关责令被申请人重新作出具体行政行为的，被申请人不得以同一事实和理由作出与原具体行政行为相同或者基本相同的具体行政行为

B. 复议机关以原具体行政行为违反法定程序而决定撤销的，被申请人不得以同一事实

和理由作出与原具体行政行为相同或者基本相同的具体行政行为

C.被申请人不按照规定提出书面答复，提交当初作出具体行政行为的证据、依据和其他有关材料的，视为该具体行政行为没有证据、依据，决定撤销该具体行政行为

D.行政复议书一经送达，即发生法律效力

44.根据税收征收管理法律制度的规定，下列关于税务检查的表述中，不正确的有（ ）。

A.税务人员进行税务检查时，只需出示税务检查证

B.税务机关查询所获得的资料，不得用于税收以外的用途

C.税务机关在调查税收违法案件时，经县以上税务局（分局）局长批准，可以查询案件涉嫌人员的储蓄存款

D.纳税人必须接受税务机关依法进行的税务检查，并如实反映情况

45.税务机关在税款征收中可以根据不同情况采取相应的税款征收措施，下列各项中，属于税款征收措施的有（ ）。

A.罚款　　　　　　B.责令缴纳

C.阻止出境

D.由税务机关核定应纳税额

46.根据《征管法》的规定，下列各项中，属于税收强制执行措施的有（ ）。

A.暂扣纳税人营业执照

B.书面通知纳税人开户银行从其存款中扣缴税款

C.依法拍卖纳税人价值相当于应纳税款的货物，以拍卖所得抵缴税款

D.书面通知纳税人开户银行冻结纳税人的金额相当于应纳税款的存款

47.根据《征管法》的规定，经县以上税务局（分局）局长批准，税务机关可以对符合税法规定情形的纳税人采取税收保全措施。下列各项中，属于税收保全措施的有（ ）。

A.扣押纳税人的价值相当于应纳税款的商品、货物或者其他财产

B.书面通知纳税人开户银行从其存款中扣缴应纳税款

C.书面通知纳税人开户银行冻结纳税人的金额相当于应纳税款的存款

D.依法拍卖纳税人的价值相当于应纳税款的商品，以拍卖所得抵缴税款

48.根据《征管法》的规定，下列各项情形中，税务机关有权核定应纳税额的有（ ）。

A.纳税人以假报出口的手段，骗取国家出口退税款的

B.纳税人拒不提供纳税资料的

C.纳税人虽设置账簿，但账目混乱，难以查账的

D.纳税人申报的计税依据明显偏高，又无正当理由的

49.根据税收征收管理法律制度的规定，下列情形需要纳税申报的有（ ）。

A.纳税期内没有应纳税款

B.纳税期内发生的业务全部属于免税待遇

C.纳税期内发生的业务享受减税待遇

D.纳税期内仅仅发生一笔应纳税款业务

50.根据税收征管法律制度的规定，下列各项财务资料中，除另有规定外，至少应保存5年的有（ ）。

A.出口凭证　　　　B.发票的存根联

C.报表　　　　　　D.发票的登记簿

51.下列各项中，属于重大税收违法失信案件的有（ ）。

A.骗取国家出口退税款

B.虚开普通发票100份且金额40万元以上的

C.进行虚假的纳税申报，少缴税款50万元占当年各税种应纳税总额15%以上的

D.欠缴税款金额10万元以上的

52.根据《税收征收管理法》和《税务登记管理办法》的有关规定，下列各项中应当进行税务登记的有（ ）。

A.从事生产经营的事业单位

B.企业在境内其他城市设立的分支机构

C.不从事生产经营只缴纳车船税的行政单位

D.有来源于中国境内所得但未在中国境内设立机构、场所的非居民企业

53.下列有关税务登记的说法中，不正确的有（ ）。

A.纳税人跨省经营的，应在外出生产经营以前，持税务登记证向主管税务机关申请开具《外管证》

B.停业、复业登记适用于所有的纳税人

C.纳税人负有纳税申报义务，但连续 3 个月未进行增值税纳税申报的，税收征管系统自动将其认定为非正常户

D.从事生产、经营的个人应办而未办营业执照，但发生纳税义务的，可以按规定申请办理临时税务登记

54.在办理税务注销时，对未处于税务检查状态、无欠税及罚款、已缴销增值税专用发票及税控专用设备，且符合下列情形之一的纳税人，可以采取"承诺制"容缺办理的有（　　）。

A.纳税人信用级别为 A 级和 M 级纳税人

B.控股母公司纳税信用级别为 A 级和 B 级的纳税人

C.未纳入纳税信用级别评价的定期定额个体工商户

D.省级人民政府引进人才创办的企业

55.根据税收征收管理法律制度的规定，纳税人与其关联企业之间的业务往来有下列情形之一的，税务机关可以调整其应纳税额的有（　　）。

A.购销业务未按照独立企业之间的业务往来作价

B.提供劳务，未按照独立企业之间业务往来收取或者支付劳务费用

C.转让财产、提供财产使用权等业务往来，未按照独立企业之间业务往来作价或者收取、支付费用

D.收取的利息，利率超过或者低于同类业务的正常利率

56.下列关于纳税担保方式的表述中，符合规定的有（　　）。

A.纳税保证经保证人和被保证人双方认可，保证成立

B.纳税保证为连带责任保证

C.纳税抵押自抵押物移交之日起生效

D.纳税质押自纳税担保书和纳税担保财产清单经税务机关确认和质物移交之日起生效

57.关于税款优先的原则中，表述正确的有（　　）。

A.当纳税人发生的欠税在前时，税收优先于抵押权

B.税收优先于有担保债权

C.纳税人欠税，同时被税务机关处以罚款时，税款优先于罚款

D.纳税人欠税，同时被工商局处以罚款时，税款优先于罚款

58.自 2021 年 4 月 1 日起，对于首次发生下列清单中所列事项且危害后果轻微，在税务机关发现前主动改正或者在税务机关责令限期改正的期限内改正的，不予行政处罚。下列各项中，属于"首违不罚"事项清单内容的有（　　）。

A.纳税人未按照《征管法》《发票管理办法》等有关规定缴销发票且没有违法所得

B.纳税人未按照《征管法》等有关规定将其全部银行账号向税务机关报送

C.纳税人《征管法》等有关规定的期限办理纳税申报和报送纳税资料

D.纳税人未按照《征管法》《发票管理办法》等有关规定取得发票，以其他凭证代替发票使用且没有违法所得

三、判断题

59.国家机关、个人和无固定生产经营场所的流动性农村小商贩，不办理税务登记。（　　）

60.对未出示税务检查证和税务检查通知书的拒绝接受检查，是纳税主体享受的权利。（　　）

61.纳税人有骗税行为，由税务机关追缴其骗取的退税款，并处骗取税款 50% 以上 3 倍以下的罚款，构成犯罪的，依法追究刑事责任。（　　）

62.经核准延期办理纳税申报的，纳税人在纳税期内无需缴纳税款，只需要在核准的延期内办理税款结算即可。（　　）

63.个体工商户享受减税、免税待遇的，在减税、免税期间应当按照规定办理纳税申报。（　　）

64.甲企业按照国家规定享受 3 年免缴企业所得税的优惠待遇，甲企业在这 3 年内不需办理企业所得税的纳税申报。（　　）

65.根据税收征收管理法律制度的规定，海关代征的进口增值税适用《征管法》。（　　）

66.根据税收征收管理法律制度的规定，情节轻微、未构成犯罪的抗税行为，由税务机关追缴其拒缴的税款、滞纳金，并处拒缴税款 1 倍以上 5 倍以下的罚款。（　　）

67.根据税收征收管理法律制度的规定，按期、

如实办理纳税申报是纳税主体的义务。（ ）

68. 行政复议决定书从复议机关制作行政复议决定书并加盖印章之日起，发生法律效力。（ ）

69. 欠缴税款的纳税人或者其法定代表人在出境前未按规定结清应纳税款、滞纳金或者提供纳税担保的，税务机关可以阻止其出境。（ ）

70. 纳税人对加收滞纳金不服的，可以直接向人民法院提起行政诉讼。（ ）

71. 对国家税务总局的具体行政行为不服的，向国务院申请行政复议。（ ）

72. 对被撤销的税务机关在撤销以前所作出的具体行政行为不服的，向继续行使其职权的税务机关的上一级税务机关申请行政复议。（ ）

73. 税务机关在调查税收违法案件时，经设区的市、自治州以上税务局局长批准，可以冻结案件涉嫌人员的储蓄存款。（ ）

74. 根据《征管法》的规定，对骗取国家出口退税款的，税务机关可以在规定期限内停止为其办理出口退税。（ ）

75. 行政复议机关审查被申请人的具体行政行为时，认为其依据不合法，本机关有权处理的，应当在 60 日内依法处理。（ ）

76. 纳税人发生纳税义务，未按照规定的期限办理纳税申报，经税务机关责令限期申报，逾期仍不申报，税务机关有权核定其应纳税额。（ ）

77. 申请人在行政复议决定做出以后撤回行政复议申请的，经行政复议机构同意，可以撤回。（ ）

78. 申请人申请行政复议，要求提出书面申请，否则不予受理。（ ）

79. 复议机关以原具体行政行为主要事实不清、证据不足或适用依据错误等原因，责令被申请人重新作出具体行政行为，被申请人不得作出对申请人更为不利的决定。（ ）

80. 对重大税收违法失信案件信息，当事人在公布后缴清税款、滞纳金和罚款的，停止公布并从公告栏中撤出。（ ）

81. 税务机关对外省、自治区、直辖市来本辖区从事临时经营活动的单位和个人领购发票的，可以要求其提供保证人或者根据所领购发票的票面限额以及数量交纳不低于 1 万元的保证金，并限期缴销发票。（ ）

82. 在人民法院裁定受理破产申请之日至企业注销之日期间，企业因继续履行合同、生产经营或处置财产需要开具发票的，管理人可以以企业名义按规定申领开具发票或者代开发票。（ ）

83. 存在欠税行为的纳税人、扣缴义务人、纳税担保人，税务机关应当责令其一并缴纳欠税和滞纳金。（ ）

84. 纳税人在规定的期限内缴清税款及滞纳金的，税务机关应当自纳税人缴清税款及滞纳金之日起 1 个工作日内返还质物，解除质押关系。（ ）

85. 税收违法行为的实名检举人可以要求答复检举事项的处理情况与查处结果。举报中心应当采取书面方式答复实名检举人。（ ）

第八章 劳动合同与社会保险法律制度

考情概要

　　本章在历年机考中所占分值为 16 分左右，题型涵盖单选题、多选题、判断题以及不定项选择题，属于重点章节，需要考生引起足够的重视。

考纲要求及考查方式

考纲内容	要求	考试题型
劳动合同的订立	掌握	单选题、多选题
劳动合同的主要内容	掌握	单选题、多选题
劳动合同的解除和终止	掌握	单选题、多选题
基本养老保险、基本医疗保险	掌握	单选题、多选题
工伤保险、失业保险	掌握	单选题、多选题、判断题
劳动合同的履行和变更	熟悉	判断题
集体合同和劳务派遣	熟悉	单选题、多选题
劳动争议的解决	了解	单选题、多选题、判断题
社会保险费征缴与管理	熟悉	多选题
劳动关系与劳动合同	了解	近年未涉及
违反劳动合同法律制度的法律责任	了解	近年未涉及
社会保险概述	了解	近年未涉及
违反社会保险法律制度的法律责任	了解	近年未涉及

学习建议

　　学习过程中应着重掌握"劳动合同的解除和终止，基本养老保险、基本医疗保险，工伤保险、失业保险"等内容，尤其是涉及计算的知识点，一定要多加练习。

学习框架

```
                                        ┌── 劳动关系和劳动合同★
                                        ├── 劳动合同的订立★★★
                                        ├── 劳动合同的主要内容★★★
                                        ├── 劳动合同的履行和变更★
                          ┌─ 劳动合同法律制度 ├── 劳动合同的解除和终止★★★
                          │             ├── 集体合同★★★
                          │             ├── 劳务派遣★★★
                          │             ├── 劳动争议的解决★★
    劳动合同与社会              │             └── 违反劳动合同的法律责任★
    保险法律制度  ──────────┤
                          │             ┌── 社会保险概述★
                          │             ├── 基本养老保险★★
                          │             ├── 基本医疗保险★★★
                          └─ 社会保险法律制度 ├── 工伤保险★★★
                                        ├── 失业保险★★★
                                        ├── 社会保险征缴与管理★
                                        └── 违反社会保险法的法律责任★
```

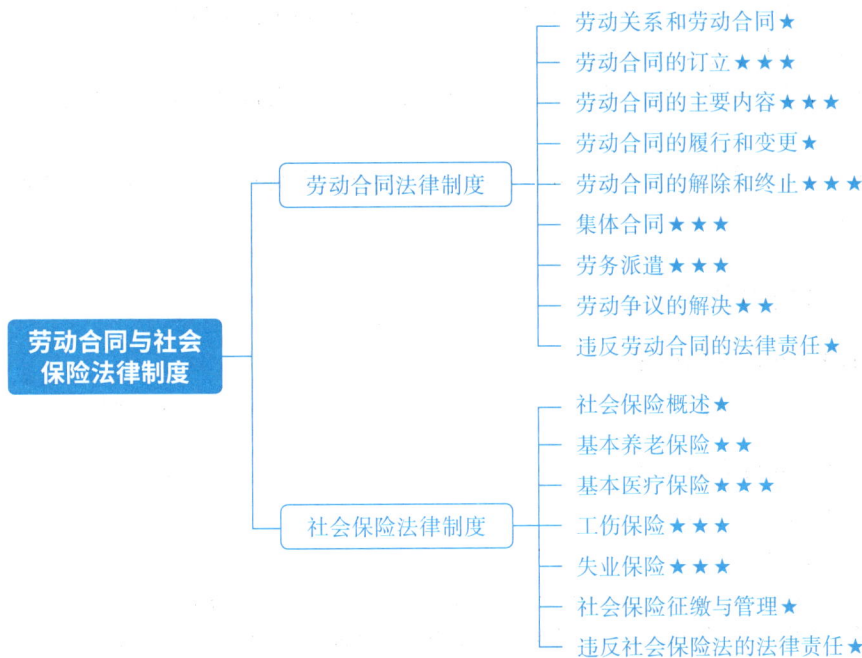

第一节 劳动合同法律制度

一、劳动关系和劳动合同★

（一）劳动关系与劳动合同的概念与特征

1. 劳动关系与劳动合同的概念

（1）劳动关系。

劳动关系是指劳动者与用人单位依法签订劳动合同而在劳动者与用人单位之间产生的法律关系。

（2）劳动合同。

劳动合同是劳动者和用人单位之间依法确立劳动关系，明确双方权利义务的协议。

2. 劳动关系的特征

（1）劳动关系的主体具有特定性。

劳动关系主体的一方是劳动者，另一方是用人单位。

（2）劳动关系的内容具有较强的法定性。

为了保护处于弱势的劳动者的权益，法律规定了较多的强制性规范。

（3）劳动者在签订和履行劳动合同时的地位是不同的。

双方法律地位平等，一旦双方签订了劳动合同，用人单位和劳动者就具有了支配与被支配、管理与服从的从属关系。

（二）《劳动合同法》的适用范围

1.中华人民共和国境内的企业、个体经济组织、民办非企业单位等组织与劳动者建立劳动关系，订立、履行、变更、解除或者终止劳动合同。

2.依法成立的会计师事务所、律师事务所等合伙组织和基金会也属于《劳动合同法》的规定的用人单位。

3.国家机关、事业单位、社会团体和与其建立劳动关系的劳动者，订立、履行、变更、解除或者终止劳动合同。

二、劳动合同的订立★★★

（一）劳动合同订立的原则

订立劳动合同，应当遵循合法、公平、平等自愿、协商一致、诚实信用的原则。

（二）劳动合同订立的主体

1.劳动合同订立主体的资格要求

（1）劳动者有劳动权利能力和行为能力。

① 根据《劳动法》的规定，禁止用人单位招用未满16周岁的未成年人。

② 残疾人、少数民族人员、退役军人就业，法律、法规有特别规定的从其规定。

（2）用人单位有用人权利能力和用人行为能力。

① 用人单位设立的分支机构，依法取得营业执照或者登记证书的，可以作为用人单位与劳动者订立劳动合同；

② 未依法取得营业执照或者登记证书的，受用人单位委托可以与劳动者订立劳动合同。

2.劳动合同订立主体的义务

（1）用人单位的义务和责任。

用人单位招用劳动者时，应当如实告知劳动者工作内容、工作条件、工作地点、职业危害、安全生产状况、劳动报酬，以及劳动者要求了解的其他情况。

用人单位招用劳动者，不得扣押劳动者居民身份证和其他证件，不得要求劳动者提供担保或以其他名义向劳动者收取财物。

用人单位违反《劳动合同法》规定，扣押劳动者居民身份证等证件的，由劳动行政部门责令限期退还劳动者本人，并依照有关法律规定给予处罚。

用人单位以担保或者其他名义向劳动者收取财物的，由劳动行政部门责令限期退还劳动者本人，并以每人500元以上2 000元以下的标准处以罚款，给劳动者造成损害的，应当承担赔偿责任。

（2）劳动者的义务。

用人单位有权了解劳动者与劳动合同直接相关的基本情况，劳动者应当如实说明。

（三）劳动关系建立的时间

用人单位自用工之日起即与劳动者建立劳动关系。

🎯 **敲黑板**

　　无论劳动者与用人单位是否签订劳动合同、何时签订劳动合同，劳动关系的建立时间都为用工之日。

【例8-1·多选题·2017】根据劳动合同法律制度的规定，用人单位需承担的义务有（　　）。

A. 告知劳动者工作内容、工作条件、工作地点、职业危害、安全生产状况、劳动报酬等

B. 不得扣押劳动者相关证件

C. 不得向劳动者索取财物

D. 不得要求劳动者提供担保

【答案】ABCD

【解析】选项ABCD全部正确。

【例8-2·单选题·2022】2021年3月12日，张某在招聘会上与甲公司达成了就职意向，双方口头约定了张某的工作内容、工作时间及工资福利待遇等。6月30日，张某到甲公司上班。7月20日，双方订立了书面劳动合同。7月30日，张某收到了甲公司支付的第一个月工资。甲公司与张某建立劳动关系的起始时间为（　　）。

A. 2021年6月30日

B. 2021年7月20日

C. 2021年3月12日

D. 2021年7月30日

【答案】A

【解析】用人单位自用工之日起即与劳动者建立劳动关系。

（四）劳动合同订立的形式

1. 书面形式

　　建立劳动关系**应当订立书面劳动合同**。已建立劳动关系，未同时订立书面劳动合同的，应当自用工之日起**1个月内**订立书面劳动合同。

　　实际中，有的用人单位和劳动者虽已建立劳动关系，但却迟迟未能订立书面劳动合同，不利于劳动关系的法律保护。为此，《劳动合同法》《劳动合同法实施条例》区分不同情况进行了比较严格的规范（见表8-1）。

表8-1　　　　　　　　　　　　　劳动合同法关于用工时间的规定

时间	情形	用人单位的处理
1个月内	已订立书面劳动合同	合法，双方依法履行劳动合同，用人单位无需支付任何额外的工资和经济补偿
	经用人单位书面通知后，劳动者不与用人单位订立劳动合同	用人单位应当书面通知劳动者终止劳动关系，用人单位无过错，无须向劳动者支付经济补偿，但是应当依法向劳动者支付其实际工作时间的报酬

（续表）

时间	情形	用人单位的处理
超过1个月但不满1年	补订书面劳动合同	应当自用工满1个月的次日起至补订立书面劳动合同的前1日向劳动者每月支付2倍的工资
	劳动者不与用人单位订立劳动合同	用人单位应当书面通知劳动者终止劳动关系，并支付经济补偿
满1年时	仍未补订书面劳动合同	①自用工之日起满1个月的次日至满1年的前1日应当向劳动者每月支付2倍的工资； ②视为自用工之日起满1年的当日已经与劳动者订立无固定期限劳动合同，应当立即与劳动者补订书面劳动合同

【例8-3·多选题·2018、2020】2017年7月5日王某到甲公司上班，但甲公司未与其签订书面合同。对甲公司该行为法律后果的下列表述中，正确的有（   ）。

A. 甲公司与王某之间尚未建立劳动关系

B. 甲公司应在2017年8月5日前与王某签订书面劳动合同

C. 若甲公司在2017年10月5日与王某补订书面劳动合同，王某有权要求甲公司向其支付2个月的双倍工资

D. 若甲公司在2018年10月5日与王某补订书面劳动合同，王某有权要求甲公司向其支付11个月的双倍工资

【答案】BCD

【解析】用人单位自用工之日起即与劳动者建立劳动关系。

【例8-4·单选题·2022】2020年8月1日，赵某到甲公司上班。2021年8月1日，甲公司尚未与赵某签订劳动合同，下列关于甲公司未与赵某签订书面劳动合同法律后果的表述中，正确的是（   ）。

A. 视为双方自2021年7月31日起已经订立无固定期限劳动合同

B. 甲公司应向赵某支付2020年8月1日至2021年7月31日期间的2倍工资

C. 双方尚未建立劳动关系

D. 视为2020年8月1日至2021年7月31日为试用期

【答案】A

【解析】用人单位自用工之日起满1年未与劳动者订立书面劳动合同的，自用工之日起满1个月的次日至满1年的前一日应当向劳动者每月支付2倍的工资，并视为自用工之日起满1年的当日已经与劳动者订立无固定期限劳动合同，应当立即与劳动者补订书面劳动合同，因此选项BCD错误。

【例8-5·多选题·2021】黄某2019年8月进入甲公司工作，甲公司按月支付工资。至2019年12月底甲公司尚未与黄某签订劳动合同。下列关于甲公司与黄某劳动关系的表述中，正确的有（   ）。

A. 甲公司与黄某之间可视为不存在劳动关系

B. 甲公司与黄某之间可视为已订立无固定期限劳动合同

C. 甲公司应与黄某补订书面劳动合同，并支付工资补偿

D. 黄某可与甲公司终止劳动关系，甲公司应支付经济补偿

【答案】CD

【解析】本例中，甲公司已按月（8~12月）向黄某支付工资，应再向其支付9~12月的1倍工资补偿。若黄某不肯与甲公司签订劳动合同，甲公司应书面通知黄某终止劳动关系，并按照《劳动合同法》的规定，支付相应的经济补偿。

2. 口头形式

（1）非全日制用工双方当事人可以订立口头协议。

（2）非全日制用工的劳动者可以与一个或一个以上用人单位订立劳动合同。但是，后订立的劳动合同不得影响先订立的劳动合同的履行。

（3）非全日制用工双方当事人不得约定试用期。

（4）非全日制用工双方当事人任何一方都可以随时通知对方终止用工，终止用工，用人单位不向劳动者支付经济补偿。

（五）劳动合同的效力

1. 劳动合同的生效

劳动合同由用人单位与劳动者协商一致，并经用人单位与劳动者在劳动合同文本上签字或者盖章生效。劳动合同文本由用人单位和劳动者各执一份。

2. 无效劳动合同

无效劳动合同是指由用人单位和劳动者签订成立，而国家不予承认其法律效力的劳动合同。劳动合同虽然已经成立，但因违反了平等自愿、协商一致、诚实信用、公平等原则和法律、行政法规的强制性规定，可使其全部或者部分条款归于无效。

下列劳动合同无效或者部分无效：

（1）以欺诈、胁迫的手段或乘人之危，使对方在违背真实意思情况下订立或变更劳动合同的；

（2）用人单位免除自己的法定责任、排除劳动者权利的；

（3）违反法律、行政法规强制性规定的。

3. 合同效力争议的认定

对劳动合同的无效或部分无效有争议的，由劳动争议仲裁机构或者人民法院确认。

4. 无效劳动合同的法律后果

（1）无效劳动合同，从订立时起就无法律约束力（自始无效）。

（2）劳动合同部分无效，不影响其他部分效力的，其他部分仍然有效。

（3）劳动合同被确认无效，劳动者已付出劳动的，用人单位应当向劳动者支付劳动报酬。

（4）劳动合同被确认无效，给对方造成损害的，有过错的一方应当承担赔偿责任。

【例8-6·多选题·2019】根据劳动合同法律制度的规定，下列关于无效劳动合同法律后果的表述中，正确的有（　　）。

A. 劳动合同部分无效，不影响其他部分效力的，其他部分仍然有效

B. 劳动合同被确认无效，给对方造成损害的，有过错的一方应当承担赔偿责任

C. 劳动合同被确认无效，劳动者已付出劳动的，用人单位应当向劳动者支付劳动报酬

D. 无效劳动合同，从合同订立时起就没有法律约束力

【答案】ABCD

【解析】选项ABCD全部正确。

【例8-7·多选题·2020】根据劳动合同法律制度的规定，下列情形中可能导致劳动合同无效

或者部分无效的有（   ）。

　　A.用人单位免除自己的法定责任、排除劳动者权利的

　　B.以欺诈手段，使对方在违背真实意思的情况下订立的

　　C.劳动合同订立后，用人单位发生合并的

　　D.劳动合同条款违反法律、行政法规强制性规定

　　【答案】ABD

　　【解析】选项C，用人单位发生合并或分立等情况，原劳动合同继续有效，劳动合同由承继其权利和义务的用人单位继续履行。

　　【例8-8·判断题·2021】对劳动合同无效有争议，由劳动仲裁部门或者人民法院管辖。（   ）

　　【答案】√

三、劳动合同的主要内容 ★★★

（一）劳动合同必备条款

1.必备条款的内容

劳动合同的必备条款包含：用人单位名称、住所和法定代表人或主要负责人；劳动者的姓名、住址和居民身份证或其他有效身份证件号码；劳动合同期限；工作内容和地点；工作时间、休息休假；报酬；社保；劳保、劳动条件、防护。

2.劳动合同的期限

劳动合同分为固定期限劳动合同、以完成一定工作任务为期限的劳动合同和无固定期限劳动合同。

（1）固定期限劳动合同。

此类合同是指用人单位与劳动者明确约定合同终止时间的劳动合同。劳动合同期限届满，劳动关系即告终止。如果双方协商一致，还可以续订劳动合同。

（2）以完成一定工作任务为期限的劳动合同。

此类合同包含：

①以完成单项工作任务为期限的劳动合同。

②以项目承包方式完成承包任务的劳动合同。

③因季节原因用工的劳动合同。

④其他双方约定的以完成一定工作任务为期限的劳动合同。

（3）无固定期限劳动合同。

此类合同是指用人单位与劳动者约定无确定终止时间的劳动合同。有下列情形之一，劳动者提出或者同意续订、订立劳动合同的，除劳动者提出订立固定期限劳动合同外，应当订立无固定期限劳动合同（见表8-2）。

表 8-2　　　　　　　　　　　　　　无固定期限劳动合同签订注意事项

应当订立无固定期限劳动合同的情形	注意事项
应当订立在该用人单位连续工作满 10 年的	下列情形属于劳动者非因本人原因从原用人单位被安排到新用人单位工作，在原用人单位的工作年限合并计算为新用人单位的工作年限：

（续表）

应当订立无固定期限劳动合同的情形	注意事项
	① 劳动者仍在原工作场所、工作岗位工作，劳动合同主体由原用人单位变更为新用人单位； ② 用人单位以组织委派或任命形式对劳动者进行工作调动； ③ 因用人单位合并、分立等原因导致劳动者工作调动； ④ 用人单位及其关联企业与劳动者轮流订立劳动合同； ⑤ 其他合理情形
用人单位初次实行劳动合同制度或国有企业改制重新订立劳动合同时，劳动者在该单位连续工作满10年且距法定退休年龄不足10年的	—
连续订立2次固定期限劳动合同，且劳动者没有右侧列示的情形，续订劳动合同的	劳动者不得有下述情形： ① 严重违反用人单位的规章制度的； ② 严重失职，营私舞弊，给用人单位造成重大损害的； ③ 劳动者同时与其他用人单位建立劳动关系，对完成本单位的工作任务造成严重影响，或者经用人单位提出，拒不改正的； ④ 劳动者以欺诈、胁迫的手段或者乘人之危，使用人单位在违背真实意思的情况下订立或者变更劳动合同，致使劳动合同无效的； ⑤ 被依法追究刑事责任的； ⑥ 劳动者患病或者非因工负伤，在规定的医疗期满后不能从事原工作，也不能从事由用人单位另行安排的工作的； ⑦ 劳动者不能胜任工作，经过培训或者调整工作岗位，仍不能胜任工作的。 连续订立固定期限劳动合同的次数，应当自《劳动合同法》2008年1月1日施行后续订固定期限劳动合同时开始计算
自用工之日起满1年不与劳动者订立书面合同的	视同用人单位自用工之日起满1年的当日已经与劳动者订立无固定期限劳动合同

【例8-9·单选题·2019】根据劳动合同法律制度的规定，下列各项中，属于劳动合同必备条款的是（　）。

A. 保密条款　　　B. 竞业限制条款　　　C. 社会保险条款　　　D. 服务期条款

【答案】C

【解析】选项ABD为可备条款。

3. 工作内容和工作地点

4. 工作时间和休息、休假

（1）工作时间。

工作时间是劳动者每天应工作的时数或每周应工作的天数。

目前我国实行的工时制度主要有标准工时制、不定时工作制和综合计算工时制三种类型。

① 标准工时制，也称标准工作日，是指国家法律统一规定的劳动者从事工作或劳动的

时间。

a. 国家实行劳动者每日工作 8 小时、每周工作 40 小时，不能实行标准工时制度，应保证劳动者每天工作不超过 8 小时，每周工作不超过 40 小时，每周至少休息 1 天的标准工时制度。

b. 用人单位由于生产经营需要，经与工会和劳动者协商后可以延长工作时间，一般每日不得超过 1 小时；因特殊原因需要延长工作时间的，在保障劳动者身体健康的条件下延长工作时间，每日不得超过 3 小时，每月不得超过 36 小时。

c. 但对于发生自然灾害、事故或者因其他原因，威胁劳动者生命健康和财产安全，需要紧急处理的；生产设备、交通运输线路、公共设施发生故障，影响生产和公众利益；必须及时抢救的；以及法律、行政法规规定的其他情形，延长工作时间不受上述规定的限制。

② 不定时工作制，也称无定时工作制、不定时工作日，是指没有固定工作时间限制的工作制度。

③ 综合计算工时制，也称综合计算工作日，是指用人单位根据生产和工作的特点，分别以周、月、季、年等为周期，综合计算劳动者工作时间，但其平均日工作时间和平均周工作时间仍与法定标准工作时间基本相同的一种工时形式。

（2）休息、休假。

休息是指工作日内的间歇时间、工作日之间的休息时间和公休假日。

休假包括：

① 法定假日，包括元旦、春节、清明节、劳动节、端午节、中秋节、国庆节等。

② 年休假，是指职工工作满一定年限，每年可享有的保留工作岗位、带薪连续休息的时间。机关、团体、企业、事业单位、民办非企业单位、有雇工的个体工商户等单位的职工连续工作 1 年以上的，享受带薪年休假。

🎯 **敲黑板**

"连续工作"是指劳动者参加工作的时间（含以前单位的工作时间），而非在本单位的工作时间。

年休假制度小结见表 8-3。

表 8-3　　　　　　　　　　　　　　年休假制度小结

年休假天数	累计工作年数	不享受年休假的情形	不享受年休假的特殊情形
5 天	累计工作满 1 年不满 10 年的	请病假累计 2 个月以上的	职工依法享受寒暑假，其休假天数多于年休假天数的；职工请事假累计 20 天以上且单位按照规定不扣工资的
10 天	累计工作满 10 年不满 20 年的	请病假累计 3 个月以上的	
15 天	累计工作满 20 年以上的	请病假累计 4 个月以上的	

🎯 **敲黑板**

法定休假日、休息日不计入年休假的假期。

【例 8-10·单选题·2022】2021 年 4 月甲公司员工吴某已享受带薪年休假 3 天，同年 11 月吴某又向公司提出补休当年剩余年休假的申请。已知吴某首次就业即到甲公司工作，累计工作已满 15 年，且不存在不能享受当年年休假的情形。吴某可享受剩余年休假的天数为（　　）。

　　A.5 天　　　　　　　B.12 天　　　　　　　C.2 天　　　　　　　D.7 天

【答案】D

【解析】吴某累计工作已满 15 年，可以享受年休假 10 天，因为 4 月已享受带薪年休假 3 天，因此可以申请的年休假天数为 7 天。

【例 8-11·单选题·2021】某员工 2017 年到甲公司工作，2019 年 8 月离职到乙公司，2019 年 12 月第一次申请休年假，该名员工可以休假（　　）。

　　A.5 天　　　　　　　B.0 天　　　　　　　C.3 天　　　　　　　D.2 天

【答案】D

【解析】职工新进用人单位且符合享受带薪年休假条件的，当年度年休假天数按照在本单位剩余日历天数折算确定，折算后不足 1 整天的部分不享受年休假。具体计算公式如下：

剩余年休假天数 =（当年度在本单位剩余日历天数 ÷365 天）× 职工本人全年应当享受的年休假天数。本题按月计算：（5 个月 / 12 个月）×5 天 = 2 天（取整）。

【例 8-12·单选题·2021】张某工作 15 年，其中在新单位工作 2 年，张某可以享受的带薪休假天数为（　　）天。

　　A.0　　　　　　　　B.5　　　　　　　　C.15　　　　　　　　D.10

【答案】D

【解析】在确定年休假的天数时，依据的是劳动者自参加工作以来的累计工作年限，与在现单位的工作年限无关；职工累计工作满 10 年不满 20 年的，年休假 10 天。

5. 劳动报酬

（1）劳动报酬与支付。

① 支付法定货币。根据国家有关规定，工资应当以法定货币支付，不得以实物及有价证券替代货币支付。

② 支付时间。工资必须在用人单位与劳动者约定的日期支付。如遇节假日或休息日，则应提前在最近的工作日支付。

③ 支付频率。工资至少每月支付一次，实行周、日、小时工资制的可按周、日、小时支付工资。对完成一次性临时劳动或某项具体工作的劳动者，用人单位应按有关协议或合同规定在其完成劳动任务后即支付工资。

④ 加班工资。用人单位在劳动者完成劳动定额或规定的工作任务后，根据实际需要安排劳动者在法定标准工作时间以外工作的，应当按照下列标准支付高于劳动者正常工作时间工资的工资报酬，见表 8-4。

表 8-4　　　　　　　　　　　　超额工作和工资报酬的规定

具体加班工作时间	具体加班工资规定
用人单位依法安排劳动者在日标准工作时间以外延长工作时间的	不低于劳动合同规定的劳动者本人小时工资标准的 150%
用人单位依法安排劳动者在休息日工作，而又不能安排补休的	不低于劳动合同规定的劳动者本人日或小时工资标准的 200%

（续表）

具体加班工作时间	具体加班工资规定
用人单位依法安排劳动者在法定休假日工作	不低于劳动合同规定的劳动者本人日或小时工资标准的300%

敲黑板

> 只有周末加班可安排补休。

用人单位安排加班不支付加班费的，由劳动行政部门责令限期支付加班费；逾期不支付的，责令用人单位按应付金额50%以上100%以下的标准向劳动者加付赔偿金。实行不定时工时制定的劳动者不执行上述规定。

【例 8-13·多选题·2018】根据劳动合同法律制度的规定，关于劳动报酬支付的下列表达中，正确的有（　　）。

A. 用人单位可以采用多种形式支付工资，如货币、有价证券、实物等

B. 工资至少每月支付一次，实行周、日、小时工资制的可按周、日、小时支付工资

C. 对完成一次性临时劳动的劳动者，用人单位应按协议在其完成劳务任务后即支付工资

D. 约定支付工资的日期遇节假日或休息日的，应提前在最近的工作日支付

【答案】BCD

【解析】工资应当以法定货币支付，不得以实物及有价证券替代货币支付，选项A错误。工资必须在用人单位与劳动者约定的日期支付。如遇节假日或休息日应提前在最近的工作日支付。工资至少每月支付一次，实行周、日、小时工资制的可按周、日、小时支付工资，选项BD正确。对完成一次性临时劳动或某项具体工作的劳动者，用人单位应按有关协议或合同规定在其完成劳动任务后即支付工资，选项C正确。

（2）最低工资制度。

① 最低工资不包括延长工作时间的工资报酬，以货币形式支付的住房补贴和用人单位支付的伙食补贴，中班、夜班、高温、低温、井下、有毒、有害等特殊工作环境和劳动条件下的津贴，国家法律、法规、规章规定的社会保险福利待遇。

② 最低工资标准由省、自治区、直辖市人民政府规定，报国务院备案。

③ 劳动合同履行地与用人单位注册地不一致的，有关劳动者的最低工资标准、劳动保护、劳动条件、职业危害防护和本地区上年度职工月平均工资标准等事项，按照劳动合同履行地的有关规定执行；用人单位注册地的标准高于劳动合同履行地的标准，且用人单位与劳动者约定按照用人单位注册地的有关规定执行的，从其约定。

④ 赔偿经济损失。因劳动者本人原因给用人单位造成经济损失的，用人单位可按照劳动合同的约定要求其赔偿经济损失。

经济损失的赔偿，可从劳动者本人的工资中扣除。但每月扣除的部分不得超过劳动者当月工资的20%。若扣除后的剩余工资部分低于当地月最低工资标准，则按最低工资标准支付。

⑤ 用人单位低于当地最低工资标准支付劳动者工资的，由劳动部门责令限期支付其差额部分；逾期不支付的责令用人单位按支付金额50%以上100%以下的标准向劳动者加付赔偿金。

6. 社会保险

社会保险包括基本养老保险、基本医疗保险、失业保险、工伤保险和生育保险。参加社会保

险、缴纳社会保险费是用人单位与劳动者的法定义务，双方都必须履行。

7.劳动保护、劳动条件和职业危害防护

劳动保护、劳动条件和职业危害防护，是劳动合同中保护劳动者身体健康和安全的重要条款。

8.法律、法规规定应当纳入劳动合同的其他事项

【例8-14·单选题·2019】甲公司职工吴某因违章操作给公司造成8 000元的经济损失，甲公司按照双方劳动合同的约定要求吴某赔偿，并每月从其工资中扣除。已知吴某月工资2 600元，当地月最低工资标准为2 200元，甲公司每月可以从吴某工资中扣除的法定最高限额为（　　）。

A. 520元　　　　　　　B. 440元　　　　　　　C. 400元　　　　　　　D. 2 600元

【答案】C

【解析】因劳动者本人原因给用人单位造成经济损失的，用人单位可按照劳动合同的约定要求其赔偿经济损失。经济损失的赔偿，可从劳动者本人的工资中扣除。但每月扣除的部分不得超过劳动者当月工资的20%。若扣除后的剩余工资部分低于当地月最低工资标准，则按最低工资标准支付。吴某工资的20% = 2 600×20% = 520（元），2 600－520 = 2 080＜2 200（元），应按当地最低工资标准2 200元支付，最高应扣除2 600－2 200 = 400（元）。

【例8-15·单选题·2021】汪女士因工作疏忽给用人单位造成经济损失2 000元，已知汪女士在本单位每个月工资为6 000元，当地月最低工资标准为4 300元，用人单位在劳动合同中约定若因员工本人原因给用人单位造成经济损失的，员工应按30%的月工资作为补偿直到赔偿完全部的损失。根据《劳动法》相关规定，该公司本月最多从汪女士工资中扣除（　　）元。

A. 2 000　　　　　　　B. 1 200　　　　　　　C. 1 700　　　　　　　D. 1 800

【答案】B

【解析】当月工资的20% = 6 000×20%=1 200（元），扣除赔偿后的金额 = 6 000-1 200 = 4 800（元），大于当地最低工资标准4 300元，可按劳动者当月工资的20%扣除。

【例8-16·单选题·2022】2021年10月甲公司安排职工李某于10月1日（国庆节）、10月16日（星期六）分别加班1天，事后未安排其补休。已知甲公司实行标准工时制，李某的日工资为400元。计算甲公司应支付李某10月最低加班工资的下列算式中，正确的是（　　）。

A. 1×400×300%+1×400×300% = 2 400（元）

B. 1×400×300%+1×400×200% = 2 000（元）

C. 0

D. 1×400×100%+1×400×200% = 1 200（元）

【答案】B

【解析】用人单位依法安排劳动者在休息日工作，而又不能安排补休的，按照不低于劳动合同规定的劳动者本人日或小时工资标准的200%支付劳动者工资；用人单位依法安排劳动者在法定休假节日工作的，按照不低于劳动合同规定的劳动者本人日或小时工资标准的300%支付劳动者工资；则李某10月1日（国庆节），10月16日（星期六）分别加班1天的加班工资 = 1×400×300% + 1×400×200% = 2 000（元）。

【例8-17·单选题·2022】甲公司12月安排职工张某于星期五加班2小时、星期日加班1天，事后补休1天。已知甲公司实行标准工时制，张某的日工资为400元、小时工资为50元。计算张某12月最低加班工资的下列算式中，正确的是（　　）。

A. 2×50×150%　　　　　　　　　　B. 0

C. 2×50×200%+1×400×200%　　　D. 2×50×150%+1×400×200%

【答案】A

【解析】（1）用人单位依法安排劳动者在日标准工作时间以外延长工作时间的，按照不低于劳动合同规定的劳动者本人小时工资标准的150%支付劳动者工资，因此周五加班2小时需要支付加班工资为$2 \times 50 \times 150\%$；（2）星期日加班，事后安排了补休，因此无需支付加班工资。（3）张某12月最低加班工资算式为$2 \times 50 \times 150\%$。

（二）劳动合同可备条款

除劳动合同必备条款外，用人单位与劳动者还可以在劳动合同中约定试用期、培训、保守秘密、补充保险和福利待遇等其他事项，称为可备条款。但约定事项不能违反法律、行政法规的强制性规定，否则该约定无效。

1. 试用期

（1）试用期期限。

表8-5   试用期期限

劳动合同期限	试用期期限
① 以完成一定工作任务为期限； ② 不满3个月	不得约定试用期
3个月以上，不满1年	≤1个月
1年以上，不满3年	≤2个月
① 3年以上固定期限； ② 无固定期限	≤6个月

（2）试用期包含在劳动合同期限内。

（3）同一用人单位与同一劳动者只能约定一次试用期。

（4）法律责任。

用人单位违反试用期规定的责任，由劳动行政部门责令改正；违法约定的试用期已经履行的，由用人单位以劳动者试用期满月工资为标准，按已经履行的超过法定试用期的期间向劳动者支付赔偿金。

（5）试用期工资。

劳动者在试用期的工资不得低于本单位相同岗位最低档工资或者劳动合同约定工资的80%，并不得低于用人单位所在地的最低工资标准。

【例8-18·多选题·2018】甲公司与其职工对试用期期限的下列约定中，符合法律规定的有（　　）。

A. 夏某的劳动合同期限4年，双方约定的试用期为4个月

B. 周某的劳动合同期限1年，双方约定的试用期为1个月

C. 刘某的劳动合同期限2年，双方约定的试用期为3个月

D. 林某的劳动合同期限5个月，双方约定的试用期为5日

【答案】ABD

【解析】劳动合同期限3个月以上不满1年的，试用期不得超过1个月，选项D正确；劳动合同期限1年以上不满3年的，试用期不得超过2个月，选项B正确，选项C错误；3年以上固

定期限的劳动合同和无固定期限的劳动合同，试用期不得超过 6 个月，选项 A 正确。这里的 1 年以上包括 1 年，3 年以上包括 3 年。

【例 8-19·单选题·2019】甲公司与张某签订劳动合同，未约定劳动合同期限，仅约定试用期 8 个月，下列关于该试用期的表述中，正确的是（　　）。

A. 试用期约定合同有效

B. 试用期超过 6 个月部分视为劳动合同期限

C. 试用期不成立，8 个月为劳动合同期限

D. 试用期不成立，应视为试用期 1 个月，剩余期限为劳动合同期限

【答案】C

【解析】没约定劳动合同期限，只约定试用期期限，试用期期限视为劳动合同期限。

【例 8-20·单选题·2020】根据劳动合同法律制度的规定，下列劳动合同中，双方当事人可约定试用期的是（　　）。

A. 无固定期限劳动合同　　　　　　　　B. 非全日制用工合同

C. 以完成一定工作任务为期限　　　　　D. 期限不满 3 个月的劳动合同

【答案】A

【解析】选项 BCD 不可以约定试用期。无固定期限劳动合同可以约定试用期，但约定的试用期不得超过 6 个月。

【例 8-21·单选题·2022】甲公司与王某签订劳动合同，约定劳动合同期限 2 年，月工资 4 000 元，试用期 1 个月。已知甲公司职工月平均工资 3 500 元；当地月最低工资标准 3 000 元，甲公司依法向王某支付的试用期工资最低不得低于（　　）。

A. 4 000 元　　　　　B. 3 500 元　　　　　C. 3 000 元　　　　　D. 3 200 元

【答案】D

【解析】劳动者在试用期的工资不得低于本单位相同岗位最低档工资或者劳动合同约定工资的 80%，并不得低于用人单位所在地的最低工资标准。4 000×80% = 3200 > 3 000，所以王某试用期工资最低不得低于 3 200 元。

2. 服务期

（1）服务期的适用范围。

服务期是指劳动者因享受用人单位给予的特殊待遇而作出的劳动履行期限承诺。《劳动合同法》规定，**用人单位为劳动者提供专项培训费用**，对其进行专业技术培训的，可以与该劳动者订立协议，约定服务期。

（2）服务期间。

劳动合同期满，但是用人单位与劳动者约定的服务期尚未到期的，劳动合同应当续延至服务期满；双方另有约定的，从其约定。

（3）劳动者违反服务期约定的违约责任。

① 劳动者违反服务期约定的，应当按照约定向用人单位支付**违约金**。

② 违约金数额**不得超过**用人单位提供的培训费用。

③ 用人单位要求劳动者支付的违约金**不得超过**服务期尚未履行部分所应分摊的培训费用。

（4）劳动者支付违约金。

如果劳动者因下列违纪等重大过错行为而被用人单位解除劳动关系的，用人单位仍**有权要求**其支付违约金：

① 劳动者严重违反用人单位的规章制度的；

② 劳动者严重失职，营私舞弊，给用人单位造成重大损害的；

③ 劳动者同时与其他用人单位建立劳动关系，对完成本单位的工作任务造成严重影响，或者经用人单位提出，拒不改正的；

④ 劳动者以欺诈、胁迫的手段或者乘人之危，使用人单位在违背真实意思的情况下订立或者变更劳动合同的；

⑤劳动者被依法追究刑事责任的。

（5）劳动者解除劳动合同**不属于**违反服务期约定的情形。

用人单位与劳动者约定了服务期，劳动者依照下述情形的规定解除劳动合同的，不属于违反服务期的约定，用人单位**不得要求**劳动者支付违约金：

① 用人单位未按照劳动合同约定提供劳动保护或者劳动条件的；

② 用人单位未及时足额支付劳动报酬的；

③ 用人单位未依法为劳动者缴纳社会保险费的；

④ 用人单位的规章制度违反法律、法规的规定，损害劳动者权益的；

⑤ 用人单位以欺诈、胁迫的手段或者乘人之危，使劳动者在违背真实意思的情况下订立或者变更劳动合同致使劳动合同无效的；

⑥ 用人单位在劳动合同中免除自己的法定责任、排除劳动者权利的；

⑦ 用人单位违反法律、行政法规强制性规定的；

⑧ 法律、行政法规规定劳动者可以解除劳动合同的其他情形。

【例8-22·单选题·2019】甲公司通过签订服务期协议将尚有4年劳动合同期限的职工刘某派出参加6个月的专业技术培训，甲公司提供10万元专项培训费用。双方约定，刘某培训结束后须在甲公司工作满5年，否则应向公司支付违约金。刘某培训结束工作2年时因个人原因向公司提出解除劳动合同。下列关于刘某服务期约定及劳动合同解除的表述中，正确的是（　　）。

A. 双方不得在服务期协议中约定违约金

B. 5年服务期的约定因超过劳动合同剩余期限而无效

C. 刘某可以解除劳动合同，但甲公司有权要求其支付违约金

D. 服务期约定因限制了刘某的自主择业权而无效

【答案】C

【解析】选项A错误，双方可以在服务期协议中约定违约金；选项B错误，劳动合同期满，但是用单位与劳动者约定的服务期尚未到期的，劳动合同应当续延至服务期满，服务期限不因超过劳动合同剩余期限而无效；选项C正确，劳动者违反服务期约定的，应当按照约定向用人单位支付违约金；选项D错误，用人单位为劳动者提供专项培训费用，对其进行专业技术培训的，可以与该劳动者订立协议，约定服务期。服务期限约定并非无效。

3. 保守商业秘密和竞业限制

（1）用人单位与劳动者可以在劳动合同中约定保守用人单位的商业秘密和与知识产权相关的保密事项。

（2）对负有保密义务的劳动者，用人单位可以在劳动合同或者保密协议中与劳动者约定竞业限制条款，并约定在解除或终止劳动合同后，在竞业限制期限内按月给予劳动者经济补偿。

（3）竞业限制的人员限于用人单位的高级管理人员、高级技术人员和其他负有保密义务的人员，而不是所有的劳动者。

（4）在解除或者终止劳动合同后，竞业限制人员到与本单位生产或者经营同类产品、从事同类业务的有竞争关系的其他用人单位工作，或者自己开业生产或者经营同类产品、从事同类业务的竞业限制期限**不得超过2年**。

表8-6　　　　　　　　　　　　　　　　竞业限制条款的相关规定

情形	竞业限制约定的法律结果
双方约定竞业限制，但未约定解除或终止劳动合同给予劳动者经济补偿，劳动者履行了竞业限制义务	要求用人单位按照劳动者在劳动合同解除或者终止前12个月平均工资的30%按月支付经济补偿的，人民法院应予以支持
当事人在劳动合同或者保密协议中约定了竞业限制和经济补偿，当事人解除劳动合同时，除另有约定外	用人单位要求劳动者履行竞业限制义务，或者劳动者履行了竞业限制义务后要求用人单位支付经济补偿的，人民法院应予以支持
因用人单位原因导致3个月未支付补偿金	劳动者请求解除竞业限制约定，人民法院应予以支持
用人单位向法院主张解除竞业限制约定	竞业限制约定可以解除；劳动者请求用人单位额外支付3个月的竞业限制经济补偿的，人民法院应予以支持
用人单位要求劳动者支付违约金、赔偿金后可要求劳动者继续履行竞业限制协议	劳动者向用人单位支付违约金后；用人单位要求劳动者继续履行竞业限制义务的，人民法院应予以支持

🎓 **名师说**

用人单位只能在服务期及竞业限制中与劳动者约定由劳动者承担违约金。

【例8-23·单选题·2020】根据劳动合同法律制度的规定，下列各项中，属于劳动合同可备条款的有（　　）。

A.竞业限制　　　　B.劳动合同期限　　　　C.服务期　　　　D.休息休假

【答案】AC

【解析】劳动合同的可备条款主要有：试用期、服务期（选项C）、保守商业秘密和竞业限制（选项A）。

【例8-24·多选题·2022】根据劳动合同法律制度的规定，下列情形中，用人单位有权要求劳动者支付违约金的有（　　）。

A.用人单位为劳动者提供专项培训费用，对其进行专业技术培训，劳动者违反约定，未满服务期擅自离职的

B.劳动者违反劳动合同对竞业限制约定的

C.因劳动者的过错，导致劳动合同被确认无效的

D.劳动者违反约定的劳动合同期限擅自辞职的

【答案】AB

【解析】选项CD，禁止用人单位对劳动合同服务期和竞业限制之外的其他事项与劳动者约定由劳动者承担违约金。

【例8-25·多选题·2020】根据劳动合同法律制度的规定，下列关于竞业限制的表述中，正

确的是（　　）。

A. 竞业限制的人员限于用人单位的高级管理人员、高级技术人员和其他负有保密义务的人员

B. 竞业限制期限不得超过 2 年

C. 在竞业限制期限内用人单位应给与劳动者经济补偿

D. 劳动者违反竞业限制约定的，应当按照约定向用人单位支付违约金

【答案】ABCD

【解析】选项 ABCD 全部正确。

四、劳动合同的履行和变更★

（一）劳动合同的履行

1. 用人单位与劳动者应当按照劳动合同的约定，全面履行各自的义务

（1）用人单位应当按照劳动合同约定和国家规定，向劳动者及时足额支付劳动报酬。用人单位拖欠或者未足额支付劳动者报酬的，劳动者可以依法向**当地人民法院**申请支付令，人民法院应当依法发出支付令。

用人单位未按照劳动合同的约定或者国家规定及时足额支付劳动者报酬的，由劳动行政部门责令限期支付；逾期不支付的，责令用人单位按应付金额 50% 以上 100% 以下的标准向劳动者加付赔偿金。

（2）用人单位变更名称、法定代表人、主要负责人或者投资人等事项，不影响劳动合同的履行。

（3）用人单位发生合并或者分立等情况，原劳动合同继续有效，劳动合同由承继其权利和义务的用人单位继续履行。

（4）用人单位应当严格执行劳动定额标准，不得强迫或者变相强迫劳动者加班。用人单位安排加班的，应当按照国家有关规定向劳动者支付加班费。

（5）劳动者拒绝用人单位管理人员违章指挥、强令冒险作业的，不视为违反劳动合同。劳动者对危害生命安全和身体健康的劳动条件，有权对用人单位提出批评、检举和控告。

2. 用人单位应当依法建立和完善劳动规章制度，保障劳动者享有劳动权利、履行劳动义务

（1）用人单位应当将**直接涉及劳动者切身利益**的规章制度和重大事项决定公示，或者告知劳动者。如果用人单位的规章制度未经公示或者未对劳动者告知，该规章制度对劳动者不生效。

（2）用人单位直接涉及劳动者切身利益的规章制度违反法律、法规规定的，由劳动行政部门责令改正，给予警告；给劳动者造成损害的，应当承担赔偿责任。

（二）劳动合同的变更

（1）用人单位与劳动者协商一致，可以变更劳动合同约定的内容。变更劳动合同，应当采用书面形式。

（2）变更劳动合同应当采用书面形式，未采用书面形式，但已经实际履行了口头变更的劳动合同**超过 1 个月**，且变更后的劳动合同内容不违反法律、行政法规且不违背公序良俗，当事人以未采用书面形式为由主张劳动合同变更无效的，人民法院不予支持。

【例 8-26·判断题·2020】用人单位发生合并或分离，原劳动合同自动终止。（　　）

【答案】×

【解析】用人单位发生合并或者分立等情况，原劳动合同继续有效，劳动合同由承继其权利和义务的用人单位继续履行。

五、劳动合同的解除和终止★★★

（一）劳动合同的解除

1.劳动合同解除的概念

劳动合同解除是指在劳动合同订立后，劳动合同期限届满之前，因双方协商提前结束劳动关系，或因出现法定的情形，一方单方通知对方结束劳动关系的法律行为。

2.劳动合同解除分为协商解除和法定解除两种情况

（1）协商解除。

协商解除又称**合意解除、意定解除**，是指劳动合同订立后，双方当事人因某种原因，在完全自愿的基础上协商一致，提前终止劳动合同，结束劳动关系。

①《劳动合同法》规定，用人单位与劳动者协商一致，可以解除劳动合同。

② 由用人单位提出解除劳动合同而与劳动者协商一致的，必须依法向劳动者支付经济补偿。

③ 由劳动者主动辞职而与用人单位协商一致解除劳动合同的，用人单位无需向劳动者支付经济补偿。

（2）法定解除。

① 法定解除是指在出现国家法律、法规或劳动合同规定的可以解除劳动合同的情形时，不需当事人协商一致，一方当事人即可决定解除劳动合同，劳动合同效力可以自然终止或由单方提前终止。在这种情况下，主动解除劳动合同的一方一般负有主动通知对方的义务。

② 法定解除又可分为劳动者的单方解除和用人单位的单方解除。

③ 劳动者的单方解除的情形，见表8-7。

表 8-7　　　　　　　　　　　　　　　　劳动者的单方解除的情形

解除类型	适用情形	备注	用人单位是否需向劳动者支付经济补偿
提前通知解除	① 劳动者提前30日以书面形式通知用人单位解除劳动合同； ② 劳动者在试用期内提前3日通知用人单位解除劳动合同	如果劳动者没有履行通知程序，则属于违法解除，因此对用人单位造成损失的，劳动者应对用人单位的损失承担赔偿责任	不需要
随时通知解除	① 用人单位未按照劳动合同约定提供劳动保护或者劳动条件的； ② 用人单位未及时足额支付劳动报酬的； ③ 用人单位未依法为劳动者缴纳社会保险费的； ④ 用人单位的规章制度违反法律、法规的规定，损害劳动者权益的； ⑤ 用人单位以欺诈、胁迫的手段或者乘人之危，使劳动者在违背真实意思的情况下订立或者变更劳动合同致使劳动合同无效的； ⑥ 用人单位在劳动合同中免除自己的法定责任、排除劳动者权利的；	劳动者可随时通知用人单位解除劳动合同	需要

（续表）

解除类型	适用情形	备注	用人单位是否需向劳动者支付经济补偿
	⑦ 用人单位违反法律、行政法规强制性规定的； ⑧ 法律、行政法规规定劳动者可以解除劳动合同的其他情形	劳动者可随时通知用人单位解除劳动合同	需要
不需事先告知即可解除劳动合同	① 用人单位以暴力、威胁或者非法限制人身自由的手段强迫劳动者劳动的； ② 用人单位违章指挥、强令冒险作业危及劳动者人身安全的	劳动者无需履行告知义务，即不需事先告知用人单位	需要

④ 用人单位单方面解除合同的情形，见表 8-8。

表 8-8　　　　　　　　　　　　　用人单位可以单方面解除合同的情形

解除类型	适用情形	备注	用人单位是否需要向劳动者支付经济补偿
因劳动者过错解除劳动合同（随时通知解除）	① 劳动者在试用期间被证明不符合录用条件的； ② 劳动者严重违反用人单位的规章制度的； ③ 劳动者严重失职，营私舞弊，给用人单位造成重大损害的； ④ 劳动者同时与其他用人单位建立劳动关系，对完成本单位的工作任务造成严重影响，或者经用人单位提出，拒不改正的； ⑤ 劳动者以欺诈、胁迫的手段或者乘人之危，使用人单位在违背真实意思的情况下，订立或者变更劳动合同致使劳动合同无效的； ⑥ 劳动者被依法追究刑事责任致使劳动合同无效的	用人单位可随时通知劳动者解除劳动关系	不需要
无过失性辞退（预告解除）	① 劳动者患病或者非因工负伤，在规定的医疗期满后不能从事原工作，也不能从事由用人单位另行安排的工作的； ② 劳动者不能胜任工作，经过培训或者调整工作岗位，仍不能胜任工作的； ③ 劳动合同订立时所依据的客观情况发生重大变化，致使劳动合同无法履行，经用人单位与劳动者协商，未能就变更劳动合同内容达成协议的	用人单位需提前 30 日以书面形式通知劳动者本人或者额外支付劳动者 1 个月工资后，可以解除劳动合同	需要

（续表）

解除类型	适用情形	备注	用人单位是否需要向劳动者支付经济补偿
经济性裁员（裁员解除）	① 依照企业破产法规定进行重整的； ② 生产经营发生严重困难的； ③ 企业转产、重大技术革新或者经营方式调整，经变更劳动合同后，仍需裁减人员的； ④ 其他因劳动合同订立时所依据的客观经济情况发生重大变化，致使劳动合同无法履行的	需要裁减人员20人以上或者裁减不足20人但占企业职工总数10%以上的，用人单位提前30日向工会或者全体职工说明情况，听取工会或者职工的意见后，裁减人员方案经向劳动行政部门报告，可以裁减人员。裁员时应当优先留用下列人员： ① 与本单位订立较长期限的固定期限劳动合同的； ② 与本单位订立无固定期限劳动合同的； ③ 家庭无其他就业人员，有需要扶养的老人或者未成年人的。 用人单位裁减人员后，6个月内重新招用人员的，应当通知被裁减的人员，并在同等条件下优先招用被裁减的人员	需要

【例8-27·多选题·2018】甲公司与王某订立了3年期劳动合同。工作1年后，关于王某解除劳动合同的下列表述中，不正确的有（　　）。

A. 劳动合同未到期，王某不得解除劳动合同

B. 王某可提前3日通知甲公司解除劳动合同

C. 王某应提前30日以书面形式通知甲公司解除劳动合同

D. 甲公司应向其支付1个月工资的经济补偿

【答案】ABD

【解析】在试用期内劳动者应提前3日通知用人单位解除劳动合同；非试用期，劳动者应提前30日以书面形通知用人单位解除劳动合同。所以选项AB错误，选项C正确。因劳动者自身原因提出解除劳动合同，用人单位无需支付赔偿金，选项D错误。

【例8-28·单选题·2018】甲公司职工周某不能胜任工作，公司为其调整工作岗位后，仍不能胜任。甲公司拟解除与周某的劳动合同的下列表述中，不正确的是（　　）。

A. 甲公司无需通知周某即可解除劳动合同

B. 甲公司解除劳动合同应向周某支付经济补偿

C. 甲公司额外支付周某1个月工资后可解除劳动合同

D. 甲公司可提前30日以书面形式通知周某而解除劳动合同

【答案】A

【解析】劳动者不能胜任工作，经过培训或者调整工作岗位，仍不能胜任工作的，用人单位需提前 30 日以书面形式通知劳动者本人或者额外支付劳动者 1 个月工资后，可以解除劳动合同

【例 8-29·多选题·2018】根据劳动合同法律制度的规定，下列情形中，用人单位可随时通知劳动者解除劳动者合同且不向其支付经济补偿的有（　　）。

A. 劳动者严重违反用人单位规章制度的

B. 劳动者在试用期内被证明不符合录用条件的

C. 劳动者不能胜任工作，经过调整工作岗位仍不能胜任的

D. 劳动者同时与其他用人单位建立劳动关系，经用人单位提出，拒不改正的

【答案】ABD

【解析】选项 C，劳动者不能胜任工作，经过培训或者调整工作岗位，仍不能胜任工作的，用人单位需提前 30 日以书面形式通知劳动者本人或者额外支付劳动者 1 个月工资后，可以解除劳动合同。

【例 8-30·多选题·2020】根据劳动合同法律制度的规定，下列情形中，劳动者不需事先告知用人单位即可解除劳动合同的有（　　）。

A. 用人单位未按照劳动合同约定提供劳动保护的

B. 用人单位违章指挥、强令冒险作业危及劳动者人身安全的

C. 用人单位未及时足额支付劳动报酬的

D. 用人单位在劳动合同中免除自己的法定责任、排除劳动者权利的。

【答案】B

【解析】选项 ACD，属于劳动者可随时通知解除劳动合同的情形。

【例 8-31·多选题·2019、2020】根据劳动合同法律制度的规定，下列职工中，属于用人单位经济性裁员应优先留用的有（　　）。

A. 与本单位订立无固定期限劳动合同的

B. 与本单位订立较短期限的固定期限劳动合同的

C. 与本单位订立较长期限的固定期限劳动合同的

D. 家庭无其他就业人员，有需要扶养的老人或者未成年人的

【答案】ACD

【解析】与本单位订立较短期限的固定期限劳动合同的不属于应优先留用的情形。

【例 8-32·单选题·2020】甲公司与刘某订了 1 年期限劳动合同，刘某上班 2 个月后，不能胜任工作，经公司培训后仍不能胜任，甲公司欲解除与刘某的劳动合同，此时刘某已怀孕。下列关于甲公司解除与刘某劳动合同的表述中，正确的是（　　）。

A. 甲公司提前 30 日以书面形式通知刘某可解除劳动合同

B. 甲公司不得解除劳动合同

C. 甲公司可随时通知刘某而解除劳动合同

D. 甲公司额外支付刘某 1 个月工资后可解除劳动合同

【答案】B

【解析】女职工在孕期、产期、哺乳期的，用人单位即不得无过失性辞退或经济性裁员解除劳动合同，也不得终止劳动合同。

（二）劳动合同的终止

1.劳动合同的终止的概念

劳动合同终止是指用人单位与劳动者之间的劳动关系因某种法律事实的出现而自动归于消灭，或导致劳动关系的继续履行成为不可能而不得不消灭的情形。劳动合同终止一般不涉及用人单位与劳动者的意思表示，只有法定事实出现，一般情况下都会导致双方劳动关系的消灭。

2.劳动合同终止的情形

（1）劳动合同期满的。

（2）劳动者开始依法享受基本养老保险待遇的。

（3）劳动者达到法定退休年龄的。

（4）劳动者死亡，或者被人民法院宣告死亡或者宣告失踪的。

（5）用人单位被依法宣告破产的。

（6）用人单位被吊销营业执照、责令关闭、撤销或者用人单位决定提前解散的。

（7）法律、行政法规规定的其他情形。

用人单位与劳动者不得约定上述情形之外的其他劳动合同终止条件。

（三）对劳动合同解除和终止的限制性规定

一般劳动合同劳动期满，劳动合同就终止，但也有例外。根据《劳动合同法》的规定，劳动者有下列情形之一的，用人单位既不得适用于无过失性辞退或经济性裁员解除劳动合同，也不得终止合同，劳动合同应当续延至相应的情形消失时终止：

（1）从事接触职业病危害作业的劳动者未进行离岗前职业健康检查，或者疑似职业病病人在诊断或者医学观察期间的。

（2）在本单位患职业病或者因工负伤并被确认丧失或者部分丧失劳动能力的。

（3）患病或者非因工负伤，在规定的医疗期内的。

（4）女职工在孕期、产期、哺乳期的。

（5）在本单位连续工作满15年，且距法定退休年龄不足5年的。

（6）法律、行政法规规定的其他情形。

但若符合因劳动者过错解除劳动合同的情形，则不受上述限制性规定的影响。

【例8-33·单选题·2018】根据劳动合同法律制度的规定，下列情形中，不能导致劳动合同终止的是（　　）。

A.劳动者被人民法院宣告死亡的

B.劳动者医疗期内遇劳动合同期满的

C.劳动者开始依法享受基本养老保险待遇的

D.劳动者达到法定退休年龄的

【答案】B

【解析】根据《劳动合同法》的规定，劳动者有下列情形之一的，用人单位既不得适用于无过失性辞退或经济性裁员解除劳动合同，也不得终止合同，劳动合同应当续延至相应的情形消失时终止：①从事接触职业病危害作业的劳动者未进行离岗前职业健康检查，或者疑似职业病病人在诊断或者医学观察期间的。②在本单位患职业病或者因工负伤并被确认丧失或者部分丧失劳动能力的。③患病或者非因工负伤，在规定的医疗期内的。④女职工在孕期、产期、哺乳期的。⑤在本单位连续工作满15年，且距法定退休年龄不足5年的。

（四）劳动合同解除和终止的经济补偿

1. 经济补偿的概念

劳动合同法律关系中的经济补偿是指按照劳动合同法的规定，在劳动者无过错的情况下，用人单位与劳动者解除或者终止劳动合同时，应给予劳动者的经济上的补助，也称经济补偿金。

经济补偿金与违约金、赔偿金三者之间的区别见表 8-9。

表 8-9　　　　　　　　　　经济补偿金与违约金、赔偿金三者之间的区别

名称	适用情形	性质	支付主体
经济补偿金	劳动关系的解除和终止，在劳动者无过错的情况下	法定	单位
违约金	劳动者违反了服务期和竞业限制的约定	约定	劳动者
赔偿金	用人单位和劳动者由于自己的过错给对方造成损害	法定	过错方（单位或劳动者）

2. 用人单位应当向劳动者支付经济补偿的情形

（1）劳动者符合随时通知解除和不需事先通知即可解除劳动合同规定情形而解除劳动合同的；

（2）由用人单位提出解除劳动合同并与劳动者协商一致而解除劳动合同的；

（3）用人单位符合提前 30 日以书面形式通知劳动者本人或者额外支付劳动者 1 个月工资后，可以解除劳动合同规定情形而解除劳动合同的；

（4）用人单位符合可裁减人员规定而解除劳动合同的；

（5）除用人单位维持或者提高劳动合同约定条件续订劳动合同，劳动者不同意续订的情形外，劳动合同期满终止固定期限劳动合同的；

（6）用人单位被依法宣告破产或者用人单位被吊销营业执照、责令关闭、撤销或者用人单位决定提前解散而终止劳动合同的；

（7）以完成一定工作任务为期限的劳动合同因任务完成而终止的；

（8）法律、行政法规规定的其他情形。

3. 经济补偿的支付

（1）经济补偿金的计算公式为：

经济补偿金＝劳动合同解除或终止前劳动者在本单位的工作年限 ×
　　　　　每工作 1 年应得的经济补偿

或者简写为：

经济补偿金＝工作年限 × 月工资

（2）关于补偿年限的计算标准。

经济补偿按劳动者在**本单位**工作的年限。

① 每满 1 年支付 1 个月工资的标准向劳动者支付；

② 6 个月以上不满 1 年的，按 1 年计算；

③ 不满 6 个月的，向劳动者支付半个月工资标准的经济补偿。

（3）关于补偿基数的计算标准。

① 月工资是指劳动者在劳动合同解除或者终止前 12 个月的平均工资。月工资按照应得工资计算，包括计时工资或者计件工资以及奖金、津贴和补贴等货币性收入。劳动者工作不满 12 个

月的，按照实际工作的月数计算平均工资。

② 劳动者在劳动合同解除或者终止前 12 个月的平均工资低于当地最低工资标准的，按照当地最低工资标准计算。即：

经济补偿金 = 工作年限 × 月最低工资标准

③ 劳动者月工资高于用人单位所在直辖市、设区的市级人民政府公布的本地区上年度职工月平均工资 3 倍的，向其支付经济补偿的标准按职工月平均工资 3 倍的数额支付，向其支付经济补偿的年限最高不得超过 12 年。即：

经济补偿金 = 工作年限（最高不超过 12 年）× 当地上度职工月平均工资 3 倍

【例 8-34·单选题·2021】2008 年 3 月 5 日，方某入职甲公司。2020 年 12 月 1 日，甲公司提出并与方某协商一致解除了劳动合同。已知方某在劳动合同解除前 12 个月的月平均工资为 20 000 元，当地上年度职工月平均工资为 5 500 元。计算甲公司依法支付方某经济补偿的下列算式中，正确的是（ ）。

A. 5 500×3×12 = 198 000（元）　　　　B. 5 500×3×13=214 500（元）

C. 20 000×13 = 260 000（元）　　　　D. 20 000×12 = 240 000（元）

【答案】A

【解析】劳动者月工资高于当地月平均工资 3 倍的，按照当地职工月均工资 3 倍计算；支付经济补偿的年限最高不得超过 12 年。本题中方某工作年限超过 12 年，工资高于当地月平均工资 3 倍，所以支付的经济补偿为 5 500×3×12 = 198 000（元）。

【例 8-35·多选题·2017、2020】劳动合同解除或者终止的下列情形中，用人单位应向劳动者支付经济补偿的有（ ）。

A. 劳动者提前 30 日以书面形式通知无过错用人单位而解除劳动合同的

B. 劳动者提出并与无过错用人单位协商一致解除劳动合同的

C. 劳动者符合不需事先告知用人单位即可解除劳动合同的情形解除劳动合同的

D. 以完成一定工作任务为期限的劳动合同因任务完成而终止的

【答案】CD

【解析】劳动合同解除或者终止的下列情形中，用人单位应向劳动者支付经济补偿的有：①劳动者符合随时通知解除和不需事先通知即可解除劳动合同规定情形而解除劳动合同的；②由用人单位提出解除劳动合同并与劳动者协商一致而解除劳动合同的；③用人单位符合提前 30 日以书面形式通知劳动者本人或者额外支付劳动者 1 个月工资后，可以解除劳动合同规定情形而解除劳动合同的；④用人单位符合可裁减人员规定而解除劳动合同的；⑤除用人单位维持或者提高劳动合同约定条件续订劳动合同，劳动者不同意续订的情形外，劳动合同期满终止固定期限劳动合同的；⑥用人单位被依法宣告破产或者用人单位被吊销营业执照、责令关闭、撤销或者用人单位决定提前解散而终止劳动合同的；⑦ 以完成一定工作任务为期限的劳动合同因任务完成而终止的。

【例 8-36·多选题·2021】劳动合同解除或者终止的下列情形中，用人单位应向劳动者支付经济补偿的有（ ）。

A. 用人单位和劳动者协商解除劳动合同

B. 用人单位和劳动者解除 2 年的固定期限合同

C. 用人单位和非全日制劳动者终止劳动合同

D. 因约定完成一定任务签订的劳动合同在任务完成后解除

【答案】ABD

【解析】选项 C，非全日制终止用工，用人单位不向劳动者支付经济补偿。

（五）劳动合同解除和终止的法律后果和双方义务

（1）劳动合同解除或终止后，用人单位和劳动者双方不再履行劳动合同，劳动关系消灭。

（2）劳动合同解除或终止的，用人单位应当在解除或终止劳动合同时出具解除或终止劳动合同的证明，并在 15 日内为劳动者办理档案和社会保险关系转移手续。用人单位对已经解除或终止的劳动合同的文本，至少保存 2 年备查。

（3）用人单位未向劳动者出具解除或者终止劳动合同的书面证明，由劳动者行政部门责令改正；给劳动者造成损害的，应当承担赔偿责任。

（4）劳动者依法解除或者终止劳动合同，用人单位扣押劳动者档案或者其他物品的，由劳动行政部门责令限期退还劳动者本人，并以每人 500 元以上 2 000 元以下的标准处以罚款；给劳动者造成损害的，应当承担赔偿责任。

（5）用人单位应当在解除或者终止劳动合同时向劳动者支付经济补偿的，在办结工作交接时支付。

解除或者终止劳动合同，用人单位未依照《劳动合同法》的规定向劳动者支付经济补偿的，由劳动行政部门责令限期支付经济补偿；逾期不支付的，责令用人单位按应付金额的 50% 以上100% 以下的标准向劳动者加付赔偿金。

（6）用人单位违反规定解除或者终止劳动合同，劳动者要求继续履行劳动合同的，用人单位应当继续履行；劳动者不要求继续履行劳动合同或者劳动合同已经不能继续履行的，用人单位应当依照劳动合同法规定的经济补偿标准的 2 倍向劳动者支付赔偿金。

用人单位支付了赔偿金的，不再支付经济补偿。赔偿金的计算年限自用工之日起计算。

（7）劳动者违反《劳动合同法》规定解除劳动合同，给用人单位造成损失的，应当承担赔偿责任。

【例 8-37·多选题·2018】根据劳动合同法律制度的规定，下列关于劳动者法律责任承担的表述中，正确的有（　　）。

A. 劳动合同被确认无效，给用人单位造成损失的，有过错的劳动者应承担赔偿责任

B. 劳动者违法解除劳动合同，给用人单位造成损失的，应承担赔偿责任

C. 劳动者违反培训协议，未满服务期解除或者终止劳动合同的，应按照劳动合同约定向用人单位支付违约金

D. 劳动者违反劳动合同中约定的保密义务或者竞业限制，应按照劳动合同约定向用人单位支付违约金

【答案】ABCD

【解析】选项 ABCD 全部正确。

【例 8-38·多选题·2019】根据劳动合同法律制度的规定，下列关于用人单位违法解除劳动合同法律后果的表述中正确的有（　　）。

A. 用人单位支付了赔偿金的，不再支付经济补偿

B. 违法解除劳动合同赔偿金的计算年限自用工之日起计算

C. 劳动者要求继续履行且劳动合同可以继续履行的，用人单位应当继续履行

D. 劳动者不要求继续履行劳动合同的，用人单位应当按经济补偿标准的 2 倍向劳动者支付赔偿金

【答案】ABCD

【解析】选项 ABCD 全部正确。

六、集体合同★★★

（一）集体合同的概念和种类

1. 概念。

集体合同是工会代表企业职工一方与企业签订的以劳务报酬、工作时间、休息休假、劳动安全卫生、保险福利等主要内容的书面协议。尚未建立工会的用人单位可由上级工会指导劳动者推举的代表与用人单位订立集体合同。

2. 种类。

（1）专项集体合同。企业职工一方与用人单位可以订立劳动安全卫生、女职工权益保护、工资调整机制等专项集体合同。

（2）行业性集体合同、区域性集体合同。在县级以下区域内，建筑业、采矿业、餐饮服务业等行业可以由工会与企业方面代表订立行业性集体合同或者订立区域性集体合同。

（二）集体合同的订立

1. 订立程序。

集体合同内容由用人单位和职工各自派出集体协商代表通过集体协商（会议）的方式协商确定，集体协商双方的代表人数应当对等，**每方至少 3 人，并各确定 1 名首席代表。**

2. 通过方式。

经双方协商代表协商一致的集体合同草案或专项集体合同草案应当提交职工代表大会或者全体职工讨论。

职工代表大会或者全体职工讨论集体合同草案，**应当有 2/3 以上职工代表或者职工出席，且须经全体职工代表半数以上或者全体职工半数以上同意，方获通过**。集体合同草案或专项集体合同草案经职工代表大会或者职工大会通过后，由集体协商双方首席代表签字。

3. 合同生效。

集体合同订立后，应当报送劳动行政部门；劳动行政部门自收到集体合同文本之日起 15 日内未提出异议的，集体合同即行生效。

4. 劳动报酬标准。

集体合同中劳动报酬和劳动条件等标准不得低于当地人民政府规定的最低标准；用人单位与劳动者订立的劳动合同中劳动报酬和劳动条件等标准不得低于集体合同规定的标准。

（三）集体合同纠纷和法律救济

用人单位违反集体合同，侵犯职工劳动权益的，工会可以依法要求用人单位承担责任；因履行集体合同发生争议，经协商解决不成的，工会可以依法申请仲裁、提起诉讼。

七、劳务派遣

（一）劳务派遣的概念和特征

1. 概念。

劳务派遣是指劳务派遣单位与劳动者订立劳动合同，与用工单位订立劳动派遣协议，将被派遣劳动者派往用工单位给付劳务。

2. 特征。

劳动力的雇佣与劳动力使用分离，被派遣劳动者不与用工单位签订劳动合同、发生劳动关系，而是与派遣单位存在劳动关系，是劳务派遣的最显著特征。

劳务派遣单位、用工单位和被派遣劳动者的三方关系如图8-1所示。

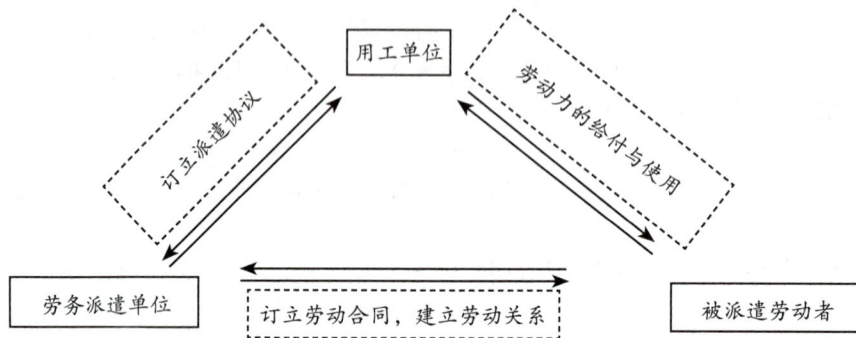

图 8-1　劳务派遣单位、用工单位和被派遣劳动者的三方关系

（二）劳务派遣的适用范围

1. 劳动合同用工是基本用工形式。劳务派遣用工是补充形式，只能在临时性、辅助性或替代性的工作岗位上实施。

2. 用工单位使用的被派遣劳动者数量不得超过其用工总量的10%，该用工总量是指用工单位订立劳动合同人数与使用的被派遣劳动者人数之和。

派遣员工÷（正式员工＋派遣员工）≤ 10%

3. 用人单位不得设立劳务派遣单位向本单位或者所属单位派遣劳动者，不得将被派遣劳动者再派遣到其他用人单位。

4. 劳务派遣单位不得以非全日制用工形式招用被派遣劳动者。

（三）劳务派遣单位、用工单位与劳动者的权利和义务

表 8-10　　　　　　　劳务派遣单位、用工单位与劳动者三者之间的权利和义务

劳务派遣单位的义务	用工单位的义务	劳动者权利
① 应当与被派遣劳动者订立2年以上的固定期限劳动合同，按月支付劳动报酬。 ② 被派遣劳动者在无工作期间，劳务派遣单位应当按所在地人民政府规定的最低工资标准，向其按月支付报酬。 ③ 劳务派遣单位派遣劳动者应当与用工单位订立劳务派遣协议。 ④ 不得向被派遣劳动者收取费用	① 用工单位应当根据工作岗位的实际需要与劳务派遣单位确定派遣期限，不得将连续用工期限分割订立数个短期劳务派遣协议。 ② 不得向被派遣劳动者收取费用	① 享有与用工单位的劳动者同工同酬的权利。 ② 有权在劳务派遣单位或者用工单位依法参加或者组织工会

【例 8-39·多选题·2018】根据劳动合同法律制度的规定，下列关于不同用工形式劳动报酬

结算支付周期的表述中，正确的有（　　）。

A. 非全日制用工劳动者的劳动报酬结算支付周期最长不得超过 15 日

B. 全日制用工劳动者的劳动报酬至少每周支付一次

C. 被派遣劳动者的劳动报酬，在结束劳务派遣用工时支付

D. 对完成一次性临时劳动或某项具体工作的劳动者，用人单位应按有效协议或者合同规定其完成劳动任务后即支付劳动报酬

【答案】AD

【解析】选项 B，全日制用工劳动者的劳动报酬至少每月支付一次；选项 C，被派遣劳动者的劳动报酬应按月支付。

【例 8-40·多选题·2017】下列劳务派遣用工形式中，不符合法律规定的有（　　）。

A. 丙劳务派遣公司以非全日制用工形式招用被派遣劳动者

B. 乙公司将使用的被派遣劳动者又派遣到其他公司工作

C. 丁公司使用的被派遣劳动者数量达到其用工总量的 5%

D. 甲公司设立劳务派遣公司向其所属分公司派遣劳动者

【答案】ABD

【解析】选项 A，劳务派遣单位**不得以**非全日制用工形式招用被派遣劳动者。选项 B，用人单位不得设立劳务派遣单位向本单位或者所属单位派遣劳动者，不得将被派遣劳动者再派遣到其他用人单位。选项 D，不得设立劳务派遣公司向其所属分公司派遣劳动者。

【例 8-41·多选题·2021】劳务派遣可以从事的工作岗位类型包括（　　）。

A. 替代性　　　　　　B. 主营性　　　　　　C. 辅助性　　　　　　D. 临时性

【答案】ACD

【解析】劳动合同用工是我国的企业基本用工形式，劳务派遣用工是补充形式，只能在临时性、辅助性或者替代性的工作岗位上实施。

【例 8-42·单选题·2021】企业招聘一名清洁工，每天工作三小时，每周工作五天，是非全日制员工，下列说法中正确的是（　　）。

A. 企业可以按月发工资　　　　　　　B. 企业不可以再招别的清洁工

C. 解除劳动合同，需提前三天通知　　D. 双方可签订口头协议

【答案】D

【解析】用人单位可以按小时、日或周为单位结算工资，但非全日制用工劳动报酬结算支付周期最长不得超过 15 日，选项 A 错误；选项 B 无此规定，错误；非全日制用工双方当事人任何一方都可以随时通知对方终止用工，选项 C 错误；非全日制用工双方当事人可以订立口头协议，选项 D 正确。

八、劳动争议的解决★★★

（一）劳动争议及解决方法

1. 劳动争议的概念及适用范围

劳动争议是指劳动关系当事人之间因实现劳动权利、履行劳动义务发生分歧而引起的争议，也称劳动纠纷、劳资争议。包括：

（1）因确认劳动关系发生的争议；

（2）因订立、履行、变更、解除和终止劳动合同发生的争议；

（3）因除名、辞退和辞职、离职发生的争议；

（4）因工作时间、休息休假、社会保险、福利、培训及劳动保护发生的争议；

（5）因劳务报酬、工伤医疗费、经济补偿或者赔偿金等发生的争议；

（6）法律、法规规定的其他劳动争议。

劳动者与用人单位之间发生的下列纠纷，属于劳动争议，当事人不服劳动争议仲裁机构作出的裁决，依法提起诉讼的，人民法院应予受理：

（1）劳动者与用人单位在履行劳动合同过程中发生的纠纷；

（2）劳动者与用人单位之间没有订立书面劳动合同，但已形成劳动关系后发生的纠纷；

（3）劳动者与用人单位因劳动关系是否已经解除或者终止，以及应否支付解除或者终止劳动关系经济补偿金发生的纠纷；

（4）劳动者与用人单位解除或者终止劳动关系后，请求用人单位返还其收取的劳动合同定金、保证金、抵押金、抵押物发生的纠纷，或者办理劳动者的人事档案、社会保险关系等移转手续发生的纠纷；

（5）劳动者以用人单位未为其办理社会保险手续，且社会保险经办机构不能补办导致其无法享受社会保险待遇为由，要求用人单位赔偿损失发生的纠纷；

（6）劳动者退休后，与尚未参加社会保险统筹的原用人单位因追索养老金、医疗费、工伤保险待遇和其他社会保险待遇而发生的纠纷；

（7）劳动者因为工伤、职业病，请求用人单位依法给予工伤保险待遇发生的纠纷；

（8）劳动者依据劳动合同法第八十五条规定，要求用人单位支付加付赔偿金发生的纠纷；

（9）因企业自主进行改制发生的纠纷。

下列纠纷不属于劳动争议：

（1）劳动者请求社会保险经办机构发放社会保险金的纠纷；

（2）劳动者与用人单位因住房制度改革产生的公有住房转让纠纷；

（3）劳动者对劳动能力鉴定委员会的伤残等级鉴定结论或者对职业病诊断鉴定委员会的职业病诊断鉴定结论的异议纠纷；

（4）家庭或者个人与家政服务人员之间的纠纷；

（5）个体工匠与帮工、学徒之间的纠纷；

（6）农村承包经营户与受雇人之间的纠纷。

2.劳动争议的解决原则和方法

（1）劳动争议解决的基本原则。

解决劳动争议，应当根据事实，遵循合法、公正、及时、着重调解的原则，依法保护当事人的合法权益。

（2）劳动争议的解决的方法。

劳动争议解决的基本方法有协商、调解、仲裁和诉讼。

① 发生劳动争议，劳动者可以与用人单位协商，也可以请工会或者第三方共同与用人单位协商，达成和解协议；

② 当事人不愿协商、协商不成或者达成和解协议后不履行的，可以向调解组织申请调解；

③ 不愿调解、调解不成或者达成调解协议后不履行的，可以向劳动争议仲裁委员会申请仲裁；

④ 对仲裁裁决不服的，除《中华人民共和国劳动争议调解仲裁法》另有规定的以外，可以向

人民法院提起诉讼。

劳动仲裁与经济仲裁的对比见表8-11。

表 8-11 劳动仲裁与经济仲裁对比表

	经济仲裁	劳动仲裁
仲裁机构	仲裁委员会	劳动争议仲裁委员会
申请程序	必须事先或事后达成仲裁协议	一方当事人提出申请
裁决效力	一裁终局	如果当事人对裁决结果不服的，除劳动仲裁调解法规定的不能起诉的情形外，可以向人民法院起诉
是否收费	收取费用	不收取费用

（3）举证责任。

发生劳动争议，当事人对自己提出的主张，有责任提供证据。

【例 8-43·判断题·2021】劳动争议发生后，当事人可以向本单位劳动争议调解委员会申请调解；调解不成，当事人一方要求仲裁的，可以向劳动争议仲裁委员会申请仲裁。（　　）

【答案】√

（二）劳动调解

1. 劳动争议调解组织

可受理劳动争议的调解组织有：

（1）企业劳动争议调解委员会。

（2）依法设立的基层人民调解组织。

（3）在乡镇、街道设立的具有劳动争议调解职能的组织。

2. 劳动调解程序

（1）当事人申请劳动争议调解可以书面申请，也可以口头申请。

（2）调解劳动争议，应当充分听取双方当事人对事情和理由的陈述，耐心疏导，帮助其达成协议。

（3）经调解达成协议的，应当制作调解协议书。调解协议书由双方当事人签名或者盖章，经调解员签字并加盖调解组织印章后生效，调解协议书对双方当事人具有约束力，当事人应当履行。

（4）自劳动争议调解组织收到调解申请之日起 15 日内未达成调解协议的，当事人可以依法申请仲裁。

（5）达成调解协议后，一方当事人在协议约定期限内不履行调解协议的，另一方当事人可以依法申请仲裁。单位不履行支付拖欠劳动报酬、工伤医疗费、经济补偿或赔偿金事项调解协议的，劳动者可以向人民法院申请支付令。人民法院应当发出支付令。

（三）劳动仲裁

劳动仲裁是劳动争议当事人向人民法院提起诉讼的"必经程序"。

1. 劳动仲裁机构、劳动仲裁参加人和劳动仲裁管辖

（1）劳动仲裁机构。

① 劳动仲裁机构是劳动人事争议仲裁委员会。

② 仲裁委员会不按行政区划层层设立。

③ 劳动争议仲裁不收费。

④ 仲裁委员会的经费由财政予以保障。

（2）劳动仲裁参加人。

① 当事人。发生劳动争议的劳动者和用人单位为劳动争议仲裁案件的双方当事人。

a. 劳务派遣单位或者用工单位与劳动者发生争议的，劳务派遣单位和用工单位为共同当事人。

b. 劳动者与个人承包经营者发生争议，依法向仲裁委员会申请仲裁的，应当将发包的组织和个人承包经营者作为共同当事人。

c. 发生争议的用人单位未办理营业执照、被吊销营业执照、营业执照到期继续经营、被责令关闭、被撤销以及用人单位决定解散、歇业，不能承担相关责任的，应当将用人单位和其出资人、开办单位或主管部门作为共同当事人。

② 当事人代表。发生争议的劳动者一方在 10 人以上，并有共同请求的，劳动者可以推举 3 至 5 名代表人参加仲裁活动。

③ 第三人。与劳动争议案件的处理结果有利害关系的第三人，可以申请参加仲裁活动或者由仲裁委员会通知其参加仲裁活动。

④ 代理人。当事人可以委托代理人参加仲裁活动。

丧失或者部分丧失民事行为能力的劳动者，由其法定代理人代为参加仲裁活动，无法定代理人的，仲裁委员会为其指定代理人。劳动者死亡的，由其近亲属或者代理人参加仲裁活动。

（3）劳动争议仲裁案件的管辖。

仲裁委员会负责管辖本区域内发生的劳动争议。

① 劳动争议由劳动合同履行地或者用人单位所在地的仲裁委员会管辖。

② 双方当事人分别向劳动合同履行地和用人单位所在地的仲裁委员会申请仲裁的，由劳动合同履行地的仲裁委员会管辖。

③ 有多个劳动合同履行地的，由最先受理的仲裁委员会管辖。

④ 劳动合同履行地不明确的，由用人单位所在地的 仲裁委员会管辖。

⑤ 案件受理后，劳动合同履行地或者用人单位所在地发生变化的，不改变争议仲裁的管辖。

2. 申请和受理

（1）仲裁时效。

① 劳动争议申请仲裁的时效为 1 年。仲裁时效期间从当事人知道或者应当知道其权利被侵害之日起计算。

劳动关系存续期间因拖欠劳动报酬发生争议的，劳动者申请仲裁不受 1 年仲裁时效期间的限制；但是，劳动关系终止的，应当自劳动关系终止之日起 1 年内提出。

② 仲裁时效的中断（主观原因）。

a. 劳动仲裁时效，因当事人一方向对方当事人主张权利（即一方当事人通过协商、申请调解等方式向对方当事人主张权利的）；

b. 或者向有关部门请求权利救济（即一方当事人通过向有关部门投诉，向仲裁委员会申请仲裁，向人民法院起诉或者申请支付令等方式请求权利救济的）；

c. 或者对方当事人**同意履行**义务而中断。

从中断时起,仲裁时效期间重新计算。这里的中断时起,应理解为中断事由消除时起。如权利人申请调解的,经调解达不成协议的,应自调解不成之日起重新计算;如达成调解协议,自义务人应当履行义务的期限届满之日起计算。

③ 仲裁时效的中止(客观原因)。

因不可抗力或者有其他正当理由(无民事行为能力或者限制民事行为能力劳动者的法定代理人未确定等),当事人不能在仲裁时效期间申请仲裁的,仲裁时效中止。

从中止时效的原因消除之日起,仲裁时效期间继续计算。

(2)仲裁申请。

申请人申请仲裁应当提交书面仲裁申请,仲裁申请确有困难的,可以口头申请。

(3)仲裁受理。

① 仲裁委员会收到仲裁申请之日起 5 日内决定是否受理,认为符合受理条件的,应当予以受理,并向申请人出具受理通知书;认为不符合受理条件的,向申请人出具不予受理通知书。

② 对仲裁委员会不予受理或者逾期未作出决定的,申请人可就该争议向人民法院提起诉讼。

③ 仲裁委员会受理仲裁申请后,应当在 5 日内将仲裁申请书副本送达被申请人。被申请人收到仲裁申请书副本后,应当在 10 日内向仲裁委员会提交答辩书。仲裁委员会收到答辩书后,应当在 5 日内将答辩书副本送达申请人。被申请人未提交答辩书的不影响仲裁程序的进行。

3. 开庭和裁决

(1)仲裁基本制度。

① 先行调解原则。

仲裁庭在作出裁决前,应当先行调解。调解达成协议的,仲裁庭应当制作调解书。调解书经双方当事人签收后,发生法律效力。

> **名师说**
>
> 仲裁庭在作出裁决前,应当先行调解。意思是仲裁委员会在受理劳动仲裁以后,"劳动仲裁的调解"是作出裁决前的必经程序,但是并不代表当事人向调解组织申请调解是申请劳动仲裁的必经程序。这里要做一个区分。而劳动仲裁是劳动争议当事人向人民法院提起诉讼的"必经程序"。

② 仲裁公开原则及例外。

劳动争议仲裁**公开进行**,但当事人协议不公开进行或者涉及商业秘密、个人隐私的除外。

③ 仲裁庭制。

仲裁庭由 3 名仲裁员组成,设首席仲裁员。简单劳动争议案件可以由 1 名仲裁员独任仲裁。

④ 回避制度。

(2)仲裁开庭程序。

① 仲裁委员会应当在受理仲裁申请之日起 5 日内组成仲裁庭,并将仲裁庭的组成情况书面通知当事人。

② 仲裁庭应当在开庭 5 日前,将开庭日期、地点书面通知双方当事人。

③ 当事人有正当理由的,可以在开庭 3 日前请求延期开庭。是否延期,由仲裁委员会根据实际情况决定。

④ 申请人收到书面开庭通知，无正当理由拒不到庭或者未经仲裁庭同意中途退庭的，可以按撤回仲裁申请处理；开庭审理中，仲裁员应当听取申请人的陈述和被申请人的答辩，主持庭审调查、质证和辩论、征询当事人最后意见，并进行调解。

仲裁庭裁决劳动争议案件，应当自仲裁委员会受理仲裁申请之日起 45 日内结束。

（3）仲裁裁决。

① 裁决的规则。裁决应当按照多数仲裁员的意见作出，少数仲裁员的不同意见应当记入笔录。仲裁庭不能形成多数意见时，裁决应当按照首席仲裁员的意见作出。

② 一裁终局的案件。下列劳动争议，除法律另有规定外，仲裁裁决为终局裁决，裁决书自作出之日起发生法律效力：

a. 追索劳动报酬、工伤医疗费、经济补偿金或者赔偿金，不超过当地月最低工资标准 12 个月金额的争议；

b. 因执行国家的劳动标准在工作时间、休息休假、社会保险等方面发生的争议。

（4）仲裁裁决的撤销。

用人单位有证据证明一裁终局的裁决有下列情形之一，可以自收到仲裁裁决书之日起 30 日内向仲裁委员会所在地的中级人民法院申请撤销裁决：

① 适用法律、法规确有错误的；

② 劳动争议仲裁委员会无管辖权的；

③ 违反法定程序的；

④ 裁决所根据的证据是伪造的；

⑤ 对方当事人隐瞒了足以影响公正裁决的证据的；

⑥ 仲裁员在仲裁该案时有索贿受贿、徇私舞弊、枉法裁决行为的。

4. 执行

（1）仲裁庭对追索劳动报酬、工伤医疗费、经济补偿或者赔偿金的案件，根据当事人的申请，可以裁决先予执行，移送人民法院执行。劳动者申请先予执行的，可以不提供担保。

仲裁庭裁决先予执行的，应当符合以下条件：

① 当事人之间权利义务关系明确；

② 不先予执行将严重影响申请人的生活。

（2）对于生效的调解书、裁决书。一方当事人逾期不履行，另一方当事人可以申请人民法院执行。

（3）被申请人提出证据证明劳动争议仲裁裁决书、调解书有下列情形之一，并经审查核实的，人民法院可以裁定不予执行：

① 裁决的事项不属于劳动争议仲裁范围，或者劳动争议仲裁机构无权仲裁的；

② 适用法律、法规确有错误的；

③ 违反法定程序的；

④ 裁决所根据的证据是伪造的；

⑤ 对方当事人隐瞒了足以影响公正裁决的证据的；

⑥ 仲裁员在仲裁该案时有索贿受贿、徇私舞弊、枉法裁决行为的；

⑦ 人民法院认定执行该劳动争议仲裁裁决违背社会公共利益的。

当事人在收到裁定书之次日起 30 日内，可以就该劳动争议事项向人民法院提起诉讼。

（四）劳动诉讼

1. 劳动诉讼的提起

（1）对仲裁委员会不予受理或者逾期未作出决定的，申请人可以就该劳动争议事项向人民法院提起诉讼。

（2）**劳动者**对劳动争议的终局裁决不服的，可以自收到仲裁裁决书之日起15日内向人民法院提起诉讼。

（3）当事人对终局裁决情形之外的其他劳动争议案件的仲裁裁决不服的，可以自收到仲裁裁决书之日起15日内提起诉讼。

（4）终局裁决被人民法院裁定撤销的，当事人可以自收到裁定书之日起15日内就该劳动争议事项向人民法院提起诉讼。

2. 劳动诉讼程序

劳动诉讼依照《民事诉讼法》的规定执行。

【例8-44·单选题·2018】根据劳动争议调解仲裁法律制度的规定，下列关于劳动仲裁申请的表述中，正确的是（　　）。

A. 申请人申请劳动仲裁，不得以口头形式提出

B. 申请仲裁的时效期间为3年

C. 申请人应预交仲裁申请费用

D. 申请人应向劳动合同履行地或者用人单位所在地的劳动仲裁机构申请仲裁

【答案】D

【解析】选项A，当事人申请劳动争议调解可以书面申请，也可以口头申请。选项B，劳动争议申请仲裁的时效为1年。选项C，申请劳动仲裁无需交纳仲裁申请费用。

【例8-45·单选题·2018】2016年7月10日，刘某到甲公司上班，公司自9月10日起一直拖欠其劳动报酬，直至2017年1月10日双方劳动关系终止。下列关于刘某就甲公司拖欠其劳动报酬申请劳动仲裁时效期间的表述中，正确的是（　　）。

A. 应自2016年9月10日起3年内提出申请

B. 应自2016年7月10日起3年内提出申请

C. 应自2016年9月10日起1年内提出申请

D. 应自2017年1月10日起1年内提出申请

【答案】D

【解析】劳动关系存续期间因拖欠劳动报酬发生争议的，劳动者申请仲裁不受1年仲裁时效期间的限制；但是，劳动关系终止的，应当自劳动关系终止之日起1年内提出。劳动关系自2017年1月10日终止，所以刘某就甲公司拖欠其劳动报酬申请劳动仲裁应自2017年1月10日起1年内提出申请。

【例8-46·单选题·2019】根据劳动争议仲裁法律制度的规定，除另有规定外，劳动争议仲裁机构对下列劳动争议所作裁定具有终局效力的是（　　）。

A. 解除劳动关系争议

B. 确定劳动关系争议

C. 追索劳动报酬不超过当地最低工资标准12个月金额的争议

D. 终止合同合同争议

【答案】C

【解析】下列劳动争议，除法律另有规定外，仲裁裁决为终局裁决，裁决书自作出之日起发生法律效力：① 追索劳动报酬、工伤医疗费、经济补偿金或者赔偿金，不超过当地月最低工资标准12个月金额的争议；② 因执行国家的劳动标准在工作时间、休息休假、社会保险等方面发生的争议。

【例 8-47·单选题·2018】根据劳动争议调解仲裁法律制度的规定，下列关于劳动争议终局裁决效力的表述中，正确的是（　　）。

A. 劳动者对终局裁决不服的，不得向人民法院提起诉讼

B. 一方当事人逾期不履行终局裁决的，另一方当事人可以向劳动仲裁委员会申请强制执行

C. 用人单位对终局裁决不服的，应向基层人民法院申请撤销

D. 终局裁决被人民法院裁定撤销的，当事人可以自收到裁定书之日起15日内向人民法院提起诉讼

【答案】D

【解析】选项A，劳动者对劳动争议的终局裁决不服的，可以自收到仲裁裁决书之日起15日内向人民法院提起诉讼。选项B，一方当事人逾期不履行终局裁决的，另一方当事人可以向人民法院申请强制执行。选项C，用人单位有证据证明一裁终局的裁决有特定情形的，可以自收到仲裁裁决书之日起30日内向仲裁委员会所在地的中级人民法院申请撤销裁决。

九、违反劳动合同的法律责任 ★

（一）用人单位违反《劳动合同法》的法律责任

1. 用人单位规章制度违反法律规定的法律责任

（1）用人单位直接涉及劳动者切身利益的规章制度违反法律、法规规定的，由劳动行政部门责令改正，给予警告；给劳动者造成损害的，应当承担赔偿责任。

（2）用人单位违反《劳动合同法》有关建立职工名册规定的，由劳动行政部门责令限期改正；逾期不改正的，由劳动行政部门处 2 000 元以上 2 万元以下的罚款。

2. 用人单位订立劳动合同违反法律规定的法律责任

（1）用人单位提供的劳动合同文本未载明劳动合同必备条款或者用人单位未将劳动合同文本交付劳动者的，由劳动行政部门责令改正；给劳动者造成损害的，应当承担赔偿责任。

（2）用人单位自用工之日起超过 1 个月不满 1 年未与劳动者订立书面劳动合同的，应当向劳动者每月支付 2 倍的工资。

（3）用人单位违反《劳动合同法》规定不与劳动者订立无固定期限劳动合同的，自应当订立无固定期限劳动合同之日起向劳动者每月支付 2 倍的工资。

（4）用人单位违反《劳动合同法》规定与劳动者约定试用期的，由劳动行政部门责令改正；违法约定的试用期已经履行的，由用人单位以劳动者试用期满月工资为标准，按已经履行的超过法定试用期的期间向劳动者支付赔偿金。

（5）用人单位违反《劳动合同法》规定，扣押劳动者居民身份证等证件的，由劳动行政部门责令限期退还劳动者本人，并依照有关法律规定给予处罚。

（6）用人单位违反《劳动合同法》规定，以担保或者其他名义向劳动者收取财物的，由劳动行政部门责令限期退还劳动者本人，并以每人 500 元以上 2 000 元以下的标准处以罚款；给劳动者造成损害的，应当承担赔偿责任。

（7）劳动合同依照法律规定被确认无效，给劳动者造成损害的，用人单位应当承担赔偿责任。

3.用人单位履行劳动合同违反法律规定的法律责任

（1）用人单位有下列情形之一的，依法给予行政处罚；构成犯罪的，依法追究刑事责任；给劳动者造成损害的，应当承担赔偿责任：

① 以暴力、威胁或者非法限制人身自由的手段强迫劳动的；

② 违章指挥或者强令冒险作业危及劳动者人身安全的；

③ 侮辱、体罚、殴打、非法搜查或者拘禁劳动者的；

④ 劳动条件恶劣、环境污染严重，给劳动者身心健康造成严重损害的。

（2）用人单位有下列情形之一的，由劳动行政部门责令限期支付劳动报酬、加班费；劳动报酬低于当地最低工资标准的，应当支付其差额部分；逾期不支付的，责令用人单位按应付金额50%以上100%以下的标准向劳动者加付赔偿金：

① 未按照劳动合同的约定或者国家规定及时足额支付劳动者劳动报酬的；

② 低于当地最低工资标准支付劳动者工资的；

③ 安排加班不支付加班费的。

（3）用人单位依照《劳动合同法》规定应当向劳动者每月支付2倍的工资或者应当向劳动者支付赔偿金而未支付的，劳动行政部门应当责令用人单位支付。

4.用人单位违反法律规定解除和终止劳动合同的法律责任

（1）用人单位违反《劳动合同法》规定解除或者终止劳动合同的，应当依照《劳动合同法》规定的经济补偿标准的2倍向劳动者支付赔偿金。

（2）用人单位解除或者终止劳动合同，未依照《劳动合同法》规定向劳动者支付经济补偿的，由劳动行政部门责令限期支付经济补偿；逾期不支付的，责令用人单位按应付金额50%以上100%以下的标准向劳动者加付赔偿金。

（3）用人单位违反《劳动合同法》规定未向劳动者出具解除或者终止劳动合同的书面证明，由劳动行政部门责令改正；给劳动者造成损害的，应当承担赔偿责任。

（4）劳动者依法解除或者终止劳动合同，用人单位扣押劳动者档案或者其他物品的，由劳动行政部门责令限期退还劳动者本人，并以每人500元以上2000元以下的标准处以罚款；给劳动者造成损害的，应当承担赔偿责任。

5.其他法律责任

略

（二）劳动者违反劳动合同法律制度的法律责任

（1）劳动合同被确认无效，给用人单位造成损失的，有过错的劳动者应当承担赔偿责任。

（2）劳动者违反《劳动合同法》规定解除劳动合同，给用人单位造成损失的，应当承担赔偿责任。

（3）劳动者违反劳动合同中约定的保密义务或者竞业限制，劳动者应当按照劳动合同的约定，向用人单位支付违约金。给用人单位造成损失的，应当承担赔偿责任。

（4）劳动者违反培训协议，未满服务期解除或者终止劳动合同的，或者因劳动者严重违纪，用人单位与劳动者解除约定服务期的劳动合同的，劳动者应当按照劳动合同的约定，向用人单位支付违约金。

第二节 社会保险法律制度

一、社会保险的概念、种类和基本原则 ★

（一）社会保险的概念

社会保险，是指国家依法建立的，由国家、用人单位和个人共同筹集资金、建立基金，使个人在年老（退休）、患病、工伤（因工伤残或者患职业病）、失业、生育等情况下获得物质帮助和补偿的一种社会保障制度。

（二）社会保险的种类和基本原则

目前我国的社会保险项目主要有：

1. 基本养老保险。

2. 基本医疗保险。

3. 工伤保险。

4. 失业保险。

5. 生育保险（已并入基本医疗保险）。

根据国务院《关于全面推进生育保险和职工基本医疗保险合并实施的意见》，职工基本医疗保险和生育保险合并，参加职工基本医疗保险的职工同步参加生育保险，统一基金征缴和管理，生育保险基金并入职工基本医疗保险基金合并编制预算并建账核算。

二、基本养老保险 ★★

（一）基本养老保险的含义

基本养老保险，是指缴费达到法定期限并且个人达到法定退休年龄后，国家和社会提供物质帮助以保证因年老而退出劳动领域稳定、可靠的生活来源的社会保险制度。基本养老保险是社会保险体系中最重要，实施最广泛的一项制度。

（二）基本养老保险的覆盖范围

1. 基本养老保险制度分类

根据《社会保险法》的规定，基本养老保险制度由三个部分组成：

（1）职工基本养老保险制度；

（2）新型农村社会养老保险制度（简称新农保）；

（3）城镇居民社会养老保险制度（简称城居保）。

2. 职工基本养老保险

（1）征缴范围。国有企业、城镇集体企业、外商投资企业、城镇私营企业和其他城镇企业及其职工，实行企业化管理的事业单位及其职工。

（2）无雇工的个体工商户、未在用人单位参加基本养老保险的非全日制从业人员以及其他灵活就业人员可以参加基本养老保险和基本医疗保险，由个人缴纳基本养老保险费。

> **名师说**
>
> 　　在校学生无基本养老保险，但可通过学校缴纳基本医疗保险，属于城乡居民基本医疗保险的覆盖范围。

　　【例8-48·多选题·2018】根据社会保险法律制度的规定，参加职工基本养老保险的下列人员中，基本养老保险费全部由个人缴纳的有（　　）。

　　A. 城镇私营企业的职工

　　B. 无雇工的个体工商户

　　C. 未在用人单位参加基本养老保险的非全日制从业人员

　　D. 实行企业化管理的事业单位职工

　　【答案】BC

　　【解析】无雇工的个体工商户、未在用人单位参保的非全日制从业人员及其他灵活就业人员可以参加基本养老保险，由个人缴费，选项BC正确；选项AD，用人单位和职工共同缴费。

　　【例8-49·多选题·2020】根据社会保险法律制度的规定，属于职工基本养老保险征缴范围的有（　　）。

　　A. 国有企业及职工

　　B. 实行企业化管理的事业单位及其职工

　　C. 外商投资企业及其职工

　　D. 城镇私营企业及其职工

　　【答案】ABCD

　　【解析】职工基本养老保险费的征缴范围：国有企业、城镇集体企业、外商投资企业、城镇私营企业和其他城镇企业及其职工，实行企业化管理的事业单位及其职工。无雇工的个体工商户、未在用人单位参加基本养老保险的非全日制从业人员以及其他灵活就业人员可以参加基本养老保险和基本医疗保险，由个人缴纳基本养老保险费。

（三）基本养老保险基金的组成和来源

　　1. 组成

　　基本养老保险基金由用人单位和个人缴费以及政府补贴等组成。基本养老保险实行社会统筹与个人账户养老金相结合。

　　2. 来源

　　（1）社会统筹。

　　养老保险社会统筹，是指统收养老保险缴费和统支养老金，确保收支平衡的公共财务系统。

　　（2）单位缴纳。

　　用人单位应当按照国家规定的本单位职工工资总额的比例缴纳基本养老保险费，记入基本养老保险统筹基金。

　　（3）个人缴纳。

　　职工按照国家规定的本人工资比例缴纳基本养老保险费，记入个人账户。

　　（4）基本养老保险金不足时。

　　基本养老保险基金出现支付不足时，政府给予补贴。

3. 其他规定

无雇工的个体工商户、未在用人单位参加基本养老保险的非全日制从业人员以及其他灵活就业人员参加基本养老保险的，应当按照国家规定缴纳基本养老保险费，分别记入基本养老保险统筹基金和个人账户。

4. 个人账户

个人账户不得提前支取，记账利率低于银行定期存款利率，免征利息税。参加职工基本养老保险的个人死亡后，其个人账户中的余额可以全部依法继承。

5. 跨区域就业

个人跨统筹地区就业的，其基本养老保险关系随本人转移，缴费年限累计计算。个人达到法定退休年龄时，基本养老金分段计算、统一支付。

【例 8-50·单选题·2020】根据社会保险法律制度的规定，下列各项中，参保人员跨统筹地区就业的，职工基本养老保险关系随本人转移，其缴费年限（　　）。

A. 中止计算

B. 重新计算

C. 累计计算

D. 分段计算

【答案】C

【解析】个人跨统筹地区就业的，其基本养老保险关系随本人转移，缴费年限累计计算。

（四）职工基本养老保险费的缴纳与计算

1. 单位缴费

自 2019 年 5 月 1 日起，降低城镇职工基本养老保险（包括企业和机关事业单位基本养老保险）单位缴费比例。各省、自治区、直辖市及新疆生产建设兵团养老保险单位缴费比例高于 16% 的，可降至 16%；目前低于 16% 的，要研究提出过渡办法。

2. 个人缴费

按照现行政策，职工个人按照本人缴费工资的 8% 缴费，记入个人账户。缴费工资，也称缴费工资基数，一般为**职工本人上一年度月平均工资**。新招职工以起薪当月工资收入作为缴费工资基数；从第二年起，按上一年实发工资的月平均工资作为缴费工资基数。即：

个人养老账户月存储额 = 本人月缴费工资 ×8%

（1）缴纳基数范围。

① 本人月平均工资低于当地职工月平均工资 60% 的，按当地职工月平均工资的 60% 作为缴费基数。

② 本人月平均工资高于当地职工月平均工资 300% 的，按当地职工月平均工资的 300% 作为缴费基数，超过部分不计入缴费工资基数，也不计入计发养老金的基数。

各省应以本省城镇非私营单位就业人员平均工资和城镇私营单位就业人员平均工资加权计算的全口径城镇单位就业人员平均工资，核定社保个人缴费基数上下限。

（2）灵活就业人员的规定。

① 城镇个体工商户和灵活就业人员按照上述口径计算的本地全口径城镇单位就业人员平均工资核定社保个人缴费基数上下限，允许缴费人在 60% 至 300% 之间选择适当的缴费基数。

② 缴费比例为 20%，其中 8% 记入个人账户。

> **名师说**
>
> ①月平均工资按照国家统计局规定列入工资总额统计的项目计算，包括工资、奖金、津贴、补贴等收入，不包括用人单位承担或者支付给员工的社会保险费、劳动保护费、福利费、用人单位与员工解除劳动关系时支付的一次性补偿以及计划生育费用等其他不属于工资的费用。②个人缴费不计征个人所得税，在计算个人所得税的应税收入时，应当扣除个人缴纳的养老保险费。

【例 8-51·单选题·2019】根据社会保险法律制度的规定，下列各项中，表述不正确的有（　　）。

A. 职工按照国家规定的本人工资的比例缴纳基本养老保险费，可以全额计入个人账户

B. 灵活就业人员按照国家规定缴纳基本养老保险费全部计入个人账户

C. 职工按照国家规定的本人工资的比例缴纳基本养老保险费，计入个人账户的，免征利息税

D. 职工按照国家规定的本人工资的比例缴纳基本养老保险费，不得提前支取

【答案】B

【解析】城镇个体工商户和灵活就业人员的缴费基数为当地上年度在岗职工平均工资，缴费比例为 20%，其中 8% 记入个人账户，选项 B 错误。

【例 8-52·单选题·2021】2018 年，甲公司职工赵某月平均工资为 2 800 元，甲公司所在地月最低工资标准为 2 000 元，职工月平均工资为 5 000 元，已知 2019 年当地职工基本养老保险费中个人缴费比例为 8%，甲公司每月从赵某工资中代扣费为（　　）元。

A. 240　　　　　　　B. 224　　　　　　　C. 400　　　　　　　D. 160

【答案】A

【解析】本人月平均工资低于当地职工月平均工资 60% 的，按当地职工月平均工资的 60% 作为缴费基数。赵某基本养老保险个人缴费 ＝ 5 000×60%×8%=240 元。

（五）职工基本养老保险享受条件与待遇

1. 职工基本养老保险享受条件

（1）年龄条件。

职工应达到法定退休年龄。具体情形见表 8-12。

表 8-12　　　　　　　　　　　　　法定退休年龄的相关规定

具体情形	性别	法定退休年龄
一般情形	男	60 周岁
	女	50 周岁 （注：女干部为 55 周岁）
从事井下、高温、高空、特别繁重体力劳动或其他有害身体健康工作的	男	55 周岁
	女	45 周岁
因病或非因工致残，由"医院证明并经劳动鉴定委员会确认完全丧失劳动能力"的	男	50 周岁
	女	45 周岁

（2）领取条件。

累计缴费满15年。参加职工基本养老保险的个人，达到法定退休年龄时累计缴费满15年的，按月领取基本养老金。

2.职工基本养老保险待遇

（1）职工基本养老金。

对符合基本养老保险享受条件的人员国家按月支付基本养老金。

（2）丧葬补助金和遗属抚恤金。

参加基本养老保险的个人，因病或者非因工死亡的，其遗属可以领取丧葬补助金和抚恤金，所需资金从基本养老保险基金中支付。但如果个人死亡同时符合领取基本养老保险丧葬补助金、工伤保险丧葬补助金和失业保险丧葬补助金条件的，其遗属只能选择领取其中的一项。

（3）病残津贴。

所需资金从基本养老保险基金中支付。

【例8-53·单选题·2018、2019】根据社会保险法律制度的规定，参加职工基本养老保险的个人，达到法定退休年龄且累计缴费满一定年限的方可享受，该年限为（　　）。

A.5年　　　　　　　　B.15年　　　　　　　　C.20年　　　　　　　　D.10年

【答案】B

【解析】参加职工基本养老保险的个人，达到法定退休年龄时累计缴费满15年的，按月领取基本养老金。

【例8-54·多选题·2021】根据社会保险法律制度的规定，下列关于职工基本养老保险待遇的表述中，正确的有（　　）。

A.参保职工非因工死亡的，其遗属可以领取抚恤金

B.对符合基本养老保险享受条件的人员，国家按月支付基本养老金

C.参保职工在未达到法定退休年龄时因病致残而完全丧失劳动能力的，可以领取病残津贴

D.参保职工因病死亡的，其遗属可以领取丧葬补助金

【答案】ABCD

【解析】职工基本养老保险待遇：职工基本养老金、丧葬补助金和遗属抚恤金、病残津贴。

【例8-55·判断题·2021】如果个人死亡同时符合领取基本养老保险丧葬补助金、工伤保险丧葬补助金和失业保险丧葬补助金条件的，其遗属只能选择领取其中的一项。（　　）

【答案】√

三、基本医疗保险 ★★★

（一）基本医疗保险的含义

基本医疗保险，是指按照国家规定缴纳一定比例的医疗保险费，在参保人员因患病和意外伤害而就医诊疗时，由医疗保险基金支付其一定医疗费用的社会保险制度。

（二）基本医疗保险的覆盖范围

1.职工基本医疗保险

（1）缴纳比例。

职工应当参加职工基本医疗保险，由用人单位（6%）和职工（2%）按照国家规定共同缴纳

基本医疗保险费。

（2）征缴范围。

职工基本医疗保险费的征缴范围：国有企业、城镇集体企业、外商投资企业、城镇私营企业和其他城镇企业及其职工，国家机关及其工作人员，事业单位及其职工，民办非企业单位及其职工，社会团体及其专职人员。

无雇工的个体工商户、未在用人单位参加基本医疗保险的非全日制从业人员以及其他灵活就业人员可以参加职工基本医疗保险，由个人按照国家规定缴纳基本医疗保险费。

2. 城乡居民基本医疗保险

城乡居民基本医疗保险制度覆盖范围包括现有城镇居民基本医疗保险制度和新型农村合作医疗所有应参保（合）人员，即覆盖除职工基本医疗保险应参保人员以外的其他所有城乡居民，统一保障待遇。

（三）全面推进生育保险和职工医疗保险合并实施

根据国务院办公厅2019年3月6日印发的《关于全面推进生育保险和职工基本医疗保险合并实施的意见》，推进两项保险合并实施，统一参保登记，即参加职工基本医疗保险的在职职工同步参加生育保险。

统一基金征缴和管理，生育保险基金并入职工基本医疗保险基金，按照用人单位参加生育保险和职工基本医疗保险的缴费比例之和确定新的用人单位职工基本医疗保险费率，个人不缴纳生育保险费。两项保险合并实施后实行统一定点医疗服务管理，统一经办和信息服务。确保职工生育期间的生育保险待遇不变。

（四）职工基本医疗保险费缴纳的具体规定

基本医疗保险与基本养老保险一样采用"统账结合"模式，即分别设立社会统筹基金和个人账户基金，基本医疗保险基金由统筹基金和个人账户组成。

1. 单位缴费

由统筹地区统一确定适合当地经济发展水平的基本医疗保险单位缴费率，一般为职工工资总额的6%左右。用人单位缴纳的基本医疗保险费分为两部分，一部分用于建立统筹基金，另一部分划入个人账户。

2. 基本医疗保险个人账户的资金来源

（1）个人缴费部分。

由统筹地区统一确定适合当地职工负担水平的基本医疗保险个人缴费率，一般为本人工资的**2%**。

（2）用人单位缴费的划入部分。

由统筹地区根据个人医疗账户的支付范围和职工年龄等因素确定用人单位所缴纳医疗保险费划入个人医疗账户的具体比例，一般为**30%**左右。

3. 基本医疗保险关系转移接续制度

个人跨统筹地区就业的，其基本医疗保险关系随本人转移，缴费年限累计计算。

【例8-56·单选题·2021】某人月工资4 000元，医疗保险单位缴费率为6%、个人缴费率为2%，其中单位缴费的30%计入个人账户，则个人医疗保险账户每月的储存额为（ ）元。

A. 152　　　　　　B. 80　　　　　　C. 280　　　　　　D. 7

【答案】A

【解析】4 000×6%×30%+4 000×2% = 152（元）。

4. 退休人员基本医疗保险费的缴纳

参加职工基本医疗保险的个人，达到法定退休年龄时累计缴费达到国家规定年限的，退休后不再缴纳基本医疗保险费，按照国家规定享受基本医疗保险待遇；未达到国家规定缴费年限的，可以缴费至国家规定年限。目前对最低缴费年限没有全国统一的规定，由统筹地区根据本地情况确定。

（五）职工基本医疗费用的结算

1. 享受条件

目前各地对职工基本医疗保险费用结算的方式并不一致。要享受基本医疗保险待遇一般要符合以下条件：

（1）参保人员必须到基本医疗保险的定点医疗机构就医、购药或定点零售药店购买药品。

（2）参保人员在看病就医过程中所发生的医疗费用必须符合基本医疗保险药品目录、诊疗项目、医疗服务设施标准的范围和给付标准。

2. 支付标准

参保人员符合基本医疗保险支付范围的医疗费用中，在社会医疗统筹基金起付标准以上与最高支付限额以下的费用部分，由社会医疗统筹基金按一定比例支付。比例划分范围如图8-2所示。

（1）起付标准。

起付标准，又称起付线，一般为当地职工年平均工资的10%左右，低于起付线的部分由个人承担。

（2）最高支付限额。

最高支付限额，又称封顶线，一般为当地职工年平均工资的6倍左右，超过封顶线的部分，由个人承担。

（3）中间部分。

在起付线和封顶线之间的部分，由个人和社会医疗统筹基金共同承担，其中社保基金的支付比例为90%，个人承担10%。

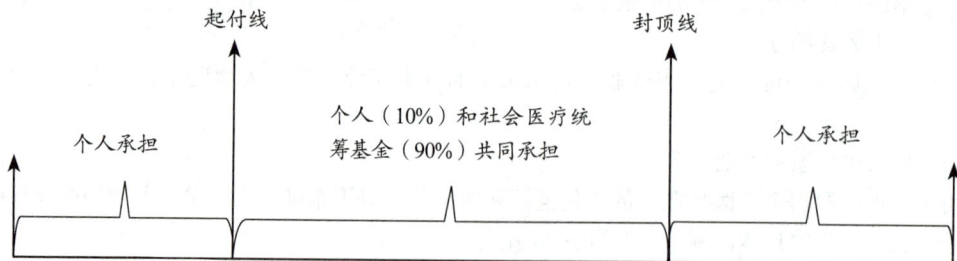

图8-2　起付标准划分图

（六）基本医疗保险基金不支付的医疗费用

下列医疗费用不纳入基本医疗保险基金支付范围：

（1）应当从工伤保险基金中支付的。

（2）应当由第三人负担的。

（3）应当由公共卫生负担的。

（4）在境外就医的。

医疗费用应当由第三人负担，第三人不支付或者无法确定第三人的，由基本医疗保险基金先行支付。基本医疗保险基金先行支付后，有权向第三人追偿。

【例 8-57·经典题解】王某在定点医院做手术，共发生医疗费用 20 万元，其中在规定医疗目录内的费用为 16 万元，目录以外费用 4 万元。已知：当地职工平均工资水平为 2 500 元 / 月，起付标准为当地职工平均工资的 10%，最高支付限额为当地职工年平均工资的 6 倍，报销比例为90%。分析计算哪些费用可以从统筹账户中报销，哪些费用需由王某自理。

【解析】医疗报销起付标准（起付线）= 2 500×12×10% = 3 000（元）；

最高支付限额（封顶线）= 2 500×12×6 = 180 000（元）；

即王某医疗费用在 3 000 元以上、180 000 元以下部分可以从统筹账户中予以报销，报销比例为 90%，即（180 000-3 000）×90% = 159 300（元）；

王某本人应负担 = 200 000-159 300 = 40 700（元）。

（七）医疗期

1. 概念

医疗期是指企业职工因**"患病或非因工负伤"**停止工作，治病休息，但不得解除劳动合同的期限。

2. 医疗期期限及医疗期的计算方法

医疗期期限由**"累计工作年限"**和**"本单位工作年限"**同时决定。病休期间，公休、假日和法定节日包括在内。具体见表 8-13。

表 8-13　　　　　　　　　　　　　　　　医疗期期间及其计算方法

实际工作年限	本单位工作年限	享受医疗期	累计病休时间计算期	
不满 10 年	不满 5 年	3 个月	6 个月	医疗期 ×2
	5 年以上	6 个月	12 个月	
10 年以上	不满 5 年	6 个月	12 个月	医疗期 +6 个月
	5 年以上不满 10 年的	9 个月	15 个月	
	10 年以上不满 15 年的	12 个月	18 个月	
	15 年以上不满 20 年的	18 个月	24 个月	
	20 年以上	24 个月	30 个月	

名师说

以实际工作年限不满 10 年，本单位工作不满 5 年为例，医疗期和累计病休时间的关系为，职工可在 6 个月内享受 3 个月的医疗期。

3. 医疗期内的待遇

企业职工在医疗期内，其病假工资、疾病救济费和医疗待遇按照有关规定执行。病假工资或疾病救济费可以低于当地最低工资标准支付，但最低不能低于最低工资标准的80%。

如医疗期内遇合同期满，则合同必须续延至医疗期满，职工在此期间仍然享受医疗期内待遇。

对医疗期满尚未痊愈者，或者医疗期满后，不能从事原工作，也不能从事用人单位另行安排的工作，被解除劳动合同的，用人单位需按经济补偿规定给予其经济补偿。

医疗期内，除劳动者有以下情形外，用人单位不得解除或终止劳动合同：

（1）在试用期间被证明不符合录用条件的；

（2）严重违反用人单位的规章制度的；

（3）严重失职，营私舞弊，给用人单位造成重大损害的；

（4）劳动者同时与其他用人单位建立劳动关系，对完成本单位的工作任务造成严重影响，或者经用人单位提出，拒不改正的；

（5）以欺诈、胁迫的手段或者乘人之危，使用人单位在违背真实意思的情况下订立或者变更劳动合同致使劳动合同无效的；

（6）被依法追究刑事责任的。

【例 8-58·单选题·2020】根据社会保险法律制度的规定，下列表述不正确的是（　　）。

A. 医疗期满职工尚未痊愈而被解除劳动合同的，用人单位应支付经济补偿

B. 病假工资或疾病救济费不得低于当地最低工资支付标准

C. 医疗期内，用人单位不得解除或者终止无过错职工的劳动合同

D. 病休期间、公休、假日和法定节日包括在医疗期内

【答案】B

【解析】选项B，病假工资或疾病救济费可以低于当地最低工资标准支付，但最低不能低于最低工资标准的80%。

【例 8-59·单选题·2019】甲公司职工王某实际工作年限为6年，在甲公司工作年限为2年。王某因患病住院治疗，其依法可享受的医疗期限为（　　）。

A. 3个月　　　　　B. 6个月　　　　　C. 9个月　　　　　D. 12个月

【答案】A

【解析】本单位工作不满5年，可享受的医疗期为3个月。

【例 8-60·单选题·2020】甲公司职工李某实际工作年限为8年，在甲公司工作年限为6年。因患病住院治疗，李某其依法可享受的医疗期限为（　　）。

A. 3个月　　　　　B. 6个月　　　　　C. 9个月　　　　　D. 12个月

【答案】B

【解析】实际工作年限10年以下，在本单位工作年限5年以上的，医疗期期间为6个月。

【例 8-61·单选题·2021】下列关于医疗期间的表述中，符合法律规定的是（　　）。

A. 实际工作年限10年以下的，在本单位工作年限5年以下的，医疗期间为3个月

B. 实际工作年展10年以上的，在本单位工作年限5年以上10年以下的，医疗期间为6个月

C 实际工作年限10年以上的，在本单位工作年限10年以上15年以下的，医疗期间为9个月

D. 实际工作年限10年以上的，在本单位工作年限为20年以上的，医疗期为20个月

【答案】A

【解析】本题考核医疗期间，B 选项应为 9 个月，C 选项应为 12 个月，D 选项应为 24 个月。

【例 8-62·单选题·2022】甲公司职工林某患病住院，已知林某月工资 5 000 元，当地月最低工资标准 2 000 元。甲公司每月向其支付的病假工资不得低于（　　）。

A. 1 600 元　　　　　B. 4 000 元　　　　　C. 2 000 元　　　　　D. 5 000 元

【答案】A

【解析】医病假工资或疾病救济费可以低于当地最低工资标准支付，但最低不能低于最低工资标准的 80%，因此病假工资不得低于 2 000×80% = 1 600（元）。

四、工伤保险★★★

（一）工伤保险的含义

工伤保险，是指劳动者在职业工作中或规定的特殊情况下遭遇意外伤害或职业病，导致暂时或永久丧失劳动能力以及死亡时，劳动者或其遗属能够从国家和社会获得物资帮助的社会保险制度。

（二）工伤保险费的缴纳

职工应当参加工伤保险，由**用人单位**缴纳工伤保险费，职工不缴纳工伤保险费。

（三）工伤认定与劳动能力鉴定

1. 工伤认定

（1）应当认定工伤的情形。

① 在工作时间和工作场所内，因工作原因受到事故伤害的；

② 工作时间前后在工作场所内，从事与工作有关的预备性或者收尾性工作受到事故伤害的；

③ 在工作时间和工作场所内，因履行工作职责受到暴力等意外伤害的；

④ 患职业病的；

⑤ 因工外出期间，由于工作原因受到伤害或者发生事故下落不明的；

⑥ 在上下班途中，受到非本人主要责任的交通事故或者城市轨道交通、客运轮渡、火车事故伤害的；

⑦ 应当认定为工伤的其他情形。

（2）视同工伤的情形。

① 在工作时间和工作岗位，突发疾病死亡或者在 48 小时内经抢救无效死亡的；

② 在抢险救灾等维护国家利益、公共利益活动中受到伤害的；

③ 原在军队服役，因战、因公负伤致残，已取得革命伤残军人证，到用人单位后旧伤复发的。

（3）不认定为工伤的情形。

① 故意犯罪；

② 醉酒或者吸毒；

③ 自残或者自杀。

【例 8-63·多选题·2013、2014、2015、2016、2017、2018、2019、2020】下列社会保险中应由用人单位和职工共同缴纳的有（　　）。

A. 基本养老保险　　　B. 基本医疗保险　　　C. 工伤保险　　　D. 失业保险

【答案】ABD

【解析】职工应当参加工伤保险，由用人单位缴纳工伤保险费，职工不缴纳工伤保险费。

【例 8-64·多选题·2018】劳动者发生伤亡的下列情形中，应当认定为工伤的有（　　）。

A. 吴某在车间工作期间因醉酒导致自身受伤

B. 保安万某在工作期间因履行工作职责被打伤

C. 陈某在上班途中，受到非本人主要责任交通事故伤害的

D. 赵某在外地出差期间登山游玩时摔伤

【答案】BC

【解析】选项 B，在工作时间和工作场所内，因履行工作职责受到暴力等意外伤害的；选项 C，在上下班途中，受到非本人主要责任的交通事故或者城市轨道交通、客运轮渡、火车事故伤害的，应当认定为工伤。

【例 8-65·单选题·2021】下列情形中，"视同工伤"的是（　　）。

A. 因工作出差，在工作时受到伤害

B. 在工作时间，工作地点，突发疾病死亡

C. 在工作时间工作地点因执行工作遭受他人暴力伤害

D. 下班途中遭受交通事故伤害，自己是主要责任人

【答案】B

【解析】选项 AC 应当"认定工伤"，选项 D 不认定为工伤。

2. 劳动能力鉴定

职工发生工伤，经治疗伤情相对稳定后存在残疾、影响劳动能力的，应当进行劳动能力鉴定。

（1）劳动功能障碍分为十个伤残等级，最重的为一级，最轻的为十级。

（2）生活自理障碍分为三个等级：

① 生活完全不能自理；

② 生活大部分不能自理；

③ 生活部分不能自理。

（3）自劳动能力鉴定结论作出之日起 1 年后，工伤职工或者近亲属、所在单位或者经办机构认为伤残情况发生变化的，可以申请劳动能力复查鉴定。

（四）工伤保险待遇

1. 工伤医疗待遇

（1）治疗工伤的医疗费用（诊疗费、药费、住院费）。

（2）住院伙食补助费、交通食宿费。

（3）康复性治疗费。

（4）停工留薪期工资福利待遇（区别医疗期期内的待遇规定）。停工留薪期内，原工资待遇福利不变，由所在单位按月支付。停工留薪一般不超过 12 个月。伤情严重或者情况特殊，经设区的市级劳动能力鉴定委员会确认，可以适当延长，但延长不得超过 12 个月。

工伤职工评定伤残等级后，停止享受停工留薪待遇，按照规定享受伤残待遇。

2. 辅助器具装配费（了解即可）

3. 伤残待遇

（1）生活护理费。

（2）一次性伤残补助金。

（3）伤残津贴。

（4）一次性工伤医疗补助金和一次性伤残就业补助金。

伤残待遇小结见表 8-14。

表 8-14　　　　　　　　　　　　　　　　　伤残待遇小结

伤残等级	与原单位的劳动合同	领取内容	支付主体
1～4 级	保留与用人单位的劳动关系，退出工作岗位	伤残津贴	工伤保险基金
5～6 级	保留与用人单位的劳动关系，由用人单位安排适当工作，难以安排适当工作的	伤残津贴	用人单位
	经工伤职工本人提出，与用人单位解除或者终止劳动关系的	一次性工伤医疗补助金	工伤保险基金
		一次性伤残就业补助金	用人单位
7～10 级	劳动、聘用合同期满终止，或者职工本人提出解除劳动、聘用合同的	一次性工伤医疗补助金	工伤保险基金
		一次性伤残就业补助金	用人单位

4. 工亡待遇

（1）丧葬补助金，为 6 个月的统筹地区上年度职工月平均工资。

（2）供养亲属抚恤金。

（3）一次性工亡补助金，标准为上一年度全国城镇居民人均可支配收入的 20 倍。

一至四级伤残职工在停工留薪期满后死亡的，其近亲属可以享受丧葬补助金、供养亲属抚恤金待遇，不享受一次性工亡补助金待遇。

【例 8-66·单选题·2022】下列关于停工留薪期待遇的说法中，正确的是（　　）。

A. 在停工留薪期内原工资福利待遇不变，由工伤保险基金按月支付

B. 停工留薪期一般不超过 12 个月

C. 工伤职工评定伤残等级后，继续享受停工留薪期待遇

D. 工伤职工停工留薪期满后仍需治疗，继续享受停工留薪期待遇

【答案】B

【解析】选项 A 说法错误，在停工留薪期内，原工资福利待遇不变，由所在单位按月支付。选项 C 说法错误，工伤职工评定伤残等级后，停止享受停工留薪期待遇，按规定享受伤残待遇。选项 D 说法错误，工伤职工停工留薪期满后仍需治疗的，继续享受工伤医疗待遇。

（五）工伤保险待遇负担

1. 由工伤保险基金支付的费用

（1）治疗工伤的医疗费用和康复费用；

（2）住院伙食补助费；

（3）到统筹地区以外就医的交通食宿费；

（4）安装配置伤残辅助器具所需费用；

（5）生活不能自理的，经劳动能力鉴定委员会确认的生活护理费；

（6）一次性伤残补助金和一级至四级伤残职工按月领取的伤残津贴；

（7）终止或者解除劳动合同时，应当享受的一次性医疗补助金；

（8）因工死亡的，其遗属领取的丧葬补助金、供养亲属抚恤金和因工死亡补助金；

（9）劳动能力鉴定费。

2.由用人单位支付的费用

（1）治疗工伤期间的工资福利；

（2）五级、六级伤残职工按月领取的伤残津贴；

（3）终止或者解除劳动合同时，应当享受的一次性伤残就业补助金。

【例8-67·多选题·2020】根据社会保险法律制度的规定，参保职工因工伤发生的下列费用中，应从工伤保险基金中支付的有（　　）。

A.治疗工伤的医疗费用

B.住院伙食补助费

C.劳动能力鉴定费

D.治疗工伤的康复费用

【答案】ABCD

【解析】选项ABCD均应当从工伤保险基金中支付。

（六）特别规定

1.工伤职工工资

工伤保险中所称的本人工资，是指工伤职工因工作遭受事故伤害或者患职业病前12个月平均月缴费工资。本人工资高于统筹地区职工平均工资300%的，按照统筹地区职工平均工资的300%计算；本人工资低于统筹地区职工平均工资60%的，按照统筹地区职工平均工资的60%计算。

2.工伤职工停止享受工伤保险待遇的情形

（1）丧失享受待遇条件的；

（2）拒不接受劳动能力鉴定的；

（3）拒绝治疗的。

3.工伤职工退休

因工致残享受伤残津贴的职工达到退休年龄并办理退休手续后，停发伤残津贴，享受基本养老保险待遇。基本养老保险待遇低于伤残津贴的，由工伤保险基金补足差额。

4.单位未缴纳工伤保险

职工所在用人单位未依法缴纳工伤保险费，发生工伤事故的，由用人单位支付工伤保险待遇。用人单位不支付的，从工伤保险基金中先行支付，由用人单位偿还。用人单位不偿还的，社会保险经办机构可以追偿。

5.第三人原因

由于第三人的原因造成工伤，第三人不支付工伤医疗费用或者无法确定第三人的，由工伤保险基金先行支付。工伤保险基金先行支付后，有权向第三人追偿。

6.同时就业

职工（包括非全日制从业人员）在两个或者两个以上用人单位同时就业的，各用人单位应当分别为职工缴纳工伤保险费。职工发生工伤，由职工受到伤害时工作的单位依法承担工伤保险责任。

【例8-68·判断题·2021】职工在两个用人单位同时就业的，各用人单位应当分别为职工缴纳工伤保险费。（　　）

【答案】√

五、失业保险 ★ ★ ★

（一）失业保险的含义

失业保险是指国家通过立法强制实行的，由社会集中建立基金，保障因失业而暂时中断生活来源的劳动者的基本生活，并通过职业培训、职业介绍等措施促进其再就业的社会保险制度。

（二）失业保险费的缴纳

1. 基本规定

职工应当参加失业保险，由用人单位和职工按照国家规定共同缴纳失业保险费。

2. 缴纳比例

根据《失业保险条例》的规定，城镇企业事业单位按照本单位工资总额的 2% 缴纳失业保险费，职工按照本人工资的 1% 缴纳失业保险费。为减轻企业负担，促进扩大就业，人力资源和社会保障部、财政部数次发文降低失业保险费率，将用人单位和职工失业保险缴费比例总和从 3% 阶段性降至 1%，个人费率不得超过单位费率。

3. 职工跨区域就业

职工跨统筹地区就业的，其失业保险关系随本人转移，缴费年限累计计算。

（三）失业保险待遇

1. 失业保险待遇的享受条件

（1）失业前用人单位和本人已经缴纳失业保险费满 1 年。

（2）非因本人意愿中断就业。

（3）已经进行失业登记，并有求职要求。

2. 失业保险金的领取期限

表 8-15　　　　　　　　　　　　　　　　　失业保险金领取期限

累计缴费年限	领取失业保险金的最长期限
满 1 年不足 5 年的	12 个月
满 5 年不足 10 年的	18 个月
10 年以上	24 个月

（1）用人单位应当及时为失业人员出具终止或者解除劳动合同关系的证明，将失业人员的名单自终止或者解除劳动关系之日起 7 日内报受理其失业保险业务的经办机构备案，并按要求提供终止或者解除劳动合同等有关材料。

（2）失业人员到公共就业服务机构或社会保险经办机构申领失业保险金，受理其申请的机构都应一并办理失业登记和失业保险金发放。

（3）失业人员在失业期间，可凭社会保障卡或身份证件到现场或通过网上申报的方式申领失业保险金。经办机构不得要求失业人员出具终止或者解除劳动关系证明、失业登记证明等其他证明材料。

（4）继续实施失业保险保障扩围政策，对领取失业保险金期满仍未就业的失业人员、不符合领取失业保险金条件的参保失业人员，发放失业补助金；对参保不满1年的失业农民工，发放临时生活补助。保障范围为2022年1月1日至12月31日期间新发生的参保失业人员。

3.重新就业后再失业

重新就业后再失业的，缴费时间重新计算；领取期限与前次失业应当领取而尚未领取的期限合并计算，最长不超过24个月。

失业人员因当期不符合失业保险金领取条件的，原有缴费时间予以保留，重新就业并参保的，缴费时间累计计算。

4.延长领取期限

根据人力资源社会保障部、财政部《关于扩大失业保险保障范围的通知》，自2019年12月起，延长大龄失业人员领取失业保险金期限，对领取失业保险金期满仍未就业且距法定退休年龄不足1年的失业人员，可继续发放失业保险金至法定退休年龄。

5.失业保险金的发放标准

失业保险金的标准，不得低于城市居民最低生活保障标准。一般也不高于当地最低工资标准，具体数额由省、自治区、直辖市人民政府确定。

6.其他失业保险待遇

（1）领取期间失业保险期间享受基本医疗保险待遇。失业人员应当缴纳的基本医疗保险费从失业保险基金中支付，个人不缴纳基本医疗保险费。

（2）领取失业保险期间死亡补助。失业人员领取失业保险金期间死亡的，参照当地对在职职工死亡的规定，向遗属发放一次性丧葬补助金和抚恤金，由失业保险基金支付。

（3）职业介绍与职业培训补贴。失业人员接受职业介绍、职业培训的补贴由失业保险基金按照规定支付。

（4）国务院规定或者批准的与失业保险有关的其他费用。

7.停止享受失业保险待遇的情形

（1）重新就业的；

（2）应征服兵役的；

（3）移居境外的；

（4）享受基本养老保险待遇的；

（5）被判刑收监执行的；

（6）无正当理由，拒不接受当地人民政府指定部门或者机构介绍的适当工作或者提供的培训的；

（7）有法律、行政法规规定的其他情形的。

【例8-69·多选题·2018】甲公司职工曾某因公司解散而失业。已知曾某系首次就业，失业前甲公司与其已累计缴纳失业保险费5年，则下列关于曾某享受失业保险待遇的表述中，正确的有（　　）。

A.曾某在领取失业保险金期间，参加职工基本医疗保险，享受基本医疗保险待遇

B.曾某领取失业保险金的期限最长为12个月

C.曾某领取失业保险金的标准可以低于城市居民最低生活保障标准

D.曾某领取失业保险金期限自办理失业登记之日起计算

【答案】AD

【解析】选项B，失业人员失业前用人单位和本人累计缴费满1年不足5年的，领取失业保险金的期限最长为12个月；累计缴费满5年不足10年的，领取失业保险金的期限最长为18个月；累计缴费10年以上的，领取失业保险金的期限最长为24个月。选项C，失业保险金的标准，不

得低于城市居民最低生活保障标准。

【例 8-70·多选题·2019、2020】根据社会保险法律制度的规定，失业人员在领取失业保险金期间，出现法定情形时，应停止领取失业保险金，并同时停止享受其他失业保险待遇。下列各项中，属于该法定情形的有（　　）。

A. 应征服兵役的　　　　　　　　　　B. 移居境外的

C. 重新就业的　　　　　　　　　　　D. 享受基本养老保险待遇的

【答案】ABCD

【解析】失业人员在领取失业保险金期间有下列情形之一的，停止领取失业保险金，并同时停止享受其他失业保险待遇：重新就业的；应征服兵役的；移居境外的；享受基本养老保险待遇的；被判刑收监执行的；无正当理由，拒不接受当地人民政府指定部门或者机构介绍的适当工作或者提供的培训的；有法律、行政法规规定的其他情形的。

【例 8-71·单选题·2022】赵某符合领取失业保险金条件，其累计缴纳失业保险费满 14 年。请问他领取失业保险金的期限最长为（　　）。

A. 24 个月　　　　　B. 12 个月　　　　　C. 18 个月　　　　　D. 9 个月

【答案】A

【解析】失业人员失业前用人单位和本人累计缴费满 1 年不足 5 年的，领取失业保险金的期限最长为 12 个月；累计缴费满 5 年不足 10 年的，领取失业保险金的期限最长为 18 个月；累计缴费 10 年以上的，领取失业保险金的期限最长为 24 个月。本题赵某累计缴纳失业保险 14 年，因此领取失业保险金的期限最长为 24 个月（选项 A）。

六、社会保险征缴与管理 ★

（一）社会保险登记

1. 用人单位的社会保险登记

根据《社会保险费征缴暂行条例》的规定：

（1）企业在办理登记注册时，**同步办理**社会保险登记。

（2）企业以外的缴费单位应当自成立之日起 30 日内，向当地社会保险经办机构申请办理社会保险登记。

2. 个人的社会保险登记

（1）用人单位自用工之日起 30 日内为其职工向社保经办机构申办社保登记。

（2）灵活就业人员：自行向社保经办机构申办。

（二）社会保险费缴纳

1. 用人单位缴纳义务

（1）用人单位。

用人单位应当自行申报、按时足额缴纳社会保险费。非因不可抗力等法定事由不得缓缴、减免。

（2）职工。

职工应当缴纳的社会保险费由用人单位代扣代缴，用人单位应当**按月**将缴纳社会保险费的明细情况告知职工本人。缴费单位应当每年向本单位职工公布本单位全年社会保险费缴纳情况，接受职工监督。

（3）灵活就业人员。

无雇工的个体工商户、未在用人单位参加基本养老保险的非全日制从业人员以及其他灵活就业人员，可以直接向社会保险费征收机构缴纳社会保险费。

2. 征缴制度改革

根据中共中央《深化党和国家机构改革方案》，为提高社会保险资金征管效率，将基本养老保险费、基本医疗保险费、失业保险费等各项社会保险费交由税务部门统一征收。按照改革相关部署，自 2019 年 1 月 1 日起由税务部门统一征收各项社会保险费和先行划转的非税收入。

【例 8-72·多选题·2018】根据社会保险法律制度的规定，下列关于社会保险费征缴的表述中，正确的有（   ）。

A. 职工应当缴纳的社会保险费由用人单位代扣代缴

B. 用人单位未按时足额缴纳社会保险费的，由社会保险费征收机构责令其限期缴纳或者补足

C. 未在用人单位参加社会保险的非全日制从业人员可以直接向社会保险征收机构缴纳社会保险费

D. 用人单位应当自用工之日起 30 日内为其职工向社会保险经办机构申请办理社会保险

【答案】ABCD

【解析】选项 ABCD 全部正确。

（三）社会保险基金管理

1. 建账与核算

除基本医疗保险基金与生育保险基金合并建账及核算外，其他各项社会保险基金按照社会保险险种分别建账，分账核算，执行国家统一的会计制度。

社会保险基金存入财政专户，按照统筹层次设立预算，通过预算实现收支平衡。除基本医疗保险基金与生育保险基金预算合并编制外，其他社会保险基金预算按照社会保险项目分别编制。

县级以上人民政府在社会保险基金出现支付不足时，给予补贴。社会保险经办机构应当定期向社会公布参加社会保险情况以及社会保险基金的收入、支出、结余和收益情况。

2. 专款专用

社会保险基金专款专用，任何组织和个人不得侵占或者挪用。

3. 社保基金的投资

社会保险基金在保证安全的前提下，按照国务院规定投资运营实现保值增值。不得违规投资运营，不得用于平衡其他政府预算，不得用于兴建、改建办公场所和支付人员经费、运行费用、管理费用，或者违反法律、行政法规规定挪作其他用途。

七、违反社会保险法的法律责任 ★

（一）用人单位违反社会保险法的法律责任

1. 用人单位不办理社会保险登记

（1）用人单位不办理社会保险登记的，由社会保险行政部门责令限期改正；

（2）逾期不改正的，对用人单位处应缴社会保险费数额 1 倍以上 3 倍以下的罚款，对其直接负责的主管人员和其他直接责任人员处 500 元以上 3 000 元以下的罚款。

2. 用人单位未按时足额缴纳

（1）用人单位未按时足额缴纳社会保险费的，由社会保险费征收机构责令限期缴纳或者补足，并自欠缴之日起，按日加收 0.05% 的滞纳金；

（2）逾期仍不缴纳的，由有关行政部门处欠缴数额 1 倍以上 3 倍以下的罚款。

3. 用人单位拒不出具终止或者解除劳动关系证明

（1）用人单位拒不出具终止或者解除劳动关系证明，由劳动行政部门责令改正；

（2）给劳动者造成损害的，应当承担赔偿责任。

（二）骗保行为的法律责任

以欺诈、伪造证明材料或者其他手段骗取社会保险待遇的，由社会保险行政部门责令退回骗取的社会保险金，处骗取金额 2 倍以上 5 倍以下的罚款。

（三）社会保险经办机构、社会保险征收机构、社会保险服务机构等机构的法律责任（了解即可）

【例 8-73·判断题·2017】用人单位未按时足额缴纳社会保险费的，由社会保险费征收机构责令限期缴纳或者补足，并自欠缴之日起按日加收滞纳金。（　　）

【答案】√

本章习题精练

一、单项选择题

1. 根据劳动合同法律制度的规定，下列情形中，用人单位与劳动者可以不签订书面劳动合同的是（　　）。

A. 试用期用工　　　　B. 非全日制用工

C. 固定期限用工　　　D. 无固定期限用工

2. 2×19 年 3 月 1 日，甲公司与韩某签订劳动合同，约定合同期限 1 年，试用期 1 个月，每月 15 日发放工资。韩某 3 月 10 日上岗工作。甲公司与韩某建立劳动关系的起始时间是（　　）。

A. 2×19 年 3 月 1 日

B. 2×19 年 3 月 10 日

C. 2×19 年 3 月 15 日

D. 2×19 年 4 月 10 日

3. 根据劳动合同法律制度的规定，无效的劳动合同从（　　）之日起就没有法律效力。

A. 劳动合同订立　　　B. 提起劳动仲裁

C. 劳动合同解除　　　D. 提起劳动诉讼

4. 根据社会保险法律制度的规定，下列关于职工基本养老保险个人账户的表述中，不正确的是（　　）。

A. 无雇工的个体工商户自愿按照国家规定缴纳的基本养老保险费，全部记入个人账户

B. 职工按照国家规定的本人工资的一定比例缴纳的基本养老保险费，全部记入个人账户

C. 职工基本养老保险个人账户不得提前支取

D. 职工基本养老保险个人账户免征利息税

5. 甲公司职工周某的月工资为 6 800 元，已知当地职工基本医疗保险的单位缴费率为 6%，职工个人缴费率为 2%，用人单位所缴医疗保险费划入个人医疗账户的比例为 30%。根据社会保险法律制度的规定，关于周某个人医疗保险账户每月存储额的下列计算中，正确的是（　　）。

A. 6 800 × 6% × 30% = 122.4（元）

B. 6 800 × 2%+6 800 × 6% × 30% = 258.4（元）

C. 6 800 × 2% = 136（元）

D. 6 800 × 2%+6 800 × 6% = 544（元）

6. 根据社会保险法律制度的规定，参加基本养老保险的个人，达到法定退休年龄并且累计缴费满（ ）年的，按月领取基本养老金。

A. 10　　　　　　　　B. 15

C. 20　　　　　　　　D. 25

7. 失业人员失业前用人单位和本人累计缴费满1年不足5年的，领取失业保险金的期限最长为（ ）。

A. 12个月　　　　　　B. 6个月

C. 18个月　　　　　　D. 24个月

8. 基本医疗保险个人账户的资金来源，包括个人缴费和用人单位强制性缴费的划入部分。用人单位所缴医疗保险费划入个人医疗账户的比例，一般为（ ）。

A. 2%　　　　　　　　B. 6%

C. 8%　　　　　　　　D. 30%

9. 王某在乙公司工作满5年，月工资收入为10 000元，当地上年度职工月平均工资为3 000元，乙公司违法解除合同时，王某可以得到的补偿金为（ ）元。

A. 3 000×3×5 = 45 000

B. 10 000×5 = 50 000

C. 3 000×5 = 15 000

D. 10 000

10. 周某于2×18年4月11日进入甲公司就职，经周某要求，公司于2×19年4月11日才与其签订劳动合同。已知周某每月工资2 000元，已按时足额领取。甲公司应向周某支付工资补偿的金额是（ ）元。

A. 0　　　　　　　　　B. 2 000

C. 22 000　　　　　　　D. 24 000

11. 郑某于2×19年6月15日与甲公司签订劳动合同，约定试用期1个月。7月2日郑某上班。郑某与甲公司建立劳动关系的时间是（ ）。

A. 2×19年6月15日

B. 2×19年7月2日

C. 2×19年7月15日

D. 2×19年8月2日

12. 某企业实行标准工时制。2×19年3月，为完成一批订单，企业安排全体职工每工作日延长工作时间2小时，关于企业向职工支付加班工资的下列计算标准中，正确的是（ ）。

A. 不低于职工本人小时工资标准的100%

B. 不低于职工本人小时工资标准的150%

C. 不低于职工本人小时工资标准的200%

D. 不低于职工本人小时工资标准的300%

13. 2×20年3月1日，甲公司与陈某签订劳动合同，陈某于3月5日正式上班，4月1日过了试用期，4月15日领取工资。甲公司与陈某建立劳动关系的时间为（ ）。

A. 3月5日　　　　　　B. 3月1日

C. 4月1日　　　　　　D. 4月15日

14. 2×19年2月10日，吴某到甲公司工作报到上班，每月领取工资3 000元，直至2×20年1月10日甲公司方与其订立书面劳动合同。未及时订立书面劳动合同的工资补偿为（ ）元。

A. 20 000　　　　　　B. 27 000

C. 30 000　　　　　　D. 33 000

15. 下列关于标准工时制的表述中，正确的是（ ）。

A. 每日工作8小时，每周工作40小时

B. 每日工作8小时，每周工作48小时

C. 每日工作10小时，每周工作40小时

D. 每日工作10小时，每周工作50小时

16. 2×19年7月2日新入职职工，在2×21年9月28日休年假，可休假（ ）。

A. 5天　　　　　　　　B. 10天

C. 15天　　　　　　　D. 0天

17. 甲公司为员工张某支付培训费用3万元，约定服务期3年。2年后，张某以公司自他入职起从未按照合同约定提供劳动保护为由，向单位提出解除劳动合同。以下说法正确的是（ ）。

A. 张某违反了服务期的约定

B. 公司可以要求张某支付3万元违约金

C. 公司可以要求张某支付1万元违约金

D. 张某无需支付违约金

18. 关于用人单位和劳动者对竞业限制约定的下列表述中，不正确的是（ ）。

A. 竞业限制约定适用于用人单位与其高级管理人员、高级技术人员和其他负有保密义务的人员之间

B. 用人单位应按照双方约定在竞业限制期限内按月给予劳动者经济补偿

C. 用人单位和劳动者约定的竞业限制期限不得超过 3 年

D. 劳动者违反竞业限制约定的，应按照约定向用人单位支付违约金

19. 乙劳务派遣公司应甲公司要求，将张某派遣到甲公司工作。下列关于该劳务派遣用工的表述中，正确的是（　　）。

A. 乙公司可向张某收取劳务中介费

B. 甲公司可将张某再派遣到其他用人单位

C. 甲公司与张某之间存在劳动合同关系

D. 乙公司应向张某按月支付劳动报酬

20. 男性职工法定退休年龄为（　　）周岁。

A. 60　　　　　　　　B. 55

C. 50　　　　　　　　D. 45

21. 根据社会保险法律制度的规定，一次性工亡补助金标准为上一年度全国城镇居民人均可支配收入的一定倍数，该倍数为（　　）。

A. 10　　　　　　　　B. 20

C. 15　　　　　　　　D. 5

22. 李某在甲公司工作了 6 年，因劳动合同到期而劳动关系终止，符合领取失业保险待遇，李某最长可以领取失业保险的期限是（　　）。

A. 24 个月　　　　　B. 12 个月

C. 18 个月　　　　　D. 6 个月

23. 李某在甲公司工作了 12 年，因劳动合同到期而劳动关系终止，符合领取失业保险待遇，李某最长可以领取失业保险的期限是（　　）。

A. 24 个月　　　　　B. 12 个月

C. 18 个月　　　　　D. 6 个月

24. 根据劳动法的规定，劳动者与用人单位之间发生的下列纠纷中，不属于劳动争议的是（　　）。

A. 劳动者退休后，与尚未参加社会保险统筹的原用人单位因追索养老金而发生的纠纷

B. 因企业自主进行改制发生的纠纷

C. 劳动者与用人单位解除劳动关系后，办理劳动者的人事档案移转手续发生的纠纷

D. 劳动者与用人单位因住房制度改革产生的公有住房转让纠纷

二、多项选择题

25. 根据劳动合同法律制度的规定，关于劳动报酬支付的下列表述中，对的有（　　）。

A. 用人单位可以采用多种形式支付工资，如货币、有价证券、实物等

B. 工资至少每月支付一次，实行周、日、小时工资制的可按周、日、小时支付工资

C. 对完成一次性临时劳动的劳动者，用人单位应按协议或合同规定在其完成劳动任务后即支付工资

D. 约定支付工资的日期遇节假日或休息日的，应提前在最近的工作日支付

26. 根据劳动合同法律制度的规定，下列情形中，劳动者可以单方面随时通知与用人单位解除劳动合同的有（　　）。

A. 用人单位未为劳动者缴纳社会保险费

B. 用人单位未及时足额支付劳动报酬

C. 用人单位以暴力、威胁或者非法限制人身自由的手段强迫劳动者劳动的

D. 用人单位违章指挥、强令冒险作业危及劳动者人身安全的

27. 根据劳动合同法律制度的规定，关于劳务派遣的下列表述中，正确的有（　　）。

A. 劳动合同关系存在于劳务派遣单位与被派遣劳动者之间

B. 劳务派遣单位是用人单位，接受以劳务派遣形式用工的单位是用工单位

C. 被派遣劳动者的劳动报酬可低于用工单位同类岗位劳动者的劳动报酬

D. 被派遣劳动者不能参加用工单位的工会

28. 工伤保险基金存入社会保障基金财政专户，可以用于（　　）。

A. 劳动能力鉴定

B. 工伤预防的宣传、培训

C. 投资运营

D. 兴建或者改建办公场所

29. 根据劳动合同法律制度的规定，下列情形中，职工不能享受当年年休假的有（　　）。

A. 依法享受寒暑假，其休假天数多于年休假天数的

B. 请事假累计 20 天以上，且单位按照规定不扣工资的

C. 累计工作满 1 年不满 10 年，请病假累计 2 个月以上的

D. 累计工作满 20 年以上，请病假累计满 3 个月的

30. 某公司拟与张某签订为期 3 年的劳动合同，关于该合同试用期约定的下列方案中，符合法律制度规定的有（　　）。

A. 不约定试用期　　　　B. 试用期 1 个月

C. 试用期 3 个月　　　　D. 试用期 6 个月

31. 关于试用期，表述正确的有（　　）。

A. 丙公司与白某订立无固定期限劳动合同，约定试用期 4 个月

B. 甲公司与陆某订立以完成一定工作任务为期限的劳动合同，试用期为 1 个月

C. 丁公司约定李某从事非全日制用工合同，约定试用期为半个月

D. 乙公司与赵某订立 1 年期劳动合同，约定试用期为 2 个月

32. 根据劳动合同法律制度的规定，下列关于无效劳动合同法律后果的表述中，正确的是（　　）。

A. 劳动合同被确认无效，给对方造成损害的，有过错的一方应承担赔偿责任

B. 无效劳动合同从订立时起就没有法律约束力

C. 劳动合同被确认无效，劳动者已付出劳动的，用人单位无须支付劳动报酬

D. 劳动合同部分无效，则劳动合同无效

33. 2×08 年以来，甲公司与下列职工均已连续订立 2 次固定期限劳动合同，再次续订劳动合同时，除职工提出订立固定期限劳动合同外，甲公司应与之订立无固定期限劳动合同

的有（　　）。

A. 不能胜任工作，经过培训能够胜任的李某

B. 因交通违章承担行政责任的范某

C. 患病休假，痊愈后能继续从事原工作的王某

D. 同时与乙公司建立劳动关系，经甲公司提出立即改正的张某

34. 根据劳动合同法律制度的规定，下列各项中，除劳动者提出订立固定期限劳动合同外，用人单位与劳动者应当订立无固定期限劳动合同的情形有（　　）。

A. 劳动者在该用人单位连续工作满 10 年的

B. 连续订立 2 次固定期限劳动合同，继续续订的，且劳动者无不可订立无固定期限的情形

C. 国有企业改制重新订立劳动合同，劳动者在该用人单位连续工作满 5 年且距法定退休年龄不足 15 年的

D. 用人单位初次实行劳动合同制度。劳动者在该用人单位连续工作满 10 年且距法定退休年龄不足 10 年的

35. 下列关于劳动合同试用期期限的表述中，正确的有（　　）。

A. 劳动合同期限 3 个月以上不满 1 年，试用期不得超过 1 个月

B. 劳动合同期限 1 年以上不满 3 年，试用期不得超过 2 个月

C. 劳动合同期限 3 年以上固定期限的，试用期不得超过 4 个月

D. 无固定期限的劳动合同，试用期不得超过 6 个月

36. 下列各项中，用人单位不能在劳动合同中和劳动者约定由劳动者承担违约金的有（　　）。

A. 竞业限制　　　　　　B. 工作时间

C. 休息休假　　　　　　D. 试用期

37. 根据劳动合同法律制度的规定，下列关于劳动合同履行的表述中，正确的有（　　）。

A. 用人单位拖欠劳动报酬的，劳动者可以依法向人民法院申请支付令

B. 用人单位发生合并或者分立等情况，原

劳动合同不再继续履行

C. 劳动者拒绝用人单位管理人员违章指挥、强令冒险作业的，不视为违反劳动合同

D. 用人单位变更名称的，不影响劳动合同的履行

38. 根据劳动合同法律制度的规定，劳动者单方面解除劳动合同的下列情形中，能获得经济补偿的有（　　）。

A. 劳动者在试用期间提前 3 日通知用人单位解除劳动合同的

B. 劳动者因用人单位未按照劳动合同约定提供劳动保护解除劳动合同的

C. 劳动者因用人单位未及时足额支付劳动报酬而解除劳动合同的

D. 劳动者提前 30 日以书面形式通知用人单位解除劳动合同的

39. 根据劳动合同法律制度的规定，下列各项中，属于用人单位可依据法定程序进行经济性裁员的情形有（　　）。

A. 企业转产，经变更劳动合同后，仍需裁减人员的

B. 依照企业破产法规定进行重整的

C. 企业重大技术革新，经变更劳动合同后，仍需裁减人员的

D. 生产经营发生严重困难的

40. 职工因工死亡的，其近亲属可享受遗属待遇。下列各项中属于该待遇的有（　　）。

A. 一次性工亡补助金

B. 供养亲属抚恤金

C. 遗属慰问金

D. 丧葬补助金

41. 劳动者因用人单位拖欠劳动报酬发生争议申请仲裁的，应当在仲裁时效期间内提出。关于仲裁时效期间的下列表述中，正确的有（　　）。

A. 从用人单位拖欠劳动报酬之日起 1 年

B. 从用人单位拖欠劳动报酬之日起 2 年

C. 劳动关系存续期间无仲裁时效期间限制

D. 劳动关系终止的自劳动关系终止之日起 1 年

42. 2×08 年张某初次就业到甲公司工作。2×15 年年初，张某患重病向公司申请病休。关于张某享受医疗期待遇的下列表述中，正确的有（　　）。

A. 医疗期内，甲公司应按照张某病休前的工资待遇向其支付病假工资

B. 张某可享受不超过 6 个月的医疗期

C. 公休、假日和法定节日不包括在医疗期内

D. 医疗期内，甲公司不得单方面解除劳动合同

43. 根据社会保险法律制度的规定，下列情形视同工伤的有（　　）。

A. 工作期间在岗位突发疾病死亡

B. 因工外出受伤的

C. 在上班途中，由于非本人责任受到的交通事故伤害的

D. 在抢险救灾等维护国家利益、公共利益活动中受伤的

44. 下列属于失业保险待遇的有（　　）。

A. 生育医疗费用

B. 失业保险金

C. 基本医疗保险待遇

D. 死亡补助

45. 根据劳动合同法律制度的规定，下列关于劳动报酬支付的表述中，正确的有（　　）。

A. 用人单位应当向劳动者支付婚丧假期间的工资

B. 用人单位不得以实物及有价证券代替货币支付工资

C. 用人单位与劳动者约定的支付工资日期遇节假日的，应顺延至最近的工作日支付

D. 对在五四青年节（工作日）照常工作的青年职工，用人单位应支付工资报酬但不支付加班工资

46. 根据劳动合同法律制度的规定，下列劳动合同可以约定试用期的有（　　）。

A. 无固定期限劳动合同

B. 劳动合同期限不满 3 个月的

C. 1 年期劳动合同

D. 以完成一定工作任务为期限的劳动合同

三、判断题

47. 用人单位与劳动者发生劳动争议的，当事人可以向劳动争议仲裁委员会申请劳动仲裁，也可以直接向人民法院提起劳动诉讼。（　）

48. 个人跨统筹地区就业的，其基本养老保险关系随本人转移，缴费年限重新计算。（　）

49. 在竞业限制期限内，用人单位请求解除竞业限制协议时，人民法院应予支持。在解除竞业限制协议时，劳动者请求用人单位额外支付劳动者 3 个月的竞业限制经济补偿的，人民法院不予支持。（　）

50. 非全日制用工劳动报酬结算支付周期最长不超过 1 个月。（　）

51. 用人单位对已经解除或者终止的劳动合同的文本，至少保存 1 年备查。（　）

52. 自劳动争议调解组织收到调解申请之日起 30 日内未达成调解协议的，当事人可以依法申请仲裁。（　）

53. 劳动者与用人单位发生劳动争议无须经过劳动仲裁，可直接向人民法院提起诉讼。（　）

54. 医疗期是指企业职工因工负伤停止工作，治病休息的期限。（　）

55. 用人单位应当自成立之日起 15 日之内凭营业执照、登记证书或者单位印章，向当地社会保险经办机构申请办理社会保险登记。（　）

56. 用人单位与劳动者订立的劳动合同中劳动报酬和劳动条件等标准不得低于集体合同规定的标准。（　）

57. 用人单位裁减人员后，在 6 个月内重新招用人员的，应当通知被裁减的人员，并在同等条件下优先招用。（　）

58. 当事人可以以口头形式向劳动争议调解组织申请调解。（　）

不定项选择题
专项练习

第二章

一、【2020】2×19年底，甲公司会计机构负责人赵某按照公司董事长王某的要求，让会计人员孙某通过伪造原始凭证、变造会计账簿等手段少列收入以少缴纳税款。孙某对此拒绝，赵某另安排会计人员李某完成上述工作并据此编制了虚假财务会计报告。

王某听取了赵某的工作汇报，要求对孙某做出处理，甲公司以不服从工作安排为由将孙某调离会计工作岗位，指定出纳人员陈某兼管孙某的全部工作，包括营业收入明细账、固定资产明细账、无形资产明细账的登记和会计档案保管。双方办理了工作交接。

孙某认为公司将其调离会计工作岗位是对其实行打击报复，于是向当地财政部门和税务部门举报甲公司。财政部门和税务机关根据举报线索进行调查后，认定甲公司存在会计违法行为和逃税行为，分别进行了处罚。

要求：根据上述资料，不考虑其他因素，分析回答下列1~4小题。

1. 甲公司的下列行为中，属于违反会计法律制度的是（　　）。
   A. 变造会计账簿
   B. 编制虚假财务会计报告
   C. 以不服从工作安排为由将孙某调离会计工作岗位
   D. 伪造原始凭证

2. 孙某的下列工作中，不得由陈某兼管的是（　　）。
   A. 营业收入明细账的登记
   B. 固定资产明细账的登记
   C. 会计档案保管
   D. 无形资产明细账的登记

3. 关于孙某和陈某工作交接的下列表述中，正确的是（　　）。
   A. 移交清册仅需孙某和陈某签名或盖章
   B. 陈某应该按照移交清册逐项核对验收
   C. 陈某应当继续使用移交的会计账簿，不得自行另立新账
   D. 应由赵某负责监交

4. 对甲公司及相关责任人的违法行为，财政部门和税务机关可采取的处罚措施是（　　）。
   A. 财政部门对甲公司的违法行为予以通报
   B. 税务机关对甲公司处以罚款
   C. 税务机关向甲公司追缴少缴税款
   D. 财政部门对甲公司及相关责任人处以罚款

二、【2021】甲企业为工业生产企业，其会计相关工作情况如下：
   （1）由于业务调整，安排出纳人员小王负责登记库存现金、银行存款日记账、费用明细账以及会计档案保管。
   （2）单位招聘一名管理会计人员小赵，已知小赵已从事会计工作3年，但因交通肇事罪被判处有期徒刑，现已刑满释放满1年。
   （3）往来会计小李由于个人原因离职，与小孙进行了会计工作交接，由单位会计机构负责人监交。小孙接替之后为了分清责任，将原账簿保存好之后另立账簿进行接手之后会计事项的记录。后发现小李任职期间存在账目问题，小李与小孙之间相互推卸责任。
   （4）税务部门发现报税资料存在疑点，因此派专员到甲企业进行调查，遭到甲企业拒绝，甲企业认为只有财政部门有权对本企业进行监管。

要求：根据上述资料，不考虑其他因素，分析回答下列小题。

1. 根据资料（1），下列表述错误的是（　　）。
   A. 小王作为出纳可以负责会计档案保管
   B. 小王登记库存现金、银行存款日记账以及费用明细账符合规定
   C. 小王担任在财务部负责的会计档案管理岗位属于会计工作岗位
   D. 小王作为出纳不能负责登记费用明细账

2. 根据资料（2），下列表述正确的是（　　）。
   A. 小赵因被追究过刑事责任，不得再从事会计工作
   B. 小赵刑满释放只满1年，未满5年不得从事会计工作
   C. 小赵可以担任甲企业会计人员
   D. 刑满释放时间不影响小赵能否从事会计工作

3. 根据资料（3），下列表述正确的是（　　）。

A. 单位会计机构负责人监交符合规定

B. 小孙另立账簿符合规定

C. 出现的账目问题应由小李承担责任

D. 出现的账目问题应由小孙承担责任

4. 根据资料（4），下列表正确的是（　　）。

A. 税务部门有权对甲企业进行监督检查

B. 甲企业拒绝接受税务部门调查的做法合理

C. 税务部门的检查属于会计工作的政府监督范畴

D. 除财政部门外，审计、税务、人民银行、证券监管、保险监管等部门均依法有权对有关单位的会计资料实施监督检查

第三章

一、【2022】2021 年 6 月 1 日，甲公司在 M 银行开立基本存款账户。6 月 10 日，甲公司财务人员王某向 M 银行申请签发一张金额为 100 万元的银行汇票，交予业务员张某到异地乙公司采购货物。

2021 年 6 月 11 日，张某以甲公司的名义与乙公司签了了货物采购合同。采购货物金额为 98 万元，与票面金额相差 2 万元。乙公司发货后，张某在未填写实际结算金额的情况下，将汇票交付乙公司财务人员李某。

2021 年 7 月 6 日，李某填写结算金额后，持该汇票到乙公司开户银行 Q 银行提示付款。

要求：根据上述资料，不考虑其他因素，分析回答下列小题。

1. 下列关于王某办理银行汇票申请业务的表述中，正确的是（　　）。

A. 在 "银行汇票申请书" 上的出票金额栏填写 "现金" 字样

B. 在 "银行汇票申请书" 上加盖甲公司预留 M 银行签章

C. 在 "银行汇票申请书" 上填明申请人为甲公司

D. 在 "银行汇票申请书" 上填明收款人为乙公司

2. 关于张某以甲公司名义与乙公司签订货物采购合同行为的性质的下列表述中，正确的是（　　）。

A. 该行为是要式行为

B. 该行为是意思表示行为

C. 该行为是积极行为

D. 该行为是多方行为

3. 填写该汇票的下列方式中，李某应采取的是（　　）。

A. 在汇票上填写实际结算金额 100 万元

B. 在汇票上不填写实际结算金额，填写多余金额 2 万元

C. 在汇票上填写实际结算金额 98 万元，填写多余金额 2 万元

D. 在汇票上填写实际结算金额 98 万元，不填写多余金额

4. 下列关于李某办理汇票提示付款的表述中，正确的是（　　）。

A. 应填写进账单

B. 应将银行汇票和解讫通知提交 Q 银行

C. 应出具乙公司营业执照

D. 应在银行汇票背面加盖乙公司预留 Q 银行签章

二、【2019】2×18 年 4 月 6 日，甲公司为履行与乙公司的买卖合同，签发一张由本公司承兑的商业汇票交付乙公司，汇票收款人为乙公司，到期日为 10 月 6 日。4 月 14 日乙公司将该汇票背书转让给丙公司，9 月 8 日，丙公司持该汇票向其开户银行 Q 银行办理贴现。该汇票到期后，Q 银行向异地的甲公司开户银行 P 银行发出委托收款，P 银行于收到委托收款的次日通知甲公司付款，甲公司以乙公司一直未发货为由拒绝付款。

要求：根据上述材料，分析回答下列第 1~4 小题。

1. 下列各项中，属于转让背书行为的是（　　）。

A. 甲公司将汇票交付乙公司

B. 乙公司将汇票转让给丙公司

C. 丙公司持汇票向 Q 银行办理贴现

D. 汇票到期 Q 银行办理委托收款

2. 下列当事人中，属于该汇票债务人的是（　　）。

A. 甲公司　　　　　　B. 乙公司

C. 丙公司　　　　　　D. P 银行

3. Q 银行为丙公司办理该汇票贴现时，计算贴现利息的贴现天数是（　　）天。
   A. 28　　　　　　　　B. 29
   C. 30　　　　　　　　D. 31

4. 关于该汇票付款责任的下列判断中，正确的是（　　）。
   A. 乙公司未发货，甲公司可以拒绝付款
   B. 乙公司应当对 Q 银行承担第一付款责任
   C. Q 银行是善意持票人，甲公司不得拒绝付款
   D. Q 银行遭拒付后，可从丙公司的存款账户直接收取票款

三、【2020】2×20 年 1 月 8 日，甲公司成立，张某为法定代表人，李某为财务人员。1 月10 日，李某携带资料到 P 银行申请开立了基本存款账户。1 月 15 日，甲公司在 Q 银行申请开立了基本建设资金专户。1 月 20 日，甲公司签发一张金额为 360 万元、由 P 银行承兑的电子商业汇票交付乙公司。乙公司因急需资金，于 5 月 6 日向 M 银行申请办理了汇票贴现。
要求：根据上述资料，不考虑其他因素，分析回答下列小题。

1. 关于甲公司在 P 银行开立账户的下列表述中，正确的是（　　）。
   A. 甲公司应填制开立银行结算账户申请书
   B. P 银行应报经当地中国人民银行分支机构核准
   C. 该账户 2×20 年 1 月 10 日不能办理对外付款业务
   D. 甲公司与 P 银行应签订银行结算账户管理协议

2. 关于甲公司在 Q 银行开立账户的下列表述中，正确的是（　　）。
   A. 甲公司应向 Q 银行出具主管部门批文
   B. 甲公司应向 Q 银行出具基本存款账户开户许可证
   C. Q 银行应向中国人民银行当地分支机构备案
   D. 该账户支取现金应在开户时报经中国人民银行当地分支机构批准

3. P 银行承兑该汇票应当办理的手续是（　　）。
   A. 审核甲公司的资格与资信

B. 与甲公司签订承兑协议
C. 收取甲公司承兑手续费
D. 对汇票真实交易关系在线审核

4. 乙公司到 M 银行办理贴现必须记载的事项是（　　）。
   A. 贴出人乙公司签章　B. 实付金额
   C. 贴现利率　　　　　D. 贴入人 M 银行名称

四、【2020】甲公司开户银行为 P 银行，2×19年 5 月 6 日，工作人员王某携带甲公司当日签发的一张金额 10 万元、部分记载事项不完整的支票外出采购。5 月 8 日王某购买货物后将支票交付乙公司。5 月 10 日乙公司委托开户银行 Q 银行收取支票款项，当日 P 银行见票时甲公司存款余额为 8 万元。
要求：根据上述资料，不考虑其他因素，分析回答下列 1~4 小题。

1. 甲公司签发该支票必须注意的事项是（　　）。
   A. 支票金额的中文大写与阿拉伯数码记载应当一致
   B. 在支票上的签章必须与其预留 P 银行的签章一致
   C. 出票日期必须使用中文大写
   D. 该支票金额不得超过付款时甲公司在 P 银行实有存款金额

2. 王某交付支票，可授权乙公司补记的事项是（　　）。
   A. 付款人名称　　　　B. 收款人名称
   C. 出票日期　　　　　D. 付款日期

3. 乙公司委托收款时，在支票背面应记载的事项是（　　）。
   A. 在背书人签章栏签章
   B. "委托收款"字样
   C. 背书日期
   D. 在背书人栏记载 Q 银行名称

4. 关于该支票提示付款的下列表述中，正确的是（　　）。
   A. 乙公司应将支票送交 Q 银行
   B. 甲公司承担保证该支票付款的责任
   C. P 银行见票当日应足额支付票款
   D. 乙公司应填制进账单并送交 Q 银行

五、【2021】2019 年 1 月甲公司注册成立，法定代表人为李某，在 P 银行申请开立了基本存款账户，2 月甲公司与 P 银行签订非柜面转账业务协议开通企业网上银行。2020 年 6 月甲公司换发营业执照，法定代表人由李某变更为任某，任某到 P 银行办理账户变更手续。因经营不善，2021 年 2 月任某注销甲公司，剩余空白支票 20 张未使用。

要求：根据上述资料，不考虑其他因素，分析回答下列小题。

1. 下列事项中，甲公司申请开立基本存款账户需办理的是（　　）。
   A. 李某配合 P 银行完成企业开户意愿核实
   B. 在 P 银行预留甲公司签章
   C. 与 P 银行签订银行结算账户管理协议
   D. 向 P 银行出具甲公司营业执照

2. 甲公司开通企业网上银行转账业务，下列内容中，P 银行应与甲公司协议约定的是（　　）。
   A. 向非甲公司支付账户的年转账累计限额
   B. 向甲公司同名账户的年转账累计限额
   C. 向非甲公司银行账户的日转账笔数、累计限额
   D. 向甲公司同名账户的日转账笔数、累计限额

3. 甲公司基本存款账户信息变更，下列各项中，任某应当办理的手续是（　　）。
   A. 在变更银行结算账户申请书上加盖甲公司财务专用章
   B. 向 P 银行出具新换发的甲公司营业执照
   C. 向 P 银行出具李某关于不再担任法定代表人的说明
   D. 在变更银行结算账户申请书上本人签章

4. 甲公司注销后，任某的下列做法中，正确的是（　　）。
   A. 申请撤销甲公司基本存款账户
   B. 将甲公司基本存款账户出租他人使用
   C. 与 P 银行核对甲公司账户存款余额
   D. 自行销毁制剩余未使用支票

六、【2021】2020 年 8 月应届大学毕业生王某入职甲公司，按照公司财务人员的要求，王某在 P 银行申请开立 Ⅰ 类个人银行结算账户，用于工资发放。9 月王某收到第一份工资和公司在 P 银行代办的社保卡。12 月根据生活需要，王某通过 P 银行手机银行申请开立了一个 Ⅱ 类个人银行结算账户并在 P 银行申请到一年汽车消费贷款。

已知：王某在银行未开立其他结算账户。

要求：根据上述资料。不考虑其他因素，分析回答下列小题。

1. 王某申请开立 Ⅰ 类账户可以采用的开户方式是（　　）。
   A. 自助机具开户，经 P 银行工作人员现场核验身份信息
   B. P 银行柜面开户
   C. 通过电子邮件申请开户
   D. 登录 P 银行网站申请开户

2. 下列资料中，甲公司为王某代办社保卡应当向 P 银行提供的是（　　）。
   A. 王某的工资卡
   B. 甲公司证明材料
   C. 社保缴费证明
   D. 王某有效身份证件的复印件或影印件

3. 关于王某通过手机银行申请开立 Ⅱ 类账户的下列表述中，正确的是（　　）。
   A. 王某登记验证的手机号码与绑定账户使用的手机号码应保持一致
   B. 需绑定王某本人 Ⅰ 类账户进行身份验证
   C. P 银行需审核王某的有效身份证件
   D. P 银行应当验证 Ⅱ 类账户与绑定账户为同一人开立

4. 下列业务中，王某使用 Ⅱ 类账户可以办理的是（　　）。
   A. 归还贷款　　　　　B. 支取现金
   C. 购买理财产品　　　D. 缴存现金

第四章

一、【2022】甲公司为增值税一般纳税人，从事白酒生产与销售，2021 年 5 月有关经营业务如下：
（1）进口设备一台，关税完税价格 113 000 元；
（2）收回一批委托加工酒精，支付加工费取

得增值税专用发票 300 000 元，税额 39 000 元，收回的酒精全部用于生产 W 品牌的白酒并专用于销售，共计 15 000 瓶，500g/ 瓶，取得不含增值税销售额 1 500 000 元，同时收取的白酒包装物押金 22 600 元；

（3）为生产该批白酒购进原材料，取得增值税专用发票注明税额 1 300 元；购进一批白酒赠送给客户，取得增值税专用发票注明税额 2 340 元；购买空调用于职工食堂，取得增值税专用发票注明税额 1 950 元；

已知：增值税税率为 13%，关税税率为 5%，白酒的消费税从价税率为 20%、从量税率为 0.5 元 /500g，取得相关扣税凭证均符合规定，并于当月抵扣。

1. 下列计算进口设备应缴纳的增值税的算式中，正确的是（   ）。

A. ［ 113 000+（1+13%）+113 000÷（1+13%）× 5% ］× 13% = 13 650（元）

B. 113 000÷（1+13%）× 13% = 13 000（元）

C.（113 000+113 000×5%）× 13% = 15 424.5（元）

D.113 000 × 13%=14 690（元）

2. 下列计算当月销售 W 白酒应缴纳的增值税销项税额的算式中，正确的是（   ）。

A.1 500 000 × 13% = 195 000（元）

B.1 500 000 ×（1+13%）× 13% = 220 350（元）

C.1 500 000 × 13%+22 600 ÷（1+13%）× 13% = 197 600（元）

D.（1 500 000−22 600）× 13% = 192 062（元）

3. 下列计算当月销售 W 白酒应缴纳的消费税的算式中，正确的是（   ）。

A. ［ 1 500 000+22 600 ÷（1+13%）］× 20% = 304 000（元）

B. ［ 1 500 000+22 600 ÷（1+13%）−300 000 ］× 20%+15 000 × 0.5=251 500（元）

C. ［ 1 500 000+22 600 ÷（1+13%）］× 20%+15 000×0.5 = 311 500（元）

D. 1 500 000×20%+15 000×0.5 = 307 500（元）

4. 当月准予抵扣的进项税包括（   ）。

A. 赠送客户的白酒

B. 支付加工费的进项税额

C. 生产白酒购进的原材料

D. 购进空调

二、【2020 改编】甲公司为增值税一般纳税人，主要从事小汽车的制造和销售业务。2×21 年 7 月有关经营情况如下：

（1）销售 1 辆定制的自产小汽车，取得含增值税价款 22.6 万元，另收取手续费 3.39 万元。

（2）将 10 辆自产小汽车对外投资，小汽车生产成本 9 万元 / 辆，甲公司同类小汽车不含增值税最高销售价格 17 万元 / 辆、平均销售价格 15 万元 / 辆、最低销售价格 12 万元 / 辆。

（3）采取预收货款方式销售给 4S 店一批自产小汽车，6 日签订合同，11 日收到预收款，16 日发出小汽车，21 日开具发票。

（4）生产中轻型商用客车 180 辆，其中 171 辆用于销售、3 辆用于广告、2 辆用于本公司管理部门、4 辆用于赞助。

已知：小汽车消费税税率为 5%，适用增值税税率为 13%。

要求：根据上述资料，不考虑其他因素，分析回答下列小题。

1. 计算甲公司当月销售定制的自产小汽车应缴纳消费税税额的下列算式中，正确的是（   ）。

A.（22.6+3.39）× 5% = 1.2995（万元）

B. 22.6 ÷（1+13%）× 5% = 1（万元）

C.（22.6+3.39）÷（1+13%）× 5% = 1.15（万元）

D. 2.26 × 5% = 1.13（万元）

2. 计算甲公司当月以自产小汽车对外投资应缴纳消费税税额的下列算式中，正确的是（   ）。

A. 10 × 15 × 5% = 7.5（万元）

B. 10 × 12 × 5% = 6（万元）

C. 10 × 9 × 5% = 4.5（万元）

D. 10 × 17 × 5% = 8.5（万元）

3. 甲公司当月采取预收货款方式销售自产小汽

车，消费税的纳税义务发生时间为（　）。

A. 2×21 年 7 月 6 日

B. 2×21 年 7 月 11 日

C. 2×21 年 7 月 16 日

D. 2×21 年 7 月 21 日

4. 甲公司的下列中轻型商用客车中，应缴纳消费税的有（　）。

A. 用于本公司管理部门的 2 辆

B. 用于广告的 3 辆

C. 用于销售的 171 辆

D. 用于赞助的 4 辆

三、【2020 改编】甲公司为增值税一般纳税人，主要从事高档化妆品生产和销售业务。2×21 年 7 月有关经营情况如下：

（1）进口一批高档香水精，海关审定的货价 210 万元，运抵我国关境内输入地点起卸前的包装费 11 万元、运输费 20 万元、保险费 4 万元。

（2）接受乙公司委托加工一批高档口红，不含增值税加工费 35 万元，乙公司提供原材料成本 84 万元，该批高档口红无同类产品销售价格。

（3）销售高档香水，取得不含增值税价款 702 万元，另收取包装费 5.85 万元。

已知：高档化妆品消费税税率为 15%，关税税率为 10%，增值税税率为 13%。

要求：根据上述资料，不考虑其他因素，分析回答下列小题。

1. 甲公司进口高档香水精的下列各项支出中，应计入进口货物关税完税价格的是（　）。

A. 包装费 11 万元　　　B. 保险费 4 万元

C. 运输费 20 万元　　　D. 货价 210 万元

2. 甲公司进口高档香水精应缴纳消费税税额的下列计算列式中，正确的是（　）。

A.（210+20）×（1+10%）×15%

B.（210+11+4）×（1+10%）×15%

C.（210+11+20+4）×（1+10%）÷（1-15%）×15%

D.（11+20+4）×（1+10%）÷（1-15%）×15%

3. 关于甲公司受托加工高档口红应代收代缴消费税税额，下列计算列式中，正确的是（　）。

A.（84+35）×15%

B.（84+35）÷（1-15%）×15%

C.［84÷（1-15%）+35］×15%

D.［84+35÷（1-15%）］×15%

4. 关于甲公司销售高档香水应缴纳消费税税额，下列计算列式中，正确的是（　）。

A. 702÷（1+13%）×15%

B.［702+5.85÷（1+13%）］×15%

C.（702+5.85）×15%

D. 702×15%

四、【2019 改编】甲公司为增值税一般纳税人，主要从事彩电的生产与销售业务，2×21 年 8 月有关经营情况如下：

（1）销售 M 型彩电，取得含增值税价款 6 780 000 元，另收取包装物租金 56 500 元。

（2）采取以旧换新方式销售 N 型彩电 500 台，N 型彩电同期含增值税销售单价 4 520 元／台，旧彩电每台折价 316.4 元。

（3）购进生产用液晶面板，取得增值税专用发票注明税额 480 000 元。

（4）购进劳保用品，取得增值税普通发票注明税额 300 元。

（5）购进一辆销售部门和职工食堂混用的货车，取得税控机动车销售统一发票注明税额 96 000 元。

（6）组织职工夏季旅游，支付住宿费，取得增值税专用发票注明税额 1 200 元。

（7）将自产 Z 型彩电无偿赠送给某医院 150 台，委托某商场代销 800 台，作为投资提供给某培训机构 400 台；购进 50 台电脑奖励给业绩突出的职工。

已知：增值税税率为 13%；取得的扣税凭证已通过税务机关认证。

要求：根据上述资料，不考虑其他因素，分析回答下列问题。

1. 计算甲公司当月销售 M 型彩电增值税销项税额的下列算式中，正确的是（　）。

A.（6 780 000+56 500）÷（1+13%）×13%=

786 500（元）

B. 6 780 000×13% = 881 400（元）

C. 6 780 000÷（1+13%）×13% = 780 000（元）

D.（6 780 000+56 500）×13% = 888 745（元）

2. 计算甲公司当月采取以旧换新方式销售 N 型彩电增值税销项税额的下列算式中，正确的是（　　）。

A. 500×（4 520-316.4）×13% = 273 234（元）

B. 500×（4 520-316.4）÷（1+13%）×13% = 241 800（元）

C. 500×4 520÷（1+13%）×13% = 260 000（元）

D. 500×［4 520÷（1+13%）-316.4］×13% = 239 434（元）

3. 甲公司的下列进项税额中，准予从销项税额中抵扣的是（　　）。

A. 支付住宿费的进项税额 1 200 元

B. 购进劳保用品的进项税额 300 元

C. 购进货车的进项税额 96 000 元

D. 购进生产用液晶面板的进项税额 480 000 元

4. 甲公司的下列业务中，属于增值税视同销售货物行为的是（　　）。

A. 将自产的 800 台 Z 型彩电委托某商场代销

B. 将购进的 50 台电脑奖励给业绩突出的职工

C. 将自产的 400 台 Z 型彩电作为投资提供给某培训机构

D. 将自产的 150 台 Z 型彩电无偿赠送给某医院

五、【2019 改编】甲商业银行为增值税一般纳税人，2×21 年第二季度经营情况如下：

（1）提供贷款服务取得含增值税利息收入 6 360 万元，支付存款利息 2 862 万元，提供直接收费金融服务取得含增值税销售额 1 272 万元。

（2）发生金融商品转让业务，金融商品卖出价 2 289.6 万元，相关金融商品买入价 2 120 万元。第一季度金融商品转让出现负差 58.3 万元。

（3）购进各分支行经营用设备一批，取得增值税专用发票注明税额 65 万元，购进办公用品，取得增值税专用发票注明税额 13 万元；购进办公用小汽车一辆，取得增值税专用发票注明税额 2.86 万元；购进用于职工福利的货物一批，取得增值税专用发票注明税额 0.26 万元。

（4）销售自己使用过的一批办公设备，取得含增值税销售额 10.506 万元。该批办公设备 2×14 年购入，按固定资产核算。

已知：金融服务增值税税率为 6%；销售自己使用过的固定资产，按照简易办法依照 3% 征收率减按 2% 征收增值税；取得的扣税凭证已通过税务机关认证。

要求：根据上述资料，不考虑其他因素，分析回答下列小题。

1. 计算甲商业银行第二季度贷款服务和直接收费金融服务增值税销项税额的下列算式中，正确的是（　　）。

A.（6 360+1 272）×6% = 457.92（万元）

B.（6 360+1 272）÷（1+6%）×6% = 432（万元）

C.（6 360-2 862+1 272）÷（1+6%）×6% = 270（万元）

D.（6 360-2 862）÷（1+6%）×6%+ 1 272×6% = 274.32（万元）

2. 计算甲商业银行第二季度金融商品转让增值税销项税额的下列算式中，正确的是（　　）。

A.（2 289.6-58.3）÷（1+6%）×6% = 126.3（万元）

B.（2 289.6-2 120-58.3）÷（1+6%）×6% = 6.3（万元）

C.（2 289.6-2 120）×6% = 10.176（万元）

D. 2 289.6÷（1+6%）×6% = 129.6（万元）

3. 甲商业银行的下列进项税额中，准予从销项税额中抵扣的是（　　）。

A. 购进各分支行经营用设备的进项税额 80 万元

B. 购进办公用品的进项税额 13 万元

C. 购进办公用小汽车的进项税额 2.86 万元

D. 购进用于职工福利的货物的进项税额 0.26 万元

4. 计算甲商业银行销售自己使用过的办公设备应缴纳增值税税额的下列算式中，正确的是（　　）。

A. 10.506÷（1+2%）×2% = 0.206（万元）

B. 10.506 × 2% = 0.21012（万元）

C. 10.506 ÷（1+3%）× 2% = 0.204（万元）

D. 10.506 ÷（1+2%）× 3% = 0.309（万元）

六、【2021 改编】甲公司为增值税一般纳税人，主要从事货物运输，装卸搬运和仓储服务。2×21年9月有关经营情况如下：

（1）提供货物运输服务，取得含增值税价款 2 180 000 元，同时收取包装费 10 900 元。

（2）提供装卸搬运服务，取得含增值税价款 41 200 元。

（3）提供仓储服务，取得含增值税价款 82 400 元。

（4）出租一间闲置仓库，取得含增值税租金 52 500 元，该仓库系甲公司 2006 年购入。

（5）采取预收款方式向乙公司出租 1 辆纳入"营改增"试点之日起取得运输车辆，9 月 16 日签订有形动产租赁合同，租期 3 个月。9 月 20 日收到乙公司支付的租赁费，9 月 23 日向乙公司开具增值税专用发票，9 日 28 日乙公司交付出租的运输车辆。

（6）将资金贷与关联企业丙公司使用，取得利息 150 000 元。

（7）无偿为关联企业丙公司提供仓储服务，同类仓储服务含增值税价款 1 090 元。

（8）因公司车辆发生交通事故，获得保险赔付 200 000 元。

（9）取得存款利息 1 750 元。

已知：销售交通运输服务增值税税率为 9%。

要求：根据上述资料，不考虑其他因素，分析回答下列小题。

1. 计算甲公司当月提供货物运输服务增值税销项税额的下列算式中，正确的是（　　）。

A. 2 180 000 × 9% = 196 200（元）

B. 2 180 000 ÷（1+9%）× 9% = 180 000（元）

C.（2 180 000+10 900）÷（1+9%）× 9% = 180 900（元）

D.（2180 000+10 900）× 9% = 197 181（元）

2. 甲公司提供的下列服务中，可以选择适用简易计税方法计税是（　　）。

A. 出租闲置仓库

B. 提供仓储服务

C. 向乙公司出租运输车辆

D. 提供装卸搬运服务

3. 甲公司当月采取预收款方式出租运输车辆，增值税纳税义务发生时间是（　　）。

A. 9 月 23 日　　　B. 9 月 28 日

C. 9 月 20 日　　　D. 9 月 16 日

4. 甲公司当月发生的下列业务中，属于不征收增值税项目的是（　　）。

A. 取得存款利息 1 750 元

B. 将资金贷与关联企业丙公司使用取得利息 150 000 元

C. 获得保险赔付 20 000 元

D. 无偿为关联企业丙公司提供仓储服务

七、【2021 改编】甲机械设备制造公司为增值税一般纳税人，主要从事机械设备的生产销售和租赁业务。2×21年9月有关经营情况如下：

（1）销售自产 W 型机器设备 20 台同时提供安装服务，取得含增值税机器设备销售额 3 390 000 元，含增值税机器设备安装服务销售额 824 000 元。甲机械设备制造公司提供的机器设备安装服务选择适用简易计税方法计税。

（2）采取预收款方式出租自产 Y 型设备 5 台，租赁期 6 个月，每台设备含增值税租金 22 600 元／月。甲机械设备制造公司一次性预收 5 台设备 6 个月含增值税租金 678 000 元。

（3）进口设备检测仪 1 台，海关审定的关税完税价格为 56 500 元。

（4）购进生产设备用原材料，取得增值税专用发票注明税额 104 000 元；购进管理部门办公用物资，取得增税专用发票注明税额 26 000 元；购进用于职工福利的货物，取得增值税专用发票注明税额 6 500 元；购进餐饮服务，取得增值税普通发票注明税额 900 元。

已知：销售货物增值税税率为 13%，有形动产租赁服务增值税税率为 13%，进口货物增值税税率 13%，进口设备检测仪关税税率为 5%。

要求：根据上述资料，不考虑其他因素，分析回答下列小题。

1. 甲机械设备制造公司当月销售并安装自产 W

型机器设备的下列增值税处理中，正确的是（　　）。

A. 销售 W 型机器设备增值税销项税额 = 3 390 000 ÷（1+13%）× 13% = 390 000（元）

B. 销售并安装 W 型机器设备增值税销项税额 =（3 390 000+ 824 000）× 13% = 547 820（元）

C. 销售并安装 W 型机器设备应缴纳增值税税额 =（3 390 000+ 824 000）× 3% = 126 420（元）

D. 安装 W 型机器设备应缴纳增值税税额 = 824 000 ÷（1+3%）× 3% = 24 000（元）

2. 计算甲机械设备制造公司出租自产 Y 型设备当月增值税销项税额的下列算式中，正确的是（　　）。

A. 5 × 22 600 × 13% = 14 690（元）

B. 678 000 × 13% = 88 140（元）

C. 5 × 22 600 ÷（1+13%）× 13% = 13 000（元）

D. 678 000 ÷（1+13%）× 13% = 78 000（元）

3. 计算甲机械设备制造公司当月进口设备检测仪应缴纳增值税税额的下列算式中，正确的是（　　）。

A. 56 500 ÷（1+13%）× 13% = 6 500（元）

B. 56 500 ÷（1+13%）×（1+5%）× 13% = 6 825（元）

C. 56 500 × 13% = 7 345（元）

D. 56 500 ×（1+5%）× 13% = 7 712.25（元）

4. 甲机械设备制造公司的下列进项税额中，准予从销项税额中抵扣的是（　　）。

A. 购进管理部门办公用物资的进项税额 26 000 元

B. 购进生产设备用原材料的进项税额 104 000 元

C. 购进餐饮服务的进项税额 900 元

D. 购进用于职工福利的货物的进项税额 6 500 元

八、【2021 改编】甲超市为增值税一般纳税人。主要从事商品零售业务。2×21 年 12 月有关经营情况如下：

（1）从小规模纳税人乙公司购进水果用于销售，取得增值税专用发票注明金额 50 000 元、税额 1 500 元，购进的水果当月全部销售。

（2）购进一批白酒，取得增值税专用发票注明税额 27 300 元，支付运费取得增值税专用发票注明税额 450 元。该批白酒因仓库管理不善被盗。

（3）购进一批文具，取得增值税专用发票注明税额 2 600 元，全部直接赠送给山区小学。

（4）购进一批养生壶，取得增值税专用发票注明税额 1 300 元，全部对外销售。

（5）购进暖手宝 1 000 只，其中 600 只在"来店即送"活动中赠送给顾客，400 只发给职工作为福利，同类暖手宝含增值税售价 45.2 元 / 只。

（6）采取以旧换新方式销售一批空调，新空调含增值税零售价 904 000 元，扣减旧空调折价后实际收取含增值税价款 858 800 元。

已知：销售货物增值税税率为 13%，农产品扣除率为 9%。取得的增值税扣税凭证均符合抵扣规定。

要求：根据上述资料，不考虑其他因素，分析回答下列小题。

1. 计算甲超市当月购进水果准予从销项税额中抵扣的进项税额的下列算式中，正确的是（　　）。

A. 50 000 × 13% = 6 500（元）

B. 50 000 × 9% = 4 500（元）

C.（50 000+1 500）× 13% = 6 695（元）

D.（50 000+1 500）× 9% = 4 635（元）

2. 甲超市的下列进项税额中，不得从销项税额中抵扣的是（　　）。

A. 对外销售的养生壶的进项税额 1 300 元

B. 购进白酒支付运费的进项税额 450 元

C. 购进白酒的进项税额 27 300 元

D. 赠送山区小学的文具的进项税额 2 600 元

3. 计算甲超市当月暖手宝业务增值税销项税额的下列算式中，正确的是（　　）。

A. 45.2 × 1 000 ÷（1+13%）× 13% = 5 200（元）

B. 45.2 × 1 000 × 13% = 5 876（元）

C. 45.2 × 400 × 13% = 2 350.4（元）

D. 45.2 × 600 ÷（1+13%）× 13% = 3 120（元）

4. 计算甲超市以旧换新销售空调增值税销项税

额的下列算式中，正确的是（　　）。

A. 904 000÷（1+13%）×13% = 104 000（元）

B. 858 800×13% = 111 644（元）

C. 904 000×13% = 117 520（元）

D. 858 800÷（1+13%）×13% = 98 800（元）

九、【2020 改编】甲公司为增值税一般纳税人，主要从事房屋建筑工程施工业务，2×21 年 6 月有关经营情况：

（1）承建的一项住宅工程完工，取得含增值税工程款 6 540 000 元。

（2）销售库存的建筑材料，取得含增值税价款 61 585 元。

（3）将一台施工设备出租给乙公司，租期 1 个月，取得含增值税租金 22 600 元。

（4）向丙电网公司购电，取得增值税专用发票注明税额 1 170 元，所购电 90% 用于办公楼，10% 用于职工食堂。

（5）公司经理王某国内出差，取得注明王某身份信息的铁路往返车票两张，票面金额共计 1090 元；支付住宿费，取得增值税专用发票注明税额 108 元；支付餐费，取得增值税普通发票注明税额 36 元。

（6）转让 2005 年自建的办公用房一处，并签订产权转移书据，取得含增值税价款 525 000 元，选择适用简易计税方法计税；该办公用房已提折旧 105 000 元。

已知：销售建筑服务增值税税率为 9%，销售货物增值税税率为 13%，销售有形动产租赁服务增值税税率为 13%。销售不动产简易计税方法下增值税征收率为 5%，铁路旅客运输服务按照 9% 计算进项税额，取得的扣税凭证均符合抵扣规定。

要求根据上述资料，不考虑其他因素，分析回答下列小题。

1. 计算甲公司当月增值税销项税额的下列算式中，正确的是（　　）。

A. 6 540 000÷（1+9%）×9%+61 585÷（1+13%）×13%+22 600÷（1+13%）×13% = 549 685（元）

B.（6 540 000+22 600）×9%+61 585×13% = 598 640.05（元）

C.（6 540 000+61 585）÷（1+9%）×9%+

22 600÷（1+13%）×13% = 547 685（元）

D.（6 540 000+61 585+22 600）×13% = 861 144.05（元）

2. 计算甲公司当月准予抵扣增值税进项税额的下列算式中，正确的是（　　）。

A. 1 170×90%+1 090÷（1+9%）×9%+108 = 1 251（元）

B. 1 170+1 090÷（1+9%）×9%+36 = 1 296（元）

C. 1 170×90%+1 090×9%+108 = 1 259.1（元）

D. 1 170+1 090×9%+108+36 = 1 412.1（元）

3. 计算甲公司转让办公用房应缴纳增值税税额的下列算式中，正确的是（　　）。

A.（525 000-105 000）÷（1+5%）×5% = 20 000（元）

B. 525 000×5% = 26 250（元）

C. 525 000÷（1+5%）×5% = 25 000（元）

D.（525 000-105 000）×5% = 21 000（元）

4. 下列税种中，甲公司转让办公用房应缴纳的是（　　）。

A. 印花税　　　　B. 土地增值税

C. 房产税　　　　D. 契税

第五章

一、【2022】甲出版社为中国境内居民企业。2021 年 1 月从该出版社取得所得的有关人员资料及所得情况如下：

（1）雇员何某税前工资 14 200 元，专项扣除 2 602 元。何某为独生子，父母均已年满 60 周岁；何某的女儿现就读小学二年级。子女教育专项附加扣除由何某按扣除标准的 100% 扣除。

（2）与雇员何某签订租赁合同，承租何某的一处住房作为员工宿舍，合同约定每月租金 5 000 元。

（3）购得漫画师郑某设计的标识的使用权，支付特许权使用费 130 000 元。

（4）出版高校教师张某的绘画作品，支付稿酬 7 200 元。

已知：工资、薪金所得预扣预缴个人所得税累计减除费用为每月 5 000 元；子女教育专项附加扣除按照每个子女每月 1 000 元的标准定额扣除，赡养老人专项附加扣除按照每月 2 000 元的标准定额扣除；特许权使用费所得预扣预缴个人所得税每次收入 4 000 元以上的，减除费用按 20% 计算；稿酬所得预扣预缴个人所得税每次收入 4 000 元以上的，减除费用按 20% 计算，收入额减按 70% 计算；稿酬所得、特许权使用费所得适用 20% 的比例预扣率。

个人所得税预扣率表（部分）

居民个人工资、薪金所得预扣预缴适用

级数	累计预扣预缴应纳税所得额	预扣率（%）	速算扣除数（元）
1	不超过 36 000 元的	3	0
2	超过 36 000 元至 144 000 元的部分	10	2 520

要求：根据上述资料，不考虑其他因素，分析回答下列小题。

1. 计算甲出版社应预扣预缴何某 2021 年 1 月工资、薪金所得个人所得税税额的下列算式中，正确的是（　　）。
   A.（14 200−5 000）× 3% = 276（元）
   B.14 200 × 3% = 426（元）
   C.（14 200−5 000−2 602−2 000−1 000）× 3% = 107.94（元）
   D.（14 200−5 000−2 602−2 000）× 3% = 137.94（元）

2. 计算甲出版社应预扣预缴郑某特许权使用费所得个人所得税税额的下列算式中，正确的是（　　）。
   A.130 000 ÷（1−20%）× 20% = 32 500（元）
   B.130 000 ×（1+20%）× 20% = 31 200（元）
   C.130 000 × 20% = 26 000（元）
   D.130 000 ×（1−20%）× 20%=20 800（元）

3. 计算甲出版社应预扣预缴张某稿酬所得个人

所得税税额的下列算式中，正确的是（　　）。
   A.7 200 ×（1−20%）× 20% = 1 152（元）
   B.7 200 ×（1−20%）× 70% = 4 032（元）
   C.7 200 ×（1−20%）× 70% × 20% = 806.4（元）
   D.7 200 × 20% × 70% × 20%=201.6（元）

4. 何某向甲出版社出租住房的下列税务处理中，正确的是（　　）。
   A. 何某应缴纳契税
   B. 何某应缴纳房产税
   C. 何某无需缴纳增值税
   D. 何某应缴纳个人所得税

二、【2021 改编】居民企业甲公司为增值税小规模纳税人，主要从事塑料制品的生产和销售业务。2×21 年度有关经营情况如下：

（1）取得塑料制品销售收入 420 万元，持有 2×19 年发行的地方政府债券取得利息收入 2 万元，取得国债利息收入 1 万元，接受捐赠收入 10 万元。

（2）因生产经营需要，4 月向乙银行借款 60 万元，年利率为 5.4%；5 月向非金融企业丙公司借款 120 万元，年利率为 10%；两笔借款的期限均为 6 个月，利息均已按约定时间支付并计入财务费用。

（3）自丁公司购入一台生产用机器设备，取得增值税普通发票注明金额 30 万元、税额 3.9 万元；向丁公司支付该设备安装费，取得增值税普通发票注明金额 2 万元、税额 0.26 万元。

（4）支付财产保险费 4 万元，合同违约金 5 万元，缴纳诉讼费用 3 万元，税收滞纳金 1 万元。

已知，金融企业同期同类贷款年利率为 5.4%。

要求，根据上述资料，不考虑其他因素，分析回答下列小题。

1. 甲公司 2×21 年度取得的下列收入中，免征企业所得税的是（　　）
   A. 接受捐赠收入 10 万元
   B. 塑料制品销售收入 420 万元
   C. 地方政府债券利息收入 2 万元

D.国债利息收入 1 万元

2. 在计算甲公司 2×21 年度企业所得税应纳税所得额时，计算准予扣除的借款利息支出的下列算式中，正确的是（   ）。
   A.（60+120）×10%÷12×6 = 9（万元）
   B. 60×5.4%÷12×6+120×10%÷12×6 = 7.62（万元）
   C.（60+120）×5.4%÷12×6 = 4.86（万元）
   D. 60×5.4%÷12×6 = 1.62（万元）

3. 计算甲公司 2×21 年度购入的生产用机器设备企业所得税计税基础的下列算式中，正确的是（   ）。
   A. 30+2 = 32（万元）
   B. 30+3.9+2+0.26 = 36.16（万元）
   C. 30+3.9 = 33.9（万元）
   D. 30+3.9+2 = 35.9（万元）

4. 在计算甲公司 2021 年度企业所得税应纳税所得额时，下列各项中，准予扣除的是（   ）。
   A.财产保险费 4 万元   B.合同违约金 5 万元
   C.税收滞纳金 1 万元   D.诉讼费用 3 万元

三、【2020 改编】甲鞋业公司为居民企业，主要从事运动鞋的生产和销售业务，2×21 年度有关经营情况如下：
   （1）取得运动鞋销售收入 8 000 万元。
   （2）转让一项制鞋技术的所有权，取得符合税收优惠条件的技术所有权转让收入 700 万元，发生与之相关的转让成本及税费 100 万元。
   （3）取得国债利息收入 135 万元、W 石化公司债券利息收入 180 万元。
   （4）直接向 Y 小学捐赠 10 万元；支付 Q 公司违约金 3 万元。
   （5）发生符合条件的广告费和业务宣传费支出 1 500 万元。
   已知：广告费和业务宣传费支出，不超过当年销售（营业）收入 15% 的部分，在计算企业所得税应纳税所得额时准予扣除。
   要求：根据上述资料，不考虑其他因素，分析回答下列小题。

1. 在计算甲鞋业公司 2×21 年度企业所得税应纳税所得额时，下列收入中，应计入收入总额的是（   ）。
   A. W 石化公司债券利息收入 180 万元
   B. 国债利息收入 135 万元
   C. 制鞋技术所有权转让收入 700 万元
   D. 运动鞋销售收入 8 000 万元

2. 在计算甲鞋业公司 2×21 年度企业所得税应纳税所得额时，制鞋技术所有权转让所得应纳税调减的金额是（   ）万元。
   A. 700   B. 550
   C. 100   D. 500

3. 在计算甲鞋业公司 2×21 年度企业所得税应纳税所得额时，下列收支中，应纳税调减的是（   ）。
   A. 支付 Q 公司违约金 3 万元
   B. 直接向 Y 小学捐赠 10 万元
   C. W 石化公司债券利息收入 180 万元
   D. 国债利息收入 135 万元

4. 在计算甲鞋业公司 2×21 年度企业所得税应纳税所得额时，准予扣除的广告费和业务宣传费支出金额是（   ）。
   A. 1 247.25 万元   B. 1 332 万元
   C. 1 352.25 万元   D. 1 200 万元

四、【2020 改编】甲公司为居民企业，主要从事电子产品生产和销售业务。2×21 年度有关经营情况如下：
   （1）全年销售收入 6 000 万元，利润总额 850 万元。
   （2）转让所持有的居民企业乙公司公开发行并上市流通的股票，取得收入 70 万元；甲公司持有该股票共 9 个月，当年取得该股票股息、红利 6 万元。
   （3）从直接投资的非上市居民企业丙公司取得股息、红利 50 万元。
   （4）银行存款利息收入 13.5 万元。
   （5）发生与生产经营活动有关的业务招待费支出 200 万元。
   （6）发生符合条件的广告费和业务宣传费支出 800 万元。
   已知：业务招待费支出，按照发生额的 60% 扣除，但最高不得超过当年销售（营业）收入的 5‰；广告费和业务宣传费支出，不超过当年销售（营业）收入 15% 的部分，准予扣除；符合条件的广告费和业务宣传费支出以前年度累计结转扣除额 150 万元。

要求：根据上述资料，不考虑其他因素，分析回答下列小题。

1. 计算甲公司 2×21 年度企业所得税应纳税所得额时，下列收入中，应计入收入总额的是（ ）。
A. 转让居民企业乙公司股票取得的收入 70 万元
B. 银行存款利息收入 13.5 万元
C. 从居民企业丙公司取得的股息、红利 50 万元
D. 从居民企业乙公司取得的股息、红利 6 万元

2. 在计算甲公司 2×21 年度企业所得税应纳税所得额时，准予扣除的业务招待费支出是（ ）万元。
A. 90
B. 200
C. 30
D. 120

3. 在计算甲公司 2×21 年度企业所得税应纳税所得额时，准予扣除的广告费和业务宣传费支出是（ ）万元。
A. 950
B. 800
C. 900
D. 750

4. 计算甲公司 2×21 年度企业所得税应纳税所得额的下列算式中，正确的是（ ）。
A. 850−50+（200−6 000×5‰）−（6 000×15%−800）＝870（万元）
B. 850−70−6+（200−6 000×5%）＝944（万元）
C. 850−50−（6 000×15%−800）＝700（万元）
D. 850−70−6−50−13.5+（200−200×60%）＝790.5（万元）

五、【2020 改编】甲电器公司为居民企业。主要从事热水器的生产和销售业务，2×21 年度有关经营情况如下：
（1）将一处仓库对外出租，与承租方签订房屋租赁合同。合同约定当年租金总额 18.9 万元，未分别列明租金与增值税税款。甲电器公司选择简易计税方法计算增值税。
（2）"财务费用"账户中列支两笔利息费用。向 W 金融企业借入生产用资金 400 万

元。借款期限 6 个月，支付借款利息 10.32 万元。向本公司职工借入生产用资金 120 万元，并与职工签订了借款合同，借款期限 4 个月，支付利息 3.2 万元，金融企业同期同类贷款年利率为 5.16%。
（3）8 月购入一台价值 576 万元的机器设备并于当月投入使用，会计上按直线法计提折旧，会计折旧年限为 10 年，预计净残值为零。税法规定的最低折旧年限及预计净残值与会计规定相同。甲电器公司税务处理上选择享受固定资产加速折旧优惠政策，折旧年限为税法规定的最低折旧年限的 60%。

已知：增值税征收率为 5%；城市维护建设税税率为 7%；教育费附加征收比率 3%；房产税税率为 12%；印花税税率为 1‰。

要求：根据上述资料，不考虑其他因素，分析回答下列小题。

1. 关于甲电器公司 2×21 年度对外出租仓库应缴纳税费的下列表述中，正确的是（ ）。
A. 应缴纳印花税税额 ＝ 18.9×1‰ ＝ 0.0189（万元）
B. 应缴纳城市维护建设税税额和教育费附加 ＝ 18.9÷（1+5%）×5%×（7%+3%）＝0.09（万元）
C. 应缴纳增值税税额 ＝ 18.9÷（1+5%）×5% ＝ 0.9（万元）
D. 应缴纳房产税税额 ＝ 18.9÷（1+5%）×12% ＝ 2.16（万元）

2. 甲电器公司出租仓库缴纳的下列税费中，在计算 2×21 年度企业所得税应纳税所得额时，准予扣除的是（ ）。
A. 房产税
B. 印花税
C. 增值税
D. 城市维护建设税和教育费附加

3. 在计算甲电器公司 2×21 年度企业所得税应纳税所得额时，准予扣除的利息费用金额是（ ）万元。
A. 10.32
B. 12.384
C. 13.52
D. 3.2

4. 在计算甲电器公司 2×21 年度企业所得

纳税所得额时，购入机器设备计提的折旧费应纳税调减金额的下列算式中，正确的是（　　）。

A. 576÷（10×60%）−576÷10÷12×4＝76.8（万元）

B. 576÷（10×60%）÷12×4＝32（万元）

C. 576÷（10×60%）÷12×4−576÷10÷12×4＝12.8（万元）

D. 576÷（10×60%）−576÷10＝38.4（万元）

六、【2019 改编】甲公司为居民企业，主要从事生产与销售业务，2×21 年有关经营活动如下：

（1）取得手机销售收入 8 000 万元，提供专利权的使用权取得收入 100 万元；

（2）确认无法偿付的应付款项 6 万元；

（3）接受乙公司投资，收到投资款 2 000 万元；

（4）当年 3 月因生产经营活动借款 300 万元，其中向金融企业借款 250 万元，期限 6 个月，年利率 6%，向非金融企业丙公司借款 50 万元，期限 6 个月，年利率 10%，利息均已支付；

（5）参加财产保险，按规定向保险公司缴纳保险费 5 万元；

（6）计提坏账准备金 15 万元；

（7）发生合理的会议费 30 万元；

（8）发生非广告性质赞助支出 20 万元；

（9）通过市民政部门用于公益事业的捐赠支出 80 万元，直接向某小学捐赠 9 万元，向贫困户王某捐赠 2 万元；

（10）全年利润总额为 750 万元。

已知：公益性捐赠支出，在年度利润总额 12% 以内的部分，准予在计算应纳税所得额时扣除。

要求：根据上述资料，不考虑其他因素，分析回答下列小题。

1. 计算甲公司 2×21 年度企业所得税应纳税所得额时，应计入收入总额的是（　　）。

A. 手机销售收入 8 000 万元

B. 提供专利权的使用权取得收入 100 万元

C. 确认无法偿付的应付款项 6 万元

D. 收到乙公司的投资款 2 000 万元

2. 计算甲公司 2×21 年度企业所得税应纳税所得额时，准予扣除的利息支出的下列计算列式中，正确的是（　　）。

A. 250×6%÷12×6+50×6%÷12×6＝9（万元）

B. 250×6%÷12×6+50×10%÷12×6＝10（万元）

C. 250×6%÷12×6＝7.5（万元）

D. 250×10%÷12×6+50×10%÷12×6＝15（万元）

3. 下列各项中，在计算甲公司 2×21 年度企业所得税应纳税所得额时，不得扣除的是（　　）。

A. 向保险公司缴纳的财产保险费 5 万元

B. 计提坏账准备金 15 万元

C. 发生的合理会议费 30 万元

D. 发生非广告性质赞助支出 20 万元

4. 在计算甲公司 2×21 年度企业所得税应纳税所得额时，准予扣除的公益性捐赠支出的下列计算列式中，正确的是（　　）。

A. 80 万元　　　　B. 80+9＝89（万元）

C. 80+9+2＝91（万元）D. 80+2＝82（万元）

七、【2019 改编】甲公司为居民企业，主要从事施工设备的生产和销售业务。2×21 年有关经营情况如下：

（1）国债利息收入 40 万元，从未上市的居民企业乙公司取得股息 25.2 万元。

（2）直接向某养老院捐赠 10 万元，向市场监督管理部门缴纳罚款 6 万元。

（3）实际发生未形成无形资产计入当期损益的新产品研究开发费用 194 万元。

（4）经事务所审计发现甲公司接受捐赠原材料一批，取得增值税专用发票注明金额 20 万元，税额 2.6 万元，甲公司将接受的捐赠收入直接计入"资本公积"账户。

（5）全年利润总额 1 522 万元，预缴企业所得税税款 280 万元。

已知：企业所得税税率为 25%，制造企业新产品研究开发费用，在按照规定据实扣除的基础上，按照研究开发费用的 100% 加计扣除。

要求：根据上述资料，不考虑其他因素，分析回答下列小题。

1. 计算甲公司 2×21 年度企业所得税应纳税所

得额时，应纳税调增的是（　　）。

A. 向市场监督管理部门缴纳罚款 6 万元

B. 直接向某养老院捐赠 10 万元

C. 国债利息收入 40 万元

D. 从未上市的居民企业乙公司取得股息 25.2 万元

2. 下列关于甲公司 2×21 年度新产品研究开发费用企业所得税纳税调整的表述中，正确的是（　　）。

A. 纳税调减 145.5 万元

B. 纳税调减 194 万元

C. 纳税调增 194 万元

D. 纳税调增 145.5 万元

3. 下列关于甲公司 2×21 年度接受捐赠原材料企业所得税纳税调整的表述中，正确的是（　　）。

A. 纳税调增 20 万元　　B. 纳税调减 20 万元

C. 纳税调增 22.6 万元　D. 纳税调减 22.6 万元

4. 下列关于甲公司 2×21 年度企业所得税汇算清缴应补税额的计算列式中，正确的是（　　）。

A.（1 522−40−25.2+10+6−194×75%+20）×25%−280＝56.825（万元）

B.（1 522−40−25.2+10+6−194×100%+20）×25%−280＝44.7（万元）

C.［1 522−40−25.2+10+6−194×100%+（20+2.6）］×25%−280＝45.35（万元）

D.［(1 522+10+6−194×75%+（20+2.6）］×25%−280＝73.775（万元）

八、【2021 改编】中国居民林某为境内甲公司工程师。林某育有一子一女，8 岁的儿子就读小学二年级，4 岁的女儿正接受学前教育。2×21 年林某有关收支情况如下：

（1）全年工资 191 000 元，全年专项扣除 41 000 元；子女教育专项附加扣除由林某按扣除标准的 100% 扣除。

（2）为乙公司提供技术咨询一次，取得劳动报酬 3 200 元。林某自行负担交通费 100 元。

（3）将一套自有住房与张某的一套住房互换。经房地产评估机构评估，林某房屋价值 1 600 000 元，张某房屋价值 1 800 000 元，

林某支付张某差价款 200 000 元。林某、张某互换住房均按规定免征增值税。

（4）办理手机话费套餐，获赠价值 1 500 的手机一部。

（5）参加航空公司金卡会员抽奖活动，获得价值 2 000 元的电器一台。

（6）获得省政府颁发的科技创新奖奖金 6 000 元。

（7）取得储蓄存款利息 1 000 元。已知：劳务报酬所得预扣预缴个人所得税适用 20% 的预扣率，每次收入不超过 4 000 元的，减除费用按 800 元计算。综合所得减除费用 60 000 元 / 年；劳务报酬所得以收入减除 20% 的费用后的余额为收入额；子女教育专项附加扣除按照每个子女每月 1 000 元的标准定额扣除。契税适用税率为 4%。个人所得税税率表：

（综合所得适用）

级数	全年应纳税所得额	税率（%）	速算扣除数
1	不超过 36 000 元的	3	0
2	超过 36 000 元至 144 000 元的部分	10	2 520
3	超过 144 000 元至 300 000 元的部分	20	16 920
……	……	……	……

要求：根据上述资料，不考虑其他因素，分析回答下列小题。

1. 计算林某劳务报酬所得应预扣预缴个人所得税税额的下列算式中，正确的是（　　）。

A.（3 200−800−100）×20%＝460（元）

B.（3 200−800）×20%＝480（元）

C.（3 200−100）×20%＝620（元）

D. 3 200×20%＝640（元）

2. 计算林某 2×21 年度综合所得应缴纳个人所得税税额的下列算式中，正确的是（　　）。

A.（191 000+3 200−60 000−41 000−1 000×12）×10%−2 520＝5 600（元）

B.（191 000−60 000−41 000−1 000×2×12）×10%−2 520＝4 080（元）

C. [191 000+（3 200-800）-60 000-41 000-1 000×2×12]×10%-2 520 = 4 320（元）

D. [191 000+3 200×（1-20%）-60 000-41 000-1 000×2×12]×10%-2 520 = 4 336（元）

3. 关于林某与张某互换住房契税税务处理的下列表述中，正确的是（　　）。

A. 林某应缴纳契税 72 000 元

B. 张某应缴纳契税 8 000 元

C. 张某应缴纳契税 64 000 元

D. 林某应缴纳契税 8 000 元

4. 林某的下列所得中，免予征收或不征收个人所得税的是（　　）。

A. 参加航空公司金卡会员抽奖活动获得的价值 2 000 元的电器

B. 取得的储蓄存款利息 1 000 元

C. 获得省政府颁发的科技创新奖奖金 6 000 元

D. 办理手机话费套餐获赠的价值 1 500 元的手机

九、【2020 改编】中国公民王某为境内甲公司研发人员，其独生子正在读小学。2×21 年王某有关收支情况如下：

（1）每月工资、薪金所得 20 000 元，每月缴纳的基本养老保险费、基本医疗保险费、失业保险费、住房公积金 3 900 元。1~11 月工资、薪金所得累计已预扣预缴个人所得税额 8 590 元。

（2）为乙公司提供技术服务，取得一次性劳务报酬 5 000 元。

（3）购买福利彩票，取得一次中奖收入 3 000元。

（4）网约车充值获赠价值 2 500 元的返券。

（5）储蓄存款利息收入 1 750 元。

（6）将一套住房出租，全年租金收入 37 200 元。

已知：工资、薪金所得预扣预缴个人所得税减除费用为 5 000 元/月；综合所得减除费用为 60 000 元；子女教育专项附加扣除标准为 1 000 元/月，由王某按扣除标准的100% 扣除；劳务报酬所得个人所得税预扣率为 20%，每次收入 4 000 元以上的，减除费用按 20% 计算；劳务报酬所得以收入减

除 20% 的费用后的余额为收入额。

个人所得税预扣率表

（居民个人工资、薪金所得预扣预缴适用）

级数	累计预扣预缴应纳税所得额	预扣率（%）	速算扣除数
1	不超过 36 000 元的	3	0
2	超过 36 000 元至 144 000 元的部分	10	2 520
3	超过 144 000 元至 300 000 元的部分	20	16 920
4	超过 300 000 元至 420 000 元的部分	25	31 920
5	超过 420 000 元至 660 000 元的部分	30	52 920
6	超过 660 000 元至 960 000 元的部分	35	85 920
7	超过 960 000 元的部分	45	181 920

个人所得税税率表（居民综合所得适用）

级数	全年应纳税所得额	税率（%）	速算扣除数
1	不超过 36 000 元的	3	0
2	超过 36 000 元至 144 000 元的部分	10	2 520
3	超过 144 000 元至 300 000 元的部分	20	16 920
4	超过 300 000 元至 420 000 元的部分	25	31 920
5	超过 420 000 元至 660 000 元的部分	30	52 920
6	超过 660 000 元至 960 000 元的部分	35	85 920
7	超过 960 000 元的部分	45	181 920

要求：根据上述资料，不考虑其他因素，分析回答下列小题。

1. 计算王某 12 月份工资、薪金所得应预扣预缴个人所得税税额的下列算式中，正确的是（　　）。

A.（20 000-5 000-3 900-1 000）×3% = 303（元）

B.（20 000-5 000）×3% = 450（元）

C.（20 000-5 000-3 900）×3% = 333（元）

D.（20 000×12-5 000×12-3 900×12-1 000×12）×10%-2 520-8 590 = 1 010（元）

2. 计算王某一次性劳务报酬应预扣预缴个人所得税税额的下列算式中，正确的是（　　）。

A. 5 000×（1-20%）×20% = 800（元）

B. 5 000÷（1-20%）×20% = 1 250（元）

C. 5 000×20% = 1 000（元）

D. 5 000×20%×20% = 200（元）

3. 计算王某 2×21 年综合所得应缴纳个人所得税税额的下列算式中，正确的是（　　）。

A.（20 000×12+5 000-60 000-3 900×12）×10%-2 520 = 11 300（元）

B.［20 000×12+5 000×（1-20%）-60 000-3 900×12-1 000×12］×10%-2 520 = 10 000（元）

C.（20 000×12+5 000-60 000-3 900×12-1 000×12）×10%-2 520 = 10 100（元）

D.［20 000×12+5 000×（1-20%）-60 000]×20%-16 920 = 19 880（元）

4. 王某下列所得中，不需要缴纳个人所得税的是（　　）。

A. 储蓄存款利息收入 1 750 元

B. 出租住房全年租金收入 37 200 元

C. 网约车充值获赠价值 2 500 元的返券

D. 购买福利彩票一次中奖收入 3 000 元

十、【2019 改编】中国公民陈某为国内某大学教授。2×21 年 1～4 月有关收支情况如下：

（1）1 月转让一套住房，取得含增值税销售收入 945 000 元。该套住房原值 840 000 元，系陈某 2×19 年 8 月购入。本次转让过程中，发生合理费用 5 000 元。

（2）2 月获得当地教育部门颁发的区（县）级教育方面的奖金 10 000 元。

（3）3 月转让从公开发行市场购入的上市公司股票 6 000 股，取得股票转让所得 120 000 元。

（4）4 月在甲电信公司购话费获赠价值 390 元的手机一部；获得乙保险公司支付的保险赔款 30 000 元。

假设陈某 2×21 年其他收入及相关情况如下：

（1）工资、薪金所得 190 000 元，专项扣除 40 000 元。

（2）劳务报酬所得 8 000 元，稿酬所得 5 000 元。

已知：财产转让所得个人所得税税率为 20%；个人将购买不足 2 年的住房对外出售的，按照 5% 的征收率全额缴纳增值税。综合所得，每一纳税年度减除费用 60 000 元；劳务报酬所得、稿酬所得以收入减除 20% 的费用后的余额为收入额；稿酬所得的收入额减按 70% 计算。

个人所得税税率表（居民综合所得适用）

级数	全年应纳税所得额	税率（%）	速算扣除数
1	不超过 36 000 元的	3	0
2	超过 36 000 元至 144 000 元的部分	10	2 520
3	超过 144 000 元至 300 000 元的部分	20	16 920
4	超过 300 000 元至 420 000 元的部分	25	31 920
5	超过 420 000 元至 660 000 元的部分	30	52 920
6	超过 660 000 元至 960 000 元的部分	35	85 920
7	超过 960 000 元的部分	45	181 920

1. 计算陈某 1 月转让住房应缴纳个人所得税税额的下列计算中，正确的是（　　）。

A.［945 000÷（1+5%）-840 000-5 000]×20% = 11 000（元）

B.［945 000÷（1+5%）-840 000]×20% = 12 000（元）

C.（945 000-840 000）×20% = 21 000（元）

D.（945 000-840 000-5 000）×20% = 20 000（元）

2. 计算陈某 1 月转让住房应缴纳增值税税额的

下列算式中，正确的是（　　）。

A.（945 000−840 000）÷（1+5%）×5% = 5 000（元）

B. 945 000÷（1+5%）×5% = 45 000（元）

C. 945 000×5% = 47 250（元）

D.（945 000−840 000）×5% = 5 250（元）

3. 陈某的下列所得中，不缴纳个人所得税的是（　　）。

A. 区（县）级教育方面的奖金 10 000 元

B. 获赠价值 390 元的手机

C. 获得的保险赔款 30 000 元

D. 股票转让所得 120 000 元

4. 计算陈某 2×21 年综合所得应缴纳个人所得税税额的下列算式中，正确的是（　　）。

A.［190 000+8 000×（1−20%）+5 000×（1−20%）×70%−60 000−40 000］×10%−2 520 = 7 400（元）

B.（190 000−60 000−40 000）×10%−2 520+8 000×（1−20%）×3%+5 000×70%×3% = 6 777（元）

C.（190 000−60 000−40 000）×10%−2 520+8 000×（1−20%）×3%+5 000×（1−20%）×70%×3% = 6 756（元）

D.（190 000+8 000+5 000×70%−60 000−40 000）×10%−2 520 = 7 630（元）

第八章

一、【2022】2021 年 3 月 1 日，刘某到甲公司任职技术总监。合同约定：合同期限 3 年，月工资 8 000 元，竞业限制 2 年，竞业限制期限内甲公司每月向刘某支付经济补偿 3 000 元。2022 年 2 月 1 日，刘某向甲公司提出辞职。2022 年 3 月 15 日，双方正式协商解除劳动合同。合同解除后，甲公司依约向刘某支付竞业限制经济补偿，要求刘某履行竞业限制义务。2022 年 4 月 15 日，甲公司得知刘某已经在竞争对手乙公司工作，即要求刘某支付违约金并继续履行竞业限制义务，双方发生争议，甲公司申请劳动仲裁。

1. 下列表述中，正确的是（　　）。

A. 刘某和甲公司签订劳动合同的行为是意思表示行为

B. 刘某和甲公司签订劳动合同的行为是多方行为

C. 刘某和甲公司签订劳动合同的行为是非意思表示行为

D. 刘某和甲公司签订劳动合同的行为是单方行为

2. 关于解除劳动合同时双方的权利和义务的下列表述中，正确的是（　　）。

A. 刘某有权要求甲公司支付经济补偿金

B. 刘某未给甲公司造成损害，应向甲公司支付赔偿金

C. 劳动合同虽未到期，刘某也有权要求解除劳动合同

D. 因劳动合同未到期，刘某应向甲公司支付违约金

3. 关于甲公司与刘某之间竞业限制协议及法律后果的下列表述中，正确的是（　　）。

A. 甲公司有权要求刘某按竞业限制协议支付违约金

B. 甲公司与刘某约定的竞业限制期限超过了法定期限

C. 刘某支付违约金后，甲公司无权要求刘某继续履行竞业限制义务

D. 若甲公司 2 个月未支付经济补偿，刘某请求解除竞业限制约定的，人民法院应予支持

4. 关于甲公司申请劳动仲裁，下列表述中正确的是（　　）。

A. 仲裁时效期间自 2022 年 4 月 15 日起计算

B. 甲公司只能书面申请劳动仲裁

C. 该劳动争议申请仲裁的时效期间为 1 年

D. 该劳动争议仲裁收费

二、【2019】2×18 年 4 月，王某与甲公司签订了 3 年期的劳动合同。双方在合同中约定：

（1）试用期为 6 个月；

（2）公司可以根据需要调整岗位，员工不服从调整的，应向公司支付违约金 2 万元。

2×18 年 9 月，甲公司出资 6 万元派王某到某专业机构进行技术培训，并要求王某签订

培训协议，约定服务期3年，如果违反服务期的约定，王某应当向公司支付违约金6万元。2×19年9月，王某获得了心仪已久的出国机会，向甲公司提出解除劳动合同。甲公司同意解除劳动合同，但要求王某支付服务期违约金6万元，王某则认为自己只应当支付4万元的违约金，双方发生争执。

要求：根据上述资料，不考虑其他因素，分析回答下列小题。

1. 有关王某和甲公司劳动合同约定的内容，下列说法正确的是（　　）。
A. 有关试用期的约定违法
B. 有关试用期的约定合法
C. 有关岗位调整违约金的约定违法
D. 有关岗位调整违约金的约定合法

2. 有关服务期，下列表述不正确的是（　　）。
A. 用人单位为劳动者提供专项培训费用，对其进行专业技术培训的，可以与该劳动者订立协议，约定服务期
B. 用人单位未出现法定过错情形，而劳动者违反服务期约定的，劳动者应当向用人单位支付违约金
C. 用人单位与劳动者约定服务期的，服务期内劳动者不得要求提高工资待遇
D. 服务期与劳动合同期限在长度上可以不一致

3. 解除劳动合同时双方提出下列请求中，符合法律规定的是（　　）。
A. 甲公司有权要求王某支付6万元的违约金
B. 王某只应向甲公司支付4万元的违约金
C. 甲公司无须向王某支付经济补偿金
D. 甲公司应当向王某支付经济补偿金

4. 王某和甲公司就服务期违约金发生争议，王某可以选择的纠纷解决途径是（　　）。
A. 请工会协助与甲公司协商
B. 向劳动争议调解组织申请调解
C. 向劳动争议仲裁委员会申请仲裁
D. 没有解决途径

三、【2021】2019年3月5日，黄某与甲公司签订了为期1年的劳动合同。双方在劳动合同中约定：黄某3月20日上班；试用期为2个月；公司每月28日支付劳动报酬；试用期满后公司为黄某缴纳社会保险费；黄某如提前辞职，需向公司支付违约金1万元。劳动合同签订后，黄某按公司要求于2019年3月15日提前到公司上班，3月28日黄某收到首月工资。因公司没有为其缴纳社会保险费，黄某于2019年7月15日辞职，要求公司支付经济补偿。甲公司以劳动合同尚未期满为由拒绝，并要求黄某支付违约金。双方由此发生劳动争议。已知：黄某在甲公司实行标准工时制，其月平均工资为5 000元，当地职工上年度月平均工资为5 500元。

要求：根据上述资料，不考虑其他因素，分析回答下列小题。

1. 甲公司与黄某建立劳动关系的时间为（　　）。
A. 2019年3月5日
B. 2019年3月28日
C. 2019年3月20日
D. 2019年3月15日

2. 甲公司与黄某的下列约定中，符合法律规定的是（　　）。
A. 试用期满后为黄某缴纳社会保险费
B. 试用期2个月
C. 每月28日支付劳动报酬
D. 黄某提前辞职，需支付违约金1万元

3. 黄某辞职，甲公司应向其支付经济补偿的数额为（　　）。
A. 5 500元　　　　　　B. 0
C. 2 500元　　　　　　D. 5 000元

4. 下列关于该劳动争议的表述中，正确的是（　　）。
A. 甲公司有权要求黄某支付违约金
B. 甲公司可向劳动争议仲裁机构申请仲裁
C. 黄某有权要求公司补缴社会保险费
D. 黄某可直接向法院提起诉讼

全真模拟
测试卷

模拟测试卷一

一、单项选择题（本类题共 23 小题，每小题 2 分，共 46 分。每小题备选答案中，只有一个符合题意的正确答案。多选、错选、不选均不得分。）

1. 某公司（增值税一般纳税人）2022 年 12 月采取折扣方式销售货物一批，该批货物不含税销售额 90 000 元，折扣额 9 000 元。甲公司将折扣额另开发票。已知增值税税率为 13%。则该公司当月该笔业务增值税销项税额的下列计算列式中，正确的是（　　）。
   A.（90 000-9 000）×（1+13%）×13%
   B.（90 000-9 000）×13%
   C. 90 000÷（1+13%）×13%
   D. 90 000×13%

2. 根据消费税法律制度的规定，下列各项中，不属于消费税纳税人的是（　　）。
   A. 金首饰零售商　　B. 高档化妆品进口商
   C. 涂料生产商　　　D. 鞭炮批发商

3. 根据消费税法律制度的规定，企业发生的下列经营行为中，外购应税消费品已纳消费税税额不准从应纳消费税税额中扣除的是（　　）。
   A. 以外购已税烟丝生产卷烟
   B. 以外购已税白酒生产白酒
   C. 以外购已税高档化妆品为原料生产高档化妆品
   D. 以外购已税实木地板为原料生产实木地板

4. 甲商店为增值税小规模纳税人，2022 年 8 月销售商品取得含税销售额 61 800 元，购入商品取得普通发票注明金额 10 000 元。已知增值税税率为 13%，征收率为 3%，当月应缴纳增值税税额的下列计算列式中，正确的是（　　）。
   A. 61 800÷（1+3%）×3%-10 000×3%
   B. 61 800×3%
   C. 61 800×3%-10 000×3%
   D. 61 800÷（1+3%）×3%

5. 某公司 2022 年度实现利润总额 30 万元，直接向受灾地区群众捐款 6 万元，通过公益性社会团体向贫困地区捐款 4 万元。已知公益性捐赠支出不超过年度利润总额的 12% 的部分，准予在计算应纳税所得额时扣除。则该公司在计算 2022 年度企业所得税应纳税所得额时，准予扣除的捐赠额为（　　）万元。
   A. 3.6　　　　　　　B. 4
   C. 6　　　　　　　　D. 8.6

6. 根据车船税法律制度的规定，下列车船中，应征收车船税的是（　　）。
   A. 捕捞渔船
   B. 符合国家有关标准的纯电动商用车
   C. 军队专用车船
   D. 观光游艇

7. 甲公司开发一项房地产项目，取得土地使用权支付的金额为 1 000 万元，发生开发成本 6 000 万元，发生开发费用 2 000 万元，其中利息支出 900 万元无法提供金融机构贷款利息证明。已知，当地房地产开发费用的计算扣除比例为 10%。甲公司计算缴纳土地增值税时，可以扣除的房地产开发费用的下列算式中，正确的是（　　）。
   A. 2 000-900 = 1 100（万元）
   B. 6 000×10% = 600（万元）
   C. 2 000×10% = 200（万元）
   D.（1 000+6 000）×10% = 700（万元）

8. 甲企业 2022 年年初拥有一栋房产，房产原值 1 000 万元，3 月 31 日将其对外出租，租期 1 年，每月收取不含税租金 1 万元。已知从价计征房产税税率为 1.2%，从租计征房产税税率为 12%，当地省政府规定计算房产余值的减除比例为 30%。2022 年甲企业上述房产应缴纳房产税的下列算式中，正确的是（　　）。
   A. 1×9×12% = 1.08（万元）
   B. 1 000×（1-30%）×1.2%×3÷12+1×9×12% = 3.18（万元）
   C. 1 000×1.2%×3÷12+1×9×12% = 4.88（万元）
   D. 1 000×（1-30%）×1.2% = 8.4（万元）

9. 2022 年 10 月李某取得稿酬收入 18 000 元，当月因追加印数又取得稿酬 4 000 元。出版社在支付稿酬时应该预扣预缴个人所得税（　　）元。

A. 2 880　　　　　　　B. 2 016

C. 2 464　　　　　　　D. 2 260

10. 根据增值税法律制度的规定，一般纳税人选择简易办法计算缴纳增值税后，在一定期限内不得变更，该期限为（　　）。

A. 12 个月　　　　　　B. 36 个月

C. 24 个月　　　　　　D. 18 个月

11. 用人单位招用劳动者的下列情形中，符合法律规定的是（　　）。

A. 丙超市与刚满 15 周岁的初中毕业生赵某签订劳动合同

B. 乙公司以只招男性为由拒绝录用应聘者李女士从事会计工作

C. 甲公司设立的分公司已领取营业执照，该分公司与张某订立劳动合同

D. 丁公司要求王某提供 2 000 元保证金后才与其订立劳动合同

12. 甲公司向乙公司签发金额为 10 000 元的支票用于支付货款，乙公司按期提示付款时被告知甲公司在付款人处实有的存款金额仅为 4 000 元。根据票据法律制度的规定，中国人民银行可以对甲公司处以（　　）元的罚款。

A. 1 000　　　　　　　B. 10 000×5%

C. 4 000×5%　　　　　D. 6 000×5%

13. 根据支付结算法律制度的规定，下列关于银行汇票使用的表述中，正确的是（　　）。

A. 银行汇票不能用于个人款项结算

B. 银行汇票不能支取现金

C. 银行汇票的提示付款期限为自出票日起 1 个月

D. 银行汇票必须按出票金额付款

14. 关于个人支付账户，下列说法错误的是（　　）。

A. Ⅰ类支付账户余额可以用于转账

B. Ⅱ类支付账户余额可以用于购买投资理财产品

C. Ⅲ类支付账户余额可以用于消费

D. Ⅰ类支付账户余额付款交易自账户开立起累计不超过 1000 元（包括支付账户向客户本人同名银行账户转账）

15. 对下列规范性文件所作的判断中，不正确的是（　　）。

A. 上海市人民政府发布的《上海市旅馆业管理办法》属于地方性法规

B. 国务院发布的《企业财务会计报告条例》属于行政法规

C. 西藏自治区人民代表大会发布的《西藏自治区立法条例》属于自治条例

D. 财政部发布的《金融企业国有资产转让管理办法》属于部门规章

16. 引起法律关系发生、变更或者消灭的下列各项中，不属于法律行为的有（　　）。

A. 订立合同　　　　　B. 发生海啸

C. 销售货物　　　　　D. 签发支票

17. 根据税收征收管理法律制度的规定，税务机关作出的下列行为中，纳税人不服时应当先申请行政复议，不服行政复议决定再提起行政诉讼的是（　　）。

A. 行政审批　　　　　B. 确认纳税地点

C. 纳税信用等级评定　D. 税收强制执行措施

18. 根据税收征收管理法律制度的规定，下列各项中，不属于纳税担保范围的是（　　）。

A. 罚款　　　　B. 滞纳金

C. 税款　　　　D. 实现税款、滞纳金的费用

19. 会计资料最基本的质量要求是（　　）。

A. 真实性和相关性　　B. 明晰性和谨慎性

C. 真实性和完整性　　D. 重要性和及时性

20. 在我国，单位内部会计监督的主体一般是指（　　）。

A. 财政、税务、审计机关

B. 注册会计师及其事务所

C. 本单位的会计机构和会计人员

D. 本单位的内部审计机构及其人员

21. 下列各项中，关于纳税信用管理的正确表述是（　　）。

A. 扣缴义务人、自然人也适用纳税信用管理办法

B. D 级纳税人及其直接责任人员名单要对外

公开

C. 直接判级适用于评估得分 90 分以下的纳税人

D. 每年 1 月确定上一年度纳税信用评价结果

22. 对下列专项附加扣除表述正确的是（ ）。

A. 子女教育支出只能由父母一方按扣除标准全额扣除

B. 符合标准的住房贷款利息可以按照每月 1 000 元的标准定额扣除

C. 纳税人及其配偶可以同时享受住房贷款利息专项附加扣除和住房租金专项附加扣除

C. 赡养老人专项附加扣除规定，纳税人为独生子女的，可以按照每月 2 400 元的标准定额扣除

23. 根据社会保险法律制度的规定，下列关于职工基本养老保险个人账户的表述中，不正确的是（ ）。

A. 无雇工的个体工商户自愿按照国家规定缴纳的基本养老保险费，全部记入个人账户

B. 职工按照国家规定的本人工资的一定比例缴纳的基本养老保险费，全部记入个人账户

C. 职工基本养老保险个人账户不得提前支取

D. 职工基本养老保险个人账户免征利息税

二、多项选择题（本类题共 10 小题，每小题 2 分，共 20 分。每小题备选答案中，有两个或两个以上符合题意的正确答案。多选、少选、错选、不选均不得分。）

1. 根据企业所得税法律制度的规定，下列各项准予在以后年度结转扣除的有（ ）。

A. 职工教育经费　　　B. 广告费

C. 业务宣传费　　　　D. 业务招待费

2. 下列各项中，在计算企业所得税应纳税所得额时，应计入收入总额的有（ ）。

A. 接受捐赠收入

B. 债务重组收入

C. 转让专利权收入

D. 确实无法偿付的应付款项

3. 根据个人所得税法律制度的规定，下列个人所得中，应按"劳务报酬所得"项目征收个人所得税的有（ ）。

A. 某大学教授从甲企业取得的咨询费

B. 某公司高管从乙大学取得的讲课费

C. 某设计院设计师从丙服装公司取得的设计费

D. 某编剧从丁电视剧制作单位取得的剧本使用费

4. 关于印花税纳税人的下列表述中，正确的有（ ）。

A. 会计账簿以立账簿人为纳税人

B. 产权转移书据以立据人为纳税人

C. 建筑工程合同以合同当事人为纳税人

D. 在国外书立、领受，但在国内使用的应税凭证以使用人为纳税人

5. 下列关于城镇土地使用税纳税义务发生时间的表述中，正确的有（ ）。

A. 纳税人新征用的非耕地，自批准征用次月起缴纳城镇土地使用税

B. 纳税人购置新建商品房，自房屋交付使用之次月起缴纳城镇土地使用税

C. 纳税人新征用的耕地，自批准征用之日起满 6 个月时开始缴纳城镇土地使用税

D. 纳税人出租房产，自合同约定应付租金日期的次月起缴纳城镇土地使用税

6. 根据土地增值税法律制度的有关规定，下列情形中，税务机关可要求纳税人进行土地增值税清算的有（ ）。

A. 房地产开发项目全部竣工并完成销售的

B. 整体转让未竣工决算房地产开发项目的

C. 纳税人申请注销税务登记但未办理土地增值税清算手续的

D. 取得销售（预售）许可证满 3 年仍未销售完毕的

7. 根据税收征收管理法律制度的规定，下列各项中，属于税款征收保障措施的有（ ）。

A. 责令缴纳　　　　B. 责令提供纳税担保

C. 欠税清缴　　　　D. 税收优先权

8. 2021 年 7 月 5 日，王某到甲公司上班，但甲公司未与其签订书面合同。甲公司该行为法律后果的下列表述中，正确的有（ ）。

A. 甲公司和王某之间尚未建立劳动关系

B. 甲公司应在 2021 年 8 月 5 日前与王某签订书面劳动合同

C. 若甲公司在 2021 年 10 月 5 日与王某补订了书面劳动合同，王某有权要求甲公司向其支付 2 个月的双倍工资

D. 若甲公司在 2022 年 10 月 5 日与王某补订了书面劳动合同，王某有权要求甲公司向其支付 11 个月的双倍工资

9. 根据劳动合同法律制度的规定，导致劳动合同解除的下列情形中，用人单位需向劳动者支付经济补偿金的有（　　）。

A. 用人单位未及时足额支付劳动报酬的

B. 劳动者不能胜任工作，经过培训或者调整工作岗位，仍不能胜任工作的

C. 劳动者同时与其他用人单位建立劳动关系，经用人单位提出，拒不改正的

D. 用人单位未按照劳动合同约定提供劳动保护或者劳动条件的

10. 根据支付结算法律制度的规定，关于支票的下列表述中，正确的有（　　）。

A. 支票基本当事人包括出票人、付款人、收款人

B. 支票金额和收款人名称可以由出票人授权补记

C. 出票人不得在支票上记载自己为收款人

D. 支票的付款人是出票人的开户银行

三、判断题（本类题共 10 小题，每小题 1 分，共 10 分。请判断每小题的表述是否正确。）

1. 舞台、戏剧、影视演员化妆用的上妆油、卸妆油、油彩，不征收消费税。（　　）

2. 无运输工具承运业务，按照有形动产租赁服务缴纳增值税。（　　）

3. 甲汽车厂将 1 辆生产成本 5 万元的自产小汽车用于抵偿债务，同型号小汽车不含增值税的平均售价 10 万元/辆，不含增值税最高售价 12 万元/辆。已知小汽车消费税税率为 5%。甲汽车厂该笔业务应缴纳消费税税额 = $1 \times 12 \times 5\% = 0.6$（万元）。（　　）

4. 个人出版画作取得的所得，应按"劳务报酬所得"项目计缴个人所得税。（　　）

5. 个体工商户生产经营活动中，应当分别核算生产经营费用和个人、家庭费用；对于生产经营与个人、家庭生活混用难以分清的费用，计算"个体工商户的生产、经营所得"的个人所得税时，不得扣除。（　　）

6. 甲每月工资收入为 2 500 元，当地月最低工资为 1 800 元。根据劳动合同法律制度的规定，医疗期内单位向甲支付的病假工资至少为 1 800 元。（　　）

7. 劳务派遣单位应与被派遣劳动者订立 2 年以上的固定期限劳动合同。（　　）

8. 劳动者和用人单位发生劳动争议，可以不经劳动仲裁直接向人民法院提起劳动诉讼。（　　）

9. 居民企业就其来源于中国境内、境外的全部所得缴纳企业所得税，非居民企业仅就来源于中国境内的所得缴纳企业所得税。（　　）

10. 税务机关有权对个人及其所扶养家属维持生活必需的住房和用品采取强制执行措施。（　　）

四、不定项选择题（本类题共 12 小题，每小题 2 分，共 24 分。每小题备选答案中，有一个或一个以上符合题意的正确答案，每小题全部选对得满分，少选得相应分值，多选、错选、不选均不得分。）

（一）甲企业为增值税一般纳税人，主要从事小汽车的制造和销售业务，2022 年 12 月有关业务如下：

（1）销售 4 辆定制小汽车取得含增值税价款 786 000 元，收取手续费 56 400 元。

（2）将 10 辆小汽车用于对外投资，小汽车生产成本为 15 万元/辆，甲企业同类小汽车不含增值税最高销售价格为 18 万元/辆，平均销售价格为 16 万元/辆，最低销售价格为 14 万元/辆。

（3）采取分期收款方式销售给 4S 店一小汽车，10 日签订合同，合同约定 15 日收取货款，20 日发出小汽车，22 日开具发票。

（4）生产中轻型商用客车 240 辆，其中 220 辆用于销售，10 辆用于集资，8 辆用于赞助，

2 辆用于连续生产高级商用客车。

已知，小汽车增值税税率为 13%，消费税税率为 5%。

要求：根据上述资料，不考虑其他因素，分析回答下列小题。

1. 甲企业销售定制小汽车应缴纳的消费税税额的计算中，正确的是（　　）。

A. 786 000×5%=39 300（元）

B.（786 000+56 400）÷（1+13%）×5% = 37 274.34（元）

C. 786 000÷（1+13%）×5% = 34 778.76(元）

D.（786 000+56 400）×5% = 42 120（元）

2. 甲企业以小汽车投资应缴纳消费税税额的下列计算中，正确的是（　　）。

A. 10×18×5% = 9（万元）

B. 10×16×5% = 8（万元）

C. 10×15×5% = 7.5（万元）

D. 10×14×5% = 7（万元）

3. 甲企业采用分期收款方式销售小汽车，消费税的纳税义务发生时间是（　　）。

A. 12 月 10 日　　　　B. 12 月 15 日

C. 12 月 20 日　　　　D. 12 月 22 日

4. 下列行为应缴消费税的是（　　）。

A. 220 辆用于销售　　B. 10 辆用于集资

C. 8 辆用于赞助　　　D. 2 辆用于连续生产

（二）赵某曾应聘在 M 公司工作，试用期满后从事技术工作，2 年后跳槽至 G 企业成为该企业的业务骨干。M 公司为实施新的公司战略，拟聘请赵某担任公司高管。经协商，双方签订了劳动合同，约定：

（1）劳动合同期限为 6 年，试用期为 4 个月；

（2）合同期满或因其他原因离职后，赵某在 4 年内不得从事与 M 公司同类的业务工作，公司在孙某离职时一次性支付补偿金 14 万元。

在劳动合同期满前 1 个月时，赵某因病住院。4 个月后，赵某痊愈，到公司上班时，公司通知赵某劳动合同已按期终止，病休期间不支付工资，也不再向其支付 14 万元补偿金。赵某同意公司不支付 14 万元补偿金，但要求公司延续劳动合同期至病愈，并支付

病休期间的病假工资和离职的经济补偿。M 公司拒绝了赵某的要求，赵某随即进入同一行业的 H 公司从事与 M 公司业务相竞争的工作。M 公司认为赵某违反了双方在劳动合同中的竞业限制约定，应承担违约责任。

已知：赵某实际工作年限 15 年。

要求：根据上述资料，分析回答下列小题。

1. 对 M 公司与赵某约定的劳动合同条款所作的下列判断中，正确的是（　　）。

A. M 公司与赵某约定的试用期可以为 4 个月

B. M 公司与赵某不可以约定试用期

C. M 公司与赵某不可以约定离职后不得从事同类行业

D. M 公司与赵某约定离职后不得从事同类行业的时间超过法定最长期限

2. 赵某可以享受的法定医疗期是（　　）。

A. 3 个月　　　　　　B. 6 个月

C. 9 个月　　　　　　D. 12 个月

3. 对劳动合同终止及赵某病休期间工资待遇的下列判断中，正确的是（　　）。

A. 公司只需支付赵某劳动合同期满前 1 个月的病假工资

B. 赵某与公司约定的劳动合同期满时，劳动合同自然终止

C. 公司应支付赵某 4 个月病休期间的病假工资

D. 赵某与公司的劳动合同期限应延续至赵某病愈出院

4. 对 M 公司与赵某各自责任的下列判断中，符合法律规定的是（　　）。

A. M 公司应支付赵某离职的经济补偿

B. 竞业限制约定已失效，赵某不需要承担违约责任

C. M 公司不需支赵某离职的经济补偿

D. 赵某应遵守竞业限制约定，承担违约责任

（三）甲企业为居民企业，2022 年发生部分经济事项如下：

（1）销售产品收入 2 000 万元，出租办公楼租金 120 万元，信息技术服务费收入 40 万元。

（2）用产品换取原材料，该批产品不含增值税售价 35 万元。

（3）实发合理工资薪金总额 1 000 万元，发

生职工福利费 150 万元，职工教育经费 30 万元，工会经费 12 万元。

（4）支付法院判决由企业承担的诉讼费 2 万元，工商行政部门罚款 8 万元，母公司管理费 68 万元，直接捐赠给贫困地区小学 10 万元。

（5）缴纳增值税 88 万元，消费税 19 万元，资源税 6 万元，城市维护建设税和教育费附加 10.7 万元。

已知：职工福利费支出，职工教育经费支出，拨缴的工会经费分别不超过工资、薪金总额的 14%、8% 和 2% 的部分，准予扣除。

要求：根据上述资料，不考虑其他因素，分析回答下列小题。

1. 下列业务中，在计算企业所得税应纳税所得额时，应当计入收入总额的是（　　）。
   A. 销售产品收入 2 000 万元
   B. 出租办公楼租金 120 万元
   C. 信息技术服务费收入 40 万元
   D. 用产品换取原材料 35 万元

2. 下列税费中，在计算企业所得税应纳税所得额时，准予扣除的是（　　）。
   A. 增值税 88 万元
   B. 消费税 19 万元
   C. 资源税 6 万元
   D. 城市维护建设税和教育费附加 10.7 万元

3. 下列支出中，在计算企业所得税应纳税所得额时，准予全额扣除的是（　　）。
   A. 职工教育经费 30 万元
   B. 工会经费 12 万元
   C. 职工福利费 150 万元
   D. 工资薪金总额 1 000 万元

4. 下列支出中，在计算企业所得税应纳税所得额时，不得扣除的是（　　）。
   A. 工商行政部门罚款 8 万元
   B. 母公司管理费 68 万元
   C. 法院判决由企业承担的诉讼费 2 万元
   D. 直接向贫困地区小学捐赠 10 万元

模拟测试卷二

一、单项选择题（本类题共 23 小题，每小题 2 分，共 46 分。每小题备选答案中，只有一个符合题意的正确答案。多选、错选、不选均不得分。）

1. 甲公司和乙公司签订购买 20 台办公电脑的买卖合同，总价款为 20 万元。该法律关系的主体是（　　）。
   A. 甲公司和乙公司　　B. 20 台办公电脑
   C. 20 万元价款　　D. 买卖合同

2. 下列各项中，属于特别法人的是（　　）。
   A. 社会服务机构　　B. 宗教活动场所法人
   C. 村民委员会　　D. 律师事务所

3. 根据《会计档案管理办法》的规定，下列会计档案应永久保存的是（　　）。
   A. 记账凭证
   B. 原始凭证
   C. 会计档案保管清册
   D. 半年度财务报告

4. 根据会计法律制度的规定，下列属于单位会计档案鉴定工作牵头机构是（　　）。
   A. 审计机构　　B. 纪检监察机构
   C. 档案管理机构　　D. 会计机构

5. 根据支付结算法律制度的规定，下列关于票据付款人的表述中正确的是（　　）。
   A. 支票的付款人是出票人
   B. 商业承兑汇票的付款人是承兑人
   C. 银行汇票的付款人是申请人
   D. 银行承兑汇票的付款人是出票人

6. 根据支付结算法律制度的规定，下列关于记名预付卡的表述中，正确的是（　　）。
   A. 可以挂失　　B. 有效期最长为 3 年
   C. 单张限额 1 万元　　D. 不可以赎回

7. 根据支付结算法律制度的规定，下列关于票据权利时效的表述中，正确的是（　　）。
   A. 持票人对支票出票人的权利自出票日起 1 年
   B. 持票人对银行汇票出票人的权利自出票日期 2 年

C. 持票人对前手的追索权自被拒绝承兑或拒绝付款之日起 2 年

D. 持票人对商业汇票承兑人的权利自到期日起 1 年

8. 根据劳动争议调解仲裁法律制度的规定，下列关于劳动仲裁申请的表述中，正确的是（　　）。

A. 申请人申请劳动仲裁，不得以口头形式提出

B. 申请仲裁的时效期间为 3 年

C. 申请人应预交仲裁申请费用

D. 申请人应向劳动合同履行地或者用人单位所在地的劳动仲裁机构申请仲裁

9. 2022 年 4 月 1 日，吴某到甲公司担任高级技术人员，月工资 15 000 元，2022 年 7 月 1 日，吴某得知公司未依法给他缴纳基本养老保险，随后通知甲公司解除劳动合同，并要求支付补偿。已知甲公司所在地上年度职工月平均工资为 4 000 元。则下列正确的是（　　）。

A. 甲公司向吴某支付补偿 6 000 元

B. 甲公司无需补偿

C. 甲公司向吴某补偿 7 500 元

D. 甲公司向吴某补偿 2 000 元

10. 下列关于失业保险待遇的表述中，正确的是（　　）。

A. 失业人员领取失业保险金期间不享受基本医疗保险待遇

B. 失业人员领取失业保险金期间重新就业的，停止领取失业保险金并同时停止享受其他失业保险待遇

C. 失业保险金的标准可以低于城市居民最低生活保障标准

D. 失业前用人单位和本人已经累计缴纳失业保险费满 6 个月的，失业人员可以申请领取失业保险金

11. 甲企业为符合条件的小型微利企业。2022 年甲企业的应纳税所得额为 280 万元。甲企业当年应缴纳的企业所得税税额的下列计算中正确的是（　　）。

A. $100 \times 12.5\% \times 20\% + 180 \times 25\% \times 20\% = 11.5$（万元）

B. $280 \times 50\% \times 20\% = 28$（万元）

C. $100 \times 25\% \times 20\% + 180 \times 50\% \times 20\% = 23$（万元）

D. $180 \times 25\% \times 20\% = 18$（万元）

12. 下列各项所得，按"工资、薪金所得"计算缴纳个人所得税的是（　　）。

A. 个人合伙人从合伙企业按月取得的劳动所得

B. 律师以个人名义聘请的其他人员从律师处获得的报酬

C. 任职于杂志社的记者在本杂志社上发表作品取得的稿费

D. 出版社的专业作者的作品，由本社以图书形式出版而取得的稿费

13. 根据个人所得税法律制度的规定，下列各项支出，属于居民个人综合所得中的专项附加扣除项目的是（　　）。

A. 大病医疗支出

B. 居民个人按照国家规定的范围和标准缴纳的基本养老保险

C. 子女抚养支出

D. 个人交付的符合国家规定的企业年金、职业年金

14. 下列选项中，属于企业免税收入的有（　　）。

A. 转让国债取得的收入

B. 财政拨款收入

C. 企业购买铁路债券取得的利息收入

D. 在中国境内设立机构、场所的非居民企业从居民企业取得与该机构、场所有实际联系的股息、红利等权益性投资收益

15. 根据印花税法律制度的规定，下列各项中，属于印花税纳税人的是（　　）。

A. 合同的双方当事人

B. 合同的担保人

C. 合同的证人

D. 合同的鉴定人

16. 关于房产税纳税人的下列表述中，不符合房产税法律制度规定的是（　　）。

A. 房屋出租的，承租人为纳税人

B. 房屋产权所有人不在房产所在地的，房产代管人为纳税人

C. 房屋产权属于国家的，其经营管理单位为

纳税人

D. 房屋产权未确定的，房产代管人为纳税人

17.某煤矿 2022 年 1 月共开采原煤 6 500 吨，对外销售 2 000 吨，取得不含税销售额 20 万元，剩余 4 500 吨全部移送生产洗选煤，本月销售洗选煤 1 500 吨，取得不含税销售额 25 万元，已知，该企业开采煤炭原矿的资源税税率为 4%，选矿的资源税税率为 8%，则该企业本月应纳资源税为（　　）万元。

A. 0.8　　　　　　B. 2.8

C. 1.8　　　　　　D. 2.05

18.某城市乙企业 7 月份销售应税货物缴纳增值税 34 万元、消费税 12 万元，出售房产缴纳增值税 10 万元、土地增值税 4 万元。已知该企业所在地适用的城市维护建设税税率为 7%。该企业 7 月份应缴纳的城市维护建设税为（　　）。

A.（34+12+10+4）×7%＝4.20（万元）

B.（34+12+10）×7%＝3.92（万元）

C.（34+12）×7%＝3.22（万元）

D. 34×7%＝2.38（万元）

19.下列选项中，应征收增值税的是（　　）。

A. 被保险人获得的保险赔付

B. 房地产主管部门或者其指定机构、公积金管理中心、开发企业以及物业管理单位代收的住宅专项维修资金

C. 银行销售金银

D. 存款利息

20.企业实施分立重组时，应适用企业所得税一般性税务处理方法。下列处理正确的有（　　）。

A. 企业分立相关企业的亏损不得相互结转弥补

B. 被分立企业继续存在时，其股东取得的对价应按清算所得进行处理

C. 分立企业应按账面价值确认接受资产的计税基础

D. 被分立企业对分立出去的资产应按账面价值确认资产转让所得或损失

21.下列关于租赁服务的表述中，不正确的是（　　）。

A. 将建筑物、构筑物等不动产或者飞机、车辆等有形动产的广告位出租给其他单位或者个人用于发布广告，按照经营租赁服务缴纳增值税

B. 技术转让按销售服务缴纳增值税

C. 水路运输的光租业务、航空运输的干租业务，属于经营租赁

D. 车辆停放服务，按不动产经营租赁服务缴纳增值税

22.根据消费税法律制度的规定，下列消费品中，实行从价定率和从量定额相结合的复合计征办法征收消费税的是（　　）。

A. 啤酒　　　　　　B. 汽油

C. 卷烟　　　　　　D. 高档手表

23.某化妆品企业 2022 年 10 月受托为某商场加工一批高档化妆品，收取不含增值税的加工费 13 万元，商场提供的原材料金额为 50 万元（不含税）。已知该化妆品企业无同类产品销售价格，消费税税率为 15%。该化妆品企业应代收代缴的消费税是（　　）。

A. 0

B. 50÷（1-15%）×15%＝8.82（万元）

C.（50+13）×15%＝9.45（万元）

D.（50+13）÷（1-15%）×15%＝11.12（万元）

二、多项选择题（本类题共 10 小题，每小题 2 分，共 20 分。每小题备选答案中，有两个或两个以上符合题意的正确答案。多选、少选、错选、不选均不得分。）

1. 根据支付结算法律制度规定，关于开立企业银行结算账户办理事项的下列表述中，正确的有（　　）。

A. 银行为企业开通非柜面转账业务，应当约定通过非柜面渠道向非同名银行账户转账的日累计限额

B. 注册地和经营地均在异地的企业申请开户，法定代表人可授权他人代理签订银行结算账户管理协议

C. 银企双方应当签订银行结算账户管理协议，明确双方的权利和义务

D. 企业预留银行的签章可以为其财务专用章

加其法定代表人的签名

2. 根据支付结算法律制度的规定，一般存款账户可以办理的是（   ）。

A. 现金缴存　　　　B. 借款归还

C. 现金支取　　　　D. 借款转存

3. 根据支付结算法律制度的规定，关于票据权利时效的下列表述中，不正确的有（   ）。

A. 持票人对前手的追索权，自被拒绝承兑或被拒绝付款之日起 3 个月内不行使的，该权利丧失

B. 持票人对票据承兑人的权利自票据到期日起 6 个月内不行使的，该权利丧失

C. 持票人对支票出票人的权利自出票日起 3 个月内不行使的，该权利丧失

D. 持票人对票据权利时效期间内不行使票据权利的，该权利丧失

4. 甲公司职工曾某因公司解散而失业。已知曾某系首次就业，失业前甲公司与其已累计缴纳失业保险费 5 年，则下列关于曾某享受失业保险待遇的表述中，正确的有（   ）。

A. 曾某在领取失业保险金期间，参加职工基本医疗保险，享受基本医疗保险待遇

B. 曾某领取失业保险金的期限最长为 12 个月

C. 曾某领取失业保险金的标准可以低于城市居民最低生活保障标准

D. 曾某领取失业保险金期限自办理失业登记之日起计算

5. 劳动合同解除或者终止的下列情形中，用人单位应向劳动者支付经济补偿的有（   ）。

A. 劳动者提前 30 日以书面形式通知无过错用人单位而解除劳动合同的

B. 劳动者提出并与无过错用人单位协商一致解除劳动合同的

C. 劳动者符合不需事先告知用人单位即可解除劳动合同的情形解除劳动合同的

D. 以完成一定工作任务为期限的劳动合同因任务完成而终止的

6. 根据个人所得税法律制度的规定，个人通过非营利性的社会团体和国家机关进行的下列公益性捐赠支出中，准予在缴纳个人所得税前的所得额中全额扣除的有（   ）。

A. 向贫困地区的捐赠

B. 向农村义务教育的捐赠

C. 向公益性青少年活动场所的捐赠

D. 向红十字事业的捐赠

7. 根据企业所得税法律制度的规定，在中国境内未设立机构、场所的非居民企业取得的来源于中国境内的下列所得中，以收入全额为应纳税所得额的是（   ）。

A. 转让财产所得　　B. 特许权使用费所得

C. 股息所得　　　　D. 租金所得

8. 下列各项中，属于营业税改征增值税范围中的现代服务的有（   ）。

A. 研发和技术服务

B. 文化创意服务

C. 基础电信服务

D. 广播影视服务

9. 下列各项关于从量计征消费税计税依据确定方法的表述中，正确的有（   ）。

A. 销售应税消费品的，为应税消费品的销售数量

B. 进口应税消费品的为海关核定的应税消费品数量

C. 以应税消费品投资入股的，为应税消费品移送使用数量

D. 委托加工应税消费品的，为加工完成的应税消费品数量

10. 根据税收征收管理法律制度的规定，下列各项中，属于税务机关发票管理权限的有（   ）。

A. 向当事各方询问与发票有关的问题和情况

B. 查阅、复制与发票有关的凭证、资料

C. 调出发票查验

D. 检查印制、领购、开具、取得、保管和缴销发票的情况

三、判断题（本类题共 10 小题，每小题 1 分，共 10 分。请判断每小题的表述是否正确。）

1. 自然人在出生之前不能成为法律关系的主体。（   ）

2. 单位负责人、档案管理机构负责人、会计管

理机构负责人、档案管理机构经办人、会计管理机构经办人于销毁后在会计档案销毁清册上签署意见。（　　）

3. 持票人申请办理商业汇票贴现，汇票必须未到期。（　　）

4. 甲公司向开户银行 P 银行申请签发的本票超过提示付款期限后，甲公司申请退款，P 银行只能将款项转入甲公司的账户，不能退付现金。（　　）

5. 对符合基本养老保险享受条件的人员，国家按月支付基本养老金。（　　）

6. 用人单位自用工之日起满一年不与劳动者订立书面劳动合同的，视为用人单位自用工之日起满一年的当日已经与劳动者订立无固定期限劳动合同。（　　）

7. 计算企业所得税收入总额时，接受捐赠收入，按照捐赠人作出捐赠决定的日期确认收入的实现。（　　）

8. 免税、减税车辆因转让、改变用途等原因不再属于免税、减税范围的，纳税人应当在办理车辆转移登记或者变更登记前缴纳车辆购置税。（　　）

9. 在人均耕地低于 0.5 亩的地区，耕地占用税的适用税率提高 50%。（　　）

10. 固定业户应当向其机构所在地的税务机关申报缴纳增值税。（　　）

四、不定项选择题（本类题共 12 小题，每小题 2 分，共 24 分。每小题备选答案中，有一个或一个以上符合题意的正确答案，每小题全部选对得满分，少选得相应分值，多选、错选、不选均不得分）

（一）2022 年 3 月 11 日，甲公司签发一张商业汇票，收款人为乙公司，到期日为 2022 年 9 月 11 日，甲公司的开户银行 P 银行为该汇票承兑。2022 年 6 月 30 日，乙公司从丙公司采购一批货物，将该汇票背书转让给丙公司，丙公司 9 月 30 日持该汇票到其开户银行 Q 银行办理委托收款。

要求：根据上述资料，分析回答下列第 1-4 小题。

1. 丙公司应去银行办理该汇票提示付款的期限是（　　）。
   A. 自该汇票转让给丙公司之日起 10 日
   B. 自该汇票转让给丙公司之日起 1 个月
   C. 自该汇票到期日起 10 日
   D. 自该汇票到期 13 起 1 个月

2. 该汇票的付款人是（　　）。
   A. 甲公司　　　　　B. P 银行
   C. 乙公司　　　　　D. Q 银行

3. 在不考虑委托收款背书的情况下，关于确定该汇票非基本当事人的下列表述中，正确的是（　　）。
   A. 背书人是乙公司
   B. 被背书人是丙公司
   C. 承兑人是 Q 银行
   D. 保证人是 P 银行

4. 关于银行是否应受理该汇票并承担付款责任的下列判断中，正确的是（　　）。
   A. Q 银行不应受理
   B. Q 银行应当受理
   C. P 银行不再承担付款责任
   D. P 银行仍应承担付款责任

（二）中国公民高某为境内甲公司的财务经理，2022 年 11 月有关收入情况如下：
   （1）在某财经杂志发表专业文章一篇，取得稿酬 3 000 元；
   （2）一次性讲学收入 4 500 元；
   （3）取得符合国家规定标准的城镇房屋拆迁补偿款 350 000 元；
   （4）境内 A 上市公司股票（非限售股）转让所得 13 000 元；
   （5）体育彩票一次中奖收入 10 000 元；
   （6）出租住房取得租金收入 6 000 元（不含增值税），房屋租赁过程中缴纳的可以税前扣除的相关税费 240 元，支付该房屋的修缮费 1 000 元（均可提供合法票据）。
   （已知：稿酬所得以收入减除 20% 的费用后的余额为收入额，收入额减按 70% 计算。

每次收入不超过 4 000 元的，减除费用 800 元计算。）

要求：根据上述资料，不考虑其他因素，分析回答下列小题。

1. 高某发表文章取得的稿酬，在计算当年综合所得的应纳税所得额时，有关其收入额的下列算式中，正确的是（ ）。
   A. 3 000−800 = 2 200（元）
   B. 3 000×20% = 600（元）
   C. 3 000×（1−20%）= 2 400（元）
   D. 3 000×（1−20%）×70% = 1 680（元）

2. 高某所获稿酬预扣预缴的个人所得税为（ ）。
   A. 3 000×（1−20%）×20% = 480（元）
   B. 3 000×（1−20%）×70%×20% = 336（元）
   C.（3 000−800）×70%×20% = 308（元）
   D.（3 000−800）×20% = 440（元）

3. 高某的下列收入中，需要交纳个人所得税的有（ ）。
   A. 讲学收入 4 500 元
   B. 拆迁补偿款 350 000 元
   C. 股票转让所得 13 000 元
   D. 体育彩票一次中奖收入 10 000 元

4. 房屋租赁高某应缴纳个人所得税税额为（ ）。
   A.（6 000−240）×10% = 576（元）
   C.（6 000−240−1 000）×10% = 476（元）
   B.（6 000−240−800）×10% = 496（元）
   D.（6 000−240−800）×（1−20%）×10% = 396.8（元）

（三）甲公司属于一般纳税人，具有交通运输业资质，2022 年 9 月发生下列业务：
（1）向境内乙公司提供货物运输劳务，取得含增值税运费收入 872 万元；向境内丙公司提供客运劳务，取得含增值税运费收入 76.3 万元；
（2）提供国际运输服务，取得不含税运费收入 50 万元；
（3）销售本公司使用过的货车，取得含税收入 10.3 万元，该货车购入时按规定不得抵扣且未抵扣进项税额；

（4）购买客车、货车用汽油，取得加油站开具的增值税专用发票注明税额 80 万元；购买客车、货车用柴油，取得加油站开具的增值税普通发票，发票上记载的价税合计为 22.6 万元。

已知：交通运输服务适用税率为 9%；取得的增值税专用发票均通过税务机关认证。

要求：根据上述资料，不考虑其他因素，分析回答下列小题。

1. 下列关于甲公司 2022 年 9 月提供运输服务增值税销项税额的计算中，正确的是（ ）。
   A.（872+76.3）÷（1+13%）×13% = 109.1（万元）
   B.（872+76.3）÷（1+13%）×13%+50×13% = 115.6（万元）
   C.（872+76.3）÷（1+9%）×9% = 78.3（万元）
   D.（872+76.3）÷（1+9%）×9%+50×9% = 82.8（万元）

2. 甲公司销售自己使用过的货车应纳增值税为（ ）。
   A. 10.3÷（1+13%）×13% = 1.185（万元）
   B. 10.3×2% = 2.06（万元）
   C. 10.3÷（1+3%）×3% = 0.3（万元）
   D. 10.3÷（1+3%）×2% = 0.2（万元）

3. 计算甲公司 2022 年 9 月允许抵扣的进项税额的下列算式中正确的是（ ）。
   A. 80 万元
   B. 80+22.6÷（1+13%）×13% = 82.6（万元）
   C. 80+22.6×13% = 82.94（万元）
   D. 22.6÷（1+13%）×13% = 2.6（万元）

4. 根据增值税法律制度的规定，下列各项中，正确的是（ ）。
   A. 一般纳税人销售自己使用过的固定资产，均应按照简易办法依照 3% 的征收率减按 2% 征收
   B. 一般纳税人向小规模纳税人提供运输劳务不可以开具增值税专用发票
   C. 提供国际运输服务适用零税率
   D. 纳税人提供适用不同税率的应税服务，应当分别核算适用不同税率的销售额；未分别核算的，从高适用税率